THIRD EDITION

COMMUNICATION BASICS

History, Frame and Extention

传播学基础

历史、框架与外延

第3版

段 鹏◎著

中国传媒大学出版社
·北京·

图书在版编目(CIP)数据

传播学基础：历史、框架与外延 / 段鹏著. -- 3 版. -- 北京 ：中国传媒大学出版社，2020.12
(2023.4 重印)
ISBN 978-7-5657-2797-9

Ⅰ. ①传… Ⅱ. ①段… Ⅲ. ①传播学 Ⅳ. ①G206

中国版本图书馆 CIP 数据核字(2020)第 204163 号

传播学基础：历史、框架与外延(第 3 版)
CHUANBOXUE JICHU：LISHI、KUANGJIA YU WAIYAN(DI-SAN BAN)

著　　者　段　鹏
策划编辑　程　平
责任编辑　蒋　倩
特约编辑　梁译心
责任印制　李志鹏
封扉设计　拓美设计

出版发行　中国传媒大学出版社
社　　址　北京市朝阳区定福庄东街 1 号　　邮　　编　100024
电　　话　86－10－65450528　65450532　　传　　真　65779405
网　　址　http://cucp.cuc.edu.cn
经　　销　全国新华书店

印　　刷　北京中科印刷有限公司
开　　本　787mm×1092mm　1/16
印　　张　29
字　　数　535 千字
版　　次　2020 年 12 月第 3 版
印　　次　2023 年 4 月第 3 次印刷

书　　号　ISBN 978-7-5657-2797-9/G·2797　　定　　价　69.00 元

本社法律顾问：北京嘉润律师事务所　郭建平

目 录 Contents

下编 传播学的基本框架与外延

绪 论

第一节 传播学及其研究对象

"人既不是完全像上帝，也不完全像野兽，他的传播行为，证明他的确是人。"[①] 正像美国传播学者威尔伯·施拉姆（Wilbur Schramm，我国港台地区通常译为宣韦伯）博士所说的，传播正是人类社会关系能够存在和发展的一种决定性的机能，传播以及针对传播所进行的研究——传播学，与我们的生活息息相关，时时相伴。

在这里，我想与读者诸君分享几个事例，以期能够更好地了解这门学科。

2010年，当著名电影《钢铁侠2》的字幕中出现"特别感谢伊隆·马斯克（Elon Musk）"时，众多影迷表示难以置信。众所周知，马斯克是著名汽车品牌特斯拉（Tesla）的CEO，他对特斯拉品牌的营销理念可谓深入人心。他本人的出镜率非常高，共客串了7部脍炙人口的电影与电视剧，每当字幕出现"特斯拉"标志时，总能激起影视圈热议。他的面孔直接代表了特斯拉汽车的形象，而其本人一次次出演影视剧的行为，直接为特斯拉带来巨大的关注度，特斯拉几乎不需要任何广告费用

① 宣韦伯.传学概论：传媒、信息与人[M].余也鲁，译.香港：海天书楼，1983：1.

就能实现家喻户晓的宣传效果，同时建立起高端、专业的品牌形象。

特斯拉将互联网和新媒体作为宣传的主要阵地，尤其是马斯克本人在社交媒体上已成为特斯拉的代表性符号。另外，意见领袖效应亦被特斯拉运用到淋漓尽致的程度，谷歌的两位创始人、电影明星施瓦辛格等社会名流，以及中国的9名企业高管都成为其第一批用户，由此产生了巨大的品牌示范效应，因而获得了广泛的文化认同。另外，由于新能源汽车顺应了中国政府鼓励的环保汽车行业的发展趋势，马斯克对特斯拉的宣传亦将其新能源动力系统的优势加以充分展现。综上原因，马斯克为特斯拉品牌在中国的传播开辟了广泛的市场，他在制定特斯拉的传播策略时，对特定的政治背景、文化环境进行了综合考量。

由此案例，我们可以看到传播者的行为将受到多种因素的影响和制约，包括政治倾向、文化认同、编码水平等，相关的内容我们将在第四章做专门的讨论。

2004年的夏天，在美国洛杉矶的一家超市中，笔者偶然目睹了一名中国籍男子的买烟“遭遇”。当时这位男子边用手势边操着不太流利的英语向店员表示着什么，费了好半天劲，而店员显然并未领会他的意思。后来笔者上前帮忙才明白，原来刚才他想买一包“万宝路”淡烟（super lights），结果店员却递给他一包加长型“万宝路”（super long），解释清楚后大家相视而笑。

显然，在这个事例中出现了某种误读（misread），信息在传播者和接收者之间并不对位。一方面，这位中国籍男子可能语言“不过关”，我们称其为语言码转换（code switching）的不成功。人们在传播过程中，从使用一种语言转换到使用另一种语言的行为被称为语言码转换。在跨文化传播过程中，传播双方应该至少要有一方能够熟练使用两种语言才能使传播过程通畅。因为该名中国籍男子语言码转换能力偏弱，所以造成信息编码的不准确，使传播内容出现偏差；另一方面，那位超市店员也可能没有听仔细，或者我们把他称为消极的听者（在听的过程中，人的注意力往往会分散，考虑其他问题）。美国传播学者埃弗雷特·罗杰斯（Everett Mitchell Rogers）在研究相关问题时指出，积极的听包括以下几个步骤：

听到信息。

理解。

记忆信息内容。

评估信息是否正确或可靠。

反馈，即对所听到的信息给予回复。[1]

超市店员的日常所做多为重复劳动，不需要与顾客做过多的沟通，以致在需要沟通的时候未能正确理解信息。另外，不得不指出的是，意义寓于文化的影响也至关重要。文化影响人们的感知和行为，也决定着语言的意义和人们对它的理解。笔者注意到，在洛杉矶的这家超市中，各类品牌的超长型烟（super long）有7种，而淡烟（super lights）只有2种，也许该超市所属街区的吸烟者会更多地选择超长型烟，所以收银员在模糊地听到“super”一词时，便根据自己的文化习惯想当然地解读为“super long”。

同样的，2011年1月17日，由我国国务院新闻办公室启动拍摄的国家形象宣传片首次亮相纽约时代广场，这组国家形象片主要由以姚明等明星为代表的《人物篇》以及以“中国制造”为主题的广告片等组成，借以传播中国和平崛起后与世界紧密联系的和谐形象。但是，在欧美国家深陷经济危机泥潭的大背景下，很多美国民众受自身文化背景、态度、情绪等因素的影响，对这支宣传片做出了对抗性解码，最终也使得我国的国家形象宣传片并未收到预期的效果。

图0-1　2011年纽约时代广场放映的我国国家形象片《人物篇》

在这些误读中，产生歧义的部分是传播的内容。传播的内容正是传播过程的中心环节，如果中心环节出错，信息的传递就不会通畅。要想实现有效的信息传播，就要掌握传播内容的生产、流动规律，了解作为传播基本材料的信息及其载体符号的相关特性。在本书的第五章中，我们将详细论述传播材料和内容的相关话题。

2020年2月23日，28年前的南京医科大学女大学生被害案告破后，各大社交媒体和自媒体表现出了极高的关注度，其中不乏出现了许多具备强刺激、夸大煽

① ROGERS E M, STEINFATT T M. Intercultural communication: prospect heights[M]. Illinois: Waveland Press, 1999.

情等特性的不实消息，与作案细节、个人隐私等问题有关的谣言也层出不穷，甚至还有报道过分渲染血腥、暴力场面。可以说，这是一种在媒体市场的商业主义逻辑下，以追逐“煽色腥”来迎合一部分受众的窥视癖的不良现象。

众所周知，媒介是传播过程的基本组成部分，大众媒介也是现代传播行为得以实现的重要物质手段，如果使用不当，就会产生负面的效果。那么，如何恰当地运用媒介手段进行传播呢？这就是传播学中媒介研究所面对的问题。媒介研究包括媒介本质、媒介分析、媒介特征、媒介文化等，本书的第六章中将会进行较为详尽的介绍。

1997年，笔者注意到北京几家颇具影响力的报纸纷纷开设了“见义勇为英雄事迹”的专栏。各专栏尽数社会上各类见义勇为的人物，并详尽报道了各位英雄的先进事迹。内容大多是英雄面对困难和危险孤身奋战，最终或是奋不顾身、英勇献身，或是被人误解乃至恩将仇报等。这次大范围的报道旨在配合倡导群众“学英雄，做英雄”的宣传。但是，在1997年年底的读者问卷调查中，更多的读者选择了“不做英雄”或“更为谨慎地面对不法事件”。

毫无疑问，这几家报纸开设“见义勇为英雄事迹”的专栏，目的在于促使群众产生“学英雄，做英雄”的想法和行动，形成良好的社会风气。但过多的“好人没好报”“英雄流血又流泪”等次要内容和情节被过度渲染，对受众形成了更为强烈的刺激，直接导致了受众对传播内容产生理解偏差。很明显，这个案例为我们描述了传播者在传递主观意图时在受众方发生了意义畸变的过程。在传播学中，这个过程被称作“选择性理解”，是受众选择性心理的一个环节。

选择性心理是指受众在选择媒介信息时所表现出的思维方式。美国传播学者约瑟夫·克拉伯（Joseph Klapper）在《大众传播的效果》一书中将受众的选择性心理归纳为选择性接受、选择性理解和选择性记忆。由于过多的干扰信息，受众会产生与传播者主观意图不符的理解偏差，即属于选择性理解的范畴。因此，传播者在传播过程中要充分考虑到选择性理解的作用，合理控制和引导传播内容，尽量消除或减少造成受众理解偏差的可能，使信息编码尽量清晰、准确，提高信息被受众接受、理解的质量。相关内容在第七章中有较为完整的表述。

2001年世界杯亚洲预选赛的最后一场比赛，中国国家男子足球队史无前例地打入了世界杯决赛圈。当天夜里，笔者在北京天安门广场欢庆的人流中，看到中央广播电视总台体育部的记者正在采访一个被爸爸扛在肩头的四五岁大的小男孩。当小男孩被问到此刻的感受时，他不假思索地答道："这毕竟是几代人的期盼，几代人的梦想啊。我们等这一天等了40多年。"

一方面，我们不得不承认，一个四五岁的小男孩在面对镜头和欢乐的人群时，竟然能够处变不惊，回答得如此完满而老练，确实令人佩服；可是另一方面，它的完美似乎又令人生疑，这更像是电视编导刻意安排的杰作。甚至，如果不是亲眼看见，笔者肯定会在电视机旁耻笑电视编导技术老套。然而这个事实，又恰恰印证了传播效果理论中的教养理论（cultivation theory，又译作涵化理论——笔者注）。1980年，执教于美国宾州大学安能博格传播学院（Annenberg School of Communication）的传播学者乔治·格伯纳（George Gerbner）等人通过研究发现，对经常收看电视的观众来说，电视实际上主宰和包容了其信息、观念和意识的来源。"电视机已成为家庭的核心成员，成为在大多数时间解说最多故事的那个叙述者。"小男孩在回答记者提问时使用的成人般的语言，几乎与体育频道播放的该比赛预告片中的宣传词一模一样。这进一步证实了教养理论的价值："看电视多的人会更为接近报道者的思路。"

这种通过长期的电视传播影响人们思考方式的现象，不过是传播效果理论的沧海一粟。传播效果是传播学中研究历史最长、争议最大和最具有现实意义的一部分，我们将在第八章中做专门的讨论。

很明显，以上5个方面的事例及其对应的理论领域恰好涵盖了传播学的基本框架，也正是构成传播过程的5大要素：

谁（who）
说了什么（says what）
通过什么渠道（in which channel）
对谁说（to whom）
产生了什么效果（with what effect）

这是美国学者哈罗德·拉斯韦尔（Harold Lasswell）在1948年发表的《传播在社会中的结构与功能》一书中提到的传播过程的模式，它奠定了传播学研究的范围和基本内容。美国学者阿尔弗雷德·怀特海德（Alfred North Whitehead）在评价古希腊哲学家柏拉图（Plato）的贡献时，认为其最伟大之处在于奠定了哲学的基本框架，而后世的哲学家所做的工作都是在进一步完善和诠释他的框架。在传播学研究中，拉斯韦尔的“5W”模式几乎涵盖了这一学科的基本内容，其他传播学者只是针对这5大要素分别进行独立的研究：“谁”对应了信息的控制分析，例如“把关人”研究；“说了什么”对应内容分析，例如“拒绝服兵役”的研究；“通过什么渠道”则对应媒介研究，例如“电视的社会学分析”；“对谁说”对应了受众分析，例如受众的选择性心理研究；“产生了什么效果”对应的是效果研究，包括“教养理论”在内的诸多传播效果理论都属于该研究范畴。当然，就传播效果的广义范围而言，传播过程中可能产生的噪音（noise）和反馈（feedback）也被包括在其中。

综上所述，传播过程具体由5个要素和2个可能出现的环节共同组成，即传播者（信源）、讯息、媒介、受众、效果以及可能出现的噪音和反馈（见图0-2）。

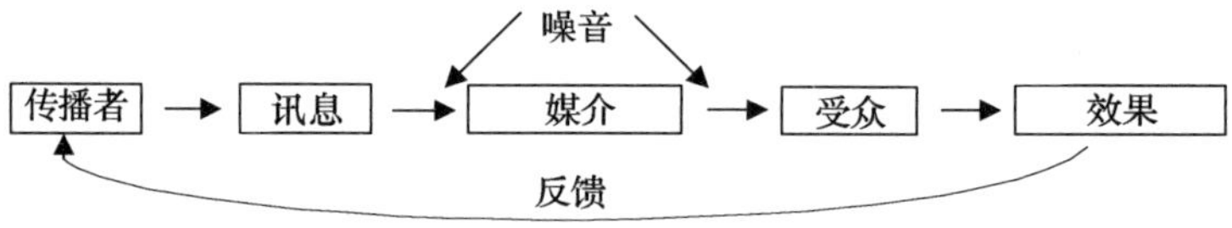

图0-2 传播过程图

传播者将讯息传达给受众，并可能对受众产生效果。因为“5W”模式提出于传播学形成的早期，拉斯韦尔本人对传播学科发展也发挥了重要作用，所以这一模式所包含的5大要素在很长时间内划定了传播研究的内容与边界，对美国传统传播学研究影响深远。不过，随着传播学科的发展以及研究者队伍的壮大，也有学者对这一框架提出了质疑。他们认为，相比于这5大要素以及其与背后更为复杂的社会、文化、政治、经济之间的关联，传播本身更应受到关注。正是在这些观点的发展之下，拉斯韦尔的“5W”模式及其所划定的传播学版图在某种程度上被消解了。比如，詹姆斯·凯瑞（James W. Carey）否定了将传播视同信息的传递这一观念，认为“5W”模式下的传播的定义——“一个讯息得以在空间传递和发布的过程，以达到对距离和人的控制”是有问题的。在他看来，“传播的起源及最高境界，并不是指智力信息的传递，而是建构并维系一个有秩序、有意义、能够用来支配和容纳人类行为的文化世界”。[①] 由此，他也否定将传播模式化为信息的传递过程这一做法，认为“如果把社会当作一种传播形式加以考察，那么就可以把它看作一个从中创造、分享、修正、保存现实

① 凯瑞. 作为文化的传播：“媒介与社会”论文集[M]. 丁未，译. 华夏出版社，2005：5-7.

的过程。当这一过程变得模糊不清，我们缺乏可用来理解世界的现实模式（及为现实所提供的模式）、我们不能描述并分享它时，当我们的传播模式出现差错而无法与他人产生联系时，我们就遇到了最严重的传播问题”[①]。其他学者如丹尼斯·麦奎尔（Dennis McQuail）、曼纽尔·卡斯特尔（Manuel Castells）和伊莱休·卡茨（Elihu Katz）等也倡导先回归“传播”的研究思路，这些观点为我们更深入地思考传播以及传播学研究提供了启发。不过，尽管有不同观点的争鸣，但是一方面，“5W”模式确实在传播学学科发展的过程中影响深远；另一方面，为了使本书的框架更易于理解，本书暂且仍沿用拉斯韦尔的“5W”模式为本书的逻辑框架。简而言之，传播就是信息流动的过程，而传播学就是研究这种人类社会信息传播活动及其规律的科学。

第二节 传播的过程

在第一节中，我们已经明确了传播学的基本含义和它所研究的最主要的5个部分。同时，我们也了解到，传播是信息流动的过程。正像施拉姆所说：“事实上，认为传播过程从某一点开始而到某一点终止，这种想法容易使人误解。传播过程实际上是永无止境的。”[②]那么，到底什么是过程呢？

所谓过程，是指事物运动的程序与状态。从这个角度讲，传播实际上就是由多要素及其相互关系所组成的动态的有一定结构顺序的信息流动过程。如果我们用过程观来审视传播活动，就可以摆脱早期传播学研究中将传播视为静止的、封闭的、孤立的、一次性的缺陷。随着人们对传播学研究的深入与拓展，对传播的认识也越来越走向动态、开放、联系和连续性。

传播过程既然是一个多要素互动的动态过程，那么，对其进行认识与研究就存在着相当的难度。为了方便起见，我们可以用模式来表述传播的运动过程及其结构要素和次序。所谓模式，是指对客观事物内外部机制直观而简洁的描述，它是理论的简化形式，可以向人们提供客观事物的整体信息。在传播学研究中，模式的使用是十分普遍的，下面就介绍几种主要的传播过程模式。

---

① 凯瑞. 作为文化的传播：“媒介与社会”论文集[M]. 丁未，译. 北京：华夏出版社，2005：21.

② 麦奎尔，温德尔. 大众传播模式论[M].祝建华，武伟，译. 上海：上海译文出版社，1987：23.

一、线性传播过程模式

（一）拉斯韦尔“5W”模式

在传播学史上，第一位提出传播过程模式的是美国学者拉斯韦尔。1948年，他在《传播在社会中的结构与功能》一书中首次提出了构成传播过程的5种基本要素，形成了后来人们称之为“5W模式”或“拉斯韦尔公式”的传播过程模式。

拉斯韦尔模式意义显著，但是问题也非常明显：它一方面过高估计了传播的效果，另一方面忽视了反馈要素。这是早期传播学研究的共同缺陷。

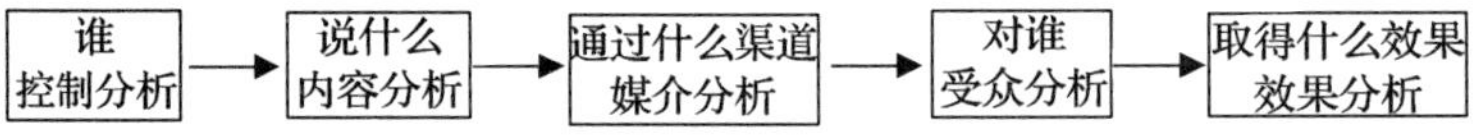

图0-3　拉斯韦尔公式及其对应的传播研究领域

（二）申农—韦弗模式

大约与拉斯韦尔同时，美国的两位信息论创始人——克劳德·艾尔伍德·申农（Claude Elwood Shanno）和华伦·韦弗（Warren Weaver），在《传播的数学理论》（1949）一文中也提出了一个过程模式——被称为传播过程的数学模式或申农—韦弗模式。这个模式本来研究的是技术科学中通信的信息传送问题，是一个与社会系统无关的纯技术性模式。后来传播学借此模式，用以说明人类传播过程。

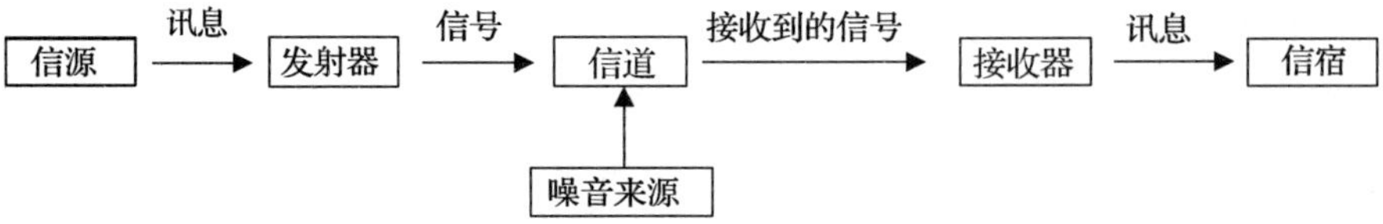

图0-4　申农—韦弗“数学模式”[①]

该模式把传播描述为一种直线、单向的过程。这种信息论范畴中的信息传播过程模式包括5个要完成的正功能和一个负功能。

5个正功能是：

---

① 据申农和韦弗1949年著作绘制。

信源：发出讯息。

发射器：将讯息转换成信号。

信道：负责传递信号，发出的信号与接收到的信号不同。

接收器：将信号还原成讯息。

信宿：讯息的目的地。

1个负功能是：噪音。

噪音指任何干扰正常信息传递的因素。在实际的传播过程中，传者和受众之间的传受信息往往存在着一定的差别，而这常常是由于噪音干扰而造成的。噪音可以是系统外的噪音、人为的噪音，也可以是系统内的噪音、自然的噪音等。传播的顺利进行，有赖于噪音的排除，而能够消除噪音的就是讯息中所包含的冗余信息。它不会影响讯息容量的增减，并且有抗干扰的作用。不过，值得注意的是，在一定的时间、空间条件下，如果冗余信息过多，尽管抗干扰能力增强了，但是会使讯息的平均信息量减少。因此，传播过程要特别注意平衡噪音、冗余信息和平均信息量三者之间的关系。

美国有线电视新闻网（CNN）和中央电视台（CCTV）的新闻节目都采取滚动播出的形式，其主要目的即在于利用冗余信息抗干扰的特性来消解噪音。但如果各档整点新闻节目重复的内容过多，则单位时间内平均的信息量将大为减少，这会使电视观众感到无聊和厌烦。因此，CNN调整了各整点新闻中冗余信息（重复的重要内容）和新信息的比例——冗余信息占30%，而新信息可以占到70%的比重。应该说，这个比例充分考虑了观众的需要。

虽然申农—韦弗模式提高了传播学者的认识，使人们能够更精确地研究传播过程中的具体环节，但是其也有自身的缺陷。他们未能在模式中更多地顾及人的因素、社会因素，忽视了讯息的内容、传播的效果，等等。但这也是可以理解的，因为他们进行的这项研究本身就将焦点放在了技术方面。

以拉斯韦尔模式、申农—韦弗模式为代表的一批线性传播过程模式，给传播学以非常大的研究启发。然而，它们也不可避免地暴露了明显的缺陷，主要表现为：

第一，将传播过程视为起于一点、止于另一点的直线的、单向的过程，没有信息的回路与反馈。

第二，将传播过程视为非环境互动的静态过程，即传播过程只是内部发生的活动，不考虑人的主观能动性，同时不与传播所生存的环境进行任何交换，忽视了社会的客观制约性。

二、控制论传播过程模式

1948年，诺伯特·维纳（Nobert Wiener）出版了《控制论》一书，创立了控制论——用更新的观点来研究动物和机器中与控制和通讯有关的科学。

控制论的基本思想是运用反馈信息来调节和控制系统行为以达到预期的目的。这种方法突破了传统的线性模式研究传播过程的局限，这种带有反馈的双向交流的传播过程被称为控制论传播过程模式，即带有反馈、回路的闭路循环控制系统。

反馈，最早是电子学和物理学使用的一个术语，后来成为控制论的一个重要概念。传播学借用这一概念，将反馈解释为受传者在接收信息后做出的各种反应，即受传者回传给传播者的信息。

在传播研究中应用反馈概念，有着重要的意义。它使人们认识到传播过程不光是线性的单向流通，更存在双向流动的信息传播回路；不仅传播者发出信息，受传者也能发出回应信息，即时刻对接收到的信息作出反应。

实际上，反馈在传播过程中可以发挥巨大的作用。从传播者角度看，反馈可以检验传播效果，使传播者据此调整和规划目前及未来的传播行为。因此，作为传播者，必须增强获取信息反馈的自觉性。从受众角度看，反馈是受众表达意见、需要、态度等信息的方式，受众可以据此更积极、更主动地介入传播过程，主动搜集和使用信息。因此，作为受众，也必须增强提供信息反馈的主动性。

正是基于对反馈的认识，一些传播学者开发出了控制论传播过程模式。

（一）奥斯古德—施拉姆模式

1954年，施拉姆在《传播是怎样运行的》一文中提出了一个新的过程模式，即奥斯古德—施拉姆模式。这个由查尔斯·埃杰顿·奥斯古德（Charles Egerton Osgood）首创的模式是一个高度循环的模式，在这个传播过程中，传播者既是制成符号者、解释者，也是还原符号者；受传者也是如此。

传、受双方互为传播过程的主、客体，行使着相同的职能，即编码、译码和释码。所谓编码，就是将意义或信息转化成符号的过程，这是传播过程中极其重要的环节。作为传播者，其编码水平的高低直接制约着传播效果的好坏。因此，提高编码水平是传播者永恒的话题。编码并非完全是个人的活动，它会受到很多因素的影响：首先，它要受信息的原生形态的制约，在新闻传播领域表现为“客观存在的新闻事实”；其次，它受编码者个人世界观、价值观、知识范围、经验等的制约；最后，它还受编码者所在的社会、文化环境的制约。因此，编码不仅是一个技巧问题，而且还是一个更为深层的领域。所谓译码，就是将符号还原为信息或意义的过程，与编码过程相对应。编码、译码环节是传播过程中的重要步骤，对“传而求通”具有重要意义。

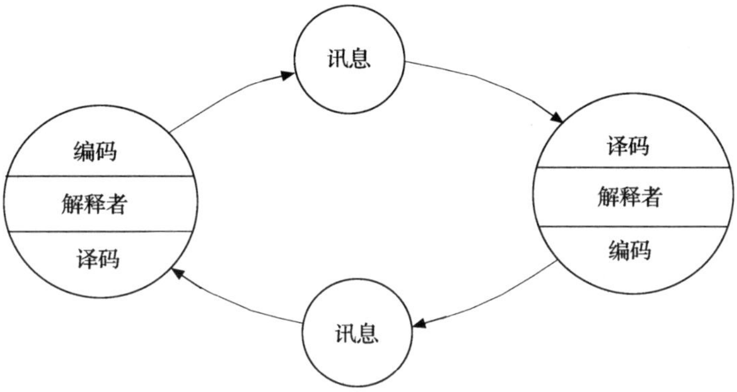

图0-5 奥斯古德—施拉姆模式①

奥斯古德—施拉姆模式比线性模式更进了一步，它特别适用于人际传播，显示了传播双方（例如在对话中）执行着相同的职能。但该模式的缺陷在于，它认为传播是完全对应、平等的，这与实际传播过程中传、受双方往往不对应、不平等的状态有所差别。另外，这个模式虽然能够体现人际传播，特别是面对面传播的特点，但是不能适用于大众传播的过程。施拉姆本人也意识到了这些问题，于是在同一篇文章中又另外提出了一个适用于大众传播的模式，这一模式明确提出了“反馈”。

该模式的中心是媒介组织，它也集编码者、译码者和释码者于一身。它可以从受众处获得推测性反馈，而受众往往是由个体组成的，这些个体分属于各个基本群体和次级群体。事实上，这一模式第一次明确地将受众细化为受众群体和讨论者个人，是一种相当成熟的传播过程“枝节模式”。

（二）大众传播模式

图0-6是施拉姆的大众传播模式，显示大众传播的生产和接收过程以及对媒介的推测性反馈。它标志着传播模式研究从一般传播过程模式走向了大众传播过程模式，也标志着大众传播开始被看作社会的有机组成部分。

---

① 据施拉姆1954年的文章《大众传播的过程及影响》绘制。

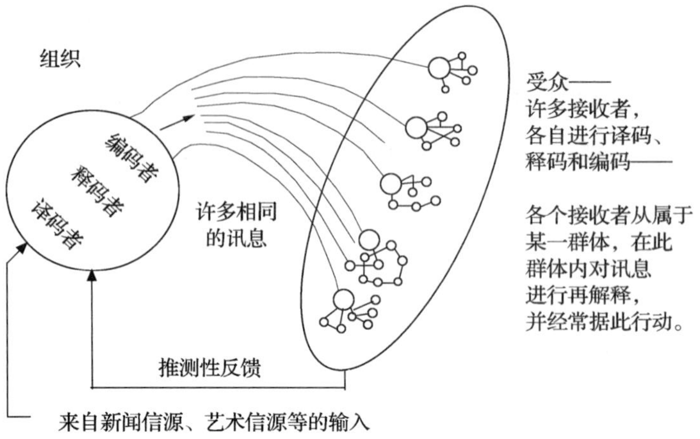

图0-6　施拉姆大众传播模式①

（三）韦斯特利—麦克莱恩大众传播概念模式

在施拉姆大众传播模式提出之后，1957年，美国传播学者B.H.韦斯特利（B.H.Westley）和M.S.麦克莱恩（M.S.Maclean）通过整理当时已有的研究成果，提出了一个适用于大众传播研究的系统模式，引入了第二种传播者C（即信息渠道角色）的概念。（见图0-7）。

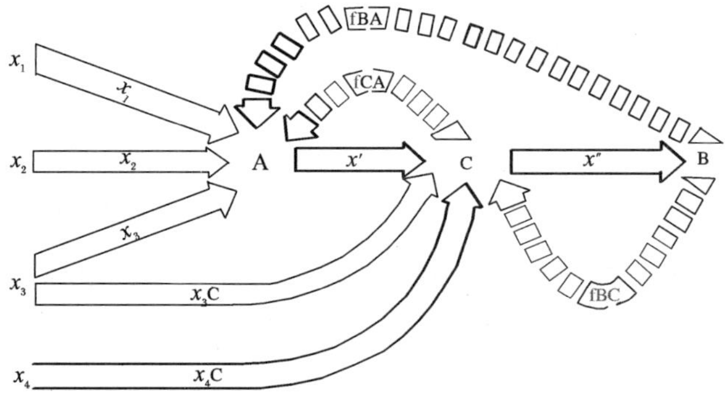

图0-7　韦斯特利—麦克莱恩大众传播概念模式②

该模式中的诸要素代表了如下意义：

x：代表社会环境中的任何事件或事物，传播这些事件或事物的信息要借助大众

① 据施拉姆1954年的文章《大众传播的过程及影响》绘制。

② 据韦斯特利和麦克莱恩1957年文章绘制。

媒介；

A：有意图的传播者，如政治家、广告客户、新闻来源等，扮演“鼓吹者”角色；

C：媒介组织或其中的个人。它们从A或x处选择信息，传播给B（受众）；

B：受众或“行为”角色，可以是个人也可以是群体，还可以是一个社会系统；

x'：传播者为进入信息渠道而做出的选择；

x''：媒介组织向受众传递的经过加工的信息；

x_3C：大众传播组织直接通过x所观察、获取的信息；

fBA：受众（B）向原始信源（A）的反馈；

fBC：受众通过直接接触或受众研究向传播组织的反馈；

fCA：传播者（C）流向鼓吹者（A）的反馈。

这个模式对认识大众传播过程意义重大：首先，它指出了大众传播过程是经过选择的，而且这种选择是经过若干阶段进行的，说明了大众传播过程中的把关人及其多重把关性；其次，它指出了反馈（或缺乏反馈）的重要性。

然而，该模式也有明显的不足：首先，它认为3个参与者之间是平衡的、互利的，整个系统完全自我调节。但事实上，传播过程中3个参与者之间是很少平衡的。其次，它夸大了大众传播过程的一体化程度，在现实中，每一方都会追求各自不同的目标。最后，它过分强调了传播者对社会的独立性。

（四）德弗勒模式

除上述几个模式外，美国社会学家、传播学家梅尔文·德弗勒（Melvin DeFleur）也提出了带有反馈的传播过程模式（见图0-8）。

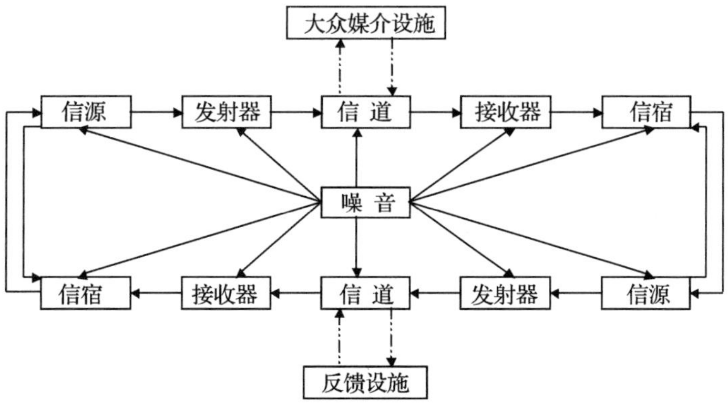

图0-8 德弗勒对申农—韦弗模式的发展①

① 据德弗勒1970年著作绘制。

该模式是在申农—韦弗模式的基础上发展而来的，它克服了后者单向、直线的缺点，明确补充了反馈的要素、环节和渠道，使传播过程更符合人类传播互动的特点。此外，这个模式还拓展了噪音的概念，认为噪音不仅会对讯息产生影响，而且也会对传达和反馈过程中的任何一个环节或要素产生影响。这一点加深了我们对噪音所起的作用的认识。不仅如此，这个模式的适用范围也更普遍，包括大众传播在内的各种类型的社会传播过程，都可以通过这个模式得到一定程度的说明。

当然，德弗勒模式也并不是十全十美的。在这个模式中，唯一提到的一个外部因素是“噪音”。但是，影响传播过程的外部条件和环境因素的复杂性，并不是一个简单的“噪音”概念就能说明的。

总之，由于控制论模式引入了“反馈”概念和机制，从而使得传播过程变成了双向交流的环路，增强了自我调节能力。

然而，控制论模式也有自身的缺陷：首先，它认为传播过程既然是双向环路，那么它必然是一个循环、平衡的自我调节系统。但现实中的传播过程，尤其是大众传播过程却少有平衡、对等。“传播经过一个完全的循环，不折不扣地回到了它原来的出发点。这种循环类比显然是错误的。”[①]

其次，它认为传播过程是一个独立本体运动的过程，即传播过程是独立于社会的自我运行的系统过程，忽视了传播过程的社会、历史和文化背景。

三、系统传播过程模式

线性传播过程揭示了传播过程中最表象、最静态的元素，控制论传播过程指出了传播过程的双向流动特征，但它们都是在传播过程系统内部的探索和研究，揭示的都是其中的微观环节及要素。

在系统观形成的背景下，不少传播学者开始更多地研究传播过程的宏观环境、系统环境，抛弃了那种“传播过程是在社会真空中发生的，环境的影响不值一顾”的观点，更多地认识到传播过程乃是整个社会运行过程的一个组成部分。

（一）赖利夫妇模式

约翰·赖利（John Riley）和马蒂尔德·赖利（Mathilde Riley）夫妇于1959年从社会学的角度提出，大众传播是各种社会系统中的一个系统。他们最早提出了在社会系统框架之中的传播系统模式。

---

① 麦奎尔，温德尔. 大众传播模式论[M]. 祝建华，武伟，译. 上海：上海译文出版社，1987：24.

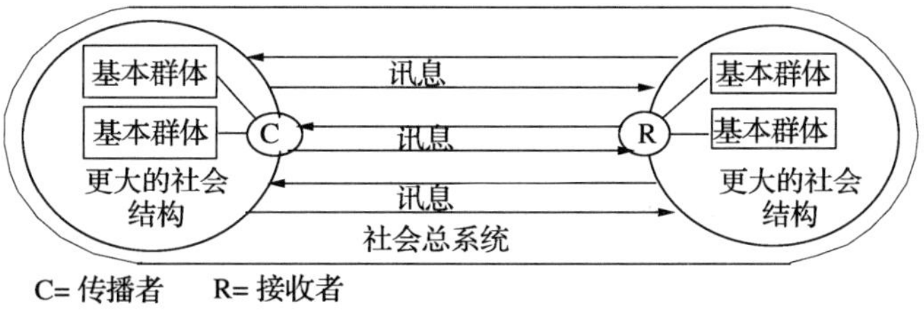

图0-9 赖利夫妇模式：在社会系统框架之中的传播系统[①]

他们将传播过程视为一个系统，并将传播系统放在一个包罗万象的社会系统中去研究。大众传播过程与社会系统之间是互动的关系，两者之间相互影响。赖利夫妇模式开启了大众传播研究的新面貌。可以说，这一模式已经初步涉及传播的基本成分与环境的自变量、因变量之间的关系。

除了上述赖利夫妇的传播系统模式之外，还有不少学者提出了自己的系统过程模式。

（二）马莱茨克模式

1963年，德国学者马莱茨克（Malezke）提出了自己的大众传播过程模式——马莱茨克模式。他从社会心理学的角度研究大众传播，将大众传播过程细分为由众多因素构成的复杂的社会过程，这些因素影响到大众传播过程中的传播者和接收者。

影响传播者的因素有：传播者的自我形象、传播者的个性结构、传播者的工作“组”（即“群体”）、传播者的社会环境、媒介组织中的传播者、由媒介内容的公开性所产生的压力和约束、来自媒介的压力和约束、来自讯息的压力和约束，等等。

影响接收者的因素有：接收者的自我形象、接收者的个性结构、接收者的社会环境、作为公众一员的接收者、来自媒介的压力和约束、接收者心目中的媒介形象，等等。

此外，传播者与接收者还要受到一些相关因素的影响，如接收者与传播者相互之间的形象、来自接收者的自发性反馈等。

① 据赖利夫妇1959年的著作绘制。

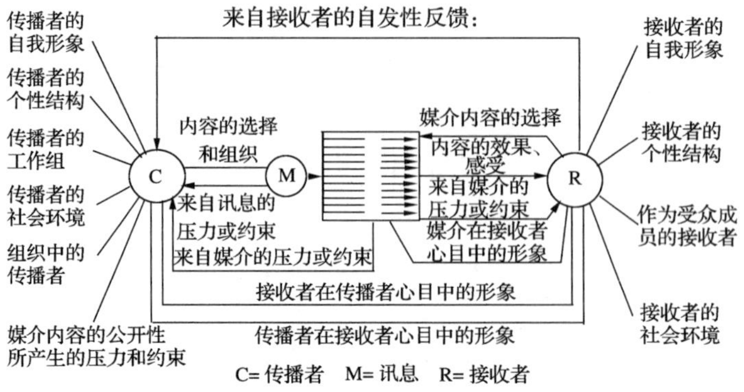

图0-10 完整的马莱茨克模式①

含有如此众多复杂因素的大众传播过程模式是对此前从社会心理学角度研究大众传播的总结。与同为表述系统传播过程的赖利夫妇模式相比，马莱茨克模式添加了更多的附加成分，并进一步指出了自变量和因变量之间的函数关系。它既指出了传播过程的社会制约性，也指出了其中的心理变量。马莱茨克的分析较以往的研究更为系统、全面，且更具社会性。

（三）德弗勒—美国大众媒介体系模式

1966年，德弗勒从更为广大的社会环境出发，通过研究社会中的传播过程，提出了美国大众媒介体系模式（见图0-11，此图是对该模式系统化和简化的表达）。这个模式表述了在自由市场经济条件下，社会中政治、经济力量的变化与传播过程的关系。

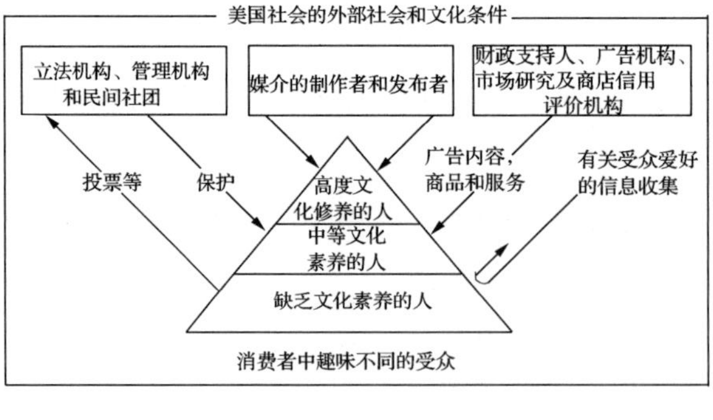

图0-11 德弗勒的美国大众媒介体系模式②

---

① 据马莱茨克1963年的著作绘制。

② 据德弗勒1970年的著作绘制。

这个模式由以下要素组成：

受众（分为不同层次）。

政府及管理机构、民间社团（政治、法律力量）。

金融、商业机构（经济力量）。

媒介制作和分发组织（均为私人公司）。

支撑这个体系运行的是媒介的“低级趣味”内容，它是满足维持这个体系运转的首要财政条件的主要途径，是自由市场原则支配下的大众传播体系。[①]

自由市场下的美国大众传播体系

美国自建国以来一直奉行着约翰·弥尔顿（John Milton）所提倡的“观点的公开市场”与“言论自由”原则，并将保障言论自由写入了《宪法第一修正案》：“国会不能指定任何法律……限制言论及出版自由。”[②]因此，在自由主义的调控下，美国的媒体基本独立于政府控制，成为西方世界所认为的“第四权力部门”。然而，美国媒体在极力避免其沦为政府传声筒的同时，也使得自身在大多数情况下，完全按照市场商业模式进行运作，因此，追逐商业利润成为媒体的首要目标。

首先，从传播主体的角度而言，政治家在美国的传播体系中始终扮演着十分重要的角色，无论是历次的总统大选，还是政府决策所期望的舆论支持，都离不开媒介的力量。因此，无论是共和党还是民主党执政，美国的媒体永远在政治传播中扮演着举足轻重的角色。同时，由于法律所规定的媒介对于政府的相对独立性，媒体对加强政府监督也得到了有力的法律保障。在美国的政治环境中，与媒体关系是否良好，是一届政府成功与否的重要因素之一，也是政策顺利推行的重要保障，更是总统大选中的制胜法宝。

其次，从传播制度层面来看，由于美国媒体主要掌控在为数不多的几家传媒集团手中，因此，在媒体私营的制度背景下，各家传媒巨鳄纷纷为追逐商业利益而展开激烈的商业竞争。而伴随着媒体之间激烈的商业竞争，传播内容的低俗化也饱受诟病。例如，早在19世纪末、20世纪初的美国，报业巨头赫斯特与普利策之间的竞争，把美国传播业引向了一个“黄色新闻”时期，报纸的整个头版上充满了“死亡、耻辱与灾难”，性、谋杀、自我推销及人情味的报道充斥其间。

再次，德弗勒指出，支持美国传播系统运作的是“低级趣味”内容，所谓低级趣味内容是指虽然具有广阔的受众市场，能获得受众的普遍关注，但却饱受专家质疑甚至批判的内容。而美国的绝大多数媒介内容都曾饱受专家质疑，各种电影电视画面中充满了暴力、血腥、色情的镜头。这正如尼尔·波兹曼（Neil Postman）所提出的观点：娱乐至死。在当前的视频媒介时代，一切信息都在以娱乐化的方式被构建，这也是当前美国大众传播体系，乃至整个美国文化的一大热点议题。

最后，在自由市场经济的原则下，美国整个大众传播体系的主要收入源自两个方面：一方面是广告收入，广告收入占据了美国整个传媒系统利润的相当一部分比例；另一方面，美国的媒体收入主要来源于内容经营与渠道运营，通过规模化的媒介内容生产以及良好的传播渠道运作，让每一个主体都能得到最大限度的开发和利用，这也使得美国的“文化工业”能够在世界独领风骚。

---

①② 米尼克，鲍尔—洛基奇. 大众传播动力学：数字时代的媒介[M]. 蔡骐，译. 7版. 北京：中国人民大学出版社，2009：369.

（四）大众传播效果依赖模式

德弗勒及其合作者在分析美国大众传播体系的基础上，进一步提出了更具普遍意义的“大众传播效果依赖模式”（或称“媒介系统依赖模式”），该模式显示了社会、大众媒介、受众、效果之间的互相依赖关系（见图0-12）。

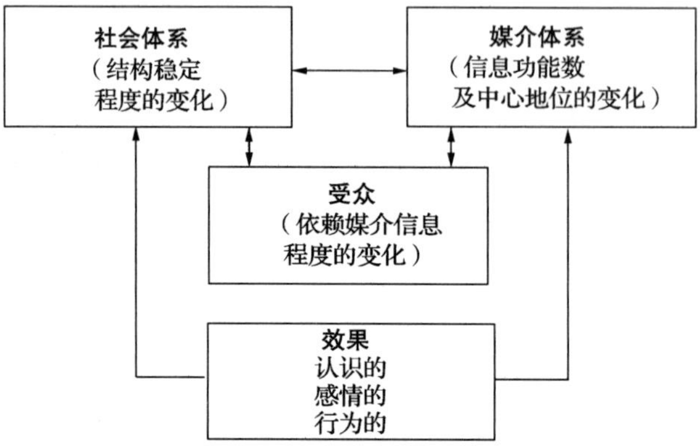

图0-12 鲍尔—洛基奇（Ball Roeach）与德弗勒的依赖模式[①]

大众传播效果依赖模式是一种社会系统模式，它将大众媒介看作积极参与处于社会行动的社会、群体和在个体层次上处于维持、变化与冲突过程中的信息系统。

这个模式中的受众、媒介体系和社会体系是决定大众媒介效果的3个条件，彼此之间相互联系。社会体系根据自身的稳定程度而变化，这就刺激和影响了信息的发送与接收；受众随社会体系和社会条件的变化而变化；大众媒介因条件、社会不同，在数量、多样性、可靠性及权威性等方面都会产生差异，其功能也会有所不同。

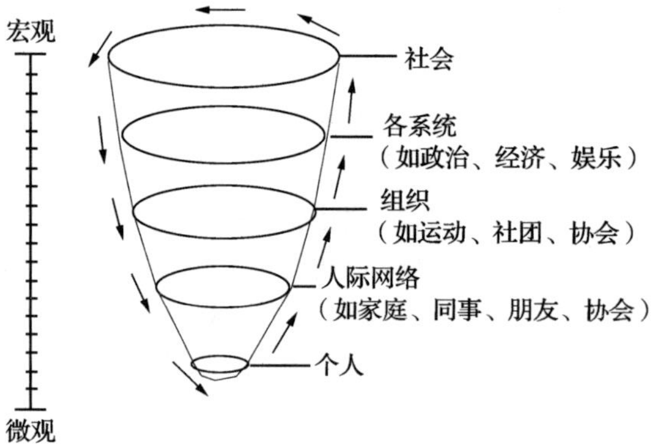

图0-13 媒介系统依赖关系变化的波纹效果

德弗勒认为，媒介与社会、个人等的依赖关系会发生变化（见图0-13）。

“媒介依赖关系的变化会产生波纹效果。它始于旋斗上端的媒介在社会中的位置，螺旋下降贯穿于媒介系统与各社会系统、组织和人际网络的依赖关系，直达与个人的依

① 据鲍尔—洛基奇与德弗勒1976年的文章绘制。

赖关系。媒介系统在社会作用上的变化，会波及社会系统的所有层次。这种作用的变化具有增大各社会系统、组织、人际网络和个人的媒介依赖性的效果。”①各系统的变化可以自上而下，也可以自下而上。

“媒介系统通过与个人、人际网络、组织和社会系统结成的复杂的依赖关系”，已成为“当今社会的延续所必不可少的一个信息系统。媒介所起的具体社会作用在各个社会有所不同，因为媒介系统在不同社会具有不同的生存依赖关系”。②

德弗勒等人提出的“媒介系统依赖模式”，突出了传播媒介与社会、受众之间密切的相互关系，它表明媒介系统实际上是社会系统一个不可分割的子系统。

系统论的传播模式在这一时期产生的影响很大，学者在对传播活动进行研究时往往将之视为系统予以考量，如美国学者约翰·麦克马纳斯（John H.McManus）在对20世纪美国的市场新闻业进行研究时便对新闻媒体与其他社会组织之间的关联予以了考查，认为大众媒介生产是环境（如社会的文化价值观、法律条文、技术条件等）、投资者、媒介企业母公司、媒介企业、新闻部门、广告商、新闻消费者、新闻来源、一般公众等多种力量共同作用的结果，他据此提出了关于市场新闻生产的“交换理论”，并绘制了商业化新闻生产的模式图（见图0-14）。

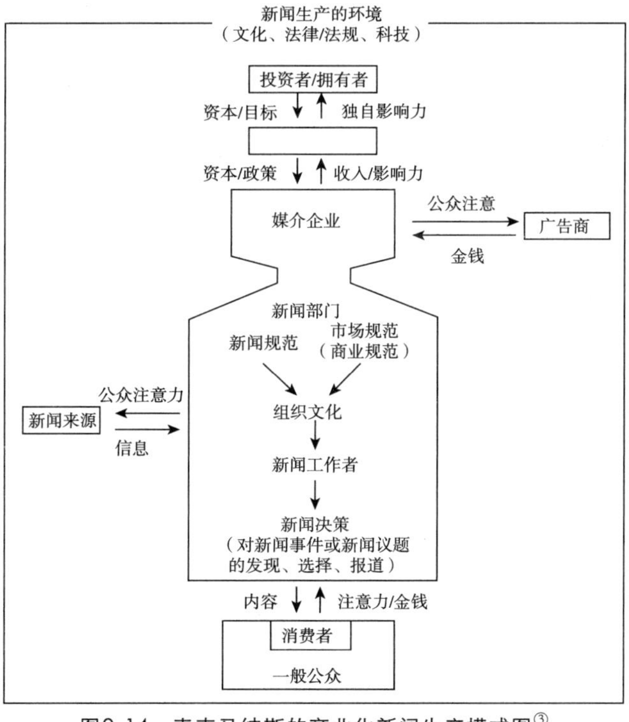

图0-14 麦克马纳斯的商业化新闻生产模式图③

①② 德弗勒，鲍尔—洛基奇. 大众传播学诸论[M]. 杜力平，译. 北京：新华出版社，1990：362.

③ 麦克马纳斯. 市场新闻业：公民自行小心？[M]. 张磊，译. 北京：新华出版社，2004：44.

在这一模式中，媒介企业与消费者、新闻来源、广告商、潜在投资者等外部力量之间依据经济学原理进行合作、彼此联系——投资者为媒介企业母公司提供资金和基本的运行条件，媒介企业母公司为投资者提供利润回报；媒介企业母公司向下属的媒介企业分派资金、制定发展政策，并任命企业主管，同时，媒介企业母公司也从媒介企业那里获取利润收入；媒介企业任命新闻部门负责人，制定新闻部门的预算，为其设定受众目标、新闻政策等；新闻来源通过新闻媒介向公众传递信息，同时，新闻媒介也依靠新闻来源获得新闻的原材料；媒介企业收集公众注意力，广告商获得该受众群的统计数据后向媒介企业付钱；新闻消费者用自己的注意力换取信息。麦克马纳斯这种将商业化新闻生产的过程视为一个系统，并将之置于一个整体的社会系统中进行研究的方式正是系统传播过程模式在具体新闻实践研究中的应用范例。

以上几种系统传播过程模式虽然着眼点各有不同，但基本思路仍然具有某种关联性，为我们提供了有益的启发。同时，我们也应该看到，目前对传播过程的系统研究还处于起步阶段，这主要表现在理论模式较多而应用模式的开发则较少。即便是理论模式，也还存在着各种各样的缺陷，如马莱茨克模式虽然列举了各种各样的影响因素，但并没有对这些因素的作用强度或影响力的大小差异进行分析。社会常识告诉我们，大众传播者和受传者个人对媒体内容都会产生影响，但两者影响的性质和大小却是截然不同的。不对这些情况加以区别，我们在考察大众传播过程时就很难抓住主要矛盾。这说明，关于社会传播的系统研究还有待于进一步深化和完善。

四、互联网传播过程模式

个人电脑及互联网的出现给传播开辟了一种崭新的渠道。电子邮件式的一对一传播，其传播特征类似电话又类似信件；聊天室、电子公告牌、列表服务等形式代表着传播的一种特殊形式，在那里，多人与多人交流，这在传统的传播媒介中没有类似物（尽管电话会议和电视会议可能与它们最为接近）。互联网将电脑带到了大众传播领域，并推翻了一对多传播的既定模式，创造了一种不同类型的大众传播者。互联网不同于传统媒介的形式，它包含了更多的传播情境和信源，促使大众传播学者不得不重新思考大众传播的定义和种类，同时，也使描述大众传播的新模式成为必需。

施拉姆的大众传播模式（见图0-6）是大众传播的一个传统模式，它阐明了大众传播的核心概念。从这一模式的最左端开始，来自环境的信息（新闻及娱乐）被一个大众媒介组织（报纸、电视、电影制片厂、唱片公司等）过滤，内容在那儿被编码、解释和译码。换句话说，媒介组织充当了一个把关人。在一家唱片公司所能发行的CD中，只有一些会被人注意到，这些潜在的热门就会被大量地复制生产。在一张报纸上，记者的采访有可能成为新闻的事件并被编码成一则报道，接着，这则报道被一位编辑审查，由编辑决定这篇报道是否会出现在报纸上。一旦通过了这扇“门”，讯息便将被多次复制并被送至合适的渠道。比如，一家唱片公司生产了大量的CD，它们被送到零售商店或直接来到消费者手中，成千上万份报纸被印刷并送给订户。

模式的最右边代表的是接收者（或者受众）。该模式特别指出，这些受众成员不仅是被动的讯息接收者，而且他们自身也在编码、释码和译码。此外，受众成员彼此之间也不是孤立的，他们与诸如家庭、同龄人以及同事这样的群体有联系，彼此之间讨论自己通过媒介接受的讯息并重新解释这些讯息，还经常根据这些讯息来行动。一些受众行为（如购买一个产品，订阅一份报纸，观看一个电视节目）引起了媒介组织的注意，他们将此视为受众反馈来帮助自己制作未来的讯息。信源与接受者之间很少有直接的互动。总的来说，施拉姆模式代表了传统的“少数对多数”的传播模式，在该模式中，只有那些承载量较大的信源才能对其他人发布和分送信息。

与之相对，图0-15表现了互联网大众传播模式的运行过程，这是一种能将多种信源传播给多个接受者的新系统。在这个简化的模式中，内容不仅由组织而且也由个人提供。这种情形摒弃了把关人，个体就能完成编码、释码和译码。值得注意的是，这不是一个单向模式—— 传播并不是从左向右进行，而是集体向内部流动。传统的大众传播无须从头开始这一过程，接受者有可能选择互动的时间和方式。假设你想知道一场比赛进行得如何（这场比赛涉及一支你非常喜欢的足球队，这支球队进入了

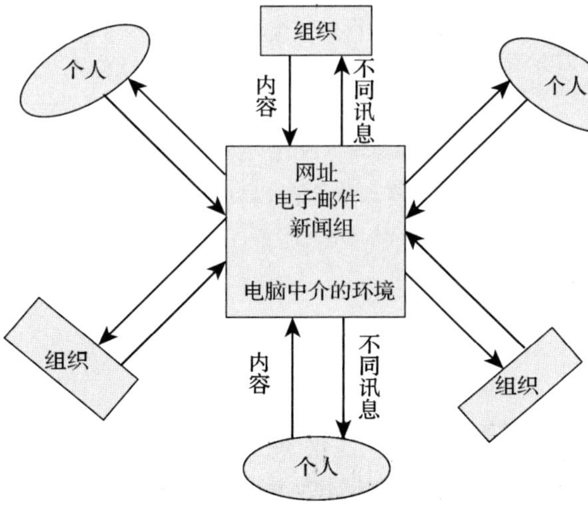

图0-15　互联网大众传播模式[①]

① 多米尼克，鲍尔—洛基奇. 大众传播动力学：数字时代的媒介[M]. 蔡骐，译. 7版. 北京：中国人民大学出版社，2009：21.

社会化媒体改变世界

马歇尔·麦克卢汉（Marshall McLuhan）曾说，“媒介即讯息”。今天，社会化媒介的出现不但彻底改变了我们的传播模式，也改变了这个世界。无论是海地地震时的facebook救援行动、“7·23甬温线动车追尾事件”期间的微博寻人，还是美国总统特朗普的“twitter”治国，社会化媒介的身影总是无处不在。而社会化媒介所改变的最关键的一点便是信息传播的模式，传统的信息传播模式通常是传播者将信息推送给受众的较为偏向线性传播模式；然而在网络传播盛行的今天，尤其是社会化媒介占据了大部分网络资源的时代，信息更多地偏向于受众主动选择、获取的模式，社会化媒介如facebook、微信等，在作为传播渠道的同时也成了一个信息集散平台，无数的信息汇聚于此，信息的使用者通过分享获取信息。

在社会化媒介盛行的网络传播时代，传播者与受众不仅仅在界限上变得模糊，在彼此之间的关系上也显现出前所未有的紧密、熟悉。在传统的大众传播时代，传播模式通常是一对多的，传播者与受众之间的关系较为疏远，彼此往往是通过间接的渠道进行推断性了解。受众对于传播者而言具有“多、杂、散、匿”的特点，因此，在传播内容的构建方面也必然缺乏针对性，信源的可信度也会因传播者的不同而有所浮动。在社会化媒介的传播模式中，分享是关键词，我们分享的往往是自己的朋友所传播的信息。在分享的过程中，不但传播者与受众之间的关系具有私密性，而且信息的信源可信度也会得到相应的提高，因为基于对好友的了解，我们往往会对他（她）所分享的信息有一个基本的认知判断。因此，社会化媒介的出现，在某种程度上缓解了信息过载给受众信息处理能力带来的压力。

图0-16　涟漪效应指一个事物造成的影响渐渐扩散的情形，其发生过程类似于一个物体掉到水面时导致涟漪渐渐扩大的情形。

社会化媒介传播模式在传播过程中的一个显著特点便是多重把关的存在，且每一个把关人之间的地位在一定程度上是相对平等的，每分享一条信息，即是对信息传播的一次把关。因此，在社会化媒体中，通过多重把关，有助于信息使用者在这个信息过载时代更高效地从海量信息中筛选出对自己有利的信息。

不过，也应注意到社会化媒介这种多重把关模式与社会风险放大之间的潜在关系。在《发展社会学》一书中，诺曼·朗恩（Norman Long）阐述了涟漪效应（ripple effect）的发生机制，即效果的产生往往是由一串互不相关的行为共同导致的，这些个体彼此也许都无意促成某一结果，但其无意为之的行为却最终导致了结果的发生。在风险信息经由社会化媒介传播的过程中，涟漪效应的作用不可低估，尤其当某事件被社会化媒介中的意见领袖评论时，有关的信息就会呈几何级数增长，从而导致社会风险的放大。

加时赛并且比赛要到夜里很晚才结束），如果是传统媒介，你就不得不等着报纸的刊印或电视台、电台来报道；但如果是互联网，你就可以访问一家有体育新闻的网站并且立即得到信息。如果想知道得更多，你还可以访问自己喜欢的球队的网站，得到更多的细节并检索留言板，看一看其他人对比赛结果的反应。简单地说，受众成员可以更多地控制这个过程。

传统模式和互联网模式之间的另一个差别，是流向每一个接受者的讯息并不是相同的。例如，当你登入互联网时，对于用什么来作为自己的首页，你可以有很多不同的选择。此外，你还可以订制自己希望接收的信息。例如，Google搜索引擎提供了许多不同的结构，使你能选择特定的体育资讯、新闻标题、证券市场报道、天气预报以及娱乐新闻。一些学者把传统大众传播模式的特性定义为“推”模式（发送者把信息推给接受者），而把互联网模式定义为“拉”模式（接受者只拉出自己所需要的信息）。

另外，在传统模式中，讯息多以线性方式进行。比如，一份报纸的设计通常是从第一页到第二页，一本书也是从第一章到第二章。而互联网则以超文本的形式呈现信息，文本、声音、图像以及动作被某种方法链接起来，从而让使用者能用自如、无序的方式在各讯息中跳跃，信息接收者不必再从头开始找寻自己所要的信息。

第三节　传播的类型

由于传播学研究的范围十分广泛，因而它所研究的对象会根据不同时代和不同社会形态以及不同层次的人类信息传播行为表现出多种传播类型。施拉姆认为，传播联系的方式因人而异，每个人大致有如下的传播联系：①

大量的内部交流——同自己谈话、思索、回忆、决定、臆想。

同亲近的人交流——家属、朋友、邻居。

在工作单位内部的交流。

自己的生活方式和社会环境所需的“维持性”交流——同行业和服务行业人员，同大夫、牙科医师、律师，同理发师、加油站工人、出租汽车司机，同政府职员，例如税收人员、汽车管理部门人员、警察和消防队员。

同业务上和社会上只有一面之交的人交流。

同主要通过书籍和大众媒介了解到的人物交流（在大部分情况下是向他们了解情况）。

从大众媒介中的无出处的消息、参考书籍以及人们日常接触到的文化的各种暗示中获得大量知识。

---

① 施拉姆，波特. 传播学概论[M]. 陈亮，周立方，李启，译. 北京：新华出版社，1984：105.

在网络技术，尤其是web2.0技术的支持下，互联网传播开启了一个崭新的时代，在改变网络传播的同时，也深刻地影响着传统传播模式的变化，这里主要介绍几种极具代表性的互联网传播工具。

Google，作为网络传播工具中的代表，是全球最为著名也是最为成功的搜索引擎，是互联网传播时代下整合全球信息的平台。Google 的创始人拉里•帕奇（ Larry Page）和 瑟奇•博林 (Sergey Brin) 在斯坦福大学的学生宿舍内共同开发了全新的在线搜索引擎，然后迅速传播给全球的信息搜索者。Google 目前被公认为全球规模最大的搜索引擎，它提供了简单易用的免费服务。“不作恶”（Don't be evil）是谷歌公司一个非正式的公司口号，最早由Gmail服务创始人在一次会议中提出。Google 使用 PageRank等技术，可以通过对由超过 50，000 万个变量和 20 亿个词汇组成的方程进行计算，PageRank 再对网页的重要性做出客观的评价。PageRank 并不计算直接链接的数量，而是将从网页A指向网页B的链接解释为由网页A对网页B所投的一票。这样，PageRank会根据网页B所收到的投票数量来评估该页的重要性，检查整个网络链接结构，并确定哪些网页重要性最高。然后进行超文本匹配分析，以确定哪些网页与正在执行的特定搜索相关。在综合考虑整体重要性以及与特定查询的相关性之后，Google可以将最相关、最可靠的搜索结果放在首位。从信息传播的角度来看，Google有两个显著的特点：一是Google通过超文本匹配，对信息进行更为有效的筛选，通过这样一种信息整合的方式，使碎片化的信息得到了相对完整的整合，在提高信息传播质量的同时为受众了解和获取信息节约了时间，提高了效率；二是Google在传播过程中发挥了一个信息平台的作用，方便受众与传播者通过这样一个平台分享信息，从而改变了传统的线性传播模式，受众能够更便捷地从Google上获取自己所想要的信息，并通过链接功能了解信息的全貌以及相关背景材料及评论。Google的出现在很大程度上改变了传统受众作为信息接收者相对被动的地位，成为主动的信息获取者。

作为社会化媒介的代表，facebook于2004年2月4日上线。2015年8月28日，facebook的单日用户数突破10亿人，2018年，facebook平台支持超过100种语言，数据中心遍布30余个国家，并拥有2.5万名雇员。其创始人马克•扎克伯格在其就读于哈佛大学期间创立了facebook，并因此成为世界上最年轻的亿万富翁。2010年12月，扎克伯格被《时代杂志》评选为“2010年年度风云人物”。facebook拥有更新状态、发布信息、上传视频和照片、链接小游戏、应用程序接入口等功能，而这些功能使得facebook的传播更多地倾向于一种关系传播。如果说Google的功能更偏重于信息的获取，那么facebook则更加注重关系的建立，每一个facebook的用户所建立起的网络关系，通常不外乎自己身边的朋友、亲人、同学，或是某一领域内的意见领袖和名人。2006年以来，facebook新增了关于企业公司的板块以及品牌的公共主页。通过对其用户的数量结构分析，我们可以看到，facebook上的每一个用户都是以自己为核心对外进行辐射并以此来建立关系的，这样的传播模式在一定程度上使得facebook上的信息更具说服力，同时也使得传播内容更加具有针对性。近年来，faebook开始在AR、VR等未来影像领域发力。2017年，facebook发布了基于手机摄像头的AR特效平台Camera Effects Platform，用户只需一部智能手机即可制作AR滤镜并分享AR体验；同年，facebook推出基于虚拟现实的社交应用Facebook Spaces，该应用基于社交链，可在虚拟现实情景中将真人模拟为卡通形象进行交流。2019年9月26日，阿里云与facebook达成合作，facebook旗下的开源深度学习框架PyTorch进驻阿里云机器学习平台，这是facebook作为社交媒体与人工智能领域开展深度合作的一次尝试。另外，在智能硬件设备的开发上，facebook亦有不俗的表现，如facebook的智能音箱Portal配备镜头和触摸屏，用户便可进行视频社交，还可通过摄像头扫描房间、锁定人们的面部表情，传输到智能终端，实现远程交互、智能安防等功能。另外，2019年6月，facebook主导的加密货币项目Libra正式发布，该项目旨在建立一个简单、无国界的金融支付系统，其目标用户是全球人民。

YouTube是世界上最大的视频分享网站。早期，公司总部位于加利福尼亚州的比萨店和日本餐馆，让用户下载、观看及分享影片或短片。2005年2月，由3名PayPal的前任员工所创建，网站的名称和标志皆是自早期电视所使用的阴极射线管想象并提炼而成。2006年11月，Google公司以16.5亿美元收购了YouTube，并把其当作一家子公司来经营。作为全球最大的视频分享网站，虽然YouTube的出现给传统的广播电视行业带来了极大的挑战，但是同时也为电视行业的发展提供了新的平台，拓宽了人们对传统电视意义的理解。作为当前行业内最为成功、实力最为强大、影响力颇广的在线视频服务提供商，YouTube的系统每天要处理上千万个视频片段，为全球成千上万甚至几十亿的用户提供高水平的视频上传、分发、展示、浏览服务。 通过强有力的技术支持，YouTube支持多种格式的视频内容，并且放宽了上传文件的规格，容量不超过2G且长度不超过15分钟的视频在这里都是被允许的。

微博，作为中国时下最热门的网络传播工具，开启了传播的新时代。微博是一个基于用户关系的信息分享、传播以及获取的平台，用户可以通过WEB、WAP以及各种客户端组建个人社区，以140字左右的文字更新信息，并实现即时分享。最早也是最著名的微博是美国的twitter，根据相关数据，截至2020年1月30日，facebook的月活跃用户已达25亿人。2009年8月，中国最大的门户网站新浪网推出“新浪微博”内测版，成为我国门户网站中第一家提供微博服务的网站，微博正式进入中文上网主流人群视野。首先，微博最大的特征在于其时效性，尤其是在微博与各种移动终端相结合后，任何信息都能够通过微博发布，从而彻底打破了事件发生与传播之间的时间间隔。同时，由于微博信息的更新频率极高，因此，微博也成为当下人们获知信息的首选信源之一。其次，由于微博传播是建立在人际传播的关系之上的，因此其传播特点也很好地结合了大众传播与人际传播的特点，在很多时候，其信息不但具有本身的内在说服力，更有通过意见领袖或相关群体所赋予的外在说服力。

Instagram是facebook旗下的照片和视频共享社会化媒体。它由凯文•西斯特朗姆（Kevin Systrom）和麦克•科里亚哥（Mike Krieger）创建，于2010年10月在iOS上启动，并于2012年4月发布了适用于Android设备的版本。instagram允许用户上传照片和视频，使用滤镜对其进行编辑，并可以设置标签和位置信息。帖子可以公开分享，也可以只与关注者分享。用户可以按标签和位置浏览其他用户的内容，查看热门内容，为喜欢的照片点赞或关注其他用户。instagram最初的特点是仅允许内容以640像素的1: 1正方形长宽比进行构图，以匹配当时iPhone的显示宽度。2015年后，这一规格增加到了1,080像素。另外，instagram可以实现图像或视频的即时传送，并且，与其主要竞争对手Snapchat一样，instagram也有一个“故事”功能，这个功能使用户可以在其帖子中发布照片和视频，供其他人在24小时内查看。自2010年发布以来，instagram迅速受到欢迎，两个月内有100万注册用户，这一数字在1年后达到了1,000万，2019年5月显示的注册用户数为10亿人。另外，截至2019年1月，每天有5亿用户使用instagram的故事功能。

微信（WeChat）是腾讯开发的中文即时通信应用程序。它于2010年由张小龙带领腾讯广州研发中心产品团队开发，并于2011年首次发布。微信支持跨通信运营商、跨操作系统平台的免费即时信息传送，用户仅需耗费少量网络流量即可传送文字、图片、视频等信息，同时可通过“朋友圈”分享各类媒体内容，通过公众号阅读和订阅媒体信息，通过各类小程序使用各种第三方服务，也可使用基于位置的社交插件“摇一摇”和“附近的人”等服务插件。另外，自其支付功能于2014年上线后，现在微信已经成为我国使用率最高的移动支付应用程序之一。据相关数据，自2011年推出后，到2016年第二季度时微信已经覆盖了中国94%的智能手机，月活跃用户达到8.06亿人，这一数据在2019年第二季度到了11.33亿人。

抖音短视频，简称抖音，是一款主要在智能手机等移动设备上使用的短视频社交应用程序，最初定位为适合中国年轻人的音乐短视频社区。现在，虽然抖音上的内容更加多样，但背景音乐与视频内容的结合仍然是其最大的特色。抖音于2016年由互联网公司字节跳动推出，一年内即获得1亿用户。2017年9月，抖音国际版TikTok在国际市场推出，随即在泰国、日本、印尼、德国、法国和俄罗斯等国家和地区多次登上当地App Store或Google Play总榜的首位。2018年10月，TikTok超越facebook、instagram、Snapchat和Youtube等，成为美国点击量和下载量最高的应用。从信息传播的角度来看，抖音的发展主要有两方面值得关注。一方面，抖音在智能算法方面加大了投入，通过分析用户与各种类型视频的互动频率和时长等为用户画像，从而为其推送更个性化的、符合其喜好的内容产品；另一方面，抖音短视频娱乐性强、单条视频时间较短等特点符合互联网用户在碎片化时间观看娱乐化内容的需求，这为其迅速占领用户市场提供了契机和条件。

不过，随着网络媒体等新型媒体的发展和普及，当前环境下人们所参与的传播活动早已不止施拉姆所阐述的这7种类型。例如，现在人们可以通过互联网、社交软件等与素不相识的其他人进行交流，也可以通过虚拟现实和增强现实等智能媒体技术获取知识。

一般而言，按照信息传播和接受范围的大小，我们可以将传播的类型分为5大类：内向传播、人际传播、群体传播、组织传播和大众传播。

一、内向传播

你思考过自己吗？你对自己的看法是否改变了生活？与几年前的你相比，你如何看待和认识现在的你？当你处在不同环境、遇见不同的人的时候，你会对自己的形象或角色做出多大的改变呢？你到底有多了解你自己？这种内在的或自我进行信息处理的活动被称为内向传播，亦称自我传播、自身传播，是个人在接受外部信息并在人体内部进行的一种信息交流活动。

（一）自我意识

作为人类，我们都具有独一无二的思考自身的能力，自我意识就是人所特有的关于“你是谁”以及“你是做什么的”等一切观点和态度的总和。自我意识由两部分组成：自我形象和自我认同。自我形象指你认为自己所扮演的角色，即你把自己归入哪一类，你用哪几个词来描述和定义自己，以及你认为别人是如何看待你的；自我认同则常是由自己的成功或失败经历而来，因此，它会将你的自我形象染上积极或消极的色彩。

换句话说，如果你对自己有一个积极的看法，那你的自我认同则较高；相反，如果你对自己的看法是消极的，那么你的自我认同则更可能较低。这种影响一般分为5个层次：竞争（你认为自己是有能力、有效率的）、价值（你认为他人有多看重你）、认知（你对自己的个性和人格的认识）、影响（你如何评估自己以及由评价而生的感受）以及稳定性（或可变性）。

最早从传播的角度对人的自我意识及其形成过程进行系统研究的是美国社会心理学家乔治·赫伯特·米德（George Herbert Mead）。米德将自我分解成相互联系、相互作用的两个方面：一方面是作为意愿和行为主体的“主我”（I），它通过个人围绕对象事物从事的具体行为和反应体现出来；另一方面是以他人的社会评价和社会期待值为代表的“客我”（me），它是自我意识的社会关系性的直接体现。换句话说，人的自我在“主我”和“客我”的互动中形成，有时更是这种互动关系的体现。

张先生是一名成功而富有的商人，也是一个丈夫和父亲，在社会生活中扮演着各种各样的角色。但是他有酗酒的不良习惯，亲友都不断地规劝他戒酒。于是，在他再次端起酒杯的时候，他就要经过一番考虑：酗酒是否符合一名成功的商人、合格的丈夫和父亲的形象？商业伙伴、妻子、孩子、朋友对此事会如何评价？他们对自己的角色期待是什么？经过如此等等的考虑，张先生最终做出了决定：继续酗酒或者戒除酒瘾。不管这种决定的性质如何，都是张先生自己做出的，它表现了“主我”的作用。然而，这个“主我”并不是一意孤行的，相反，它受到了各种社会关系的影响，是“客我”的反映。

作为自我传播的人内传播就是一个“主我”和“客我”之间双向互动的社会过程，互动的介质是信息，用米德的话来说即“有意义的象征符”。这个“象征符”不但能够引起他人的反应，而且能够引起使用者自己的反应（见图0-17）。

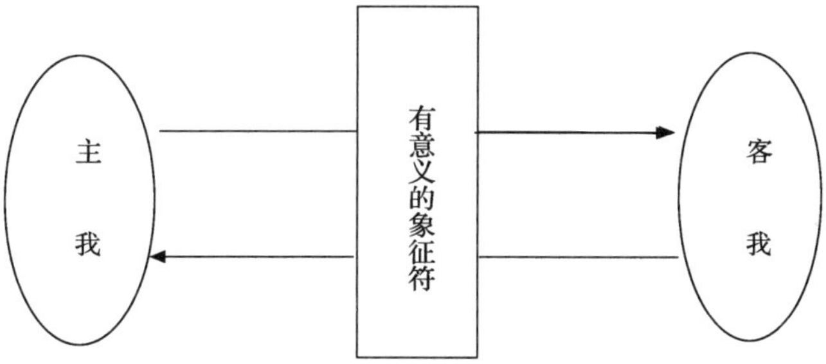

图0-17 人内传播的双向互动性[①]

（二）自我互动

图0-18 赫伯特·布鲁默

“人是拥有自我的社会存在，人在将外界事物和他人作为认识对象的同时，也把自己本身作为认识的对象。在这个过程中，人能够认识自己，拥有自己的观念，与自己进行沟通或传播，并能够对自己采取行动。”现代象征互动理论的集大成者赫伯特·乔治·布鲁默（Herbert George Blumer），美国

① 郭庆光. 传播学教程[M]. 北京：中国人民大学出版社，1999：79.

社会心理学家，在其1969年出版的《象征互动论》一书中提出了这样的观点，即人能够与自身进行互动——自我互动。

布鲁默指出，这种自我互动在本质上是与他人的社会互动的内在化，也就是与他人的社会联系或社会关系在个人头脑中的反映。不过，自我互动并不是与他人的社会互动在头脑中的简单再现，而是具有独自的特点。换句话说，在自我互动过程中，人脑中会出现关于他人期待的印象，这些期待具有一定的意义，个人会考虑这些期待对自己意味着什么。但是，个人不会原封不动地接受这些期待。在人内传播的过程中，个人会沿着自己的立场或行为方向对他人期待的意义进行能动地理解、解释、选择、修改和加工，并在此基础上重新加以组合。经过这个过程的他人期待已不是原来意义上的他人期待，它所形成的自我也不再是原来意义上的自我—— 一个新的行为主体产生了。

心理学家罗伯特·罗森塔尔（Robert Rosenthal）为印证这一理论曾做过一个课堂试验。在试验中，教师在毫不知情的情况下被告知班里有哪些学生是优等生，哪些学生是差等生，而实际上，这些学生是被随意划分的。结果，一段时间后，那些随机被选中的优等生的确表现得比随机选中的差等生出色得多，而且智商也得到了提高。显然，是教师对待学生的方式明显地影响了学生对他们自己以及自身能力的看法，教师会通过语言或非语言的暗示，对那些优秀学生表现出特别的好感，在他们回答不出问题时耐心等待，即使他们的答案是错误的，老师也不会表现出反感，而对于差等生则相反。综上，学生会相应地回应教师的态度，优等生会加倍努力以回应并满足这种预期，而差等生则在老师消极的态度中自暴自弃。这个试验说明了自我满足预期的重要性。

当一个人对某件事的期望有助于创造使得该事件发生的条件时（见图0-19），自我满足预期就发生了。换句话说，你的预期能够让原本不太可能发生的事情增加发生的概率。最著名的自我满足预期的例子就是皮格马利翁效应（pygmalion effect）。

这个词来源于古希腊神话皮格马利翁的故事。皮格马利翁是一位雕塑家，他爱上了自己创作的一件美丽的雕塑，阿芙罗狄忒（即维纳斯，主管爱与美的女神）被皮格马利翁的痴情所感动，于是施以援手，赋予了雕像生命。乔治·萧伯纳（George Bernard Shaw）曾将这个故事改编为一个更为现代的剧目，后来又被搬上舞台和电影银幕。在萧氏的剧本中，亨利·希金斯（皮格马利翁）试图将一个贫穷的卖花姑娘伊丽莎白·杜丽特变成一个和过去完全不同的、谈吐高雅的上流社会名媛。其实在现实生活中，我们就像伊丽莎白·杜丽特一样，一直都在按照别人希望我们的那样去生活和处事。

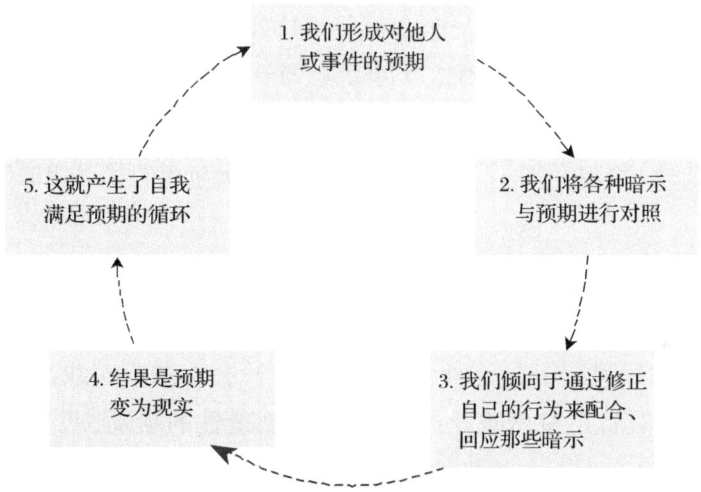

图0-19　自我满足预期的步骤[①]

（三）自我觉醒

很多因素可能会导致我们保持在他人看来并不真实的形象，因此我们应该意识到自我与自我意识之间是有差异的。有时候我们会对自己有过高的估计；有时候又会把自己看得过于糟糕。也许是我们太关注自己的表现，而没有注意到他人给我们的反馈；或者，他人有可能为了让我们分享同样的感受，而给我们发出歪曲了的信息；又或者，我们获取的信息不是当下的、现实的，因此对自己的看法是过时的。

---

① 甘布尔，甘布尔. 有效传播[M]. 熊婷婷，译. 北京：清华大学出版社，2005：49.

自我觉醒就是一种为了能更好地理解自己的反思活动，也是一种重要的人内传播形式。我国的儒家思想就很重视长期的自我反思活动。“吾日三省吾身”“内省不疚，夫何忧何惧”，都是强调通过自我觉醒来完善个人的品德和行为。

根据米德的研究，一个人在遇到困难、障碍等新的问题状况，对既有的行为方式是否适用难以做出判断之际，就会激发一种内省式思考。在面临新问题时，由于个人不知道过去的习惯做法是否合适，所以通常不会立即做出反应。在反应滞后、行为停滞期间，内省式思考就会活跃起来，通过人内传播来做出如何解决问题、适应新情况的决策。在这个过程中，人的头脑中会出现他人的形象，个人会分析和推测别人是如何考虑的，别人对这个问题会采取什么态度，等等。只有在建立与他人的联系后才能形成个人的态度轮廓，考虑自己应该怎么做，这也是一个重新构筑自我与他人关系的过程。

米德认为，自省式思考不仅是一个横向的社会过程，而且是一个将过去和未来联系起来、纵向发展和创造的过程。换句话说，个人会把自己的社会经验和知识积累（作为有意义的象征符而保存在头脑中的记忆信息）全部调动起来，对它们的意义重新进行解释、选择、修改和加工，并在此基础上创造出与新的状况相适应的新的意义和行为。

内省式思考的这些特点充分说明，人内传播并不是孤立、封闭和绝对“主观精神”的活动，而是一个与人的社会实践相联系的活动，人内传播在本质上是人的社会关系和社会实践的反映。同时，这种反映又不是对社会关系或实践消极、简单的“复制”，而是一种具有特定特殊规律的、能动的、创造性的活动，反过来对现实的社会关系和社会实践产生巨大的影响。因此，人内传播也是一种推动社会发展的强大动力。

二、人际传播

人际传播的思考活动会一直陪伴着你，不论你是在现实空间里与他人交流，抑或是在网络环境中附和别人的意见，如果想要更好地理解自己，就该乐于接受他人对你的看法。我们总是喜欢将自己与他人进行分类，他人也同样如此。这个分类的过程其实就是人际传播的一个基本部分——我们总是根据他人的角色地位、物质财富、性格特征、身体或嗓音特点、技能以及成就来将他们进行分类。

所谓人际传播，有狭义和广义两种解释：广义的人际传播是指大众传播以外的其他人类传播类型，又可以分为亲身、群体、组织这3个层次的传播。狭义的人际传播则有着多种角度的定义，概括来说，主要是指在两者或两者以上之间进行的面对面的或直接的信息交流活动，包括利用电话、书信等媒介协助进行的传播。

（一）面对面的人际传播

在人际传播中，一个人（或群体）不借助机器设备而与另一个人（或群体）互动。在这种形式的传播中，信源与接受者必须出现在彼此面前，信源可以是一个或更多的个体，接受者也同样如此。当信源把想法转化成语言或者姿势时，编码通常是一个单一步骤的过程，解码也是一个能够理解讯息的接受者所进行的单一步骤的过程。反馈是即时的，并且利用了视觉与听觉渠道。但人际本身的讯息不仅是私人的（如在北京的胡同口，相熟的老大爷会问："您吃了吗？"），也可以是公共的（如街角站着的一个人塞给你一张传单，希望你来上某个英语班），还可以针对它们特定的目标（如，学期末完成一篇读书报告后，可能征求老师的意见："请问您是不是已经看过我的论文了？"）。

（二）机器辅助的人际传播

在机器辅助的背景中，一人或多人利用一种机械设备（或多种设备）与一个或多个接受者沟通。机器辅助的人际传播有一个重要特征：它允许信源和接受者在时间和空间上分离。机器能够把讯息储存在纸、磁盘或一些其他材料上，而使讯息具有持久性，机器也可以通过放大讯息或远距离传递讯息而扩展讯息传播的范围。因此，机器辅助的人际传播兼有人际传播和大众传播的特点，如电话能够使两个人交谈，即使远隔千山万水；一封信可以在几年以后被重读并且再一次被传播。

此外，随着互联网、计算机、智能手机和可穿戴智能媒体设备的发展，以及社交媒体等新型传播平台的迅速普及，机器辅助的人际传播具有了更多的含义，人际传播与其他传播类型之间的界限也进一步模糊了。

机器辅助的人际传播的新形式改变了人际传播的一些功能和习惯。新的个人媒介使得在生理上和心理上都被分离的传播得以存在。比如，通过传真预约定单，你可以在不与任何人说话的情况下吃到店家提供的午餐。再者，网上聊天尽管给人以亲密的幻觉，但其实参与者所提供的信息可能完全是虚拟的。移动电话虽然使人们一直处于与人联系的状态中，但它们已经成为面对面交流、沟通的一个新障碍。可以肯定地说，新的个人媒介增加了我们接触和经历的范围，但同样也使我们付出了代价。

（三）人际关系的3种基本需求

人是社会性动物，个人离开了他人、离开了与他人的社会交往和协作就无法生存。建立与他人的社会协作关系，是人际传播的一个重要动机。而社会成员之间的亲属关系、夫妻关系、邻里关系、朋友关系、师生关系、上下级工作关系等各种固定的人际关系，就需要通过经常不断的人际传播来得到建立、维系和发展。那些与陌生人打交道而形成的许多短暂的、不那么固定的人际关系，如旅途中的邻座同伴，医院初诊时的病人和医生、护士，购物时的售货员与顾客，也都属于人际传播的范围。人际传播的状况如何，很大程度上反映了这些关系的亲疏、远近、矛盾与一致的状态。

心理学家威廉·舒尔茨（William Schutz）所做的大量研究告诉我们：我们总是在关系中努力满足我们的3种需求①——对参与、控制和爱的需求。

表0-1 威廉·舒尔茨关于基本的人际关系的定位

	参与	控制	爱
从他人那里获得的	接受	指导	亲近
对他人表达的	兴趣	领导	好感

1.参与

参与，指的是我们在不同程度上会建立和保持对他人的相互兴趣，也就是我们可以对他人感兴趣，他人也可以对我们感兴趣。我们希望他人注意到我们，花时间来了解我们，因此人有希望参与的愿望是很正常的。我们大都清楚地记得被独自抛在一边的感觉。例如，最后一个被问到是否愿意加入团队，不被邀请参加一个重要的聚会，或是在用餐过程中你说的话被人忽视。所以，一旦我们的这种参与需求得到满足，我们便会感到自己是有价值的；而一旦这种需求得不到满足，我们就会觉得孤独，甚至影响到我们的健康。

孤独感大都是由于年龄造成的。研究表明，与那些孤独感不太强烈的人相比，50岁及50岁以上没有亲密朋友或亲戚的男性在遭遇了重大的感情打击之后更容易突然去世，而且这种可能性是其他人的3倍。那么，到底何为孤独感呢？大多数人觉得孤独感是一种认知状态，即认为我们现在所保持的人际关系并不是我们真正想要的那种。因此，孤独感可以被视为期望的社会关系与实际得到的社会关系之间出现分歧的结果。孤独的人会觉得与他人产生联系很困难。如果我们的人际联系不足，我们就会感到孤独，继而寻找替代物。比如，有时候我们会求助于一些专业人员、热线电话或者心理医生。参与感与我们的身体健康息息相关。有研究表明，良好的人际关系不但

① SCHUTZ W. FIRO theory of needs: from a first look at communication theory[M]. EmGriffin.(1st ed). New York: McGraw-Hill Companies, 1991.

有益于人的身体健康和精神健康，还可以延长人的寿命。

2.控制

控制指的是我们需要建立和保持令自己满意的对关系的影响力。我们在不同程度上都希望自己能控制局面，即使在扮演更具说服性的角色时也需要感到舒服。如果这种对控制的需求得不到满足，我们则会认为他人不尊重我们，不看重我们的能力。我们还会以为别人觉得我们没能力做决定、没能力领导他人或自己的未来。

3.爱

爱是指我们需要给予爱和接受爱，而且需要感情丰富的紧密的关系。如果我们对爱的需要得不到满足，就会觉得自己是不受欢迎的。相反，如果我们拥有非常好的爱的经历，我们就会擅长处理亲密或疏离的关系，并可能发现不是每一个人都会像我们对待他们一样对待自己。

这3种基本的需求对每个人来说体会都是不同的。相比之下，参与感通常是第一位的，也就是说，对参与的需求首先推动了我们去建立某种关系，而对控制和爱的需求则从我们已经建立起来的关系中获得满足。因此，正如舒尔茨所说的那样，“大体而言，参与感解决了是否参与的问题；控制则关心地位是在上还是在下；爱则表达的是关系的近或远”。

（四）信赖与笑容——人际传播的有力工具

很明显，再没有什么别的因素比信赖更能影响关系了。在实际生活中，最经常用来解释关系终结的一个因素就是信任危机。在任何关系中都隐藏着一些可能导致关系破裂的潜在因素，谎言就是其中之一。谎言具有强大的颠覆力，往往会毁掉一段关系。

撒谎在我们的社会里似乎已经司空见惯。我们不光会对那些陌生人说谎，还会对我们所关心的人说谎。比如，当我们的亲友身患重病但自身却不知情的时候，周围的人都会为了隐瞒真相而对他说谎。当我们对某人撒谎的时候，我们不仅是在发送错误的信息，而且是在有意识地欺骗他。为了让我们之前的谎言继续下去，我们往往还不得不说更多的谎。说谎者还需要费好大一番功夫去记住刚才所说的谎言是对谁说的，内容是什么以及为什么要说谎。但是，一旦谎言被揭穿，不论这份关系在其他方面有多好，被欺骗的一方将不再相信对方的任何语言或手势。

因此，在这样一种关系中，信息传递实际上失去了价值，感情的表达也失去了意义。如果有人真的欺骗了我们，我们就会变得多疑且充满怨恨。我们既对对方感到失望，更对自己感到失望。所以，除非还有强烈的信任感存在，否则这份关系的终结只是时间早晚的问题。

另外，误读了他人对关系深度的需求也是一种导致关系陷入危机的因素。你对另一个人的信任程度，就是自己可以向对方敞开心扉而不必害怕受到伤害的程度，即容忍极限。这个极限因为人的不同、话题不同、情况不同而不断变化。美国研究者威廉·罗林（William Rawlins）设计了一个矩阵（见图0-20），以分析我们在关系发展的不同阶段对不同的人的信任度，这个矩阵还可以用来考查关系的稳定程度。关系双方都很难信任对方的关系将是麻烦的关系。

	对开放的高需求	对开放的低需要
对他人信任度较高	1区 对脆弱（自我暴露）的容忍度高	3区 需要经过判断
对他人信任度较低	2区 经过判断	4区 不能忍受暴露脆弱（隐蔽）

图0-20　威廉·罗林的信任矩阵

和信赖一样，笑容也是人际传播的有力工具。每一天，我们都会在与朋友、同事、爱人交流的时候接受和发送笑意。笑容潜移默化地存在于我们交流之中，以至于我们有时候都察觉不到它的存在。可是，如果在任何一种重要关系中笑容突然消失了，我们就会非常想念那种感觉。笑具有很强的感染力。当我们听见别人笑的时候，自己大都也会笑起来。这种会“传染”的特性会在我们的关系里产生急剧的变化——它能使我们的行为与情绪同步，同时，还能使彼此的关系更为坚固。

（五）成本—效益理论/社会交换理论

尽管我们可以描述一些处理人际关系的过程或办法，但是，关系并不是总能预测到的。没人能预见到一份关系能好到什么程度、坏到什么程度。相反，关系的发展取决于我们所愿意付出的精力，也取决于我们愿意如何对待它或对待对方。根据成本—效益（cost benefit）/社会交换（social exchange）理论，只要我们获得的回报比付出的代价更多，我们就愿意努力维持一份关系。这些回报包括感受到自我价值、个人的成长、更多的安全感、完成任务后的成就以及处理问题能力的提高等。

相比之下，代价包括我们为了维持关系所花费的时间、精力以及心理和身体上所承担的压力。我们会在脑海里形成某种比较标准之后再进入一份关系之中，对于自己应该从这份关系中获得的回馈和利益建立了基本标准，如果达到这一标准，我们就会对这份关系感到满意。可是，通常还存在一种选择性比较标准，即我们会拿现在我们从某人那里获取的关系与我们同样可以从另一人那里获取的关系进行对比。如果我们认为现在的关系所取得的回报低于我们本可以从另一份关系那里取得的回报，我们或许就会决定退出现在的关系转而投入另一份新的关系。

总体来说，我们在对待我们的关系时是很“经济”的，也就是说，如果我们的利益和回报越大而付出的代价越小，我们就会觉得这份关系令人满意。每一个关系的参与者都有自己的一套利益获取目标。当付出的代价多于获得的利益时，我们就倾向于终止这份关系；相反，如果利益多于代价，这份关系就会持续发展下去。成本—效益/社会交换理论认为：一份关系的价值影响到了它的最终结果。积极的关系将会是持久的，而消极的关系则会走向终结。

有关人际关系和人际传播的课题在心理学和社会学领域早已有了研究，并建立了很多相关的理论和模型，值得传播学借鉴。到目前为止，传播学对人际传播社会功能的研究仍主要集中在两个领域：一个是人际传播在个人社会化过程中的作用，另一个是对大众传播效果的影响。

所谓社会化，指的是一个人出生后由一个“自然人”成长为“社会人”的过程。从个人角度来说，它指的是个人学习语言、知识、技能、行为准则等以适应社会环境的过程；从社会角度而言，它指的是社会成员形成大体一致的观念、价值和社会规范体系，从而维持社会秩序、使社会发展的连续性得到保证的过程。个人观念的社会化包括两个方面：一是自我观念的形成，二是社会观念的形成（包括对他人和社会的基本看法、社会价值和行为规范的接收等）。无论在哪一个方面，人际传播特别是初级群体中的人际传播都起着重要的作用，对人格的形成有重要的影响。传播学中关于人际传播的社会功能的另一个重要领域，是人际传播对大众传播的过程与效果的影响。我们将在后面详细探讨的“意见领袖”与“两级传播”理论、“创新—扩散”理论等都属于这个范畴。

三、群体传播

想一想，你的社会化过程大部分是在自己的家庭里发生的吧；你大多数的休闲时间也是与朋友圈子一起度过的吧。如果你参加了学生会、漫画社或舞蹈团，你就是这些群体的一部分；如果你是班里的一个成员，你自然就从属于这个班级。因此，我们自出生伊始就已经是各种群体的一名成员了。

（一）群体特征

正如我们所看到的，群体是无处不在的。那么什么是群体呢？群体是人的集合，但是群体又不是随便把各个独立的人集合在一起。相反，它是由一群通过语言或非语言进行交流、彼此都扮演着某种相关角色，为了一个既定目标而相互合作的人组成的。群体的成员能认出其他成员，对这些人有一定的态度，并对自己能从属于这个组织有着不同程度的满意度。他们知道在群体生活里什么可以做、什么不能做，他们遵守该群体成员的行为规范。而且，群体里的成员在不断地影响他人的同时，也被他人所影响，从而产生一种相互影响的传播形式。也就是说，个人成员会影响到群体的特征，也为群体的特征所影响。

每一个群体都会建立起自己的群体目标（存在的动力、所希望的最终状态）、结构（成员的位置和角色）、传播模式（信息流的模式）、规则（交流的非正式规则）以及气氛（感情氛围）。每一个群体中的参与者通常都会与群体里的其他人发展一定的关系，在关系中扮演一定的角色，并对群体任务的完成起到促进或阻碍的作用。因此，成员交流的方式会对群体里发展出来的气氛产生一定的影响；反之，气氛也会影响到成员之间互相交流的内容及方式。比如，你是否曾经参加过某个群体，而它的气氛过于“激烈”——成员之间一点也不宽容，特别容易动怒？你是否曾经参加过某个群体，而它的气氛又过于“冷漠”——成员之间很淡漠，互相讽刺，以至于彼此的需求得不到充分的满足？

一个群体的气氛是会延续的。如果一个群体的气氛太冷、太封闭、太缺乏信任或太不具有合作性，那么个人成员就会以符合这种特征的方式进行交流；相反，如果群体的气氛是温暖的、开放的、互信的和合作性的，那么个人成员就会以支持这种特征的方式进行交流。也就是说，群体的气氛越健康，成员之间的合作就越强。传播学者道格拉斯·麦克格里格（Douglas McGregor）总结了有效、运作良好的群体的特征：

气氛随和、舒适、轻松。

几乎每个人都能够参加讨论，但只采纳中肯的意见来完成任务。

成员能完整地理解和接受任务或目标，在某些问题上可自由讨论，直到最后所有群体成员都能全身心地致力于完成这个任务或目标。

成员之间互相倾听，每一个意见都有人去注意，人们不必害怕自己是否会表现得很愚蠢，可以自由地提出创造性的意见，即使有时意见显得有点极端。

允许矛盾存在，矛盾不会被压抑或掩盖，人们会仔细考察原因，群体会努力解决矛盾，而不是粗暴地对待不同意见者。

大多数决策的基础都是某种妥协，最后每个人都大体上同意，而且希望这决策能维持下去，正式的投票很少出现，因为群体并不把简单多数作为正确行为的依据。

批评是常见的、坦诚的，相对不那么刺耳，对个人的人身攻击并不多见。

人们认为自己能自由地表达对群体运作和群体问题的感受和想法。

行动一旦开始，就会有明确的分工。

群体的领导者并不是在“统治”群体，群体也不会特别地反对领导，实际上，领导人会不时根据条件而变换，争权夺利的现象并不多见，问题不是谁掌控，而是如何能完成任务。

群体对其自身的运作十分清楚。

（二）群体网络

任何群体完成任务的能力都与其成员的传播水平紧密相关。只有当群体成员在彼此交流的时候感到舒服，当他们能够彼此自由地表达自己的想法和感觉，当他们有机会接收其他人发出的反馈时，交流才有效率。否则，即使是一个很小的群体，也难以有效地进行交流。

如果你可以也愿意与群体中的大部分人进行交流，那就说明你在这个群体中已经取得了一个中心位置；相反，如果你只能与该群体中的一个人或几个人交流，则说明你处于群体的外围。正是群体的网络或者说群体传播的样式，决定了有何种传播路径向成员开放，也决定了他们之间的交流是否有效。

首次针对群体网络进行的研究是由社会学研究者亚历山大·巴维拉斯（Alexander Bavelas）和哈罗德·莱维特（Harold J. Leavitt）开始的。

巴维拉斯研究了4种交流样式（见图0-21）：直线型（或是链型）、环型、星型（或是轮型）、Y型。对于每一种样式，他都测量出了其成员解决一个简单问题所花费的时间，以及成员对群体运作的满意度。巴维拉斯发现，Y型是最有效率的，即这个类型能够让成员用最短的时间去解决问题，而环型模式的士气最高。莱维特的研究同样证实了这一点。巴维拉斯同时发现，处于群体网络最中心位置的成员对群体的运作最为满意，处于越边缘位置的成员则对群体的满意度递减。

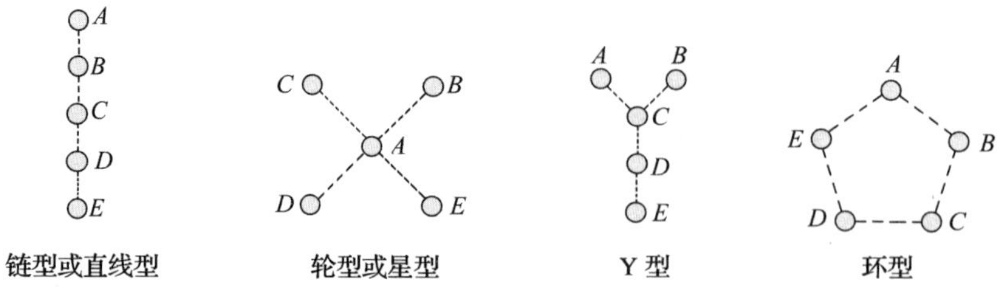

图0-21 交流的网络

一个群体所生成的特定传播样式决定了哪种传播渠道是开放的，哪种传播渠道是封闭的。因此，群体网络影响着谁会对谁说话，与他人关系好的人则会成为最有影响力的人。在所有渠道型的网络里，群体的任意一个成员都可以和其他任何成员进行交流，这就给每个个人以同等的释放影响力的机会。群体网络同样还会影响士气，当人们彼此之间的联系都被切断时，个人的满意度就会下降。

一个群体网络的成员会扮演4种不同的交流角色：派系成员、联络人、桥梁和孤立者（见图0-22）。派系成员指一群拥有大量群体内部联系的人；那些不属于任何群体或派系，只是将一个群体的成员与另一个群体联系起来的人则被称为"联络人"；而桥梁则是指既有大量的群体内部联系，又与其他群体或派系有着联系的人。联络人和桥梁都会更多地感受到群体的整合性，都属于比较具有团队导向性质的人，而且在群体中较少经历挫折和失败。相反，孤立者则是与他人联系很少的人，他们并没有感到真正融入群体生活，也对群体的运作毫无贡献；在其自我概念中缺乏安全感，更容易体会到不满意的经历。

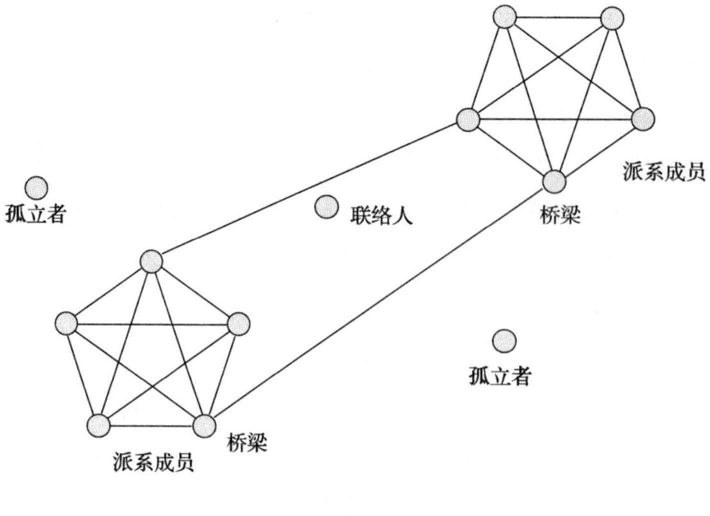

图0-22 网络角色

如果你正处在一个群体决策过程中，你会怎么做呢？以下列表给你提供了评估个人行为的指标。选择最能够描述你行为的决策模式，并给自己的行为打分。

当我的群体正在进行决策时，我会：

——坐在后排，让其他人为我做决定；

——会注意决策是否可行，而不考虑其他人是否喜欢；

——会考虑其他成员是否会对这个决策满意，而不考虑决策本身是否可行；

——为了达成一个可以实施的决策而牺牲自己的感情；

——会努力让所有人都讨论、理解并最终达成一致意见，并对决策表示满意。

杰伊·霍尔（Jay Hall）、文森特·欧莱里（Vincent O'Leary）和马萨·威廉姆斯（Martha Williams）设计了一个决策坐标（见图0-23），它能帮助你理解你自己的反应。

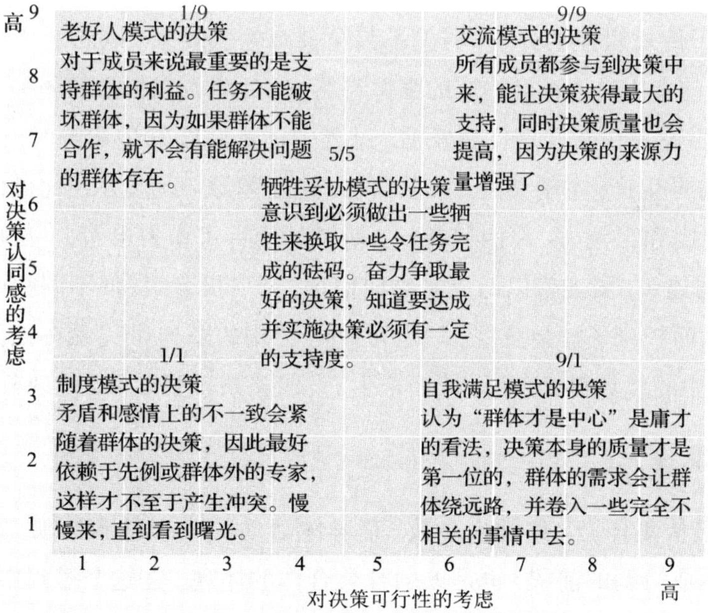

图0-23 决策坐标图

决策坐标图向我们展示了关注决策的可行性与关注他人对决策的认同感这两者之间的关系。如果你的特征是坐在后排让他人给你做决定，那么你所展示出的就是所谓的“缺席模式”，即你对结论的可行性和他人的意见都漠不关心。如果你坚持认为决策的质量一定比群体成员是否高兴重要得多，那么你所表现出来的就是一种“自我满足模式”。与这种类型截然相反的就是考虑成员的支持远多于决策质量和可行性的类型，这就是一种典型的“老好人模式”。而中间状态，也就是较为传统的模式，则是“牺牲妥协者模式”，他们愿意放弃一些东西，只求最终完成任务。最后，如果你采用的是“交流模式”，那么你就会认为只要所有的群体成员都动员起来，都感到能畅所欲言，只要给予任务本身和决策过程同等的关注，那么，一致意见就可以达成。

从理论层面上来讲，“社会网络”理论可以解释并印证群体网络实践中的现象。美国社会学家马克·格兰诺维特（Mark Granovetter）按照时间量、情感强度、亲密度和互惠程度将群体成员所构建的社会网络关系分为强连接关系、弱连接关系和无连接关系。[①] 强关系的优势是连接紧密、同质性强、黏合度和信任度高，但也具有容易导致信息窄化的潜在缺陷；相反，弱关系则意味着情感黏合度低、凝聚力弱，但在传播中具有信息来源广、传播距离远、内容多样化和异质化的特征。强关系和弱关系相互交叠、互相建构，共同在群体传播中发挥作用。

随着现代信息科技的更新和网络社会的不断发展，偏重传统型的强关系所带来的影响逐渐式微，而弱关系则不断得到凸显。在网络社会中，人人都是社会网络中的“节点”，由于传播媒体的介入，弱关系甚至会产生强效果。以同是社交媒体的微信和微博为例，前者以熟人社会构成的强关系为主，后者则以松散的弱关系群体网络为核心。然而，不论是在新闻事件爆发前、过程中还是后续发生影响时，微博平台受众的信息生产与再生产、主动参与、发散信息、追根溯源等均显示出比微信更强的用户活跃度、相应度和影响力。原因何在？卡斯特的解释可作为参考：“互联网特别适合发展多重的弱连带，弱连带以低成本供应信息、开启机会，促使不同社会特征的人群相互连接，从而扩张了社会交往。”[②]互联网社会中的弱连带关系在社会成员获取信息、传播信息中的优势得天独厚，因而产生了“弱关系—强效果”的现象。

（三）群体压力

“个人服从集体，少数服从多数”是群体活动的一个基本原则。它不仅是群体保持一致、达成协调的前提，也是人的社会合作的体现。在这个过程中，群体中的多数意见成员会对成员中的个人意见或少数意见产生压力，形成群体压力。但在不少场合，群体压力也会带来错误的判断，形成对多数意见的盲目服从。美国心理学家所罗门·阿什（Solomom Asch）在20世纪50年代进行的小群体内趋同行为试验充分证明了这一点。相关的重要研究还包括库尔特·卢因（Kurt Levin）的群体动力论等，我们

---

① GRANOVETTERM. The strength of weak ties[J]. The American Journal of Sociology, 1973（6）: 1360-1380.

② 卡斯特. 网络社会的崛起[M]. 夏铸九，王志弘，等译. 北京：社会科学文献出版社，2001：444-445.

会在后面的章节中继续讨论。

四、组织传播

“我们的社会是一个组织的社会，我们出生在组织中，受教育于组织中，而且，我们中的大多数耗去大量的生命为组织工作。我们很多的闲暇时光用于在组织中娱乐、祈祷。我们大多数人会在组织中死亡，而当葬礼举行的时刻来临时，必须得到所有组织中最大的组织——国家的正式许可。”①社会学家阿玛蒂·埃蒂斯尼（Amatai Etzioni）1964年在他的《现代组织》一书中这样写道。

组织是人类社会协作的群体形态之一，它与非组织群体一样，共同形成了组成社会系统的子系统。那什么是组织呢？它与非组织群体又有哪些不同呢？

（一）组织

从广义上来说，任何由若干不同功能的要素按照一定的原理或秩序相组合而形成的统一的整体，都可以称为组织，如细胞组织、肌肉组织、人体组织，等等。仅从社会意义的角度来看，组织指的是“人们为实现共同目标而各自承担不同的角色分工，在统一的意志之下从事协作行为的持续性体系”②。就这个定义而言，组织既是社会群体的一种，又与一般的松散群体有着明显的不同。这种区别是多方面的。一般来说，辨认一个群体是否属于组织，主要看这个群体是否有一个统一的指挥或管理系统，用马克斯·韦伯（Max Weber）的话来说，即是否存在一个“管理主体”。与非组织群体不同，组织是一个结构秩序更为严密的社会协作体，有着更为明确的目标、制度、纪律和严格的分工、统一的指挥管理体系。人们通常将组织比作一部结构复杂而运行有序的机器，该机器由各零部件组成，可用于生产和服务。组织不是一个简单的集合，它像有机体的动植物一样，会经历出生、成长、活动、适应环境变化直至最终死亡的过程；同时，它还是一个有着统一意志的严密整体，像人的大脑，具有智慧，能够处理信息并形成概念、制订计划。组织还具有创造性的文化，能够创造意义，拥有价值观和规范，从而因共同的事件和仪式而代代相传。正因为如此，组织才比个人和松散的群体更有力量，能够完成个人和一般群体所不能承担的生产或社会活动。

---

① ETZIONI A. Modern organizations[M]. Englewood Cliffs, NJ: Prentice-Hall, 1964: 1. 转引自小约翰. 传播理论[M]. 陈德民，叶晓辉，译. 5版. 北京：中国社会科学出版社，1999：37.

② 田宗介，栗原彬，田中羲久. 社会学事典[M]. 出版地不详：弘文堂，1988. 转引自郭庆光. 传播学教程[M]. 北京：中国人民大学出版社，1999.

（二）组织传播及其网络

组织在我们的个人生活和社会生活中扮演着不可或缺的角色，其意义同样重大。从传播学的角度而言，组织本身就是一个信息系统，因为组织的任何活动都与一定的信息活动相关。美国的组织传播研究学者杰拉德·戈德哈伯（Gerald Goldhaber）曾下过一个定义：组织传播是由各种相互依赖关系结成的网络，是为应付环境的不确定性而创造和交流信息的过程。[①]简言之，组织传播就是指组织成员之间或组织与组织之间的信息交流活动。其要素为：

信息：在信息社会中，组织的生存和发展都依赖于信息，有效的组织传播首先要有信息。

相互依赖：组织中的部分不可能脱离系统和环境而独立存在，需要互动。

网络：组织传播要有一定规则，根据在组织中担任角色的不同而采用不同的信息传递方法。

过程：组织传播是不停止的信息互动。

环境：组织要受环境制约，与环境互动。

在组织传播研究中，对组织和信息传播之间关系的探讨是问题核心与重中之重。国际上具有一定影响力的组织传播理论CCO（communication constitutes organization）对此作出具有启发性的解答。琳达·普特曼（Linda L. Putnam）、安妮·尼科特拉（Anne M. Nicotera）等代表性学者关注传播如何成为人类协调行动的手段，从而建立关系和维护组织，从组织传播实践中归纳出规律——“组织是以传播的方式构成的”[②]。詹姆斯·泰勒（James R. Taylor）和范·艾佛利（Van Every）认为，组织是在传播中出现的，是成员通过情境互动建立的。组织为作为成员的“演员”提供共同目标来引导他们的行动，在对话中实现组织建构。[③]

“传播建构组织”这一核心观点的理论根源包括规则理论、系统理论、民族学、现象学、会话分析、框架分析、批判性话语分析、结构符号学等，它对传播中话语构成组织的内在机理进行探究，旨在将传播看作可以创建、维持和改造组织的动态过

① 胡正荣. 传播学总论[M]. 北京：北京广播学院出版社，1997：138.

② LINDA L, NICOTERA A M. Building theories of organization : the constitutive role of communication[M]. New York：Routledge，2009.

③ TAYLOR J R, EVERY V E. When organazation fails, why authority matters[M]. New York：Routledge，2014.

程，罗伯特·迈克菲（Robert D. McPhee）和帕梅拉·扎格（Pamela Zaug）认为，这一过程可通过4种形式的传播“流”（flow）来实现，以不同的方式完成或促进组织结构：

> 通过依据特定“脚本”的包容、承诺、认同、领导等形式促进连续性的组织成员协商。
>
> 组织的自我建构，是指其自反性的制度设计和持久的自我控制。
>
> 活动协调，直接关注于连接和塑造流程，这使得成员在从事新奇、有挑战性或急迫的工作时，必须通过沟通来组织联合工作。
>
> 组织定位，重点关注组织及其与供应商、客户、竞争对手、政府监管机构和合作伙伴的宏观社会互动。

CCO将组织视为通过上述4个“流”相互连接的传播过程，认为一个组织通过制定和复制这些流程成即可成为一个可识别的标志。[①]这种对组织和传播内在连接机理的探讨，为理解组织传播的本质提供了宝贵的启发。组织作为一种复杂的社会互动形式，探索其发展必须考察其信息传播的本质。

从CCO的理论出发进行延伸，传播是组织生存维系的基础，因而，组织的任何活动都伴随着信息的传播。关于这一点，我们还可以从大量文献中得到验证，研究组织传播的过程也就是考察组织本身的过程。R.法瑞斯（Richard Farace）、P.蒙基（Peter Monge）和E.埃森伯格（Eric Eisenberg）等人[②]从系统、功能、结构3个层面对组织网络进行了描述。在这里，我们将借鉴他们的理论对组织传播展开分析。

在系统层面，他们将组织网络分成多个层次进行研究，包括个人子系统、双人子系统、小组子系统和组织系统。各层次间的信息交流形成了组织传播的层次：个人间的交流形成了双人子系统，双人子系统间的交流形成了小群体，而群体间的交流则形成了整个组织系统（见图0–24）。[③]

---

① IVERSON J O, McPHEE R D. Knowledge management in communities of practice: being true to the communicative character of knowledge[J]. Management Communication Quarterly, 2002（16）: 259-266.

② 小约翰. 传播理论[M]. 陈德民，叶晓辉，译. 5版. 北京：中国社会科学出版社，1999: 40.

③ 胡正荣. 传播学总论[M]. 北京：北京广播学院出版社，2004: 139.

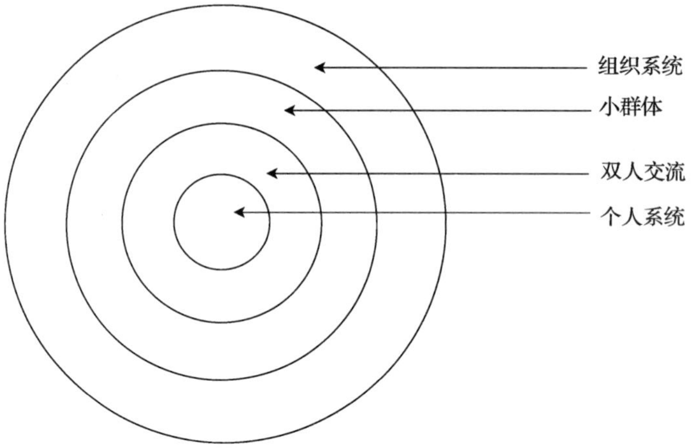

图0-24　组织网络

在功能层面，他们认为组织包括生产、创新及维护传播功能。生产信息传播指工作活动的方向，协调及控制活动的发生以输出成果，包括做什么、何时做、如何做。创新信息传播指相互交流工作建议及对事物的看法，以引起系统变化和产生新观点。维护信息传播是指使系统形成整体的价值和相互关系，以保持系统的整体性和凝聚力。

结构层面，也就是信息传递表现出来的形式和规则。不同层次有着不同的传输信息的形式、方法、规则或状态，其复杂性随层级的提高而增强。

从组织传播的界定来看，它应该包括两个方面的传播：一个是组织内传播，另一个是组织外传播。组织内传播的过程，也是组织维持其内部统一、实现整体协调和整体运作的过程。就沟通的渠道来看，有正式结构和非正式结构两种传播方式。

1.正式渠道的组织传播

组织内正式渠道的传播，是指信息沿着组织内部的一定组织关系流通的过程，是一种与组织的正规角色、地位网络相联系的，严格按照组织正规的权力、职能结构、等级关系和交流渠道等进行的交流活动。根据信息的流向，其传播的形式又可分为两种：横向传播和纵向传播。一般来说，横向传播双向性强，互动渠道通畅；纵向传播则具有单向流动的特点，又分为自上而下的传播和自下而上的传播。

（1）横向传播

也叫水平传播，是在组织内部具有相近或相似权力和地位的成员进行的信息交流活动，传播方向沿着组织内层级的水平方向进行。由于传播的参与者具有平等关系，所以一般都以协商与联络为主要形式。横向传播是否活跃，对组织具有重要意义。一般来说，如果横向渠道通畅，组织成员之间便可以开诚布公、坦诚相见；但如果横向渠道不畅，轻则会使各成员间不合作，影响组织效率，重则会造成各成员、各部门之间的矛盾与冲突，破坏组织的有机统一。横向交流与纵向交流在组织传播的过程中常常互为补充。“它往往是使各种纵向消息‘抵达’终极目标的手段，担负着具体处理——即‘消化’来自纵向渠道的信息的任务。更重要的是，它往往具有产生出新的消息的重要功能，要使这些新信息进入组织内部的大循环，还需经过纵向交流的渠道。”①

（2）自上而下的传播

是信息由高一级向低一级流动的传播过程，也是在大多数组织中占主导地位的传播方式。有关组织的目标、人物、方针、政策的信息，通常通过此种方式得到传达和贯彻，而组织的规范、传统及领导人的权威等，也都以此来维系和发展。它对确保一个组织的统一性和完整性以及正常发挥组织的管理职能具有重要意义。自上而下的传播作用，包括使组织成员适应组织环境，了解工作内容，熟悉自己的职责、权利和义务，培养成员对组织的一体感等，是一种以指示、教育、说服和灌输为主的传播活动。CCO将组织实践中的权威理解为传播的一种属性，认为信息传播在产生维系组织的权威体系中起着重要的建构作用。②

（3）自下而上的传播

这是信息从组织的低级向高级流动的过程，是下级部门向上级部门或部下向上司汇报情况、提出意见、反馈问题的传播活动。它是上级领导和部门获得信息反馈的重要途径，也是组织内部不可缺少的传播活动之一。它有利于提高组织的工作效率，完善组织管理，加强决策的民主化、科学化。

自上而下的传播和自下而上的传播都是组织内传播的两个基本渠道，这两个渠道是否通畅，关系到组织的统一性和运作效率。一般来说，影响着两个渠道畅通的主要因素是组织的层次和环节。如果是逐级进行的传播，势必会造成信息传递的速度减慢，并且容易造成信息的变形和失真。因此，现代组织加强管理手段，提高工作效率的一个主要措施就是减少传播渠道的环节和层次。

CCO认为，组织是由成员间的信息传播构成的，传播将权威与普通成员联系起来、与本组织的宗旨和价值联系起来，但由于角色不同，可能会导致成员对组织宗旨产生矛盾性解读，此时便需要进行适当的协商，否则会导致组织危机。

---

① 周晓明. 人类交流与传播[M]. 上海：上海文艺出版社，1990：309.

② TAYLOR J R, EVERY E V. When organization fails, why authority matters[M]. New York: Routledge, 2014.

2.非正式渠道的组织传播

非正式渠道的组织传播是发生于组织内部的非制度性组织的传播，是一种没有与组织的正规结构等级和交流网络相对应的信息交流活动。由于非正式渠道的传播具有自由性和平等性，因此许多在正式渠道不便表明的观点和态度能够以某种方式表达出来。因此，非正式渠道的传播有更多充满人情味的内容，是组织成员沟通感情的纽带，是"组织关系的黏合剂"和"组织功能的润滑油"。①

对一个组织来说，能否充分发挥非正式渠道传播的作用具有重要意义。一方面，传统而正式的组织性渠道往往将人"异化"成机械的机器部件，而非正式渠道恰恰能弥补正式渠道的缺陷和不足。自"霍桑实验"（霍桑实验：1924—1932年，在芝加哥西方电气公司的霍桑工程进行的企业管理改革试验）以来，人们已经广泛认识到人的积极性对于现代组织效率的重要影响。而人的积极性不仅受物质条件的影响，还受社会和心理条件、感情、情绪或士气的影响。因此，加强和疏通非正式的传播渠道意义重大，在组织内部营造一个积极、健康、活跃的人文环境，增进成员的一体感和向心力，从而使他们在组织中发挥更大的自主性和能动性，以对组织目标的实现给予巨大的推动力。

另一方面，非正式渠道组织传播的另一个主要功能是传送小道消息。美国传播学者用"葡萄藤（grapevine）"来作为小道消息（包括谣言）的代名词。他们发现，"葡萄藤"传播具有速度快、精度高、信息量大、反馈广等特点。这种传播常采用小群体交叉传播，多向性、交叉性强，覆盖面以几何级数增长。人们出于不同的心态，注意保存信息的原样，因此准确度和信息量都很高。戈德哈伯曾指出，"葡萄藤"传播的消息准确度高达80%以上。与基本上准确、真实的小道消息类似的非正式渠道的传播，就是谣言。谣言基本上是捏造事实、无中生有。而减少组织内部谣言产生和扩散的重要方法之一，就是尽可能详细地向组织内部成员提供其最关心的问题的相关信息，通过扩大信息流量的办法来防止歧义的产生，消除组织成员对相关问题的神秘感，防止谣言进一步扩散而给组织和社会造成危害。

组织外传播是组织同外界环境间的信息交流，是一种多层次、多角度的交流活动。以现代组织传播研究的一个重要组织形式——企业组织为例，其为了适应激烈的市场竞争和变化的外部环境，采取了很多相应的组织外传播形态。一方面，企业为了进行目标管理和制定环境应变决策而从外部广泛收集和处理信息，利用传播科技的发展，建立具有快速反应机制的高性能信息采集和处理系统，例如DSS（decision

① 居延安.信息·沟通·传播[M].上海：上海人民出版社，1986：135.

support system，决策支援系统）、MIS（management information system，管理信息系统）、POS（point of sale，销售数据系统）等。另一方面，为了展现企业组织生产、销售的产品或员工的形象、精神面貌甚至公司的建筑物等，企业还会有目的、有计划地开展宣传活动，例如公关宣传、广告宣传和企业形象识别系统（corporate identity system，缩写为CIS）宣传等。这些形式都成了现代组织传播研究的重要课题。

3.组织传播的不同流派

组织传播作为传播学重要的分支学科和领域，早在20世纪三四十年代就开始了相关研究，到了20世纪60年代末，国际传播学协会正式设立了“组织传播”小组，结合传播学及相关学科学者对有关组织传播的问题进行了系统研究。蒙基和埃森伯格将组织学研究的传统方法归纳为以下几种：

（1）职位论

该理论注重的是组织中正式的结构和功能，用结构法将组织定义为一组稳定并正式确定了相互关系的集合。在该理论中，组织被视为一系列职位的集合，如管理者、教师和学生，每一职位都负有其相应的职责。在韦伯的行政性组织理论的基础上，该理论的代表人物——人类关系学派的理论家R.李克特（Rensis Likert）提出了4个系统理论，即“命令式”“推销式”“协商式”“参与式”的系统管理方式，指出不同风格的领导方式会产生不同的效果。

（2）关系论

该理论讨论的是组织成员间关系自然形成的方式及网络如何出现于这些关系中。在该理论中，组织被视为一个具有生命力的、不断变化的系统，由其成员间的相互作用形成并被赋予意义。它更多地关心人们如何共同完成工作任务，而不太关心组织中信息流动的路线。卡尔·韦克（Carl Weick）的组织形成理论是最有影响力的关系论理论之一，它以传播作为组织的形成基础，并对组织形成的基本原理进行了阐述：所有组织形成活动都是由双向相互作用或相互关联的行为构成的，而这些活动又形成了组织。

（3）文化论

文化取向是组织传播研究所取得的一项重要进展，它让我们开始重新关注未被传统的管理指向的一系列因素。组织研究中的文化理论认为，组织的实际结构并非是事先设计好的，而是产生于其成员非正式的日常工作中，它强调的是人们如何构建组织实体。作为对组织生活方式的研究，该方法注重组织成员的意义和价值观，从而形成了组织传播学的批判理论。

若从批判的角度看职位论和关系论，其最大的问题是过于极端化和简单化，认为提高士气就能提高生产能力。在很多情况下，其宣称的存在于人类关系因素和组织效率之间的相互关系在调查研究中并不能找到有关的测试证据，即使有一些，也会伴之以严厉的方法论的反对观点。

组织传播理论揭示了传播模式在构建网络联系、权力结构和组织文化中的重要性，对我们理解组织做出了巨大贡献。从这个意义上说，传播理论也极大地提升了组织研究的层次。从组织研究中，管理者找到了更多可以控制和管理的变量，学者也认识到了所有形式的管理都会产生这样或那样的意识形态控制——协作式的管理也是如此。既然如此，那么我们能做的就是尽可能地创造更加人性化的、富有成效的组织文化。

五、大众传播

“大众传播”一词出现在20世纪30年代末期，由于大众传播的内涵过于广大，因此很难对它下一个简单的、广泛认可的定义。“大众”一词本身的价值已经令人感到困扰并颇具争议，而“传播”一词更是缺乏公认的定义。相对较为简洁并为大家所认可的定义是：当消息来源（通常是某个组织）使用一项技术作为媒介与大规模的受众进行沟通时，大众传播就发生了。那么，受众规模应该有多大？组织要复杂到什么程度？这些问题都没有唯一的答案。

随着大众传播环境的变化和传播技术的发展，大众传播与人际传播，尤其是机器辅助人际传播的界限越来越模糊。当你收到一份印有自己名字的直投广告时，通篇用你的名字表示这是寄给你的，你就是唯一的受众。这已经不是传统大众传播概念中预想的大规模受众了。当你坐在电脑前，就某个特定话题给20,000个在列表服务器中登记的人发送同一封信的时候，你显然是在和大规模受众进行传播活动，但是你并未拥有像报纸、有线电视网或电影公司那样的大众媒介组织。近几年来兴起的微博、微信等社会化媒体更体现出这一点。轻便、便宜的录像设备使得像你这样的个体有可能针对小规模的受众进行营利性的录像制作和销售。

正如我们所看到的，在思考当代大众传播理论时，新的传播技术已经成为理解个人和社会如何使用媒介并被媒介所影响的重要因素。下面我们就通过比较人际传播与大众传播背景的差异来更好地认识大众传播（见表0-2）。

表0-2 人际传播与大众传播的比较

背景 因素	人际传播	机器辅助的人际传播	大众传播
信源	个人; 了解接受者	个人或群体; 很了解或不了解接受者	组织或个人; 不太了解接受者
编码	一个阶段	一个或多个阶段	多个阶段
讯息	私人的或公共的; 便宜; 很难终止; 可以改变以适应接受者	私人的或公共的; 低到中等开支; 相对容易终止; 在某些情境中可以改变以适应接受者	公共的; 可能昂贵的; 易于终止; 对每个人都一样的讯息
渠道	可能多种; 没有机器插入	局限于一种或两种; 至少插入一台机器	局限于一种或两种; 通常插入不止一种机器
解码	一个阶段	一个或多个阶段	多个阶段
接受者	一个或相对小的数目; 出现在信源面前; 由信源选择	一个人或一个或小或大的群体; 在或不在信源面前; 由信源选择或自我决定	庞大数目; 不在信源面前; 自我决定
反馈	充分的; 即时的	有一定限度的; 即时的或延后的	非常有限的; 通常延后
噪音	语义的; 环境的	语义的; 环境的; 机械的	语义的; 环境的; 机械的

(一)大众传播的特征[①]

相较于内向传播、人际传播、群体/组织传播,大众传播具有以下几个特征。

第一,大众传播的传播者是职业传播者,是一个传播组织(如报社、电台、电视台、杂志社等)整体或个人。这些人大多受过专门的职业教育,以传播为职业。他们收集、管理和传送各种类型的信息,借助专门的机械媒介来向社会公众传播新闻、娱乐、教育性的信息。这些被组织化了的个人在传播媒体组织中扮演着不同角色,承担着不同任务。

第二,讯息的传送是广泛、快速、连续、公开的。随着传播媒介技术的发展,讯息的传播速度、范围变得更加快速、广泛。尤其是电子媒介的出现,使得在讯息发出乃

① 胡正荣,段鹏,张磊. 传播学总论[M]. 2版. 北京:清华出版社,2008:111.

至事件发生的同时，受众就可以接收到大量超越时空的信息。

第三，大众传播媒介为机械化和电子化的媒介，依靠这些“用远距离传送或长期保存信息的装置”，传播着大量的复制信息，并进行迅速、及时、连续不断的传送。

第四，受众广泛，成分复杂。大众传播的受众有4个特点：首先是“多”，即大众媒介覆盖范围广，信息影响面广，受众人数多，其规模数量不可控制；其次是“杂”，即成分复杂，各受众年龄层次不同、文化程度不同、兴趣爱好不同、风俗习惯不同、人种民族不同；再次是“散”，即受众分散在地理条件相异的不同地区，在社会上扮演着不同角色，难以控制；最后是“匿”，即传者在明处，受者在暗处，不利于传播者及时、全面地了解受众的态度和需要。此外，受众既是一个具有普遍共性的整体，又是一个个具有个性的独立个体，他们会有选择地接受媒体所提供的信息。

第五，反馈间接、零散、迟缓、具有积聚性，使得传播效果的测量需要付出专门的努力。由于信息通过媒介传送，传者和受者并不直接见面或对话，所以传者不能及时、直接地收到反馈信息；虽然读者来信为报刊提供了部分反馈，广播电视节目也可以通过热线电话、短信、网络投票等了解受众的信息，但是这毕竟不是所有受众的反应，不一定具有代表性。这种反馈还常常需要一定时间间隔才能获得；大众媒介只能在相当长的一段时间内尽可能多地收集各种渠道的反应，从这些积聚起来的反馈中获取决策信息，进行工作修正，为下一阶段的发展方向找到依据。

（二）大众传播的功能

1.大众传播的正功能

（1）传播信息

向受众连续不断地传播大量信息是大众传播的第一功能，也是大众传播实现其他功能的基础。大众传播所处理的信息是人的精神产物的外化形式，包括正在发展变化中的客观事实及文学、艺术、科学、广告等其他信息形态。制作和传播新闻，是这一功能最基本的体现。传播者对新近或正在发生的事实进行报道，以便人们了解周围环境的变动。媒介工作者作为“社会雷达”和“守望者”，“目的在于协助人们认识复杂的环境事物，使其能获得充分调适”。

（2）引导舆论

舆论是社会公众共同的、强烈的、持久的意见、态度与信念的总汇。从一定程度上说，舆论代表着民意。舆论是一种无形的巨大力量，代表着一种强烈的倾向、愿望和要求。舆论可以自发形成，也会受到外力的引导。大众媒介是一种能引导受众的有力工具，这种引导体现在两个方面：设定舆论和议程；引导舆论方向。传播学的议程设置理论及其他相关研究表明，大众媒介对某些问题的强调力度和这些议题被受众重视的程度成正比。

（3）教育大众

人们获得新知识、新技能的途径有两种：一种是经过正规的学校教育，通过教师课堂上的传授来获得，另一种则是通过与各种媒介的接触来获得。大众媒介通过传播文化知识、科学技术内容，不但保存和发展了文化遗产，也促进了个人的社会化过程。

（4）提供娱乐

人需要工作、学习，也需要休闲、娱乐。现代社会中人们的生活节奏普遍加快，在紧张、繁忙的工作之余，更渴望在休息的时候能有一些健康、正当的娱乐活动。同时，由于社会生产力水平的提高，人们不需要那么多的工作时间来完成任务，每周40个小时的工作制已经被相当多的国家所采用。

现代社会里，更多的人选择以大众媒介为娱乐的主要工具和手段。闲暇的时候，人们听音乐、看报纸、读杂志、看电影、看电视、上网，通过这些文化娱乐活动，既放松自己又提高自身的艺术鉴赏力。

大众媒介还是大众文化的主要塑造者和传播者。“下里巴人”的大众文化与“阳春白雪”的高雅文化一起，满足着人们在审美和娱乐方面的各种需求。

2.大众传播的负功能

（1）拟态环境

拟态环境是由美国政论家、学者沃尔特·李普曼（Walter Lippmann）提出来的。所谓拟态环境，指的是由大众媒介创造出来的，来源于真实环境却又不尽一致的一个媒介环境，是一种间接的感知，却常常被社会公众当作真实世界而接受下来。

这种拟态环境的影响进入人的脑海图景，进一步影响了人的态度和行为。现代社会中，人们已逐渐习惯并依赖于媒介带给人的世界，通过媒介的选择来了解客观事物的变动。然而，媒介只能部分再现真实世界，大量的事实被筛选掉了，被选中的事实也经过了加工。即使传播者尽力进行客观、真实地反映，也不能避免这个世界的偏差。正如李普曼所说，我们“需要知道的世界和确实知道的世界，往往是十分矛盾的两回事”。

（2）刻板印象

由于大众传播者不可能对世界上的所有事物进行完全一致的反映，所以对某个人群、某种事物进行报道的时候，经常会选取一个典型。这种典型又反过来会影响社会公众对于这个人群或事物的认识。这种人为简化的普遍认识过程和大众媒介的反映机制相结合，可能会造成对某个人群的“刻板印象”（Stereotype），即对某一类人或事物产生比较固定、概括而笼统的看法。

（3）拉扎斯菲尔德和默顿的“麻醉精神”说

1948年，保罗·拉扎斯菲尔德（Paul F.Lazarsfeld）和罗伯特·默顿（Robert King Merton）在《大众传播、大众鉴赏力和有组织的社会行动》一文中指出了大众传播的一大消极功能：麻醉精神。

他们认为，大众传播的产品把人们吸引到对事物的关注和讨论上，而不是对这些事物采取相应的行动。的确，大众媒介可以将人的感受延伸到一个更为深广的空间，人们不断地通过媒介增进对社会的认识和了解。但是，由于人们花了很多时间在媒介接触上，而且满足于这种间接的接触，便不再积极地参与公共事务，而是消极旁观。另外，由于信息大量涌入造成了信息过剩，使人们对信息产生了一种冷漠的态度。人们过多依赖于媒介带来的间接交流之后，人际间的社会交往和互动也逐渐减少，甚至与社会、社群逐渐疏远直至陌生。

媒介技术的进步，尤其是以因特网为基础的大众传播技术的革命性变化，改变了传统的大众传播情境中事先确定角色的形式。想想看，传统的一张报纸是如何组合构成的：记者搜集新闻，撰稿者起草社论，广告部编排广告，编辑把所有这些东西编排在一张样报版面上，技术人员把该版面传输给母机，其他技术人员印刷出成品报纸，完工了的报纸被交给发行人员。而在因特网上，一个人也能变成大众传播者。网络这种变化所带来的影响，人们可能需要一些时间才会认识清楚，而对于这方面的研究，也将成为传播学者的新课题，我们将在第二章中详细加以介绍。

扩展性读物：

1.胡正荣，段鹏，张磊.传播学总论[M].2版.北京：清华大学出版社，2008.

2.段鹏，韩运荣.传播学在世界[M].北京：中国传媒大学出版社，2005.

3.姜飞.传播与文化[M].北京：中国传媒大学出版社，2011.

4.麦奎尔.大众传播模式论[M].祝建华,武伟,译.上海：上海译文出版社,1997.

5.戴克.互联文化：社交媒体批判史[M].北京：中国传媒大学出版社，2018.

6.坦卡德,等.传播理论起源、方法与应用[M]. 北京：华夏出版社，2000.

7.李特约翰.人类传播理论[M]. 北京：清华大学出版社，2004.

8.DAVID K P.Theory & research in mass communication: contexts and consequences[M].

Mahwah: Lawrence Erlbaum Associates, 2001.

9.ROBERT L H, BRYANT J. Human Communication theory& research: concepts, contexts & challenges[M]. Mahwah: Lawrence Erlbaum Associates, 2001.

10. PETERS J D (eds).Mass communication and American social thought: keytexts: 1919-1968[M].Singapore:Rowman& Liettlefield Publishiers, 2004.

思考题:

1.想一想我们的日常生活中还有哪些现象可能与传播学理论相关?

2.线性传播过程模式最大的缺陷是什么?为什么?

3.2017年湖南卫视推出的综艺节目《向往的生活》风靡一时,试结合德弗勒的美国大众媒介体系模式对其进行分析。

4.举例谈谈你对个人与群体互动关系的认识。

5.社会化媒体中,包括哪些传播类型?它们之间的关系怎么样?是如何相互影响的?

上编

传播学的起源、发展与研究方法

第一章　传播学的起源、发展与流派

第一节　早期传播研究的贡献

传播学研究者在论及传播学的源流时，一般会沿用施拉姆（1985）的观点：传播学创始于20世纪40年代至50年代，将拉斯韦尔、卢因、卡尔·霍夫兰（Carl Hovland）和拉扎斯菲尔德视为其四大奠基人。但其实，无论中外，在人类历史的思想文化和学术渊源中，人类社会对信息传播的关注和重视古已有之，有些关注甚至逐渐演化成对信息传播活动的研究，并结出了水平相当高的研究成果，昭示着现代传播学的研究方向。

一、中国古代的传播思想

作为世界文明古国的中国，它有记录的历史已有数千年，其中不乏对传播的研究。古人探究传播问题的思想火花，散见于大量的民谚俗语和汗牛充栋的各类文献中。

据《管子·桓公问》记载，"黄帝立明台之议者，上观于贤也。尧有衢室之问者，下听于人也。舜有告善之旌，而主不蔽也。禹立谏鼓于朝，而备讯唉。汤有总街之庭，以观人诽也。武王有灵台之复，而贤者进也。”这段文字反映了我国远古原始氏族时期的舆论观。

先秦是中国传播思想的滥觞时期，《尚书》《诗经》《国语》《左传》等古籍中的传播思想，对后世的思想发展有启发性的作用。《尚书》中有论及说服问题的文字，如秦穆公《秦誓》中：“民讫自若是多盘。责人斯无难，惟受责俾如流，是惟艰哉。”意思是人们斥责别人很容易，而自己受了指责却很难顺畅接受。此观点揭示了“忠言逆耳”的道理，同时也暗示了听言者的态度会影响说服的效果。

春秋战国之际，正是动荡、变革的时代，在学术方面，百家争鸣，传播活动呈现出空前繁荣的景象。先秦诸子走公门、跑私门，游说于朝堂之上、诘难于士林之中，传播政治思想、宣扬伦理道德、教授文化知识、进献治国方略，激活了整个社会，推动了一个时代的进步。诸如采诗观风、置邮传命、烽隧警报、乡校议政、史官记事、游说诸侯、聚徒讲学、著书立说、街谈巷议等传播方式，无一不深深打上了那个时代的烙印。可以说，诸子以各自不同的传播行为对当时和后世的政治、军事、经济、文化产生了深远的影响。

从秦汉到魏晋南北朝，传播活动日趋成熟。秦始皇统一六国后，就开始实行“书同文”，统一文字并推行文字简化改革，方便了文字的传播。秦始皇建立了一套完备的邮传制度，极大地提高了信息传播的速度和覆盖面。而在两汉和魏晋时期，印刷术和纸张的发明，则使社会信息量以惊人的速度向前推进。

唐宋时期，中国的政治、经济、科技、教育、学术等活动都达到了全盛，传播活动中最显著的标志就是唐代手抄报纸的诞生，它有力地说明了当时的传播活动已经达到一个新的高度。到了宋代，中国不仅拥有了相对成熟的官方邸报，还出现了民间私营“小报”。

明清时期，统治者大兴“文字狱”，传播活动受到极大的制约并开始衰败，传播事业的发展远远落后于西方。

纵观中国古代，传播活动形式多样，杰出的传播思想家不胜枚举，归纳他们有关传播的思考，主要可以分为以下几个方面。

（一）对传播功能的论述

古人认为，语言是人的表征，人是传播的主体。“人之所以为人者，言也。人而不能言，何以为人。”《春秋谷梁传》中这一精辟的见解与2,000多年后施拉姆“研究传播学其实就是研究人”的论述前后呼应。在孟子眼里，传播高于一切：“仁言不如仁声之入人深也。善政不如善教之得民也。”（《孟子·尽心》）刘勰格外看重言语传播的力量："一人之辩，重于九鼎之宝；三寸之舌，强于百万之师。"（《文心雕龙·论说篇》）唐太宗则看到了传播对维护统治的作用："言语者君子之枢机"（《贞观政要》）。苏轼看到了大众"易于理服，难以力胜"的特性，主张重传播轻武力。同时，他还揭示了传播释放能量常常具有时宜性的特点："天下无事，则公卿之言轻于鸿毛；天下有事，则匹夫之言重于泰山"（《御试制科策》）。而古人更有对文学传播功用的夸张描述："阅书百纸尽，落笔四座惊。""笔落惊风雨，诗成泣鬼神。"（杜甫诗）到了近代，人们则把报刊看作"国民之舆论""社会之公器""国民之导师""文明之利器"，抑或"国家之耳目""国民之喉舌"。

此外，古人深谙"水能载舟，亦能覆舟"的道理，认识到传播也具有负面功能和消极作用，从"众口铄金，积毁销骨"（《国语》）、"口是伤人斧，舌是割肉刀"等名句中就可以看出古人对传播负功能的担忧和恐惧。王充甚至认为，一个人越是精于传播，就越易遭殃——"美味腐腹，好色惑心，勇夫招祸，辩口致殃"（《论衡·言毒篇》）。

（二）对受众观念的论述

中国的文化典籍中很早就有了关于受众观念的论述。今人说受众是"上帝"，是大众传媒生存与发展的前提和条件。古人把某些受众看作"知音"，认为"音实难知，知实难逢，逢其知音，千载其一乎!"（《文心雕龙·知音》）对国家来说，"民惟邦本，本固邦宁"（《尚书·五子之歌》）。"国之有民，犹水之有舟，停则以安，扰则以危"（《三国志·吴书》）。对当代大众传播媒介来讲，借用古人的话，"众之所助，虽弱必强；众之所去（抛弃），虽大必亡"（《文子·上义》）。"夫以众者，此君人之大宝也"（《吕氏春秋》）。

今人说，传务求通，服务受众。墨子云："上下情请为通"，"得下之情则治，不得下之情则乱"（《墨子·尚同中》）。管子甚至主张"遍知天下"（《管子·七法》）。适应受众心理，以满足受众需要，在古籍中也可寻找到类似的论述。例如，"为天下者不慢（轻视）其民"（《慎子·内篇》）。"治天下者当用天下之心为心，不得自专快意而已也"（《汉书·鲍宣传》）。这些论述颇像今人提出的"使用与满足论"。

当代传播学特别重视受众的信息反馈，古人亦然。"防民之口，甚于防川""为川者决之使导，为民者宣之使言"（《国语·周语上》）。"贤路当广而不当狭，言路当开而不当塞"（《宋史·乔行简传》）。这些言论又有些像受众理论中的"民怨释放论"和"排气阀理论"。

（三）对传播规范的论述

春秋末期，孔子从恢复西周礼制的愿望出发，在《论语·颜渊》中要求人们做到“非礼勿视，非礼勿听，非礼勿言，非礼勿动”。这种关于传播行为的言论经过封建君主及儒学家的倡导后，成了影响中国人民数千年传播行为的重要规范。

在语言传播方面，古人也提出了以下传播规范。

第一，讲良言，戒恶言。因为“言美则响（反响）美，言恶则响恶”（《列子·说符》）。荀子的话更加形象：“与人善言，暖于布帛；伤人之言，深于矛戟。”（《荀子·荣辱》）所以，在人际传播中，受者对信息的反应很大程度上是由传者决定的：“恶言不出于口，忿言不反于身。”（《礼记·祭义》）

第二，讲精言，戒多言。中国的传统是重“少言”“精言”，忌“多言”“谰言”。墨子道：“言无务为多而务为智，无务为文而务为察。”（《墨子·修身》）老子认为：“多言数穷，不如守中。”（《老子·五章》）欧阳修曾说：“妙论精言，不以多为贵。”（《六经简要说》）孔子认为：“无多言，多言多败；无多事，多事多患。”（《孔子家语·观周》）他甚至认为：“刚毅木讷近仁。”（《论语·子路第十三》）孔融在《临终诗》中更有刻骨铭心的总结：“言多令事败，器漏苦不密。”孟子对自己有时爱同人争辩做了解释：“予岂好辩哉，予不得已也。”（《孟子·滕文公下》）这也从侧面告诉人们，孟子也重精言而轻多言，多言因“不得已而为之”。

第三，讲实言，戒浮言。中国人历来主张“用事实讲话”，讲话发言要“持之有故”“言之有理”（《荀子·非十二子》），要“言有物”（《周易·家人》），“传其常情，无传其溢言（大话）”（《庄子·人间世》）。《史记·商君列传》中引古语：“貌言华也，至言实也，苦言药也，甘言疾也。”意谓好听的话如同花朵，深切、中肯的话如同果实，叫人难受的规劝如同治病的良药，讨人喜欢的甜言蜜语如同害人的疾病。所以，“巧言虽美，用之必灭”（曹植《矫志诗》）。刘备甚至在临终前还一再叮嘱诸葛亮：“马谡言过其实，不可大用，君其察之！”尽管“馋媚之言甘，贤良之言直。甘则易悦，直则难入”（唐·张九龄《亲贤第一章》），但正直的人们依然宁可听实言而不听虚言。

第四，讲有用之言，戒无用之言。在孔子的眼里，交流是为了会友，会友是为了辅仁。曹丕说得更为直接：“盖文章经国之大业，不朽之盛事。”（《典论·论文》）对于文字传播，王充认为，“为世用者，百篇无害；不为用者，一章无补。如皆为用，则多者为上，少者为下”（《论衡·自纪篇》）。“若此者有益于天下，有益于将来，多一篇，多一篇之益矣”（顾炎武《日知录》）。相反，“好辩说而不求其用，滥于文丽而不顾其功者，可亡也"（《韩非子·亡征》）。这些言语传播原则，在一定程度上也可与当代大众传播中的真实性、适量性、有用性等原则相通，至今仍有一定的现实意义。

（四）对传播者的特殊要求

儒家学派对传播者的道德修养和人格内涵也提出了具体的要求。在孔子眼里，传播与修养问题，前者是表征、是形式，后者是实质、是内容。因此，"有德者必有言，有言者不必有德"（《论语·宪问》），人格涵养是最重要的。

孔子认为，作为君子的德操，除了不要讲空话、大话、虚话，要少说多做、言行一致之外，还要在人际交流中杜绝四种毛病，掌握三种火候，即"子绝四：毋意，毋必，毋固，毋我"（《论语·子罕》）。"侍于君子有三愆：言未及之而言谓之躁，言及之而不言谓之隐，未见颜色而言谓之瞽"（《论语·季氏》），即不要在信息交流中凭空妄测，不要绝对肯定或绝对否定，不要固执己见、刚愎自用，不要唯我独尊、以我为先。与人交谈，碰到不便谈论的或没到火候的敏感问题仍冒冒失失地议论，这是急躁和浮躁；而碰到应该谈论的或可以谈论的问题却又回避躲闪，会使人生疑，使事情变得更加隐讳；讲话不看对方的脸色变化只顾滔滔不绝地高谈阔论，这简直就是盲人。所以，荀子也主张要"谨顺其身"，"不傲、不隐、不瞽"（《荀子·劝学》）①。

概言之，中国的古代传播历史悠久，古人的传播活动和传播思想涉及传播研究的多个方面，涵盖了语言传播、传播规范、人际传播、说服和态度改变等多层次问题，对民族文化以及后世的传播研究产生了巨大的影响。

二、西方古代的传播思想

古希腊是人类文化繁荣的重要历史时期，西方精神世界里的一切成果，似乎都可以在古希腊人的言论中找到起源，传播思想亦不例外。古代西方对于传播的研究同先秦时期的中国一样，大多局限于言语传播研究。古希腊人最先认识到语言的巨大力量。公元前2080年左右，年迈的法老谆谆告诫即将继承王位的儿子麦雷卡说："当一个雄辩的演讲家，你才能成为一个坚强的人……舌头就是一把利剑，……演讲比打仗更有威力。"许多世纪里，古希腊人一直十分重视演讲，以致演讲能力被看作人诸种能力中的首要能力，而没有演讲能力的人几乎不能进入上流社会。也许正是为了适应社会需要，古希腊出现了研究语言传播（修辞学）的社会组织。语言学家克拉克斯在公元前460年左右还写出了第一本有影响力的关于论述演讲的书，着重研究了演讲中有

---

① 邵培仁. 传播学导论[M]. 杭州：浙江大学出版社，1997：35-38.

效组织思想、劝说听众的方法和初步理论，对后世演讲学的发展产生了较大的作用。

从古希腊时期开始，一种相对自由的舆论空气弥漫于政治、艺术、学术等各个方面，在城邦的民众大会上，自由辩论之风盛行。在古罗马，公民会议演变成部落会议和百人团会议。元老院外平民组织的“院外集团”四处演讲、游说。可以说，泰利士、德谟克利特、苏格拉底等思想家的舆论观成了后世西方新闻传播思想的精神家园。

古希腊自由辩论风气

图 1-1　亚里士多德（Aristoteles，前384-前302），古希腊伟大的哲学家、科学家和教育家。

古希腊，尤其是以雅典为代表的城邦民主政治制度，一直以来被西方学者尊奉为西方民主政治制度的起源，在著名的雅典政治家伯里克利（Pericles）执政时期，雅典的民主制度快速发展并不断完善。这与这一时期在古希腊，尤其是雅典所盛行的自由辩论之风密不可分。在伯里克利统治时期，每一位公民在法律上、议会中，都享有平等的权利。对于雅典人来说，公民不仅是选民，而且可以通过轮流抽签或背诵诗文的方式担任地方首长或法官。雅典的最高决策权力掌握在议会手中，议会每月举行4次会议，有重要事情时，在狄奥尼索斯剧场或比雷埃夫斯港召开，平时则在阿雷奥帕古斯山的西山坡一处名叫皮尼克斯的半圆形场所举行。一般情形下，主席主持议会开幕，提出问题或议案之后，希望发言的人轮流发言，而在这样的场合下，通常是经过训练的演说家才能够进行发言、辩论，而辩论的结果往往能够左右最终的投票结果和决策。

伯里克利本人就是著名的演说家，他凭借高超的演说辩论技巧，在公民大会上连选连任。而在伯里克利统治下，辩论的风气也蒸蒸日上，甚至出现了一批以教授辩论技巧及修辞术为职业的学者，柏拉图将这批人称为诡辩学家。正是这批学者促进了这一时期雅典学术的繁荣发展，在实践领域开启了雅典的政治传播之路。总而言之，诡辩学派在希腊历史中占有重要的一席。一方面，他们为欧洲创立文法和逻辑。他们发展辩证法，分析辩论的形式，教导人们如何分辩及作伪。经过他们的刺激与示范，辩论成为希腊人的热门爱好。正是这样一种尚辩论的风气，使得最古老的“公共领域”诞生于此并不断发展，雅典民主制度得以不断完善。

另一方面，古希腊辩论之风也带来了哲学的繁荣发展。著名哲学家苏格拉底（Socrates）年轻时，曾有一个时期对当时流行于雅典的诡辩学派着迷。根据柏拉图的记述，苏格拉底曾与巴门尼德、普罗泰哥拉、高尔吉亚、普罗第库斯、希庇亚斯等进行过辩论。他逡巡于人们的信仰之间，向他们提出各种各样的问题，要求他们给出确切的答复、连贯的意见，而且使自己成为那些思维不清的人的“毒蛇猛兽”。通过与他人辩论，他不断地理清概念，让自己的思想变得清晰，并悉心建立了一套完整的逻辑体系，为他的学生柏拉图建立宏大的哲学体系奠定了坚实的基础。

综上所述，正是古希腊的自由辩论之风播下了政治传播的种子，促进了公共领域的发展，也带来了哲学及文化传播的繁荣。

对语言传播首先进行深入研究并作出较大贡献的，应首推亚里士多德。他在《修辞学》里就言语传播提出了许多令人信服的论述。在他看来，修辞学具有说服别人的力量，“可以研究呈现在我们面前的任何题目”，特别是“研究在特定的场合中最有效的说服别人的方法，而任何别的艺术都不具备这种功能”。亚里士多德还认为，最有效的说服取决于“对话的3个要素——说话者、话题、听者”，而“决定对话目的和对象的要素，是听者”。因此，“说话者不仅要明确自己说的内容，取得他人的信任，而且要让别人了解自己的人格，同时应该注意听者的内心”，“能根据品德分析听者的性格，并且能分析各种情绪的本性和特质，进而利用使之激动的手段和方法”。

然而，煽动情绪不是万能的，有效说服还须依赖人品并运用推理。亚里士多德强调，说话者首先要让听者看来是“值得信赖的”，“因为作为一项原则，我们越是觉得一个人诚实，就会越快地相信他”。他把说话者的品德和可信性看作“是所有说服的手段中最有力的”要素。毋庸置疑，亚里士多德在2,300多年前关于语言传播的精辟见解至今仍对传播学研究有借鉴意义。①

到了中世纪，宗教获得了号令天下的地位，传播思想的发展始终围绕异教反抗正教、正教镇压异教为轴心展开。十字军东征是西方历史上影响异常深远的思想统一运动和舆论示威活动。宗教传播思想的研究从哲学层面出发，对信仰与理性、传统与自主、国家的自然规律、逻辑与语言、舆论与民意、形而上学的观念等进行了深入探讨与整合，从而形成了西方的文化传统。从某种意义上讲，只有理解了中世纪的宗教文化，才能了解西方的文化传统和近代传播学思想的渊源。

1543年的“哥白尼革命”把科学推向了新的神坛，王权崇拜和神权崇拜的迷雾渐渐消退，启蒙运动中的人民主权思想得到广泛传播，民主法制观念开始普及，具有自主意识的公众逐步形成，成熟的传播观念逐渐成形。文字传播在15世纪中叶后随着欧洲印刷术的发展逐渐成为主流传播形态，并推动了文化的普及。

在17—18世纪，很多启蒙思想家发展了关于舆论的新观点。查理·路易·孟德斯鸠（Montesquieu）提出了政治自由的舆论观；让-雅克·卢梭（Jean-Jacques Rousseau）提出了人民主权的舆论观；克洛德·阿德里安·爱尔维修（Claude Adrien Helvétius）和亨利希·霍尔巴赫（Diefrich Horbach）提出了意见支配一切的传播观，认为人是环境的产物，并提出了教育万能和意见、舆论支配世界的思想；黑格尔（G.W.F. Hegel）提出了辩证唯心主义舆论观。1644年，弥尔顿发表《论出版自由》，提出了言论自由的观点。他认为，要使人的理性得以运用，必须有个条件，就是不受限制地了

① 邵培仁. 传播学导论[M]. 杭州：浙江大学出版社，1997：39.

对于弥尔顿思想的认识[①]

图1-2　约翰·弥尔顿

在西方新闻自由运动和新闻自由思想的发展史上，约翰· 弥尔顿（John Milton）是先驱和奠基人。他于1644 年发表《论出版自由》的演说，在人类历史上第一次旗帜鲜明地提出了“出版自由”的口号，给后世以很大的影响。正是弥尔顿“观点的公开市场”和“真理的自我修正过程”的思想，奠定了西方新闻自由理论的基础。

弥尔顿出版自由的思想主要源自以下几个方面：首先是古希腊、古罗马文化中民主、自由的人文主义精神。在研究古希腊、古罗马的文化时，弥尔顿注意到了一个重要特征，即思想家能够存在并大量地著书立说、自由交流，使其文化和传播呈现出繁荣昌盛的局面。这给了弥尔顿启示：文明的社会需要民主和自由。弥尔顿把它概括为“人文主义”，并把自己极力推崇的这4个字旗帜鲜明地运用到了对出版自由思想的论述中。其次是新教教义中的宗教自由和宗教宽容精神。弥尔顿出生于一个清教徒家庭，从小受到新教教义和宗教宽容精神的影响，他正是站在宗教宽容的立场上呼吁出版自由，谴责封建国教实行书报检查制度的不宽容性，认为那样妨碍了对真理的追求。最后，由于受到近代启蒙理论中自然法精神的影响，弥尔顿在阐述出版自由时，把出版自由看成了一种“与生俱来的权利”，挑战了封建专制主义下的书籍出版许可制度。比如，他认为禁止好书就是扼杀理性本身；出版事业的开禁是人民与生俱来的权利和特权；人作为理性的动物，任何知识包括好的、坏的都不能使其腐化，等等。这一切论述，都明显地带有启蒙理论中的自然法色彩。

其出版自由思想的核心内容主要包含以下几点：第一，出版自由是一种人权自由，它是一切自由中最伟大的自由；第二，出版自由是人文主义文化的体现，也仰赖人文主义文化来实现；第三，出版自由是一种对生命的张扬，对人类理性的维护；第四，出版自由有利于帮助人们区别善恶，明辨是非；第五，出版自由有利于培养人们美德并体现真理；第六，出版自由是一种有条件的自由，是一种相对的自由；第七，禁止出版自由是无用而不可实现的；第八，禁止出版自由的主要危害是破坏学术，窒息真理。

弥尔顿出版自由思想的影响是深远的。它表现在两个方面：一是对于推动资产阶级革命和新闻自由运动有巨大贡献，它有力地推动了欧洲及世界各地资产阶级革命的发展，成了一个“伟大的口号”；二是对于推动资产阶级新闻自由思想的学术研究有巨大贡献。弥尔顿的出版自由思想为后世自由主义新闻理论的形成奠定了基础，促进了近现代新闻自由思想的发展。一批西方学者在《报刊的四种理论》中对其给予了这样的评价：“从弥尔顿这种思想出发，形成了现代关于‘观点的公开市场’ 以及‘自我修正过程’的概念，那就是让所有想说什么的人都自由地表达自己的思想。真实的、正确的思想会保存下来，虚假的和错误的思想会被克服。政府不应该参加战斗，也不应该协助其中的一方。虽然虚假的一方可能取得一时的胜利。但真实的意见通过吸引新的力量来维护自己，会通过自我修正过程最后战胜其他意见而保存下来。”上述概念与弥尔顿的出版自由思想一脉相承，是对弥尔顿出版自由思想的继承和发展。

---

① 丁俊杰. 简论弥尔顿的出版自由思想[J]. 现代传播，2002（5）：9-13.

解别人各种不同的观点和思想，真理是通过在公开市场上各种意见的自由竞争而获得的，要让真理参加“自由而公开的斗争”。通过真理与谬误的搏斗，真实、正确的思想和观点必然被大多数人所接受，虚假、错误的思想和观点必然为人们所抛弃，政府不应该参与和干涉。真理是通过自我修正的过程，最后战胜各种错误意见而保存下来的。弥尔顿的思想，特别是“观点的公开市场”和“真理的自我修正过程”思想，奠定了西方新闻自由理论的基础。

启蒙运动促进了新时代思想体系的创造和形成，同时也激励了许多后继的思想家，从康德、歌德、边沁、穆勒到马克思、达尔文、弗洛伊德，他们对传播学思想的发展都起到了很重要的作用。

综上所述，古代的贤哲对传播现象、传播行为的论述为近代传播学的发展奠定了深厚的基础。然而，尽管前人有关人类传播的思考对后世产生了深远的影响，但是从根本上讲，他们并没有把人类传播活动本身作为研究对象进行系统的探讨，只不过是在研究其他问题时偶尔涉及某些传播行为或传播方式。

第二节 近代人文、社会科学的影响与促进

一、三位重要社会理论家的贡献

查理·达尔文（Charles Robert Darwin）、西格蒙德·弗洛伊德（Sigmund Freud）和卡尔·马克思（Karl Heinrich Max）是19世纪3位最重要的社会理论家，他们的思想对美国社会科学的起源产生了重要的影响。进化论、精神分析理论和马克思主义这些欧洲的理论基础间接影响了20世纪在美国崛起的传播学。芝加哥学派中的社会学家为进化论所吸引；法兰克福学派将马克思主义和精神分析理论结合起来；互动传播的帕洛阿尔托学派通过研究相关传播来反对弗洛伊德的内心理论；拉斯韦尔热衷于精神分析的思考；而霍夫兰的说服研究则在弗洛伊德理论那里找到了间接的基础。

图1-3 查理·达尔文

（一）查理·达尔文

对于传播学学者来说，达尔文特别重要的著作之一是《人类和动物的表情》，该书出版于1873年，即《物种起源》问世13年之后。这部著作创建了非语言传播的领域，尽管达

尔文没有这么称呼。他论证说，如果不理解动物的情感表达，就无法理解人类的情感表达。达尔文通过描绘婴儿和儿童、各种文化中的成年人、精神病患者以及猿和狗等动物的情感表达来支持自己的非语言传播起源理论。

在纪念《人类和动物的表情》出版100周年时，P.埃克曼（Paul Ekman）——非语言传播领域的一位重量级学者——收集了与达尔文的非语言传播理论有关的当代研究依据。他的主要结论是，“达尔文的许多观察，他的大部分理论解释和预测，都被当前的事实所证实”。研究证据表明，“我们的情感表达在相当大程度上是由我们的进化论来决定的”。诸如生气、害怕和喜悦等某些普遍的面部表情可能源于某些天生的、遗传的作用，而与某些情感有联系的面部肌肉运动的特殊模式则源自遗传的作用，而不是后天学习得来的。①

自1859年《物种起源》发表以来，达尔文的进化论就对社会科学思想和传播学产生了重要的影响。

第一，它在系统阐述辩证唯物主义方面直接影响了马克思，而马克思主义又成为传播学的一个重要流派——批判学派的主要思想来源。

第二，由赫伯特·斯宾塞（Herbert Spencer）的社会达尔文主义所表达的“变异”将查尔斯·霍顿·库利（Charles Horton Cooley）和罗伯特·帕克（Robert Park）等美国早期社会学家引向了社会学领域，尽管他们后来都反对社会达尔文主义。库利和帕克均为芝加哥学派（传播学的另一重要流派——传统学派的重要源流之一）的代表人物，而帕克则是大众传播的第一位理论家，他关于城市生态学的著作直接受到了达尔文进化论的影响。

第三，达尔文的理论有助于非语言传播研究的开展，这是传播学的一个专业，它引起了人们的广泛兴趣。

第四，进化论的许多重要概念和机制现在都被研究群体生态学的学者所使用，当然也包括传播学学者。

与弗洛伊德的精神分析理论和马克思主义不同，除了非语言传播的研究者以外，达尔文的进化论并未被今天的传播学学者积极地推进，这些人通常也不承认达尔文在开创他们的研究传统方面发挥了什么作用。但事实上，不管是否承认，达尔文确实直接或间接地影响了今天自然科学与社会科学研究的大部分领域，当然其中也包括传播学。

---

① 罗杰斯. 传播学史：一种传记式的方法[M]. 殷晓蓉，译. 上海：上海译文出版社，2001：64.

（二）西格蒙德·弗洛伊德

图1-4 西格蒙德·弗洛伊德 奥地利精神科医生，精神分析学创始人，著有《梦的解析》《精神分析引论》。

弗洛伊德是自19世纪以来影响欧洲的三大力量之一。达尔文的进化论和马克思的历史唯物论处于社会的宏观层次，而弗洛伊德的思想则处于个体的微观层次，例如他从个体的儿童经历——他们掩盖在无意识内——之中寻求对于行为的解释。弗洛伊德坚持认为，儿童经历构成了成人的行为，同时无意识地解释了人类行为。

精神分析理论假定，人类行为的解释存在于个体之中，特别是存在于无意识之中。今天所使用的许多重要的传播学理论都在个体当中寻求推动行为变化的力量，尽管这些理论不是精神分析理论。例如，弗里茨·海德（Fritz Heider）（1946）的平衡理论，利昂·费斯廷格（Leon Festinger）（1957）的认知失调理论以及理查德·E.佩蒂（Richard E. Petty）和约翰·T.卡西奥普（John T. Cacioppo，1981，1986）态度变化的详尽可能性模式。这些理论都假定，个体失衡的、不一致的或不和谐的状态，由于对个体来说是不舒适的事，所以导致了这个个体的行为和变化。人格研究的学术传统由霍夫兰开创，这个传统是从C.L.赫尔（C.L.Hull）的学习理论发展而来的，赫尔的学习理论反过来又受到弗洛伊德理论的影响。弗洛伊德的理论也对拉斯韦尔有关政治领袖的精神分析研究产生了影响，尽管它并没有同样直接地影响拉斯韦尔的传播研究。①

法兰克福学派在20世纪30—40年代将弗洛伊德的精神分析理论和马克思主义结合起来，为我们提供了今天的批判的传播理论。例如，关于偏见的颇有影响的研究，在批判学派的代表人物西奥多·阿多诺（Theodor Adorno）等人（1950）的《权威人格》中都有论述，是一种以量化心理学的方法来研究人格问题的精神分析理论。显而易见，弗洛伊德理论的深远影响体现在今天人类传播学的各条线索之中，其中，一个深受弗洛伊德思想影响的代表便是帕洛阿尔托小组（Palo Alto group）。

帕洛阿尔托小组的研究是有关交往传播的一种独一无二的、具有丰富意义的理论。帕洛阿尔托小组的学术构成在很大程度上是跨学科的：其奠基者格雷戈里·贝特森（Gregory Bateson）接受的是人类学教育；而另一重要领导人物杰克逊接受的则是精神病学的教育；小组成员黑利和贝弗拉斯获得的是传播学的硕士学位；沃茨拉维克学习哲学、语言学，也学习精神病学；威克兰德曾是一个化学工程师，后来对人类学

① 罗杰斯. 传播学史：一种传记式的方法[M]. 殷晓蓉，译. 上海：上海译文出版社，2001：91.

产生兴趣，还特别关注中国。帕洛阿尔托小组的这一跨学科的性质形成了一种混合性的活力。①

帕洛阿尔托小组的学者提供了一种有关人类行为的可供替代的概念化做法，他们重视作为理解个体行为的手段的个体与他人的传播关系。始于20世纪50年代的临床领域到20世纪60年代出现了一次重大研究范式的转换——弗洛伊德从侧重于个体内在动力研究转向了侧重于个体交往或关系模式的临床研究，而帕洛阿尔托小组是这个范式转换的一个重要组成部分。

对于传播学方面的研究，帕洛阿尔托小组从工作中为我们总结的一条重要的经验是：既重视假定的实在，也重视传播问题。帕洛阿尔托小组的观点要求人们意识到模棱两可的传播，理解传播反常现象，研究诸如悖论那样的自我指认的矛盾的性质，并提出更多、更清楚的关于传播是否经常发挥作用的问题。但是，在传播研究中占统治地位的是效果研究，而以关系传播研究为主的帕洛阿尔托小组学者的观点是控制论的、生态学的，以系统论为基础，它并不适合传播学研究中占统治地位的认识论，这是帕洛阿尔托小组的交往理论之所以既没有受到美国主流传播学学者的更多关注，又没有对传播学产生更多影响的一个原因。

（三）卡尔·马克思

没有哪个理论家像马克思那样构成了历史的进程。而马克思主义理论——一种用来理解当代社会变化的富有想象力的尝试——的思想力量往往又被其政治影响所限制。在这里，我们讨论的是思想的马克思主义，而不是政治的马克思主义。

马克思提倡一种理论观点："在任何社会，获取维持生活所必需的基本资源方面的不平等不可避免地造就了一种文化，这一文化引起了某种类型的重大的社会冲突。"（本森，1979）这里包含了马克思主义重要的批判性——社会是不完美的，需要加以改变。而在马克思主义理论中被视为社会上层建筑的大众媒体，经常受到西方马克思主义者和新马克思主义者的批判，这其中也包括传播批判学派。马克思主义的批判学者认为，在西方工业社会中，大众媒体的内容为社会阶级关系所统治，媒体成为统治阶级巩固其社会统治地位的工具，且多半是反对变革的。

图1-5　卡尔·马克思

马克思主义及其近代批判学派的理论团体可被看作经验学者的思想和概念的一个来源（罗森格伦，1983）。批判

① 罗杰斯. 传播学史：一种传记式的方法[M]. 殷晓蓉，译. 上海：上海译文出版社，2001：96.

学派注重大众媒体的所有权和控制问题。但是这些课题并没有引起像拉扎斯菲尔德那样的经验主义研究者的学术兴趣，后者仍然沿着探讨传播效果的方向深入传播领域，但是批判学派对于社会的贫困、劣势和微弱部分的强调，确实能够提高非批判学者的相关意识。美国的传播学批判学者和经验主义学者之间的冲突，使得经验主义学者所擅长的研究方法并未对批判学者的传播研究提供多大的帮助。

二、传播学的7种传统立场

传播学作为一门研究人类信息传播活动及其规律的科学，是在借鉴、吸收其他学科研究成果的基础上形成的。由于涉及众多的理论流派，而这些理论流派在哲学上和实践上具有复杂性和差异性，使得传播学既属于社会科学，又被视为人文科学，同时还带有明显的自然科学的痕迹；它既有自己的理论范畴、学术话语，又更多地借用了其他学科的理论范畴。

在众多分散的理论或理论体系的纠缠中，罗伯特·克里格（Robert Craig）将对传播学贡献较大的学术理论归纳为7种传统立场[①]，它们分别是修辞学、符号学、现象学、控制论、社会心理学、社会文化和批判理论。

（一）修辞学传统

属于这种传统的理论把传播看作一门实用艺术。传播者——例如发言人、媒体制作人和作家——通常用精心设计信息来应对各种具有挑战性的问题。根据这一传统，传播者设计一些策略——通常是采用一些常见的手段——来达到感动受众的目的。修辞学理论的典型特征是充分利用逻辑和情感上的吸引力。据此，传播者的工作成效取决于技巧和方法的运用。它的基本信条包括：第一，言辞具有相当大的力量；第二，信息有益于人们做出正确的判断；第三，可以对传播进行评估，并且逐步改进它。

修辞学理论对下述观点提出了挑战：第一，言辞不是行动；第二，外表不是真实；第三，风格无关紧要；第四，观点不是真理。

（二）符号学传统

这一传统侧重于符号和象征，把传播看作连接不同个人世界的桥梁。在那些世界里，符号具有一定的意义，有些意义为人们所共享，有些则不。这一传统适用于讨论

---

① 李特约翰. 人类传播理论[M]. 史安斌，译. 7版. 北京：清华大学出版社，2004：15.

分歧、误解和主体性回应等问题。它提出了以下一些与语言有关的概念：符号、象征、指代物、符码和理解。符号学有力地揭示了以下问题：第一，人类对共同语言的需求；第二，将主体性视为理解和沟通的障碍；第三，符号的多重意义。

符号学理论对一些传统观念提出了质疑：第一，词语有正确的含义；第二，符号代指的是客体，因此，语言是纯客观的。

（三）现象学传统

现象学传统侧重于个人的体验——包括人与人之间的相互体验。传播是一个通过交流和对话来实现个人体验的共享的过程。这一传统崇尚真正意义上的人际关系。从理论上说，它适用于解决有关人际关系的问题——例如强有力的人际关系因何而瓦解等。在这一传统的话语中，我们可以听到"体验""自我""对话""真性"（genuine）"支持性""开放性"等术语。

作为一种理论取向，其吸引力在于它体现了人类对相互接触、尊重和共同立场的需求和差异性的认可。它抵制了以下这些理论话语：第一，传播只是一门技术；第二，词语和事物是截然分开的；第三，价值观与事实是截然分开的。

（四）控制论传统

这一传统首先将传播视为信息处理的过程，主要解决的是传播过程中出现的噪音干扰、超负荷、功能障碍等问题。其所使用的主要词语包括"发送者""接收者""信息""反馈""多余信息""系统"等。控制论传统在解释与大脑、思维、理性和其他复杂系统有关的问题时具有相当强的说服力。从总体上看，这一传统向以下观念提出了挑战：第一，人类和机器的截然对立；第二，线性的因果关系。

（五）社会心理学传统

属于这一传统的理论集中探讨的是传播过程中某些方面的问题——包括表达、互动和影响，旨在监控其中所出现的一些挑战和问题的后果。属于这一传统的理论话语强调行为、变量、效果、人格与特质、知觉、认知、态度和互动。

在下列语境当中，这一传统具有相当强的说服力：第一，人格似乎是最重要的因素；第二，信仰和感情导致判断出现偏差；第三，人与人之间产生了显而易见的互相影响。

社会心理学传统反对以下观念：第一，人类总是有理性的；第二，人类清楚地了解自己的思维活动；第三，通过知觉来观察真实世界不会出现任何问题和障碍。

（六）社会文化传统

这一类型的理论将社会秩序作为讨论的中心，将传播视为社会的黏合剂，其所关注的问题和挑战包括冲突、异化和协调失败。属于这一传统的学者往往对个案进行争论，所使用的语言包括“社会”“结构”“仪式”“规则”“文化”等。这些学者会尽量避免争论以下问题：第一，个人的力量和信任；第二，自我的统一；第三，如何将人类交流与社会结构分割开来。

（七）批判理论传统

这一组理论倾向于把传播视为权力化和被压制的社会化排列方式，该理论所回应的是意识形态、权力和征服等问题，其基本概念包括意识形态、辩证法、压制、意识的唤起（consciousness raising）、抵抗和解放。这一传统在下列情况下具有相当强的说服力：第一，权力的自我维系；第二，自由和平等的价值；第三，在充分知情的前提下进行讨论的重要性。

这7种传统立场深刻地影响了传播学的发展轨迹。通观过去和现在，各传播学流派的发展历史无不与这7种传统立场具有或多或少的关联；展望未来，也不难预见这些传统立场仍将深刻地影响未来传播研究的走向。

以控制论传统为例，在传播学发展的早期，控制论的噪音、反馈等概念曾给当时的研究者以启发，而在智能媒体传播受到关注的当前，控制论又因其与人工智能技术的紧密联系而再度受到追捧：一方面，控制论是“关于动物和机器中控制和通讯的科学”，其有关信号传输与系统控制关系的观点对人工智能技术具有重要意义，而且控制论发展的前沿领域智能控制也与人工智能技术紧密相关，这对解决被控制对象越来越复杂，非线性、不确定因素强等问题也意义重大；[①]另一方面，因名著《控制论》而被誉为“控制论之父”的维纳对人工智能技术的出现和可能带来的风险等的预言也在近年来被重新发掘，维纳本人也被冠以“人工智能先驱”的美名。[②]

三、传播学的学科基础

具体而言，传播学的学科基础主要有新闻学、社会学、心理学、“三论”（信息论、控制论、系统论）、政治学、语言学、文化研究、统计学、符号学等。其中，除新闻

① 韦巍. 智能控制技术的研究现状和展望[J]. 机电工程，2000（6）：1.

② 劳埃德. 人工智能导致哪些风险？控制论之父在70年前就预言了[EB/OL].（2019-11-03）[2019-12-04]. http://www.bjnews.com.cn/culture/2019/11/03/645003.html.

学外，尤为重要的学科还有社会学、心理学和“三论”。

（一）社会学与传播学

社会学对传播学的贡献表现在两个方面：

第一，传播学借用了许多社会学研究范例，其中借鉴较多的有：

奥古斯特·孔德（Auguste Comte）的集体有机体观念。

斯宾塞的有机体及社会进化范例。

费迪南德·滕尼斯（Ferdinand Tonnies）的社会契约理论。

大众社会、社会分化范例。

社会化范例。

库利和米德的象征互动理论（symbolic interaction theory）。

塔尔科特·帕森斯（Talcott Parsons）等人的结构功能论（structural functionalism）范例。

拉尔夫·达伦多夫（Ralf Dahrendorf）等人的冲突论（conflict theory）范例。

第二，传播学所用的研究方法大部分来自社会学，如早期传播研究中对舆论的研究、对宣传的分析、对股票行为的研究等。

（二）心理学与传播学

心理学对传播学的贡献主要表现在两个方面：

一方面，传播学借用了许多心理学的研究范例，如心理学中的学习理论和模仿理论；社会心理学中的群体动力论范例、实验图式范例、知行不和谐范例；实验社会心理学中的态度改变范例等。

另一方面，传播学还从心理学中借鉴了实验法等研究方法。

20世纪40年代兴起的信息论、控制论和系统论（“三论”）都属于技术科学，但它们亦在哲学和方法论层面给众多的社会科学、人文科学研究提供了新的价值和意义。

（三）新闻学与传播学

除社会学、心理学、“三论”之外，对传播学影响较大的学科还有统计学、数学、政治学、符号学、语言学等。正是这些学科的研究成果为传播学提供了丰富的理论和方法，这些学科的学者也都在各自领域中涉猎传播现象的研究。传播学的理论基础可以说是由许多相关学科共同奠定的，但是传播学的产生却派生于新闻学。

在大众传播学产生之前，新闻学是唯一专门研究大众传播现象和活动的学科。因此，可以说，新闻学是传播学的基础和前身。新闻学起源于19世纪的德国，至19世纪末在美国兴盛起来。随着新闻实践的逐步深化，新闻媒介的种类不断增多，新闻学原有的研究范围已无法涵盖日益发展的新闻业，新闻事业逐步扩大至大众传播媒介业，“新闻”的概念也逐步让位于“大众传播”的概念。于是出现了大众传播学——一个以人类社会的所有大众传播行为为研究对象的领域。大众传播学研究进一步深化的结果便是传播学，即从个别的传播规律到大众传播，再深入研究，上升到普遍的传播规律，即人类的传播活动过程及其规律。由此可以看出传播学的基本发展轨迹：新闻学→大众传播学→传播学，三者既相互关联、长期共存，又有明显的区别。

表1-1　新闻学、大众传播学、传播学的区别

	新闻学	大众传播学	传播学
研究对象	新闻及社团活动	大众传播活动及过程	人类传播活动及过程
研究方法	经验研究	经验研究、定量技术、定性研究	定量技术、定性研究
研究取向	实务导向	理论化	本质研究、核心理论

新闻学是“研究人类社会新闻活动规律的一门科学。新闻学研究的中心课题便是人类社会的各要素对人类新闻活动的决定和影响以及新闻活动的自身发展、新闻活动对社会的反作用”①。大众传播学则是一门边缘科学，“它在学术上直接扎根于同属行为科学的心理学、社会学和政治学等学科之中，并同这些学科相互借用假设、理论和知识”，“它最重要的意义在于其聚焦于大众媒介及围绕它的人的活动，以期得到关于大众传播过程和效果的可靠知识”②。传播学就是要“解释人类传播过程的基本性质，从诸如语义学、文化人类学、社会学和社会心理学这样一些领域里得出许多很有研究价值的线索。需要把它们结合起来，充分描述整个人类传播，然后方可以估量出使用复杂媒介的大众传播的地位”③。

新闻学经历了一个多世纪的变迁、发展，自己也出现了某种程度上的变革。施

① 胡正荣. 新闻理论教程[M]. 北京：中国广播电视出版社，1995：2.

② 哈勒斯. 大众传播媒介[M]. 布朗出版社，1985：521.

③ 德弗勒，鲍尔—洛基奇. 大众传播学诸论[M]. 杜力平，译. 北京：新华出版社，1990：30.

拉姆分析、整理了1937年到1956年《新闻学》季刊的内容，指出了新闻学发展的4个趋势：

> 第一，从定性分析到定量分析。一般而言，定量分析较具客观性，因为它能以精确数字辨明一个普通的现象或事实；而定性分析则失之主观，往往以部分的特殊代表普遍的全体。
>
> 第二，从人文学方法到行为科学方法。传统报学以哲学、文学为基础；而大众传播学亦属行为科学之一支，它以社会学、心理学、统计学为基础，走向实验的阶段。
>
> 第三，从伟人研究到过程与结构的研究。传统新闻学只以文学方法对报业经营者做传记性描述；而大众传播受牵制的因素变化多端，以致形成环境相连、交错复杂的因果关系。
>
> 第四，从区域性角度到国际性角度。由于国际传播的发展，新闻学的研究范围已不再局限于一国或一个区域，而必须伸展至国际范围。

实际上，传播学的许多研究成果、概念、范畴和方法等也被近年来的新闻学研究所应用。德国著名的新闻学教授西格弗里德·维申伯格（Siegfried Weischenberg）博士在其著作中就提出了许多全新的新闻学理论观点。他在传播学的基础上，对现实的新闻活动进行分析，引入了大量的大众传播学概念和观点。维申伯格提出了一个“新闻业关系—新闻学研究对象”图（见图1-6）：

维氏指出，新闻学的研究对象包括以下几个方面：

1.媒介制度（规范关系）

- 历史基础和法律基础
- 传播政策专业标准和道德标准

2.媒介机构（机构关系）

- 经济要求
- 政治要求
- 组织要求
- 技术要求

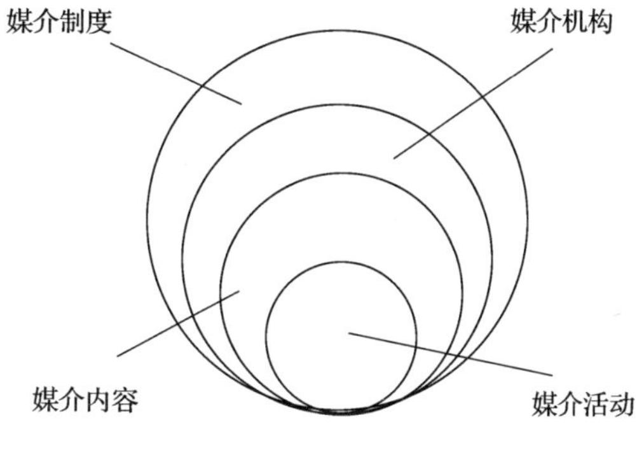

图1-6　新闻业关系—新闻学研究对象

3.媒介内容（功能关系）

- 信息源和推荐群体
- 报道样式和播出形式
- 真实性的建立
- “作用”与“负作用”

4.媒介活动（角色关系）

- 人口统计特征
- 社会态度和政治态度
- 角色自我理解和公众形象
- 专业化和社会化（维申伯格，1992）①

从中，我们一方面可以看出新闻学研究与传播学研究的交融；另一方面，我们也很容易发现，近年来新闻学研究注重的量化、效果、控制等取向在某种程度上正逐渐取代新闻学科旧有的民主和人文意涵，这正是很多学者对当前的新闻学教育展开批评的核心原因。正如凯瑞在20世纪新闻教育峰会的演讲中所谈到的，传播学教育背离了新闻教育所秉持的原则：

> 新闻学和新闻教育不等于或包含广告、传播、媒体研究、公共关系和广播，而是一门独特的社会实践学科。
>
> 新闻学作为独立的社会实践不能与传播或者媒体混淆。
>
> 新闻是民主的另一种表达。②

在很多学者看来，传播学科是对一切进行控制的学科。如维纳认为，传播学研究的核心——信息是我们对外界进行调节和与外界进行交换的关键，而接收和使用信息的过程就是我们对外界环境中的种种偶然性进行控制的过程。因此，“通讯和控制之作为个人内在生活的本质就跟它们作为个人社会生活的本质一样”③。而新闻学则被认为应该植根于人文科学，但事实上，因为发展过程中并未与人文学科更好地融合，新闻学在人文学学科中没有找到归宿，并逐渐转向了关于效果、决断和控制的传播学，最终“传播来源于新闻并且控制了新闻，建造了新闻和社会控制艺术之间的矛

---

① WEISCHENBERG S. Journalistic: medienkommunikation: theorie and praxis.sl, 1992: 68.

② CAREY J W，李昕. 新闻教育错在哪里[J]. 国际新闻界，2002（3）：9.

③ 维纳. 人有人的用处：控制论和社会[M]. 陈步，译. 商务印书馆，2017: 4.

盾并且生存其中”[①]。

我国的新闻传播教育也存在这样的情况。我国新闻学的研究和教育始于民国时期，北京大学的新闻学研究会以及徐宝璜、邵飘萍等对我国的新闻学教育有着筚路蓝缕的开创之功，之后经过半个多世纪的发展，在20世纪80年代初，西方传播学开始进入我国，“‘他山之石，可以攻玉’，导入西方传播学，吸取传播学中的合理内核，改造中国传统新闻学，这是当时大多数研究传播学人士的想法”。[②]从此，工具理性与价值理性的冲突和张力就一直在我国传播学教育与新闻学教育之间存在着。这其中的对错是非也许各执一词，不过就整体而言，近些年我国新闻传播教育在“道”与“术”的论争之外更加注重对学生综合素质的提升是不争的事实。

第三节　传播学的兴起

传播学起源于20世纪一二十年代，形成学科则是在20世纪四五十年代。从此以后，传播学在学术界和理论界的地位日益提高，同时其在实践领域的影响也不断扩大。

一、传播学的起源

任何一门学科的兴起与形成，必然要存在其社会和学科基础。传播学的兴起与形成也是如此。首先，20世纪初是资本主义从自由竞争走向垄断竞争的年代。工业化大生产使资本主义的生产活动和范围大大延伸，国内市场开始初步走向国际市场，因而对信息的要求就更高。其次，19世纪已经形成的报业，加上新兴的电影、广播、电视等新媒介，逐步形成了资本主义社会独立的产业——传播业，这给社会带来了强烈的冲击。因此，社会急需关注和思考传播带给人们的一切。最后，传播学的形成还有了科学发展做基础。到20世纪初，资本主义社会已经经历了两次科学革命，实则也经历了两次思想革命。人类对物质和精神世界的认识能力以及广度和深度有了大幅度的扩展。研究方法日益科学化，学说日益多样化，因此人们能够科学而全面地研究影响日益扩大的传播活动。

---

① CAREY J W，李昕. 新闻教育错在哪里[J]. 国际新闻界，2002（3）：9.

② 吴廷俊. 传播学的导入与中国新闻教育模式改革[J]. 新闻大学，2002（1）：26.

传播学的最初提出和形成是在美国。作为资本主义阵营中最为发达的国家，美国之所以能成为传播学诞生的摇篮，是因为其除了具备上述基本的社会、学科等前提条件以外，还有着具体而独特的社会、学科条件。

（一）传播学与政治活动

美国的政治家无论是在日常的政治活动还是在4年1次的竞选中，都比较重视利用传播媒介来宣传自己的政治主张、树立形象、争取支持。在战争时期，政治家对传播媒介的依附更加显著。

美国传播学的产生与两次世界大战密不可分。"一战"期间，同盟国（德国、奥地利和意大利等）与协约国（英国、法国、俄国等）在战场上展开厮杀的同时，也在另一领域展开了较量，即"宣传战"。1917年美国正式参战后，威尔逊总统便下令成立了一个机构，即"公共信息委员会"（Committee on Public Information，简称CPI），专门负责美国的战时宣传。它为了宣传美国参战的意义，向社会发布了大量有关战争的广告、宣传小册子、新闻电影等。协约国之间为了协调战时宣传，还组建了协约国联合宣传委员会，定期召开宣传工作联系会议。

"一战"结束后，人们对宣传在现代战争中的作用以及对社会生活的巨大影响有了相当的认识。英、法、德、美等国的学者开始从各自的研究领域出发研究"一战"中的宣传。这一时期，较有影响的研究著作有坎珀尔·司图尔特的《克尔之家的秘密》、施杰林·鲁贝尔特的《宣传是政治武器》、伊·普策克的《德国宣传：关于宣传是实用社会科学学说》[①]等。

美国对宣传的研究起步较晚，但对后来的影响最大。其中，被称为传播学奠基人之一的拉斯韦尔的研究影响最大。1927年，拉斯韦尔出版了自己的博士论文《世界大战中的宣传技巧》（*Propaganda Technique in World War I*）。这是第一部系统而深入地研究宣传问题的著作，后来成为宣传研究的经典。其后，拉斯韦尔又与人合作编著了《宣传与推行》（1935）、《世界革命的宣传》（1935）、《世界历史中的宣传与传播》（1979）等著作。

在"一战"后的宣传研究中，美国成立的宣传分析研究所（Institute for Propaganda Analysis）较为引人注目，成为第一个专门研究宣传的学术机构。该研究所创建于1937年，由社会心理学家哈德利·坎特里尔（Hadley Cantril）任所长。其学者很关注德国宣传对美国的影响，其中最有名的研究成果是由阿尔弗雷德·李（Alfred McClung Lee）与伊丽莎白·李（Elizabeth Briant Lee）编辑的《宣传的艺术》

① 裘正义. 世界宣传简史[M]. 福州：福建人民出版社，1991：271-272.

（*The Fine Art of Propaganda*）（1939）。书中归纳整理了7种常用的宣传手法，流传甚广。这些宣传手法可以被视为对态度改变的初期理论探讨。

从“一战”结束到“二战”爆发的这20余年中的宣传分析与研究，虽然不是直接的传播学研究，但却大大推进了人们对传播在战争中作用的认识。正如美国传播学家沃纳·塞弗林（Werner J.Severin）和小詹姆斯·坦卡德（James Tankard Jr.）所言：“在两次大战之间，出了不少以宣传为题的书。在当前对宣传的分析中，包括了关于大众传播效果理论的某些初步探索。我们今天回溯起来，其中固然有许多相当粗糙，然而，至少有两个传播理论的重要领域，已在当时的宣传理论中奠定了基础。其一是‘态度改变’，这是传播理论研究的一个传统的重要课题：要改变人们的态度，有哪些最有效的方法？对宣传的研究可以为这个问题提供某些尝试性的答案。其二是对大众传播的一般效果的理论探讨：大众传播对于个人和社会有何影响？这些影响是如何发生的？早期关于宣传的研究也对这些问题提供了一般性结论”[①]。

图1-7　“二战”时期的美国海报

由于宣传在第一次世界大战中发挥了重要的作用，又经过战后各国宣传研究学者的总结与分析，到第二次世界大战爆发时，参战各国便有意识地重视战时的宣传工作。美国于1942年6月成立了军事情报局，负责监督国内宣传、对外的官方宣传。同年，美国陆军部新闻与教育署聘请了一些社会学家、心理学家，专门研究部队为士兵精心制作的4部电影是否会影响士兵对战争的认识，以鼓舞士兵参战的士气。传播学奠基人之一的霍夫兰受军方委派，成了该研究的负责人。他带领一些心理学家重点

① 塞弗林，坦卡德. 传播学的起源、研究与应用[M]. 郭镇之，等译. 4版. 北京：华夏出版社，2000：106.

传播在美国政治中的角色——以16年特朗普竞选为例

在建国约两百余年的美国历史上，传播在美国的政治生活中一直扮演着十分重要的角色，可以说政治传播正是诞生于美国的政治摇篮之中。传播之所以在美国的政治生活中如此重要，是因为一方面，基于了美国民主制度的需要。正如美国社会学家约翰•杜威（John Dewey）在《民主与教育》（1915）一书中称："社会不仅是由于传递、传播而得以持续存在，而且还应该说是在传递、传播之中存在着。"我们也可以说，民主是因为传播而存在，同时也是随着传播的不断发展而完善的。美国民主政治之所以如此完善，与其完善的传播系统密不可分。正是其强大的传播系统使这个移民国家紧密地结合在了一起，也在不断地将自己的政治、文化价值观传播到世界的每一个角落。

另一方面，政治传播在美国4年1次的政治大选中扮演着至关重要的角色，可以说总统竞选的成功除了其本人政治纲领的正确性外，成功的竞选策略、传播策略也是成功获胜的必要因素。

"金钱是政治的母乳。"这是美国知名民主党人杰西•马文•昂鲁（Jesse M. Unruh）20世纪60年代的一句名言，放在2012年美国总统选举的沙盘上似乎格外适用。

在现任美国总统唐纳德•特朗普（Donald Trump）的竞选生涯中，新兴传播媒介的作用显得功不可没。社交媒体的兴盛为特朗普的胜出奠定了重要的舆论基础，传播学界和业界普遍认为他在此次选举中通过网络掌握了社会话语权，这是历届总统候选人都没有达到的效果。

奥巴马竞选团队资深数字媒体顾问裴范菲(Dan Pfeiffer)曾如此评价："特朗普在互联网的使用上比共和党的其他竞选人都要用得好，这也是他能获胜的部分原因。"特朗普的竞争对手希拉里在传统主流媒体拥有绝对权威的话语权，而特朗普却由于在新媒体尤其是社交媒体方面建构了一套得当的传播策略，为自我形象的包装和政治言论的发表奠定了至关重要的基础。2016年11月，特朗普的社交媒体账号拥有近1,300万的粉丝，反超希拉里200多万人，利用这一优势，特朗普在推特上不断通过制造新闻、推销竞选口号以及直接攻击竞争对手等方式来保持自己的媒体关注度。以这一平台为基础，特朗普极大提升了影响力，并使自己成为新媒体场域中的意见领袖，通过二级传播、新媒体的裂变式传播不断为其政治观点的传播背书。另外，特朗普团队在新媒体上保持着高频率的曝光度。据统计，他的推文数量保持在平均每天16条，并善于利用新媒体的传播规律把握传播时机，在社交媒体平台上化身"段子手"，在社会事件发生后的适当时间发表爆炸性言论，以发掘新媒体叙事策略，其语言风格负面情绪满载、善用单个单词以挑起读者情绪。这一系列基于新媒体环境做出的传播策略，必然更加适应这一土壤中的政治生态，使一个从政"零经验"的新媒体"营销达人"打败履历光鲜的政界"大腕"，当上美国总统。

针对传播技巧、传播与态度改变等展开了大规模的研究。"这些实验研究真正构成了态度改变研究的开端"，"对影片的评估研究同样也对传播理论做出了某些有用的贡献"[①]。

第二次世界大战期间，美国军队空前地利用电影和其他大众传播媒介，客观上推动了传播研究的深入，为传播学的研究奠定了相当坚实的基础。

从对历史的分析中可以看出，两次世界大战中的传播活动和实践直接催生了传播学的形成。

虽然传播研究在两次大战中有了长足的发展，但是战争毕竟是一种特殊的政治

---

① 塞弗林，坦卡德. 传播学的起源、研究与应用[M]. 郭镇之，等译. 4版. 北京：华夏出版社，2000：177.

状态。那么到了和平时期，美国的政治界是否仍然需要传播及传播研究呢？回答显然是肯定的。

战争中传播的威力已有目共睹，传播研究提出的观点和成果为实践所应用，并产生了相当的作用，也被世人特别是政治家所共知。和平时期，美国政治家除了日常的施政宣传、形象工程外，最重要的便是4年1次的总统竞选及其他各种各样的竞选。

在竞选中，为了赢得选民的好感、争取选民的投票，所有候选人都会求助于传播媒介，大张旗鼓地利用一切宣传手段，包括广告、公关、新闻、演讲、活动等，在媒介上展开宣传攻势。在1960年竞选中获胜的约翰·肯尼迪（John F. Kennedy）被称为“电视总统”，而2004年大选中乔治·W.布什（George Walker Bush）的成功连任更是被舆论界认为是其竞选班子取得的巨大成功。在现代社会，会不会利用传播媒介塑造形象、宣传施政主张已经成为衡量一位美国政治家是否成功的重要标志。

可以说，在美国的历史上，传播媒介一直在政治生活中扮演着重要的角色。这一传统使得美国的各级政治家都非常重视传播，进而重视对传播的研究，从而推动了传播研究在美国的开展。

（二）传播学与经济活动

美国是资本主义阵营中唯一在两次世界大战中使自己的经济实力得到了加强的国家。战争使整个资本主义世界生产能力的三分之二都集中到了美国手中，经济的发展使得美国的自由市场竞争更加激烈。

传播学的兴起与传播，与大众传播在美国经济活动中的地位和作用密切相关。

一方面，在美国自由市场经济条件下，经济的发展需要垄断资本家向国内、国际市场扩展。生产扩大，产品增多，随之而来的市场拓展和行销行为就前所未有地增加了。因此，美国在20世纪20年代应运而生地出现了大批广告公司、公关公司、调查公司等机构，并形成了一种市场经济不可或缺的新兴产业。1945—1950年的5年间，美国广告营业额从29亿美元增长到357亿美元。[①]为了判断传播媒介对消费者购买行为、购买需求和心理的影响，广告商、公关专家、民意调查人员、新闻工作者和学者等在垄断财团和企业的资助下，不断对广告、公关、消费者以及媒介的经营与竞争进行研究，其研究成果对于工商企业来说价值甚大。因此，企业普遍比较关注营销环节中的各种传播问题。另一方面，美国的大众传播在经历了两次世界大战之后日益壮大，并逐渐发展成为一个个相对独立而完善的经济实体，共同形成了一个产业——大众传

---

① Fox S. The mirror makers: a history of american advertising and its creators. New York: William Morrow and Company, 1984: 172.

播业。美国大众传播业的这种私营产业特征，使其将对市场的研究视为自己生存和发展的根本。

图1-8　美国前总统布什在谋求连任的竞选演说中慷慨陈词

美国《华盛顿邮报》报道，在距离美国2004年大选正式投票日不到24小时之际，布什和克里的支持率仍难分伯仲，两大阵营开始同时使出“疯狂撒手锏”——雇用民间游说团和独立说客出面拉票，从电话“骚扰”到敲门入户，美国各州的说客战越演越烈，其规模更是前所未有。既然媒介是产业，是时间、空间的商品，各媒介的竞争自然会日趋激烈。因此，能得到受众的青睐，拥有更高的发行量、收听（视）率便成了所有媒介追求的目标。因为只有这样，才可以从广告客户手中拉来广告，维持自己的生存并继续发展。这种客观的竞争压力变成了大众传播业者关心和思考传播技巧、传播效果、受众等问题的动力。无论是从客观上还是从主观上，大众传播都需要进一步研究传播规律，改进传播行为，扩大传播效果。

美国自由市场经济及生存于其中的大众传播业为传播学的兴起提供了丰厚的经济土壤，从而使美国的传播学研究从第一天起便带有较为浓厚的商业色彩和实用气息。

（三）传播学与社会活动

美国的大众传播与社会生活的关系日益密切，而在它们的互动中，媒介给社会生活带来的负面作用也日益显现出来。

20世纪初，学者开始对这些负面作用予以关注。其中，由潘恩基金资助的“电影与青年”研究项目格外引人瞩目。这一项目在20世纪二三十年代进行，是美国历史上第一次大规模的大众传播效果研究活动，芝加哥学派的帕克、布鲁默等学者均参与了这项研究。其中，布鲁默主持的两项研究以实证主义研究方法深入分析了电影对青少年的影响。布鲁默认为，“电影对犯罪具有潜移默化的作用，另外，对于本来就有犯罪倾向的人而言，电影有可能强化他们的犯罪动机”①。

① 多米尼克，鲍尔—洛基奇. 大众传播动力学：数字时代的媒介[M]. 蔡骐，译. 7版. 北京：中国人民大学出版社，2009：235.

电影对使用毒品的描绘①

美国政府于1999年花费了240万美元在电影放映之前播放反毒品的信息，希望把这些信息传播给年轻人。这些反毒品信息与随后许多电影中关于使用毒品的信息形成了鲜明的对比。

以获得1999年奥斯卡最佳影片奖的《美国丽人》（*American Beauty*）为例，其中最令人同情的角色是一个吸食大麻的毒品交易者。这位在影片中由凯文·斯派西（Kevin Spacey）所扮演的主角，在开始抽大麻叶之后生活有了好转。虽然这部影片是限制级的，但目前在目标为年轻观众的影片中涉及毒品是很常见的。拿《恐怖电影》（*Scary Movie*）来说，喜剧演员马林·韦恩斯（Marlin Wayans）在这部影片里的大部分时间都在抽大麻。还有《从未被吻过》（*Never Been Kissed*），影片中的主要人物在吞下含有印度大麻的巧克力饼后，变得时髦和受欢迎。这仅仅是在好莱坞影片中表现如何使用毒品的少数几个案例。

电影制作者应该为这些潜在的有害效果负责吗？这些遮遮掩掩的描绘是真有必要，还是好莱坞仅仅为了吸引年轻人而努力显得酷和时髦？

如果每个人都同意我们应该防止年轻人体验毒品，那么为什么社会容忍电影赞美使用毒品或至少是使人觉得使用毒品没什么关系？当然，在给孩子灌输正确的行为和态度方面，父母仍然负有首要责任。但是，正如电影评论家迈克尔·梅德韦德（Michael Medved）最近所指出的："虽然父母没有权利要求好莱坞为他们做孩子的培养工作，但是，浮华之城也没有理由一定要使这项工作变得比原本费力得多。"

电影中关于毒品的描述对于青少年的影响有多大，这一点目前尚未有定论。但是，从格伯纳的涵化理论研究可以推断，纵使电影中关于毒品的描述对于青少年的直接效果有限，但是，结合社会其他因素以及从长期效果来看，其传播效果仍然不可小觑。

第二次世界大战之后，美国以经济上大发战争财之优势，加之科学技术有了空前发展，出现了科技革命。新的传播技术推动了传播业的大发展，原有的报纸、书籍、杂志等印刷业持续发展，而广播、电影，特别是电视业的发展最为引人注目。新媒介的出现带来了一系列新的问题：一方面受众可以从更多的渠道获取信息，促进社会繁荣；另一方面，媒介内容中的暴力、色情等内容严重影响着受众，特别是少年儿童。因此，美国的社会学家、心理学家等又开始纷纷关注和研究传播业提出的新问题，如媒介与受众、社会的关系；媒介如何影响青少年的观念与行为等，得出了不少研究成果。

从上面的分析可以看出，传播学兴起于美国的社会背景。具体而言，我们可以看到传播学是在美国特定的政治、经济和社会条件下兴起发展的。更重要的是，传播学研究的对象均为现实的传播实践，因而关注实践、研究实践才是传播学兴起的根本。

二、早期先驱人物

传播学的产生不仅有其悠久的欧洲学术渊源，在美国，传播学研究的源头也可以在其诞生之时再上溯30年。如果我们将传播学研究拓展到更为广泛的范围，即大众媒体在一个健全的民主制度中的作用，那么传播学的根源甚至可以追溯到芝加哥学派的学者——杜威、库利、米德和帕克4位社会学学者，追溯到李普曼这位杰出的新闻工作者。对于他们来说，传播是人类关系的本质。

（一）杜威和实证哲学

图1-9 约翰·杜威

约翰·杜威（John Dewey）1859年生于美国佛蒙特州伯灵顿，19岁时获得佛蒙特大学哲学学士学位。在获得霍普金斯大学博士学位之后，30岁时成为密歇根大学哲学系年轻的教授和系主任。1894年，芝加哥大学校长哈珀为杜威提供了哲学、心理学和教育学三系合并的新系的系主任职位，这个合并起来的系对于杜威很有吸引力，因为他对研究思想过程的心理学和循序渐进的教育学越来越有兴趣。在芝加哥大学的10年间，杜威主要致力于将心理学运用于教育和哲学问题的研究。后来由于与哈珀之间产生了矛盾，他于1904年向芝加哥大学提出辞职。几个星期之后，他被任命为哥伦比亚大学的教授，并在那里度过了后半生。其在1930年退休，但仍继续写作和发表有关民主、教育改革和实证哲学方面的文章，直到1952年去世。

杜威一生共出版和发表了36部著作、815篇论文。他较早认识到现代传播对于社会存在的意义。他在《民主与教育》（1915）一书中称："社会不仅是由于传递、传播而得以持续存在，而且还应该说是在传递、传播之中存在着。"在《经验与本质》（1928）一书中，杜威补充说，传播"是工具，因为它使我们从其他事物的巨大压力中解放出来，否则我们就会被压垮。它能让我们生活在一个有意义的世界中。它是最终目的，这个目的就是人们分享社会上宝贵的目标和各种学问。有了这些分享，传播的意义就在社会的意识中得到增强、加深和巩固"。另外，杜威还被称作"民主制度的哲学家"（迪尔伯恩，1988）。杜威认为，个体只有在与其他人的联系中才能发现自我意识。因此，对于民主制度来说，共同体乃是基本的。杜威在1927年发表的《公众及其问题》中称："由蒸汽和电创造的大社会（the great society）可能是一个社会，但它不是一个共同体。只有凭借大众传播媒介才能够恢复一种共同体感。"

虽然杜威的道路并没有被美国大众传播研究所采纳，但他毕竟为美国传播学的建立"提供了一个工具性的基础"，并直接影响了他的3个追随者——库利、帕克和米德。他们4人连接成为一个相互影响、相互交叉的人际网络，形成了以进步主义、实证主义和改良为特征的芝加哥学派。芝加哥学派代表着社会科学在美国第一次真正的繁荣，它使美国社会学偏离斯宾塞和宏观层次的进化论，转向一种更为细微的、微观层次的社会心理学，使美国有关社会问题的社会科学研究带上了强烈的经验主义倾向。芝加哥学派的学者构成了一个以人类传播为中心的人格社会化的理论概念体系，构筑了后来以媒介效果为重点的大众传播研究的模型。

（二）库利和自我发展理论

查尔斯·霍顿·库利（Charles Horton Cooley）出生在美国密歇根州。年轻的库利是一个敏感的男孩，阅读广泛，过分腼腆，还有点口吃，这使他花了7年时间才在密歇根大学获得学士学位，但同时也使他采取了一种不同于常人的方式来观察生活。他终身写日记，其许多有关人类行为的洞见都来自反省。通过以观察为主的研究方法，库利为我们对个性社会化的理解做出了贡献。

1893年，库利作为密歇根大学的博士生，选修了由杜威开设的政治哲学课。他为杜威的讲授所深深吸引，并将这些课的主要论题结合到自己的社会学理论中。他发展了两个主要的概念：（与次要团体相对应的）“首属群体”（primary group）和“镜中自我”（the looking glass self）。

库利在《社会组织》（1909）中，解释了“首属群体”的概念。他将在构成一个人的社会本性方面面对面的、亲近的和重要的称为“首属的”，因为它在个性社会化方面具有重要意义，诸如父母亲、兄弟姐妹、同事和教师等首属群体最早进入一个人的一生之中。库利认为，家庭是最重要的首属群体，像友谊、服从、忠诚、崇敬和个人自由等这些品质都发源于此。在家庭中，孩子通过与父母的信息互动形成一种自我感，并逐渐懂得什么是父母所期待自己的、父母怎样评价自己的行动、父母对他们的感觉。了解了这些信息后，孩子就会力图成为父母所期望他们的那种自我。这里，库利看到了人际传播和首属群体对个人社会化的巨大影响。

“镜中自我”是关于“人类的交互作用会反映个体的当下环境，因此能够起到心灵的镜子作用”的思想。库利喜欢引用的一句话是：“人们彼此都是一面镜子，照映着对方。”他认为，我们通过想象别人如何感觉我们的行为和外貌来了解我们自己。这里的自我反映了别人的意见，库利把它叫作“镜中自我”。他在《人性和社会秩序》（1902）一书中将自我分为3个部分：对自己的行为给别人造成的印象的知觉，对别人对我们行为的评价的知觉以及对他们的评价的感觉。库利的“镜中自我”概念强调个体社会化中人际传播的重要性，这也反映出他隐居而内省的个性。这个概念被米德进一步发展成为“自我”的概念，而库利则成为自我发展理论的创始人。

图1-10　查尔斯·霍顿·库利

库利一生主要撰写了3部著作：《人性和社会秩序》（1902），主要涉及儿童个体社会化的问题；《社会组织》（1909），论证“社会是由大众媒体连接在一起的”；《社会过程》（1918），着重讨论传播在社会中的作用。但是，库利的作品按今天的标准来评判就显得很尴尬，因为他要在迅速城市化的时代保存乡村社会的美德，而对美国传播界必须面对的严峻社会现实视而不见。这使得他的理论缺乏应有的震撼力。

（三）米德和符号互动论

乔治·赫伯特·米德（George Herbert Mead）是美国著名的心理学家，也是象征互动理论的创始人。他着重从传播和社会互动的角度考察人的自我意识的形成过程，主要论著收于他逝世后出版的《精神、社会与自我》（1934）一书中。

图1-11　乔治·赫伯特·米德

米德生于马萨诸塞州的小城镇哈德莱，曾在哈佛大学随著名的实证主义者詹姆斯学习实用哲学，并在德国莱比锡大学随著名实验心理学家威廉·冯特（William Wundt）学习手势理论，在柏林大学学习但并没有完成博士学位。1894年，米德应杜威的邀请从密歇根大学转至芝加哥大学，并在那里执教37年，直至1931年逝世。

米德和杜威的关系十分密切，两人相处得极其融洽，尽管他们在公众面前都非常腼腆。在经过多年的纯哲学研究之后，米德也在杜威的影响下开始介入各式各样的社会行动计划，积极参与学校的事务，成为芝加哥学派著名的“主要改革人物”之一。米德对他人的影响力，不在于著作（他的3本著作主要由他在芝加哥大学的学生根据听课笔记在他去世后整理出版，其中最著名的是《精神、自我和社会》），而在于教学和出色的演讲。米德在芝加哥大学讲授的一门颇受欢迎的博士生课程“高级社会心理学”是芝加哥学派的一个重要组成部分，也是美国社会心理学的第一门课程。

米德并未在哪一本书或哪一篇文章中提出符号互动论，他的理论观点主要由知名学者布鲁默编纂，是他引导米德的追随者重视符号互动论，并将之作为一个理论方向。在1915—1935年芝加哥学派的鼎盛时期，芝加哥的教师和学生并没有采用符号互动论的名称，而布鲁默在1969年离开芝加哥学派之后才以该名称命名这一理论，并成为其主要的提倡者和捍卫者。符号互动论是一个宽阔的理论视野，它根植于实证哲学，认为人类传播通过符号及其意义的交流而发生。因此，可以通过认识个体如何赋予他们与其他人交流的符号信息以意义，从而理解行为。布鲁默（1986）将符号互动论的思想基础解释为：个体基于对象对于他们所具有的意义——这些意义产生于人的同伴的社会互动，这些意义也通过个体的解释过程得到修正——对对象采取行动。

米德的《精神、自我和社会》一书对符号互动论进行了阐释。米德认为，“行动”是人在一定处境下的全部反应。但是，人不会像动物那样不假思索地简单做出反应，而是会非常小心地考虑自己在向什么做出反应，并认真规划自己的反应，甚至行动之前会预先在大脑中排练它们。人能够考虑别人的思想和意向，还能考虑周围环境的变化和许多其他方面的影响。米德认为，人类还有一点不同于动物，即人有“自我感”。人可以和自己交往，就像我们跟他人交往一样。在米德看来，内向传播应是人类意识的主要特征。

米德认为，人只有在学会说话和理解符号之后，才开始产生自我概念。而自我又可以分为“主我”和“客我”。“主我”代表着每个人本能的、独特的“自然”特性；而“客我”代表着自我的社会一面，即内在化了的社会环境要求以及个人对这种要求的领悟。“主我”首先形成，而“客我”的形成则需较长时间。自我的发展包含着“主我”和“客我”之间的不断“对话”。“客我”向“主我”提供反射，“主我”对这种反射做出反应。“客我”形成的过程是一个长时间的社会化过程，这个过程要经过3个阶段：模仿阶段、游戏阶段和博弈阶段。有了这3个阶段，就有了内在化的“社会”，“客我”也就完全形成了。

米德还对库利的“镜中自我”概念如何构成的问题提供了进一步的解释。他论证说，没有人天生就有一个自我，它也不是本能地发展起来的，自我是通过与他人互动的社会过程而得到发展的。库利的“镜中自我”理论包含着这样的意思：一个个体与多少人交往，他就可以有多少个自我。米德的“普遍化的他人”（the generalized other）就解决了这个问题。他认为正是因为存在许多其他个体的平均期望，“普遍化的他人”形象才会逐渐形成。

米德对杜威和库利学说创造性地阐释与引申，推动了人际传播对个人社会化的研究和对语言符号与意义关系的研究，而他对人的自我内部沟通的分析，同弗洛伊德对人的个性（本我、自我和超我）分析一样，对于内向传播的研究也有很大的借鉴意义。

（四）帕克和实证分析

罗伯特·帕克（Robert Park）被人称为“可能是美国社会学中最具影响力的一个

图1-12 罗伯特·帕克

人”（博斯卡夫，1969），因为“可能没有其他人如此深刻地影响了美国实证社会学所采纳的方向”（特纳，1967）。帕克开创了4个重要论题的学术研究：大众传播、种族关系、人类生态学和集体行为。

帕克于1864年生于美国宾夕法尼亚的一个农庄，和他的芝加哥学派同事一样，具有乡村、新教的背景。帕克与库利同年，不过帕克在第一次世界大战期间才开始其社会学生涯，而这时，库利和欧洲的社会学家已经结束了他们的社会学生涯而转向了其他领域。帕克在1913年50岁高龄时才在芝加哥大学开始学术生涯，因而不管使用何种标准来衡量，他都是一个大器晚成的人：39岁获得博士学位，50岁开始社会学教学，59岁时获得第一次教授任命，最终在1925—1926年间当选为美国社会学协会主席。

帕克是杜威在密歇根大学的忠实信徒之一，他从杜威那里选修了6门哲学课。1887年毕业后，帕克在明尼阿波利斯、底特律、丹佛和纽约担任新闻记者。1898年，帕克辞去了报社的工作，开始了研究生的学习。1年后，他获得了哈佛大学的哲学硕士学位。帕克到哈佛大学为的是理解传播学，但是哈佛并没有为他提供他所寻求的东西。因此，他又来到了柏林选修齐美尔的社会学课程，攻读博士学位。

帕克作为“大众传播的第一位理论家”（弗雷泽和盖齐诺，1979），提出了一些引人注目的观点。例如，他第一个提出民意是可以被测量的；第一个提出“议程设置”，认为“新闻是人际交谈的基础”。帕克进行了有关报纸内容、读者、所有权结构的第一次大众传播研究，在他的《移民报刊及其控制》（1922）——也是他所写的唯一一本著作中，他提出了与今天极有关联的研究话题：媒体内容如何影响舆论（今天，这被称为“议题设置过程”）？大众媒体如何受到舆论的影响？大众媒体如何推动社会变迁？人际网络如何与大众媒体相联结？

除了参与后来关于议题设置过程的传播研究以外，帕克还确认了大众媒体的另一个作用：“在每天发生的、由通讯员、记者和新闻机构所记录的所有事件中，编辑挑选某些他们认为比其他东西更重要和更有趣的条目来发表。他们将多余的条目定为废物，丢入废纸篓。每天都有大量的新闻被‘枪毙’。”卢因将这一过滤过程称为“把关”，后来的传播学学者也开始关注并研究新闻媒体机构中的把关过程。

帕克还受齐美尔的影响，将人际传播，特别是与父母、同事和朋友的首属团体的人际传播放在十分重要的位置。他将传播限定为“一个社会心理的过程，凭借这个过程，在某种意义和某种程度上，个人能够假定其他人的态度和观点。凭借这个过程，人们之间合理的和道德的秩序能够代替单纯心理的和本能的秩序”。

多年后，当人们总结帕克的学术成果时，不得不发出由衷的赞叹：“帕克是对传播媒介体验最多的一个人，也是对传播媒介的历史和作用研究最多的人。”与其他人相比，他称得上是“第一位大众传播研究者”（切特罗姆，1982）。

虽然与所谓的传播学4位奠基人相比，芝加哥学派的理论观点很少为今世的传播学学者所引用，但我们应该承认，芝加哥学派提供了更为统一的有关传播在社会中的位置的理论。著名传播学者罗杰斯（1994）对芝加哥学派4位代表人物的地位这样评价道：“他们虽然并没有以传播学者自居，也没有人认为他们是重量级的传播研究者，甚至连专门的传播研究论文也没有，但他们每一位都将传播置于人类行为概念的中心点上，将传播媒介解释为美国恢复社会道德和政治共识的代言人，并对传播研究提出了一些开创性的观念。”

（五）李普曼和《舆论学》

沃尔特·李普曼（Walter Lippman）曾就读于哈佛，拿到学士学位之后又继续攻读哲学硕士学位，但在毕业前几个星期辍学。对于李普曼来说，新闻工作极具吸引力，因为它能够将学术性的阅读、写作直接与和有权势的决策者的接触结合起来。毋庸置疑，作为著名的资产阶级政论家，李普曼虽然“不能指挥千军万马，然而他确实有左右舆论的巨大力量”[①]。

图1-13　沃尔特·李普曼

在86年的人生历程中，李普曼除了作为记者报道和解释政治事件外，还是一位有影响力的政治活动家。1918年第一次世界大战之后，他帮助威尔逊总统起草了围绕世界和平所提出的《十四点和平原则》。令人难以置信的是，他做过12位美国总统的顾问，从罗斯福起，直到他因越南战争而与约翰逊断交为止。36年中，他为由辛迪加管理的报纸专栏撰写文章，其作品具有对政治事件做不带偏见的分析，并将复杂事物简单化的特点，为成千上万的读者所喜爱。他写了20部著作，其中最广为人知的是《舆论学》，而《舆论学》这部著作被认为是传播学领域的奠基之作（凯瑞，1982）。

和其他重要的早期传播学者不同，李普曼没有在大学获得研究生学位，从未教过一节大学课程，也不适应社会科学的研究方法或理论视野。不过，就大众媒体在塑造舆论方面的研究而言，他是最有影响力的一位作者。在宣传分析和舆论的研究方

① 斯蒂尔. 李普曼传[M]. 于滨，译. 北京：新华出版社，1982：853.

面，李普曼和拉斯韦尔是同一类的学者。第一次世界大战期间，他作为美国陆军上尉在法国服务，是前线宣传传单的主要作者之一，创造了许多后来为拉斯韦尔所分析的美国宣传战的典范。

李普曼在《舆论学》一书开头就以"外在世界和我们头脑中的图像"作为第一章的题目。他指出，我们头脑中的图像往往因为某些原因而与实际现实不相吻合，我们需要简单的规范，以便为这闹哄哄的、模糊不清的混乱世界提供解释。李普曼认为，在舆论过程中，"刻板模式"是一个关键的因素。"刻板模式"是一种规范，它能简化现实，使一个信源能够轻易地将之传递给其他个体。李普曼的早期研究最终还产生了一个重要的传播学研究议题——议程设置理论，虽然他并没有使用这个词。在《舆论学》的第一章，他论证说，大众媒体是现实世界的某个事件和我们头脑中对这个事件的想象之间的主要连接物；媒体创造了我们头脑中的象征性的想象，这些想象有可能与我们经历的"外在"世界完全不同。

在设法使公众理解宣传在一个民主社会中的作用方面，《舆论学》也具有至关重要的理论影响。李普曼认为，人们是非理性的，会对大众传播传递给他们的符号做出反应。对于政府如何通过宣传技术来审查新闻与歪曲信息流通等问题，他提出了解决的办法。他认为，专家可以发挥美国民主制"拯救者"的作用，广泛地传递他们的专业知识，以便提供舆论。

20世纪六七十年代，凭借着关于舆论和宣传方面的作品，李普曼和拉斯韦尔一起掀起了研究传播的潮流，随后，这股潮流被一代代新的传播学者推进向前。尽管"宣传"与"舆论"这样的字眼今天已被诸如"大众传播"和"议程设置"等词语所替代，但他们早期的概念化创造工作依然影响着传播学。

（六）刻板印象

"刻板印象"这一概念最早经由李普曼的阐述而为人所知。在信息洪流大量涌向我们的今天，刻板印象犹如一个我们对世界快速理解的分类过程。虽然在我们的文化中，主流的假设认为我们都是独特的个人（在某方面来说的确如此），但我们也共同分享某些明显类型化的社会经验，譬如阶级、种族与性别。这些类型化的经验扩大了我们了解其他人的经验，扩大了改变制造他们的社会结构的机会。

举例来说，假如你在北京与一位穿着意大利拿波里裁缝手工定制西装，并带有上层阶级英语腔调的美国男士交谈，你或许会很快对他进行特定的推断，甚至还会根据这个推断来调整自己的行为。10分钟后，你或许会因为他的行为而改变自己对他的态度，但仍然会用以特定符号为基础的刻板印象或分类来诠释他。我们以外貌、

好莱坞电影中的刻板印象

长久以来，在好莱坞电影以及其他小说里，在描述1861—1865年美国内战的时候，通常都有黑人奴隶在棉花田里工作的情景以及其他一些符号式的刻板形象。

《乱世佳人》中对黑人奴隶的描绘就很有代表性。其中，郝思佳的奶妈（Mammy）和姑妈的女仆贝瑞丝（Prissy）就是两个很好的例子。

她们步履蹒跚地行走；在音乐旋律响起时，会爆发出歌唱或提出舞蹈的姿势；通常都是女性管家或仆人的角色，还带有未受过教育的愚笨和像小孩般傻傻的特质。

但在贬低性刻板印象的背后，通常都暗藏着白人对黑人的立场：

在19世纪的南方农庄，黑人奴隶如果想要逃脱奴役，他们的小腿就会被剁掉。所以人们认为，他们总抱有一种害怕被砍掉小腿的恐惧心理，从而表现出步履蹒跚的刻板印象；作为奴隶，他们也很难获得受教育的机会。而具有原始、物质性品质的音乐及舞蹈，则表达了一种正当化雇主的立场。毕竟，除了音乐和舞蹈，他们无法从教育中获得其他利益。女性奴隶又经常被视为饲养的动物，在她们生出许多小奴隶之后，她们的功能就转移至管理房舍和照顾白人的小孩。因此，在刻板印象中，奶妈被形容成体型因生产而肥大的慵懒女性，而忽略她在奴隶制度下受到的剥削。

穿着、声音等基本形式来理解人们，就像我们构建媒体上的角色一样。在其他情况下，你或许会对第一次见面且穿着特别的某人产生特定的推论，有可能赞赏多于批判（这也有赖于你对服装的品位）。很显然，刻板印象并不见得永远是负面的。

我们经常说刻板印象是大众媒介再现时不可避免的一部分。早期以文学、多元种族的美国观众为目标受众群的好莱坞电影就是一个例子。好莱坞电影通过建立视觉刻板印象（经常采用“美德和邪恶”等的角色两极化）来快速学习如何进行传播，将服装与场景浓缩成许多刻板印象的意义：“荡妇”通常身着紧身、低胸的衣服；“贫穷但坦诚”的场景通常使用条纹花格棉制桌布；“同性恋”通常采用懒散的姿态等。这类细节经常用来进行刻板印象的意义暗示。虽然所有的刻板印象都看似非常简单，但实际上，在经过仔细检验后，仍然可以看到相当复杂的特性集合。

随着内在动因和外在条件的变化，刻板印象也可被改变。比如，随着亚裔群体在国际社会中的作用越来越重要，以往国际社会对亚裔群体的负面刻板印象就在逐渐转变。美国社会学家珍妮弗·李（Jennifer Lee）和周敏在《亚裔成就悖论》（*The Asian American Achievement Paradox*）一书中指出，这些年来，亚裔群体开始显露出优势：他们通常接受过高等教育，其学历甚至高于一些美国人，显示出积极的向上流动性。[①]亚裔群体由于其突出的贡献，在教育水平、素质、社会收入等方面的优势逐步凸显，在国际上受到广泛认可。如华裔女设计师王薇薇，美国有线电视新闻网印度裔

---

① Lee J. ZHOU M. The Asian American achievement paradox[M]. New York: Russell Sage Foundation, 2015.

节目主持人兼《时代周刊》主编卡扎利亚，日裔宇航员、挑战者号遇难者之一鬼冢承次，韩裔演员约翰·赵……以他们为代表的亚裔群体以优秀的品格和出众的能力得到了业界的肯定和赞扬。

今天国际社会中的刻板印象

在《哈利·波特》中，一些刻板印象在故事情节中亦有所展现。首先，提到官员便会想到其附带的权力、统治、秩序等，乌姆里奇便是这种刻板印象的符号化。她被称为“Hogwarts High Inquisitor”，英文语境中指代历史上天主教会用来镇压异端的宗教裁判官，乌姆里奇被塑造为官僚、古板、威严、不容置疑的形象，其行为包括喜欢体罚、鼓励学生之间监视告发、限制学生的阅读、拆看学生的信件、禁止三人以上自由讨论或集会等。乌姆里奇审核一切，是世俗中的权力象征。这种刻板印象还通过一些负面行为特点表现出来：对上谄媚，对下严苛，不择手段、滥用职权。另外，《哈利·波特》中还出现了对女性群体比男性弱势的刻板印象塑造，譬如只有男性拥有接骨木魔杖的所有权、女性在三强争霸比赛中处于体力弱势等，都体现了对女性必然弱势这一刻板印象。

第 92 届奥斯卡最佳影片《寄生虫》以贫富差距、社会矛盾为议题，通过搭建二元对立式的叙事空间，探讨了数字资本主义背景下的社会百态。导演奉俊昊通过气味、语言、表情、动作等细节充分表现出由穷人、富人阶层固化所带来的刻板印象。譬如电影开篇，穷人一家在逼仄的地下室向上高举手机搜寻信号，终于在房屋最高点的卫生间连接到外面咖啡厅的免费无线网络；反观富人家庭，通过人物海报、公司环境等空间元素传达的内容，可以判断出男主人经营的是一家设计可穿戴设备的高科技产业公司。由此，电影通过刻板印象的场景塑造营造出一种真实感。①

随着全球化进程的加速，各国之间的关系日趋紧密。但随着国际传播的发展，其所带来的并不是信息在全球范围内的平衡流动，而是西方发达国家与发展中国家之间信息鸿沟的不断扩大。传播能力上的巨大差距导致西方国家掌握并主导了当下的全球舆论，并在国际社会中给发展中国家塑造了“刻板印象”。

例如，在伊拉克战争期间，美国媒体利用自身的传媒优势，通过连篇累牍的负面报道给萨达姆塑造了“危险的独裁者”的刻板印象；将萨达姆塑造成一个与撒旦结盟的“危险的独裁者”形象，并指称其持有大规模杀伤性武器，对世界的安定与和平构成了极大的威胁；同样的手段在2011年的利比亚战争中也应用在了利比亚前领导人卡扎菲的身上，通过持续不断地传播负面信息，将卡扎菲塑造成一个独裁者形象。美国所塑造出的这种妖魔化的刻板印象在今天的国际舞台上屡见不鲜：例如将中国塑造成“世界经济的引擎，其崛起却又成为影响世界和平因素”的一条危险的“龙”的刻板印象；将阿拉伯世界妖魔化为“恐怖分子聚集之地”，让人总是将阿拉伯人与恐怖主义联系起来。同时，美国也将自身美化为一个世界和平卫士的形象。

而对本国的形象，美国人也有着不同的刻板印象。例如在“占领华尔街”的运动中，我们就看到很多美国民众对于那1%的人就有“贪婪、奸诈、狡猾、视金如命的奸商”的刻板印象。这就导致了他们想要“占领华尔街”，重新分配利益。殊不知，正是这批华尔街的精英们在维持着整个美国经济的正常运转。

① 段鹏. 空间与权力：数字鸿沟背景下的阶层壁垒：兼谈电影《寄生虫》的空间叙事逻辑[J].当代电影，2020：(4).

三、4位主要奠基人

第二次世界大战对传播学有着巨大的影响，1930年左右，大批知识分子从欧洲向美国迁移，学术思想跨越大西洋的步伐因而大大加快。这次大迁移为美国带来了诸如卢因、拉扎斯菲尔德、阿多诺等流亡学者；同时还吸引了像霍夫兰和拉斯韦尔那样的美国学者从事传播研究；还把那些将要开创传播学领域的学者联结成了一个密集的网络。

传播学的4位奠基人：拉斯韦尔、卢因、霍夫兰和拉扎斯菲尔德，除霍夫兰之外，其他3位都是与维也纳学派渊源颇深的犹太裔学者，在第二次世界大战前夕移居美国。他们4位学者在兴趣爱好、事业生涯上都惊人地相似。在学识上，他们不仅都拥有最好的大学教育背景，并且都广泛地涉猎不同的学科，并在中年时期突然改变事业生涯，从自己的研究领域转向传播学。在他们的传播研究中，都看重“效果”，他们的成果都在社会上产生了巨大影响，丰富了传播学的知识体系，以致传播学创立者施拉姆博士将他们视为传播学的奠基人。

（一）政治学家拉斯韦尔和宣传分析

哈罗德·拉斯韦尔（Harold D.Lasswell）是欧洲移民，生于伊利诺伊州。家中藏书甚丰，常与著名学者来往。在进入以社会学的“芝加哥学派”闻名的芝加哥大学学习之前，他就深受马克思和弗洛伊德的影响。在大学学习期间，他主修经济学，成绩优秀，表现突出，并成为一名出色的辩论家。1922年，在“芝加哥学派”代表人物帕克、米德、杜威和制度经济学家索尔斯坦·维布伦（Thorstein Veblen）等人的思想吸引下，拉斯韦尔继续留在了芝加哥大学进修政治学博士课程并广泛涉猎社会学、精神分析、历史、社会心理学和传播研究。随后的3年中，拉斯韦尔在伦敦大学、日内瓦大学、巴黎大学和柏林大学学习和收集资料，于1926年获得政治学博士学位，并写成了他的博士论文《世界大战中的宣传技巧》，在1927年正式发表。

图1-14 哈罗德·拉斯韦尔

从1922年开始，拉斯韦尔在芝加哥大学教授政治学，直到1938年辞职到纽约社会研究新学院执教。1946年他被任命为耶鲁大学法学院教授，1952年被该校任命为政治学教授。1955年当选美国政治学会会长。1970—1972年先后担任纽约城市大学杰出教授、坦普尔大学法学院杰出教授。1976年当选纽约政策学中心的主任。1978年12月18日逝世于纽约，终身未婚。

拉斯韦尔是一位兴趣广泛的学者，虽然他被称为政治学家——他是美国行为主义政治学创始人之一，帮助创办了政策学。但他也称得上是一位心理学家和社会学家，他曾将弗洛伊德的精神分析理论引入美国社会科学。传记作家史密斯在《拉斯韦尔的神奇思想史》中称其为“行为科学的达·芬奇”。他一生笔耕不辍，著述甚丰，共发表了600多万字的学术文章，直到他逝世时，他所编辑的大型三卷本著作《世界历史中的宣传与传播》还在印刷中。

在传播学研究方面，拉斯韦尔关于政治宣传和战时宣传的研究代表着一种重要的早期传播学类型。他的第一本传播学专著《世界大战中的宣传技巧》，开创了内容分析的方法，通过描述和分析第一次世界大战中各交战国之间的宣传战，断定宣传能够产生很大的社会影响力。他的观点引起了广大受众对宣传的关注和不安。1935年，他又与人合写、合编了《世界革命的宣传》和《宣传与推行》两本书，用定性和定量测量传播信息的方法，分析和研究宣传的功能及其社会控制，探讨宣传的本质和规律。1946年，在与史密斯合著的《宣传、传播和舆论》一书中，他又将宣传的定义进一步修订为“信息传播的一种特殊形式”，并分别阐述了“渠道”“传播者”“内容”“效果”等要素，开始由宣传研究迈向传播研究。1979年，即他去世后第2年，拉斯韦尔和勒纳、史皮尔3人合作编写的三卷本巨著《世界历史中的宣传与传播》印制出版，成为宣传学研究的又一里程碑。“他关于政治宣传和战时宣传的研究，代表着一种重要的早期传播学类型。”“宣传分析已被纳入传播研究的一般体系之中。”[①]但是，拉斯韦尔更多的著作并不广为人知，一般人只是从其论文《传播在社会中的结构与功能》（1948）中的“一句话”和“三个功能”来认定他在传播学中的奠基人地位。这句话就是：“谁？说了什么？通过何种渠道？对谁说？产生了什么效果？”这句话产生了“控制分析、内容分析、媒介分析、受众分析和效果分析”的传播学5大研究课题，并长期左右了美国的传播学研究方向。拉斯韦尔所指的传播的3个功能是：监视环境、联系社会、传承文明。后来美国学者赖特在借鉴心理学家史蒂文森的“传播游戏说”（主张传播是为了追求内在的精神解脱）后，又为传播添加了第4个重要功能——娱乐。而今天风靡全球的各类电视娱乐节目恰好可以为赖特的学说加上绝佳的注脚。

（二）社会学家拉扎斯菲尔德和大众传播效果研究

保罗·拉扎斯菲尔德（Paul F.Lazarsfeld）是美籍奥地利社会学家，生于维也纳，并在那里度过了他生命的前30年。当时的维也纳是社会主义政治和各种学术思想交融的中心，拉扎斯菲尔德的家也成了维也纳政治人物和学术沙龙的聚集地。因此，年

---

① 罗杰斯. 传播学史：一种传记式的方法[M]. 殷晓蓉，译. 上海：上海译文出版社，2001：243.

图1-15 保罗·拉扎斯菲尔德

轻的拉扎斯菲尔德深受弗洛伊德精神分析理论和马克思主义的影响。出身维也纳中产阶层家庭的他受过极好的正规教育，24岁时便获得了维也纳大学应用数学博士学位。

在拉扎斯菲尔德的青壮年时期，奥地利特别是维也纳经济形势严峻。1925年，为了缓解个人的财政问题，他开办了“经济心理学研究中心”，这是欧洲第一家与大学有联系的研究所。这个组织对于后来美国社会学和传播学的发展来说至关重要，且他在移居美国后创办的一系列研究所都以其为原型。此后，许多其他大学研究所都仿照拉扎斯菲尔德的模式，包括施拉姆1947年在伊利诺伊大学创办的传播研究所及其于1955年在斯坦福大学创办的传播研究所。可以说，今天在美国和世界上的几十个传播研究中心的组织形式，都得益于拉扎斯菲尔德的组织架构。

在1933—1935年的美国游学期间，拉扎斯菲尔德结识了许多杰出学者和市场研究者，这对其后来的工作产生了重要影响。1937年，他开始运用实地调查法对广播媒介进行研究，这个项目对当代大众传播研究方向的形成产生了重要影响。实际上，正是拉扎斯菲尔德的广播研究项目创造了大众传播研究的新领域（西尔斯，1987）。

1940年，拉扎斯菲尔德以总统选举为专题进行了大规模的连续性调查，以研究媒介对选民投票意向的影响。可以说，这种将传播媒介置于完整的社会环境中加以考察的崭新研究思路，成了传播学研究实地调查的开端。该项研究的直接成果就是4年后拉扎斯菲尔德发表的其在美国第一部闻名的著作《人民的选择》（*The People's Choice*）。1945年，他又发表了另一篇研究报告《选举》。研究的结果与之前的假设——媒体在改变个人选举中起着非常重要的作用——相去甚远，它表明，大多数选民早在竞选之初就已经做出了投票决定，在选举过程中只有不到8%的人改变了态度，而媒介宣传并不是这些人改变意向的主要因素，其直接影响力来源于周围的人（领导、同事、家庭成员）。由此得出进一步的结论：决定人们投票意向的，主要不是大众媒介的影响力，而是人际传播的影响力。拉扎斯菲尔德等人的研究（包括1952年的《个人影响力》）不仅驳倒了媒介无比强大的“枪弹论”，而且还发现了信息传播的“中转站”——“意见领袖”，从而导致了“有限效果论”和“两级传播理论”乃至“多级传播理论”的产生，并初步揭示了传播效果形成的复杂原因。

在大众传播被认为具有巨大效果的20世纪中叶，拉扎斯菲尔德的这些概念和理论一经提出就受到了大量关注。很多学者认为它们更科学地阐述了大众传播效果的有限性，大众传播效果研究的有限效果论时期因而到来。但是，在拉扎斯菲尔德发表《人民的选择》和《选举》等半个多世纪之后，这些观点的科学性和其在新形势下的实用性引起了学者的争论。如伊莱休·卡茨（Elihu Katz）等总结了此前学者对意见领袖、两级传播等的研究，对是否存在普适性的意见领袖以及各领域是否存在不同的意见领袖等表示质疑，而且提出个人与媒体之间远不止“两级”，而近乎一个复杂的网络。①不过，卡茨等的观点也引来了其他学者的反对，如凯利·加勒特（R. Kelly Garrett）援引一项对4,200万twitter用户和50亿条推文的大型研究提出，即使数字时代的传播学与20世纪中叶已有很大区别，但意见领袖和两级传播等观点非但没有过时，而且可以说比以往更具解释力。②

不过，尽管学界对于意见领袖和两级传播等有所争议，拉扎斯菲尔德对于现代传播研究的形成所发挥的重要作用却是毋庸置疑的。他不仅开创了媒体效果研究的传统，使之成为美国大众传播研究中占有统治地位的范式，还在研究方法上对社会研究的传统进行了创新，将定性方法和定量方法、参与性观察和深度访谈、内容分析和个人传记、专题小组研究和访谈结合起来，提出了不醒目的测度、焦点访谈、三角策略和各种资料分析方法。但是，拉扎斯菲尔德并不认为自己只是一个传播学学者，他有时候称自己为数学家，有时候称自己为社会心理学家，而在中年以后，他又认为自己是一个心理学家（西尔斯，1987）。拉扎斯菲尔德晚年在回顾自己的一生时，认为自己最重要的3个贡献是：开创了大学研究机构，强调研究方法论，研究个人如何在选举、职业选择等方面做出决策（拉扎斯菲尔德，1976）。

（三）社会心理学家卢因和群体动力学

图1-16 库尔特·卢因

库尔特·卢因（Kurt Lewin）是一位美籍德国犹太人，出生在东普鲁士（位于今天的波兰）。1914年，卢因获得了柏林大学的心理学博士学位。“一战”期间，卢因曾到前线打仗，战后回到柏林大学任教，同格式塔心理学派③的创始人惠太海默（Max Wertheimer）、沃尔夫冈·柯勒（Wolfgang Koler）等建立了关系，成为积极倡导该学派的著名实验心理学家。1933年，他逃离纳粹德国移居美国，先后在斯坦福

① KATZ E, FIALKOFF Y. Six concepts in search of retirement[J]. Annals of the International Communication Association, 2017(41): 86-87.

② KELLY G R. On retiring concepts[J]. Annals of the International Communication Association, 2017(1):106-107.

③ 与传统心理学相对应，该学派强调意识的特性在于整体。毋庸置疑，加入这一学派对卢因此后提出“群体动力论”产生了极大的助益。

大学、康奈尔大学、艾奥瓦州立大学等学校任教、进行研究，成为著名的社会心理学家。1944年，卢因来到麻省理工学院，创立了群体动力研究中心并担任主任，直至去世。和拉扎斯菲尔德的情况类似，卢因也是来到美国后转变了研究方向，从倾向于个体的心理学转向小型群体传播的社会心理学。

在柏林时期，卢因主要研究个体精神过程，后来转向群体传播对于个人行为的效果研究，即更为偏向应用型的研究。他开创了群体传播中的经典实验，创立了"群体动力论"和"场论"。他借用物理学"场论"这一理论类比心理活动。而群体动力学的思想则可以被看作是对更加一般的场论的一种特殊运用，着重以群体传播作为了解个人如何被其所属群体影响的有关理论。他最先将心理学知识引入传播学研究，用来研究"群体生活的途径"以及群体对个人的观点、动机、愿望、行为和倾向的影响。

卢因还是最早提出"把关"和"把关人"概念的学者，在他去世前的最后一篇论文《群体生活的渠道》(1947)中，他对传播体系中的把关过程做了理论阐述，指出在传播过程中信息总是沿着带有关卡的某些渠道流动，而那些在信道里能够控制信息流通的人就是把关人。紧接着，卢因的学生大卫·M.怀特(David Manning White)和其他传播学者依据卢因的提示开始研究大众媒介机构中的把关行为，如报社新闻电讯编辑对全国性和国际性新闻流向和流量的控制。"把关"和"把关人"的概念，是卢因成为传播学奠基人的重要理论原因。

卢因最大的学术影响是通过他所培养的那些出色的学生而体现出来的。他吸引并聚集了当时一批最聪明的博士学生，其中许多学生后来都成了社会心理学或传播学领域里举足轻重的学者，如A.巴弗拉斯(Alexander Bavelas)、D.卡特赖特(Dorwin Cartwright)、费斯廷格和R.利皮特(R.Lippitt)等。尽管卢因对当时正在崛起的传播学领域有着直接的贡献，但他并不认为自己是在研究传播过程，而是在创建一个独具特色的社会心理学学派。在美国，他"被提高到了实验社会心理学之父的偶像地位"(阿什，1992)。对于一代著名的社会心理学家来说，他既是一位教师，又是一位导师。

(四)实验心理学家霍夫兰和说服研究

图1-17 卡尔·霍夫兰

卡尔·霍夫兰(Carl Hovland)生于芝加哥，在美国西北大学攻读学士学位和硕士学位，1934年获得硕士学位后在耶鲁大学跟随杰出的行为主义学者赫尔学习，最终获得实验心理学博士学位，随即成为耶鲁大学的一名教师并进行了一系列杰出的学习实验。

第二次世界大战期间，年轻的霍夫兰被任命为美国陆军部信息和教育局研究处的首席心理学家，后来又成为实验研究主任，率领专家小组在华盛顿进行战争宣传与美军士气的研究。他们主要研究军事教育影片对军人的影响，通过严格实验的方法，试图找出影响说服效果的因素。他们通过对影片内容、形式和设计变化，测量、分析传播来源的可信度、恐惧诉求的程度、问题提出的先后效用、论辩时是讲一面之词还是两面都说、结论是明示好还是暗示好等传播问题。研究发现，军事教育影片确实能使观众发生变化，但变化的幅度有限。

第二次世界大战结束后，霍夫兰带着自己的资料重返耶鲁大学，主持“传播与态度改变研究课题”。他将战争期间的研究资料重新进行分析、整理，编写出版了一套《美国军人》丛书，共四卷，其中第三卷《大众传播实验》（1949）代表了霍夫兰等人最早的研究成果。不久，霍夫兰及一些心理学家继续进行“二战”期间开始的态度与说服研究，从多层面、更广泛的方向研究传播者的信誉、信息组织、群体适应效果、态度和观点变化的持续性等问题，并将研究成果结集出版了《耶鲁大学关于态度和传播的研究丛书》（五卷本），其中以霍夫兰和贾尼斯、凯利合著的《传播与说服》（1953年）最具综合性和影响力。

说服研究由亚里士多德发起，经由卡特赖特至霍夫兰到今天，一直都是十分流行的传播研究课题。而霍夫兰在美国开创的有关个人态度变化的微观层次研究的学术传统，使有关说服的社会科学研究在当时达到了鼎盛繁荣期。据霍夫兰的得意门徒、当代说服研究著名学者麦奎尔（1985）统计，在20世纪50—60年代，每年大约有1,250种有关说服的研究成果出版。到20世纪七八十年代，也许是因为霍夫兰式的说服研究线索已经得到充分的开发，而新颖的方法还没有得到确认，这一研究课题的普遍性相对下降。1961年，年仅48岁的霍夫兰英年早逝，传播学界痛失良才。

四、传播学之父——施拉姆

图1-18 威尔伯·施拉姆

威尔伯·施拉姆（Wilbur Schramm）出生于美国俄亥俄州，1930年在哈佛大学获得硕士学位，1932年在艾奥瓦大学获博士学位。1943年，施拉姆出任艾奥瓦大学新闻学院院长，正式开始了其新闻传播教育和研究生活。其后，他又担任了伊利诺伊大学传播研究所所长和传播学系系主任、斯坦福大学传播研究所和夏威夷大学东西方中心传播研究所所长等职务，直到1987年去世。在近半个世纪的执教历程中，他将全部精力都献给了传播学的研究和推广。

施拉姆是当代传播学研究领域中成就最大、贡献最突出的人。不同于之前的传播学研究的奠基学者，与用各自学科的理论和知识来研究传播的问题（如投票问题、消费者行为、态度改变、民意形成、群体过程等）相比，施拉姆把传播学作为一个独立的新兴学科，以宏观的视野和系统化的观念来研究传播现象，整合研究成果。因此，施拉姆被称为传播学的创始人和集大成者，在美国乃至全世界传播研究领域中占据了不可动摇的地位。概括地说，施拉姆对传播学的贡献主要表现在以下几方面：

第一，他将美国的新闻学与社会学、心理学、政治学等多门学科综合起来进行研究，在前人的基础上，归纳、总结、修正并使之系统化、结构化，从而创立了一门新的学科——传播学。

第二，他创建了一批高水平的传播学研究机构，既为传播学培养了许多专门研究人才，也为传播学取得了独立地位。

施拉姆亲手创建了4个传播研究机构：1934年创立艾奥瓦民意调查中心；1948年创立伊利诺伊大学传播研究所；1955年创立斯坦福大学传播研究所；1973年创立夏威夷东西方中心传播研究所。在亚洲，在他的协助下创立了香港中文大学传播研究中心，并成为亚洲地区较有影响的传播研究机构。这些机构所从事的研究工作在全世界都处于一流水平，有些机构（如夏威夷东西方中心传播研究所）至今仍是世界传播学研究的大本营。

第三，他编写出版了一批传播学专著，为传播学的研究和推广发挥了积极作用，众多学者的研究成果在其著作的基础上得到了系统化提高，从而建立了一套完整的传播学理论体系。几十年中，他自著或与他人合著的著作达30余部，约500万字。这些著作大致可分为以下几类：

传播学教材。用于对大学和更高层次的人员进行系统的传播理论教育。《大众传播学》(1949) 和《大众传播的过程和效果》(1954) 两本书最有代表性，至今仍被许多学校指定为新闻传播专业的必读书目。

传播理论研究著作。系统、全面地总结了传播学研究的成果，其中很多都成为传播学理论的经典。1956年，他参与撰写的《报刊的四种理论》对当时世界上盛行的各种传播体制进行了比较研究，开创了比较新闻学之先河，揭示了媒介与社会的关系，书中提出的“四种理论”模式对后来的媒介理论影响深远。此外，施拉姆于1973年出版的代表作《传播学概论》，对传播学研究的成果进行了系统的介绍与总结，构建了传播学的理论体系，被称为传播学的集大成之作，并由此稳固地建立了他在传播学研究领域泰斗的地位。

专门研究发展中国家如何尽快发展传播事业并通过传播媒介加快国家现代化进程的著作。施拉姆致力于将传播理论应用于推动第三世界国家的传播事业，被公认为是这方面的权威。早在1957年，他便撰写了《大众传播的责任》，其后，联合国教科文组织又邀请他参与“大众媒介与国家发展”的研究，并撰写了《大众媒介与国家发展》一书。

第四，他提出了许多研究传播学的新观点和新理论，极大地丰富了传播学的研究内容。例如，他创造性地提出了著名的选择或然率公式，即某种媒介或信息被受众选择的或然率=预期能获得的报偿/付出的代价。

此外，他还提出了传播的直线型观点、阅读的“即时报偿”和“延缓报偿”概念、教育传播中的“知识沟”问题，同时对6种传播模式做了精辟的概括，以“魔弹论”来形容对早期传播效果的看法。在《大众媒介与国家发展》一书中，他提出了“大媒介”和“小媒介”的概念，主张第三世界国家应首先致力于小媒介的建设，解决当务之急，而不应一味追求西方速度，进行那些脱离国情的媒介建设。这些思想见解都被他有机地融合在了自己的著作之中。

施拉姆对传播学的贡献不仅在于他阐述了自己的思想见解，而且还不遗余力地推广之。他一生曾在世界许多国家奔走讲学，尤其是晚年，更是在传播学不发达的地区介绍和传授传播学知识。1982年，他曾应邀来中国讲学，在北京、上海等地向新闻传播实践工作者和理论研究界系统地介绍传播学，对中国传统的传播经验表现出了浓厚的兴趣，为传播学在中国的发展做出了有益的努力。

第四节　传播学的不同流派

自20世纪40年代传播学诞生至今，在其发展的过程中，由于学者方法论和学术立场的不同，形成了各式各样的流派，其中以相互对立的传统理论和批判理论两大学派为主。

无论是源流还是特征，传统学派和批判学派都有着根本的区别。从学科渊源上讲，传统学派托庇于“科学化”的社会科学，如政治学、社会学、心理学、法学和统计学等；而批判学派则隶属于“精神化”的人文科学，如哲学、美学、文艺学、历史学等。可以说，在传播研究上，传统学派是“科学家”，批判学派是“美学家”；一个着力探索传播的规律，一个反复纠结于传播的意义。

下面，我们就主要介绍和分析一下两大学派的观点和成果以及另一个影响颇大的理论流派——技术学派。

一、传统学派

传播学的传统学派又被称作经验学派（empirical school），这个学派主要是从经验事实出发，采用定量研究方法，侧重于开展传播效果研究。经验性方法是一种运用可观察、可测定、可量化的经验材料来对社会现象或社会行为进行实证考察的方法，经验性方法论与社会科学中的实证立场是联系在一起的。

经验性研究方法的主要原则是：

> 研究程序应具有客观性和可重复性，用于调查和分析的方法和技术不能随意变更，以便为其他学者提供验证的手段。
>
> 社会科学家的首要目标，是收集和提供关于理论假设的无可争议的科学数据和材料。
>
> 通过公开的学术讨论，建构关于社会现象的一般理论模式或“定理”。

经验性方法并不是研究社会现象的万能方法，正是它的这些特点决定了它本身也存在着一定的局限性。在目前的情况下，经验性研究所依赖的程序或技术手段主要是问卷调查或控制实验等。前者仅仅具有“概率论意义上的科学性”，并不具备自然科学的精确和严谨；而后者，虽然一部分变量或条件能在实验环境中操作、分析和处理，但在有限的实验控制条件下得出的结论，往往说明不了丰富而复杂的社会现实。而且，经验性的方法决定了其研究的层面主要是个体或小群体上的材料，虽然在研究社会现实的微观现象方面具有一定的效用，但在考察社会的历史过程以及宏观的社会结构方面缺乏有效的手段。其可观察、可测定、可量化的研究对象也是有限的，作为社会实践主体的人的理性和精神活动，在许多情况下并不是单纯地用经验材料就能够加以说明的。另外，经验性方法论所主张的“纯客观”态度在现实中也很难做到，每一个学者都有自己的文化背景、社会价值观和意识形态，这使得他们的学术立场或多或少都具有特定的倾向性。所谓“纯自然科学的方法和态度”也只能是一种理想状态。

经验学派是西方传播学的主流学派，其中以美国学者拉扎斯菲尔德和霍夫兰等为代表。美国的经验学派除了在方法论上坚持经验性实证研究立场以外，还有两个重要特点：一是实用主义的研究目的；二是多元主义的社会观。

实用主义是西方社会广为流行的一种思维方式和哲学流派，产生于18—19世纪的美国，早期代表人物有富兰克林、杰弗逊、爱默生等。这种思维方式认为，判断事物（或真理）的标准不是思想或语言本身，而是思想所引起的客观行为。实用主义认为“真理就是效用”，而社会科学研究必须立足于社会现实生活，解决实际问题。

实用主义哲学通过杜威、米德等人的学术思想深刻地影响了美国的传播学研究。传播学经验学派的主要学者——拉斯韦尔和他的宣传研究、拉扎斯菲尔德等人的“传播流”研究、霍夫兰等人的说服研究、卡茨等人的“创新与扩散”研究，无不带有明确的实用目的。他们的着眼点在于考察传播过程的结构与功能，考察传播对人的心理、态度和行为的影响，考察如何通过传播来达成个人或群体的目标，这使得传播效果问题一直是经验学派关注的核心和焦点。

在传播效果研究领域，经验学派可以说是硕果累累，美国学者罗维利和德弗勒曾经归纳了传播效果研究的14座里程碑：①

20世纪20年代潘恩基金会关于电影对少年儿童影响的研究。这项研究开创了以经验调查方式考察大众传播效果的先河。

对1938年著名的广播剧《火星人入侵地球》引起的社会恐慌的研究。该研究的侧重点不是为了提出关于大众传播效果的一般理论，而在于探讨受传者自身与社会条件等因素对传播的影响，开启了日后研究选择性影响的方向。

1940年拉扎斯菲尔德进行的著名的“伊利县调查”（1944年出版调查报告《人民的选择》）。这项调查采用了精心设计的程序进行实地调查，是经验性研究的一个典范。该调查还肯定了媒介效果的有限性，提出了“选择性接触”“意见领袖”“两级传播”等概念，对后来的传播效果研究产生了极为重要的影响。

20世纪40年代关于日间广播剧听众的调查研究。这些调查揭示了受众媒介接触的一些基本动机和利用形态，开创了“使用与满足”研究的传统。

20世纪40年代美国艾奥瓦大学的农村社会学家对玉米良种推广与普及过程的考察。该项目推动了对新事物的“创新—扩散”传播过程的研究。

“二战”期间，霍夫兰等人关于电影说服效果的研究。该项目揭示了传播效果形成的条件性，强调个体差异与传播效果之间的相关性。

“二战”后至20世纪60年代霍夫兰主持的“耶鲁项目”。该项目进一步从传播的主体条件、内容条件、对象条件等方面对传播的说服效果进行了较为

① 转引自郭庆光. 传播学教程[M]. 北京：中国人民大学出版社，1999：15.

全面的心理实验。

20世纪50年代拉扎斯菲尔德的《个人影响》对《人民的选择》提出的各项理论假说做了进一步验证，揭示了大众传播与人际传播的交织性。

1951—1953年的“里维尔项目”。该项目对传单和标语的传播效果进行了一系列心理实验，探讨了传播的质量和途径。

20世纪50—60年代施拉姆等人关于电视对儿童生活影响的研究。该项目从“使用与满足”的角度对少年儿童接触电视的行为进行了详细调查，探讨了电视在儿童的生活、学习和社会化过程中的功能、影响以及产生的效果。

20世纪70年代以后进行的一系列“议程设置”研究。该项目是经验学派效果研究的一个重要转折点，它使得研究人员的关注点由微观、个人层面的效果开始转向大众传播的宏观社会影响和效果。

20世纪60—70年代由伯格纳等人进行的关于媒介暴力内容与社会犯罪的研究。这些研究虽然未能证明两者之间有直接、必然的联系，但却发现媒介内容对人们形成现实观有着重要的影响。这项研究后来被发展为“教养理论（cultivation theory）”。

20世纪60年代末至20世纪70年代初，由美国国会拨款实施的关于电视与社会行为的大型研究。该研究结果以《军医署长报告》为名发表。该报告包括电视内容及其控制、电视与社会学习、电视与青少年的侵害行为、日常生活中的电视、电视的效果、电视与成长6个部分。这是关于电视社会化功能及其正负面效果的一次较全面的研究。

1982年以《电视与行为：10年的科学进步及其对80年代的启示》为名发表的第2次《军医署长报告》。该报告总结了第1次报告以后该领域的研究成果。

经验学派也被称为管理学派，这与他们的多元主义社会观是分不开的。经验学派否认西方资本主义社会是阶级分配的社会，认为其是一个由多元利益相互竞争、相互制衡的社会。因此，传播学研究的重要任务不是为了变革现存资本主义制度，而是通过改进传播机制来实现社会管理。经验学派的这种多元主义意识形态，决定了他们不可能从批判的立场去研究资本主义制度下的大众传播，也不可能触及资本主义社会的基本矛盾。至多，他们只能出于维护现存制度的目的，从“管理”的角度做一些修修补补的工作。20世纪60年代，经验学派的这些倾向受到了来自批判学派的激烈抨击。

不难看出，经验学派的研究兴趣主要集中在传播与人的行为问题上，着意探索如何通过传播来控制和修正人的行为，这些研究对于社会管理来说具有很高的应用价值。但是，由于经验学派的方法论和学术立场的倾向性，他们有意无意地忽视和回避了传播学研究的许多重大问题，如信息生产和传播与宏观社会结构、信息传播与社会的上层建筑和经济基础的关系、传播制度与社会制度的关系等。这些问题，正是传播学的另一主要学派——批判学派研究的重点。

二、批判学派

传播学的批判学派（critical school）是现代传播学研究中的两大学派之一，无论在方法论还是在学术立场上，都与经验学派有着很大的区别。美国经验学派的代表人物罗杰斯曾把两派的主要特征进行了比较：

表1-2 传统学派和批判学派比较

传统学派	经验的	定量的	功能主义	具体实证的	注重效果研究
批判学派	批判的	思辨的	马克思主义	广泛联系的	注重控制分析

当然，仅从这几个方面还无法简单地描述批判学派的全貌，它所包含的范围之大、意义之广，需要我们进一步地介绍和分析。

（一）批判学派的开端——法兰克福学派

法兰克福学派是20世纪西方马克思主义的主要流派之一，它发端于20世纪30年代的法兰克福大学，所以被称为法兰克福学派。法兰克福学派传承和深化了马克思主义的“异化”理论，并直接受到西方马克思主义代表人物卢卡奇·格奥尔格（Szegedi Lucács György Bernát）“物化”理论的影响，将马克思主义的批判理论和揭示学结合在一起，对现代西方资本主义社会进行批判。

纵观法兰克福学派发展的历史，可以粗略地划分为3个阶段：第1个阶段是1923—1949年，法兰克福学派逐步发展和建立起自己的社会批判理论；第2个阶段是1950年—20世纪60年代末，法兰克福学派进一步发展了社会批判理论，并在20世纪60年代末期席卷欧洲的学生和青年运动中获得了极高的声誉，产生了巨大影响，进入鼎盛时期；第3阶段是从20世纪70年代起，由于第一代主要代表人物霍克海默、阿多诺和马尔库塞等人的相继去世，加上社会批判理论自身的局限性，尤其是第二代主要人物之间存在严重分歧，法兰克福学派不可避免地走向了衰落。[①]

① 潘知常，林玮. 传媒批判理论[M]. 北京：新华出版社，2002：57.

这个学派的主要成员大多是一群有着犹太血统的德国哲学家和社会学家，其中最著名的两位是该学派长期的领军人物马克斯·霍克海默（Max Horkheimer）和研究成果丰硕、令人信服的理论家阿多诺（T.W.Adono）。霍克海默可以说是法兰克福学派的创始人，从他1931年担任法兰克福大学研究所所长之后，该研究所便开始了以社会批判理论著称的法兰克福学派的历史。在他题为《社会哲学的现状和社会研究所的任务》的就职演说中，他指出，社会研究所的任务是建立一种社会哲学，它不能仅满足于对资本主义社会进行经济学和历史学的实证性分析，还应以“整个人类的全部物质文化和精神文化”为对象来揭示和阐释“作为社会成员的人的命运”，对整个资本主义社会进行总体性的哲学批判和社会学批判。这为法兰克福学派的发展指明了方向。此后，随着阿多诺、赫伯特·马尔库塞（Herbert Marcuse）、瓦尔特·本雅明（Walter Benjamin）和捷尔根·哈贝马斯（Juergen Habermas）等人的不断加入，法兰克福学派

阿多诺和“广播项目”

1938年，为了躲避希特勒的迫害，阿多诺移居到了美国，并在拉扎斯菲尔德的研究所里获得了他在美国的第一个职位。据拉扎斯菲尔德后来回忆，他当时之所以会邀请阿多诺是因为：首先，他的广播研究项目中需要一个音乐部；其次，他需要某个具有理论背景的人，而且当时他的研究所曾经得到过霍克海默的资助，而他知道霍克海默很想把阿多诺弄到美国来。“因此，出于回报考虑，他给阿多诺提供了一个职位，让阿多诺因此获得了一张美国护照得以移居美国。”①

在某种意义上，或许拉扎斯菲尔德为阿多诺提供“广播研究项目”的工作，是因为他想看一看批判学派和经验学派是否能够在同一个研究事业中进行合作，但后来的结果证明两者之间的合作走向了失败。对阿多诺来说，他为“广播研究项目”类似于“工厂一样的气氛”所震惊，“我对已进行的研究的第一印象是：完全没有任何详尽理解的痕迹。按照拉扎斯菲尔德的建议，我从一个房间走到另一个房间，和同事交谈，听到诸如‘喜欢和不喜欢的研究’和‘某个节目的成功或失败’之类的话语，对于这些说法，我一开始几乎就听不懂……我第一次面对着‘行政研究’，我记不起来是拉扎斯菲尔德发明了这个词，还是我自己因为对一种实用型科学、完全陌生的科学感到震惊而发明了这个词”②。

由于批判学派本身存在着对现有资本主义社会制度的完全否定，这注定了阿多诺和拉扎斯菲尔德之间，或者说批判学派和经验学派之间横着一条不可逾越的鸿沟，因为整个经验学派的研究视域是在肯定既有制度合理性的前提下进行的，因此，拉扎斯菲尔德的研究必然是为现行体制服务的，通过不断的效果评估，实现传播效果的最大化。而阿多诺所提出的“文化工业”理论是对现有资本主义生产模式在文化领域的彻底批判，这也注定了两者之间合作的失败。

①② 罗杰斯. 传播学史：一种传记式的方法[M]. 殷晓蓉，译. 上海：上海译文出版社，2001：247.

逐渐壮大、成熟起来。1959年，年届56岁的阿多诺接替霍克海默担任社会研究所所长。与其他法兰克福学派人物相比，阿多诺对资本主义文化投入了更多的关注，从音乐学和美学的角度对大众文化和大众传媒进行了更为广泛而深入的考察与研究。在法兰克福学派的经典文献《文化工业：作为欺骗群众的启蒙》一书中，阿多诺指出，大众传播媒介与一般商品并没有什么本质上的区别，在为资本家营利这一点上，它们表现出了惊人的一致。

在法兰克福学派众多的学者中，比较有代表性的还有本雅明和哈贝马斯。与同时代的众多思想家不同，本雅明对现代技术及其艺术形态表现出积极的态度和热切的好感。作为一位有着强烈现代精神的美学家和艺术评论家，本雅明主要在艺术的层面上探讨技术和机械复制。在本雅明看来，随着古典艺术在现代信息社会的终结，取而代之的便是与信息这种传播方式相对应的机械复制艺术，他称之为“艺术的裂变时代”①。不过，本雅明生前并不太为世人所知。在他死后，阿多诺整理出版了他的大量作品，这才引起了人们的普遍关注和重视。

1964年，哈贝马斯接替霍克海默担任法兰克福大学哲学社会学系教授，逐渐成为法兰克福学派第二代代表人物。哈贝马斯的研究领域十分广泛，著述甚丰，在人文社会科学诸领域，如哲学、社会学、语言学、政治学、法学和传播学等均有重要建树和深远影响。他通过跨学科的研究方法，对不同的思想领域进行了深入研究；通过历史分析和社会分析，对西方思想史特别是法兰克福学派自身的历史进行了梳理和批判，并在此基础上建立了自成一体的“交往行为理论”。由于思想庞杂而深刻，体系宏大而完备，哈贝马斯被公认为“当代最有影响力的思想家”，甚至被誉为“当代的黑格尔”，在西方学术界占有举足轻重的地位。在哈贝马斯的“公共领域”理论体系中，大众传媒是极为重要的一个概念，而他1962年出版的《公共领域的结构转型》一书则被视为他迄今为止唯一一部关于大众媒介的完整著作。哈贝马斯强调法兰克福学派的传统理论同现代社会条件的不适应性，他开始致力于探讨晚期资本主义的合法性问题，主张以交往行为理论来“重建历史唯物主义”。此时的哈贝马斯与法兰克福学派之间的关系渐渐疏远，他的理论中吸收了大量的其他思想，更多以作为一位独立的思想家而活跃于国际学术界。

当然，法兰克福学派的局限性也是显而易见的。20世纪上半叶的德国和美国是法兰克福学派诸成员的主要居留地，纳粹德国的法西斯社会和战后美国的垄断资本主义消费社会是他们分析大众传媒的经典语境。由于对现代工业组织和“民族—国

---

① 本雅明. 机械复制时代的艺术作品[M]. 王才勇，译. 北京：中国城市出版社，2002：158.

公共领域是哈贝马斯在其1962年出版的《公共领域的结构转型》一书中提出的，“可以理解为是一个由私人集合而成的公众的领域；个体在公共领域发出批判性的声音以反对公共权力机关强加于自身的权力。在公共领域的场域中，作为公民的个体就具有公共性质的商品交换和社会劳动领域中的一般交换规则等问题同公共权力机关展开讨论”[①]。它最早出现在十七八世纪的英格兰和法国，伴随着现代民族国家的兴起传遍19世纪的欧洲和美国。个体通过阅读日报或周刊、月刊评论，形成一个松散、开放且具有弹性的交往网络；通过私人社团、学术协会、阅读小组、共济会、宗教社团等机构，自发地举行集会；剧院、博物馆、音乐厅、咖啡馆、茶室、沙龙等场所为他们提供了活动空间。在哈贝马斯看来，公共领域具有脱离国家控制和市场操纵的相对独立性，是介于私人与国家之间的政治活动空间。在此领域内，公民可以自由地表达意见，对公共事务进行批判。大众传媒是发挥公共领域作用的重要一环，而大众传媒的普及也使得公共领域在近代发生转型，带来了“资产阶级公共领域再封建化”：随着资本主义的发展，传媒的渗透使公共领域承担起广告和政治灌输的职能，国家和社会不断侵入公共领域，公共领域与私人领域逐渐融合。其后果之一，就是公共领域的民主功能下降。

但随着互联网媒体，尤其是社会化媒体的出现，“公共领域”的作用又得以重新发挥。首先，今天的网络媒体在一定程度上脱离了传统权力的束缚。由于其具有开放性、包容性等特点，各种观点和声音都能在互联网上得到呈现，网络成为一个相对独立于政治和经济控制的“公共领域”。其次，由于网络媒体参与主体的多元性，每一种声音都能在网络上获得相应的支持，这在一定程度上避免了“沉默的螺旋”效果的出现。最后，很多学者也从超本地新闻的角度提出，当前形势下公共领域依然存在，而且获得了进一步的发展。持这一观点的学者认为超本地新闻的重要方式是UGC（User Generated Content，用户原创内容）内容或众包新闻，这些新闻实践使得传统媒体资源的所有者对内容生产的掌控力减弱，这不仅有利于增强公众之间的联系，而且可以减少新闻生产的成本。公众通过自发生产新闻，在网络空间中开辟出自由讨论的空间。如大卫·伯恩斯（David Baines）在对英国的超本地新闻网站进行研究时发现，超本地新闻网站的持续运营需要公众、记者形成合作，这与公共空间概念有所共鸣。在他看来，哈贝马斯所论述的公共空间并没有消失，而是以超本地新闻的形式继续存在着。[②]

不过，也有观点认为公共领域与网络民主之间的关系是理想化的、不可实现的，如麦基•阿兰（Mckee Alan）认为，后现代社会中媒体已经越来越具有私人利益的属性，理想的公共领域已经被琐碎和娱乐填满，呈现出支离破碎的形态，这使得越来越多的人不再参与政治、民主进程。

家”体制的运作抱有强烈的憎恶心情，他们对媒介的考察无疑受到了阻碍。他们在颂扬高雅文化的同时贬抑大众文化，霍克海默和阿多诺甚至公开质疑高雅文化是否能够或应该通过大众媒介进行传播。他们几乎完全忽略了大众传媒和大众文化积极的一面，因此，他们的批判也仅仅停留在单纯否定的批判阶段，始终找不到必然的出路。

尽管如此，从总体来看，法兰克福学派的意义仍然是深远的。它开创了传媒批判

---

① 哈贝马斯. 公共领域的结构转型[M]. 曹卫东，等译. 上海：学林出版社，1999：32.

② BAINES D. Hyper-local news: a glue tohold rural communities together?[J]. Local Economy, 2012（2）：152-166.

理论的先河，对传媒研究做出了历史性的贡献，深刻地影响了此后各种批判学派的传媒和文化研究取向。法兰克福学派著名的文化工业理论被视为大众文化研究的重点和理论基点。不难发现，在现代的文化评论中，批判理论的踪迹随处可见，在结构主义、符号学、阿尔都塞的意识形态理论、女性主义和后现代主义文化理论中都可以找到它的影子。针对大众传媒与国家、个人的关系，消费与意识形态的关系等问题，它们从各自的视角出发，做出了新的理解和阐释。

（二）批判学派中的主要流派

基于批判立场的传播学研究从早期阶段就已存在，这些研究经过一定时间的积累和成熟，到了20世纪60年代以后发展成了与经验学派相抗衡的批判学派，其影响扩大到整个欧洲和世界的传播学界。在这个过程中，由于学者研究的课题、分析问题的角度和方法各不相同，所以批判学派中也形成了各种各样的流派。这里，我们采用二分法来区分不同流派的类型，这也是文化批判理论学者区分各自学科知识时普遍采用的方法。一种是微观的、阐释性的理论，关注个人与社会团体如何运用媒介来创造、培育和构筑我们日常生活的文化形态；另一种是宏观的、结构性的理论，关注社会精英如何运用他们的经济权力来控制和利用媒介实践。

1.宏观的视角

虽然有限效果模式在美国的社会科学中享有长久的生命力，但是从未在欧洲受到热烈欢迎。相反，美国观察家却认为欧洲的社会研究的特点是宏大社会理论，也就是致力于理解并预测文化和社会的重要发展趋势，视角宏大的、注重思辨的理论。其中被广为接受的观点大多建立在马克思著作的基础上。马克思主义理论甚至影响到了那些为反对他而建立的理论。20世纪70—80年代，当马克思主义理论作为一种政治经济的实用指导在东欧面临困难的时候，以马克思主义思想为基础的宏大社会理论却在西欧得到了越来越广泛的接受，并在此基础上发展出了一些新理论。

（1）政治经济理论

在传播政治经济学研究中，学科的母体或方法论是政治经济学。传播政治经济学将传播活动作为一种经济活动，用生产、分配、流通、交换及其宏观决策活动的政治经济学思路来观察媒介及其传播行为。在政治经济学的发展中，出现了各种各样的学术流派，总的来说，分为自由主义学派、马克思主义学派与制度学派（也称“制度和改良经济学派”）。尽管其中的自由主义学派与制度学派也都对传播进行过研究，部分理论家也在传播政治经济学研究上有所建树，但传播政治经济学者大多是马克思主义者或者倾向于马克思主义，他们接受经典的马克思主义理论——经济基础决定上层建筑。他们通过观察经济机构研究生产方式，揭示了这些机构通过塑造媒介来满足其利益的目的。

由于政治经济学的取向在传播、媒介与文化研究中有着丰富的内涵，所以传播的政治经济研究也显得相当芜杂。这期间，不仅出现了北美学者与欧洲学者（主要是英国学者）在研究方法与研究对象上存在差异，甚至在欧洲学者内部也存在着诸多分歧。在传播政治经济学的学术地图上，政策研究、传播经济学、文化研究的界限时而泾渭分明，时而有些模糊。一方面，文森特·莫斯可（Vincent Mosco）与格雷厄姆·默多克（Graham Murdock）等学者描绘了传播政治经济学的地形图，全面展示了传播政治经济学的基本理念与研究取向；另一方面，彼得·戈尔丁（Peter Golding）、尼古拉斯·加汉姆（Nicholas Garmham）、达拉斯·斯麦兹（Dallas Smythe）、诺姆·乔姆斯基（Noam Chomsky）、赫伯特·席勒（Herbert Schiller）等学者在文化产业、受众商品、宣传模式等方面对大众传媒进行了不同层面、不同角度的政治经济分析。

著名的北美传播政治经济学代表人物、加拿大学者莫斯可的《传播政治经济学》一书遵循既有的政治经济学学理脉络梳理了传播政治经济学，指出加拿大学者斯麦兹和美国学者席勒是这个领域的开创人，前者在传播政治经济学理论上的重要建树在于他对媒体消费的研究重新定义了传播政治经济学，他也因而被称为“最著名、最有影响的传播政治经济学家之一”（Gerbner，2001）。后者关注的是媒体的集中化趋势，他分析指出，造成媒体集中和垄断的根本原因是媒体对广告利润的追逐以及对大企业的服从。他认为，经济和政治使媒体作为“第三种权力”或“第四部门”的想法只能是一种幻想。席勒在其学术研究中对美国传播制度和传播程序的考察，说明了美国的强势政治经济是如何利用媒体来安抚国内公众，同时又对全球实行霸权的。斯麦兹与席勒一直为后代政治经济学家提供知识与政治上的灵感。他们两人的学生更是在历史研究、国际电影产生发展、媒介势力中心研究、政府与传播业关系等诸多领域将两位泰斗式人物的研究成果发扬光大。

总的来说，政治经济学理论家保持着对宏观社会秩序和媒介精英所有权的关注，对欧洲不断加剧的媒介私有化现象以及世界范围内媒介所有权的集中化现象提出批判。

① 莫斯可. 传播政治经济学[M]. 胡正荣，段鹏，张磊，等译. 北京：华夏出版社，2000：10.

作为著名的加拿大传播学者，莫斯可在其代表性著作《传播政治经济学》一书中针对传播政治经济学的理论研究框架提出了三个具体的切入点："商品化、空间化、结构化"①。

首先，莫斯可从马克思政治经济学说中关于商品的论述出发，揭示了商品化与传播过程之间的关系："一是，传播过程和传播科技对经济学中商品化的一般过程起了推动作用；二是，整个社会的商品化过程渗透到传播过程与传播制度中，使这个过程中所出现的矛盾也对这种社会实践产生了影响。"②

其次，随着后现代主义理论的兴起及传播技术的发展，关于空间与时间消亡的讨论甚嚣尘上。而莫斯可从空间化的维度出发，论述了商业媒介组织活动在地理和制度上的延伸。具体体现在：组织对行业的垄断程度和集中程度的不断加深；同时，对地理控制范围的不断延展形成了一种既集中又广泛的控制模式。

最后，莫斯可从吉登斯关于结构二元性的论述出发，阐释了媒介组织结构与传播参与者之间相互构建的关系——"结构化所描述的是一个过程，结构在这一过程中由人类能动行为来组建，而它又提供了组件所需的'媒介'本身。"③

如果说《传播政治经济学》时期的莫斯可关注的尚是传播政治经济学基本的理论框架的话，近年来，莫斯可的研究已逐渐延伸到信息社会的相关理论。在《信息社会的社会理论与知识劳工》④一文中，莫斯可讨论了有关信息社会的三种重要观点，即数字资本主义、网络社会以及作为控制范畴的自主的非物资劳动。莫斯可认为，数字资本主义是对信息社会这一术语最狭义的运用，在这一社会形态中，资本主义发展的本质和动力，即运用价值和交换价值的生产，以及剩余价值最大化的经济组织仍然是全球政治经济的核心。而网络社会的观点认为信息时代和信息社会代表着一种全新的资本主义形式，一方面通过扩展市场使资本主义体系的基本特质更加坚固，另一方面又对其发起挑战。另外，围绕信息网络建立起的社会消除了工作和家庭、劳动和休闲、经济价值和社会价值之间曾经清晰的界限，新的社会形态因而诞生。

顺延莫斯可的研究方向，资本监视也是信息社会这一研究领域值得关注的议题。在新书《监控资本主义：在新的权力前沿为人类未来而战》中，祖波夫（Shoshana Zuboff）提出随着云计算和物联网等的兴起，数据的提取变得无处不在，我们生活在一个网络设备越来越多的世界，这些设备捕捉我们的通信、动作、行为和关系，甚至会收集我们的情绪和思想状态。不同于很多人将此视为对隐私的威胁，祖波夫指出资本监控涉及的不仅是海量的个人数据积累，而且意味着诸如谷歌、facebook等大型技术平台正在创造的新的权力形式。这些都是在个人意识和公共责任之外运作的，要想遏制这种权力，就需要以个人自由和民主之名对资本监视予以遏制。

乔姆斯基的"宣传模式"

作为美国著名的语言学家和传播学家，乔姆斯基在其代表作《制造共识：大众传媒的政治经济学》中从基本的组织架构和组织关系层面解释了美国媒体的行为表现。其观点是，除了传统功能外，美国媒体是为那些控制着它并为其提供资金支持的强大社会利益集团服务并代其从事宣传的。这些影响美国媒体传播活动的结构性因素包括媒介所有权和控制权，媒体对资金来源（如广告商）的依赖性，媒体、新闻当事方以及有权解释相关新闻内涵的各方相互关系和利益等。当然，这些主导媒体操作的结构性因素并非总是有

---

① 莫斯可. 传播政治经济学[M]. 胡正荣，段鹏，张磊，等译. 北京：华夏出版社，2000：10.
② 莫斯可. 传播政治经济学[M]. 胡正荣，段鹏，张磊，等译. 北京：华夏出版社，2000：138.
③ 莫斯可. 传播政治经济学[M]. 胡正荣，段鹏，张磊，等译. 北京：华夏出版社，2000：206.
④ 莫斯可，等. 信息社会的社会理论与知识劳工[J]. 新闻大学，2009（1）：1-9.

效的，也并非总产生简单而相同的结果，媒体组织的不同部分均有一定程度的自治，个人和职业的价值观均影响着媒体工作；而媒体政策本身也允许一定程度上与主流观点存在分歧或持批评态度的报道存在。但总体来说，在权力杠杆为官僚机构所掌握的国家里，通过对媒体的政治专制辅以官方的审查机制进行考察，人们可以清楚地看到媒体是为占统治地位的精英阶层服务的。然而，在媒体私有且不存在官方审查机制的国家中，人们却难以辨识宣传体系是如何发挥作用的。

乔姆斯基在书中给出了他所主张的宣传模型，即任何媒体在发布信息之前都会经过五重过滤模式："第一，媒体规模、所有权的集中化、股东财富水平和主要大众传媒企业的利润取向。第二，广告媒体是大众媒体的主要收入来源。第三，媒体对政府、企业及这些主要信息源和权力机构所资助的专家人士的信息依赖。第四，新闻批评——制约媒体的力量。第五，意识形态成为国家宗教和控制机制，这些因素互相作用并相互强化。"①通过这个宣传模型，我们可以看到，无论在任何制度下，媒体终究是为既存的政治体制服务的，并不存在完全独立于政府控制之外的媒体；媒体最终都会在一定程度上贯彻国家意志。

乔姆斯基从政治经济学的角度出发，对媒体所报道的素材及框架进行分析后得出了媒体在处理关于敌国、本国以及附庸国的受害者时所采取的框架是不同的：来自敌国的受害者被视为"有价值"的受害者；本国或是附庸国的受害者显然是"无价值"的受害者，媒体对这类受害者会采取更密集而充满愤慨的报道方式。

加汉姆论文化产业

加汉姆毕业于剑桥大学，他早年曾从事电影工作。此后，加汉姆创立了传播政策研讨会，创办了《媒介、文化与社会》杂志，主要作品包括《电视的结构》《资本主义与传播》《电视经济学》等。他在1983年发表的论文《文化的概念：公共政策与文化产业》"向主流文化研究者展现了一个极易被忽视的维度，也就是文化产业的建构与组成以及文化流通业的集中"。加汉姆认为，应将文化产业作为文化行为和公共文化政策分析的中心。文化消费，特别是常见的大众文化，无论它是叙事的还是音乐式的，都必然会消耗掉一定的时间，因为它们都基于对时间的控制并拒绝提高消费时间的生产。

加汉姆认为，文化商品的核心充满了矛盾。一方面，文化商品有一种扩大市场份额的动力，有时这是以获得文化门类和观众的形式出现的。另一方面，文化商品不像其他商品，它们不会在消费过程中被损坏。但是，这样也就难以保证产品的稀缺，而这种稀缺与价格息息相关。文化产业的生产者则通过多种方式限制接入，以制造稀缺，从而实现利润的最大化。这种对受众最大化的追求导致了文化产业中明显的高度集中化、国际化。加汉姆指出，文化与媒体产品这种单位生产成本高，而批量生产后单位成本大幅下降的特点，使得媒体文化产业的投资者倾向于通过增加受众数量来降低产品成本，这也导致文化产业中三个主要结构趋势的形成：所有权集中、国际化与多样化、跨媒体所有权，实际上都在于尽量扩大受众群，将风险分散。

---

① 赫尔曼，乔姆斯基. 制造共识：大众传媒的政治经济学[M]. 邵红松，译. 北京：北京大学出版社，2011：1.

（2）意识形态理论

意识形态（ideology），在字面上可称为“观念学”或“理念学”。“意识形态”的意义随着时代的发展而有所不同，基本上经历了自我意识的存在论、认识论意义时期，直至转向社会的理论基础意义。在对意识形态的分析中，马克思的阐释起到了关键性作用。意大利共产党创始人A.葛兰西（Antonio Gramsci）在马克思“意识形态”理论的基础上提出了“霸权”（hegemony）的概念，从而建立了意识形态“霸权”理论。

“霸权”原指国家的霸权或政治运动的主导权，葛兰西将之作为社会分析的一个主概念加以使用，提出了“国家=政治社会+市民社会”的理论公式。葛兰西把现代国家的形成看作“强制装置”的政治社会和作为“霸权装置”的市民社会的融合，认为市民社会主要通过“合意”或“同意”的组织化过程来维持被统治的社会，并随着市民社会的发展，它将吸收政治社会而形成新的国家。霸权又分为两种类别，即相对于政治社会的“政治霸权”和相对于市民社会的“文化霸权”或“知识与道德的领导权”，而霸权的根本问题是维护文化上的霸权。在大众传媒时代，这种霸权社会更加明显。大众传媒一方面维护领导集团的利益，为其歌功颂德，灌输他们的政策思想；另一方面，为了维护社会的稳定，维持自身所赖以生存的观众群，大众传媒充斥着其他属于各个集团或个体的观念，使社会中冲突与共识、统治与抗争在文化霸权之下进行最根本的运作。①

霸权理论对大众传媒的研究具有独特的地位。葛兰西霸权理论的提出创建了一种新的理论模式，使传统的理性主义的思考方式转向了社会和哲学研究——意识形态、文化、伦理的方向。而这直接与大众传播理论及其领域发生了重要的关联，特别是在现代社会中，大众传媒作为文化特别是大众文化的承载者，处于“争霸”的关键地位，这种转变为合理地解释大众传媒现象提供了理论范式。在结构主义、女性研究、全球化与民族化、权力研究等各个领域的研究理论中，都可以找到葛兰西理论的渊源，因此，与这一系列有关的研究也被称为“新葛兰西学派”。

意识形态理论发展的另一位重要人物是路易·阿尔都塞（Louis Althusser）。阿尔都塞的学说也是从对马克思主义的研究开始的，他的思想是西方马克思主义伟大传统的重要一脉。②阿尔都塞区分了传统的马克思主义理论中国家权力和国家机器的含义，提出了“意识形态国家机器”的理论。他认为，国家权力的掌握不能仅仅通过统治阶级的暴力来获得，国家整体在大多数情况下必须以统治阶级为中介而产生，只

① 葛兰西. 狱中札记[M]. 曹雷宇，等译. 北京：中国社会科学出版社，2000：47.

② 伊格尔顿. 历史中的政治、哲学、爱欲[M]. 马海良，译. 北京：中国社会科学出版社，1999：94.

伊拉克战争时期美国媒体的报道特色

2003年3月20日，美英联军正式对伊拉克萨达姆政权发动军事打击，这是进入21世纪以来美国在中东地区发动的规模最大也是最具媒体争议的一场战争。这场战争不仅仅是对美国军事力量的一次全新评估，而且还充分展示了媒体在战争中所扮演的重要角色，同时，也显示了美国媒体为其政府服务的本质。

首先，通过对《纽约时报》《洛杉矶时报》《华盛顿邮报》三家媒体在战前的报道内容进行分析发现，这三家媒体在战前对美国政府是否应该进行这场战争各执一词，例如《纽约时报》以《国家在战争中》为题刊登了该报专栏作家对于战争的评论，所刊登的文章有《清白之死》《给伊拉克人一个目标》《与敌人谈话》，评论的重点放在对战事发生的可能性的推测上。而《洛杉矶时报》发表的评论指出，石油虽好，但要通过持久的战争才能获得，重点关注美国对伊拉克石油资源的需求。《华盛顿邮报》所刊载的内容多数是对萨达姆的谴责，如专栏女作家安妮·艾珀芭姆的《与暴君之战》和退休的海军陆战队上校凯瑞•安德森的《萨达姆的大计划》为联军的暂时不利作了辩解——“萨达姆12年来一直在思考和准备与美国打仗，而我们却没有。”①

但是，随着美国发动伊拉克战争，媒体也渐渐统一了口径。在战争期间，美国政府通过隐性手段对媒体关于伊拉克战争的内容进行监管，同时通过战地记者以及随军记者等渠道对信息进行控制，从而使传播在根本上符合美国“霸权”的需要。此外，媒体在反战和支持战争这样的大是大非问题上谨慎再谨慎，不仅秉承了媒体自身的一贯特色，同时也顾全了大局。 在具体的战事报道上，反战的媒体在很多时候要看政府的脸色行事。总之，虽然从美国媒体报道的表面上看，各种关于战争的声音都得到了传播，但是经过仔细的内容分析，我们仍然可以发现，美国媒体在本质上仍然是为维护美国在伊拉克战争中的利益而服务的。

有“国家机器”才能解释生产关系的再生产以及国家存在的必然性。阿尔都塞对意识形态的研究，一方面关注将权力和统治符号的关系纳入实际物质活动和现实的社会结构之中；另一方面关注三者之间的形成过程，指明意识形态、意识和传媒之间的内在联系。阿尔都塞的理论指出了有关意识形态的新的问题及思考途径，凸显了意识形态理论的重要性和独特性，并为大众传媒批判理论打下了坚实的基础。他将结构主义及精神分析的理论相融合，开创了大众传媒文本分析研究方法的先河；他的意识形态机器论为大众传媒批判研究提供了重要的理论范式；他的理论和反思有力地冲击了传统的传媒批判理论，为现代、后现代传媒批判理论打下了基础。阿尔都塞的理论具有独特的价值，在思想史上具有里程碑式的意义，起到了一种承上启下、画龙点睛的作用。

葛兰西和阿尔都塞等人的观点在继承和发扬马克思主义的基础上，突破了当时单一的经济决定论、简约的阶级分析论、传统唯心论等各种思潮。他们认真考察了当时的共产主义运动及资本主义社会现实，直接建构了相关的意识形态理论。这使得他们继法兰克福学派之后创造了前所未有的理论成就。他们将意识形态理论纳入社会

---

① 甄石. 中国青年报：美国媒体如何报道伊拉克战争[EB/OL].（2003-04-03）[2019-06-18]. http://media.sohu.com/21/02/news208060221.shtml.

总体框架之中进行考察，并从宏观的社会结构的大视角来具体考察与意识形态相关的各种文化、伦理等现象。虽然他们未能关注或很少关注现代意义上的大众传播媒介领域，但由于其理论的高度和深度，他们仍为西方传媒批判理论的进展提供了极具现代意义的理论模式。

2.微观的视角

如前所述，法兰克福学派、政治经济学理论与意识形态理论开辟了传媒批判理论的全新思路。但是，他们“将传媒作为文化世界”或者将“传媒作为权力世界”的宏观视角又有其局限性。他们使传媒与政治、经济以及社会生活的方方面面的内容彼此孤立。事实上，大众传媒不仅是“文化的世界”“权力的世界”，还是“文本的世界”。从文化研究学派的崛起开始，文化不再是高高在上的东西，而成了社会生活、经济、政治的统一体，包含了政治经济活动，并构成了具有庞杂意义的文本世界。

（1）文化研究

文化研究发源于20世纪60年代的英国，因英国伯明翰大学现代文学研究所的研究而得名，故也称“伯明翰学派”。作为同源的新马克思主义理论的学派，文化研究学派和政治经济理论学派既有着很多相同的关注点和假说，又有一些关键的分歧，因此经常处于激烈的论战之中。政治经济学家由于对经济机构采取宏观关注，并假定经济上的优势地位会导致文化上的优势地位，因而很难意识到文化层面的变化对经济机构的影响；而文化研究理论家则多半会忽略宏观层面上媒介运营的社会、政治语境，他们更关注个人和团体消费流行文化内容的方式。

该学派继承了葛兰西、阿尔都塞等新马克思主义者的观点，但又超出了马克思主义时代的视野，同时也游离于传统马克思主义的二元框架之外。文化研究立足于大众文化的立场，反对传媒批判理论中的精英主义倾向，围绕着文化研究的权力核心，文化研究的政治性、开放性、参与性三个特征得到了学界的广泛认同。从某种程度上讲，这三个特征也意味着该学派完全背离了主观经验、本体和形而上学的批判学派视角，转而关注微观的、具体的、经验的和日常的世俗生活。文化研究学者采用的研究方法主要有文本分析和受众调查两种，前者主要是为了揭示大众传媒为占统治地位的利益集团和意识形态服务的倾向，后者则是为了考察受众符号解读的多样性。自20世纪70年代以来，文化研究已经成为批判学派中最有影响力的一个流派。

早期的文化研究先驱理查德·霍加特（Richard Hoggart）、雷蒙德·威廉姆斯（Raymond Williams）和E.P.汤普森（E.P.Thompson）等左翼批评家已经奠定了文化研究的实践性基调，被视为文化研究“开山鼻祖”的威廉姆斯的那句“文化即生活”

的名言更是成了文化研究学者早期的纲领。文化研究的第二代舵手斯图亚特·霍尔（Stuart Hall）完成了文化主义与结构主义的勾连，实现了传播中意识形态的再发现。作为文化研究学派中最重要的转折性人物，霍尔在哈贝马斯和威廉姆斯的观点的基础上，将意识形态理解为“那些提供框架让我们再现、解释、理解、澄清社会存在的某个方面的图像、概念和前提”，将流行文化视为“变化得以发生的基地”。但是，精英确实在定义社会现实的斗争中占据了很多优势。因此，他认为自由民主中的大众媒介应该扮演“多元化公共论坛”的角色，提供一个平台，让统治精英的权力受到挑战。在此论坛中，关于社会现实的新概念相互协商，划定不同社会间的新边界。

霍尔的理论无疑是对受众的一次郑重授权，在不断地制码、编码中树立起受众的权威。继霍尔之后，当代传媒理论家约翰·费斯克（John Fiske）用他的“两种经济”理论进一步说明了受众所拥有的是一种“符号的权力”。在他看来，问题的关键不是受众正在“读什么”，而是受众在“如何读”；需要研究的也不仅是文化商品，而更应该是受众使用文化商品的方式。费斯克从电视研究出发，运用结构主义与符号学的原理分析“两种经济”，即“金融经济”和“文化经济”，并对大众文化本质进行再剖析，强调“文化经济”的存在。

霍尔的研究对于确立作为接受者的大众的主体地位来说无疑是一个巨大的贡献，但是，霍尔更多是从编码与文本生产者的角度来考察意识形态的对抗性的，他并没有完全看到解码与文本接受者的主动性。完成这一转变的关键人物是戴维·莫利（David Morley）。20世纪80年代，西方传媒受众获取信息的方式发生了变化，新的社会心理、生活方式和受众测量技术出现，使曾经极其重要的受众研究方式——定性研究的受众效果研究——受到了挑战，并在某种程度上发生了改变。在传统的定量和定性研究的基础上，研究者开始强调对局部问题和局部受众身份认同的研究，引进了民族志和微观分析的研究方法。而莫利正是使文化研究从文本研究向受众研究转变的关键人物。他在电视研究中采用了调查观众阅读文本的方式，并利用民族志的研究方法考查了媒介信息在社会上的传递。莫利在进行关于社会结构与电视释码的“文化地图”分析等研究时，系统地采用了经验调查的方法，因此他的研究甚至被称为“批判的经验性研究”。

文化研究理论家最大的优势同时也是他们的局限，使他们直接卷入了各种激进社会运动。这些理论家不仅研究运动，还亲自参与运动甚至直接领导运动。文化研究的学者在英国社会运动中表现普遍积极，其中包括女权主义运动、青年运动、种族运动和少数群体运动以及英国劳动党内讧等。然而，积极参与容易使理论家难以客观地分析这些运动和运动文化，但他们并不为此担心，甚至根本不相信客观性存在的可能性，并怀疑客观性在社会研究中的作用。

（2）结构主义——符号学

结构主义主要产生于20世纪60年代的法国，尽管作为一场思潮运动的结构主义已经逐渐衰落，但结构主义的思想却并没有完结。结构主义的兴起，成就了两门新兴的学科：一是符号学，二是叙事学。结构主义（后来的符号学和叙事学也是一样）受到传播批判理论学家重视的一个重要原因，在于他们不满足于对待现代人文的非理性主义的方法，要求以科学的方法取而代之。而结构主义的优势就在于，它与经验学派一样追求传播的规律和模式，具有科学的分析方法和可操作的步骤；但它又不同于经验学派对既定体制的认同，而是持批判学派的质疑立场。简单地说，它是具有经验学派和批判学派双重特质的一个融合创新的范式。

但不管是符号学还是结构主义，都要追溯到瑞士语言学家费迪南德·索绪尔（F.de Sassure）的语言学理论。索绪尔指出了符号意义建构的可能性。他认为，符号的意义来源于符号组成的系统，来源于符号在系统结构中的位置，即与同一系统中其他符号的关系。他提出了“能指+所指=符号”的公式，并划分了能指和所指之间的差异和联系。索绪尔的学生罗兰·巴尔特（Roland Barthes）继承了他的观点，并进一步提出了符号表意系统的“所指意义”和“内涵意义”的概念。而意识形态的运作正是在内涵意义的层面上发生的，大众传媒传递意识形态的主要途径就是内涵意义。索绪尔对传播媒介和广告进行陌生化解读，将批判意识形态对符号的意义“自然化”进

关于语言符号的发展性

近百年来，汉语一直在更新演变，今天的汉语吸收了很多外来的新鲜词汇。新的语言符号反映了通信工具的变迁，也反映了人们新的生活方式和生活形态。

最大量的新词语的发源地是网络。从20世纪90年代网络文化流行至今，网络创造了成百上千的新词语。有代表性的如“囧”，指很尴尬的感觉；“hold住”，指有把握搞定；“御姐”指独立、精干的女性，往往在事业上独当一面，或者在装扮上偏成熟等。汉语还引进了许多外来词语，例如粤语词语“扑街”（倒霉、完蛋），“整条街最靓的仔”（年轻人风度潇洒，惹人喜爱），英语词语“shopping/血拼”（购物）、“in”（很时髦、流行）、“high”（很兴奋激动）；方言词语“忽悠”（使他人受骗上当）等。另外，在泛娱乐化潮流越发明显的现在，00后一代创造了很多被冠以“饭圈用语”之名的独特流行语。这些流行语多为某些英文单词、拼音的缩写或谐音，如“blx”指玻璃心（内心软弱、敏感），“271”指爱奇艺网络媒体平台；或是一些中文自造词，如“宇宙警察”指多管闲事，无论什么都要管的人，“石锤”指千真万确的证据等。

行了完整的表述。结构主义的另一位重要人物便是“结构主义之父”克劳德·列维—施特劳斯（Claude Lévi Strauss），他将索绪尔的语言系统观延伸至各个文化过程，认为每一种实践活动都可以看作是一种交流方式和表达形式，与语言系统类似。

结构主义—符号学分析从符号学的角度重新认识了意识形态，因此，很多大众传播学者运用符号学、结构主义的方法来分析传播文本并解读受众。巴尔特、霍尔、费斯克等传播批判者借助符号学的相关观点，从符号产生意义的过程重新解释了意识形态的本质。他们将意识形态视为一种符号建构，由日常符号表现出来，而符号的意义则是与受众发生互动而产生的。简单的决定论忽略了意识形态的日常性和复杂性，而结构主义—符号学却从符号的建构这一微观之处统构了宏观的社会结构层面。另外，结构主义的另一个发展方向——叙事学也成了媒介叙事文本分析的好工具，它成功地解决了两个方面的问题：一是叙事结构，它告诉我们故事的形成机制；二是叙事主题，它告诉我们在媒介故事中“谁在说话”。

结构主义—符号学的优势在于文本分析或受众解读，而其受到的主要批评也在于此。因为，符号学方法是由研究者个人操作的，它的研究成果无法经受科学的客观检验，既不能证实又不能证伪。因此，结构主义—符号学受到的第一个批评就是符号学解读的任意性和唯心性；第二个批评是它们的分析脱离了符号产生的社会环境，生硬地照搬理论框架；第三个批评认为符号学解读是基于研究者自己的认知进行的，往往忽视了受众的立场和观点。所以，结构主义—符号学也不是完美的，突破其局限的解决办法只能靠多种研究方法的配合。

（3）女性主义

女性主义（feminism）在中国一般有两种译法：女权主义与女性主义，不同的译法对应了不同的历史发展阶段。早期学术界一般习惯译为“女权主义”，这时主要指涉的是政治运动的范畴；后期多译为“女性主义”，这就进入了对构成社会整体的文化加以批判的女性主义批评时期。从严格意义上来说，女性主义传媒批判的出现和繁荣发生在第二阶段。在这一阶段，大量的女性主义批判开始关注大众传媒批判领域，女性主义传媒批判从而成为传媒批判理论的一股重要力量。作为一种新兴的传媒批判类别，女性主义传媒批判鲜明地表现出了它对大众传媒中展现出的性别惯例的批判态度，女性主义者纷纷从性别权力结构观点出发，对大众传媒中所表现出的与女性有特殊关系的“文本”加以分析，从中观照出女性在社会中所处的独特位置，并探寻出了构成这种文本的内在机制。

与其他批判理论形态相比，女性主义应该是一个相当宽泛的概念，由于批判者各自的理论背景及切入问题的角度不一，女性主义也呈现出多元的批判形态。一般说来，传统的女性主义主要分为三个流派：马克思主义女性主义、激进的女性主义、自由主义女性主义。随着理论的进一步发展，还可以对女性主义批判理论的类型加以细分，如精神分析女性主义、存在主义女性主义、后现代主义女性主义、生态女性主义等。尽管女性主义的类型多样，但其普遍使用的研究方法却主要只有三种：内容分析批判、精神分析批判以及意识形态分析。

在这三种研究方法中，内容分析在女性主义传媒批判中又是运用得最为广泛的一种，在早期的女性主义传媒批判中，这也是一种基础性的研究方法，它被广泛地运用于对电影、妇女杂志、报纸、广告、电视栏目、肥皂剧等媒介（文本）的分析中。在内容分析批判中，批判者注意到媒介强化了社会中的性别分工，主张媒介表现应该反映出女性的实际状况，使女性与男性一样获得平等的待遇，突破性别陈规的限制。这使得内容分析批判与自由主义女性主义批判密切联系了起来。

对于女性主义传媒批判来说，精神分析法的作用在于，它对父权制社会中性和无意识的建构过程的分析，为女性主义解释媒介受众的"主体"建构提供了一个可行的途径。一般说来，尽管精神分析学说本身强化了父权制社会中的性别规范，但它对女性"主体"的性和无意识的构建过程的分析，却可以为女性主义传媒批判在父权制社会中提供女性形象是如何被"建构"的心理分析依据。在女性主义传媒批判理论中，一般都将劳拉·穆尔维（Laura Mulvey）的《视觉快感与叙事性电影》（*Visual Pleasure and Narrative Cinema*）视为精神分析批判运用于女性主义传媒批判中的经典之作。

在女性主义传媒批判理论中，意识形态批判不仅支持了女性主义者"女人不是天生的"这一观点，揭示了所谓的女性气质、妇女受压制的社会地位其实是长期以来由居于统治地位的父权制意识形态强加的，更启发了女性主义批判者在解读和阐述媒介文本时，对媒介文本在表现两性在性、性别权力关系等方面进行详细的考查，从中发现了性别意识形态的表述方式和作用于受众的过程。可以说，它的出现使女性主义传媒批判超越了原本单一的量化分析的批判模式，为批判者阅读媒介文本的深层意义以及深入分析媒介与其受众之间的关系提供了更好的研究思路。为了使批判符合操作的目的，批判者一般会选择在进行媒介分析时，将意识形态分析与符号学、精神分析等结合起来使用。

（4）文化帝国主义

文化帝国主义的话题，实际上隐含着一种全球化背景和意识。如果没有全球化所触发的世界历史的变革，自然也就不存在文化帝国主义的问题与思考。甚至有学者将"文化帝国主义"与"全球化"作为两个相互联动的概念（O' Sullivan, 1994）。

《乱世佳人》中的女性主义

《乱世佳人》是美国好莱坞的米高梅公司根据美国南方著名小说家玛格丽特•米切尔的长篇小说《飘》改编而成的电影，获得当年最佳奥斯卡影片奖以及最佳女主角奖等奖项。影片中费雯丽所饰演的郝思嘉这一角色深入人心，在吸引了无数观众眼球的同时，也充分展现了其身上所散发出来的女性主义的特质。

首先，南北战争时期的美国，尤其是美国南部，被称为“淑女的最后一片土地”。那个时代的女孩被严格按照男性的要求和审美来进行培养和教育，在舞会上如何应对绅士的邀约，如何示爱等一言一行都有着严格的规范。但郝思嘉却打破了传统，凭借着自身的魅力使一群男性折服于裙下。

其次，在面对家破人亡的困境时，郝思嘉一人独自挑起了家庭的重担，而这在任何一个传统社会中看来都理应是男性所扮演的角色。电影中有这样一个经典镜头:郝思嘉从旷野里爬起来，手握泥土对天发誓:“上帝啊，你为我见证，做我的见证人!他们不会击败我，我一定要撑住这个家。而且，等一切都过去之后，我绝不再挨饿，绝不让我的家里人挨饿!即使我在说谎、偷东西、欺骗、杀人……上帝啊，你是我的见证人，我绝不要挨饿!”

最后，在战后南方重建的过程中，为了保护自己的家人，郝思嘉独自一人开厂房，驾着马车在贫民区、黑人区之间穿行。这以当时的男性视角看来都是不可理喻的行为，也完全不符合当时的南方所提倡的所谓淑女应有的行为准则。但是，这些男权社会下对妇女的约束都被郝思嘉所一一打破了。

从《乱世佳人》中我们解读出女性的地位以及其所遵守的道德准则都是男权社会对女性做出的规范约束，从另一个角度证明了“女人不是天生的”这一观点。《乱世佳人》中郝思嘉所表现出来的行为，证明了女性在很大程度上可以和男性做一样的事，承担一样的责任，而之所以在很多情况下受到限制，完全是因为受到了传统社会中男权主义的束缚。因此，女权主义者才会呼吁女性挣脱社会传统价值观的束缚，从而实现男女观念上的平等。近年来，*Why Women Kill?*《82年生的金智英》等影视作品，都通过描摹女性的成长经历、生活压力、社会责任来表现女性自身对其所处环境的抵抗、对自我意义的重新建构，在一定程度上反映了社会性别理论中“性别在社会中建构”的观点，以女权运动为背景宣扬了女性主义观念。

文化帝国主义作为一种现象，可以说由来已久，但真正引起人们的普遍关注则是在20世纪60年代，凸显于20世纪70年代。第二次世界大战之后，大众媒介通常被视为最具保障性的现代化渠道之一，特别是克服传统形态的有效工具。从这个观点来看，大众媒介从已经开放的西方资本主义国家流动到开放程度较低的地区的过程，被认为是有利于接收者“对抗社会主义、计划经济与政府控制的另类现代化模式”。这种媒介流动并不是直接的宣传或暗示，而是一般的娱乐（加上新闻和广告），这些东西被假定呈现出一种富裕的生活方式和自由民主的社会制度，美国印刷品、音乐与电视节目的泛滥，便可以作为其主要的范例和理论的证明。

如果从接收端国家社会的角度来框定大众传播的全球化过程，那么根据批判理论的观点出发，至少有以下几个命题要考虑：[①]

① 麦奎尔. 大众传播理论[M]. 陈芸芸，等译. 台湾：中国台湾韦伯国际出版有限公司，2003：290.

麦克卢汉曾说，“媒介即讯息”。任何一种新媒体的出现都可能改变人们以往的思维方式和交往方式，同时，也有可能改变不同国家之间传媒实力的对比与博弈。以互联网为代表的新媒体的出现，在一定程度上给世界各国及各民族之间的交往带来了新的变化。正是由于媒体技术的发展在全球范围内的流动加速了全球化的进程，世界因此更紧密地联系在了一起。在发达国家看来，技术的传播有助于刺激发展中国家人民对西方国家的钦慕。但是从另一个层面而言，新媒体技术的发展，并没有消除原有的信息技术鸿沟，反而造成了发达国家与发展中国家之间信息鸿沟的扩大，加剧了发展中国家对发达国家的依附。随之而来的不是发展中国家文化的复兴发展，而是新一轮文化帝国主义的侵略。

从技术层面上看，新一轮的文化帝国主义将以社会化媒体为代表的新媒体技术作为载体，通过大众传播与人际传播的巧妙结合，在社会化媒体的平台上充分发挥两者的优势，完成文化产品的对外输出。通过社会化媒介等平台，国与国之间的文化交流进一步向立体化、纵深化方向发展。新媒体在这样经济和文化实力极端不平衡的全球化进程中并没有提供一个多元文化交流的舞台，而成为文化帝国主义向外进行传播侵蚀的触角。

从制度层面上而言，新媒体发端于美国，当今世界上主要的新媒介载体如Google、twitter、YouTube、facebook都诞生于美国，在传播制度上必然受到美国政治体制的影响，受美国法律制度的规范与约束。因此，作为一个开放的传播平台，其自身也承载着对外传播美国文化价值观的使命，新媒体的开放性则成为文化帝国主义绕过传媒弱势国家信息监控的一种较为方便的途径。

从内容层面上看，新媒体环境下的文化帝国主义的实质并没有改变，传统的传媒大国依然凭借着自身强大的文化资源开发能力，在新媒体领域中占据优势。

综上，新媒体时代的文化帝国主义现象依然存在，且由于技术与内容上的双重差距，发展中国家在维护自身文化安全问题上面临着日益艰巨的挑战。

第一，全球性的媒介促进了依赖的关系，而非经济的成长。

第二，大众媒介内容流动的不平衡，侵蚀了文化的自主性，抑制了文化的发展。

第三，新闻流动的不平等关系，相对增加了那些庞大而富有的新闻生产国的全球势力，并阻碍了适当的国家认同和自我形象。

第四，全球性的媒介流动造成了文化同质或一致化的状态，导致了一种支配性文化模式的出现，而这种文化模式和多数人民的真实经验并没有什么关系。

20世纪60—70年代，以以上命题为研究核心，涌现出了一批文化帝国主义的批判学者，形成了传播学批判学派的一个重要分支，其代表人物有法国的阿芒·马特拉（Armand Mattelart）、英国的杰里米·滕斯托尔（Jeremy Tunstall）、加拿大的斯麦兹、美国的席勒等。他们大多具有政治经济学的研究背景，并秉承了依附理论（dependency theory）。依附理论可以说是第一套系统化的全球化批判理论。该理论认为，资本主义及其全球扩张不仅将整个世界联为一体，而且导致了全球范围的不平衡状态，在近代历史上造成了一种“中心—边缘”的发展格局。中心部分呈现的发达状态与边缘部分的不发达或欠发达状态密切相关，是同一历史过程的两个相反相成的方面。边缘地区与世界经济的融合是由资本主义核心地区的资本积累所限定的一种依附性关系。依附理论的创始人——马克思主义政治经济学家萨米尔·阿明（Samir Amin）早在其1957年的博士论文中，就形成了依附理论的基本思想框架，为20世纪60年代后兴起的依附学派奠定了理论基础。在这一理论流派看来，资本的积累依靠的是全球分工，而这种分工的本质是不等价交换和剥削。发展中国家要想获得真正的发展，就必须摆脱依附性的地位，按照阿明的说法就是与中心“脱钩”。自20世纪90年代以来，随着全球化问题的升温，依附理论更加引起了人们的重视，而阿明对全球化问题的探究也更加深入，提出了“全球秩序”（global order）和“全球失序”（global disorder）的概念。他指出，由于资本主义的中心地带，即欧洲、北美和日本具有“五大垄断”——新技术垄断、全球金融垄断、自然资源垄断、媒体与传播垄断和大规模杀伤性武器垄断，全球化将不仅使“中心—边缘”的两极格局永久化，而且还将进一步导致“全球失序”而不是“全球秩序”。总的来看，依附理论在解释或解读全球化方面不失为一种科学、系统而深刻的思想，但对于如何打破这种两极化格局，则又难免显得无力与无奈。依附理论的思想传统与批判精神，将当代世界的传播问题置于资本主义/帝国主义的世界体系中进行整体的观照与考察。从这个意义上看，文化帝国主义的批判理论可以说是依附理论的传播学分支。

鉴于文化帝国主义与媒介帝国主义的密切关系，许多文化帝国主义的批判都是针对媒介的。美国传播学研究的重要人物席勒最早提出了媒介帝国主义理论，他在自己的第一部专著《大众传播与美国帝国》（1969）中，按照依附理论的思想，对媒介帝国主义第一次做了全面、深入的考查。这在经验研究和实证研究一统天下的美国无疑像是投下了一颗重磅炸弹。其后，席勒又对日益加剧的全球化及其深藏的文化帝国主义进行了更加深刻的分析。在他的代表作《思想管理者》（1973）、《传播与文化霸权》（1976）等一系列论述中，他基本延续了这一思路，围绕着“信息的自由流通”和愈演愈烈的世界传播不平衡格局而展开论争，更加强调了跨国公司的作用，指出当前帝国主义的扩张不再以“国家”为行动单位，而越来越体现为跨国公司的行为。

随着全球化的升温，对于文化帝国主义的研究也越来越受到关注，文化帝国主义成为当前世界范围内最引人注目的话题之一。

（三）批判性思潮的未来预言——后现代主义

大众媒介可以被视为我们这个时代“精神”最有力的表述之一。尽管20世纪涌现出了大量的科技成果，但没有哪一个像媒介这样频繁地接触并影响到我们的日常

西方媒体在伊拉克战争及利比亚战争期间对全球新闻流动的主导

进入21世纪以来，随着媒介技术的不断发展，通过发布新闻的方式对信息在全球范围内的流动进行主导、控制，成为西方国家主导国际舆论、控制国际政治舞台话语权的重要手段。一方面，以美国为代表的西方国家凭借强大的传媒实力对传媒弱势国家进行文化侵蚀，甚至通过信息传播对其他国家政权进行颠覆活动；另一方面，传媒大国往往通过构建自身国家形象，损毁并妖魔化他国形象，从而在舆论导向上赢得国际上的支持。这种手段在2003年的伊拉克战争和2011年的利比亚战争中屡见不鲜。

在伊拉克战争期间，布什政府通过媒体大肆渲染萨达姆政权持有大规模杀伤性武器从而为自己出兵寻求正当的借口。媒体上关于所谓伊拉克政府持有大规模杀伤性武器的大量报道，在国际社会上构建了一种“拟态环境”，让大多数国家民众都相信了所谓的萨达姆与基地组织的联系以及持有大规模杀伤性武器的证据。此外，美国在伊拉克战争中，通过其强大的宣传机构将自己塑造成捍卫世界和平、积极反对恐怖主义的卫士，一边鼓吹萨达姆持有大规模杀伤性武器以塑造自身进行战争以捍卫世界和平的正面形象，一边大量报道所取得的辉煌战果，以向世界宣传美军战无不胜的神话。在美军进入巴格达之后，美国媒体一手导演、策划了推倒萨达姆铜像的媒介事件，以此向世界传播整个伊拉克人民都渴望美军推翻萨达姆政权的虚假信息。而事实上，当时在伊拉克各地仍然不乏萨达姆的支持者，美军所到之处也并非都有伊拉克人民夹道欢迎。由此我们也看到，在全球信息流动极不平衡的环境下，西方传媒大国对传播能力弱的国家进行信息渗透，妖魔化其国家形象，阻碍其国家民族认同。伊拉克的战争冲突，很大一部分原因也是由于西方媒体的介入，长久以来存在于什叶派和逊尼派之间的冲突被媒体放大、升温，破坏了整个伊拉克民族的整体认同感。

2011年3月，以美国为首的北约以支持利比亚反对派为由，通过在利比亚设立禁飞区公开介入利比亚内战，后来升级为直接出兵支持反对派推翻卡扎菲政权。在整个利比亚战争中，西方主流媒体一如既往地掌控着世界舆论的导向，信息流动的极端不平衡性加速了卡扎菲政权的垮台，同时也使得整个利比亚局势变得更加混乱。在战争期间，西方媒体将卡扎菲政权妖魔化。虽然利比亚反对派对卡扎菲的支持者也进行过较为残忍的镇压和对待，但西方媒体将此视为“无价值的受害者[①]”。西方媒体对卡扎菲政权与反对派之间的对立的报道，加剧了两派之间的隔阂以及国家的分裂。而在卡扎菲被击毙后，不少西方媒体报道了利比亚人民欢庆卡扎菲死亡的消息，而这一点无疑会在一定程度上影响卡扎菲以往的支持者对现任利比亚政权的认同感。

生活。正如我们所见，这些神奇的媒介及其超越时空的能力引发了许多令人困扰的问题。新的媒介把前所未有的音像世界带入人们的家庭和生活，它们使得知识、性、政治等重新确立了实践的观念，同时产生了新的经验模式和主体性；它们从根本上改变了各个领域的特性，以强大的力量重建了政治、伦理、文化和个体的身份。越来越多的人相信，资本主义所代表的社会，即现代主义的范式已经完结，一个新的历史时代——“后现代”正在或已经诞生。一些哲学家和社会思想家也越来越表现出对科学价值及其控制物理世界和社会的能力的怀疑，提出了现代社会秩序不可持续发展、必将走向自我毁灭的后现代主义理论。后现代主义理论家指出，现代性，这个从14世

---

① 赫尔曼，乔姆斯基. 制造共识：大众传媒的政治经济学[M]. 邵红松，译. 北京：北京大学出版社，2011：32.

纪起就开始主宰西方社会的社会组织形式和文化形式有其黑暗面，大规模的机械化战争、大屠杀、对生态环境的大面积毁坏等问题，与科学和技术带来的伟大成就一同构成了“现代”的一体两面。这些理论家预见到现代性的终结，认为核战争、生物瘟疫或世界性经济崩溃将使它走向毁灭。

后现代主义理论的目的就是对古典和现代哲学体系进行破坏，并向现代思想前提本身发出挑战，以促进整个世界的后现代转向：离开真理、确定性、普遍性、本质和系统的现代话语，并拒斥自由与解放宏伟叙事的转向。经过一大批理论大家如米歇尔·福柯（Michel Foucault）、雅克·德里达（Jacques Derrida）、让-弗朗索瓦·利奥塔（Jean Francois Lyotard）、让-鲍德里亚（Jean Baudrillard）、弗雷德里克·杰姆逊（Fredric Jameson）等人的呐喊之后，后现代主义已成为当今最为引人注意的思潮。

传媒批判理论与后现代主义的关联主要表现在对传媒进行后现代思想分析的基础上。从社会与文化的角度出发，后现代的传媒批判理论强调对现代传统理论根基的颠覆、元叙事的合法消失、一般准则的崩溃和价值的多元化等。后现代主义的一个重要论点是，现代性培育了很多神话或元叙事，并被它们所维系。这些故事使人把那些可能会被当成神经错乱或不合逻辑的行为过程合理化，而大众媒介则为宣传现代的元叙事提供了重要手段。在许多经由媒介传播的神话中，存在着一个共同的主题，那就是发展的必然性。每一个科学发现、每一项技术革新，都被看作是在通往光明、美好的未来之路上又迈进了一步。如果能够理性地控制发展过程，世界终将走向和平、繁荣、昌盛。但是，后现代主义理论认为，如果没有充分考虑环境将受到的长期影响，没有充分了解人类自身的局限性，这些目标将是非常危险的。这些强有力的元叙事排斥对自己的批判，它们为大规模战争、种族灭绝和其他诸多暴行提供了借口和合法的理由。后现代主义认为，媒介恰恰处于现代主义迅速瓦解的中心。我们依赖媒介中的刺激因素帮助我们建构和理解日常生活经验，这种依赖程度几乎等于将我们全方位地置于媒介的影响之下。现在已经出现了恶性循环：媒介生产出越来越多的信息，逐渐毁掉我们维持现实统一经验的能力；随着这种能力被不断地破坏，我们对媒介的使用也发生了变化，而这种变化又反过来鼓励媒介提供更具破坏性的内容。

比起结构主义、文化主义等理论，后现代主义的传媒批判理论无论从哪个意义上讲都更为激进。后现代理论范式反对人道主义的价值观，反对决定论和机械论的科学理性与进步的意识观念，抨击现代方法和过分的总体论和还原论；攻击乌托邦和人道主义价值观是反乌托邦和反人性；放弃机械论和决定论的计划方案而支持模糊、偶然、自发和有机论的新原则；向所有对基本原理、绝对真理和客观性的信仰发起挑战；颠覆一切界限。后现代主义的传媒批判理论为我们展现出了一幅在“游戏”

中嬉戏、抵制、抗争甚至寂静、死亡的、既具希望又令人困惑的后现代世界场景，但它也许能给我们带来另一种生活可能性，给我们打开未来的思想之门。

（四）批判学派及其理论在当下与未来的发展

传播学的批判研究实际上是一个较为庞杂的理论体系，但其中的线索是有迹可循的，即通过揭示统治阶级利用大众传播工具实现对被统治阶级的掌控，从而造成阶级不平等的媒介社会现实。总体而言，注重从宏观上研究传播与社会制度、政治经济结构、意识形态的关系；在方法论上注重定性分析与思辨，但并排斥经验调查和量化研究。如今，批判学派及其理论的发展呈现了一些时代性的新特征，可归纳为以下几个方面：

其一，批判传播学者开始注重理论更新，与时俱进，将以往单一的理论视角转换为全方位吸收后现代主义、后结构主义、政治经济学、文化研究和女权主义等理论的多元主义视角，从而使得多元的、微观的、边缘的视角取代了法兰克福学派单一的、宏大的、精英主义的批判视角。

其二，在全球语境中对传播和社会现象加以批判性理解，这是对当前全球化发展的一种回应。它强调打破旧的批判理论研究中的欧洲中心主义倾向，以一种新的批判立场看待全球和地方性的各种政治、经济和文化现象。

其三，由技术驱动的智能媒体环境，是批判学派及其理论创新必须深耕的土壤，这也成为在新媒体环境下重新实现批判理论建构的必然趋势；同时，借助于批判理论对新技术和新媒体展开批判性的反思，也是当下批判学派及其理论发展的新特征与新课题。今日，批判理论继承了法兰克福学派的批判精神，对技术化、媒介化和数字化的当代世界展开了多元化的批判性反思。①

然而，从批判学派在当前学界的地位来看，批判理论虽已成为可以与经验主义传播研究平分秋色的一种理论范式，但却仍未动摇经验主义研究的主导性地位，批判理论仍未被主流传播学完全接受。胡翼青指出："与施拉姆和美国传播学相比，批判学派提出了有利于学科认知层面发展的诸多理论，但在学科的社会层面却很难得到强有力的支持，因此很难撼动和改良目前以实证主义为主导的美国传播学。"②

---

① 曾一果. 批判理论、文化工业与媒体发展：从法兰克福学派到今日批判理论[J]. 新闻与传播研究，2016（1）：27.

② 胡翼青. 传播学科建制发展的两难境地[J]. 当代传播，2011（3）：4-7.

因而，如何促进批判学派及其理论的创新发展、使其逐步主流化，如何整合经验研究与批判研究，以及未来的方向应如何发展，成为批判传播学亟须考量的重要问题。当前，批判传播学内部的知识系统整合水平需要进一步提升，传播政治经济学、批判的文化研究之间如何进一步整合，并在历史维度上纵向考量其学科积累、在空间维度上横向考察其全球化的普遍性特征及地方化的特殊性特征，均需纳入批判传播学者的研究范围。

批判传播学的历来发展逻辑带有明晰的西方特色。但自其引入中国后，传播批判理论的本土化一直是其发展所面临的重要课题。当前，我国本土的批判传播研究一方面呈现理论深度仍较为不足的特征，且理论建构与本土实践呈现相对脱离的状态；另一方面，独立自主的本土化批判传播研究体系尚未形成，仅有的研究还表现出仅立足于中国实践而缺乏国际视野的缺陷。未来，如何与西方规则进行"脱钩"，真正实现对中国经验的批判研究，建构批判研究的自觉性和主体性，顺应乃至引领近十年"传播学本土化"趋势，是确定其发展方向时应首要考虑的问题。

除本土化趋势外，也有学者提出，批判学派及其理论体系的发展建构亦面临着后现代主义、后结构主义和后殖民主义等各种后思潮的消解。另外，全球消费主义也对批判理论产生了侵蚀作用，将大众带向了崇尚及时享乐、讲究快感体验的消费狂潮中。"娱乐至上"取代了批判理论的"深度思考"，这使得批判理论的深度思考方式得不到大众特别是青年群体的认同。[①]

另外，批判理论近年来在我国的发展多呈现重理论批判而少路径探讨的倾向，理论建构与实践发展的结合程度和水平需进一步提高；同时，在具体实践中提升理论创新水平、扩展批判传播学关注的学科范围、促进跨学科的理论借鉴，均是其未来的发展方向。

因此，针对日益加剧的传媒环境变迁，当代批判学派及其理论建构的发展不仅要继续深耕其理论传统与思想精华，更要将理论与中国特色本土实践紧密结合，在全球化语境中拓展自身的研究视角与议题范围，并逐步克服其在我国发展中"为批判而批判"的取向，在学理发展中开拓出建设性的构想与可实施的方案，促进批判传播学的理论落地。

---

① 曾一果. 批判理论、文化工业与媒体发展：从法兰克福学派到今日批判理论[J]. 新闻与传播研究，2016（1）：27.

三、技术学派

寻求一个时代的主流传播和当时社会的主要特征之间的关系，是一个历史悠久且仍然活跃的传统，这些关系都具有共同的“媒介中心”要素，将社会变迁的潜力（或偏好）集中在特定的传播科技上，而将其他的变量置于次要的位置，我们称之为“传播科技决定论”。

科技决定论学者通常倾向于用新技术的发明去区分不同的历史阶段。例如，舒曼特和克提斯（Schement and Curtis，1995）就给我们提供了一份传播科技发明的详细“时间序列”图：书写的发明——概念的/制度的时代；报纸与印刷刊物的出现——取得与储存的装置；电脑与卫星——处理与分配的过程。这些历史显示出若干明显的趋势，尤其是随着时间的流逝而演变出更快速、传播更远、接触范围更大和更有弹性等特征。这凸显了传播科技能越来越快地超越时空障碍的能力。

媒介技术学派的理论建构自传播学诞生以后便一直在进行。早期，人们比较看重媒介传播的内容，从而忽视了传播技术在媒介研究中的重要性。随着科技的发展和观念的更新，有关媒介技术的研究也取得了重大进展。代表性的理论有英尼斯的媒介偏倚论、麦克卢汉的理论、梅罗维茨的媒介情境论。

（一）哈罗德·英尼斯

图1-19　哈罗德·英尼斯

在传播科技决定论这个传统中，首位重要的理论家是哈罗德·英尼斯（Harold Adam Innis）。他是加拿大经济历史学家，也是著名传播学者麦克卢汉的老师。英尼斯生于加拿大安大略省，在加拿大麦克马斯特大学获硕士学位，后转至美国芝加哥大学，师从著名的社会学家帕克，获博士学位。英尼斯在政治经济学、文明史和传播学诸领域的成就，使他成了世界级的著名学者以及传播学技术学派的先驱。英尼斯一生的事业可以以1940年为界，分为前后两个截然不同的时期：早期的英尼斯是位声名卓著的经济史学家和经济理论家；后期的英尼斯则沉浸在从古到今的经济与传播关系的研究之中。《报纸在经济发展中的作用》（1940）是英尼斯的第一篇传播研究论文，他认为报纸是推动市场的动力。此后，他着重将传播作为一切历史运转的轴心来探讨。这方面的著述有：《帝国与传播》（1950）、《传播的偏倚性》（1951）、《变化中的时间概念》（1952），还有一部上千页的未完成手稿——《传播的历史》。英尼斯在世时，其传播研究并未受到传播学界的重视。在他的学生麦克卢汉如明星般升空之后，人们才注意到他，也在麦氏的著作中看到了他的深刻影响。

在英尼斯的代表作《帝国与传播》（*Empire and Communication*）和《传播的偏倚性》（*Communication Bias*）中，他指出，文明的兴起、衰落和占支配地位的传播媒介息息相关；传播媒介是一整套传递和贮存人类文明的智力形式和技术手段。而要了解各种传播媒介传播思想、控制知识、垄断文化的实质，就必须先认识媒介的时间偏倚（time bias）和空间偏倚（space bias）这两大特性。一切文明都是靠对空间领域和时间跨度的控制而存在的，而任何媒介都具有时间或空间的偏倚性，可以分为以时间为重点的媒介和以空间为重点的媒介。

英尼斯认为，近代以前，媒介可以分为以时间为重点的媒介和以空间为重点的媒介，由此决定社会流通知识的数量、性质和社会形态。时间性媒介有石头、黏土和羊皮纸等，具有耐久性，较适于克服时间的障碍，但不适合携带流转；空间性媒介有纸莎草纸、电报、广播等，它们较轻，容易运送，较适合克服空间的障碍，但是不便于保存，没有持久性。大多数传播媒介都有“偏向”，人类传播媒介的演进史，是由质地较重向质地较轻、由偏倚时间向偏倚空间发展的历史，也是与人类文明相协调发展的历史。在他看来，“偏倚时间的”媒介存在于具有丰富的口语传统的社会或具有复杂的、仅为少数特权分子所掌握书写技术的社会之中。与之形成对照的是，“偏倚空间的”传播媒介则倾向于现在和未来，有利于帝国的扩张、政治权威的加强、世俗制度的确立（权力从教会转向国家）和科技知识的发展。

偏倚时间的媒介是某种意义上个人的、宗教的、商业的特权媒介，在此基础上形成的文明的特点是：传统保守，等级森严，讲求共同性而又容许个人在情感和艺术方面享有自由，张扬个性。它强调传播者对媒介的垄断和在传播上的权威性、等级性和神圣性，但不利于权力中心对边陲的控制。例如，使用黏土和石头媒介的权力中心就只能在地方割据的等级制社会进行有效的管理，而无法有效组织广阔无垠的领土。

偏倚空间的媒介是一种大众的、政治的、文化的普通媒介，在此基础上形成的文明的特点是：观念开放，注重新知，理性知识得到充分发展。它强调传播的世俗化、现代化和公平化。因此有利于扩张帝国，强化政治统治，增强权力中心对边陲的控制，也有利于传播科学文化知识。例如，文字传播和公路系统就在较长时间内帮助罗马人维持了罗马大帝国的统治。印刷媒介的兴起，摧毁了教会对传播的垄断，引发了宗教革命、文艺复兴和教育普及。英尼斯认为，权力中心要想确保社会稳定，在现代社会中过分倾向于使用偏倚时间的媒介便不合时宜，正确的做法是保持媒介的时间偏倚和空间偏倚的平衡，使之取长补短、互动互助。

从作为传播工具的媒介入手，研讨特定社会的结构是相当有意义的。英尼斯首先洞察到媒介的物质技术形态对于社会组织形态及文化传播的先决作用，他对媒介技术形态的重视对后世学者的媒介研究产生了深远影响，英尼斯的传播思想就深深启发了后来麦克卢汉的传播思想的形成。在《谷登堡群英》一书中，麦克卢汉直接表达了这一点："英尼斯是第一个在理论上处理与技术形态本身有关的变化过程的人。和他的工作相比较，我的工作只不过是他著作中的脚注。"

英尼斯的另一个重要研究课题就是分析媒介与权力结构之间的关系。他指出，在任何社会中，传播媒介都会极大地影响社会组织的形态和人们交往的形式；新的传播媒介的出现会改变社会组织的形态，开创人们交往的新形式，促进新的知识结构的形成，并常常促成权力中心的转移。根据他的理论，控制传播媒介是行使社会和政治权力的一种手段，而新的传播媒介的出现则可以打破旧的垄断权。

归纳起来，英尼斯对传播学媒介理论研究的贡献有以下几点：

第一，从经济史学和政治经济学角度分析媒介的社会作用，揭示媒介技术对人类文明发展的重要性，把社会中占主导地位的媒介技术作为划分文明历史时期的重要标志。

第二，将媒介研究同文化研究结合起来，对媒介技术在当代西方社会的作用提出批判，抨击知识的机械化倾向。

第三，开创了新的研究传统和研究领域，改变了传播学中以信息内容研究为中心的传统，开拓了媒介与社会政治、文化、经济关系研究的新领域。

当然，英尼斯的一些观点也存在着一定的局限性。比如，英尼斯认为，西方近代史是一部传播偏倚的历史，也是一部由印刷业兴起而导致的知识控制史；报业使得帝国能在他国形成文化和知识的垄断，报业也通过激发舆论来决定国家的政策；偏倚于空间的报业有利于帝国扩张，强化政治统治，增强权力中心对边陲的控制力，因此谁掌握了报业，谁就掌握了权力。

我们知道，媒介作为传播工具，必然会影响社会的传播结构和传播秩序，但媒介在社会的发展中是不会起决定作用的。英尼斯这种简单、武断的说法显然是受了科技决定论因果模式的影响。

（二）马歇尔·麦克卢汉

马歇尔·麦克卢汉（Marshall McLuhan）是加拿大著名的文学批评家，也是大众传播理论的一代名家。他生于加拿大爱德蒙顿市，在剑桥大学获得硕士和哲学博士学位，后在北美的多所大学教授英美文学，1963年任多伦多大学文化与技术中心主任。麦克卢汉因对媒体在思想和社会上之效应的研究而闻名全世界。

图1-20 马歇尔·麦克卢汉

总的来说，麦克卢汉的事业生涯可以分为3个阶段：20世纪40年代是他的成长期，那时他热衷于文学批评，其重要成果是《机械新娘》（1951）；20世纪50年代是转化期，他接受了英尼斯的学说，沉浸于文化人类学之中，并编辑了《探索》杂志；20世纪60年代是成熟期，他致力于传播研究，相继出版了《谷登堡群英》（1962）、《理解媒介》（1964）、《媒介即讯息》（1967）和插画版《媒介是按摩、是逆风》（1967）等书。

1．“媒介即讯息”理论

《媒介即讯息》（*The Media is The Message*）是麦克卢汉的重要著作之一，“媒介即讯息”是他媒介理论的中心论点。麦克卢汉的传播学研究一反美国传播学重内容、轻媒介，将媒介和内容（讯息）加以区别、分开的传统。根据麦克卢汉的观点，重要的是媒介本身，是新的传播媒介的出现引起了社会的某种变革，而媒介传递的是什么特定内容，反倒无关紧要。他的这个观点显然受到了英尼斯关于传播和文化史的理论的影响——对边远地区原材料的开发利用以及帝国权力的扩张，都与有效的传播系统分不开。

在《媒介即讯息》一书中，麦克卢汉用“部落化”“脱离部落化”“重新部落化”来比喻人类社会从早期的口头传播时代、印刷媒介时代到电子媒介时代的发展。人类的这种变化是媒介本身而非其内容带来的，因此，媒介本身就会产生讯息，媒介就是讯息。

麦克卢汉认为，传播中最本质的东西在于传播的媒介自身。他认为，正是媒介塑造和控制着人类交往和行为的尺度与形式，社会的形成在更大的程度上取决于人们相互交流所使用的传播媒介的性质而非传播的内容。媒介是社会发展的基本动力，每一种新媒介的产生，都会开创人类感知和认识世界的方式，创造出新的社会行为类型。

比如，报纸和电视都是媒介，都是信息的载体。但是，电视媒体诞生后，传统报纸媒体受到了影响，人们传递和接收信息的方式、思考问题的方式直至生活方式都发生了变化，这一切是媒介的变革带来的。相对于它所承载的信息，媒介的冲击力是巨大的、革命性的。今天的互联网技术也是如此。我们关注的不再是互联网上的信息根据麦克卢汉的观点——“媒介即讯息”，任何一种新媒介的出现都必然会改变人们的交往方式和思维方式，从而带动社会的变迁。

Twitter是一种社交网络，它提供微博客服务，利用无线网络、有线网络、通信技术进行即时通信，它允许用户将自己的最新动态和想法以短信形式发送给手机和个性化网站群，是微博客的典型应用。2006年，博客技术先驱blogger.com创始人埃文·威廉姆斯（Evan Williams）创建的新兴公司Obvious推出了“大围脖”服务，用户可以在该网站上发布文本信息，每次不得超过140个字。你可以在别人发布的信息下跟帖，别人也可以跟你的帖，这有点类似于facebook的状态更新服务，但它对所有人都是开放的。虽然大多数twitter用户页面像是简单的文本博客，但是聚合起来就有了力量。

在2009年伊朗总统选举中，官方宣布马哈茂德·艾哈迈迪—内贾德以绝对优势成功连任，但是反对派总统候选人、前总理米尔·侯赛因·穆萨维不服，认为选举存在严重舞弊，要求重新选举。从6月13日凌晨开始，大批民众走上街头抗议选举不公并反对艾哈迈迪—内贾德政府，要求伊朗进行改革。由于穆萨维用绿色作为竞选颜色，因而示威群众大多身穿绿衣或佩戴绿丝带、头巾等，挥舞绿旗，形成“绿色海洋”，因此被称为“绿色革命”。这次运动一个很大的特点就是网络技术的广泛应用。由于伊朗政府实行信息管制，封锁、驱逐了媒体，致使伊朗国内局势状况不能及时传递出去，但伊朗民众冒着风险利用新兴网络工具，如twitter、facebook、YouTube和代理服务器，将群众示威和政府镇压的实况报道了出去。因此，很多人也将此次运动称为“twitter革命”。

Twitter具有高度移动性，非常便捷和个人化。它的本职就是传播，而且速度极快；它天生跨界，在互联网和短消息服务网络间自由游走，几乎可以在任何有屏幕和网络连接的设备上实现收取信息和阅读。正是在这次政治运动中，twitter运用自身140字所附带的巨大传播力使整个活动有序地组织起来。

Twitter在“twitter革命”中真正发挥作用的重点并不在于自身的内容，而是其传播力所带来的后续行动。由于140字的内容限制在某种程度上降低了对文本构建能力的要求，从而使更多的使用者进入传播领域，因此，没有任何媒体的讯息更新速度能够赶上twitter。

虽然我们不可否认这场政治运动的发生是多因素共同导致的结果，但twitter在组织活动中扮演了不可替代的角色，因此，新媒体时代，重新衡量媒介的重要性，对于传播效果的研究是十分有意义的。

近年来，在twitter等社交媒体平台上时常发生以标签引起话题讨论的新闻事件，由此兴起的“标签行动主义”（hashtag activism）指的是当社交媒体中某个带有标签符（hashtag）的话题出现以表达某种以社会或者政治主张为目的的大量跟帖的网络现象，由twitter革命演变而来的“语义革命”在政治活动、弱势群体发声等方面发挥着重要作用，社交媒体成为虚拟世界与现实社会权力连结与博弈的新型场域。

2013年，美国佛罗里达州发生了一起白人警察枪杀黑人青年马丁事件，最终白人警察被无罪释放。此举激起了民众的大规模强烈抗议，许多人纷纷在社交媒体上表态，以#BlackLivesMatter#（“黑人的命也是命”）为话题标签声援受到歧视的黑人。这起网络抗议运动的案例重新引起了人们对网络行动主义塑造公众话语的关注。

另外，女性群体也以twitter标签为据点发起了广泛的社会运动。2014年5月，twitter上以“YesAllWomen”为标签发起了针对性别歧视、厌女症和针对女性的暴力行为的反抗运动；2017年10月，女星艾丽莎·米兰诺（Alyssa Milano）等人针对美国金牌制作人哈维·韦恩斯坦（Harvey Weinstein）性侵多名女星的丑闻发起了运动，呼吁所有曾遭受性侵犯的女性能够挺身而出，说出惨痛经历。在此类“线上社会运动”中，社交媒体这一数字化平台显示出了广阔的潜力，为弱势群体争取权力、塑造议政空间提供了可能，数字媒体空间已经深刻改变了人们的沟通方式和全球各地的行动主义形式。

是什么或有多少，关键是这种技术。因此，我们可以说，媒介相对于它所承载的内容是形式，而其本身含有更重要的信息。

“媒介即讯息”还有另一层含义，即一种媒介是另一种媒介的内容。换句话说，“媒介”的影响之所以非常强烈，恰恰是因为另一种媒介变成了它的“内容”。这是因为，任何媒介的内容必然包含着文字、音频、图像等符号或其他可以传输的东西，而这些东西实质上又是另一种媒介。比如一部电影的内容是一本小说、一个剧本或一场歌剧。电影形式产生的影响与它的节目内容没有关系。对此可以这样解释：媒介是一种科技、一种形式，它本身就是信息；而内容则是科技的使用。依照这种说法，媒介这种形式比内容重要。

对于“媒介即是讯息”这个论点，施拉姆赞同早川一荣的观点。他认为，讯息是讯息，媒介是媒介，但媒介未必即是讯息。媒介与讯息互相影响，但不互相排斥。而且，许多研究也证明，媒介与媒介之间的影响差异小，讯息与讯息之间的影响差异大。

2.媒介是人体的延伸

麦克卢汉借用其老师英尼斯关于媒介偏倚性这一观点中的某些成分，提出了“媒介是人体的延伸”的论点。他认为，“一切技术都是肉体和神经系统力量的增加和速度的延伸”，因此，“一切媒介都是人的肢体部分向公共领域的延伸”。虽然他曾宣称自己是对英尼斯理论的解释，但是，他又不像英尼斯那样关注于传播和社会组织的关系。其关注的焦点，是传播媒介对人类感觉中枢的影响。他从媒介对人类的心理影响来推论传播技术带来的社会影响，提出了“感觉平衡”（sensory balance）的概念：不同传播技术的使用会影响人类的感觉组织，影响人与人之间的关系；媒介的影响会改变人类的感觉生活，进而和社会的发展发生关系。

麦克卢汉的媒介概念和传统的媒介概念存在着较大的差异。这些差异在于，麦克卢汉认为人类使用的工具和从事的一些活动，是人类器官的一种延伸或外化。他认为，媒介和技术性工具一样，是人类感觉器官或身体功能的巨大延伸。比如，收音机拓展了人的耳朵，从而极大地丰富了人们的直观体验；书籍极大地延伸人类的视觉，从而在一定程度上造成了对个人主义的崇尚；电视机则是人体耳朵和眼睛的同时延伸。的确，传播媒介传情达意的特定方式能改变人的“所见”“所听”“所触”“所尝”“所嗅”，因而亦能改变人的“所知”和“所为”。总而言之，媒介的功能就是延伸人类传播和接收信息的能力。

媒介既然是人体的延伸，那么很多东西便都可以看成传播媒介。在《理解媒介：论人的延伸》一书中，麦克卢汉提出了26种可以被称为典型媒介的事物，除了书籍、报刊和广播、电视等传统意义上的媒介，媒介还包括服饰、房屋、车辆、漫画等延伸人体性质、可以传递信息的事物。道路是人的脚的延伸，衣服是人的皮肤的延伸，电话是人的耳朵的延伸，广播、电视、电影是人的视觉、听觉、触觉和味觉的延伸。

正是“人的延伸”这一定义的提出，使媒介概念的外延得到了扩大，使很多工具和活动方式都被划分到媒介的范围内，使传播媒介的范围也随之扩大。在麦克卢汉看来，媒介的主要作用和功能是改变人类的生活方式。“我们的任何一种延伸（或任何一种新的技术），都要在我们的事务中引进一种新的尺度。”①

3.“地球村”（global village）概念的提出

我们经常把“地球村”这个说法挂在嘴边，却少有人知道这个概念的提出者就是麦克卢汉。在《理解媒介》一书中，麦克卢汉首创了“地球村”（the global village）一词。他认为，传播革命改变了人们的感官尺度，电子媒介的高速传播压缩了广漠的空间，消除了人类视觉和听觉的畛域，使世界逐步变小，最终变成了一个村庄。他认为，新的电子媒介延伸了人的中枢神经系统，使人与人之间的时空距离骤然缩短，打破了旧的时空概念，“使人们重新体验部落化社会中村庄式的接触交流”，整个世界似乎浓缩成了“地球村”。

图1-21　数字技术为传播媒介的发展提供了广阔的空间

麦克卢汉认为，在原始社会，口语是主要的传播媒介，由于听力的物理限制，人们必须生活在小空间的部落群体中，相互保持近距离的密切联系。文字和印刷媒介产生后，人类由“耳朵的社会”转向了“眼睛的社会”。由于交往和传播不再以物理空间的接近性为前提，人与人的关系变得疏远，部落社会开始解体。电子媒介尤其是电视的普及再次改变了这种状况，它们把遥远的世界拉近，将人与人之间的感觉距离大大缩小，于是人类在更大的范围内重新部落化，整个世界成了一个“地球村”，任何国家和社会都是这个村庄的一部分。

麦克卢汉在20世纪六七十年代提出的“地球村”设想，如今已经基本实现了。随着卫星电视、互联网和数字技术革命的蓬勃兴起，信息传播正超速发展，各地区、各国、各大洲之间的信息交流可随时随地发生，人们实现了真正意义上的“信息即时共

① 麦克卢汉. 理解媒介：论人的延伸[M]. 何道宽，译. 北京：商务印书馆，2000：33.

享”，空间距离再一次被大大缩短。地球村的出现和发展给人类社会带来了极大的影响。人与人、社会与社会、国家与国家之间相互依赖性及关系的密切程度大大增强，经济、社会、文化等社会结构要素的形态发生了前所未有的变化。

麦克卢汉和英尼斯的理论着重强调了传播媒介在社会发展中的地位，作为媒介理论中的一种不同的观点，我们应该予以重视。但是，他们的理论夸大了媒介的作用，甚至将媒介看作是社会发展的决定性力量，这无疑走向了一个极端。实际上，在具体的传播过程中，媒介作为传递社会信息、沟通信息交流的工具，主要还是通过传播内容对受众产生影响的。因此，麦克卢汉和英尼斯的理论研究不可能取代或偏废从传播内容的社会影响角度探讨“媒介—受众—社会”之间关系的微观研究。

4.“冷热媒介说”

麦克卢汉的又一重要媒介理论是“冷热媒介说”。他将传播媒介分为“冷媒介”与“热媒介”两大类，其划分的依据是媒介提供信息的清晰度或明确度、信息接收者想象力的发挥程度及在信息接收活动中的参与程度。

所谓的“热媒介”，是指对某一感觉器官具有高清晰度扩张的一类传播媒介；所谓“冷媒介”，则是指对某一感觉器官具有低清晰度的一类传播媒介。在麦克卢汉看来，“清晰度即讯息、资料完备、明确的状态”。热媒介作为高清晰度的媒介，提供的信息较多，明确度和完备度较高，因而要求接受者补充的信息少，参与的程度低，无须发挥想象力和进行再创造。冷媒介作为低清晰度的媒介，提供的信息较少，明确度和完备度较低，因而需要接受者积极参与，发挥想象力，努力填补媒介在传播过程中留下的许多空白和“回旋余地”。

按照上述观点，麦克卢汉将广播、电影、书籍、报纸、图片等划为热媒介，因为它们都作用于一种感官而且不需要更多的联想；将电视、电话、漫画、交谈等视为冷媒介，因为它们都作用于多种感官，需要丰富的联想和参与。

麦克卢汉的冷热媒介划分理论，既引起了学界的兴趣，又掀起了激烈的争论。不少学者认为，他的“冷”“热”媒介概念缺乏严格的科学界限，而他笔下的媒介本身，也缺乏严格的科学界定。施拉姆就曾提出质疑说：“为了把印刷的文字符号转化成现实的图像所需要的想象力，难道不比电视观众所需要的想象力更大吗？”施拉姆还针对麦克卢汉将有声电影划入冷媒介一类的论断，发出类似的诘问：“无声电影难道不比有声电影更能触发想象力吗？”

由此可见，麦克卢汉对媒介的冷热划分不尽准确，媒介的冷热性之间并没有严格的区分标准。其实，冷媒介与热媒介的分类本身并没有多少科学和实用价值，重要的是它给我们的启示：不同的媒介作用于人的方式不同，引起的心理和行为反应也各具特点，在研究媒介时应该把这些因素考虑在内。

麦克卢汉的媒介理论自出现以来就备受关注，世人对他的评价也毁誉参半。有人称他为“电子时代的代言人”“革命思想的先知”；也有人骂他是“通俗文化的江湖术士”“攻击理性的暴君”。可以说，麦克卢汉是西方传播学史上最具争议的一位学者。

麦克卢汉的理论分析的确有不少欠缺之处，这主要体现在他“冷”“热”媒介分类上的勉强以及对媒介具体内容的忽视上。此外，他在言论上的神谕性和论述上的极端性也是公认的缺点。他未能对标新立异的概念作出严格界定，因而从学术研究的规范性和严谨性来说，他的分析客观性、科学性、实证性不足。

然而，信息传播新技术革命浪潮席卷全球的新形势使得麦克卢汉的媒介理论再度受到国际传播学界的关注，而他对于传播学媒介研究的贡献也逐渐得到肯定。总的来说，麦克卢汉的贡献有以下几点：

第一，他将媒介的概念扩大化，对我们认识媒介工具的重要性有启发意义。他对现代传播媒介的分析深刻地改变了人类对20世纪生活的观念。

第二，他着眼于传播科技的历史影响的研究，至少对长期局限于媒介内容的短期效果研究是一种补充或丰富。

第三，他对传播科技方面的发明或进步便是变革的动力和不靠“内容”而起作用的论述是对以往那种媒介不起作用，只有内容才起作用的认识的一种修正和完善。

第四，他预言的“地球村”影响了当代人的追求。无论是在国际政治、经济还是跨文化交流领域，“地球村”都已成为形容当今世界的一个普遍的概念。

麦克卢汉和英尼斯的理论启发我们要将媒介置于人类文明发展史的大背景中去考察，探索其在传递内容意义之外的意义——媒介形式的出现带给人类文化和文明的影响。他们对传播媒介或传播技术的作用的关注，提供了除内容分析以外的另一种研究媒介的重要方法，激起了人们对各种媒介的特点及作用的兴趣。但是，他们的理论都过分强调媒介的作用，而忽视了内容的重要意义，把媒介描绘成导致社会发展的最大动力。尤其是麦克卢汉的理论，不但忽视了传播的占有方式及使用情况的重要性，甚至把人类文明发展史等同于传播科技史，从而走向了传播技术决定论的极端。

图1-22 乔舒亚·梅罗维茨

（三）乔舒亚·梅罗维茨

乔舒亚·梅罗维茨（Joshua Meyrowitz）是美国当代传播学家，他在《空间感的失落：电子传播媒介对于社会行为的影响》(1985)一书中，提出了以“情境”为视角来考查媒介影响社会的一系列观点。

1.媒介情境论的理论基础

梅罗维茨声称，他的媒介情境论是英尼斯、麦克卢汉的媒介理论与社会学家戈夫曼的情境理论的有机融合。他认为，英尼斯和麦克卢汉的媒介决定论提供了分析社会变化的一种角度：

> 媒介并非仅仅是两个或两个以上环境中的人们之间传播信息的工具，它们本身就是一种特殊的环境——信息环境。
>
> 传播范式(patterns)的转变是在社会变化中产生作用的极其重要的因素，但这一因素在过去普遍被忽视。
>
> 新的媒介改变着文化与知觉，这种变化是通过扩展传播形式的范围来实现的，而不意味着摧毁原有的传播手段或传播方式。
>
> 一种文化中每增添一种新的媒介，就会改变原有媒介的功能、意义与效果。例如，书写并未摧毁口语的传播方式，但却改变了言语和个人记忆的功能。

但是，梅罗维茨认为，上述理论对人们日常生活中相互发生联系与作用的结构与动力缺乏具体的分析。因此，仅仅用这些理论无法回答这个问题：那些只是创建了人与人之间，或场所/地点与场所/地点之间的新联系的技术，为什么能导致社会结构或社会行为产生根本性的变化？它们又是如何导致这些变化的？

他认为，只有运用社会学中戈夫曼情境论的原理与视角来分析新型传播媒介崛起所带来的社会传播效果，才能解答上述问题。

社会学家欧文·戈夫曼(Erving Goffman)是符号互动论者，也是情境论的倡导者。他出生于加拿大曼维尔，1945年毕业于多伦多大学，后任美国宾夕法尼亚大学社会学教授和美国社会学协会主席。 戈夫曼一生有多部著作，最为学术界所推崇的是他的《日常生活中的自我呈现》(*The Presentation of Self in Everyday Life*)(1959)。戈夫曼在这部著作中介绍了“拟剧论”(戈夫曼称其为“情境论”)在社会相互作用上的应用。

戈夫曼情境论的主要观点是：人们的社会生活与戏剧有相似性，人人都在不同的社会舞台上扮演不同的社会角色，在每位或每群观众前显示自己略有不同的“变体形式”。一旦人们进入某种社会环境，他们就希望对这一社会环境有一定的了解，以便更好地“表演”自己的言行举止。

他认为，人们在特定环境中的言行举止可以分为两大类型：即“在前台的行为”（onstage behavior）和“在后台的行为”（backstage behavior）。这两类行为是不同的：“在前台的行为”代表担任某一社会角色的人按其所扮演角色的社会规范做出应有的行为；而“在后台的行为”则会放松自己，进行排练，制定进一步的表演策略，并自嘲他们在前台的行为。

梅罗维茨虽然接受情境论，但也指出，戈夫曼仅局限于短暂的面对面的人际交往范式的研究，忽视了通过媒介所进行的大规模的符号互动现象的研究。因此，必须把英尼斯、麦克卢汉的媒介理论同戈夫曼的情境论融合起来，从而将后者静态的场所研究与前两者的媒介环境观点结合起来，延伸为动态的情境分析，将自然环境和场所研究延伸到传播媒介所造成的社会环境研究中，以便全面地揭示社会现实。

2.媒介情境论

媒介情境论融合了前人的理论精华，主要有以下几个观点：

第一，把情境视为信息系统、把媒介视为情境的关键要素。梅罗维茨认为，在现代社会，媒介的变化必然导致社会环境的变化，而社会环境的变化又必然导致人类行为的变化，尤其是电子传播媒介对社会变化所产生的巨大影响令人瞩目。因为它能更有效地重新组织社会环境，削弱自然环境及物质“场所”间一贯密切的联系。因此他提出，新的媒介理论的目的就在于提供一种“研究媒介影响和社会变化的新方法”，以解释和说明人类传播活动中过去的、现在的和未来的这类变化现象。

第二，每种独特的行为需要一种独特的情境，媒介决定情境，情境决定适宜的交往行为。梅罗维茨认为，对于每一个社会情境来说，人们都需要一种明确的界限，因为人们要始终如一地扮演自己的角色；而不同情境的分离则使不同行为的分离成为可能。如果两种或两种以上不同的情境重叠，便会混淆不同的社会角色，使人感到困惑和不知所措。

第三，电子传播媒介促使许多旧情境合并，造成社会情境范式的转变。由于电子传播媒介代码的简单性，它们能将来自不同经验世界的视听形象呈现给许多不同的受众群，造成不同阶层的受众群对信息更大程度的分离，从而促成许多公众活动领域的合并。由此，他得出结论：由于电子传播媒介造成了社会情境形式的变化，人们的社会角色形式也在变化。

电子传媒的普及导致社会情境范式的转变具体表现为：一方面，电子媒介的使用正在促使一系列旧有情境界限被打破，使一些旧的不同情境合并；另一方面，电子

社会化媒介带来的多重人格的消失

梅罗维茨指出，不同的媒介会塑造出不同的情境，而不同的情境需要我们采取不同的行为方式，这一点在今天社会化媒介繁荣的背景下进一步得到了证实。

在以往传统的媒介环境下，不同的情境之间泾渭分明，公共空间与私人领域彼此可以完全隔断、没有交集。因此，这样的一种环境塑造了我们每个人的多重人格。例如，我们在工作中会是一重人格，生活中会是一重人格，和朋友在一起是一重人格，和同事在一起也许是另一重人格，回到家中又会展现出自己最私密的一面……正因为不同情境之间是相对隔离的，所以我们才会根据不同情境采取不同的行为，也就相应地有了不同的人格。

但是，随着社会化媒体的出现，每个人都可以通过自己随身携带的移动媒介随时随地将信息传播到网上，因此，通过社会化媒介的传播，原来相对隔离的情境之间出现了一定的联系，这就要求我们对自己的行为做出调整。例如，我们在各种私人社交生活圈子中的行为，有可能被朋友拍摄或记录下来，然后分享至社交网站，这样就使得我们在私人情境中的行为有可能会通过社交媒介传播到另一个情境中，因此，我们必须学会自身调整，使行为能够适应两个情境之间的交集，从而也就相应地消除了多重人格存在的环境。

媒介的使用又使有关情境的一些旧有方式联结、结合、消失，导致这些情境分离。

梅罗维茨认为，谁被包括进某一情境，谁被排斥在外，是规定情境形式及与此相适应的行为形式的界限之关键因素。根据这一观点，受众的类型、人数的多少和特征在实际上影响着传播的方式。因此，在通过媒介进行的传播活动中，应根据受众群的分离和结合形式设计媒介讯息。

在承认受众的重要性的同时，梅罗维茨也未低估媒介的力量。他指出，受众成员并不能完全随心所欲地选择自己的媒介使用方式，他们的选择会受到社会环境的制约，而媒介正是社会环境的一个重要部分。

3.对梅罗维茨及其理论的评价

梅罗维茨的理论超越和发展了英尼斯、麦克卢汉和戈夫曼的理论，其可以肯定的方面主要表现为：一是媒介研究与社会研究的有机结合；二是以动态的和可变的眼光分析情境与行为的关系；三是将受众的概念纳入媒介情境的分析之中，提出了一系列“情境合并”的论点。梅罗维茨的理论突出了受众在整个传播过程中的重要性。这意味着，传播行为要受到受众的类型、人数的多少等因素的制约，从而迫使传播媒介必须根据受众群的需求、特征以及分离、结合形式来设计信息内容。

但是，他的理论也有明显的缺陷。首先，媒介情境论过于夸大媒介对社会环境和对人们社会行为的影响，几乎将媒介描绘成了引起社会变化的唯一原因；其次，他只字不提社会制度与媒介制度的联系，无视社会意图对媒介管理和媒介使用情况的影响；最后，他的理论往往把媒介本身的特点和媒介传递的内容混淆在一起，缺乏连贯性。

纵观英尼斯、麦克卢汉和梅罗维茨的媒介理论，我们可以从中发现，他们都是科技决定论者，尽管他们的理论呈阶梯状排列，但走的却是同一条羊肠小道。在他们看来，传播科技是自发自生的，按照本身孤立的逻辑发展，不受周围环境的影响，也不受社会秩序和社会制度的制约。因此，媒介科技总是单独地影响社会环境和人类行为的变化。这种科技决定论的“因果模式”，是他们理论的最大缺陷。

马克思主义认为，生产力和生产关系及其内在的矛盾运动是决定社会发展和变革的基本因素。媒介技术和工具属于生产力，具有推动社会发展的作用，但是媒介是人创造的，受人主宰和控制，社会的各个因素都可以制约其活动。因此，单纯的媒介科技是不可能决定社会和历史的发展的。

扩展性读物：

1.李本乾. 境外资本与中国传媒[M]. 上海：上海交通大学出版社，2015.

2.莫斯可. 传播政治经济学[M]. 胡正荣，张磊，段鹏，等译. 北京：华夏出版社，2000.

3.德弗勒，鲍尔-洛基奇. 大众传播学诸论[M]. 杜力平，译. 北京：新华出版社，1990.

4.李特约翰. 人类传播理论[M]. 史安斌，译. 7版. 北京：清华大学出版社，2004.

5.费斯克，等. 关键概念：传播与文化研究辞典[M]. 李彬，译注. 北京：新华出版社，2004.

6.英尼斯. 帝国与传播[M]. 何道宽，译. 北京：中国人民大学出版社，2003.

7.麦克卢汉. 理解媒介：论人的延伸[M]. 何道宽，译. 南京：译林出版社，2011.

8.赫尔曼，乔姆斯基. 制造共识：大众传媒的政治经济学[M]. 邵红松，译. 北京：北京大学出版社，2011.

9.席勒. 大众传播与美利坚帝国[M]. 刘晓红，译. 上海：上海世纪出版集团，2006.

10.赫斯蒙德夫. 文化产业[M]. 张菲娜，译. 3版. 北京：中国人民大学出版社，2016.

11.JOEL S. Understanding the media：a sociology of mass communication[M]. New Jersey：Hampton Press，1995.

12.EDWARD S，BRIAN W. Media，technology and society[M]. London：Routledge，1998.

思考题：

1.请简述三位社会理论家对传播学研究的影响和贡献。

2.为什么传播学最初产生于美国？美国的社会制度赋予了传播学研究哪些特色？

3.什么是传播学批判学派？它有哪些主要的分支学派？它与传统学派在理论观点上有何不同？

4.什么是文化帝国主义？结合现实谈谈你对新媒体环境下信息主权问题的认识。

5.有一种观点认为，科技发展将会成为媒体融合进程提质升级的新机遇。请谈谈你对这种观点的看法。

6.当前，微信已经成为国人最常用的媒体平台之一。请谈谈微信对你获取信息方式的影响，以及你对微信的认识。

7.你认为新媒体的出现是有助于世界信息流动更趋平衡，还是加剧了民族文化的消亡？

第二章　传播学的新门类与新趋势

国际传播、全球传播、跨国传播、越境传播、世界传播、文化间传播、跨文化传播等概念是多维和复杂的。单从研究的范畴来讲，这些概念有时可以相互替换，但为了更好地将国际传播和跨文化传播从众多的传播类型中区分出来，我们先来区分几个概念：国别（foreign）研究、比较研究、国际研究、跨文化（interculture）研究以及全球研究。国别研究以单个的国家和单个的文化为研究对象，通常仅停留在描述和解释的程度上；比较研究通过对比两个或多个文化或国家的个人或机构的同一传播行为，对其差异进行解释；国际传播和跨文化研究检视的是信息从一个国家或一种文化向另一个国家或另一种文化的流动及其影响力；全球研究则视整个世界为一个独立而统一的研究系统。

文化（culture）是一个复合整体，包括知识、信仰、艺术、道德、法律、习俗以及作为一个社会成员的人所习得的其他一切能力和习惯。文化与交流紧密相关，且由外层和内隐的行为模式构成。

第一节　跨文化传播学

有学者这样定义跨文化传播——跨文化传播是探讨来自不同文化背景的人们之

间互动关系的研究。据此定义，两位来自不同国家的人进行的交谈就是跨文化传播。而实际上，他们的交谈只不过是来自不同文化的人们之间进行的人际交流。那么，我们所研究的跨文化传播到底是什么呢？事实上，跨文化传播的核心要点是对带有不同观点、信仰和价值观的人际间相互作用的意义分析，是对这些人由于具有不同的文化背景而产生的相应差异的分析。

跨文化传播研究是在社会学、人类学、心理学、哲学、历史学、语言学、符号学等经典学科的基础上逐渐发展起来的。其中，社会学的很多研究对象和成果构成了跨文化传播研究的起点，并深刻影响了跨文化传播学之后的研究取向。有学者认为，跨文化传播研究的源头可以追溯到美国社会学家帕克和米德等人为代表的芝加哥学派（罗杰斯，1999）。

帕克等人的导师，德国著名社会学家奥格尔格·齐美尔（Georg Simmel）首先提出了“陌生人”的概念，他认为，不同文化群体的人彼此之间是陌生人，这一观点对芝加哥学派的跨文化研究产生了很大的影响。受齐美尔“陌生人”概念的启发，帕克等人提出了4个新的概念：

社会距离。

边缘人。

差异性。

世界主义。

这4个概念的核心，是来自不同群体人们之间的关系问题。可以说，芝加哥学派的研究成果为“二战”后在美国兴起的跨文化研究奠定了基础。

在芝加哥学派的基础之上，跨文化传播学在美国逐渐经历了学科化的过程。

一、跨文化传播研究的发展简史

跨文化传播学的学科发展史大致可分为以下几个时期。

（一）成长期：“二战”后期到20世纪70年代

跨文化传播研究的兴起与第二次世界大战紧密相关。“二战”后期，为了更好地了解新近占领地区的原住民文化，美国政府邀请文化人类学等学科的学者对新占领地区的文化特征进行了研究，如至今仍脍炙人口的名作《菊与刀》就是鲁思·本尼迪克特（Ruth Benedict）受美国政府委托，为向盟国提供处置战后日本提供思路所著。这些文化人类学的著作可被视为跨文化传播学科建制的先声。

“二战”后，在经济、科学、政治和军事上均处于世界显赫地位的美国，开始推出一系列援助发展中国家的计划，但是不少项目都以失败告终。美国人逐渐意识到，这些项目的失败，不仅仅是技术上的原因，政治、经济、文化等因素也对项目的实施产生了很大影响。大部分外交官在国外仍然生活在讲英语的圈子里，并不了解当地的文化风俗、生活方式、行为准则、风土人情，因此才会在工作上遇到重重困难和种种阻力。针对这些问题，美国政府于1946年成立了外事服务学院（foreign service institute），对援外的技术人员和外交官进行培训，负责培训任务的教员主要是人类学家和语言学家，任务是培训准备出国、将生活在不同国家的外交官和使馆工作人员（Leeds-Hurwtz, 1990）。

作为人类学教员的爱德华·霍尔（Edward Twitchell Hall）于20世纪50年代初期在外事服务讲习班开始了自己的研究。霍尔最初的工作是向学员提供一些基本的文化人类学训练以补充语言训练。不久，霍尔就意识到，一般文化理论的抽象概念对将到国外工作的学员并没有什么实际用途。学员对能使他们与东道国的人交往沟通的特定的实用知识更感兴趣（Leeds-Hurwtz, 1990）。因此，霍尔开始把注意力集中于探讨文化如何影响面对面的交往上。他并不是把文化作为一般的宏观现象加以研究，而是从声调、手势、表情、接触、时间和空间等微观问题入手，传授如何与不同文化背景的人进行沟通，并通过对文化的研究扩大到对传播的研究。霍尔第一次使用了跨文化传播的概念，并提出了文化是传播，传播也是文化的观点（罗杰斯，1999）。1955年，霍尔在一篇题为《举止人类学》（*The Anthropology of Manners*）的论文中提出了跨文化传播的范式。1959年，他的《无声的语言》（*The Silent Language*）一书问世，具体地提出了出跨文化传播研究的若干原则，并首次使用“intercultural communication”一词，这标志着跨文化传播已经成了一门独立的学科，霍尔也因此被视为跨文化传播研究之父。

20世纪60年代，为了向发展中国家推行其外交政策，肯尼迪发起并成立了和平队（the Peace Corps）。具有专业技能的志愿者在接受10—14周的训练后即被派往发展中国家或地区服务2年。和平队的创立及其对海外传播美国文化和价值观中发挥的作用使得学术界对不同文化之间的传播产生了更大的兴趣。同一时期，美国国内少数族群争取权利的斗争日渐深入，关于文化多样性的争论加剧，美国政府颁布《1964民权法案》（*Civil Rights Act of 1964*）并开始正式维护少数民族族群的合法权利。

国际和国内的政治经济形势对跨文化传播研究的学科建制提出了需求。这一时期，不同学术领域加强了对文化与传播的综合研究，跨文化传播研究正式从人类学中分离出来，成为传播学研究的重要组成部分。除霍尔发表的跨文化传播研究成果之外，这一阶段匹茨堡还开设了跨文化传播课程，阿尔弗雷德•史密斯（Alfred Smith）编辑出版了论文集《传播与文化》（*Communication and Culture*），将跨文化传播归入传播学科之下。这些均标志着跨文化传播学在美国的正式建立。

（二）繁荣期：20世纪七八十年代到20世纪末

在成为一门独立学科之后，跨文化传播学在20世纪七八十年代的美国经历了快速的发展。这一阶段，美国国家传播协会（National Communication Association，简称NCA）和国际传播协会（International Institute of Communication，简称IIC）均成立了跨文化传播分会，第一届跨文化传播国际会议在日本东京举行，专业学刊《国际与跨文化传播年刊》（*The International and Intercultural Communication Annual*）和《跨文化关系国际期刊》（*The International Journal of Intercultural Relations*）创刊，拉里•萨默瓦（Larry A. Samovar）等的《跨文化传播》（*Intercultural Communication*）和威廉•古迪昆斯特（William B. Gudykunst）等的《国际传播与跨文化传播手册》（*Handbook of International and Intercultural Communication*）相继出版，多所学校开设了跨文化传播相关课程，部分院校开始授予跨文化传播专业的硕士和博士学位。

这一时期，跨文化传播研究领域进入空前的繁荣阶段。在前一阶段霍尔等对跨文化传播领域进行了初步探索的基础之上，这一阶段，吉尔特·霍夫斯泰德（Geert Hofstede）的文化维度理论、古迪昆斯特的"焦虑与不确定性管理"理论、丁允珠的"面子—协商"理论等逐渐成为跨文化传播研究领域新的研究重点，这标志着跨文化传播研究发展到了更加细致的阶段。

（三）较近的发展

近年来，在全球化不断深入、全球和区域性经济组织与跨国公司作用在有些时候赶超民族国家、新媒体技术迅速发展、网络社区加速形成、大规模的移民和日益深入的城市化进程的背景下，跨文化传播学的主导范式、关注重点、研究方法等均发生了较大程度的改变。

在当前语境下，跨文化传播研究领域的前沿课题主要包括：

● 从霍尔的跨文化传播训练发展为量化的训练，在跨文化传播中引入人际传播、心理控制的技术。

● 延续古迪昆斯特等人的研究，提出普遍适应性理论，相比于前一阶段更多关注移民或其他流动人口的行为动机，此阶段的研究将移民等的社会适应问题置于更显要的位置予以关注。

• 对多元文化和文化播散的研究。这一角度的研究主要关注种族主义、性别主义、偏见、自我观念、权利等如何在人的内在的传播互动中发生影响。

• 将发展传播学与跨文化传播学相结合，分析政府、各种组织的经济、政治、道德或意识形态上的与另一种文化相比较的标准，尤其关注“创新—扩散”模式与新的观念和方法如何在不同文化群体中更为有效地推广。

• 分析全球化与本土化之间的矛盾，如媒介网络、市场跨度的全球化，意识形态，语言符号等的本土化以及全球媒介环境对国家和社会的影响等。

• 关于多元化和单极化的争论。在政治传播层面，关注人权和国家主权谁为第一性的问题；在文化传播层面，则涉及文化多元和文化霸权，民族语言的独立性和纯洁性保护以及民族语言国际化的可能性等问题。

• 关于文化帝国主义的批判。这一类的研究通常由左翼学者主导，他们对西方文化和价值观的全球扩张保持警觉，并关注后殖民时代的文化分析。

• 关注现代性、反思性和文化认同危机问题。这一类的研究关注到依托时间传承的、历时性的文化认同被依托当代情境的、以追求时尚为显著特点的“横跨度的文化配置”所冲击的现象，认为当横跨度的文化配置转变为人们主要的文化生存方式时，文化认同危机即会产生。在这一视角下，文化认同的危机在很大程度上是文化转型的结果。①

总体而言，从“二战”后发展至今，跨文化传播研究领域的发展遵循了从学科建制到研究逐渐精细化的发展脉络。在这一过程中，先是以齐美尔为代表的欧洲社会学家关于人际关系的理论被美国社会学家、心理学家、人类学家和语言学家广泛地应用于跨文化研究之中，并且在其理论形成和发展过程中产生了一系列的重要概念，主要的有：

（1）文化身份（cultural identity）

身份是高度抽象的、动态的、多视角的概念。霍尔认为，文化身份包括个人身份、社会身份和社区身份三个层面；萨默瓦也认为每一个个体都拥有多重文化身份，且身份是通过统一文化团体成员之间的互动建立的。

（2）群体与其他群体（ingroup and outgroup）

人们在社会活动中结成不同的群体，属于一个群体的成员之间视对方为自己人，

① 吴予敏. 跨文化传播的研究领域与现实关切[J]. 深圳大学学报（人文社会科学版），2000（1）：75-81.

成员之间能够在一定程度上相互信任、和平相处；但一个群体的人视其他群体的成员为外人，不同群体成员之间关系较为疏远，相互之间抱有不信任感甚至敌意。

(3)民族中心主义(ethnocentrism)

视自己的文化为中心，并以自己的文化价值观衡量其他文化，认为自己的文化优于其他文化。

(4)文化相对主义(cultural relativism)

与民族中心主义恰好相反，指的是了解和评价某种文化要在其所处的社会、经济、政治、宗教、科学技术环境下进行，不能因为其他文化与自己的文化不同就轻视其他文化。

(5)多元文化主义(multiculturalism)

与文化相对主义的宗旨近似，但更常被视为一种哲学、意识形态，或者一个社会用以管理多元文化性时所秉持的一种官方态度。多元文化主义承认每一个人都是有机制和有尊严的个体，不管其文化、伦理、种族、宗教、性别或国家性质如何。

(6)偏见、歧视和定势(prejudice, discrimination and stereotypes)

偏见是将自己文化群体与其他文化群体加以比较，未经足够的调查即形成一种对其他群体的负面态度。当对其他文化群体的负面态度付诸行动时，就会产生歧视。可以说，歧视是偏见的行为表现。而持偏见态度的人往往具有定势思维，过于简单化地概括事实，从而产生一种统一的认知态度，进而妨碍不同文化群体之间的深入了解和顺利沟通。

(7)独裁性格(authoritarian personality)

独裁性格通常与偏见、定势和民族中心主义密切相关。独裁者往往采用定势思维，对其他民族群体持有偏见，寻找强制手段证明本民族优于其他民族，从而证明自己是世界的强者和主宰者。

二、跨文化传播学的重要理论

在这些基本概念被廓清之后，跨文化传播学领域产生了一系列影响深远的理论成果。

(一)文化模式和文化差异相关理论

萨默瓦将文化模式定义为信念和价值观综合作用的系统。研究不同文化之间的传播活动，文化模式研究是至关重要的第一步，这一领域内已积累了丰富的研究成果，较受关注的主要有：

1. 克拉克洪和斯托贝克的价值观取向理论

“二战”后，佛洛伦斯·克拉克洪（Florence Kluckhohn）和弗雷德·斯托贝克（Fred Strodtbeck）在美国得克萨斯州一个有着不同文化和种族的社区进行了一项研究，提出了研究文化模式和差异时可采用的5个研究维度，即人的本性、人与自然的关系、人们如何对待时间、人们对待行为的价值观是什么、人与人之间的关系是什么。①

2. 高语境/低语境理论

这是霍尔在其1976年的著作《超越文化》中提出的两种文化模式，其中高语境文化是指言语的意义与语境紧密相关的文化，在这种文化模式下，集体的需求和目标通常被认为高于个体的需求与目标；而低语境文化通常更重视言语本身既定的意义，在这种文化模式中个体的价值、需求和目标都被视为高于集体的价值、需求和目标。②

3. 霍夫斯泰德的文化维度理论（又称价值观维度）（Hofstede's cultural dimensions theory）

这是荷兰心理学家霍夫斯泰德提出的用以衡量不同国家文化差异的一个框架，包括个人主义/集体主义、不确定性规避、权力距离、男性化/女性化、长期导向和放任/约束6个维度。③

（二）文化冲突相关理论

文化冲突是指两种或两种以上的文化在接触与交流时，基于地理环境、生产方式、文化传统、宗教等方面的差异，或因挣脱有限资源或生存空间的诉求，一方文化对另一方文化产生的暂时或长期的排斥、对立及否定现象，其中包括强势文化对弱势文化的压制和攻击。当前，常见的文化冲突主要表现为西方文化与非西方文化的冲突、工业文化与农业文化的冲突、西方现代性与前现代性的冲突以及地区性的族群、宗教的文化冲突等。

在关于文化冲突的研究中，比较引人注目的是20世纪90年代由塞缪尔·亨廷顿（Samuel Phillips Huntington）提出的文明冲突论。在《文明的冲突与世界秩序的重

---

① KLUCKHOHN F R, STRODTBECK F L. Variations in value orientations[M]. Evanston: Row, Peterson and Company, 1961: 10-11.

② 霍尔. 超越文化[M]. 何道宽，译. 北京：北京大学出版社，2010：92.

③ MINKOV M, HOFSTEDE G. The evolution of Hofstede's doctrine[J]. Cross Cultural Management: An International Journal, 2011(1): 10-20.

建》一书中，亨廷顿从冷战后国际关系中的冲突入手，提出文化差异始终是人类的基本差异，文化之间互动的结果就是冲突，而未来的冲突将主要是文化的冲突而非政治和经济的冲突。这本书为深入研究跨文化传播提供了一个独特的视角，不过目前学界对于其结论的公允与否尚有较大争议。

（三）认同的协商与管理相关理论

这一系列的理论聚焦于跨文化人际交往中的传播能力的研究，较有影响的研究成果如：

1. 面子—协商理论

汀—图梅（Ting—Toomey）对个人主义和集体主义文化造成的传播差异做出了解释，提出了面子—协商理论。[①]这一理论的核心观点是，价值观影响了不同文化的成员对面子和冲突场景的处置方式，即个人主义文化的成员关心保全自我的面子，集体主义文化的成员则关心保全双方或者他人的面子；个人主义文化的成员关注解决问题或平息冲突，集体主义成员则关注回避矛盾和巩固关系。因此，个人主义成员将协商作为解决问题的手段，集体主义成员将协商作为建立和维护关系的手段。面子—协商方式也与文化的低语境/高语境相关，即低语境文化追求的是“消极面子”，包括“挽回面子”和“留面子”，而高语境文化则追求“积极面子”，包括“要面子”和“给面子”。

2. 跨文化认同协商理论

汀—图梅认为跨文化传播能力的实质是互动双方在传播中进行认同协商的有效性。借助认同协商的作用，处在跨文化传播中的个体可以修改、挑战、支持自己或他人预期的自我形象，当人们期待的群体认同得到积极认可（比如处于积极的内群体接触）时，就容易产生被接纳的感觉。因此，当人们与文化上相似的“他者”接触时，交往过程是可预见的，这导向信任；而当人们与文化上不相似的“他者”接触时，交往过程是不可预见的，这种不可预见性导向猜疑甚至偏见。[②]

---

① TING-TOOMEY S, ATSUKO K. Facework competence in intercultural conflict: an updated face-negotiation theory[J]. International Journal of Intercultural Relations, 1998 (2): 187-225.

② TING-TOOMEY S. Communicative resourcefulness: an identity negotiation perspective[J]. Intercultural communication competence, 1993: 72-111.

（四）文化适应相关理论

1953年，人类学家卡沃罗•奥伯格（Kalvero Oberg）提出文化休克（culture shock）的概念，即进入新的文化语境时因为对新的社会交往符号不熟悉而需要面对多方面的感官刺激，因而产生的深度焦虑的心理状态。[①]

在此之后，很多学者研究了如何克服文化休克的问题，这些问题汇集成一系列文化适应理论。其中，最著名的主要有：

1. U型模式和W型模式

奥伯格在1960年提出文化适应的U形模式，其基本观点是当一个人旅居于其他文化中时，必然会经历一定的困难和起伏时期才能逐渐适应，因此文化适应大致表现出4个基本阶段，即蜜月期、危机期、恢复期和适应期。奥伯格之后，1963年，约翰•古拉霍恩（John Gullahorn）等提出了描述文化适应过程的W形模式，这一模式在U形模式的基础上添加了个体重新回到本文化环境时需要经历的返回本文化休克阶段和再度社会化阶段。[②]

2. 跨文化适应理论

20世纪70年代，韩裔学者金英润（Young Yun Kim）基于朝鲜半岛移民在芝加哥的适应情况展开了研究，建构了一个关于文化适应的关系模型，并据此提出了跨文化适应理论。此后，她的研究不断对此理论予以完善。金英润认为，跨文化交际是一个开放的系统，有其特定的运行规则，即交际者在交际过程中面对不同的外部环境时会追求一种内部的平衡。据此，金英润提出了跨文化适应理论的3个假设：

> 个体天然地具有内在的自我协调的驱动力以及适应外部环境的能力；
> 个体对环境的适应通过交际来实现；
> 适应是一个复杂的、动态的过程。

金英润提出，“压力—适应—成长”是移民必然面对的文化适应过程，这一过程导致了个体的跨文化转型，移民最终可以获得身体的强健和心理的健康。[③]

---

① OBERG K. Acculturation in the Americas. Selected Papers of the XXIXth International Congress of Americanists[J]. American Anthropologist, 1953（1）: 107-109.

② GULLAHORN J T, GULLAHORN J E. Role conflict and its resolution, The Sociological Quarterly, 1963（1）: 32-48.

③ KIM Y Y. Communication patterns of foreign immigrants in the process of acculturation[J]. Human Communication Research, 1977（1）: 66-77.

2008年，在全球经济危机的背景下，《功夫熊猫》依然在中国取得了惊人的票房成绩，这与好莱坞的导演、编剧在制作该影片时所运用的跨文化传播策略有着密不可分的关系。

首先，在跨文化传播过程中，对于文本的构建需要充分开发目标受众的文化符号。每个民族都有属于自己的文化符号，民族的认同感在某种程度上正是基于对符号所共有的理解而建立起来的。《功夫熊猫》十分注重运用中国传统文化中的典型符号，如中国古代建筑，传统的中国饮食餐具以及在选神龙大侠时所营造出来的中国传统擂台比武的氛围和练武时所使用的相关道具等。正是通过对传统中国文化中生活元素的灵活运用，影片才能构建出中国人所熟悉的文化环境，从而提高了中国观众对影片的接受和理解能力。美国传播学者克拉伯曾指出，受众对于传播内容的理解并不是被动的，而是带有选择性地去注意、理解传播内容，选择性地记忆所接受的传播内容，相关的文化经验正是影响受众选择性心理的重要因素之一。因此，在跨文化传播过程中插入受众所熟悉的文化符号显得尤为重要。不同的民族通过不同的符号系统构建起了属于自己民族的文化，并通过这套符号系统来寻求群体的归属感。而同样的意义通过不同的符号进行传播，收到的传播效果也不尽相同。《功夫熊猫》的成功之处也正在于此，正是影片中无处不在的中国文化符号，使影片迅速打开了中国市场，赢得了中国受众的喜爱。《花木兰》是好莱坞有史以来投资最大的以中国文化为背景的跨文化传播作品，该片充斥着大量的中国传统元素：花木兰被设计为中国古典审美的形象，场景元素加入了皇城、佛洞、柳树、蟋蟀等中国文化符号，背景音乐也别出心裁地运用了二胡、古筝、长笛等东方乐器演奏，这些多模态话语为电影跨文化传播效果的提升起到了重要作用。

其次，在跨文化传播过程中，需要注重寻找文化观念中的结合点，通过两种不同文化的有效对接实现传播，促进受众对传播内容的接受和理解。从《功夫熊猫》的文本构建来看，虽然影片中处处渗透着传统中国的“儒释道”三家的思想，传播着中国的文化观念，但其传播目的仍然是传递美国价值观。通过分析我们可以看到，影片对中国文化中“侠”这一概念的叙述成功完成了美国个人英雄主义与中国人心目中“侠之大者，为国为民”这一观念的有效对接，使中国人能更好地理解美国个人英雄主义的内涵，唤醒人们心中对英雄的向往。影片中，乌龟大师选中阿宝作为神龙大侠时所说的一席话渗透着深刻的禅宗思想和道家顺应自然的天命观，但这样一种看似宿命的选择中却传递着美国梦的精髓，即“人人生而平等，每个人都有自己成功的机会”。此外，影片通过对盖世五侠的描述，展现了中国武术中传统的五种拳法，不仅宣扬了美国文化价值观中尊重个性发展的一面，也传达了中国“因材施教”的教育思想。正是通过在两种有着巨大差别的文化之间成功寻找到了文化价值中相互映衬的对接点，《功夫熊猫》实现了信息有效的跨文化传播，既传播了美国的文化价值，又在影片中表现出对中华文化的理解与尊重，赢得了中国观众的支持与喜爱。同样，《花木兰》的价值机理也适时根据传播对象的文化环境、接收心理进行了调整，如将花木兰的大孝大义表现为更易于接受的英雄主义、女性主义以及具有普适性的社会责任感等品质；故事线索以花木兰个人品质的呈现为主，将宏大的国族叙事细化为女英雄的个人成长史，演绎出成就自我的传奇，体现了中西方文化的结合与共鸣。

最后，在跨文化传播过程中，需要寻找文化传播中人类所共有的文化价值。人类文化自诞生起，虽然各有不同，但都有着共性的文化价值观，如对普世之爱的追求，对弱者的保护之心，对亲情、友情的赞颂，这些文化价值观同样在《功夫熊猫》中得到了体现。整部电影中传达了人文主义的情怀和对安逸生活的追求、对和平的向往；对什么是英雄、什么是强者作出了诠释。影片通过对师徒之情、父子之情的叙述，构建出美国文化在感情和生活上的价值取向，而这些取向不仅仅是美国所特有的，同时也与中国传统文化中“父慈子孝”“尊师重道”等文化传统不谋而合。通过对这些人类所共同推崇的文化价值观的叙事，影片在跨文化传播过程中巧妙地避免了由于文化差距所带来的误读，展示了文化的共同之美。在《花木兰》中，亲情、友情、爱情等人类社会隽永的主题得到了立体化彰显，引发了不同文化环境中受众的广泛共鸣。这也正如费孝通先生一直所提倡的那样——文化之间 “美美与共，天下大同” 。

美国文化全球化的传播策略——以好莱坞模式为例

当前，跨文化传播领域最为成功的传播者当属美国好莱坞。好莱坞凭借出色的跨文化传播策略，推动了文化全球化的发展，并使美国文化主导了整个文化全球化的进程。

首先，好莱坞的成功归于其先进的传播媒介、高科技的传播模式和大规模的资源投入。例如，2010年导演詹姆斯·卡梅隆挟其十四年磨一剑之作——《阿凡达》席卷了全球27亿美元的票房收入，届时成为全球电影票房历史排名第一位。《阿凡达》的成功主要归于其出色的技术制作，在整部电影的拍摄过程中，卡梅隆可以说使用了所有可用的最先进的技术，由此带来了3D电影历史性的转变，也掀起了好莱坞拍3D电影的风潮，其后的《变形金刚》《哈利·波特》《功夫熊猫》等影片都纷纷走上了3D之路。《阿凡达》在全球范围内的成功无疑可以看作一次由美国所推动的由技术带动文化全球化的进程。

其次，在传播内容层面上，好莱坞导演往往从人类共有的情感出发，描述个人的奋斗、宣扬爱情以及个人英雄主义，表现出英雄对人类命运的忧虑和关切。而对个人英雄主义的向往，对人本主义的追求在当今国际社会已然成为公众的价值取向。

最后，好莱坞在推进美国文化全球化的过程中最为成功的一点是实现了文化运营的本土化，而本土化运营的基础是对当地受众进行准确的定位，充分分析、了解受众的文化价值观。例如，好莱坞电影《2012》在文本构建方面正是在成功地融入了各种文化元素的同时又构建了人类的共同追求：印度的科学家、中国制造的挪亚方舟、玛雅的末世预言……

综上所述，可以看出，好莱坞的成功，是基于先进的媒介技术使用并配合出色的跨文化传播策略，从而主导了文化多元化的进程。在每一次文化的碰撞与交流过程中，美国不仅能出色地将自己的文化传播出去，而且还能够接受、吸收不同的文化，并对其进行文化资源开发。在文化交往日益频繁的今天，只有先充分认识和保护好本民族文化，才能应对跨文化传播中的一系列挑战。

跨文化传播是一门由多学科交叉而形成的新兴学科，它在借鉴和汲取其他学科有益的研究方法的基础上，形成了诸多适应于自身的研究方法。在霍尔研究的时期，跨文化传播与文化人类学密切相连，因此形成了早期跨文化传播研究的社会科学研究传统。但随着社会科学研究方法的转变，传播学研究也从定性方法转向定量方法的研究。到20世纪七八十年代，量化方法和统计分析已经成为探究传播的主要方法。当前，社会科学假设、量化手段和检测假设构成了跨文化传播研究的主流方法，但对于特定的课题，还有一些学者采取定性分析的方法来研究文化和传播。定性研究方法通常不追求文化现象和人类行为的因果关系，只是描述而不是预见。经常使用的定性分析法有访谈、个案研究以及民族志法。最近，后现代理论家对科学实践和假设的批评也产生了一些关于文化和传播的研究（Steven Best & Douglas Kellner, 1991）。虽然后现代主义仍处于文化传播研究领域的边缘，但是，它在修辞学研究、艺术和文学方面的影响却很大。

跨文化传播其实代表的是一种过程：文化形式穿越时间与空间而移动，在某个特定的时空中，这些文化和其他文化形式与环境产生互动、彼此影响，创造出新的文化形式，并改变了文化环境。当前，最具影响力且得到广泛认同的少数效果之一，便

李子柒是如何讲好中国故事的?

首先，李子柒的视频内容中国特色明晰、差异化明显。“久在樊笼里，复得返自然”的中国古典生活方式、中国特色山水和自然风光以及传统原始劳作过程满足了西方受众对中国乡村和东方文化的想象，具象化展示了中国文化的独特审美价值。其次，李子柒视频中较少运用文字和听觉语言，而多使用动作、身体语言，突破了语言传播的局限性，反之，一些主打语言特色的中文视频，即便加上英文字幕，由于受众缺乏相似的文化背景和语言环境，理解上也存在困难，使得这些视频在海外传播效果大打折扣。最后，李子柒视频借助新媒体，尤其是短视频和自媒体传播途径实现了海内外传播效果的提升，深谙“人人都是传播节点”的传播规律，为其跨文化传播奠定了技术基础和平台保障。

是大众传播国际化的趋势，其造成的直接后果就是文化的全球化。传播国际化的倾向所造成的潜在的文化效果问题，已经得到了广泛的讨论。在造成全球性媒介文化倾向的几个原因中，最重要的是“打破时空限制，以低成本穿越国界、传送声音及(动态)影响到全世界各地”的能力大幅增加；而另一个同等重要的原因则是全球性媒介产业(以及媒介产业的全球性市场)的兴起，提供了全球化的组织架构和驱动力。①

新媒体时代，自媒体内容的蓬勃发展为跨文化传播带来了新的气象。2017年，一位名叫李子柒的网红博主名扬海内外，被誉为“讲好中国文化、讲好了中国故事”的自媒体代表。2020年，她在全球的粉丝已超过3,000万人，如此强大的跨文化传播力与其优秀的文化内涵密不可分，其中的跨文化传播策略亦具有借鉴价值。

综上，新媒体时代的跨文化传播，不仅要关注民族文化内容的价值发现与再创造，更要把握新技术条件下的新传播规律，将二者有机结合，实现传播效应的最大化。

第二节　国际传播学

国际传播的起源其实并不十分明确。加拿大学者英尼斯指出，11世纪时，当国与国之间开始交流之际，国际传播就已经存在了。国际传播也可追溯到罗马、希腊、埃及、巴比伦等古代帝国时期，因为这些帝国幅员辽阔，具有不同的政治、语言及文化实体，因而有必要发展出特定的方法来进行相互之间的交流(英尼斯，1972)。

国际传播的简单定义是：超越各国国界的传播，即在各民族、各国家之间进行的传播。人们有时也认为国际传播是跨越了国界和民族的传播，持此观点较多的是研究国际数据交流的经济学家。但是，此定义可能稍显粗略又过于狭隘。有传播学者从以

① 麦奎尔. 大众传播理论[M]. 陈芸芸，等译. 台湾：中国台湾韦伯国际出版有限公司，2003：146-147.

下几个方面对国际传播的概念进行了更为立体化的描述：

> 它是集中于传播的某个领域的变量的研究。
>
> 它是分析问题的一种计量单位，涵盖的范围可以从个人到全球。
>
> 在大多数研究中，它通过基本的比较和解释，描绘了国家和文化的疆界。①

国际传播的特征主要呈现在目的性、传播频道、传输技术、内容形式、文化影响和政治本质上。②

一、国际传播的目的性

国际传播既可以是有意的，又可以是无意的，即传播既可能是有意地跨越国界，又可能是无意超越国界进行的。例如，美国之音或俄罗斯电台等以国外听众为目标的国际广播显然是有意的国际传播，而加拿大或墨西哥接收到的美国电台和电视台的溢波信号，或加勒比海地区接收到的美国国内通信卫星（domestic communications satellite，简称DOMSAT）的溢波信号，也属于国际传播。

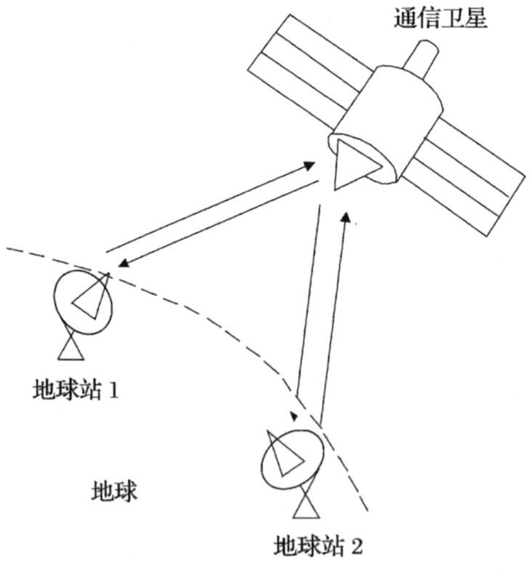

图2-1　通信卫星工作原理图

① SALWEN M B, STACKS D W. An integrated approach to communication theory and research[M]. Lawrence Erlbaum Associates, 1996: 187-189.

② 福特纳. 国际传播：全球都市的历史、冲突及控制[M]. 刘利群，译. 北京：华夏出版社，2000: 6-10.

卫星通信系统是由空间部分—通信卫星和地面部分—通信地面站两大部分构成的。在这一系统中，通信卫星居高临下，视野开阔。只要在它的覆盖范围以内，无论距离远近都可以通信，通过它转发和反射电报、电视、广播和数据等无线信号。

二、国际传播的传播频道

国际传播可以是公共的，也可以是私有的。显然，广播电视是公共传播，但频道既可以是公共的，又可以是私人的。不过，目前通过私有频道（或为非公共使用而保留的频道，如某些需要特定的解码器或可以调谐特定频率的接收器的专用频道）进行的公共传播尚不具备广泛的用途。通过公共频道可以进行私有的国际传播，包括通过海底电缆或跨国通信卫星收发电报和电话。但通常情况下，为了防止目标受众以外的人了解其内容，这种传播需要进行加密处理。私人国际传播也可以通过私有频道进行。通过对私有频道进行加密处理和限制，可以使这种传播受到双重保护。

RT（以前的Russia Today，今日俄罗斯）是俄罗斯政府资助的国际电视网络，它经营面向俄罗斯境外观众的收费电视频道，并提供英语、西班牙语、法语、德语、阿拉伯语和俄语的互联网内容。RT最早的英语频道于2005年启动，其创建被视为俄罗斯政府提高俄罗斯的国家形象，尝试打破西方国家对俄罗斯刻板印象的重要尝试。伴随着其一系列的改革和报道创新，RT在美、英等国的影响力迅速上升。据有关数据，2011年RT已经成为美国第二大最受关注的海外新闻媒体（仅次于BBC），且其在35岁以下的美国年轻城市居民中口碑较好。近年来，RT的网络化发展也引人注目，据皮尤研究中心（Pew Research）对2011—2012年度YouTube上最受欢迎的新闻视频进行的一项调查发现，RT的在线内容占到了8.5%。2013年，RT成为第一个入驻Youtube的电视新闻频道，被观看次数达到10亿次。2020年5月，其在Youtube开设的英语频道拥有385万订阅者。作为一家有俄罗斯官方背景的媒体，RT的政治目的不难辨别，但其报道的去政治化，即对俄罗斯自身和邻国的政治报道采取较为含蓄的正面报道，而对西方国家的社会问题采取客观、中立的报道方式还是收效显著，被认为在与欧美国家的“信息战”中占据了一席之地。

半岛电视台媒体网（Al Jazeera Media Network）是卡塔尔政府资助的媒体集团，总部位于卡塔尔首都多哈。在其创办之前，阿拉伯世界尚无可以全天24小时播放新闻的电视台，因此在其最初成立的1996年，半岛电视台是作为阿拉伯新闻和时事卫星电视频道开播的，此后逐渐扩展为一个多网点的新闻网，传播渠道包括互联网以及以多国语言播报的专业电视频道。半岛电视台在全球的网点数量仅次于BBC，现在全球

BBC与CNN

BBC英国广播公司（British Broadcasting Corporation，简称BBC）成立于1922年，总部位于英国伦敦，前身为British Broadcasting Company，是英国最大的新闻媒体，也是世界上最大的新闻媒体。BBC于1936年开始提供电视服务，是世界上第一家电视台。1967年，BBC首次采用彩色信号播报温布尔登网球公开赛，从而开启了彩色电视时代。今天，BBC除了是一家在全球拥有高知名度和广泛信誉度的媒体，它还经营着其他业务，包括BBC Proms音乐会、英语教学、交响乐团等。BBC的特色媒体——BBCi（即BBC互动）是访问量最大的英语网站之一，该网站包括了BBC所有的互动服务，如数字电视和互联网。BBC的许多节目都可以在BBC网站上找到，用户可以自由下载收看、收听。

CNN有线电视新闻网（Cable News Network，简称CNN）是美国的有线电视频道，由泰德·特纳于1980年创办，目前为时代华纳所有。CNN被认为是全球第一家全天候播报新闻的电视台。公司总部和播报室位于美国佐治亚州亚特兰大。CNN的崛起在电视领域引发了一场革命，对电视媒介、电视新闻、电视理论等均产生了相当大的影响。有学者认为，CNN重新界定了新闻的概念，新闻在过去是指已经发生的事情，而CNN则把新闻变成了正在发生的事情。概括起来，CNN的核心特点有三：其一，它会24小时不间断地播报新闻；其二，它的目标是全球性的——CNN会从世界任何一个角落向全世界播报新闻；其三，它的新闻报道将是现场的——CNN会在新闻事件发生时，而不是发生后播报新闻。虽然为私人所有，但在国际传播过程中，CNN的报道角度始终与美国的国家利益保持高度一致。近年来，由于在伊拉克战争中制造假新闻，以及在中国西藏“3·14事件”中进行歪曲报道，CNN在国际传播中的正面形象一落千丈。

拥有70多家办事处，这些办事处在日常工作中互动紧密。半岛电视台的节目以敢言著称，且因招募了一批有BBC工作经历的记者，其报道风格在一定程度上具有西方媒体的色彩。因为在“9·11”事件后多次率先播放本·拉登和其他基地组织领导人的录像声明，半岛电视台迅速获得全球关注。不过，因为报道立场、风格等方面的特点，半岛电视台在全球多次受到抵制和封锁，如美国前总统乔治·布什在2004年1月发表的国情咨文中，将半岛电视台视为阿拉伯世界“仇恨宣传”的来源，此后，埃及、阿联酋、沙特阿拉伯等都切断了半岛电视台在其国内的信号和网络服务。

三、国际传播的传输技术

在国际传播系统中，信息的传播渠道可以是无线电波、电线电缆或影碟、录音带和录像带。无线电波多用于广播电视等大众传播信号的传输，电线电缆等多用于电话、网络等点对点的传播，而企业和政府机构则可能利用船只或飞机运送录制的资料，以便在其他国家进行复制和再传播。

四、国际传播的内容形式

国际传播可采用多种形式，包括娱乐、公共事务和由国际广播机构传播的新闻节目；由国际电讯机构，如美联社或路透社传送的新闻原始稿；由国际数据处理和数据

新媒体环境下的国际传播①

随着媒介技术的发展，我们已经进入了一个媒介大融合的时代。传统媒体纷纷拓展新媒体上的业务，新旧媒体的融合势头强劲，媒体终端的变化导致传播格局、传播手段、受众市场和传播效能发生了重大转变。新媒体成为当今国际传播环境下最为重要的传播载体之一。同时，新媒体技术的出现，改变了传统的线性流动传播模式。

首先，新媒体具有极强的地域和时空跨越性，易于突破国际传播的障碍和壁垒。新媒体的出现打破了传统媒体的区域限制，可以跨越空间和时间，超越现实社会的管理边界，瞬间实现全球传播。长期以来，西方传媒大国凭借其强大的传媒实力将异见排斥于传统传媒所能控制的话语之外，这就好比乔姆斯基构建的“宣传模式”在国际领域的延伸一样。新媒体的开放性使一部分非西方话语体系的传播内容得以在互联网上进行传播。正如“3·14事件”时期，我国广大网友纷纷通过网络媒介向外传播西藏事件的真相，在一定程度上有效遏制了CNN对我国的妖魔化。但我们也要看到，国际传播终究是传播内容之间的较量，正所谓“内容为王”，在缺乏传播内容生产力的国家，新媒体只能成为媒介帝国主义扩张的载体。

其次，新媒体是一种综合性媒体，它既具有平面媒体文字的深度报道功能，又能够发挥视频媒体形象生动、极具感染力的优势。在今天的融媒体时代，受众更多地追求信息的质量和对信息的全面了解，而新媒体在一定程度上则更好地实现了受众的知情权。在国际传播的语境下，面对更为复杂的国际受众，兼具不同媒体特性的新媒体具有综合性优势，能够有针对性地满足受众需求。

最后，从内容制作层面上而言，在传统国际传播环境下，内容基本由国家主导制作，主要是国与国之间的互动交流，只体现了国家的官方形象。但是随着新媒体的出现，内容制作的渠道逐渐向民间开放，使国际传播更加立体。用户以他们自己的兴趣、需求自主制作、接受或传播信息或新闻，这些信息或新闻是不经过新闻组织或机构的严格把关或者编辑、过滤而发布的。

库公司提供的计算机数据和软件；由美国电报电话公司（AT&T）等传送的声讯和电报业务；通过军事频率为诸如北大西洋公约组织（North Atlantic Treaty Organization，简称NATO）这类团体传送的加密信息；以及使馆之间交换的外交信息等。国际传播形式还包括需经过特殊收发设备和电子地址所进行的传真和电子传递业务。

五、国际传播产生的文化影响

所有传播都是象征性的活动，因而必然会产生文化上的影响。一些学者认为，强国可以通过国际传播系统将自己的文化价值观念（包括新闻价值观、社会道德和政治经济理念）强加给比较落后的国家。国家之间的争议在于有些国家试图保护其源远流长（或博大精深）的文化习俗及交流方式，而有些国家则认为这些习惯不利于跨文化价值观的形成和发展，阻碍了信息的自由流通和交流。

---

① 田智辉. 论新媒体语境下的国际传播[J]. 现代传播，2010（7）：40.

中国国家形象宣传片

我国国家形象宣传片最初是在我国成功应对世界金融危机而某些国家借机妖魔化我国形象的国际背景下制作的，其目的是为了让世界更好地了解中国、让中国更好地融入世界。北京奥运会后，我国提升自身“软实力”的工作开始加强：放宽外国记者在境内采访的限制，借助国际媒体以提升中国在世界的影响力。国家形象广告是“软实力”的一个重要展示渠道。2010年年底，时长30秒的《中国制造》形象广告在CNN亚洲频道滚动播出，被外界视为中国向世界展示“软实力”的开始；而2011年我国国家形象宣传片的亮相标志着国家公关时代的来临。

随着互联网技术的发展，国家形象宣传片也借势借力实现了传播内容和手段的创新。2014 年7月7日，北京正式成为2022年第24届冬奥会候选城市，随之，北京申办2022年冬奥会系列宣传片也应运而生，并以互联网平台为途径进行发布。这一系列宣传片既以汉字、汉语为承载工具，又涵盖了面向海外受众的英文版本，利用网络技术、视听表达将中华文明与奥运精神完美结合。这些宣传片还融合了我国传统民间艺术、节日、建筑等元素，将中国的传统文化韵味与热爱体育、爱好和平的精神巧妙地融合在了一起。这一系列纪录片，是基于互联网社会生态的变迁这一宏大背景而制作和传播的，反映了新媒体时代国家形象宣传片传播策略的调整与传播观念的转变。

以此为鉴，新媒体时代，国家形象宣传片需要在内容、传播渠道等多方面实现策略优化。首先，国家形象宣传片应由“宣传”的传者本位向“传播”的受众本位转变，把握适宜的叙事距离。在内容构建层面，改变过去以我为主的传播观念，与受众建构平等、沟通的传播关系，因地制宜、因时制宜地在把握受众心理的前提下调整传播策略。其次，将中国元素与中华民族精神有机融合，重视形象建构之上的价值连接，增强和突显中国与世界接轨交流的相关元素，以打文化牌的方式缩小情感距离，运用好视觉、听觉等多种话语模态构建意义。最后，重视新媒体技术和平台的运用，譬如利用社交媒体建构国家形象宣传片的推广场域，利用算法和大数据等技术实时回收、分析受众反馈，从而有针对性地进行传播策略的调整。

六、国际传播的政治本质

从某种意义上讲，所有国际传播都带有政治色彩。即使某些特殊组织，如国际宗教广播电台，虽然通常不以针对政权为传播目的，但仍有其政治性。这是因为政治因素跨越了国家和民族的界限，不加控制的信息威胁到了知识垄断这一政权统治的基础（Innis, 1951; Carey, 1989）。传播可以公开政治性质，也可以隐含政治色彩，或者只受国家政治经济政策的影响。

公开的政治传播是显而易见的，如美国之音及前莫斯科广播电台的节目，它们都带有明显的政治动机，其宗旨是以美国或苏联的官方观点来发布观点或分析世界局势，即所谓的宣传（propaganda）。隐含的政治因素对联合国举办的各种活动和讨论产生的影响较多。尽管这些组织和委员表面上与政治无关，但其工作进程和议题却受到各种国际势力的影响。因此，如何综合考虑各国情况，使经济实力雄厚、技术先进的国家的利益与经济和技术同比较落后的国家利益结合起来，是一件比较困难的事情。或许，最难定义的正是对国际传播构成冲击的政治和经济政策。这些政策主要从两个方面对国际传播施加影响：一方面，在广播电视领域对电子设备的进口实行限制；另一方面，在电讯往来上制定有利于国内或地区间的往来而不利于远距离国际电讯往来的价格政策。

我们经常可以在相关期刊和参考资料中看到大量有关国际传播的研究，从研究方法到意识形态假设无所不包。实际上，这个领域确实大到了没有哪本书可以涵盖其所有历史渊源和未来趋向的地步。但是，国际传播领域的核心中却有3个公认的主要议题，不仅如此，它们还是"通往下个世纪"的中心话题，它们是：国家发展和社会变迁、西方支配、新闻流动。[①]

传统的发展传播学的一个主要假设是：大众媒介可以并且能够对那些需要快速进行社会变革的国家产生直接而广泛的影响。"二战"后，以美国为首的西方发达国家，在冷战的国际态势中为了与社会主义相抗衡，一方面从政治、经济上对发展中国家进行控制，另一方面则尽力从文化、思想上进行渗透，其间特别借助了大众媒介的强大影响。与此同时，以前的殖民地国家纷纷独立建国，第三世界国家的自主意识逐渐加强，并与西方支配的意识发生激烈的碰撞。20世纪六七十年代，甚至引发了一场全球性的"世界信息与传播新秩序"运动，形成了一大批世界性合作组织，如发展中国家的不结盟运动、联合国教科文组织等，与西方发达国家展开文化与传播的竞争。

西方支配所讨论的议题，涵盖了全球传播的所有方面：新闻、大众文化和全球性语言的英语，还有传播科技（Hachten, 1992; Merrill, 1995）。同时，以西方文化为主导的全球文化的出现，尤其是以英语为母语的地区——从悉尼到伦敦，从纽约到好莱坞，带来了全球政治经济新秩序的大讨论以及文化帝国主义的概念。

全球传播的另一大现象，就是新闻流动的失衡。自20世纪70年代以来，这就一直是发展中国家担忧的一个问题，因为西方的四大通讯社——美联社、路透社、法新社、俄塔社（苏联的塔斯社）——控制着世界上绝大部分的新闻流，每天出稿3,000万字左右；而占次要地位的5家主要通讯社在20世纪90年代初每天仅占109万字（Frederick, 1993）。另外，国际新闻选择还存在是否有"偏差"的争议。发达程度较高的国家传统上并未赋予国际新闻太多的空间，他们的国外新闻大多是关于其他较大的、邻近而富有的国家或在语言及文化上有联系的国家的新闻；而关于发展中国家的国际新闻，通常只有在其持续发生危机事件，或某些事件威胁到"强权门"的经济、政策利益时，才有可能进入这些国家的新闻视野中。世界上多数发展中国家和地区都曾发现，他们在新闻事件可能发生的全球版图中，往往处于经常性缺席或不受重视的地位（Gerbner & Marvanyi, 1977; Womack, 1981）。

---

① SALWEN M B, STACKS D W. An integrated approach to communication theory and research[M]. Lawrence Erlbaum Associates, 1996: 187-189.

第三节 发展传播学

发展传播学理论将大众传播视为世界经济与社会发展的有力工具，认为媒介能有效地传播关于现代性的信息，并有助于将民主政治制度、市场经济及实践传送到世界上经济落后的国家，尤其是第三世界国家。和发展经济学一样，发展传播学理论的出现也是“应决策人的需要，因为他们要建议政府如何行事，以使自己的国家摆脱长期的贫困”①（Meier & Seers，1984）。

1984年，联合国粮食及农业组织（Food and Agriculture Organization of the United Nations，简称FAO）发布了关于发展传播学的界定及其目标：发展传播学研究如何运用传播学理论以带来社会的变化，如何推广技术以带来社会的广泛发展从而带来物质和精神的进步，通过传播使人们获得对其所处环境的更大的控制力。发展传播是一个社会过程，其设计初衷是为了寻求一个所有发展活动的参与者之间的广泛共识，创造协作行动的基础。

那么，发展传播学研究什么？关于其内容，发展传播学领域的著名学者杨·赛尔维斯（Jan Servaes）指出，发展传播学的目标是发展和社会变革，其本质是知识共享，而传播媒介是完成这一过程的重要工具，其中，人际传播也起到了基础性的作用。学者还预测了发展传播学未来研究的几个方向：

> 相关信息内容的分析。
> 比较性研究。
> 政策研究。②

发展传播学理论最早可以追溯到第二次世界大战之后，尤其是冷战期间兴起的思想与研究。“二战”结束后，美国和苏联成了占统治地位的世界大国，两国都试图利用自己的经济、军事和文化（包括传播）实力来达到实现其国家利益的目的。在发展传播学的演变过程中，出现了若干理论流派，有关发展传播学的文献主要介绍了三种发展模式，这三种模式对“二战”以来该学科的发展产生了很深的影响。学者分别称之为主导模式（或现代化模式）、依赖模式（或依赖性批判模式）以及交互模式（或参与性模式）（Singhal & Sthapitanonda，1996）。其中，主导模式（即现代化模

① 伽摩利珀. 全球传播[M]. 尹宏毅，等译. 北京：清华大学出版社，2003：124.
② 瑟韦斯，玛丽考. 新闻学与传播学丛书：发展传播学[M]. 张凌，译. 武汉：武汉大学出版社，2014：21.

式）把发展看作非线性进化的过程；依赖模式则聚焦欧洲或种族中心主义，首先关注边缘国家依附的后果，强调从世界体系中读解发达与不发达的理念；而交互模式不仅将研究视角拓展开来，而且将更多的注意力投向了发展的内容，这意味着交互模式运用更加标准的方法去解决发展传播学的问题。①

"二战"结束后，有两种思潮在关于发展和人类进步的话题上一争高下：是借助资本主义实现现代化还是借助共产主义实现现代化。这两种思潮的对立对国际社会内部发展传播学的实践产生了影响。不过，超级大国间的紧张局势并没有阻碍发展传播学的发展，反而有助于强化发展传播学的理论和实践。现代化理论的理论家认为，通过引进新思维和新做法，可以加速现代化社会的进程，而现代化代表着进步。现代化学者如丹尼尔·雷纳（Daniel Lerner）、施拉姆和罗杰斯都强调了传播在发展进程中的重要性，而大众媒介特别是广播则被看作加速行为和结构变革的重要手段。

发展传播学认可媒体激活了现代性、提高了知识水平，并创造了参与型社会，认为媒体的重要性在于其效果往往影响甚至决定着发展项目的成败。不过，尽管发展传播学出现于20世纪60年代，其既往的发展也清楚地显示出其对变革与发展的有用性和影响力，但它的重要性至今仍然没有被公众充分地理解和感知，②可以说，发展传播学的未来发展仍任重道远。

大众媒介成为发展机制的主要方式可以简要归纳为以下几种：③

传播科技知识的窍门。

激发个人的变迁与流动。

散播民主（等同于选举）。

刺激消费需求。

促进识字率、教育水平、卫生水平、人口控制的提高。

到20世纪60年代，现代化的方式受到了来自各个方面的攻击——既有行动上的，又有意识形态上的。对现代化的批判来源于两大知识群体："其一根植于新马克思主义，又称结构主义；其二是拉丁美洲地区对联合国拉美经济委员会所推广的发展项目所进行的广泛辩论。"（Servaes & Malikhao，1994）依赖性批判理论家指出，现有的国际经济关系模式——也就是由工业化所主导的模式，造成了发展中国家经济

---

① 瑟韦斯，玛丽考. 新闻学与传播学丛书：发展传播学[M]. 张凌，译. 武汉：武汉大学出版社，2014：36.

② 瑟韦斯，玛丽考. 新闻学与传播学丛书：发展传播学[M]. 张凌，译. 武汉：武汉大学出版社，2014：71.

③ 麦奎尔. 大众传播理论[M]. 陈芸芸，等译. 台湾：中国台湾韦伯文化国际出版公司，2003：111.

施拉姆认为，大众传播媒介在促进国家发展和社会进步的过程中具有举足轻重的作用，我国广播电视"村村通"工程在实践中的成效正是这一观点的有力证明。"村村通"工程的启动是我国推动广播电视公共服务体系建设的重要组成部分。自1998年起，为解决广大农民群众听广播、看电视难的问题，党中央、国务院决定启动广播电视"村村通"工程。到2005年，在广播电视"村村通"第一轮工程技术中，中央和地方财政累计投入资金34.4亿元，基本解决全国11.7万个行政村和8.6万个自然村共9,700万农民群众收听收看广播电视的问题。[①]时至今日，我国的"村村通"工程建设已取得非常大的成绩，成功解决了全国广大农村群众收听收看广播电视的难题，为推动我国农村建设打下了良好基础，使广播电视媒体能够在农村发展建设上扮演重要角色。具体来说，"村村通"工程在推动农村发展上主要有两个层面的作用。

首先，就"村村通"工程本身而言，广播电视走进农村的千家万户，有效提高了村民的生活质量，改变了他们原有的信息接触方式。正如麦克卢汉所说，"任何一种新媒介的出现都必然会带来人们思考方式的转变，同时促进交往方式的转变"。过去，广播电视媒体的缺乏外加交通状况的恶劣，导致农村与外界信息接触不畅，信息传播的主要方式还是最原始的人际传播，信息的准确性、专业性都相对较差。同时，由于广大农村地区文化水平仍十分落后，大多数人处于半文盲状态，以致偶尔传来的纸质媒体不但时效性严重滞后，还无法被村民解读。因此，纸质媒体并不能很好地让农村受众接受并理解信息。而"村村通"工程率先成功地解决了农村受众获取信息的渠道难题。

其次，从传播内容层面而言，"村村通"工程的实施使众多推动农村发展的节目、栏目能够通过广播电视传播给农村的受众，为广大居民带去了发展的信息，传递了新的生产技术和致富方式。例如，CCTV-7的《致富经》就是一档广受村民喜爱的节目，广大农民通过该栏目所提供的致富方式获取了大量新鲜、有用的信息，找到了致富的思路与方法。

大众媒介对国家发展的贡献有几种形式。它能够促使许多新兴科技与社会创新得到传播并被广泛采纳，而这些正是"现代化"的基础（Rogers, 1962, 1967; Rogers & Shoemaker, 1973）。大众媒介能够激励"心智状态"，使之偏好现代性，尤其是想象其他生活方式的可能性（即所谓的移情能力）。雷纳将西方式的媒介描述成"变动性的扩大器"（mobility multipliers），更是"心理移动性"（即移情）的"魔术扩散者"。另外，大众媒介还被视为新兴国家（从前的殖民地）促进国家统一（Pye, 1963）及民主政治参与的基础，尤其是通过选举的方式。

在媒体融合的时代背景下，我国将县级融媒体中心建设、应急广播体系建设等作为提升我国区县人民群众视听品质的重要举措，这些措施的实施与"村村通"一起，为我国基层广播电视制播能力的提升贡献了重要力量。2019年4月，中华人民共和国财政部公布了2019年中央财政预算，显示2019年度中央补助地方公共文化服务体系建设专项资金预算为147.1亿元，比2018年的执行数128.99亿元增加了18.11亿元，增长14%，而这部分增加的预算将主要用于支持县级融媒体中心及深度贫困县应急广播体系建设。

不发达的局面，而发展中国家内部用来推动现代化的广播和其他大众媒介的系统在实际上又破坏了建立平等发展格局的可能性。人们认识到，总体来看，与大众传播所能达到的程度相比，地方权力结构、传统价值观与经济限制的影响力更大。在发展中国家，媒介仍然是实现变迁的一个主要工具，但是由于它对社会内部结构的严重依赖以及庞大的成本，其发展受到了严格的限制。此外，随着大众传播的全球化，媒介的发展还与"文化帝国主义"以及"依附"等负面字眼相联系。到20世纪70年代后，人们

① 朱虹. 广电政策与未来走向[M]. 河南大学出版社，2007：127.

对国际传播不平等状况的忧虑恰好与对全球经济体系不平等的忧虑不谋而合。

批判性理论也受到了批评，因为它只对现代化模式进行批判，却没有提出解决的方法。不过该类理论提出的问题对当代发展传播学产生了一定影响，它将重点放在基层研究的一些成功实践上，促使大家注意到在发展传播进程中缺乏民众真正的参与。

最近30年，发展传播学中出现了令人振奋的新策略，其中主要运用的策略包括提高大众意识、普及知识、社区动员、利用民间媒体、社会营销、娱乐教育以及倡议等。一些策略已经被一些社区团体、国家政府、地区性和国际性组织以及非政府组织所采用，以解决世界所面临的各种发展问题，如推进、支持和维持农业、教育、环境、计划生育和生殖健康、性别平等、营养以及公共卫生等。

新媒体时代发展传播学的变化

随着以互联网媒体为代表的新媒体的出现，受众个人的主动性得到了更大的提高。正如卡茨的“使用与满足”理论所述，受众是基于自己的选择和需求主动从媒体上获取信息的，因此，新媒体的出现在一定程度上使受众更便捷地获取自己所需要的信息。因而，在信息社会和新媒体环境下，发展传播学应适时在更大的空间发挥其潜力，张扬其包容性理念。在这个信息社会中，人人可以创造、获取、使用和分享信息和知识，个人、社区以及各国人民均能够发挥各自的潜力，促进实现可持续发展并提高生活质量。

现代化传播技术一方面为我们提供了知识和信息的门户，也在另一方面使得发展进程中的政治边缘化、贫困监狱等问题更加凸显。从另一个维度来讲，新媒体也是改变这些局面的潜在力量。在未来，新媒体可作为发展传播学中增进传播对话的有力工具。

在20世纪80年代末，参与式方法成为可持续发展传播应用中的关键。发展传播学更加关注对话、参与和知识信息的分享，使信息成为可理解的和有意义的，并且促进政策接受。从这一范式出发，新媒体给发展传播学带来的变化表现在以下几个方面：

第一，拓宽社会各界获取知识和信息的途径，特别是弱势群体和边缘群体，新媒体的出现在一定程度上改变了信息传播不均所造成的地区之间发展不平衡的局面。现在，在任何地区，只要接入互联网就能随时分享最新的信息，与世界大发展同步。

第二，通过网络和社交平台影响政府决策解以决公平问题。

第三，新媒体通过对广大受众的宣传和教育推广促进其行为和生活方式的变化。

第四，通过新媒体提升关于社会和环境问题的意识和社会动员。

第五，通过及时和充分的信息传播，确保经济发展和就业，并确保社会中不同组成部分之间的对话，以解决多重的冲突。

第六，在信息社会中，利用新媒体发展提升传播能力的建设，譬如降低数字鸿沟的影响等。

第四节 健康传播学

“健康问题是与人类社会自身的发展形影相随的。自从有了人类，就有了人类的健康问题和健康意识，人的健康意识是人类自我意识的历史性过程。健康传播作为人类健康意识的物质化载体，承载着人类维护健康、促进健康的历史使命。”[①]

从20世纪60年代起，美国学者将传播学引入公共健康与卫生教育领域，丰富和发展了健康教育学科的理论与方法；20世纪70年代中期，“健康传播”的概念正式产生；20世纪末，随着人类社会的不断进步、生活质量的普遍提高，特别是大众传播技术的日益发展，政府和学者都开始关心如何利用大众传播的渗透力，改善一般民众的健康意识，塑造社会的健康环境，提高大众的健康水平。于是，健康传播作为一门具有极其重要社会意义（对于不发达国家而言，还具有一定的政治意义）的研究领域，逐渐成为显学。

值得注意的是，在传统西方传播学的语境中，最初狭义的健康传播指以大众媒介为渠道，以现代医学研究成果为内容，面向一般大众或不发达国家的社会，运用多种策略的专业化、系统化的现代健康传播。然而，除了现代健康传播之外，依据不同的文化背景和社会状况，往往还有其他的健康传播形式。例如，根植于中国传统文化的中医文化和民间养生偏方等；以口耳相传、小组织范围内进行的健康传播以及组织健康传播等。于是，在不断研究的过程中，健康传播的内涵扩大了。

那么，究竟什么是健康传播呢？根据著名传播学者罗杰斯的定义，“健康传播是一种将医学研究成果转化为大众的健康知识，并通过态度和行为的改变，以降低疾病的患病率和死亡率、有效提高一个社区或国家生活质量和健康水准为目的的行为”[②]。两年后，罗杰斯又在另一篇文章中对健康传播做了如下定义：“凡是人类传播的类型涉及健康的内容，就是健康传播。”[③]比较这二者的定义，可以看出，前者的定义主要着眼于通过大众传播进行健康知识普及，不仅是单向的（从专业人士到一般大众）、无反馈的，而且着重于对健康传播渠道和效果的研究，实质是其创新扩散论的健康知识的版本；而后者则更加宽泛，罗杰斯曾对这一定义加以补充说明，认为“健康传播是以传播为主轴，借由4个不同的传递层次将与健康相关的内容发散出去

---

① 张自力. 健康传播学：身与心的交融[M]. 北京：北京大学出版社，2009：1.

② ROGERS E M. The field of health communication today[J]. American Behavioral Scientist, 1994（2）：208-214.

③ ROGERS E M. The field of health communication today: an up-to-date report[J]. Journal of Health Communication, 1994（1）：15-23.

的行为。这4个层次是：自我个体传播、人际传播、组织传播和大众传播。在自我个体的层次，如个人的生理、心理健康状况；在人际层次，如医患关系、医生与患者家属的关系；在组织层次，如医院与患者的关系、医护人员的在职训练；在大众层次，如媒介议题设置、媒介与受众的关系等”。很显然，罗杰斯两年后给出的这一新定义更贴近传播学的研究视野，从人类传播的4个层次将健康传播的研究议题囊括其中，使其结构清晰、便于被认知和把握。此外，还有些学者运用文化研究的方式，考察健康传播在不同文化中所扮演的角色与形态以及一些亚群体（如少数族裔、同性恋、城市贫民）中的健康传播，从广义上看，它们都属于健康传播研究的范围。

总的来说，随着30多年的发展，健康传播已经从最初的医药信息传播、健康知识教育等较狭隘、实践性的范畴，发展为集健康知识传播、健康心理传播、健康文化传播、健康行动传播于一体的综合模式，由单向的健康传播效果研究转变为双向多元、结合传授关系、传播媒介、传播情境等的综合分析。这种变化不仅有助于研究健康传播的一般规律，更好地为大众健康传播实践服务，而且能够使人们从人类文明进程的高度，重新思考健康传播在人类的文化特征、社会演进中的地位。

目前，以研究取向为依据，健康传播被划分为以下几个类别：

主题取向。

功能取向。

传播层次取向。

情境取向。

我国学者张自力将健康传播学分为两种：健康的传播学与健康中的传播学。所谓“健康的传播学”研究，是指以健康意识问题为导向的研究议题，运用传播学的理论和方法考察人们各种与健康有关的行为和观念。而所谓“健康中的传播学”研究，则指的是在维护和促进健康的过程中运用了传播学的理论和方法，换句话说，就是运用传播学理论和方法所从事的与健康促进相关的应用性研究。[①]

具体而言，这又可以分为9个较为重要的方向，即大众健康传播媒介与效果研究，组织健康传播研究，以“医患关系”为核心的人际健康传播研究，健康教育与健康促进研究，健康传播的外部环境研究，健康传播与文化研究，艾滋病、安乐死、同性恋、器官移植等特殊议题的研究，健康传播史的研究，突发公共卫生事件（健康危

① 张自力.“健康的传播学”与“健康中的传播学”：试论健康传播学研究的两大分支领域[J]. 现代传播，2003：(1) 51.

机的传播研究）。[①]

健康传播来源于大众传播学中对于健康信息传播的实践。因此，最初的健康传播理论与模式往往脱胎于大众传播学的基础理论，但是随着研究的深化，健康传播逐渐从长期的实践中，从相邻的各个学科中吸取、借鉴有价值的理论特点和模式，丰富了自己的理论基础，摸索出适合健康传播自身的基本模式。我们可以将健康传播的模式分为两种：早期的单向性模式和后期的健康传播系统模式。

一、早期的健康传播研究

在健康传播研究的早期，其着眼点主要是如何利用各种传播渠道（尤其是大众传播渠道）实现健康信息的有效传递，改变受众的态度及行为，从而达到提高大众健康水平的目的。这其中，有3种模式最为突出：健康"知—信—行"模式、健康信念模式以及健康行为转变的阶段模式。

（一）"知—信—行"模式

"知—信—行"模式（knowledge-attitude-belief-practice model，又称KABP模式或KAP模式）最早由英国健康教育学家G.柯斯特（G.Cust）提出，用以说明知识、信念、行为在促进个人健康行为改变方面的关键作用。该理论认为：健康知识和信息是人们形成积极、正确的健康信念和态度的基础，而正确的健康信念和态度则是行为改变的动力。

值得注意的是，"知—信—行"三者之间的递进关系并非必然存在，而是受到多重因素的影响和制约，包括对"知"的影响因素——信息的有效性和针对性、媒介的传播能力与方法，个人的媒介接触与信息素养，对"信"的影响因素——信源权威性、媒介传播效能、健康诉求紧迫性、行为效果显著性以及对"行"的影响因素——行为改变的基本条件与相关因素、环境的一致性、行为成本。

"知—信—行"模式类似于霍夫兰的说服模式，它对我们最大的启示在于，健康传播是个复杂的过程，受众不一定会因为接受健康传播就改变自己的生活习惯。合理的健康传播必须不断研究受众，关注影响健康传播效果的因素，从而不断调整或改变传播手段，以达到最佳的健康传播效果。

---

① 张自力. 健康传播研究什么：论健康传播研究的9个方向[J]. 新闻与传播研究，2005（3）：45.

（二）健康信念模式

20世纪50年代以来，为了研究信念与行为改变之间的关系，一些心理学家先后提出了多种版本的“健康信念模式”。其中，较为著名的是由霍克巴姆于1970年提出的健康信念模式（health belief model，简称HBM）。此后，社会心理学家贝克及其同事于1974年对霍克巴姆的健康信念模式进行了修改、发展和完善，使这一模式成为世界各地健康教育和健康促进活动中最常用的理论模式之一。

健康信念模式是基于社会心理学的研究成果而提出的，强调人的心理和信念对个体行为的影响，该模式认为：强烈的信念可以导致个体的行为改变。在健康信念模式中，健康信念的形成主要受到三方面因素的影响：

> 个体对疾病的主观认知，包括对疾病严重性和对疾病易感性的认知。
>
> 个体对行为成本与行为收益的权衡，包括对采取健康行为后获益的认知与对采取健康行为的障碍和困难的认知。
>
> 外界影响因素，包括健康促进因素（诱发健康行为的因素）、人口学因素（年龄、性别、民族、种族）、社会心理学因素（人格特点、社会经济地位、风俗习惯、环境压力）等。

与“知—信—行”的“三步走”模式相比，健康信念模式着重强调了后两步，即从“信”到“行”的变化过程，更加关照个体认知层面、行为经济层面、外部层面。健康信念模式较为充分地考虑了这一变化过程中的诸多影响因素，增强了模式的可操作性。而“知—信—行”模式的优点则在于强调了从“知”到“信”、最后到“行”的因果链条，并将从“知”到“信”的变化过程纳入视野，避免了对“知”的忽视。事实上，知、信、行正是人类传播的三个基本层面，通过这三个层面的不断递进，最终实现了传播的完整意义。

值得注意的是，无论是“知—信—行”模式还是健康信念模式，都只是将行为改变作为单一的目标看待，而没有对行为改变本身的阶段性和复杂性进行研究。这一点，恰恰在行为转变的阶段模式中得到了弥补。

（三）健康行为转变的阶段模式

美国心理学家詹姆斯·普罗查斯卡（James O.Prochaska）在大量实证研究的基础上，整合了有关心理治疗和行为变化的多重理论，创建了行为转变的阶段模式（stages of behavior-change model）。该理论模式认为，个体的行为转变是一个连续的过程而非单一的事件，人们在真正做到行为转变之前，会经历一系列的动态循环变化，形成不同的行为阶段。对处于不同阶段的个体采取不同的行为转变策略，能促使其向更高级的行为阶段转化。①

行为转变的阶段模式把个体的行为转变过程分为五个主要的阶段，包括前意向阶段、意向阶段、准备阶段、行动阶段和维持阶段。这些变化阶段反映了个体行为转变的发展方向，不同的个体可能会以不同的变化率通过各个阶段向前变化或退回，并且可以在行为转变的任一阶段重新进入。②

行为转变的阶段模式有几个显著的特点。首先，该理论模式为研究者和实践者提供了一个利用不同观察阶段关注每个行为转变者在不同阶段的不同需求并采取相应干预措施的机会。其次，该模式为行为转变提供了一种更加敏感的结果测量模式，使得对行为转变的认识比传统理论更进了一步。但是，该理论模式在实践应用中也存在着不足。首先，实证调查和研究并不能完全支持五个变化阶段的固定性。由于五个阶段的界限划分并不清晰，在概念上尚存在含糊之处，这直接影响了对结果的测量。其次，与其他理论一样，该理论过分重视行为主体的认知过程和心理过程，弱化了环境因素对行为转变的影响作用。

二、系统论影响下的健康传播研究

以上几种健康传播模式的一个共同特点是，着眼于传播效果层面，主要研究健康信息的说服能力和影响个体态度变化的因素，是一种单向的、局部的传播模式。而随着传播学的发展，尤其是系统论传播模式的引入，健康传播的系统模式开始出现。健康传播的系统模式认为，传播是包括传者、受者、媒介、信息、效果等一系列要素在内的循环往复、相互作用的完整过程。系统的健康传播模式不仅关注传播效果，而且关注传播过程中的其他要素及各要素的相互促进与相互制约。健康传播的系统模式主要包括“系统—反馈”模式和传播生态模式。

（一）“系统—反馈”模式

“系统—反馈”模式来自德弗勒的互动过程模式。如前所述，德弗勒互动过程模式是在“申农—韦弗”模式的基础上发展而来的。它最大的特点在于加入了反馈的概念，并且明确地补充了反馈的要素、环节与渠道，使传播过程更符合人类传播互动的

---

① 尹博. 健康行为改变的跨理论模型[J]. 中国心理卫生杂志，2007（3）：195.

② PROCHASKA J O, DICLEMENTE C C. Stages and processes of self-change of smoking: toward an intergrative model of change[J]. Journal of Consulting and Clinical Psychology, 1983（3）：390-395.

特点。近年来，有研究者又提出除了反馈，也要注意前馈在传播系统模式中的作用。前馈是不同于反馈的一种控制，系统通过对一种或多种可能干扰输出结果的信息进行控制，以达到减少不合乎目标范围的输出结果，提高传播效率。有前馈的系统不必等到反馈发生之后才被动地对输出结果予以修正，而是事先主动地采取控制，把那些不能事先解决的问题留给反馈去处理。

在健康传播的实践中，前馈/反馈的作用十分明显。在传播过程之前，要事先对受众需求进行调查，并根据调查结果设计传播内容和方案；在传播过程中，由于改变受众的健康素养和态度是一个长期、曲折的过程，因此更有必要在健康传播中随时接收受众的反馈，不断调整自己的传播方式。

（二）健康传播的生态模式

健康传播的生态模式，不仅关注健康传播行为本身，而且关注健康传播行为发生的情境与场域。因为，一方面，健康传播作为传播活动，必然具有社会建构、社会组织、社会发展等社会事件功能，进而改变其周围情境；另一方面，周围情境反过来也会影响健康传播，建构健康传播，给健康传播打上环境作用的印记。这种情境与场域至少包含两个层次：第一个层次是传播情境，即一个具体传播行为发生的情境（如医院或者诊所）；第二个层次是社会情境，它是更加宽泛的外部社会环境，属于次级场域的范畴。

健康传播的生态模式，其一个突出特点是它强调了情境的重要性，提供了一种通过多维视角考察和解读健康传播的途径。任何一个处在具体社会环境中的健康传播行为，都是健康、传播、社会三者的结合，这种结合不是线性的延长和平面的叠加，而是立体的建构。对于不同的健康传播行为而言，差异之处在于这三者的介入程度不同。在健康传播中，“健康”“传播”“社会”之间的关系组成了一个三维空间，这三个维度分别代表“健康诉求”“传播能力”“社会参与”。“健康诉求”是指传播者与受传者对健康危害的恐惧程度。恐惧诉求越深，健康诉求越强烈；反之，则健康诉求微弱。“传播能力”，主要涉及传播情境，不仅包括物理层面的传播场域，还包括技术层面的传播手段，涉及传播内容的表达、传播形式的选择、传播渠道的多元化以及传播技术的更新等。“社会参与”程度的深浅，决定了一个健康传播行为与社会情境之间相互作用的强弱程度。一个处在现实社会情境中的、具体的健康传播行为，是上述三个维度的结合。健康诉求、传播能力、社会参与程度三者共同决定了健康传播行为的总体特征。三个维度在比例上此消彼长，但总体上同生同在。这种多维共存的特点，构成了健康传播的系统结构。

从约翰斯·霍普金斯全球新冠病毒疫情地图看健康传播中的可视化应用

2020年新冠肺炎疫情暴发，这场重大突发公共卫生事件严重威胁了人类健康，引发了全社会的高度关注。科学家、医生、媒体工作者、广大民众都通过各自的阵地发声，形成了一个立体的、相互作用的健康传播场域。健康传播的内容依赖公共健康领域的知识，常涉及医学、生物学、心理学等领域的专业知识，对于没有专业背景的人来说，理解其中的专业词汇和术语相对困难。因此，在传播过程中需要努力打破知识壁垒，降低理解门槛。无论是哪一种传播，都必须清楚传播对象的多样性和复杂性。由于社会和文化背景千差万别，健康传播要考虑受众教育程度和健康素养水平的不同，有针对性地进行传播，有效发挥信息影响力，进而促进公共健康和公共福祉。

可视化（visualization）是指利用计算机图形图像处理技术，将庞大数据可视化，使复杂事件全景化、抽象概念简单化、专业知识形象化的方法和技术。在新冠疫情报道中，国内外众多数据平台和媒体借助可视化工具向公众提供疫情数据，在健康传播过程中发挥了重要作用。其中，美国约翰斯·霍普金斯大学的全球“新冠病毒疫情交互式仪表盘”（an interactive web-based dashboard to track COVID-19）表现尤为突出。

约翰斯·霍普金斯大学的全球新冠病毒疫情仪表盘于2020年1月由该校系统科学与工程中心建立，是世界上最早的疫情实时追踪工具之一，被视为全球运用最广泛的疫情数据标准。该仪表盘最初仅在科研中使用，其发起和负责人劳伦·加德纳（Lauren Gardner）博士和其中国博士生董恩圣期望通过收集数据来更好地了解新冠肺炎，而随着疫情在全球的迅速扩散，他们决定公开数据，以帮助公众更加实时、准确地了解疫情。随后，据加德纳博士在2020年3月的一次简报中所说，该应用平均每日点击量已经超过10亿次，最高的日访问量超过20亿次。

除了上述一些常用的理论之外，健康传播的研究和实践中还有一些较为重要的理论模式，如恐惧驱动模式、文化模式理论、社会学习理论等。

三、新技术条件下的健康传播研究

近年来，随着研究的不断深入和有关健康传播的技术手段不断更新，健康传播研究领域也出现了一些新的趋势。

一方面，随着研究的不断深入，健康传播研究的经典议题近年来在不断地向细分化、精准化方向延伸。如医患关系研究领域出现了大量针对科室、疾病、不同医务人员、边缘场合和新技术的精准化场景研究，或如热点话题的健康宣导研究领域以及针对肥胖/运动/身体形象等健康生活方式相关的研究议题。

另一方面，随着互联网、大数据、人工智能的发展，健康传播领域出现了与新技术相关的研究议题，网络社区、社交媒体、可穿戴设备等对于健康的促进作用受到了很多学者的关注。在这一领域，海外学者对健康传播的研究主要分为以下几类：①

---

① 苏婧，李智宇. 超越想象的贫瘠：近年来海内外健康传播研究趋势及对比[J]. 全球传媒学刊，2020（1）：30.

就其对新冠疫情数据的可视化呈现而言，全球新冠疫情仪表盘最突出的特点主要表现在数据完整性高、准确即时、可视化效果好这几个方面。

首先，该仪表盘的数据信息覆盖了全球，数据精度高，可完整地呈现全球疫情的发展形势。一开始，董恩圣等就利用其语言优势，及时搜集并整理了来自中国网站丁香园、美国和欧洲疾控中心等的疫情数据，保证了仪表盘的覆盖范围。至2020年5月，其数据的精细化又取得突破，可以精确到市县数据。

其次，仪表盘的准确性和即时性主要通过人工团队协作和大数据自动抓取实现。早期，该疫情地图的数据收集完全靠手动整理，每天最多更新4—5次。随着工作量的不断增大，为了确保高质量的数据报告，约翰斯·霍普金斯大学为加德纳团队提供了强有力的支持，该校的数据管理团队承担了数据的校对和确认工作。另外，中国博士生杜鸿儒也加入了团队，负责编写数据自动更新的代码和维护Github数据库，并通过对比WHO的数据验证数据的准确性。这种“人工团队+自动更新”的形式极大地提高了仪表盘数据更新的准确性和即时性，现在已经可以实现每20分钟自动更新一次。

最后，仪表盘的可视化效果广受认可，其数据发布的界面易于导航和阅读。打开仪表盘，可看到中间最显要的位置是黑底红标的全球地图，在这里可以清楚地看到新冠疫情在全球的蔓延情况，左边红色数字标注着全球以及各国的确诊病例数，右边的白色和绿色数字分别呈现的是全球和各国的死亡案例和治愈案例数字，这样的页面布局十分清楚、易于阅读。

综上可以看出，通过数据信息可视化的方法可以将抽象的事物具象化、形象化，降低医学知识的理解难度，在科学知识与受众之间搭建桥梁，进而有助于医疗卫生数据和信息的传播。

（一）对在线健康信息和社交媒体的健康传播功用的研究

这一类的研究主要关注在线健康信息的建构过程以及不同人群的在线健康信息寻求行为。如F.M.沙恩（F.M.Thon）等考查了人们对健康信息知识的建构过程，以及这如何影响在线信息的可信度。[①]

（二）对数字媒体、平台对健康和健康促进的影响的研究

这类研究主要采用诠释/批判趋向的研究范式，关注技术的发展对于健康和健康促进产生的影响。在这一研究视角下，2016年吉娜•奈夫（Gina Neff）等出版的《自我追踪》（*Self-Tracking*）一书受到了广泛关注，该书对智能媒体时代人们为何以及如何对其自身的数据进行记录、分析和反思进行了探索。在他们的研究中，有关健康的数据如何被个体监测被置于显要的位置，研究人员对人们为何如此关注有关其健康的数据进行了分析，也对评论者对这可能导向的消极影响进行的警示予以了关注。[②]

---

① THON F M, REGINA J. Believing in expertise: how authors' credentials and language use influence the credibility of online health information[J]. Health Communication, 2017(7): 828-836.

② NEFF G, NAFUS D. Self-tracking[M]. Cambridge: MIT press, 2016: 1-36.

（三）关于健康领域的网络营销的研究

这类研究多与社会营销和娱乐教育策略相联系。如L.B.赫尔维兹（L.B.Hurwitz）等人对大约100个视频和饮料品牌网站进行了内容分析，考察了不同产品的在线营销实践，并总结了营销技术与推广事务的营养概况之间的关系。①

总的来说，作为传播学的一个专业研究领域，健康传播研究具有理论性与实践性的双重意义。在理论研究上，健康传播不仅给予大众传播基础理论和方法一个检验与深化的场所，而且自身也在摸索和孕育新的理论和方法，为传播学整体理论体系和方法论体系做着有益的补充。而在实践意义上，随着人类社会进入"后风险时代"，健康传播对于人类提升自身健康素养和生命质量、改变公共健康状况、防止日益增长的健康危机爆发有着毋庸置疑的重要意义。这是一个新兴的领域，值得我们进一步去探索和研究。

第五节　新媒体传播学

继美国社会学家丹尼尔·贝尔（Daniel Bell）提出"后工业社会"概念，未来学家阿尔温·托夫勒（Alvin Toffler）阐述社会面临"第三次浪潮"的深刻变化之后，约翰·奈斯比特（John Naisbitt）进一步指出，世界正从"工业社会"进入"信息社会"。这些论述是对20世纪50年代"信息革命"之后人类社会现实的总结。21世纪，知识经济、信息社会和全球传播一体化成为势不可挡的国际潮流；卫星通信、数字电视、无线通信、云计算等现代信息传播技术的异军突起，给信息生产带来了前所未有的影响。

20世纪90年代中期，互联网规模的迅速扩张打破了传统的地缘政治、地缘经济、地缘文化的概念，形成了虚拟的以信息为主的跨国界、跨文化、跨语言的全新空间。在这一背景下，国内外学术界立刻形成了对互联网评价、研究的热潮，新闻传播学者亦对互联网在信息传播领域产生的变革性影响给予了充分的关注。近年来，无论是增长速度还是品牌价值，互联网在全球传媒产业中均处于领先地位。②

互联网传播作为一种全新的现代化传播方式，有着与传统传播媒介截然不同的

---

① HURWIWZ L B, HEATHER M, ELLEN W. Food marketing to children online: a content analysis of fod company websites[J]. Health Communication, 2017（3）: 366-371.

② 2018年，全球互联网用户总数已经达到38亿，中国移动互联网用户规模已经达到8.2亿，全年移动互联网数据流量同比增长189%。

新特征。互联网传播的出现和发展，打破了以往人类信息传播形式的界限。它不仅可以实现面对面的传播，而且可以实现点对点的交互式传播。互联网传播将人际传播和大众传播融为一体，因而，这种全新的、特殊的传播方式一经问世便在全球范围内得到了重视和普及。由于互联网打破了精英阶层对信息资源的垄断和传统文化的权威性，其在一定程度上具备了解放意义，开放的海量信息使得普通民众有了自行传播的可能，从而开启了从“精英文化”向“大众文化”发展的进程。

此外，互联网的物理特性赋予了网络传播快捷、即时更新、可移动等特点，在新闻的时效性上具有传统媒体无法比拟的优势。网络传播不仅集传统媒体传播手段之大成，而且在传播过程中还可以运用高新多媒体技术，把文字、视频、图像、音频、动画等融为一体，整合各种传播资源和传播方式，以满足广大受众的多方面需求。

经历了20余年的发展，互联网已经以不可抵挡的势头，迅速渗透到世界各国的政治、经济、思想以及文化等诸多领域，尤其近年来web2.0塑造了全新的信息生态环境，如SNS（social networking services,即社会性网络服务，专指旨在帮助人们建立社会性网络的互联网应用服务）的出现等，社交媒体大放异彩，不仅改变着人们的生活方式、思维方式和传播方式，更改变着整个世界的面貌。

2004年2月4日，facebook在美国正式上线，标志着SNS社交媒体时代正式到来。注册用户可以在相当大的自主空间内将个人信息发布在个人主页（墙）上，不受传统封闭式门户的约束，通过状态更新、视频分享、微社区、用户群以及其他应用程序打造个性化的社交网络圈，信息生产和传播的主动权在一定程度上回归大众。2006年6月，作为移动社交网络服务的翘楚，微博客twitter在美国上线，掀起了SNS社交媒体的另一个高潮。twitter允许用户将即时消息以短信息的形式（字数限制在140字以内）发送给手机和个性化网站群。①

Facebook和twitter的聚变效应及其动态性强、传播速度快等特点成功印证了哈佛大学心理学教授斯坦利·米尔格兰姆（Stanley Milgram）创立的“六度分割理论”（six degrees of separation）。六度分割理论也叫小世界理论，即任何人和一个陌生人所间隔的人不会超过6个；也就是说，最多通过6个人你就能够认识任何一个陌生人。

毫无疑问，互联网的出现，尤其是SNS社交媒体的出现，具有重大的社会意义。2008年的孟买恐怖袭击、2011年的阿拉伯地区动荡都彰显了SNS社交媒体的强大力量及其对现实世界的政治、经济、文化各领域的渗透和影响。美国《商业周刊》2008年11月6日撰文称：“2008年的美国总统大选是facebook、twitter、YouTube以及Flickr

① 2019年2月，twitter的日活跃用户已经达到1.26亿人。

等社会化媒体的胜利。无数选民利用文字、图片和视频的形式在这些网站上与他人分享自己的体验。2008年的白宫宝座争夺战作为第一次利用社会化媒体进行的选举被载入史册。”[①]2012年美国总统大选期间，各党派候选人也纷纷借助SNS社交网站塑造良好的个人形象，宣传竞选口号、赢取选民支持。而目前在任的美国总统特朗普更因频繁在twitter发布未经美国政府审核、确认的政治推文而被称为“twitter总统”。

在中国，SNS社交媒体起步较晚。2007年5月正式上线的饭否网是国内第一家提供微博客服务的类twitter网站。直到2009年，新浪微博才正式掀开了国内SNS社交媒体发展的序幕。注册用户可以通过网页、WAP页面、手机短信、彩信等方式随时随地发布140字以内的消息或上传图片、音频和视频，参与转发、评论、私信、分享、关注、搜索、加入微群和主题讨论等。在2010年的“7·23甬温线动车追尾事件”和青海玉树地震、舟曲泥石流事件中，新浪微博成为第一信源，以快速传播的优势打败了传统媒体，并通过滚雪球的方式进行了多路径传播，实现了信息的裂变和链式传播。随着基于手机通讯录来快速组建关系链的kik技术被开发并获得应用，以腾讯QQ联系人和手机联系人为推广基础，微信诞生并在短时间内实现了数亿用户数量的扩张，使得我国的社交媒体取得了引人注目的发展。

然而，值得注意的是，互联网传播不可避免地带来了一系列负面影响。如意识形态和文化渗透、假新闻、假信息传播、暴力色情泛滥、个人隐私和知识产权遭到侵犯等。我国台湾地区曾公布了一项名为“网络十大罪状”的民意调查，结果显示，网络外遇、垃圾邮件、网络谣言、网络上瘾症、网络色情、网络并发症、网络赌博、网络购物狂、网络疏离症、网络假民主为网络十大罪状。

一、备受关注的网络问题

（一）把关人的缺失与后真相时代的来临

大众媒介中有权责分明的把关人，而新媒体却往往缺乏清晰的把关人，其表征为网络舆论的理性缺失、个人隐私权遭受侵害和虚假信息、不良信息对网络空间的入侵。琐碎的、虚假的、无关联的、无价值的、不重要的讯息不仅提高了系统超载的危险，也加大了网络媒介舆论引导的难度。虚假信息被聚合放大后，很容易影响社会的和谐与稳定。在web2.0时代，SNS社交媒体的关键不在于“下载”，而在于“上

---

① 杨琳. 美总统大选：社会化媒体的胜利[EB/OL].（2018-11-06）[2011-07-29]. http://tech.sina.com.cn/i/2008-11-06/16342561944.shtml.

传”——用户可以将个性化的讯息上传至个人主页，并通过讨论和分享，扩大讯息的影响力和影响范围，网民个体因此获得了更大的话语控制权。然而，由于网络的匿名性特点，网民个人责任意识相对淡薄，在理性缺失的情况下往往容易导致网络舆论暴力，进而引发网络群体事件。同时，网络传播的全球化和自由性使网络监管变得更加困难，假新闻频出，不同人基于自身的立场发布着信息，后真相时代来临了。

后真相（post-truth）并非是真相的对立面，也没有崇尚假象和谎言，只是后真相时代中原本区分真假的标准被解构，区分是否是真相的标准成为信息提供主体是否具有足够的善和诚意。究其原因，从时间维度来看，新媒体，尤其社交媒体的快速发展终结了传统大众媒体鉴别真相的权威性和垄断性，人人都有发言权的传播形态导致了其平台缺少真相的代言人；而从空间维度上来看，社交媒体的社区传播方式培育了更加多元的立场和标准，达成共识的可能性和必要性都下降了。①

（二）信息过量、信息错误以及认知偏差

网络时代信息过量、信息错误以及大量表层信息所带来的认知偏差也是学界关注的问题。就信息过量（too much information）而言，如果受众知道如何正确使用和理解互联网，那么互联网可以说是一个无与伦比的信息检索工具。在网络诞生前，学生做研究必须查找课文、参考书或百科全书；而今天，学生可借助网络数据库的海量资源来获得所需的信息。然而，当网络搜索不加选择地显示成千上万种“资料”时，新闻组所回复的信息可信度便有待商榷。互联网显示的每种资料看上去都具有相同的可信度，即使某些可能源于科学文献而另一些则可能来自连环画册。因此，在面对海量信息时，不具备良好媒介素养的受众往往会显得无所适从，被琐碎或虚假的信息干扰。根据拉扎斯菲尔德的麻醉精神理论，过度沉溺于媒介提供的表层海量信息和通俗娱乐中，就会不知不觉地失去社会行动力，而满足于“被动的知识积累”。②

例如，笔者使用一个流行的搜索引擎来查找有关“虚拟现实”的学术参考资料，检索出了3,120,000种相符合的条目。在这些搜索结果中，有些是关于虚拟现实游戏的，并且出现大量限制级内容，多数来自生产虚拟现实软件的多媒体公司；还有些描述“虚拟现实”的技术背景，有的甚至是关于将虚拟现实技术用于制造炸药或舞蹈训练的信息（当然，笔者可以使用更高级的搜索方式来缩小搜索范围，但事实仍是这样：网上的东西太多，以至于虽然它们让人无法抗拒但却缺乏实际用处）。

错误信息（misinformation）也是当代社会普遍存在的一个问题。虽然错误信息

① 胡翼青. 后真相时代的传播：兼论专业新闻业的当下危机[J]. 西北师大学报（社会科学版），2017（6）：29.

② 郭庆光. 传播学教程[M]. 北京：中国人民大学出版社，1999：116.

在任何时代都存在，它们可能来源于谣言，也可能来源于虚构作品、政府和政客以及既得利益集团的一面之词，不过，互联网时代的到来从根本上影响了信息和错误信息的传播方式。对这一问题的思考可与后真相等议题结合起来进行。

另外，由于新媒体时代人们沉浸于大量的表层信息中，认知偏差（cognitive bias）这一议题也受到了学者的关注。认知偏差是指由于人们不合逻辑的思考过程所导致的判断失误，它通常过度简化客观世界并导致消极结果。整体而言，国外对认知偏差的研究仍然相对集中于心理学与组织行为学等领域。

（三）伪话语平权

新媒体的发展使话语平权再度成为焦点。在西方世界，具有历史性意义的突尼斯"茉莉花革命"、埃及革命、伊朗选举危机、"占领华尔街"运动等都不同程度地与微博等新媒体的传播有所关联。英国《卫报》甚至直接将伊朗德黑兰选举危机称为"twitter危机"和"twitter革命"。就微博的物理特性而言，它确实为受众个体自主发表言论、传达思想提供了机会和平台，有助于加快社会民主化进程，使民意得到最大限度的表达，但我们不能因此就认定微博能够实现真正意义上的话语平权。

互联网自问世以来就被看作当代社会的公共领域（public sphere）；然而，微博却不能带来真正和谐的网络公共领域。首先，互联网虽然以开放性著称，但囿于技术条件和文化程度的限制，相当一部分弱势群体被排除在互联网之外，话语平权虽然"看起来很美"，但事实上大部分的草根用户只是经由技术赋权在微观热点事件上，而话语权仍然集中在少数意见领袖的手中，并且，点赞、评论、关注、转发等行为本身就是"再中心化"的过程。其次，随着商业力量和国家政权对互联网的双重入侵，受众对普遍利益的关注被对商品与消费的关注所取代，对公共利益问题的关注被个人利益的表达所取代；国家的监管力度和互联网自身娱乐轻松的特质，在很大程度上减弱了互联网的批判效果和监督功能。因此，判定互联网是否形成了现代社会的公共领域还为时尚早。

（四）由算法推送导致的媒介依赖、信息泄露、信息茧房问题

基于算法的个性化信息推送可以利用算法对用户行为和关系进行分析，挖掘用户对内容的偏好和潜在需求，以信息聚合的方式自动为其生成符合需求的信息，从而实现针对不同用户的个性化信息推荐。然而，值得注意的是，各平台为了实现更精准、高效的信息推送，往往加大了对用户数据的监测，这很容易导致信息泄露等问题。

另外，这种方法虽然可以极为高效地实现满足用户兴趣的目的，体现技术发展工

具理性的一面，但是，由于用户兴趣中充斥着大量享乐、拜金、功利等特点，仅以用户兴趣为标准去推送信息往往会使隐含负面价值取向的内容被大量推送，这不仅容易导致不健康的媒介依赖，而且容易导致用户沉迷于自己已知的信息中，在自我设限的同时减弱与外界的关联。

（五）管制的必要性

怎样管制互联网，是一个学界、业界都十分关注的问题。互联网的法律完善长期滞后于技术发展，其总体法律含义仍然模糊不清，版权法就是一个很好的例子：联合国世界知识产权组织（united nations world intellectual property organization）1997年会议提出的新的指导方针覆盖了数字形式的著作、音乐和美术品，但这些方针并没有得到160个与会国家的一致认可。即使有了这些方针，问题仍然存在。如果版权持有者被授予专有的电子版权，他会不会对任何一个每次访问这一材料的人都收取使用费？如果要收，又怎样收取这笔费用？或者假设你的网站与另外一个含有非法使用版权资料的网站相链接，该怎么办？你是否要承担连带的侵权责任？针对种种新媒体传播所带来的问题，各国政府相继出台了多种互联网管制措施，学界也针对这些管制措施的合理性、有效性等进行了诸多讨论。

现代人生活节奏加快，以智能手机、平板电脑、电子书等手持终端为代表的移动媒体应运而生，开创了新媒体传播的另一局面。随着5G时代的到来，互联网正从PC（personal computer，个人计算机）向手机等移动终端转移；移动媒体因其传播成本低廉、传播范围广泛，传播速度快捷、大众化特征明显、有较强的参与性和互动性等特点而被称为“第五媒体”。它通过移动终端载体和无线网络，实现各种文字、音频、视频等媒体内容的传播和个性化服务。国内有学者把“第五媒体”定义为“在计算机信息处理技术基础之上出现和形成的媒体形态”。作为人综合感官的延伸，移动媒体不仅扩展了个人信息空间、改变了受众的生活方式和信息的传播方式、提高了人类对信息的控制力、建构了公共话语平台、开展社会管理与沟通，而且还推进了许多科技领域和商业模式的创新，成为扩大内需、拉动国内消费的新的经济增长点，并带动了整条信息产业链的发展与繁荣。然而，手机等手持终端因受屏幕限制，信息量有限，且信息传播缺乏权威性，出现了垃圾信息和不良信息泛滥的现象；同时，过度使用手机还会引发心理和生理上的不适。和基于PC的互联网传播一样，移动媒体传播也存在把关人缺失的问题。尤其在社交媒体崛起后，信息传播流程较大众传播更复杂，公私领域界限模糊，因此不良信息和虚假信息泛滥；手机诈骗、手机黄祸等问题也不容忽视。同时，手机等移动媒体的便携性、随意性和交互性，导致手机偷拍、手机病毒和由信息转发所引起的隐私权、著作权保护及信息安全等法制伦理问题突出，社会控制弱化。

新媒体发展迅速，不可避免地挤占了传统媒体的生存空间，对传统媒体的生存和发展提出了挑战。报纸竞争力相对较小，读者群体老化，购买力下降，广告市场被新媒体蚕食；电视节目同质化严重，频道资源严重浪费；门户网站网络流量分流，传统营利模式难以为继。因此，在互联网时代，传统媒体纷纷开始数字化转型。以出版行业为例，在媒体融合的时代背景下，我国传统出版单位围绕内容生产、呈现、传播等开展了一系列的数字化转型改革，如采用大数据等数字化、智能化的出版技术，探索数字化出版内容的呈现，开发多样化的传播方式和渠道以及探索数字出版的商业模式等。①

二、未来新媒体传播的发展趋势

（一）“内容为王”与“渠道为王”并举

传统媒体的运营集中在内容制作和发行上；而新媒体在制作环节上实行了“外包”，由专门的内容制作商提供，自身主要集中在“发行渠道”的运作上。从这个角度上说，新媒体的成功不仅需要好的内容，而且需要好的传播渠道。因此，传媒产业应该从“内容为王”的理念向“内容为王”和“渠道为王”并举的理念转变。②

（二）头部效应与长尾理论的互相促进

头部效应是指在竞争激烈的新媒体环境下，少数媒体往往会占有市场上绝大部分的流量资源。因此，要想在竞争中取得成功，就必须将媒体产品打造为头部产品，以更大程度地实现利益转换。长尾理论认为，新媒体的到来使得原来完整、统一的受众市场开始出现分化和碎片化，从前单一形态的媒介产品已经不能满足当下的市场化要求。打造长尾产品，开发媒介产品的多样化传播渠道，能够有效开辟新受众市场，积累庞大商机。③“传统媒体产品，如电影、电视剧、广播节目，基本都是自产自销，一次性投入、一次性产出，很少借助于其他媒体形态再次利用。而在媒体产业整合后，多种媒体形态之间可以实行内容共享，一个媒体的内容可以在不同媒体形态中重复使用播

---

① 段鹏，张媛媛. 传统出版社数字化转型方向与突破点[J]. 中国出版，2019（8）：35.

② 高慧军，王明. 我国传媒产业的大分化新整合：从手机新媒体的成长看媒体的未来发展[M]//李怀亮. 新媒体：竞合与共赢. 北京：中国传媒大学出版社，2009：104.

③ 宋香云，高慧军，姚林青. 研究媒体产业管理体制的创新趋势[J]. 传媒观察，2005（6）：31.

出，扩大了一次性媒体产品的循环利用价值，形成长尾产品，延伸媒体产品收益链。同时，通过打造长尾产品能够激活沉睡的媒体资产，使媒体产品产生聚变效应。”[①]

（三）超本地新闻浪潮的持续推进

伴随新媒体技术的不断发展，参与式新闻、公民新闻、超本地新闻等概念先后出现。而就这一股注重草根发声的潮流而言，目前最受关注的是超本地新闻。超本地新闻是公民新闻和社区新闻在web2.0时代的融合发展，也是传统媒体自救的新尝试。这一类型的新闻注重对特定（通常是较小的）地理范围的报道，呼吁原创的、网络化的媒体报道，其目的是填补传统媒体报道的空白，提倡公众参与。[②]2004年后，超本地新闻在业界和学界获得大量关注，很多学者针对该类型新闻的意义、公众参与的动机、超本地化公共空间的形成问题等进行了很多讨论。不过，由于传播资源在全球发展的不平衡，超本地新闻实践在第一世界获得了发展，在第三世界国家却只获得少量关注。总的来说，伴随传播技术和媒介的精细化的发展，超本地新闻浪潮呈现出在全球纵深化推进的趋势。

（四）全媒体时代下的媒体融合

全媒体是目前人类掌握的信息流手段最大化的集成者。其概念来源于业界，学界尚未正式提出。就我国新闻传播学者对全媒体概念的研究现状而言，具体分为“营运理念说”（彭兰）和“传播形态说”（周洋）两类。在全媒体的大背景下，媒体融合开始由浅入深全面展开，从“物理变化”向“化学变化”转变；新媒体形态、终端及其生产也更加专业、细分，开始改变过去全战略用“网”的方式来捕捉需求，代之以“平台战略”来主动创造人们的需求。例如维基和谷歌的成功不在于其庞大的编辑队伍和生产团队，也不在于其掌握的信息资源，而在于围绕在其周围的各种社会力量。

第六节　智能媒体传播学

在第三次工业革命的成果持续造福人类的同时，智能技术所引发的“第四次革

① 高慧军，王明. 我国传媒产业的大分化新整合：从手机新媒体的成长看媒体的未来发展[M]//李怀亮. 新媒体：竞合与共赢. 北京：中国传媒大学出版社，2009：105.

② METZGAR E T, KURPIUS D D. Defining hyperlocal media: proposing a framwork fordiscussion[J]. New media & Society, 2011(5): 772-787.

命”浪潮揭开了“零点智媒”的时代序幕，它所带来的变革已不再是改良型的变化，而是彻底颠覆了以往的传播模式。聚焦当下传播进程，智能媒体传播正在广泛而深入地与生产和生活相融。智能媒体由人工智能、信息技术和大数据共同构成，不仅能够感知用户，而且为用户营造出一个客户端与服务端相结合的媒体环境，解构和重塑着社会形态和人们的生活方式。作为电子传播时代最具变革力的技术，智能媒体引领着未来媒体的发展方向。这一核心技术所开创的“讯息”及社会图景，正越来越清晰地被展现出来。回顾人类传播技术更迭的历史，继口语传播、文字传播、印刷传播之后，电子传播时代的智能媒体，融合了既有的语言、文字、视觉影像等各类媒介的优势，创新了更加适应人类发展需求的媒体特征，使麦克卢汉笔下“人的意识与感官无限延伸，虚拟与现实融为一体”的预言成为可能。

人工智能（artificial intelligence，简称AI）是智能媒体的基础和特征。1950年，阿伦·图灵（Alan Turing）在其论文《计算机器与智能》（*Computing Machinery and Intelligence*）中提出的“机器智能”（mechanical intelligence）概念被视为人工智能的先声。对智能媒体硬件、软件技术的了解和探讨是智能媒体研究的基础。当前，研究和应用广泛的智能媒体技术指以人工智能为特征的媒体技术，主要包括无人机、物联网、传感器、机器人写作、大数据和云计算等。总体来说，智能技术旨在通过研究人类智能活动的规律，构造具有一定智能的人工系统，进而研究如何让计算机去完成以往需要人的智力才能胜任的工作，也就是研究如何应用计算机的软硬件，来模拟人类某些智能行为的基本理论、方法和技术。当前，关于如何定义“智能媒体”这一概念仍然众说纷纭，其中最常见的是技术与用户两种视角。从技术的角度出发，很多学者认为智能媒体由媒体、人工智能、信息技术和数据等共同组成；用户的视角则强调对用户需求的满足，认为智能媒体可更智能地感知、分析并满足用户的需求，提供更好的服务和信息使用体验。

在此基础之上，国内有学者提出了“智能媒体化”的概念，即“以用户为中心，以满足用户需求为目的，媒体行业通过智能技术的应用，使得媒体系统逐步具备类似于人类的感知能力、记忆、思维能力、学习能力、自适应能力和行为决策能力，而媒体智能化的成果就是智能媒体。”①这一定义将用户需求与智能媒体技术综合囊括起来，将智能媒体视为媒体智能化的产物。这些技术的人工智能特征，一方面表现为对人类能力的模拟，另一方面表现为对人类能力的加强和扩展。

随之，智能技术以媒体化的形式深入传播实践之中，传统媒体在智能化浪潮中，

---

① 段鹏. 智能媒体语境下的未来影像：概念、现状与前景[J]. 现代传播，2018（10）：4.

正在寻求与智能技术的合作以及自身的智能化转型，在产、制、播、发等各个领域构建智能化的信息生态系统；而新媒体则紧抓智能传播的机遇，运用自身的网络基础与传播优势，搭载核心技术实现其功能延伸与结构突破。相应地，在学界研究中，关于智能媒体传播的相关研究也悄然兴起，与智能传播的媒体实践相互建构、共同发展。

值得一提的是，我国近年来成立了以高校为基点的智能媒体实验室，以中国传媒大学为依托单位的媒体融合与传播国家重点实验室是我国高校首个依托智能传播研究的媒体融合国家重点实验室。当下，智能化背景下的媒体融合战略已上升到国家层面，这一系列理论与实践的探索是响应中央号召与国家发展战略之需，是顺应行业发展之需，亦是回应国家治理体系和能力现代化之需。实验室将在智能融媒体的大传播理论研究、融媒体的类脑知识图谱、智能化内容生产与评估、业务与服务模式创新、运行安全与内容智能监管、智能融媒体先导实验环境构建等多个方向引领学界在智能传播理论与实践上的创新，为国家智能化的媒体融合实践做出贡献。

智能媒体传播学研究的是什么呢？当前这一领域的主要进展体现在何处？它未来的发展方向将走向何处？应运用何种理论和方法来学习、探索这一学科领域？在明确了"智能媒体"和"智能媒体传播"的基础之上，本节将一一讨论以上内容。

对于"智能媒体传播学"，学界尚未有明确定义，但却已有实质内容和研究进展。智能媒体传播学探究一切基于智能技术的媒介发展问题、传播现象及其对人类社会生产生活造成的影响。目前，这一领域的主要研究内容可归纳为以下几个方面。

一、智能媒体传播的特征及其与传统媒体传播、网络传播的不同之处

了解这一问题，有助于我们从整体上把握智能时代媒体传播的基本趋势，做到心中有数，甚至做出媒体发展的预测和研判。综观学界和业界相关探索，智能媒体传播的宏观特征可描述为"万物皆媒、万物互联；人机互动、人机合一；万众参与、全民皆媒"。

第一，万物皆媒、万物互联。在智能时代，一切物都有可能变成媒介；而媒介又使得一切物有可能彼此互联，并进一步与人类相连。一方面，媒介越来越体现为"物"。它不仅是符号的无形载体，而且是有独立实体的物品或物质系统。另一方面，许多物开始有了信息存储和传输的功能，正是在此基础上，"物联网"得以建立。物联网（internet of things）是一个基于互联网、传统电信网等的信息承载体，让所有能够被独立寻址的普通物理对象实现互联互通的网络。2005年，国际电信联盟（international telecommunication union，简称ITU）的年度报告指出，以后的互联网

将是“Anytime, any place, anyone, anything”，每时每刻、每个地方、每个人、每个物，都是未来互联网这个大型网络中的组成元素。媒介的物化与物的媒介化成为一种合二为一的趋势，而物联网已经在实现过程之中，它将影响各行各业、各个方面。对于媒体传播来说，万物皆媒、媒生万物、万物互联成为智能媒体传播时代的重要特征与趋势。

第二，人机互动、人机合一。简而言之，“人”与“媒介”双向的控制过程就叫做人机互动（human-computer interaction），这是由当前人和计算机之间的融合态势所决定的，计算机呈现出具身化、遍在化、拟人化等特征。

具身化，指的是计算机越来越适配用户的身体需求，“可穿戴式设备”、智能手机、智能眼镜、智能手环、智能耳机等都是这一现象的体现，未来甚至可能会出现机器嵌入身体的现象。

遍在化，指的是计算机普遍存在于我们周围的环境之中，构成人机共生的智能生态。

拟人化，指的是计算机被当作与人类似的主体来看待，我们会把人工智能的机械物做成人形或者赋予它生命体征。譬如，很多酒店大堂里有迎宾机器人，它可以引领我们上电梯、去房间，或者给我们送物品。除了能跟我们对话之外，它还被特意画上眼睛，模拟出人的形象。

第三，万众参与、全民皆媒。随着智能终端的普及和社交媒体的扩散，我们进入了一个“众声喧哗”的时代，“人人都是自媒体，人人都有麦克风”已然成为现实且仍处于不断的发展之中，智能媒体传播不仅打破了大众传播与人际传播之间的界限，打破了传播者与受众之间的界限，还打破了信息生产和消费之间的界限。在未来，还会出现对传统传播模式更为颠覆性的力量。

另外，智能媒体传播生发出新型的时空特征，主要呈现为时间的无序性与碎片化，空间的流动性与场景化两大特征。智能传播时代，我们对时间的标记和度量更加数字化、自动化、精确化，随之，智能设备的使用也变为移动性的、随身性、遍在性的，可以通过联网不断给我们提供新的信息和娱乐活动。对于智能产品及应用的开发商来说，碎片化的时间、场景化的空间成为其争夺的对象，人的媒体使用变得自然而然，并与这种时间状况、媒介状况紧密地嵌合在一起。“场景化”的实现，依赖于包括移动设备、定位系统、传感器、社交媒体和大数据技术在内的多项新的技术和工具，通过获取用户的基本特征，用户所处的时间和空间，了解用户在这个场景中的关系和行为，理解用户的需求、情绪和习惯等对用户进行精确画像，以便在此基础上为其提供精确的场景化媒介产品。

二、智能媒体传播为人类社会生活构建出的新图景

智能传播时代，关于智能是否能够替代人类、理智是否可以替代情感、虚拟世界与真实世界之间的关系以及技术进化与伦理道德之间的冲突，都成为智能媒体传播带来的亟须思考的新问题，需在当下和未来的媒体发展实践之中深入思考。

另外，智能媒体还构建出了全新的传播图景。随着智能技术的发展，智能媒体和未来影像已经慢慢渗入人们的日常生活之中，与人们的联系也越发紧密。在未来，智能媒介及未来影像传播将会应用至多种行业系统之中，如游戏、影视、设计、制造、零售、医疗、教育、艺术等产业。具体来说，在设计、制造等领域中应用智能媒体技术，可以使用户通过较低的成本进行模拟装配的操作，不仅节省了支出，还能明显提高设计效率；在零售行业中，未来影像与营销的结合，实现了AR看房、AR看车、AR试衣等沉浸式购物体验，促进了电子商务的发展。另外，智能媒体还可以应用于医疗、教育、艺术等产业领域，如医疗领域的手术仿真、模拟治疗、远程救治，教育领域的教学实验模拟操作和训练。AR、VR和全息已然在许多领域的舞台上大放异彩，不论是日益火爆的VR游戏，还是每天都离不开的扫码操作，抑或是手机、电脑等开机时用到的“人脸识别”，未来影像发展方兴未艾，伴随虚拟现实技术的逐渐成熟，各个产业的推广和应用也在加速进行。

智能媒体传播也对信息采集、生产、分发、消费等各个环节产生了影响。从信息采集层面来看，数字化打通了媒体之间的技术壁垒和机构壁垒，便携式设备使得记者可以一专多能，也使得新闻采集更有效率，如无人机、传感器、机器人写作、大数据和云计算等，均打破了信息采集在时空、场景、人力、物力等方面的局限，极大地提升了信息采集效率。在所有的新闻环节中，智能技术在新闻分发方面的应用最为成熟，这主要体现为利用算法以个性化推荐的原则精准化地向用户推送适配的信息产品，这使得不同场景下用户不同的行为数据可以被记录和储存。这些通过大量头条号发布以及爬虫抓取的内容建立了丰富的内容储存仓库，进而实现对数据的识别、筛选，并与用户画像和用户需求相匹配，根据不断优化的算法设置不同用户的个性化议程。有三个方面的因素支撑了这一过程，在信息消费层面，智能传播的媒体技术在时空上解放了信息消费者，使其信息消费行为更为碎片化、移动化与场景化。信息消费者获取新闻还出现了四个新趋势：个性化的新闻获取、碎片化的新闻内容、有参与感的新闻体验和沉浸式的新闻服务。

三、智能媒体传播的技术发展趋势

智能媒体与未来影像密不可分，以VR为代表的未来影像是智能媒体传播的先锋，具有沉浸式、体验式、互动式的影像特征，将带领我们走向“智能影像化生存”时代。未来影像不仅是对现代影像的延伸，而且更注重通过营造“真实”和“客观”的使用体验来满足人们对“未知”的好奇和“在场”的追求。“VR+”未来影像所开拓的影像世界存在于当前乃至未来的新闻、综艺、游戏及电影媒体之中，如“VR+新闻”的新业态弥补了主要依托图片、视频、音频等要素整合而成的二维电视画面无法为观众提供具有真实感和临场感新闻体验的缺憾，虚拟现实技术不但可以对难以取材的场景进行模拟，而且可以使得观众视角从旁观者转向第一人称，拉近了新闻报道与观众之间的距离，增强了认知主体对新闻认知对象等“客观存在”的主观感受，改变了传统新闻的传播效果。

四、智能媒体传播研究的新理论、新方法与新范式

在智能媒体的技术架构中，大数据挖掘与分析的相关理论与方法日益得到学界和业界重视，同时，跨学科合作研究逐渐成为趋势，传播学与计算机科学、电子信息技术、社会学等学科的交叠与互鉴程度日益加深，数据科学的研究范式也进入传播学视野。《光明日报》谈道：“在新闻媒体领域进行人工智能的研发与应用，需要科技人员与新闻工作者相互配合、协同创新，共同探索针对性的理论、方法和工具，助力新闻传播领域人工智能的前瞻布局，使其发挥激发媒体活力、提升媒体价值的作用。”①

五、智能媒体传播的未来图景与理性反思

未来，无数的摄像头、无人机、机器人和带有传感器的各种设备，将成为捕获与采集新闻资讯的主要来源；高级别的语言处理系统、图像识别系统和深度学习系统，能够为我们制作出不亚于现在最高水平记者与编辑所撰写、编辑的新闻；精确的数据系统能够捕捉用户的地点、时间与场景，提供最具个性化、最具贴身性和最具丰富度的新闻内容；在物联网的整体推进下，语音识别系统和可穿戴设备，能够解放人的双

---

① 北京市习近平新时代中国特色社会主义思想研究中心. 人工智能时代新闻传播事业的守正创新[EB/OL].（2019-12-16）[2020-03-18]，http://theory.people.com.cn/n1/2019/1216/c40531-31507126.html

手甚至身体，使用户身临其境，重塑新闻现场，重塑用户的感官与外部世界的关系。

智能媒体传播所勾画的未来图景，可用两个关键词进行描述。一是“万物皆媒”。任何事物都可能成为媒介系统中的组成元素，是它使我们采集和加工信息的整体状况发生了关键性的变化。二是“智媒非媒”。智能媒体，将不再仅仅拥有媒体的功能，它将新闻信息传递与其他各种社会实践活动熔于一炉，打通各种界限，融汇各种功能。新闻，也不再是“独立寒秋”，而必将是“百舸争流”。

所以，万物皆媒，智媒非媒；媒生万物，万物互联。新闻将成为社会系统互联互通、共建共享中更有机的组成元素。它的内涵和外延，都将获得极大的拓展。

当然，智能媒体传播也带来了很多值得反思的新问题，譬如对于“后真相”的思索。智能技术的工具理性使价值理性受到冲击，理性事实信息也易被其引发的情绪化反应所淹没。韦伯谈到，如果说工具理性使人创造的工具变成了人的主宰，那么价值理性可以确保工具真正为人的发展所服务。在智媒时代到来之际，人类尤其需要用价值理性去平衡工具理性，思考当代人类最具有价值的方向何在，据此调整技术的走向、工具的功能和人类的行为，确保智能技术带来更好的媒体，给人类社会带来更好的未来。在后真相之外，还应警惕技术泛滥之下由把关人缺失而导致的“非真相”和“反真相”随着网络舆论操控的常态化、规模化和产业化，而使舆论状况中产生危险的系数极大提升。另外，信息在收集过程中呈现出的零散性和碎片性结合了庞大的新闻数据，使得谣言的产生变得轻而易举；针对受众用户进行精准投放、充分尊重用户个性、将传播内容进行细分的定制新闻也在一定程度上营造了“信息茧房”的信息环境；虚拟与现实的边界由于智能技术的发展和更新而变得更加模糊和不确定，因此如何界定受众自身的主观世界与现实社会之间的关系将会成为新的问题。①

六、智能媒体传播的未来展望与发展方向

知常明变者赢，守正创新者进。智能媒体时代，一要“守正”，二要“创新”，既要运用好智能媒体技术为社会生活带来的便利，又要避免人类思维与行动受到技术的操纵，把握好技术、社会与人之间的关系。在此基础上，我们既要把握好舆论引导的“守正”方向，又要实施好媒体融合与智能媒体发展的“创新”战略，在守正和创新中实现新时代的媒体融合新跨越。

另外，多元主体的智能化发展也是关键的创新点。在智能媒体时代，拥抱智能

---

① 张磊. 智能媒体的现实图景与未来想象：以新闻领域的变化为例[J]. 郑州大学学报（哲学社会科学版），2017（4）：26.

技术、发展智能媒体、构建智能生态是对媒体提出的新的内在要求。面对这些要求，一方面，我们应加强以技术为核心的媒体建设，促进媒体与技术的深度融合，利用智能技术创新媒体内容、丰富媒体形式；另一方面，将智能媒体与社会整体发展结合起来，在智能媒体时代最大限度地发挥媒体的社会价值。

扩展性读物：

1.段鹏. 电子商务通论[M]. 北京：北京广播学院出版社，2003.

2.段鹏. 国家形象构建中的传播策略[M]. 北京：中国传媒大学出版社，2007.

3.彭兰. 网络传播概论[M]. 北京：中国人民大学出版社，2001.

4.喻国明. 媒介革命：互联网逻辑下传媒业发展的关键与进路[M]. 北京：人民日报出版社，2015.

5.萨默瓦，波特. 跨文化传播[M]. 闵惠泉，等译. 北京：中国人民大学出版社，2004.

6.伽摩利珀. 全球传播[M]. 尹宏毅，译. 2版. 北京：清华大学出版社，2008.

7.瑟韦斯，玛丽考. 新闻学与传播学丛书：发展传播学[M]. 张凌，译. 武汉：武汉大学出版社，2014.

8.查德威克. 互联网政治学：国家、公民与新传播技术[M]. 任孟山，译. 北京：华夏出版社，2010.

9.DUAN P. International communication strategy of the chinese radio and TV networks[M]. Singapore: Springer, 2017.

10. WOOD A F, SMITH M J. Online communication: linking technology,identity and culture.Mahwah: Lawrence Erlbaum Associates, 2005.

11. HE W. Networked public: social media and social change in contemporary China[M]. Singapore: Springer, 2017.

12. NEFF G, NAFUS D. Self-tracking[M]. Cambridge: MIT press, 2016.

思考题：

1.请结合现实谈谈新媒体环境下跨文化传播的研究意义。

2.请运用国际传播理论分析互联网环境下美国媒介产品在全球的传播。

3.什么是发展传播学？请简述其核心理论，并分析新媒体环境下发展传播学的变迁。

4.列举你所知道的公众号，谈一谈你是否觉得应该有某种权力来控制可获得的内容？

5.简述健康传播在互联网时代的传播学意义和社会学意义。

6.在当前智能传播环境下，社交媒体的传播方式与传播路径有何变化？

第三章 传播学研究方法

"在一定意义上，科学方法是由一定的科学研究对象所决定的。研究对象不同，往往要采用的方法也不同。""研究对象是客观存在的，但要成为一门科学的研究对象，必须经过一定方法的提炼和抽象，才能表现为一种理论框架，成为人们思维和研究的直接对象。"①可见，研究方法对于把握研究对象、建构理论体系至关重要。

传播学研究方法基本分为定性、定量两类。这两类研究方法体系是建立在传播学两大类基础学科之上的，受现代社会科学和人文科学的影响甚深。社会科学所采用的研究方法多为定量研究方法，亦称实证研究方法、量化研究方法；而人文科学采用的研究方法多为定性研究方法，亦称思辨研究方法、质化研究方法。

因而，传播学研究形成了两个方法系统，二者之间有着一定的差异。定性研究方法和定量研究方法的最大差别在于定性方法操作的是概念体系，而定量方法操作的是量化事实体系。然而，我们必须看到，尽管两个系统有着较大的差异，但这两种方法仍然难以截然分开。事实上，在实际的传播学研究活动中，这两种方法的互通性也很明显。

---

① 王雨田. 控制论、信息论、系统科学与哲学[M]. 北京：中国人民大学出版社，1987：281.

第一节 定性研究方法

定性研究方法，即建立一套概念体系，借助理论范式进行逻辑推演，据此解释或解构假设的命题，最后得出理论性结论。

将定性研究（质化研究）方法应用于社会与文化过程的分析，成了近年来国际学术界的一个趋势，这种转向在传播研究中表现得尤为明显。之所以会这样，是因为一方面，科学研究内部出现了争论，人们越来越认识到一味以量化的测量成果来回答提出假设/演绎模型的问题，并不能完全解释诸多重要的问题，人文科学、人类学、文化研究等研究传统也纷纷提出了不同的、互补的分析模型，以区别于大量的量化分析。另一方面，社会发展变化也使得科学研究必须发生改变。人类正在进入"后工业社会"和"信息社会"，传统社会形态逐步消亡，新的社会形态的变动要求研究者必须立即寻找新的理论和方法，关注社会和文化的多端变化。

定性研究方法可以弥补传统定量研究方法的不足，也可以修正传统研究中的理性角度。不过，需要指出的是，尽管传播学研究中的定性研究逐渐增多，但是定性研究的方法论仍处在萌芽阶段，在整个传播学研究中所占的比例仍然相当微小。然而，这种定性研究的取向的确呈现出了很强的发展前景和理论价值。

一、人文科学的定性研究方法

若按当代的角度看，人类历史上人文科学始终研究的是人际传播和大众传播中的文本（text）。过去，在人文科学对文学作品和其他主要文化形式进行研究时，大部分都只对文本中所包含的文化传统、意境、时代精神和意识形态提出解读和注释，并没有从文化角度对文本中出现的概念、词语进行分析，而这些概念和词语本身的变化却具有相当丰富的意义。

包括文学历史研究、符号学和文化研究在内的人文科学传统视传播为意义的社会生产。所谓"意义的生产"，从人文科学的角度来看，就是内容，而内容既是特定主体性与美学的"表现"（expression），又是对特定语境的"再现"（representation）。这种意义的生产与三个基本传播过程要素密切相关，那便是社会科学术语中的讯息、传播者及其再现的社会结构。如果用人文科学的术语来说，这三个基本要素便是话语、主体性和语境。

（一）话语

“话语”概念是从西方哲学、神学和其他人文科学研究中对文本的研究中诞生出来的。提出“知识话语理论”的法国思想家福柯认为，话语实践是指严肃语言行为，这种行为产生的言语被称为“陈述”。严肃言语是权威性主体以某种被人们接受的方式所说的话（包括写作、绘画等）。这些话要求人们承认其真理性。换言之，陈述是专家以专家身份说的话，是一种有价值的东西。

话语的基本材料是语言及其他符号。因此，“话语”概念的基本观点就是：语言是人与真实交换过程中的主要媒介。在当代人文理论家的研究中，“话语”已经包含了所有日常生活的互动和意识层次，因此，“话语”成了社会真实建构的媒介。通过语言，真实才得以进入社会。同样的，也只有通过语言，真实才可以进入主体范围之内，并通过分析得到解释。由此，语言和其他符号系统就成了人文科学重要的分析客体和分析工具。

可以说，话语是人文科学进行研究时共同面对的客体，而构成话语和文本的语言则成了多年来人文科学研究的核心。从早期的结构主义、符号学到后来的文化研究、后结构主义与解构主义等，都非常重视对文本的诠释和解读。

（二）主体性

“主体性”是指不同于传统哲学对主体的认识的新概念。传统哲学认为，主体是相对对立的一方，可以做出道德和美学的判断。然而，新近的人文科学研究却认为，“人生活在世界上并认识世界，这并不是一种主观与客观的封闭性双向关系，人在认识过程中随时受到现有的各种思想体制的制约和束缚。人的主体是一个受到各种限制的、早已由一系列世界的代表系统所决定了的‘屈从体’（subject，既有‘主体’又是‘屈从’的意思）”，“已经被安置在意识形态结构为我事先排定的位置上”[①]，而这个位置也是由语言来决定的。语言就是“世界的代表系统”。

（三）语境

“语境”是指我们在分析文本时所必须考虑的某种情境和历史过程。正是语境，使得文本成为文本。因此，我们从人文科学角度研究传播时，实际上便是将传播视为了某种“语境”。传播是历史变化过程的结果，因此我们的分析焦点便要转到受既定社会或文化主导的文本的深层结构上。

---

① 徐贲. 走向后现代与后殖民[M]. 北京：中国社会科学出版社，1996：99-103.

在众多复杂的研究方法中，较为基础的方法便是语言话语分析，它包括三个分析层次：

> 话语最基本的元素是不同形态的发音和陈述。通过语言，人们可以展现许多日常行为。而这些发音和陈述实际上完成了一种社会结合的动作。维特根斯坦认为，语言的意义正是在于使用。
>
> 语言可以在传播者之间建立一种“互动”模型，使双方都处在沟通状态中，引入并发展某些主题，同时关闭某些话语空间。
>
> 在“话语”的层面上，各种语言范畴都可以被视为一个连贯的结构，是一个带着讯息、可被诠释的文本。这个文本可以进行多层次的分析，以此指出并说明某种隐于其中的社会特性。

值得注意的是，尽管人文科学的定性研究已经对语言、文字的传播进行了大量的说明和研究，但是对其他视觉传播的研究还相当薄弱。

总之，在人文科学定性研究的视野中，大众传播既是社会现象，又是话语现象。符号是人类与真实互动的主要模型，它进入一个连续的意义生产过程后，便将社会真实建构成政治、经济和文化活动等方面，因此诞生了如何描述符号的社会使用情况的研究结构——社会符号学（K.B.Jensen & N.W.Jankowski，1995）①。

二、社会科学的定性研究方法

社会科学的定性研究方法是以长期的、亲身观察的形式，从近距离观察社会及文化层面的现象的过程。这个过程实际上是理解“意义”的过程，而“意义”则是人们赋予自己的社会情境和活动。社会科学的定性研究方法由来已久，从19世纪末到20世纪30年代，社会科学中的社会学家便结合人类学的成果，通过参与观察法来获得第一手观察资料并进行研究。从20世纪30年代后期到20世纪60年代，社会学研究采用了自然科学家使用的方法，进行了量化和实证研究。20世纪60年代以后，社会科学领域又重新出现了质疑量化研究的倾向，许多学者再次将定性研究方法当作社会研究的方法。

在定性研究的诸多方法中，诠释取向的研究方法较为引人注目，其中较有代表性

---

① 徐贲. 走向后现代与后殖民[M]. 北京：中国社会科学出版社，1996：47-100.

的方法有符号互动论、人种学、民族志学和小组座谈、投影技法等。

（一）符号互动论

它是社会学中的一种理论，在20世纪六七十年代，这种理论影响很大。符号互动论认为，人们展现行为的基础是他们赋予物体和情景的意义。意义是人们在互动中衍生出来的，且这个意义在互动的诠释过程中会进一步得到强化。

（二）人种学方法

这种研究方法起源于欧洲现象学家的研究成果。它主要利用参与观察法和深度调查，同时非常强调日常会话，因为会话是日常互动最基本的媒介过程。人种学方法通常和人种学相联系，但它在社会科学研究中的运用正日渐增多。人种学是在广义的文化概念下对特定的文化情境做深入的、解析性的描述，它以一种非常全面的方式从人类认识自己的多个角度来思考。人种学研究的目的在于认识社会制度里人的信念和习俗，强调使社会成员联结起来的共同点。人种学的方法强调"天然"的观点、整体的和自然的背景，视野独特，对使用者给予了充分的理解。

人种学领域的研究要求从个体出发，摒弃自然科学严格的控制方法。它还涉及反复的、即时的理解手段，在形成过程中不断以新生的意义去完善旧有的意义，因此在研究过程中要进行自我调整。人种学方法大量依赖于对所研究现象的观察、描述、定性判断或解释。它发生在自然的情境中，重视过程，旨在获得整体的画面。

（三）民族志学方法

民族志学方法又称田野调查法，源于人类学。研究者通常采取参与观察的方式，深入特定团体的生活中，持续相当一段时间，从而询问或观察所发生的事物，然后用内部观点对其意义做出说明。这种研究方法有三个原则。第一，从广义上来说，民族志学研究关注所有的文化形式，包括日常生活、宗教或艺术；第二，由于研究者本身就是最基本的研究工具，因而必须进行长期的参与观察；第三，必须采用多重资料收集法，以核实观察中发现的资料。

近期媒体民族志的重要探讨领域包括：日常生活情境式的接收、节目类型与文化认识能力的分析、科技与消费。

例如，在家庭这个“私人化领域”，看似“离群索居之处”，事实上就像其他场所一样，是社会权力交错的地方，人们在接触媒介时也要受到性别、年龄、权力等因素和关系的控制。莫利和葛瑞等学者采用民族志法研究了家庭的日常情境如何影响和架构观看电视的行为。比如，男人与女人观看电视的经验就非常不同，对男人而言，通常他们在外出工作一天后回到家中，较能进行不间断的观赏，而通常女人会因为处理家务而被打断观看，因为女人无论是否外出工作，多半都会将家视为一个（家务）工作场所。女人表示，她们的快乐就是为自己挪出一点时间，暂时不做（家务）工作而去看电视。但在家中掌握遥控器的人，却是每个家庭中的权力象征。

法国思想家皮埃尔·布尔迪厄（Pierre Bourdieu）提出的文化识别能力的概念，对于我们了解特定的受众从不同媒体形式中获得愉悦的感觉十分有帮助。我们在接触媒介或艺术形式的时候，通常觉得容易接受或熟悉的形式，正是透过我们具有的文化识别能力，与我们的社会阶级位置相联系的。

一个典型的事例就是女性杂志和肥皂剧。早在20世纪80年代中期，一般人认为，女性肥皂剧和女性杂志是低层次的媒体形式，每个人都看得懂，但只有少数“愚蠢”或注意琐碎的观众才会喜欢。但是，女性主义论者研究指出，这类型的女性观众具有处理私人生活，通常是家庭关系的能力。她们只有对处理日常生活、个人经验感兴趣，才能知道角色之间的某些注视具有什么意义，才能解读某些细微的姿态和沉默，并从中掌握故事的意义。

近来的研究发展逐渐关注到了媒体的“双重”角色，也就是说媒体不仅包括了节目、音乐等要传递给受众的内容，同时也包括了媒体科技本身。透过媒介科技，我们不仅可以看到其物质性的文化地位，而且可以看到性别化的科技态度。研究者在调查年轻女性不愿使用电脑的原因时，发现她们并非缺少科技能力，而是抗拒或不喜欢“电脑通”和“技术专家”这类称呼。相反，年轻男性则喜欢与机器建立密切的关系，尤其是强烈竞争型或可以体现雄性特质的事物，如动作、冒险、科幻等。

（四）焦点小组座谈法

一般由一位训练有素的主持人组织、引导一个小组（6—12人）针对某个主题展开自由讨论。焦点访谈包括在特定情景下（诸如收听某个广播节目，观看一场演出等等）收集有关调查对象对情景定义的资料。这种方法通常采用一种开放式提问，以便得出媒体信息高度自主的相关研究资料。访谈一般以事先确定的假设为中心，然后这些假设被用作访谈的焦点，主持人努力引导个人去理解某个媒体信息，由深入、细致的自由型访问引起，帮助个人回忆，然后用通过调查或实验而获得的更加量化的资料加以检验。“作为一种研究技巧，小组座谈法曾在‘二战’时期用于研究宣传的效果。然而，在很长一段时间内，它都被用来进行市场研究。传播学（和其他社会科学）学者都瞧不起这种方法，直到20世纪八九十年代，大众传播学开始关注意义的生成和媒介内容与技术的阐明时，这种方法才得以在传播学领域中复兴。”（Newbold & Boyd-Barret，2002）“群体动力”所提供的互动作用是焦点小组座谈会成功的关键。

（五）投影技法

这是一种间接的（隐蔽性的）定性研究方法，其主要特点有：

有隐蔽的调查目的。

用无结构的、非直接的询问形式。

鼓励被调查者将自己对所关心问题的潜在动机、信仰、态度或感情投射出来。

不要求被访者描述自己的行为。

在解释他人的行为时，将自己的动机、信仰、态度或感情投射到有关情景之中。

类似心理咨询分析患者的心理，分析被访者所投射的态度。

投影技法主要包括联想技法、完成技法、结构技法和表现技法，若想利用它们进行研究，一般都要遵循下列程序：

第一步，收集资料。收集资料时，可以采用各种方法，如深度访谈、文献分析和观察等。

第二步，分析定性资料。

第三步，辅助分析。主要是实地调查或访谈，对资料进行选择、筛选；用矩阵、图形或表格等形式重新安排资料等。

第四步，分析程序。包括分析归纳法和理论建立法（grounded theory）两项程序。前者有以下几个基本步骤：首先，对所研究的现象进行一般性描述；其次，针对研究者原先假定的最为重要的特征，进行微观的检验与探索；最后，以某个案例的检验结果来验证这些假设是否成立。一个程序可以一直不断重复，直到所有案例分析完毕。后者便是在经验资料的基础之上，发展出新的理论体系。

第五步，定性研究报告。这种报告可以有3种形式：单纯的描述、分析讨论（以研究中产生的概念为主）、实质说明（以期对理论有所贡献）。这种研究报告应该贴近资料，真实、准确、可信，应该从现有的研究资料中提出引述和描述素材，详细说明资料分析程序（K.B.Jensen & N.W.Jankowski，1995）。

（六）扎根理论

扎根理论（grounded theory）由美国学者巴尼·格拉泽（Barney Glaser）和安塞姆·施特劳斯（Anselm Strauss）提出，其主要宗旨是在经验资料的基础上建立理论。研究者在研究开始之前一般没有理论假设，直接从实际观察入手，从原始资料中归纳出经验概括，然后上升到系统的理论。简而言之，是一种自下而上、从现象到实质，从而构建理论的方法。其核心思想在于强调理论来源于数据，研究者要保持"理论敏感性"，在不断比较和连续抽象中建构理论，并强调将目的性抽样、开放性抽样和理论抽样相结合，灵活运用文献，对已经建构的理论进行证伪。

扎根理论一定要有经验证据的支持，但是它的主要特点不在于其经验性，而在于它从经验事实中抽象出了新的概念和思想。扎根理论的操作程序一般包括：

从资料中产生概念，对资料进行逐级登录。

不断地对资料和概念进行比较，系统地询问与概念有关的生成性理论问题。

发展理论性概念，建立概念和概念之间的联系。

理论性抽样，系统地对资料进行编码。

建构理论，力求获得理论概念的密度、变异度和高度的整合性。

对资料进行逐级编码是扎根理论中最重要的一环，其中包括三个级别的编码：开放性编码、主轴性编码和选择性编码。

简而言之，传播学研究方法中的定性研究已经成为20世纪60年代以来传播学研究中相当重要的方法，许多学者都在应用这种方法系统开拓传播学研究的新领域。

第二节　定量研究方法

定量研究方法又称量化研究方法或实证研究方法。它是在占有大量量化事实的基础上，描述、解释和预测研究对象，通过逻辑推论和相关分析提出理论观点。

传播学的定量方法源自社会学、心理学等行为科学。可以说，如果没有定量技术与方法，就不可能有今天的传播学。早在19世纪中叶，韦伯就开始利用精神物理学来量化分析人们的认知模式。1879年，社会心理学家冯特采用铜制仪器实验法来测量人们的反应。到了19世纪末，法国社会学者埃米尔·涂尔干（Émir Durkheim）利用量化资料发展了“自杀论”。今天，传播学中常用的量化研究方法包括实地调查法、内容分析法、实验法与个案研究法。所有这些方法都以数理统计为工具，并利用日益发达的计算机系统进行量化数据的精确统计，从而在对这些数据的分析中验证某些理论假设或提出某些观点。所有这些研究方法都遵循着一套严格周密的操作程序：确立研究假设—确定研究方法—收集各种数据—整理、分析数据—提出研究结论，以验证最初的假设。

传播学的定量研究方法有实地调查法、内容分析法、实验法以及个案研究法。

一、实地调查法

实地调查法（survey research）最早起源于19世纪后期的欧洲。到20世纪初，数理统计学科的成熟使得实地调查法更加准确和科学。实地调查法是美国传播学研究中的传统方法，20世纪30年代，乔治·盖洛普（George Gallup）就利用这种方法进行过民意测验。传播学的奠基人之一拉扎斯菲尔德是最早将这种方法引入传播学研究的学者，他在1940年总统大选期间对选民进行调查，分析他们的投票意向与接触大众传播媒介之间的关系。他的这一研究后来成为传播学定量研究中的经典。

实地调查法是一种完整的、系统的研究方法，主要包括抽样调查设计、问卷设计和统计分析。

（一）抽样调查设计

抽样调查指从研究对象的全部单位中抽取一部分单位进行考察和分析，并用这部分单位的数量特征去推断总体的数量特征。其中，被研究对象的全部单位被称为“总体”；从“总体”中抽取出来的、实际进行调查研究的那部分对象所构成的群体被称为“样本”。样本要达到一定的数量，才可以保证具有代表性和典型性，就一般原则而言，样本数应占总体的千分之一到万分之一。说明总体数量特征的指标叫“总体指标”；从样本的统计计算中得到的指标叫“样本指标”。“抽样推断”指从样本指标推算总体指标的过程。

抽样调查按照取样是否遵循随机原则，可以分为随机抽样和非随机抽样两种形式。

随机抽样就是严格按随机原则，使总体的每个成员都有可能被选中。随机抽样的形式主要有单纯随机抽样、机械随机抽样、分层随机抽样、整群随机抽样等。研究中多采用后两种之一或两者结合。

非随机抽样就是按照调查者的意图或取样的方便来抽样，其方法主要有判断抽样、定额抽样、偶遇抽样、雪球抽样等。非随机抽样所获得的样本指标不具有推断总体的可靠性。

传播学研究一般采用随机抽样作为正式调查的形式，采用非随机抽样作为正式调查前的试调查，以便为修正问卷设计并进行正式调查打好基础。

抽样的基本程序为：第一步，界定调查总体。在界定总体时一般从四个方面加以定义：内容（调查对象的性质）、单位、时间和空间范围。这样界定以后，总体才是明确的。第二步，编制抽样框。抽样框指对构成总体的抽样单位进行编号排列后所形成的一份详细名单，它是抽取样本的直接对象。第三步，设计和抽取样本。设计指确定样本大小和选择抽样的具体形式。样本个体数目和抽样形式确定后，便可以从特定的抽样框中抽取样本。第四步，评估样本代表性。评估样本对于总体的代表性，可以采取收集若干容易得到的资料进行样本指标与总体指标加以比较的做法。

（二）问卷设计

图3-1　人口普查运用抽样方法

实地调查主要通过记录现场的观察和谈话或请调查对象填答问卷来收集资料。因此，问卷的结构设计将直接影响到资料的收集，其作用至关重要。问卷一般包括两部分内容：一是调查对象的特征指标；二是调查对象的意见、态度、行为倾向等。前者在日后的分析处理中一般被视为自变量，而后者则一般被视为因变量。问卷中的问题分三种类型：开放式问题、封闭式问题和混合式问题，问卷设计中多为封闭式问题。问卷设计完成后，先在一定范围内试填答进行测试，以便发现问卷中不合理或含糊不清的指标并进行修正。最后将修正完的问卷通过面谈、邮寄、电话等方式投入使用。

调查问卷的设计强调标准化、匿名性和操作性。问卷必须统一提问、回答的形式和内容，保证所有被调查者操作的是同一种问卷。使用标准化工具收集来的资料可以进行计算机统计处理以便定量分析。问卷上一般不要求被调查者署名，这样有助于减少被调查者的顾虑，保证问卷回答的真实性。问卷中所有提问项目都是由特定的理论假设操作而来，这种操作性使问卷的每个提问项目均有效、精当。一般而言，问卷上给出的是一组有机联系的问题。

归纳起来，传播学研究的调查问卷主要涉及4个方面的内容：首先是被调查者个人背景方面的问题，如年龄、性别、籍贯、职业、文化程度等；其次是使用媒介指标，如读报率、看电视时间、上网目的等；再次是传播效果指标，如对某个新闻事件的知晓度、理解度、接受度、接收信息后的态度和意见等；最后是理由方面的提问，如要求调查者对自己的态度、观念、选择做出解释、说明目的等。

（三）统计分析

将调查问卷收回后，就需要统计分析调查结果。首先将问卷资料整理分组，进行统计运算；然后对结果进行分析，如计算各种指标的百分比、平均数、标准差、相关系数、卡方分析等；最后用结果去验证研究开始时提出的假设。结果分析分为3种，第一种，描述性分析，即对统计结果进行初步归纳、描述，以找出这些资料的内在规律——集中趋势和分散趋势。第二种，推断性分析，即研究样本与总体的关系，它包括检验和评估两个层次。前者指检查抽样误差是否超出允许误差的范围（一般允许在1%—5%之间），后者是对总体进行估价，估计取值范围和正确的可能性。第三种，相关分析和因果分析，前者分析两事物之间是否存在一定的关联，后者用于判断两事物之间的因果关系。

实地调查法的最大特点，是它以广大受传者为研究对象，强调“实地性”考察，基本不受人为控制因素的影响，比较客观、准确和全面。但是它对现实生活中大量现象的复杂的相关性，特别是起主要作用的因果相关的概括仍显得不尽人意。

二、内容分析法

内容分析法（content analysis）用系统的方法分析传播的讯息内容，它是传播学研究的基本方法之一。美国学者伯纳德·贝雷尔森（Bernard Berelson）在其著作《内容分析：传播研究的一种工具》中曾下过一个经典的定义："内容分析就是对传播内容进行客观、系统和定量的分析与描述的一种方法。"

在早期的传播学研究中，内容分析主要用于印刷媒介内容。1917年，美国著名记者李普曼等人曾使用内容分析法，对美国报纸上关于俄国布尔什维克革命的报道进行了研究。他们以因报道精确而著称的《纽约时报》为对象，统计了其三年内的有关报道，最后发表了一份长达42页的报告，证明《纽约时报》对俄国革命的态度不是从事实出发，而是由"组成新闻机构的那些人的愿望主宰的，其报道既不准确又怀有偏见"。20世纪20年代，拉斯韦尔使用精确和系统的内容分析法，对第一次世界大战时期的宣传技巧进行了研究；在"二战"期间，拉斯韦尔又与其他学者共同对战时军事宣传品进行了内容分析。

如今，随着传播学研究的深入，内容分析法的运用范围得到了极大的拓展，其不仅可用于分析文字讯息，而且扩展到各种声音或图像讯息。可以说，内容分析适用于一切可以记录与保存且又有传播价值的讯息内容。分析从形式上一般分两个层次，即"说什么"（传播内容）和"怎么说"（传播形式）。在实际研究中，这两个层次的研究通常是结合在一起进行的。

具体而言，内容分析法的实施程序大致有五步：

（一）确定分析单元

内容分析单元就是内容分析所要具体统计的最小单位，它决定一项内容分析要统计什么、为什么统计，因此直接影响到整个研究的可靠性和有效性。贝雷尔森指出，内容分析有五种基本的分析单元：关键词或专门术语、主题、特质、段落和篇目。分析单元的确定首先必须与研究目标相契合，其次也应注意到操作上的可行性。

（二）制定分类标准

内容分析的核心就是通过某一标准来对媒介的信息内容进行分类统计。常见的分类标准有：题材、体裁、倾向性、主题、时效性、价值取向等。

判断一个分类标准是否科学，主要有三条标准：一是完备性，二是互斥性，三是一致性。所谓完备性，是指分类标准的制定必须能够涵盖所有预定要分类的分析单元，从而使所有的分析单元在这个分类体系中都能找到自己的"位置"；所谓互斥性，就是指在特定的分类标准下，每一个分类标准下的每一个分析单元只能划入一个类别，不能同时划入不同的类别；所谓一致性，就是要确保不同的人都能以同样的标准为分析单元归类。标准的内容分析，一般需要3—6名分析员，通过短期培训掌握统一的分类标准。

（三）抽取分析样本

绝大多数内容分析的研究对象是数量庞大的信息集合体，因此，有必要采用抽样手段从中选取一部分有代表性的样本作为实际分析对象。内容分析的取样过程一般包括下列三个步骤：

第一步，抽取特定的“媒介样本”。指从大量的媒介中选择有代表性的、数量不大的“媒介样本”来代表总体。

第二步，抽取特定的“日期样本”。进入样本的媒介，其报道内容的数量依然十分庞大，因而还需要做进一步的抽样。根据内容分析的目的抽样方法也不相同，主要有两种：如果是对某一特定事件的报道进行分析，一般用“指定法”进行日期的抽取；如果要反映某一时期媒介报道内容的结构、特征，则采用“日历法”进行日期的抽取。

第三步，抽取特定的“内容样本”。如果内容分析只是针对某一特定的主题而展开，就有必要在上述“日期样本”的基础上抽取与研究主题相关的版次、板块、栏目构成实行分析统计的“内容样本”。

（四）统计分析

样本收集以后，下一步就是对其加以分析。常用的统计分析指标有绝对数（频次）、百分比、平均数、相关系数等。统计的方法主要有两类：一是对某种分析单元出现的频次进行计量；二是对某种分析单元在媒介中出现的形式（字体、套红、花边等）、位置、篇幅进行加权处理，并在加权赋值的基础上进行计量。

（五）解释与推论

根据统计分析结果，对假设进行验证，分析和推断可能的结论与关系。

内容分析法的应用比较广泛，它可以用来检验科学假设，描述传播内容的倾向，说明信息来源的特征，检查传播中不符合标准的内容，分析说服的方法，分析文本，说明读者对信息的意见，描述传播的模式（霍尔蒂斯，1969年）。与其他研究方法相比，内容分析法具有两个突出的优点：第一，内容分析的研究对象是已经记录在案的信息，可以真实地表现信源的特征；第二，内容分析所研究的内容来源于报刊、书籍、录音、录像，研究所需的费用较低。

当然，内容分析法也有不足之处，最突出的就是无法单纯以内容分析为根据得出某一内容对受众影响的程度。内容分析所能做的，就是告诉我们都有哪些信息存在（说了什么），其出现的频率与强度如何（怎么说的）。它一般只能得出内容信息较为表层的、直接的效果方面的结论，如能否吸引受众，是否使受众易于阅读和理解等。至于较深层的、间接的效果研究结论，内容分析法只有在与其他传播学研究方法相配合的情况下，才能发挥其独特的作用。

三、实验法

实验法（experiment）源自实验心理学，是一种成熟且影响深远的科学方法。实验法在传播研究中的应用，一般认为是从卢因和霍夫兰这两位传播学的奠基人开始的。卢因在研究小团体内的人际关系时，用实验法对团体内的传播活动进行了观测。在第二次世界大战中，霍夫兰曾领导了一个由心理学家组成的研究班子，对美国军队中的态度变迁问题进行了一系列的实验。他们设计了一套实验程序，让士兵观看《我们为何而战》《大不列颠之战》等战争动员电影，然后测量士兵对美国参战的不同态度。战后，霍夫兰在耶鲁大学的研究课题也都是采用实验法进行的，如关于信息来源的可信性研究、恐吓效果研究等。概括这些成果的“耶鲁丛书”至今仍是传播研究的实验法中最重要的一批论著。

实验法的程序一般包括七个步骤：

第一，建立研究假设，即对信息与受传者之间是否有因果关系作出假定，实验就是为了推论或否定、限定这个推论。

第二，简化众多的影响因素，确立具有重要影响的一对因素为自变量和因变量。

第三，选择测试对象，建立“控制组”和“实验组”，两组人数相同，特征相似。

第四，事前测试，即实验前对实验组和控制组的相关指标进行测定。

第五，实施实验刺激，让特定的自变量出现并发挥作用。

第六，事后测定，实验后对实验组和控制组的相关指标进行复测。

第七，分析和确定有关自变量和因变量之间的关系是否成立及相应的函数表达式。

实验法分为两种：控制实验法和自然实验法。

（一）控制实验法

控制实验指在某种严格指定与控制的实验室中进行的实验。这个实验室是特殊设计的，装有实验研究所需的必要设备和仪器，如阅读机、录音机、放映机以及记录和测量研究对象反应的仪器等，有时还对室内的装修有专门的要求。这种实验方法适用于微观的、探究因果关系的研究，研究对象人数不多，常为几十人。在实验中，试验者控制并操纵着某一变数，并通过客观、系统的方法观察和测量其结果。可以说，控制实验法是研究因果关系的最佳方法。

图3-2 控制实验法

控制实验法的优势在于研究者可以主动控制实验因素，且实验本身具有严密的逻辑性。此外，实验室的情境比较纯粹，标准化程度较高，因而可以为不同的实验对象在不同时间内接受实验提供完全相同的情境。其不足之处在于难以创造同现实生活中的变量有相同作用方式的实验变量，难以判断实验结果与现实生活的一致性程度。

（二）自然实验法

为了弥补控制实验法过于“纯粹”的人为缺陷，后来的传播学研究又出现了将实验放置在社会环境中自然进行的趋势。这种方法就是自然实验法，又被称为实地实验法。进行实地实验，可以用“分别进行”的方法，即用两种方式、途径或媒介将讯息发送出去，随后通过电话访问、上门询问等方法测定实验的结果。也可以事先设计好一个研究方案与程序，然后等待合适的时机，一旦事件发生，研究者便进入，对调查对象进行研究，这种结果就非常可靠。

自然实验相对真实可靠、客观准确，是现实生活逻辑的一种实在反映。但是在社会真实背景中进行实验，难免难以控制。因此，自然实验的内在效度要逊于实验室实验，但外在效度则高于实验室实验。换言之，自然实验所得到的研究结论虽然比较粗糙，但它用于指导实践的能力却比较强。

四、个案研究法

个案研究法（case study）原先是心理学中的一种研究方法。在传播学研究中，它的应用不如前几种方法那么广泛。正如赛弗林和坦卡德所说，个案研究多用于检查某个传播者（如新闻编辑部、报社、电台、广告公司等）多方面的特性，或了解研究者所感兴趣的某一特定案例在一段时期内的全面情况。有时，关于某些报纸历史的全面研究，也可算在个案研究之列。

个案研究一般研究某一对象各方面的特征，或其在一定时期内的全面情况；而前面的实地调查法、内容分析法、实验法都只能对总体的某几项特征进行研究描述。

在个案研究的实例中，比较有名的是"把关人研究"。1950年，美国学者怀特首次用个案研究法对"把关人"进行实际研究。他所选择的研究对象是一位报纸编辑，这位编辑在美国中西部一家发行量为3万份的日报负责处理外来电讯稿。这位"把关人"平均每天从接收到的来稿中挑出十分之一发表。怀特对他进行了连续一周的观察，要求他解释取舍每一条电讯稿的原因，并详尽了解了他的原有立场、心目中对读者口味的推断以及对来稿在题材与文笔方面的要求。只要比较各类稿件的采用率与所占版面篇幅，并列表说明稿件被"枪毙"的各种原因，就可以对这位编辑的把关标准做出全面的描述。

个案研究只涉及某一个别事例，它不能像抽样调查那样，可以据此做出合乎逻辑的科学的推论。因此，个案研究一般没有事先的研究假设，也不证实什么假设，其结果都是从案例研究中得出的。个案研究的特殊意义在于，它能较详细、深入地占有研究对象的资料，提供许多材料和见解，可以作为其他方法进行研究、求得一般性结论的基础。因此，传播学研究中经常把个案研究与其他方法结合起来使用。

除了上述4种定量研究方法以外，传播学在自己的发展过程中仍在不断与其他学科相互渗透和吸收。一个具有代表性的例子是20世纪70年代发展起来的"传播网络分析法"与"多元坐标定比法"。这两种研究方法从系统论思想出发，采用了当时最新的数学研究成果，并融合了原有的调查、实验等方法，在传播学研究中也逐渐得到了重视和运用。

以上分别介绍了传播学研究中的两大主要方法论体系：定性研究体系和定量研究体系。需要强调的是，传播学的研究方法是一个系统，到目前为止，我们还无法将定性与定量方法截然分开。实际上，在现实的传播学研究实践中，人们也是将定性方法与定量方法综合起来使用的。

第三节　混合研究方法

一、混合研究方法的内涵

混合研究方法（mixed research methods）又称"三角校正"（methodological

triangulation)、“结合研究”(combined research)、“混合方法论”(mixed methodology)、“混合研究”(mixed research)等，是指研究中采用两种及以上的研究方法，或运用了不同类型(即定性研究方法和定量研究方法相结合)的研究路径。随着社会科学研究发展，如今混合研究方法也发展出了混合不同理论取向、研究过程的新内涵。譬如，格林(J.Greene)将混合研究方法看作“积极邀请我们探讨观察和倾听的多元方式、理解社会的多元方式，以及判断事物重要性和价值的多元立场”；而约翰·克雷斯维尔(John W. Creswell)等人认为，混合研究方法包含了作为方法论的哲学假设和作为调查方法的研究设计。[①]混合研究方法是继定量和定性研究方法之后出现的一种新研究范式，被称为“社会科学天幕上的新星”。从产生到发展，它遵循着将不同类型方法的优势兼收并蓄、为我所用的宗旨，以期弥补单一研究方法的局限性和天然缺陷，为更好地回答和解决研究问题服务。

二、混合研究方法的发展与形成

混合研究方法在20世纪50—70年代初具雏形，20世纪70—80年代各家争鸣，20世纪80—90年代开始程序化发展，21世纪开始加速发展的进程。在混合研究方法的形成和发展过程中，与定性研究和定量研究关系有关的争论贯穿始终。在率先兴起的定量研究方法发展的过程中，就出现了定性研究取向对其的质疑，后来，又随着定性方法的发展，二者之间的争论也更为激烈，加之单一使用定性或定量研究方法所带来的研究困境，一种新的替代性方法的混合研究方法便应运而生并得到了尝试运用。混合研究方法的运用可追溯到1959年，美国方法论的先驱人物唐纳德·坎贝尔(Donald Thomas Campbell)等人在做一项心理特质效度的研究时，倡导采用“多元特性—多元方法矩阵”(multitrait-multimethod matrix，简称MTMM)模型，这直接促成了多种方法的混合使用。[②]

三、混合研究方法的应用范围

从适用范围来看，混合研究方法多用于两种情况：一是研究者需要对研究结论反复验证，从而提升理论的普适性、数据的准确性和可靠性，或将理论进行升维时，用混合研究方法达到预期的研究效果。二是在面对较为复杂、多维的研究问题，而

---

① JOHNSON R B, ONWUEGBUZIE A J. Mixed methods research: a paradigm whose time has come[J]. Educational Researcher, 2004(7): 14.

② 唐涌. 混合研究方法：美国教育研究方法论的新取向[J]. 外国教育研究，2015(2): 14.

可参考的外部效度有限的情况时，便可采用混合研究方法提升研究效率，通过多种切入路径解决特定问题。

一项经典的跨学科研究，即约翰·F.帕吉特（John F. Padgett）和保罗·D.麦克林（Paul D. McLean）研究的文艺复兴时期佛罗伦萨的合伙制是如何产生的，被誉为运用混合研究方法的典范之作。由于涉及制度的影响因素、产生背景、过程、影响等多个方面，其多维度、复杂性使得任何一种研究方法都难以独立支撑这项研究，因而两人综合使用了案例分析、统计分析、社会网络分析等质化和量化的混合方法，该研究对社会学、经济学、管理学等多个学科都颇具研究价值。

四、混合研究方法的哲学基础与范式立场

从哲学基础上来讲，质化研究是基于解释主义的认识论倾向和建构主义的本体论倾向，而量化研究方法则是在实证主义的认识论基础和客观主义的本体论基础之上进行研究实践的。混合研究方法则建立在“中立的”实用主义哲学基础之上，其应用的核心逻辑在于在研究中采用研究者自身认为有利于解决研究问题的方式来实施研究，将研究分为几个部分或使用多种手段攻克研究问题，同时，它倡导多元主义，集中量化和质化方法的优势，结合二者的多维研究结果得出最终结论。

另外，混合研究方法的研究者也有不同于单纯质化和量化研究方法的世界观立场，主要表现为三种形式：最佳研究范式、多元研究范式和随研究类型而改变的研究范式。其中，“最佳研究范式”是最为重要的一种范式，也是最为符合其实用主义哲学基础的研究范式。它是指研究者都在努力追求混合研究方法所能达成的“最佳范式”，而这种“最佳”是可以实现的。倡导混合研究的研究者认为，实用主义和混合研究紧密相关，因为研究问题比方法或哲学基础更重要，一切需以问题为中心导向，因而应放弃在后实证主义和建构主义之间进行选择，转而运用更为实用的研究世界观来指导方法论的选择，而混合研究方法恰恰是顺应研究问题需要、是研究者在实际研究进展中适时、适当使用不同类型研究方法的一种范式实践。

五、混合研究方法的操作步骤与研究类型

混合研究方法的操作步骤和方法程序主要可归纳为以下几项：第一，基于研究问题，令人信服且严格地收集定性和定量数据；第二，结合两类数据进行混合，或者将一类数据嵌入另一类数据，依次混合定性与定量数据；第三，根据研究重点，优先考虑定性或定量数据，并在单一研究或研究的多个阶段使用这些程序；第四，在哲学

世界观和理论视角的框架内，设计研究程序；第五，将这些程序整合进具体的研究设计中并用以指导研究计划的实施。①

克雷斯维尔等人曾针对混合研究方法的研究和论著做了深入分析，发现了四种不同的研究类型设计，分别为三角互证设计、嵌入式设计、解释性设计和探索式设计，这四种不同的研究类型设计可作为反映这一研究方法不断创新和发展的路径参考。

（一）三角互证设计

三角互证设计（triangulation mixed method design）是指研究者在研究中采用相对均等比重的质性与量化方法，对方法、理论和数据进行直接比较、相互验证以得出可靠的研究结论。三角互证设计要求研究者同时收集两种数据进行分析，优势是节省时间成本、提升研究效率，但也对研究者的素养提出较高的要求，研究者不但需要严格处理程序，而且需具备处理质化和量化数据结果不统一时科学校正的问题。

三角互证设计包括四个模型：结合模型、数据转换模型、定量数据验证模型、多层模型。“结合模型”就是以研究问题为中心将质化和量化数据结果进行对比并合并在一起；“数据转换模型”是指在初步分析步骤之后，将分别收集到的质化数据转化为量化数据，或者反之；“定量数据验证模型”则是研究者通过调查问卷得到量化结果后，通过提出几个开放性的质性问题来验证量化数据是否可靠，并进行逐步修正；“多层设计”是指对每个研究层次的发现进行宏观概括从而建构整体的理论阐释。

（二）嵌入式设计

嵌入式设计（embedded mixed method design）是指在混合设计中，以某一类型的数据为主，另一类型的资料则提供支持、辅助作用的设计，将其中一种数据嵌入到另一种数据框架之中。此设计的前提是单独一组资料不足以证明假设，不同数据资料回答不同的问题，每一种类型的问题需要不同类型的资料。

“嵌入式设计”又可分为“实验模型”和“相关模型”两种形式，前者是定量框架占主导，定性方法为辅助的模型设计；后者则是将定性数据嵌入定量设计的模型设计。嵌入式设计与三角互证的模型设计不同，研究者不需同时将精力放在两种数据的采集上，而是要以某种数据为轴心，兼顾另一种类型的数据。

---

① 克雷斯维尔，查克. 混合研究方法：设计与实施[M]. 2版. 重庆：重庆大学出版社，2017：34.

（三）解释性设计

解释式设计（explanatory mixed method design）是指运用质性材料阐释初步的量化数据结果的一种设计。解释性设计从量化阶段开始，当量化研究中出现意料之外的结果时，采用质性方法进行解释和拓展就显得尤为有效。

解释式设计主要适用于以下三种情形：第一，需要用质性资料来解释量化研究部分显著或不显著的结果、极端的结果、与假设相矛盾的结果和出人意料的结果等。

第二，根据量化结果进行分组，通过质性研究追踪不同组别的情况。

第三，利用量化研究的实验参与者特征，引导后续质性研究阶段的实验参与者取样。①

（四）探索式设计

探索式设计（exploratory mixed method design）适用于在缺乏测量工具、变量难以确认，或者缺乏指引的架构或理论时通过质性方法展开研究等的研究情形，核心逻辑是运用量化数据结果来辅助质化研究。这一设计类型与解释性设计的方法恰好相反，其首先进行质性数据的收集工作，其次进行量化研究数据的分析，最后在阐释阶段进行整合。

探索式设计的优势在于适合多层次、分阶段的研究，且研究者对该设计的描述、实施和阐释相对较为简单。但研究者在进行探索式设计时，需要在实施两个阶段的数据收集和分析上花费一定的时间成本，并考虑两个阶段是否选用和能否选用同一批受访对象。

六、混合研究方法的评价

伯克·约翰逊（Burke Johnson）和安东尼·昂乌格法吉（Anthony J. Onwuegbuzie）认为，混合研究的优势在于三个方面。其一，质性研究的文字、图形和叙述内容可用于补充量化研究的数据信息，同时量化研究数据可用于增加质化研究语言、图片和讲述的准确性。因此，混合研究方法有助于结合二者优势，对研究问题的解答也更为深入。其二，同时运用量化或质化研究方法，能够用其中一种方法的优势去弥补另一种方法的劣势，为其结论提供更好的证明。其三，当只采用质化或量化中的一种方法进行研究时，可能无法获得洞察力和理解力，而混合研究方法恰能增强结果的普遍性和

① 徐建平，张雪岩，胡潼. 量化和质性研究的超越：混合研究方法类型及应用[J]. 苏州大学学报（教育科学版），2019（1）：50-59.

概括性，达到理论和实践进行转换的目的。[①]

凯瑟琳·柯林斯（Kathlee M. T. Collins）、昂乌格法吉和艾达·萨顿（Ida L. Sutton）将混合研究方法的优势归纳为：扩大实验被试、验证测量工具的效度、评价干预的有效性、增强研究意义。[②]具体而言，其内容主要包括以下几点：首先，通过归纳产生研究结论后，可运用演绎方式检验研究结果，以保证结论的准确性、科学性和全面性，并通过层层演绎与归纳，提升结论的概括化水平。其次，由于兼具质化研究方法和量化研究方法的特点，研究者可利用一种方法的优点去克服另一种方法的缺陷，提升研究的完善性，丰富研究者的视角，在最大程度上减少结论的局限。最后，由于研究者对研究结果的高水平要求，混合研究方法的运用有助于将研究结果的理论和实践统合起来，使之兼具理论价值与应用价值。

然而，混合研究方法也具有不可忽视的局限性。譬如，目前学界对于混合研究方法所得出的质化和量化数据结论的信度和效度测量与评价尚未出现明晰的标准，这就为研究结论的有效性与价值判定提供了难度；另外，混合研究方法由于其程序的繁复，以及需对质化和量化方法进行整合，研究者需具备专业的研究素养、开阔的理论视野及娴熟的操作能力，约翰逊和昂乌格法吉提出，混合研究可能需要一个研究小组进行合作才能完成，且研究者需学习大量的方法并学会如何很好地把这些方法融会贯通，这都需要投入相对充分的时间、精力和经济；同时，作为一种新的研究取向，这一研究方法范式的理论基础也相对薄弱，可供研究者参考的理论架构并不完善，其一些细节仍有待方法学家进一步探讨，譬如混合范式的问题、如何将质化研究结论用于分析量化数据，以及如何解释两种方法得到的相互矛盾的结论等。

混合研究方法在我国社会科学领域的相关研究应用仍不成熟，还有较大的发展空间，目前大多停留在理论探讨上，在实践应用方面仍较少。在未来，一方面，研究者还需在混合研究方法的应用中建构出完善、科学的研究设计；另一方面，研究者对于质化和量化研究数据的采集、分析与整合水平仍需进一步提升，对研究信度和效度的测量与评估体系亦需不断完善，以期能够充分发挥混合研究方法的潜力和优势。

---

① JOHNSON R B, ONWUEGBUZIE A J. Mixed methods research: a paradigm whose time has come[J]. Educational Researcher, 2004(7): 14.

② COLLINS K, et al. A model incorporating the rationale and purpose for conducting mixed-methods research in special education and beyond[J]. Learning Disabilities: A Contemporary Journal, 2006(1): 67-100.

第四节 数字人文研究方法

一、诞生与发展

随着智能技术、大数据和计算机科学对社会科学的嵌入程度日益加深，一种结合科学和人文的理论和研究方法——“数字人文”（digital humanities）在学界得到重视。对于“数字人文”方法，目前学界尚未出现公认的定义，一般而言，它既是指在人文学科中运用数字化工具、数字技术及其相应思维而产生的新理论范式，又是一种反映数字科学人文价值立场的理论建构，借助人文研究的范式和方法来探索数字媒介的功能与意义。这种结合体现了科学与人文的互动、交融和对话，体现了二者之间关系的平衡与调和，因而，利用这种关系便是作为研究方法的数字人文的宗旨，并被人文学家和科学家共同关注。

在数字人文的命名与定义出现之前，其相关实践早已有所发展，但学者尚未对其正名。数字人文的起源可以追溯到意大利罗伯特·布萨（Roberto Busa）神父在1949年借助IBM的帮助建立以托马斯·阿奎纳（Thomas Aquinas）为中心的拉丁文神学著作语料库，从此，众多的人文学者尝试把数字化的信息变成人文学科不可或缺的工具。[①]20世纪80年代中期以来，随着个人电脑和因特网的发展，“数字人文”的前身——“人文计算”普及开来，由此诞生了对于计算机技术辅助下的大规模、标准化的文本分析的需求。

丰富的实践积淀以及互联网的发展普及逐渐推动了数字人文相关理论与方法的发展建构，约翰娜·德鲁克（Johanna Drucker）在2011年ACH/ALLC国际大会上做了题为《现状核实：数字人文项目与前景》（*Reality Check: Projects and Prospects in Digital Humanities*）的报告，这是“数字人文”（digital humanities）一词在学术界首次出现。自此之后，关于“数字人文”的讨论便相继出现。[②]

在学界的热烈讨论与反复论争中，“数字人文”这一概念及其作为一种方法的观念逐步深入人心，并形成一个标志着数字科学与人文科学融合的重要研究领域。2004年，美国学者苏珊·施赖布曼（Susan Schreibman）等人首次为这一新领域既立名也正名。然而，这一时期对“数字人文”的普遍关注，均将焦点集中于人文学科在数字转向中的知识生产问题，学界研究未能深入认识到其作为一种数字工具和数据资

---

① 李点. 数字人文的理论与方法之争[J]. 浙江师范大学学报（社会科学版），2019（6）：1-5.

② SCHREIBMAN S. Digital humanities: centres and peripheries[J]. Historical Social Research, 2012（3）：46-58.

源的优势，因而也未能挖掘其对人文学科研究的高效辅助功能。

“数字人文”在我国的本土化历程始于近10年左右，总体看来其发展尚处于初级阶段。2009年，武汉大学王晓光发表了国内第一篇被学界广泛认可的有关数字人文的论文，明确指出“面对人文社会科学研究方法创新的需要，将国外数字人文研究的内容、方向和前沿集中介绍给国内的人文社会学者以加快我国人文学科研究范式的升级和转型已经显得十分必要”。①这说明，“数字人文”已正式作为一种社会科学的研究方法被引入我国，对西方相应的理论范式的借鉴恰好与国内研究方法转型发展的内在需求密切相关。

随着计算机科学和“数字人文”方法在我国社会科学领域的发展，除了之前的文本对象之外，更为广泛和多元的研究对象成为主流研究内容进入学者的视野，智能媒体、大数据、云计算等多样的新兴技术也被引入数字人文实践。

近年来，“数字人文”的领域不断扩展与整合，以数字媒介和传统人文的结合为基点。从其应用内容来说，包括从线上存贮到数字制图、从数据采集到信息图库；从其应用学科范围而言，又涉及书籍史、文学社会学、传播学以及社会网络理论等。具体而言，又包含媒体研究、网络文学、电子艺术、教育科技、学术编辑、信息科学和软件研究等交叉性学科。②

二、传播学中的应用：计算传播学

艾伦·刘（Alan Liu）指出，如今数字人文工作有四种共同的特征：一是使用已经存在的数字语料库，这意味着不需经过往常数字化和文本编码等一系列繁复的步骤，研究者的效率得以提升；二是使用量化或模型的方式来规划人文研究领域中的问题，这说明数字人文的传统和精髓得以传承并被广泛认可；三是选择一个特定的学科去设计项目，不同的学科对数字人文方法的运用会产生不同的结论与效果；其四，在运用方法时结合了技能，诸如对编程与批评分析的同时运用等。

在传播学领域中，随着计算机科学的飞速发展以及人工智能、算法、大数据等技术在媒介传播中的嵌入程度日益加深，学界和业界对数字人文研究方法的探索虽处于初级阶段，但劲头甚猛。数字人文的思维在传播学中萌芽并发展，生发于技术逻辑之下的“计算传播学”（computational communication）便是对其方法与范式借鉴的显

① 王晓光.“数字人文”的产生、发展与前沿[M]//全国高校社会科学科研管理研究会组. 方法创新与哲学社会科学发展. 武汉：武汉大学出版社，2010：207.

② 李点. 数字人文的理论与方法之争[J]. 浙江师范大学学报（社会科学版），2019（6）：1-5.

著体现。因而，作为传播学与计算机科学的交叉领域，“计算传播学”的核心课题为如何利用全新的技术工具来解释传播现象、理解和优化传播过程，以及测量与评估传播效果，其逻辑在于运用计算机量化与数据技术来辅助对人文化的传播生态的分析。计算传播学的发展，在更新传播学经典理论、建构新的理论范式、培养跨学科的新型传播人才等方面均发挥了重要作用。

具体到研究方法而言，数字人文与计算传播学的产生和发展，已经使得传播学的量化研究方法从传统的统计调查思维跨入了与当前大数据思维和技术紧密结合的全新模式。因而，计算传播学中的“计算”包含了两层重要的含义：第一层是从计算机科学或更广义的信息科学等视角来理解传播过程中的数据和可计算性；第二层是传播理论或更具体的传播现象所涉及的对某些个性化和差异化算法的应用。①

就计算传播学中数字人文方法的实践而言，其在媒介传播效果方面的表现最为突出。基于智能化、场景化、精准化、个性化的媒介集成、生产、分发与消费能够实现媒体语境、内容及受众的效益最大化，使媒介系统更优化的同时让信息供给与需求更平衡，提升媒体的生产力和运转效率。如谷歌公司对机器学习技术的深度强化和不断改进，使得它在一次计算中所习得的东西能够被很快地运用到下一次的搜索和计算中去，这使谷歌在未来的竞争中会不断完善其智能媒体产品，使之更加适配受众需求从而赢得广泛的传媒市场。

而在学术研究中，计算能力的提升和智能研究工具的使用使得短时间获取以往难以得到的海量数据成为现实，并得以高效筛选、过滤、处理以及深度挖掘文本与数据背后的传播规律，数字人文方法可谓是智能媒体时代的传播学研究者人人都需掌握的一把“研究利器”。目前，数字人文方法中发展较为成熟的分析工具包括Machine Learning for Language Toolkit（MALLET），Software Environment for the Advancement of Scholarly Research（SEASR）等。

扩展到工具的运用方法看，目前使用最为广泛的“文本挖掘”，指的是从文本数据中获取有价值的信息和知识，它是数据挖掘的一种方法，包括数据挖掘技术、信息抽取、信息检索，机器学习、自然语言处理、计算语言学、统计数据分析、线性几何、概率理论以及图论，作用是发掘大量数据内隐含的关系、规律等。除此之外，数字人文和计算传播学的应用研究中被广泛使用的还有社交网络分析，这是一种为理解人类各种社交关系的形成、行为特点分析以及信息传播的规律而提供的一种可计算的分析方法，通过数据收集、分析和建模，为理解和探索社交媒体的传播特性与社会功

① 刘庆振，钟书平，牛新权. 计算传播学：缘起、概念及其计算主义视角[J]. 西部学刊，2019（8）：10-15.

能、描摹人际传播与群体传播机理、发现社会网络的运作规律及影响等均具有至关重要的意义。

由此可见，数字人文思维指导下的计算传播学所要解决的重要问题，就是传统的量化研究方法存在的缺陷，即无法做到精准化、大规模的研究数据采集，以及深度化、大批量处理数据并描摹其规律。在智能传播时代，计算能力早已成为传播学研究者必备的技能，继续促进传播学这一人文社会科学研究与数字技术的结合，也成为每一位传播学者的肩上之责。然而，计算传播学目前的发展亦有其局限性，譬如，对数据的过度使用、错误使用和滥用，无效数据、污染数据较多，无法更为精准地定位研究对象等，这些都是值得传播学者在运用数字人文方法时需要注意的问题。因而，“不忘初心”尤为重要——将传统的人文研究理念和思路与计算传播学的技术和方法相结合，实现“道”与“术”的平衡，是未来传播学者追寻的目标。

三、评价与展望

新闻传播学领域中数字人文研究方法的运用，不仅在智能媒体环境下为这一人文社会科学开拓了传统研究范式之外的研究可能性，而且使其研究对象的范围也大大地扩展了。更为重要的是，数字人文为新闻传播学实现跨学科协同合作创新提供了更多可能性，并从方法和路径的层面打通了自然科学、应用工程、社会科学、人文科学和艺术的综合研究，使得研究者从自身的学科立场出发并扩展到其他领域，让其研究方法更为系统、规范、全面，并能从“问题导向”出发，与其他学者协同研究，实现研究层面的资源最大共享化、分析方法的最大通约化和知识内容的最大综合化。[①]

另外，数字人文研究方法还带来了新闻传播学术知识生产模式的变革，即对以往对立的两种方法——诠释取向与实证取向的调和与平衡，多元研究力量的整合也促进了新闻传播研究知识生产的合作化与开放化。

当然，数字人文研究方法也暴露了其固有的局限性。由于目前数字人文方法的研究尚未出现标志性、突破性的创新成果，计算工具的潜力还未得到完全发掘，与新闻、传播等人文学科的结合度、粘连度和整合度都尚有上升空间。莫瑞蒂曾是数字人文的坚定支持者，但基于对这一发展局限的考量，其也适时提出了某些质疑。与此相关的针对数字人文方法的评价甚至形成了“批判数字人文研究”（critical DH studies）这一相对边缘的领域。

展望新闻传播学中数字人文方法的发展趋势，主要可归结于两点。一，从研究设

---

① 林施望. 从“人文计算”到“数字人文”：概念与研究方式的变迁[J]. 图书馆论坛，2019（8）：12-20.

备来讲，计算辅助硬件与软件的普及和简约化使研究数据收集、处理的门槛降低且逐步个体化；二，从研究方式来说，跨学科的协同研究又使得团队化、项目化的研究日益成为主流。与以往相比，数字人文方法的应用在全球化的边缘议题中已有所体现，如对性别秩序、种族权力等问题上的批判转向，应得到研究者的注意，这也体现了数据科学辅助下人文学科的特色。

数字人文方法的发展使得新闻传播这一人文学科研究更加接近立体化的“科学研究”，同时也使科学研究更加具备人文关怀。然而，数字人文并不等同于算法或数据的单纯运作，数字技术对研究者而言本质上是一种研究工具，而非研究的主体。数字人文的实践者，首先应当经过严格的学科训练，并具备人文关怀素养与主观能动性，应将研究重点聚焦于如何拓展算法和大数据时代的人文知识系统，而非仅仅利用技术工具重复已有的知识体系，如何在提出真正学术问题的基础上进行技术与人文的融合才是应当努力的目标。随着数字人文时代的来临，新闻传播研究者的研究活动处于“全数字化”的环境之中，因而，推动建立健康、有序、开放、共享的数字人文研究生态也是未来这一研究方法得到应用与发展的必然要求。

扩展性读物：

1.风笑天. 社会研究方法[M]. 5版. 北京：中国人民大学出版社，2017.

2.柯惠新，沈浩. 调查研究中的统计分析法[M]. 2版. 北京：中国传媒大学出版社，2005.

3.辛格尔特里. 大众传播研究：现代方法与应用[M]. 刘燕南，等译. 北京：华夏出版社，2002.

4.克雷斯维尔，查克. 混合研究方法：设计与实施[M]. 2版. 重庆：重庆大学出版社，2017.

5.GARDINER E，MUSTO R G. The digital humanities[M]. Cambridge: Cambridge University Press，2015.

6.BABBIE E R. The practice of social research[M]. 14th ed. Belmont: Cengage Learning，2016.

思考题：

1.什么是传播学研究方法？它有哪些特点？请比较定性研究方法和定量研究方法。

2.简述你对“话语”概念的理解，并以一个具体案例加以说明。

3.请简述实地调查法的实施程序，并阐释其操作原则。

4.假设你在做某项媒介产品的市场调查，试设计一份简单的问卷调查表。

下编

传播学的基本框架与外延

第四章　传播的控制研究

在前面我们已经提到，对应拉斯韦尔在《传播在社会中的结构与功能》中提出的传播过程的五大要素的五种研究——控制研究、内容研究、媒介研究、受众研究和效果研究，已经构成了传播学的核心框架，近半个世纪的传播学研究都直接或间接地围绕着这五种研究做文章。下面，我们就从控制研究入手，来考查一下传播者所涉及的内容和问题。

在传播学中，“控制”可以细分出两层意思：施控与受控。这是指传播者在操纵媒介进行传播的同时也将受到不同层面的内外力的操纵。控制研究就是专门考察传播者（包括个人与组织）及其活动特征，解释传播者同所处时代与社会之间的关系的研究。具体的控制研究的内容包括分析传播者的施控行为和传播者的受控情状，分析各种不同的控制形态等。

第一节　社会制度与媒介控制

众所周知，传播活动离不开特定的社会环境与历史背景，特定的社会环境与历史背景会对传播产生难以估量的影响与制约。“所有的制度都必然在某种程度上对它们的媒介加以控制”，“基本的原则，是人和社会对它的传播机构所施加的控制都是从这个社会中产生出来并代表它的信仰与价值观的"[①]。大众传播是在特定的社会制度条件下进行的，一定的社会制度对大众传播的控制体现为一定形态的传播制度。因此，传播制度也就成了社会制度中对大众传播活动直接或间接地起着控制和制约作用的部分。

一、社会制度决定传播制度

传播制度就是直接或间接对大众传播起控制和制约作用的社会传播规范体系。当然，在不同的时代、不同的社会以及同一社会的不同阶层之间，其观点是不同的，甚至是矛盾和对立的。在有关传播制度的概括中，施拉姆等人的著作《报刊的四种理论》(1956)最为引人关注。虽然个中观点未必是正确的，有些甚至不乏资产阶级学者的偏见，但它却开启了新闻与社会关系的一种崭新的"报业理论"。英国学者麦奎尔在此基础上，又将各种社会体系中所包含的这些观点和主张归纳为六种主要类型：

极权主义理论。
自由主义理论。
社会责任理论。
苏联的共产主义媒介理论。
民主参与的媒介理论。
发展中国家的媒介理论。[②]

下面，我们就从不同的社会制度出发来考察不同的传播制度理论。

(一)极权主义制度下的极权主义传播制度理论

极权主义(authoritarianism)也称权威主义。极权主义者主张社会事物必须一切以权力或权威为转移，强调社会等级秩序和上下之间的绝对支配与服从关系。这种理论和观点的形成受古希腊哲学家柏拉图、意大利政治学家马基雅弗利、英国哲学家霍布斯和德国哲学家黑格尔等人的影响。他们主张国家应当对社会意见严加控制，否认自由与民主。实行极权主义传播制度的国家也主要是封建君主专制的国家和军人

① 施拉姆，波特. 传播学概论[M]. 陈亮，等译. 北京：新华出版社，1984：183-189.

② 麦奎尔. 大众传播理论[M]. 陈芸芸，等译. 台湾：中国台湾韦伯文化国际出版有限公司，2003：103.

图4-1 邵飘萍（1886—1926），《京报》的创始人，民国时期著名新闻工作者。

独裁统治的国家。

极权主义理论是维护专制统治的理论，极权主义制度下的传播制度理论同样体现了这一特点——一切以权力的意志为转移，一切为统治者服务。这种理论是在15世纪中叶近代印刷技术发明后不久，在欧洲封建专制主义的气候下产生的。我们知道，印刷术的发明导致了近代报刊的诞生，随着文艺复兴和宗教革命的发展，欧洲各国出现了不少反对封建专制、宣传新兴资产阶级革命思想的书籍和报刊，封建王朝和专制政府把这些出版物视为对自己统治地位的巨大威胁，因而采取了严厉的管制和镇压措施。

在极权主义传播制度下，报刊和出版受到的管制是残酷的。例如，英国1586年发布的《星法院法令》中规定：对违反条例的出版者不仅处以罚金，而且可以判处徒刑和肉刑，包括戴枷示众、烙印、砍去手足等；对反对封建统治的“思想犯”或“政治犯”，甚至可以进行秘密审判，不经辩护程序即可作出判决。到十七八世纪，资产阶级革命取得决定性胜利之前，极权主义传播制度已在欧洲统治了数百年，法国、德国、俄国都有过漫长的极权主义统治。我国在漫长的封建时代和半殖民地半封建时代，采取的传播制度与西方的极权主义传播制度相比为害尤甚，且往往在执行过程中更为严酷。从秦代“焚书坑儒”、汉时“罢黜百家”，到宋明理教、清文字狱，中国早期的传播者不得不直面更为惨淡的现实和淋漓的鲜血。

虽然在近代，极权主义传播制度随着资产阶级革命的胜利而崩溃，但在现代史上也出现过极权主义传播制度。“二战”中的纳粹德国、日本和意大利等法西斯国家的传播体制就是一种现代极权主义，它的特点是并不满足于对传播媒介的消极控制，而是通过积极的强制改造使之成为国家的宣传机器和战争宣传机器。纳粹德国的宣传部长戈培尔甚至声称，“谎言被重复一千遍就会成为真理”，“如果希望它真正有效，就必须把一把尖利的刺刀放在宣传的后面”。在戈培尔主管纳粹德国宣传事务的4年时间里，全德报刊从3,607种锐减为2,671种。由于法西斯主义宣传的理论基础和根本指导方向是至高无上的领袖和国家意志、民族优越和对外扩张，因此，它对人类社会带来的危害远远超过了古代的极权主义。

（二）资本主义制度下的三种传播制度理论

资本主义的传播制度是现代多数西方发达国家现行的传播制度。在资本主义社会制度建立与完善的近500年历史中，资本主义的传播制度也经历了复杂的变化，出

国民党时期的新闻审查制度

国民党新闻审查制度形成于1928年，推行“以党治报”和“党化新闻界”的政策。在“九一八”以后，又效法德、意法西斯，强化政府对新闻事业的控制。

国民党政府对于新闻报刊的控制手段主要有以下几个方面。第一，鼓吹并暴力推行“党化新闻界”“民族主义的新闻建设”“科学的新闻统制”“新闻一元主义”等反动谬论和政策，在思想上对新闻界进行统治。第二，依靠官方新闻网络，垄断新闻的发布权和评论权以控制全国舆论。第三，利用政权力量和法律手段，制定、颁布大批新闻出版法令，建立起一个以统制为核心的新闻法律制度。第四，利用对人事管理、行政管理的控制权，把进步人士排除在新闻界管理层之外。同时，制定各种法令，例如《指导党报条例》《指导普通刊物条例》《审查刊物条例》《暂行反革命治罪法》《中华民国刑法》《出版法》《新闻检查标准》《图书杂志审查办法》《指导全国广播电台播送节目办法》等，钳制人民言论和出版自由。第五，建立报刊登记制，实行严厉的书报检查制度和禁载制度，任意删、削、检、扣进步书报。1929年，国民党政府设立邮电检查所，实行邮件检查。在大城市设立“新闻检查所”和“图书杂志审查委员会”，实施出版前原稿检查工作。1935年成立中央新闻检查处，实现新闻检查制度化。第六，笼络、收买报界，或打入内部分化、瓦解进步报刊。例如，1930年，蒋介石通告全国各报刊，对当局各方面“请报界尽情批评”，并表示“凡属嘉言，咸当拜纳，非仅中正赖以寡尤，党国前途亦与有幸焉”，摆出一副礼贤下士的样子，与此相配合，南京政府通令取消电报新闻检查；到1933年，又发出《保障正当言论》和《切实保障新闻从业人员》的通令意图收买民间报刊；此外，国民党还通过安插亲信的方式来控制民营报刊，像程沧波等人曾被派遣打入香港《星岛日报》，将总编金仲华、羊枣等进步人士排挤出报社。

现了多种对其产生影响的传播制度理论，包括由早期的自由主义传播制度理论向强调社会责任的传播制度的发展，以及在其中一直起着牵制作用的民主参与理论。

1.自由主义传播制度理论

自由主义传播制度理论的核心，反映了资产阶级自由主义的观点，其社会基础是资本主义的自由竞争机制。其基本原则包括：

> 大众传播不受政府控制，传播者享有传播的自由。
>
> 大众传播的内容应该是多样化、多元化的，应该反映和代表多种不同的意见。
>
> 大众传播业自由竞争、自由营业。

自由主义传播制度理论是在十七八世纪资产阶级革命时期，同极权主义制度及其传播制度的斗争中形成的。英国诗人、政治家弥尔顿第一次公开表述的有关言论、出版自由的思想，奠定了资本主义自由主义传播制度的基础。他在1644年发表的《论出版自由》中，提出言论自由和出版自由是天赋人权的一部分。在《报刊的四种理论》中席伯特更指出，弥尔顿的“观点的公开市场”和真理的“自我修正过程”已经成为现代自由主义理论的两个重要原则。

可以说，是英国资产阶级最早提出了言论、出版自由的观点，弥尔顿等思想先驱还对自由主义理论的形成产生过重要影响，但这种思潮对资产阶级革命的真正推动却是在法国大革命和美国资产阶级革命时期。1789年，法国资产阶级革命取得了胜利，制宪会议通过了《人权宣言》，其中第11条规定："自由传播思想和意见是人类最宝贵的权利之一，因此，每个公民都有言论、著作和出版自由……"1791年，美国独立战争之后，将包括言论和出版自由、宗教信仰自由以及集会、结社、请愿等权利内容，以宪法修正案的形式正式写入了美国宪法，规定"国会不得指定任何法律限制……言论或出版自由"，这就是著名的《宪法第一修正案》。

早期的自由主义理论对打破极权主义专制制度和等级支配观念，确立自由、平等的民权思想起到了巨大的作用。对自由主义理论提出的"出版自由"的口号，马克思和恩格斯等无产阶级革命家都给予了高度评价和肯定。但是，自由主义理论的根本是与资本主义的政治和经济制度结合在一起的，这种制度所保障的并不是全体社会成员的利益，而是私有自由资本的利益。历史发展也证明，自由主义理论没有也不可能实现它最初设想的社会理想。相反，随着资本主义发展到垄断阶段，自由主义理论本身也发生了改变，成为维护垄断资本利益的理论。在信息全球化的今天，则进一步演变成为个别传播大国推行文化帝国主义的理论。

2.社会责任的传播制度理论

19世纪末、20世纪初，资本主义进入垄断时期。资本主义的垄断竞争日益加剧，特别是"二战"后，西方资本主义国家传播业的商业化、集中化、单一化现象愈加严重，传播界滥用新闻和出版自由，侵犯公民权利的事件不断出现，因而引起了社会上许多公正人士及学者对传播业的不满，他们抨击传播媒介为了追逐利润而不顾自由的界限，抛弃了应对社会承担的基本责任。社会责任理论正是在这种社会背景下产生的，它强调大众媒介对社会和公众应该承担一定的责任和义务，是对自由主义理论的一种修正。

西方资本主义国家社会责任理论的最早论述见之于美国新闻自由委员会于1947年发表的研究报告《自由而负责的报刊》。随后，相应的著作相继问世。现代社会责任理论大体包括以下几项基本原则：

> 大众传播具有很强的公共性，因而媒介机构必须对社会和公众承担和履行一定的责任和义务。

2011年7月，《世界新闻报》这家英国传媒大亨基思·鲁伯特·默多克（Keith Rupert Murdoch）旗下最畅销的英国小报因“窃听门”丑闻而被迫关闭。《世界新闻报》（*News of the World*）是英国《太阳报》（*The Sun*）的周日版，在英国的销量很高。作为一家拥有168年历史的老牌报纸，《世界新闻报》久负盛名，它的轰然倒下，不得不让我们对百余年以来西方所一直追捧的新闻自由主义进行深刻的反思。

首先，简要地回顾一下整个事件的过程。事件还需追溯到2002年3月的一天，英国一位名叫米莉·杜勒的13岁女孩在放学路上失踪，引发英国警方的大规模搜索行动。6个月后，杜勒的遗体在一片树林里被找到。而直到2011年6月，绑架杀害杜勒的凶手才刚刚认罪。据调查，《世界新闻报》在杜勒失踪后曾雇佣私人侦探窃听其手机语音信箱，当杜勒家人和朋友的留言占满了语音信箱后，该名侦探擅自删除了部分留言，这导致受害者家人以为杜勒还活着，同时也干扰了警方的侦破工作。丑闻被披露后英国全国上下一片哗然，首相卡梅伦表示，电话窃听事件令人感到震惊和气愤，并称支持对《世界新闻报》窃听丑闻展开独立调查。英国警方由此展开了一系列关于默多克新闻集团旗下各大报纸是否参与窃听丑闻的调查，一时间，一向星光闪耀的默多克传媒帝国风雨飘摇，四面楚歌。先是新闻集团不得不放弃其收购英国天空广播电视公司的计划，紧接着新闻集团宣布关闭《世界新闻报》，几乎同时，英国下院召开听证会传讯默多克出席。据调查，“窃听门”丑闻波及所有新闻集团旗下大小媒体。2012年1月28日，英国警方宣布逮捕默多克新闻集团旗下《太阳报》的4名前任及现任工作人员和1名警察。这4名工作人员涉嫌贿赂警察获得敏感信息。①

从《世界新闻报》的倒闭我们可以看到，新闻自由主义并不是万世不变的准则，更不是完美无缺的，在今天这个媒体竞争激烈、兼并之风盛行的时代，新闻自由主义往往容易成为媒体逃避管制、一心牟利的借口。

由于当前世界传媒主要掌握在数家传媒巨鳄的手中，例如仅默多克的新闻集团就控制着英国近40%的媒体，因此，所谓新闻自由主义所倡导的“声音多元化，鼓励多家媒体并存，营造公平竞争的环境”在实际中并不存在，因为，大多数媒体都掌握在少数传媒集团手中，就注定了媒体传播的控制权牢牢掌控在传媒集团手中，并不可能真正实现声音的多元化。

其次，由于当前媒体受商业化趋势的影响，部分媒体内容过于低俗化、煽情化、同质化，也就更谈不上通过传播多元化的声音来重塑公共领域了。

最后，在新闻自由之上，更为重要的是国家利益，西方国家虽然一再宣称其自身的新闻独立于政府部门的控制，是自由的第四权力。但在涉及国家利益的根本问题上，媒体仍与国家政府的声音保持了高度一致。

---

① 大众网. 英国《太阳报》陷“窃听门”数名涉案人员被捕[EB/OL].（2019-01-29）[2019-04-22]. http://www.dzwww.com/xinwen/guojixinwen/201201/t20120129_6880212.htm.

媒介的新闻报道和信息传播应该符合真实性、正确性、客观性、公正性等专业标准。

媒介必须在现存法律和制度的范围内自我约束，不能煽动社会犯罪，不得传播宗教或种族歧视的内容。

受众有权要求媒介从事高尚的传播活动，且这种干预是正当的。

为了保障和监督传播业对社会责任的履行，不同的资本主义国家采取了许多不同的手段和形式，包括物质的、法律的、纪律的以及传播业自律措施等。一方面，完善传播界外部的规范。国家和政府制定法律、法规以及与传播业有关的规章、纪律条文，要求传播业必须在国家法律及有关的各项规定范围内活动。另外，政府还通过一定的检查方式加以干预，只要这种检查符合法律及其程序、反映公众意志。但是，这种检查不能封锁正常消息，不能剥夺新闻机构合法的报道权。

另一方面，加强传播业的自律。为了对付外界日益强大的呼声和批评，同时也为了避免更加严厉的法律制裁，传播业也相应地做出了改进传播工作、提高传播质量、自我约束、自我完善的努力。为此，传播业采取了组织专业团体和机构，制定各种自愿遵守的职业行为规范，加强教育、提高传播者责任意识和能力的措施。

虽然从一定意义上讲，社会责任传播制度理论也是历史的进步，但是，在垄断竞争、利润至上的资本主义私有制条件下，传播业根本无法从根本上解决追逐利润和承担社会责任之间的矛盾，社会责任理论及期望建筑于其上的传播制度还是未能完全被实践所接受。

3.民主参与传播制度理论

民主参与理论也称受众参与理论。20世纪70年代以后，在美国、欧洲和日本等一些发达国家，一方面，随着社会信息化的发展和媒介集中垄断程度达到新的高度，信息与传播的问题在社会政治、经济、文化生活中的作用显得越来越重要，并与每个社会成员发生越来越直接的联系；另一方面，现实的媒介垄断又使得传播资源越来越集中于少数人之手，在资本主义的排他性私人占有制下，一般民众接近和使用传播媒介的机会越来越少。民主参与理论正是在一般民众要求自主利用媒介的意识不断提高，而又缺乏可以利用的传播资源的矛盾状态下出现的新的传播制度理论。

民主参与理论要求大众传播媒介向一般民众开放，允许民众个人和群体自主参与。在民主参与理论诞生和发展的过程中，美国学者J.A.巴隆（J.A.Balon）的《媒介接近权：为了谁的出版自由》和本·巴格迪坎（Ben H.Badgdikan）的《传播媒介的垄断》产生了重要的影响。他们的主要观点有：

任何民众个人和弱小社会群体都有知晓权、传播权、对媒介的接近和使用权以及接受媒介服务的权力。

媒介应主要为受众而存在，而不应主要为媒介组织、职业宣传家或广告赞助商而存在。

社会各群体、组织、社区都应该拥有自己的媒介。

与大规模的、单向的、垄断性的巨大媒介相比，小规模的、双向的、参与性的媒介更合乎社会理想。

民主参与理论的核心价值是多元性、小规模性、双向互动性、传播关系的横向性或平等性。

民主参与理论反映了一般民众对社会责任理论的失望心理，因为这种理论并没有改变少数人垄断媒介的现状。在信息已经成为一种基础资源的今天，民众唯有自己行动起来才能争取到自身的传播权和媒介接近权。在西方资本主义国家，民主参与理论属于一种体制外的媒介规范理论，但由于它是社会公众的呼声，其力量也是不可忽视的，特别是在公共性较强的广播、电视、有线电视以及社区媒介领域，民主参与理论更是产生了广泛的影响。例如，在美国、德国等西方发达国家，不少地方自治体规定，商业有线电视必须开设“开放频道”（open channel），允许一般受众自主参与。在这些领域里，个人或团体可以根据排队原则，按申请时间先后播出自己制作的节目。到1993年为止，德国已有8个联邦州的30多个城市的有线电视台开设了这种开放频道。

（三）社会主义制度下的传播制度理论

社会主义传播制度是当今世界的两大主要传播制度之一，它与资本主义的传播制度有着不同的理论渊源和社会实践背景。社会主义传播制度是在无产阶级革命理论和实践的基础上产生的。19世纪40年代后期，马克思、恩格斯创立了辩证唯物主义和历史唯物主义理论，奠定了无产阶级科学世界观的基础，并亲手创办和主编了无产阶级革命报刊，构成了早期无产阶级革命报刊体系的一部分。但真正的社会主义传播制度是在无产阶级取得革命胜利，社会主义制度取代资本主义制度后，在无产阶级报刊的基础上走上历史舞台的。1917年，世界上第一个社会主义国家——苏联诞生。苏联对资产阶级新闻事业进行了彻底改造，建立了一套全新的传播制度，开创了社会主义传播业的先河。第二次世界大战后，一大批社会主义国家纷纷建立，使社会主义传播理论在世界范围内兴起。进入20世纪90年代后，社会主义阵营发生了巨大变化，社西方传媒行业充满商业竞争，媒体兼并成风，在节目内容日趋煽情化、同质化的商业媒体领域，受众要想参与传播过程变得更加困难。因此，为了充分满足受众的需求、维护受众的利益，发展公共广播电视服务体系成为一项势在必行的举措。公共广播电视（public service broadcasting）的概念和制度源自欧洲，在西方的语境中，它既不直接受国家的控制，又不以营利为目的，其主要目的是为公众提供相应的公共服务，促进公众自身的发展。公民能够通过公共广播电视获取信息，接受教育并享受娱乐。因此，在当前的媒介大环境下，公共广播电视服务体系是最能服务于受众并体现民主和参与制度的传媒体制。在信奉自由与民主的美国与欧洲，广播电视公共服务体系的发展状况不尽相同。

由于美国自建国以来一直奉自由主义为立国之本，深信市场调节机制能很好地应对消费者需求；同时，人们相信大众传媒可以传递给民众有效信息并施以巨大的影响力，所以，受众对国家掌控大众传媒有着强烈的抵触情绪。他们认为，国家直接介入广播电视领域是危险的。

在欧洲，由于人们并不相信市场是万能的，不认为市场能够实现某些特定目标，也不相信国家能达成这些目标，因此提出了最早的关于广播电视公共服务体系的构想。

广播电视公共服务体系在节目上表现为更多地考虑受众需求，相应地也更能考虑到受众参与性以及进入传播领域的可能。具体来说，广播电视公共服务体系主要有如下几个特点：首先，公共广播电视必须具有普遍性，普遍性准则促使公共广播电视机构尽最大能力做到对一国范围内所有人进行广播，并努力被尽可能多的人所使用。其次，公共广播电视应当注意节目的多样性，通过提供不同类型的节目来反映公共利益的多样性；公众中的不同群体对公共广播电视的服务有着不同的期待，因此也需要用不同的内容来回应不同的期待。再次，公共广播电视是一个自由表达观点的论坛，信息、意见和批评流通其间。最后，相对于其他广播电视体制而言，公共广播电视具有更大的独立空间，较少被政治力量和经济利益干涉。

会主义传播理论也进行了调整与改革，但其仍然是世界传播体系中不可或缺的重要部分。

社会主义传播制度建立在社会主义传播理论之上，直接与社会主义根本的社会制度有关。概括起来，社会主义传播理论的基本观点有以下几个：

> 新闻及传播起源于人类社会型的生产劳动实践。
>
> 新闻的本源是事实。
>
> 新闻传播事业的产生与发展有赖于社会进步、生产水平的提高及文化、技术的发展。
>
> 新闻传播事业属于社会的上层建筑意识形态范畴，是物质生活关系的反映，它具有更强烈的政治性，直接宣传、传播一定阶级的政治路线、方针政策，鲜明地表现出一定阶级的政治倾向和世界观，通过对事实的传播与评论引导社会舆论，影响人们的思想与行动。
>
> 社会主义新闻传播事业包括属于国家的报刊、广播电台、电视台、通讯社以及属于政党机关的报纸、刊物和属于人民团体的报刊和企业的报刊。

社会主义传播制度的基本特征是由社会主义的经济基础和政治基础决定的。在社会主义制度下，生产资料归人民所有，新闻传播事业既是无产阶级政党和政府的喉舌，又是人民的喉舌。社会主义新闻传播事业坚持为社会主义服务、为人民服务的方针，在政治上与党中央保持一致。社会主义传播制度的基本原则包括党领导的原则、以正面宣传为主的原则、正确舆论导向与监督的原则、真实性原则、党性原则等。

社会主义的传播制度也经历了不同的发展阶段。在从早期的无产阶级革命的新闻事业到社会主义建设时期，从计划经济体制转向市场经济体制的过程中，社会主义的传播制度发生了不同程度的变化。应该说，我国的社会主义传播制度及其规范体系还处在不断改革、发展和完善的过程之中。一成不变的固定模式是不存在的，我们只能在实践中不断摸索和总结经验，建设和完善符合中国国情、具有中国特色的社会主义传播制度及其规范体系。

（四）发展中国家的传播制度理论

在当今世界上，除了发达国家以外，还有一大批发展中国家。20世纪70年代以来，发展中国家在国际事务中发挥了越来越重要的作用，这些国家的传播制度及其理论也引起了很多学者的关注。发展中国家的社会制度是多种多样的，但就国家发展的状况和条件来说，也有不少相同的特点。英国学者麦奎尔总结并归纳出以下几个方面：首先，大众传播活动必须与国家政策保持同步，以推动国家发展为基本任务；其次，媒介的自由伴随着相应的责任，这种自由在满足经济优先的原则和社会需求的原则下受到一定的限制；再次，在传播内容上，要优先传播本国文化，优先使用本民族语言；然后，在新闻和信息的交流合作领域，应优先发展与地理、政治和文化比较接近的其他发展中国家的合作关系；最后，在事关国家发展和社会稳定的利害关系上，国家有权对传播媒介进行检查、干预、限制乃至实行直接管制。

从总体上看，大多数发展中国家所采用的传播制度是符合自己的国情和条件的。生存和发展问题是发展中国家面临的最大课题，这里不仅包括了经济和政治，而且包括了民族文化。在跨国传播和全球信息化飞速发展的今天，西方发达国家的文化产品正像洪水一样涌入发展中国家，给这些国家和民族的传统文化带来了危机。在这种状况下，为了抵御来自少数传播大国的“文化侵略”，不少发展中国家在维护“信息主权”的口号下，从制度上采取了保护和发展民族文化的措施，并加强了对外来信息的自主管理。

二、传播制度与媒介控制

传播制度作为社会制度的一种反映，其内容是十分复杂的，它体现了社会制度或制度性因素在各个方面对传播媒介活动的制约和影响。传播制度中既包括媒介与政府的关系问题，又包括媒介与社会群体以及广大受众的关系问题；既包括言论出版的自由与权利问题，又包括言论出版者所应承担的责任与义务问题。下面，我们就从国家和政府的政治控制、各种利益群体和经济势力对传播媒介的控制以及广大受众的社会监督控制这几个方面，来探讨一些特定的社会制度和传播制度下的媒介控制问题。

（一）国家和政府的政治控制

国家和政府的政治控制是媒介控制的主要方面。这种控制的目的，是通过规定大众传播体制，制定有关法律、法规和政策，来保障媒介活动为国家制度、意识形态以及各种国家目标的实现服务。它主要包含以下几个方面：

1.规定传媒组织的所有制形式

规定所有制形式是政治控制的主要内容，也是确立传播体制的前提。采用什么样的所有制形式，主要取决于国家的政治制度和经济制度。另外，社会历史文化以及传媒本身的性质也对所有制形式的确立有着重要影响。在西方资本主义国家，媒介所有制主要有私有制和公有制两种形式，政府对报纸、书籍等印刷媒介的控制相对较为宽松，一般采用私有企业制度；对广播、电视等电子媒介的控制则比较严格。例如，英国和日本的广播电视事业实行以公营为主、私营为辅的制度，德国和部分欧洲国家实行公营和私营的"双轨制"，意大利采取一种公私合营制度，美国虽然主要实行私有制企业制度，但规定实行特许制（见表4-1）。而社会主义国家的大众传播媒介所有制一般都是公有制形式。

表4-1　西方主要国家广播电视事业所有制概况

国家	所有制形式		特许证管理机构
	公营机构	私营商业机构	
英国	BBC（英国广播公司）	ITV（独立台）、BskyB等	ITC（独立电视委员会）
日本	NHK（日本广播协会）	日本、富士、读卖、朝日等	邮政省
法国	法国二台、三台、文化教育台	TF1, M6, Canalus等	CSA（视听媒介最高评议会）
德国	ARD（德国联）、ZDF（电视二台）	RTL, SAT1, POR7, RYL2等	联邦邮电部
美国	VOA（美国之音等）	ABC, CBS, NBC, FOX等	FCC（联邦通信委员会）

1991年苏联解体后，叶利钦成为俄罗斯新的领导人并得到了美国及其他西方盟友的大力支持，但在1996年的大选前，叶利钦的支持率仅为8%。即便在如此低的支持率下，叶利钦依然赢下了选举获得连任，这不得不使人们意识到选举存在严重的缺陷。但《纽约时报》依然以“俄罗斯民主的胜利”的态度对此进行报道，美国其他主流媒体的态度和看法也大抵相同。在这些报道中，选举缺陷被一笔带过甚至被直接忽略，一次“不完美的”选举被描述为“了不起的成就”。[①]同样的偏见也出现在对2000年3月俄国大选的报道中。在这次竞选中获得成功的是著名的前克格勃间谍弗拉基米尔·普京，他因成功指挥针对车臣叛乱武装的军事行动而出名。他的选举成功主要依赖于强大的国家电视和广播网对其夸大的正面宣传，同时诽谤其竞争对手并剥夺对手的广播时间而获胜。同样，该次选举中也存在着大量疑似作弊的行为。但由于此时美国仍视普京为西方改革的支持者，因此，美国的主流媒体再次刊出这样的结论：选举虽然有缺陷，但依然比没有好。

反观2011年美国媒体对俄罗斯杜马选举舞弊的报道，此时的普京甚至俄罗斯在美国及西方国家眼中都俨然成为西方世界的威胁，是强有力的竞争者、对抗者。因此，在普京宣布参加2012年的总统大选后，美国媒体迅速对“俄罗斯民众上街头抗议普京参选，抗议俄杜马选举的舞弊行为”等进行连篇累牍的报道，而英国的《金融时报》更是以“俄罗斯之春即将到来”的论调对整个事件进行完整的跟踪报道。

从美国媒体对俄罗斯大选的历次报道中，我们可以看到，在传播报道过程中，当传播内容涉及美国国家利益及政治立场问题时，媒体的态度始终与美国国家利益保持一致。

首先，社会政治制度决定媒介制度，因此，媒体在对一个议题进行报道的过程中也会采取符合国家利益的框架，使报道的内容支持并维护现存的社会秩序和价值观，同时通过将自己的观点隐藏于事实的报道之中，以表现出客观性。

其次，从法律层面而言，美国在1791年《宪法第一修正案》中申明：“国会不得制定任何法律……限制言论及出版自由。”[②]但在实际的法律实施过程中，一旦涉及政府或国家机密时，媒体报道往往不受《宪法第一修正案》的保护，而法庭总会援引“国家机密保护”的相关法案对媒体传播进行控制。尤其是在国际传播领域，政府对媒体的控制既是隐秘的又是严格的。正如席勒在其代表作《大众传播与美利坚帝国》一书中所说：“与联合国的决议和总统的声明相反，在美国通信卫星公司和美国政府赞助下的空间通信的发展已经支持了一种侵略性的民族主义，并且厚颜无耻地将自身扮演为一种国际性的事业。”[③]

最后，从信息传播的信源准入层面来看，政府对媒体的控制最为隐性的层面在于通过对信源的准入控制来影响媒体，使媒体的议程构建符合政府及国家利益。但需要强调的是，政府对信源的控制手段主要体现在两个方面：第一，政府通过控制媒体对信源的接近进而选择支持自己态度的媒体进行议程构建，反对自己的媒体则被排除在外。这一点我们可以从2003年伊拉克战争中美军的随军记者制度中看出来。在2003年的伊拉克战争中，美军的随军记者多是支持伊拉克战争的媒体所派遣的，如CNN等，这样，在传播过程中，媒介的议程构建自然而然会选择顺应美军战争的形势，支持美国政府的决策。第二，政府自身通过新闻发布会以及领导人讲话等方式向媒体直接发布信息，成为信源。

---

① 赫尔曼，乔姆斯基. 制造共识：大众传媒的政治经济学[M]. 邵红松，译. 北京：北京大学出版社，2011：14.

② 多米尼克，鲍尔—洛基奇. 大众传播动力学：数字时代的媒介[M]. 蔡骐，译. 七版. 北京：中国人民大学出版社，2009：369.

③ 席勒. 大众传播与美利坚帝国[M]. 刘晓红，译. 上海：上海译文出版社，2006：140.

维基解密网站与美国的媒体控制

维基解密（wikileaks）是一个大型的文档泄露及分析网站，由朱利安·阿桑奇（Julian Paul Assange）于2006年12月创立，目的是为了揭露政府及企业的腐败行为。该网站声称其数据源不可追查亦不被审查，信息全部透明化。“维基解密”没有总部或传统的基础设施，该网站依靠服务器和数十个国家的支持者运营着，相对而言很少受到律师或地方政府的压力。“维基解密”的运营资金来自志愿者的捐助以及团队成员的自掏腰包。该网站经常披露一些揭露政府和企业腐败行为的“内部文件”。该网站声称：在这里，检举人、新闻记者和博客可以揭发各种腐败行为，而不用担心受到雇主和政府的报复。“维基解密”称此举很可能会改善调查性报道的质量，减少政府腐败，重建企业伦理文化。2010年7月26日，“维基解密”在《纽约时报》《卫报》《镜报》的配合下，在网上公开了多达9. 2万份的驻阿美军秘密文件，引起轩然大波。

随后，美国国务卿希拉里·克林顿在记者见面会上指责阿桑奇这一行为将会置人们的生活于危险之中，威胁美国的国家安全，破坏美国与其他国家的合作以及为解决国际社会问题而做出的努力。①一直以来，美国政府不断寻找办法阻止阿桑奇通过“维基解密”继续泄密，并试图通过法律途径解决问题，而英警方也表示会对其采取相关的法律措施。虽然2010年阿桑奇因涉嫌强奸被逮捕，但其此后获厄瓜多尔政治庇护，泄密案至今悬而未决。

从阿桑奇与美国政府的关系以及美国政府对于“维基解密”网站的态度，我们可以看到，西方国家政府所信奉的“信息自由主义”仅仅是在不危及国家和政府安全的利益这个前提下才是可行的，世界上并不存在真正完全自由的信息流动，因为完全的信息自由将对全社会的稳定以及世界秩序造成极大的威胁。任何一个不存在信息把关和控制的媒体必然会带来信息传播质量的良莠不齐，同时，由于广大受众所具备的媒介素养的局限性，信息自由所带来的信息过载最终会损害受众的知情权。

2.对传播媒介的活动进行法制和行政管理

这包括对传媒的创办进行审批、登记；分配传播资源；对媒介活动进行多方面的监督管理等。在广播电视领域，由于空中电波频率是一种有限的公共资源，许多国家一般对这种资源的使用实行分配和特许制。

另外，因为大众传播业作为信息产业的一个重要组成部分，所以对媒介经济活动实行规范化管理也是国家和政府实施控制的一个重要内容。在许多国家，商法、反垄断法、反不正当竞争法等经济法规对传媒活动也是适用的。

3.限制或禁止某些信息内容的传播

在不同国家和不同社会制度下，限制或禁止的具体内容是不同的，但一般大致包括以下几个方面：与国家制度或意识形态有关的内容；国家安全及国防机密；名誉侵权和隐私侵权；淫秽和非法出版物；对公众利益和社会文明风气有害的其他内容。

---

① 晚报综合报道. 希拉里怒批“维基揭秘”[EB/OL].（2010-11-30）[2012-05-28]. http://news.sina.com.cn/c/2010-11-30/130018419743s.shtml.

不过，国家和政府的控制也并不都是限制性的，积极的指导和扶持也是一个重要的方面。历史上，许多国家都为传播事业的发展制定过优惠政策，例如降低印刷品邮资、对某些亟待发展的媒介行业实行免税制或津贴制等。

近年来，随着信息经济时代的到来，各国政府都对发展传播事业给予了高度重视。如果说过去国家和政府对传播事业的宏观调控的重点在于国内，那么今天，这种调控已经有了明显的全球战略的性质。

（二）利益群体和经济势力的控制

国家和政府对传播媒介的控制属于直接的制度控制。但是，从对媒介活动的制约和影响的角度而言，国家和政府的控制并不是唯一的控制，还有种种社会利益群体和经济势力的控制。由于这些控制也是在一定社会制度和传播制度的范围内进行的，因此也带有明显的制度性因素。

在资本主义制度下，除了垄断资本和少数利益集团外，一般社会群体的传播权利是无法得到保障的，传播媒介的控制权主要掌握在垄断资本手中。垄断资本控制传播事业的方式主要有三种：

以强大的资本做后盾，成立超大型媒介联合企业，对大众传播事业的主要部分实行垄断。

通过他们控制的议会党团或院外活动集团对公营传播媒介的活动进行干预。

通过提供广告或赞助来间接地控制和影响其他中小媒介的活动。

在控制权高度集中的今天，垄断已经成为资本主义国家大众传播事业的最大特征。因此，少数垄断资本在大众传播过程中已经占据了统治地位，美国学者巴格迪坎甚至认为，“支配地位的传播媒介公司在控制国家日常舆论上，比任何个别私人，也常常比任何政府机构作用更大”[①]。

（三）广大受众的社会监督控制

在现代社会里，大众传播对人们社会生活的各个方面都产生着重要的影响。许多传播内容，如报道的新闻或传播的信息是否真实、刊登的广告是否可靠、提供的文化

① 巴格迪坎. 传播媒介的垄断[M]. 林珊，等译. 北京：新华出版社，1986：5.

不同媒介制度下的经济控制

正如施拉姆所言："不同的社会制度下有着不同的媒体制度。"即便是在相同的社会制度下，不同媒体的具体制度也不尽相同，而不同的媒体制度下，经济力量对媒体的控制影响也大小各异。这里，我们将主要以BBC、FOX以及CCTV为例来介绍经济力量在三种不同媒介所有制下的影响方式。

英国广播公司（British broadcasting company，简称BBC）成立于1922年，是英国最大的新闻广播机构，也是世界最大的新闻广播机构之一。BBC虽然是一个接受英国政府财政资助的公营媒体，但对其的管理却由一个独立于政府以外的12人监管委员会负责，并且通过皇家宪章保障其独立性。监管委员以公众利益信托人的身份管理BBC，他们都是社会上有名望的人士，由英国首相提名、英女皇委任，包括苏格兰、威尔士、北爱尔兰和英格兰的首长。BBC目前经营8条电视频道、10条广播频道，以43种语言作全球广播。BBC在新闻界最为人乐道的是其严格的要求，所有制作人都要恪守BBC的工作规章——节目制作人准则，该准则对编辑和采访业务的各方面都提出了具体而详细的要求。BBC的经费主要来自拥有电视机的家庭所交付的视听执照费，金额由文化部拟定，再经英国国会批准。目前，BBC除了收视费以外，也接受一部分广告经费作为资金补充，以缓解财政压力。由于在财政上相对独立，BBC很少受到经济力量的影响。

福克斯娱乐集团（Fox entertaiment group,简称FOX）是世界娱乐行业的巨鳄之一，它的主要组成部分包括福克斯广播公司及由其下属的29家电视台组成的电视网络、福克斯电影娱乐公司及其下属的20世纪福克斯影业、福克斯新闻频道、福克斯体育公司及其控股的洛杉矶斯台普斯体育馆和美国职棒洛杉矶道奇队。1985年后，新闻集团（news corporation）成功收购福克斯影业，并于1990年代初成立了与美国电视三大巨头——哥伦比亚广播公司（CBS）、全国广播公司（NBC）、美国广播公司（ABC）比肩而立的电视传媒王国——福克斯电视网。2013年，它从新闻集团分离出来，改组为21世纪福克斯公司（twenty-first century Fox, Inc.），继续经营新闻集团的广播电视和电影娱乐业务。2019年3月，21世纪福克斯被迪士尼收购。福克斯电视网是极具代表性的由商业力量控制的媒体，它的诞生与美国所信奉的自由市场原则有着必然的联系。美国自建国以来一直奉行的市场万能理念认为，市场的调控能够满足受众的不同口味及需求，因此应当尽量避免媒体沦为政府的传声筒。但在商业力量的驱使下，福克斯电视网的传播则更多地从实现商业利益的角度出发，以实现广告主利益的最大化为原则，因此，受众注意力也不可避免地成为一种商品，同时也使美国的文化成为一种工业产品。在美国，商业经济力量对于媒体的影响力是巨大且显性的，传媒集团一方面通过不断兼并控制了大多数媒体，这在《1996年电信法案》通过后更为显著。另一方面，对于小型媒体公司而言，它们由于自身财政能力的匮乏，往往会受制于广告主，广告主通过广告的投放数量影响着这类小型媒体公司的内容生产，将其生产运作体系纳入商业模式。

中央广播电视总台（China media group）由原中央电视台（中国国际电视台）、原中央人民广播电台、原中国国际广播电台于2018年3月合并组建，由中共中央宣传部领导，是中国重要的新闻舆论机构，也是党、政府和人民的重要意志意愿与事实的表达窗口，也是当今中国媒体融合的重要成果，具有传播新闻、社会教育、文化娱乐、信息服务等多种功能，是全国公众获取信息的主要渠道，也是中国了解世界、世界了解中国的重要窗口。中央广播电视总台坚持正确的舆论导向，高度重视传播手段的建设和创新，提高新闻舆论传播力、引导力、影响力、公信力，是牢牢掌握意识形态工作领导权的重要抓手。从我国当前媒体运作的情况来看，媒体既要履行政治使命，又要兼顾实现经济效益，还不能忽略社会守望者的职责。因此，未来如何在这三者间取得平衡，仍是我国媒体融合要面对的一个难题和挑战。中央广播电视总台的主要职责包括宣传党的理论和路线方针政策，统筹组织重大宣传报道，组织广播电视创作生产，制作和播出广播电视精品，引导社会热点，加强和改进舆论监督，推动多媒体融合发展，加强国际传播能力建设，讲好中国故事等。①

---

① 新华网. 中共中央印发《深化党和国家机构改革方案》[EB/OL].（2018-03-21）[2019-07-08]. http://www.xinhuanet.com/2018-03/21/c_1122570517.htm.

新媒体环境下受众对媒体的“控制”

从传统的角度来看，受众往往是通过反馈或法律、抗议、抵制等手段来传达自己对于媒体的态度。这些都是传统媒体环境下，受众作为传播终端对于传播者或传播渠道的一种影响方式。随着新媒体传播时代的到来，受众对媒体的影响有了新的方式。

首先，由于新媒体具有开放性，使得传播者与受众之间的界限变得比以往更为模糊，而传播渠道对受众的开放使得受众可以通过互联网、社交网络传播自己想要发布的信息。通过进入传播信源领域，受众彻底改变了自己以往被动接收信息的单向传播的线性模式，完成由受众向信息生产者、传播者身份的转变，使受众对于媒体的影响力得到了极大的提升。例如，2011年的“红十字商会郭美美炫富”事件，如果是在传统媒体时代，则极有可能遭到有关利益集团的干涉，对传播内容及渠道进行封杀从而侵犯公民的知情权。但在新媒体环境下，受益于微博的巨大传播力，受众的知情权得到维护，每一个受众在作为信息接收者的同时，还可以通过微博的转发功能完成由受众向传播者身份的转换。微博的开放性，保证了信息传播的公开化。

其次，在新媒体时代，由于网络媒体，尤其是微博等具有快速的传播力，使得传播的时效性得到了极大的提升。当下，不少突发性事件的第一信源不再是传统媒体，而是广大受众，不管是伦敦地铁连环爆炸案的第一张照片，还是温州动车事故的第一条信息，均来自民间的业余传播者。而其后，传统媒体在跟进报道的过程中也往往会援引相关的草根信息作为信源进行传播。我们也可以将这样一种时效性的优势视为受众对传统媒体的一种信息控制，即受众可以通过自己所发布的信息来影响媒体后来所进行的议程设置。

最后，从驯化理论的视角来看，受众可以依据自己的需要理解、体验和定位新媒体在他们生活中所扮演的角色。从字面意义来看，“驯化”本身与传播学并无联系，它指的是通过训练，让动物在先天本能行为的基础上建立起条件反射从而在后天习得某种行为。不过，有学者认为，我们对于技术的应用同样是一种驯化的过程。相关的研究起源于20世纪90年代的家庭研究，当时最受关注的是电视和台式电脑被家庭成员驯化的过程。而在近来的研究中，有学者将驯化研究拓展到了社交媒体的研究中，如莫拉•马塔斯（Mora Matassi）等人在2019年对人们如何驯化社交软件WhatsApp的研究，[①]就为新媒体环境下受众如何对媒体实施“控制”提供了一个新的视角。

但在新媒体时代，我们也不能夸大新媒体给受众带来的权利。毕竟，新媒体仍然要受到政治力量及经济力量的影响。因此，当受众利益与经济利益发生根本性冲突时，媒体出于商业利益考虑，仍可能会牺牲部分受众的利益。

和娱乐内容是否健康有益等，都会直接影响到受众的利益。因此，广大受众对传播媒介的活动拥有社会监督的正当权利。

受众对媒介活动进行社会监督控制的手段可以分为以下几种：

> 信息反馈，即以来信、来电和来访等形式直接表达对媒介活动的意见、建议、批评或抗议，这是一种最常见的受众监督方式。
>
> 结成受众团体，以群体运作的方式对媒介活动施加影响。

---

① MATASSI M, BOCZKOWSKI P J, MITCHELSTEIN E. Domesticating Whats App: family,friends,work and study in everyday communication[J]. New Media & Society, 2019(10): 1-18.

诉诸法律。如果媒介提供的虚假报道或广告直接损害了受众的实际利益，或媒介内容侵犯了公民的名誉权或隐私权等，公民可以向法律机构提出诉讼，要求对传播媒介的违法行为给予法律制裁，并补偿自己的损失。

通过影响媒介的销售市场来制约媒介活动。对那些性质恶劣的媒介或信息产品，受众可以采取拒买、拒看、拒听行为，这也是受众对媒介活动发挥控制影响的最后手段。

综上所述，媒介控制是一个非常复杂的问题，其中不仅包含着国家和政府与媒介的关系、利益群体和经济势力与媒介的关系、广大受众与媒介的关系，还包含了自由与责任、权利与义务、竞争与秩序、生产与消费、经济效益与社会效益等各种复杂的矛盾。大众传播在不同社会制度下具有不同的性质和特点。这些不同，实际上体现了不同社会对上述关系和矛盾性质在认识上的区别以及在处理、解决方式上的差异。

第二节　把关人研究

上一节，我们从宏观的社会制度角度认识了传播者的施控行为。制度的作用是巨大的，但是真正的传播执行者还是传播者本身，即传播组织和组织化了的传播者个人，他们控制着大众传播讯息的进出与流通。传播者在传播过程中负责搜集、整理、选择、处理、加工和传播信息，因此，他们被称为信息的“把关人”，他们的这种行为被称为“把关”。

一、卢因的把关概念

把关问题是控制研究中的一项主要内容。最早提出“把关”这一概念从而开启把关研究先河的，就是传播学四大先驱之一的社会心理学家卢因。

1947年，即卢因去世前不久，他在《群体生活渠道》一文中首次提出“把关”一词（gatekeeping），该词来源于英文的“守门人”（gatekeeper）一词。他将传播者比喻成守门人，指出信息的传播网络中布满了把关人，这些把关人负责把关，对信息的流通进行筛选和过滤。

传播学的创始人施拉姆曾给我们提供了一个非常典型的把关的例子：从一家通讯社的国内部发出的新闻稿，在通过主管全国广播的部主任、编辑州专线新闻的专线主任、设计样板的新闻编辑和决定读哪条新闻的读者之后，有大约98%的内容已被扔掉了。①约10—12.5万字的新闻稿从各种来源和每一个新闻源流入美联社，稿子的确切条数不详。从这些稿子中，美联社的编辑会选择并签发283条，约5.7万字。

图4-2　作为广告把关人的大众传媒

“报纸读者连续调查”和其他读者调查表明，一名读者平均阅读报纸上所刊报道的四分之一或五分之一。而对于从州干线翻印的条目，他大约只能看15条、约2,800字。

卢因在研究群体传播过程时指出，信息总是沿着包含着“门区”的传播渠道流通的。每个门区都是把关人所处的位置，在那里，把关人将就信息可否进入传播渠道，或者可否继续在传播渠道中流通做出判断。事实上，在整个社会范围的信息大循环中，每个人都在有意无意地充当着把关人。

自从“把关”概念提出之后，许多传播研究者受其启发，得出了颇具启发性的理论。在这方面，怀特的研究最早也最典型。

二、怀特的把关研究

怀特的把关研究一直被奉为传播学的经典研究之一。他通过对比输入信息与输出信息，考查在一个具体的把关环节上信息是怎样被过滤和筛选的。用一个简单的公式来表示，就是

输入信息–输出信息=把关过滤信息输入信息→门区→输出信息②

具体来说，怀特的这项研究是与美国中西部一家地方报纸的编辑合作的，他让这个编辑把在一周之内所收到的各大通讯社的电讯稿全部保留下来。作为一名把关人，这位报社编辑所收到的电讯稿相当于把关之前的“输入信息”，而他从中选用刊登在报纸上的稿件则相当于把关之后的“输出信息”。怀特这一研究所得到的有关数据显示，这位报社编辑在一周内总共收到11,910条通讯社来稿，而他从中选用的不过1,297条，大约只占来稿总数的10%，也就是说其余的90%都在把关过程中被淘汰了。

---

① 施拉姆. 大众传播媒介与社会发展[M]. 金燕宁，译. 北京：华夏出版社，1990：55-86.

② 卡特利普. 美联社新闻的内容和流动[J]. 新闻季刊，1951(31)：434-446.

怀特所研究的这位编辑就是一位典型的把关人，他的日常工作就是一种十分突出的把关行为。这一把关情形可以用下面的模式来表示：

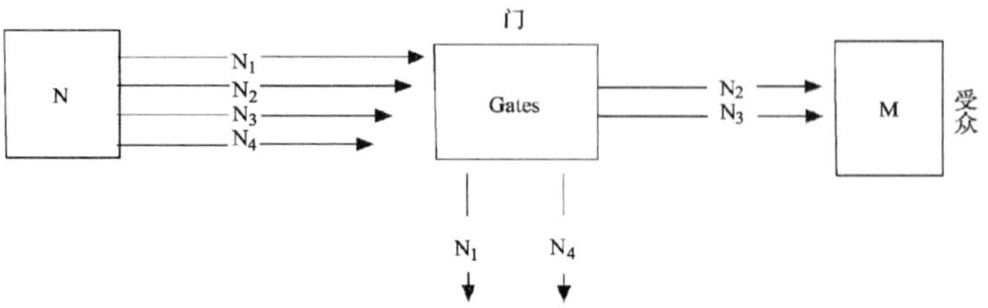

图4-3 怀特的简单把关模式

这里的N代表新闻来源，如通讯社，它发出一系列不同的信息：N1、N2、N3、N4等。这些信息在到达把关人所在的门区时，有的被舍弃，如N1、N4；有的被放行，如N2和N3。拉斯韦尔曾说过："任何一个传递信息的人都可以从信息输入和信息输出两个方面受到检验。"怀特的研究正是从这两方面对把关人（"传递信息的人"）所进行的一次成功检验。

作为最早的一项把关研究，怀特的理论难免会有不足之处，其中最明显的缺陷就是他将把关人当作一个孤立的因素来考察，过分强调了把关人的独立权限，忽略了与把关人相联系的社会因素对把关活动的制约。从怀特对报社编辑的研究数据来看，通讯社来稿与报纸选登稿的比例非常接近。比如，收到的"灾难类"消息占一周来稿总数的34%，而报纸采用的"灾难类"消息也占采用总数的34%；通讯社来稿中国际新闻的比例占225%，而报社采用的比例是237%。这一事实表明，报社编辑在取舍通讯社的来稿时（即在把关时），是受制于通讯社的"标准"的。换言之，通讯社观察世界的视角无形中在支配那个看似权限很大的把关人——报社编辑。把关人看似随心所欲，实则受制于人。社会学家特拉维斯·赫希（Travis Hirsch）曾从社会制约的角度指出，怀特的研究及把关理论只看到了个人在把关活动中的直接作用，而没有从社会系统上考虑其中所隐含的一系列左右把关活动的必然因素。

对于传播学来讲，怀特的把关研究就像拉扎斯菲尔德的两级传播理论一样，尽管存在不足之处，但都为以后的同类研究开辟了道路。由怀特研究所引发的一系列修正完善的把关学说，既充实了传播学的学科内容，又深化了人们对把关问题的认识，使得把关理论成了控制研究方面的一大构成板块。

三、麦克内利的把关模式

怀特的把关模式只有一道“关口”、一个把关人(报社编辑)。但是,众所周知,在信息循环的整个网络中,往往存在着一系列的把关环节,就好像一条运输线路上设有许多道关卡一样。麦克内利(McNeilly)的把关模式正是基于这一事实而提出的,它是对怀特单一把关模式的修正与发展。英国传播学研究者麦奎尔说过,麦克内利的把关模式“试图描述在新闻事件与最终的接受者(如报纸的读者)之间存在的各种各样的中间传播者”。下图便是这一模式的简化形式:

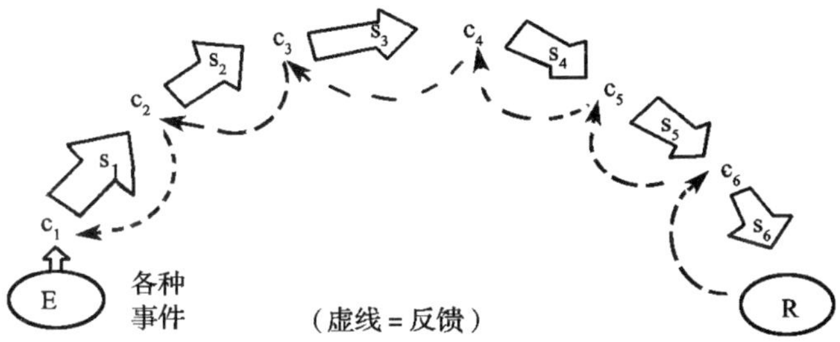

图4-4 麦克内利的把关模式

这一模式上的C1、C2、C3、C4、C5、C6等都是把关人,我们不妨以此把他们视为采访对象(C1)、通讯社驻外记者(C2)、外国分社编辑(C3)、国内总社编辑(C4)、报社电讯编辑(C5)、总编辑(C6)等。这一系列把关人相继处在新闻事件与新闻受众之间,对经过他们的大量信息一层一层地加以筛选、过滤与加工,然后分别发出S1、S2、S3、S4、S5、S6等互不相同的信息。

麦克内利的把关模式在理论上纠正了怀特把关模式的单一化缺陷,揭示了在整个信息流通过程中存在着一条由许多关口组成的把关链,这是它的长处所在。但它也有一个很突出的问题,那就是它把每个把关人及其作用都等同起来,认为每个关口都处于同一层级,不分主次。也就是说,在麦克内利把关模式那一系列前后相连的把关链条上,人们看不出哪道关口最为关键、最为重要、最需引起注意。于是,便有了巴斯的“双重行动模式”。

四、巴斯的“双重行动模式”

亚伯拉罕·巴斯(Abraham Z. Bass)的“双重行动模式”是对麦克内利把关模式的完善,正如麦克内利的把关模式是对怀特把关研究的发展一样。在巴斯看来,信息流通中的把关环节固然很多，每个参与传播的人都可以看作把关人，但事实上最关键的把关人还是传播媒介。与传播媒介的把关作用相比，其他的把关环节都处于次要地位。因为就信息在全社会的大循环而言，传播媒介的把关环节就如龙头，牵一发而动全身。

巴斯在对传播媒介的把关活动进行研究与分析之后指出，传播媒介的把关活动分为前后相连的两个阶段、两个步骤，这就是他所说的“双重行动”（见图4-5）。第一阶段是新闻采集，这里的把关人主要有记者。记者在采写新闻时不可能有闻必录，所以必须根据一定的标准对纷纭复杂的现实事件进行取舍与加工。传播媒介中的第二个把关阶段是新闻加工，这里的把关人主要以编辑为代表。传播媒介输出的所有信息，不论是新闻还是社论，文字还是画面镜头，版面设计还是标题制作，都必须经过这道重要关口，接受一番修修剪剪。这一阶段的把关活动（编辑）比第一阶段的把关活动（采写）更具有决定性意义。如果说记者主要决定人们能够看到什么，那么编辑则决定着人们怎样看，如何看，用什么观点看。

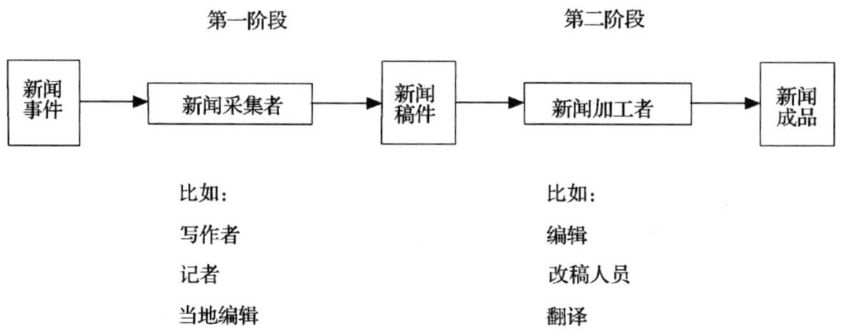

图4-5 巴斯的双重行动把关模式

经过新闻媒介的双重把关之后，一幅人为的现实图景便呈现在受众眼前，而这幅图景同世界的本来面貌并非完全一致。当人们自以为通过报纸、杂志、广播、电视等传播媒介看到了生活的现状及发展时，其实不过只是看到了经过记者与编辑选择加工、层层把关之后给出的现实画面。正如中国台湾传播学者李金铨所言：“大众媒介中的大部分音讯从来源到目的地，都是历经沧桑而失去本来面目的。任何一个大众传播组织，都没有办法避免把关人的干扰，所以，没有哪家大众传播媒介，不管报道网如何普遍，设备如何完美，态度如何真诚，有办法把世界的本来面目十分正确地表现出来。”所以，把关学说的提出，实际上等于宣告了西方新闻传播界奉行的客观原则论（即所谓的“镜子理论”）的终结。

五、黑箱传播模式

大卫·坎贝尔（David P. Campbell）和戴尔·莱威尔（Dale Level）的黑箱传播模式（a black box model of communication）将传播视为一个目标指向的行为，并明确地指出"传播远不止于人与人交流过程中信息碎片的总和"，价值体系、外部竞争等都是影响传播效果的黑箱。虽然有学者认为，人的意义交流不同于机器内部的信号传输，如果将这一模式用于理解人类传播行为，最重要的或许正是"黑箱"如何运转这一被坎贝尔和莱威尔有意忽视的问题，但是这个模式为整体地理解传播过程，尤其理解噪音对传播全过程的深刻影响提供了重要的参考。[①]

总而言之，在信息的传播过程中，始终存在着决定信息中转或中止的把关人。把关人的行为包括对信息的抑制和疏导（筛选与过滤）两个方面。从整个社会系统上看，传播媒介起着关键的把关作用，是信息流通渠道上的主要把关人。

第三节 控制的不同形态

一、个人道德与行为准则

道德规范是指行为准则和道德原则，它们指引着我们在一个场合中以正确的或最好的方式实施行动。多年以来，哲学家已经发展出了许多基本的道德原则，以此作为评判我们行为的标准。事实上，不同的道德原则常常暗示着不同的甚至相互冲突的行动路径，这些原则能够在考查我们的选择、判断我们的行动方面提供一个分析其正确与否的框架。下面就简要地分析五种与大众媒介传播从业者密切相关的原则。

（一）中庸之道（golden mean）原则

认为美德存在于两个极端之间，这是中国人传统的处世之道，也是西方哲学的典范。亚里士多德注意到，事物太多或太少都会有损健康，适中才是关键。恰当

---

① BOWMAN J P, TARGOWSKI A S. Modeling the communication process: the map is not the territory[J]. The Journal of Business Communication, 1987（4）: 21-34.

的行为方式应该是在做得太多与做得太少之间取得平衡。有关中庸之道的例子，在媒介实践中经常可以见到。比如，当新闻机构报道市民动乱时，他们会尽量采用中庸的方法，他们必须在让受众知晓与不煽动受众以确保公共安全之间谋求平衡。

（二）绝对命令（categorical imperatives）原则

德国哲学家伊曼纽尔·康德（Immanuel Kant）认为，为了衡量我们的行为是否正确，我们应该按照那些我们希望是普遍使用的原则来行事。在康德的思想中，对于一个人来说，正确的东西对于所有的人都是正确的，而这其中个人的良心起着很大的作用，良心会告诉我们什么是正确的。如果在实施了某种行动后，我们感到不安和内疚，那我们就可能违背了自己的良心。将这一原则应用于大众传播领域当中，绝对命令原则指在新闻采访中任何方式的欺骗都是错误的，都应该加以避免，没有人希望欺骗成为一种普遍行为。因此，记者在为某个报道收集信息时，不应该做记者不应做的事。

（三）功利（utility）原则

功利被定义为最多的人的最大利益。现代功利主义思想起源于19世纪哲学家杰雷米·边沁（Jeremy Bentham）和约翰·斯图尔特·密尔（John Stuart Mill）。他们的哲学体系的基本原则是：我们通过考虑对于整个社会来说什么会产生好坏结果之间的最佳比率，来判断什么是对或什么是错。功利主义提供了一个清晰的评价道德选择的方法：计算因我们的每一个选择可能导致的所有结果，包括好的与坏的；然后选择一个能使价值最大化、损失最小化的方式。

（四）无知之幕（veil of ignorance）原则

无知之幕与公正有关。哲学家约翰·罗尔斯（John Rawls）提出，只有在每个人都受到无社会差异的对待时，正义才会出现。罗尔斯主张，在一个问题中所涉及的所有各方，都应被置于同一个标杆之后。在那儿没有角色之分，没有社会差异，每一个参与者都被作为整个社会的平等成员来对待。罗尔斯的无知之幕揭示，我们应该用自己的行为来保护社会中最为弱小的成员。我们很容易看出这一原则与大众媒介运行之间的关联。将无知之幕理论应用于具体的层面来考查一名财经记者，假设这名记者经常能获得一些会影响股票价格交易与合并的暗示或内幕消息，并将这些暗示或内幕消息转告给了自己的私人朋友，这些朋友又利用这些信息来获得个人的利益，那么无知之幕理论便为认为，记者应该对所有的受众一视同仁，其个人朋友不应该从内幕消息中渔利。

（五）自我决断（self—determination）原则

这一原则的意思是不要将人当作达成某个目标的手段。这与犹太教、基督教伦理密切相关，同时也被康德讨论过。康德认为，人具有独立于任何环境的绝对价值，不能把他们仅仅视为达成某个目标的工具，他们的自我决断权力不应受到侵犯。假设在政府关于政治腐败的一项调查中，消息提供者泄漏了一些被怀疑向新闻界行贿的人的名字，接着新闻界刊登了这些指控以及这些嫌疑人的名字。那么自我决断原则便会认为，新闻界被那些透露这一消息的人利用了，成了他们实现自己目标的工具。也许这些参与调查的人想使舆论不利于那些被提到的嫌疑人，或者仅仅是为了让自己的业绩公之于众而利用那些人。无论如何，新闻界都应该拒绝在这些情形中受人利用，他人的权利、价值和决定必须受到尊重。

在很多情况下，关于什么事应该包括在媒介内容中，关于什么事是否应该做，都必须做一些个人决定。记者、编辑、电台经理以及其他的媒介专业人员每天都不得不做这些决定。不过，最常见的情形却是，这些决定是随意做出的，缺乏对所涉及的道德方面的恰当分析。拉尔夫·伯特（Ralph Potter）提出的个人道德决定模式可以帮助媒介专业人员评价和考察他们自己的决定：

定义 → 价值 → 原则 → 忠诚 → 行动

图4-6　个人道德决定模式

简单地说，这一模式要求一个人在采取行动前考虑四方面的情形：第一，定义这个场合，它所涉及的相关情况是什么？第二，可能采取的行动是什么？第三，涉及哪些方面的价值？第四，哪一个价值与决定行动路径更为相关？

二、内部控制

由专业机构制定的准则与个人道德规范并不是对媒介行为的唯一的非正式控制，大多数媒介组织还有其他经常起作用的内部控制系统。

沃伦·布里德（Warren Breed）是传播学控制研究领域的一位开拓者，他的《新闻编辑部的社会控制：功能分析》一文，被视为这个领域的“一项最杰出的研究成果”。

布里德的研究表明，任何处于特定社会环境中的传播媒介都担负着社会控制的职能，而这类控制往往是一种潜移默化、不易察觉的过程，用一个形象化的词来概括就叫“潜网”。

布里德在对美国几十家报纸、100多位记者进行调查后发现，在报纸内部始终存在着一张十分微妙而又非常强劲的控制网络。它一方面确保媒介组织的传播意向顺利地贯彻下去，另一方面又防止不懂规矩的新来者对媒介组织的既定行规进行袭扰。当然，这张控制网络是一张看不见的潜网，因为没有谁对它做出过明确解释，更没有什么明文规定，它一般都是暗中存在，只可意会不可言传。

布里德指出，任何社会的主要问题都在于维持秩序和加强凝聚力，其中尤为重要的是保持价值体系的一致与完整，因为意识形态的混乱势必导致整个社会的土崩瓦解。由此可见，所谓媒介组织内的潜网，实际上仍是更大范围的社会控制体系的折射。因此，新来的记者所感到的束缚与其说来自媒介组织，不如说来自社会系统。

媒介审判与“把关”——以药家鑫案为例

媒介审判是指新闻媒体抢在司法判决之前，对犯罪嫌疑人进行定性、定罪的报道，并通过报道对司法判决造成一定的影响，最终影响司法判决的独立性与公正性。媒介审判是媒介系统内部控制缺失的一种表现，源于媒介对自身传播内容把关不严，对传播内容可能会带来的社会影响欠缺考虑。

2010年10月20日深夜，西安音乐学院大三学生药家鑫驾车撞人后又将伤者刺了8刀致其死亡，此后驾车逃逸至郭杜十字路口时再次撞伤行人，被附近群众抓获并报警。由于第二起事故并不严重，他当晚被公安机关释放。2010年10月23日，药家鑫在其父母陪同下投案自首。2011年1月11日，西安市检察院以故意杀人罪对药家鑫提起了公诉，同年4月22日，西安市中级人民法院一审宣判，药家鑫犯故意杀人罪，被判处死刑，剥夺政治权利终身，并处赔偿被害人家属经济损失45,498.5元。

在这起案件中，药家鑫杀人固然证据确凿，无可争议。但是在整个司法审理的过程中，媒体通过案件的报道，对司法判决造成了一定的舆论压力，这一点引起了学界与社会的关注。

首先，正是由于媒体从一开始就对药家的家世背景进行了大篇幅的报道，将药家鑫塑造成了一个“富二代”的形象，激起了当今社会上民众普遍仇官仇富的心态，从而营造了一种舆论压力，最终形成人人喊杀的舆论环境。

其次，在整个案件尚未得出最终结论之前，媒体就已经从道德和人情上抢先对药家鑫的行为及最终应负的责任做了结论性判断，在社会道义层面上对司法的独立性、公正性形成了一种舆论压力：如果法律的最终判决不是宣判药家鑫死刑，则必有黑幕，与社会公理背道而驰。这种舆论绑架司法的情况在当今社会屡见不鲜，是一种缺乏理性和相关媒介素养的集中体现，从某个层面也反映了当今社会由于阶层分化带来的一系列矛盾仍有待解决。

最后，从药家鑫案件审判中媒体所参与报道的情况来看，媒体的过度参与使其丧失了对自我角色的认知，其本应扮演的是一个独立、公正、客观的社会守望者角色。只有秉持客观、公正的把关原则，才能使媒体在这个群体非理性的时代成为一个具有理性批判能力的公共论坛，促进公共领域的发展，而非与乌合之众为伍，造成个体利益的牺牲。

三、外部影响

媒介机构的大环境通常包括一些对媒介行为产生影响的因素，主要有政治、经济、压力集团与社会文化。

（一）政治因素

传播者的把关行为必然会受其所处的社会政治体制的制约。不同国家的传播者，必须在相应的政治要求下实施传播行为。美国的传播者必然会依照美国政府所坚持的“永久性”的资产阶级价值观体系，而我国的传播者的行为也要根据我国的国情进行。从中我们可以看出传播者行为的政治驱动性。

法律是现代社会中影响与制约把关人行为的一种有效规范体系。其中有专门涉及与约束传播者行为的法律，如广告法、新闻法、广播电视法等，也有其他法律中与传播者把关行为相关的条件和部分。在任何性质和形态的社会中，政治都是把关人在把关时必然会考虑的基本因素。

（二）经济因素

金钱对媒介把关人具有强大的影响力。对于商业媒体来说，在控制什么内容应该拍摄、发表或广播方面，经济上的得失是他们必须考虑的一个重要因素。

施拉姆曾经说过，经济控制远比政府的控制对美国大众媒介施加的影响更为有力。这是因为，在自由市场竞争的社会中，“传播对象的多寡是衡量公众服务成效的标志。这种观点看来是鼓励这样一种体系，在这样的体系下，所有的节目都力求获得尽可能多的观众，而不是为了满足各种不同的需要和口味，而且所有的报纸都力求通过特写和娱乐性材料而不是严肃的公共事务的报道来尽可能扩大发行量……这样做是为了登广告的商人而不是为了公众”①。

经济控制以各种各样的形态与方式出现，包括广告客户、媒介自身的业务方针、行为的总体经济结构以及消费者集团。在美国，很多学者认为新闻传播已经成为唯市场导向马首是瞻的市场新闻业。目前，这一因素的影响力在我国传播者的把关过程中也日渐增强。传播者在把关时如何处理好社会效益与经济效益的关系，将成为我国把关人面临的重要问题。在现代西方社会中，媒介活动逐渐被一个个“大玩家”（major player）所掌控。

---

① 施拉姆，波特. 传播学概论[M]. 陈亮，等译. 北京：新华出版社，1984：188.

（三）社会文化因素

社会文化因素包括了两层含义，即社会价值标准体系和文化开放程度。

把关人在进行把关的时候，是否以社会所认可和推崇的社会价值标准体系为标准，对传播效果乃至社会发展都影响重大。把关人过滤，加工新现象、新事物和新信息时的标准与社会文化的开放程度直接相关。

综上所述，传播者的把关活动不但会受个人的道德和行为准则的约束，而且会受到一系列来自媒介组织内部和外部的压力的制约。需要强调的是，在现实的和不同形态的媒介组织中，以上各种因素的制约程度是不同的。

四、新媒体环境下的技术控制

随着媒介技术的不断演进，新媒体的影响力逐渐提高，受众迅速增多，导致对媒体管控的难度日益加大。因为新媒体在传播渠道、模式等方面均与传统媒体大异其趣，因此在当前形势下如何有效地对新媒体实施管控，进行网络舆论治理已受到学界和业界的高度重视。

（一）新媒体环境下进行传播控制的难点

基于互联网技术而迅速发展的新媒体，其信息制作和传播行为具有不同于传统媒体的显著特征：个体化、自主性、多样化、圈群化和高速性。在一定意义上，新媒体掀起了传播领域的一场革命。但同时，自媒体对由政府管控的权威媒体的话语权、传播媒体的管控模式以及信息安全问题也构成了前所未有的挑战。

这一挑战首先体现在新媒体传播主体的分散化上。不同于传统媒体多由媒体组织进行运营从而有利于政府等公权力对其进行审核和规制，新媒体的传播主体具有明显的分散化特征。其运营主体常为人数较少的小团队甚至个人，这为公权力从组织、行政方面对其进行管控构成了很大挑战。

以我国为例，我国对传统主流媒体中的媒介人的监管，通常采用三种模式。一是政府组织机构管控媒体人模式。从组织社会学的视角来看，传统主流媒体的媒介人，在人事关系上都是隶属于我国政府部门管控的某一主流媒体的，无论是属于报纸、杂志还是属于广播、电视。因此，政府部门对媒介人的管控可通过组织机构的方式，直接对媒介人实施管控；二是党委宣传部门直接介入模式。从部门主管业务的视角来看，各级党委宣传部可直接介入媒体的内容审查，对某些不符合党和政府主流价值观的行为和言论，实施监督；三是媒介人社会组织管控模式，又称为行业自律模式。由政府管控的主流媒体的媒介人都参加了各级报刊者协会、记者协会、出版者协会等社会组织，上述社会组织对媒介人都有着不同的行业规定，媒介人有责任、有义务遵循这些行为规范。

但新媒体，尤其是自媒体的媒介人，尽管其中也有少量主流媒体的媒介人参与，但更多的自媒体的媒介人（或用户）是没有经过任何媒体专业训练、不属于任何传播媒体机构、也不接受媒介人社会组织管控的社会草根。他们既不属于任何媒体组织、也不接受党组织宣传部门的审核，更不接受新闻行业社会组织的约束。在这种背景下，传统的监管模式陷入困境。[①]

这一挑战还体现在新媒体传播过程中几乎没有管控作用的把关人上。虽然社交媒体等基于网络的新兴媒体中每个人都可充当把关人的角色，但这种多重把关人机制更多的是发生于对于符合自己兴趣的信息筛选过程中，而很少起到校查信息是否真实、客观还是"煽色腥"等管控的作用。在新媒体的时代背景下，因为媒体资源的极大丰富，所以人们在信息的获取方面具有极大的自主权，适用于传统媒体时代的把关人制度完全失效了。

（二）新媒体环境下传播控制的新选择——技术控制

尽管新媒体的传播特征使得传统媒体时代的媒体管控政策低效甚至失效，但是我们也不必陷于悲观。就目前来看，尽管旧的传播控制措施效率低下，但这并不妨碍新的传播管控方式的出现。因为新媒体依赖网络技术平台，其信息也存在于赛博空间中，因此，技术控制的优势得以凸显。

目前较受关注的技术控制措施主要有数字平台控制和智能技术控制两种。

1.数字平台控制

有学者以"平台中心化"指称随着网络传播形态向大众自传播转变，权力配置的主导权力向平台汇聚，从而使得平台影响用户的能力越来越强这一客观现实。[②]他们认为平台拥有"强制性权力""建制性权力""价值性权力"，即平台不仅可以在认为用户违反法律和道德规范时以封停账号、限制用户对平台的功能使用等方式对用户进行强制性处罚，而且会以自己为主导确立规则，并以"用户许可协议"等方式与用户签订合同。因为如用户不同意这些协议即无法使用平台，所以这些协议其实并不具有协商的功能。另外，平台会通过话语生产、塑造一种平台价值共识，这无形中也在规约着用户的行为。

---

① 宋全成. 论自媒体的特征、挑战及其综合管制问题[J]. 南京社会科学，2015（3）：112-120.

② 易前良. 平台中心化：网络传播形态变迁中的权力聚集：兼论互联网赋权研究的"平台"视角[J]. 现代传播，2019（9）：6-12.

2.智能技术控制

以智能技术手段对传播进行管控尚属这一领域的研究前沿。虽然这在新闻界并未获得太多关注，但在计算机界，如何用智能化技术实现对失实新闻的核查已经成为最热门的新闻学问题。[①]2018年，大量采用算法进行自动化事实核查的研究成果涌现，智能化技术被认为可以根据新闻的来源、文本特征、传播网络、用户反馈、演变规律等进行可信度判断，以识别谣言、标题党、恐怖主义言论等。

虽然这些研究尚未获得足够的应用，但也为我们描摹了未来可以通过技术手段对传播进行管控的一条新的实践路径。

扩展性读物：

1.西伯特，彼得森，施拉姆. 传媒的四种理论[M]. 戴鑫，译. 北京：中国人民大学出版社，2008.

2.阿特休尔. 权力的媒介[M]. 黄煜，裘志康，译. 北京：华夏出版社，2002.

3.甘斯. 什么在决定新闻[M]. 石琳，李红涛，译. 北京：北京大学出版社，2009.

4.姆贝. 组织中的传播和权力：话语、意识形态和统治[M]. 陈德民，等译. 北京：中国社会科学出版社，2000.

5.RABOY M. Global media policy in the new millennium.Luton:University of Luton Press，2007.

思考题：

1.什么是传播制度？它与社会制度有何关系？

2.收看一期电视新闻，（对播音员和记者来说）新闻报道有哪些约定俗成的规范？新闻节目如何限制报道角度？

3.选择一家媒介集团，然后进行下列研究：该公司如何起家？在它的发展历史中，有哪些重大事件？它目前主要涉及的产业有哪些？最近关于该公司的报道有哪些？

4.新媒体环境下，去中介化变得日益常见。请结合现实，谈谈网络媒介的加入对把关的影响。你认为这是一种积极的变化还是消极的变化？

5.你认为传播制度如何反作用于社会制度，媒介控制如何影响社会变化？

6.与传统媒体相比，你认为新媒体的控制手段发生了何种变迁？请具体阐释。

---

① 师文，陈昌凤. 新闻专业性、算法与权力、信息价值观：2018全球智能媒体研究综述[J]. 全球传媒学刊，2019（3）：82-95.

第五章　信息与符号

霍华德·H.弗里德利克（Howard H.Frederich）曾经说过：“假如人能够在宇宙中的一棵树上眺望遍及世界的新闻和信息流动，就会发现它完全类似于人体的血液循环系统。换句话说，世界已经成了一个由川流不停的信息所连接起来的多重有机体。”[①]随着全球性信息传播系统的形成和完善，信息在人类社会中扮演的角色越来越重要，因此对信息的研究就成了一个新的热点。传播从本质上来说是信息的流动。因此，信息就是构成传播的基本材料。而传播活动要想顺利地进行，就必须借助符号，符号是信息的主要载体。

第一节　信息

信息是一个古老的命题，伴随着人类社会的发展经历了几十万年的风雨。汉语中，“信息”一词在1,000年前就已出现了。唐代诗人李中在《暮春怀故人》中首次提到了“信息”一词：“梦断美人沉信息，目穿长路倚楼台。”

在这句诗中，“信息”一词的含义是十分明确的，就是指关于故人的音讯、消息。这个古老的词语随着人类社会的发展逐步被人们所认可、接受，成为人们表示一个特

① FREDERICK H. Global communication and international relations[M]. Belmout: Wadsworth Publishing Company, 1993.

殊概念的高度抽象的科学词语，并从文人口中走向了普通百姓。

在名著《红楼梦》中有这么一句话：“小的们只在临敬门外伺候，里头的信息一概不能得知。”作为一代语言大师，曹雪芹让管家赖大说出这一名词，绝非随意，它实际反映了“信息”一词在当时的中下层人士中已经广泛使用了。这里的“信息”也是音讯、消息的意思，它同唐人李中所用的“信息”一词在含义上是一脉相承的。

英语中的“信息”（information）在一般的英汉词典中被释义为“消息、见闻、情报、知识、通知、报道”等。同古代汉语中的“信息”相比，其内涵基本相同，外延则稍大一些。它不仅含有自外向内输入的“信息”，也包含由内向外输出的“信息”（通知、报道）。到20世纪中期，随着以通信理论为核心的信息论以及控制论、系统论的建立和成熟，古老的“information”不再仅仅局限于在社会生活的一般意义上使用，而被赋予了新的、科学的意义，并成为表达“三论”（信息论、控制论、系统论）中最重要概念（信息）的适当词语，被人们普遍接受和承认。

在智能传播时代，“信息”的内涵与外延已不同以往。《第四次革命》中，卡西亚诺·弗洛里迪（Luciano Floridi）从科学技术哲学视角对信息进行了系统地解读，他认为，人类社会对信息与通信技术以及信息本身越来越依赖，信息将成为人类社会繁荣的基础性资源，创新、福利和附加值都将依赖于信息及通信技术，人类的生活世界更加信息化，其后果是线上线下大融合，使世界变为一个“信息圈”。

另外，从动态视角来看，信息的典型生命周期包括产生与创造（发现、设计、编写等），记录，传递（网络化、访问、检索等），处理（收集、验证、合并、修正、组织、分类、筛选、更新、排序、存储等）以及使用（监控、建模、分析、解释、计划、预测、决策、指导、教育、学习、娱乐）等阶段。

关于“信息”，弗洛里迪在书中指出了几个重要特征：

> 就信息的来源与去向而言，信息既是我们生产时所利用的原材料，又是供我们消费的制成品，信息社会是一个新的制造型社会。
>
> 信息还是一种商品，它具备非竞争性，不具备排他性，一旦公开，其复制成本可忽略不计。因而，数字时代由信息海量复制而带来的弊端也是难以想象的，不但涉及侵权，而且动摇人类社会的主流价值。
>
> 信息还可被看作公共物品，是未来的虚拟资产，使人类资源趋于虚拟化、融合化，有形资产与无形资产之间的界限趋于模糊。
>
> 在智能传播时代，信息数据储存在“云端”，人造的、虚拟的、混合的“多

信息智能体”已经形成，因而，“信息”还被视为一种权力，即谁控制了信息，谁就有了发言权。①

当然，要系统地认识信息，就首先要了解信息的起源。

一、信息的由来

早在人类进入文明社会以前，信息作为人类社会中的一种特殊产物就已经存在。尽管原始人类并没有自觉地意识到信息的存在，但是信息已经在人们的生活中发挥了极其重要的作用。人类的劳动从一开始就包含了对信息的收集、加工和利用。社会生活环境的变化迫使原始人类不得不面对各种新情况、新问题，他们只有摆脱完全受自然摆布的被动局面，才能有效地保证种族的延续并提高生活质量。人类的劳动和语言正是在同自然的抗争中产生的，在这个抗争的过程中时时刻刻都体现着信息的作用。为了生存和发展，人类需要掌握周围环境的变化信息、了解自然环境中动植物的信息、向后代传播有关知识和经验的信息、向同伴和其他部落传递信息……生产和生活中的每一个环节都有信息的作用。

不难看出，对信息的利用早已成为人们下意识的一种自觉行为。但对信息的科学认识和利用，却是人类完全发展成熟之后的事情。

当社会发展到一定水平时，信息便成为部落、民族、国家之间竞争的一种资源和动力。这是因为，收集、加工、利用信息的能力往往可以创造出单靠物质力量创造不出来的成果。因此，人们开始有意识、有目的地从科学角度对自己不断使用的信息进行重新评价和审视，信息的重要意义得到了广泛的承认，并引起了众多学者的重视，最终形成了一门新的学科——信息科学（信息论）。

二、对信息的基本认识

（一）什么是信息

信息科学的基本概念是信息，而目前对信息的定义繁多，概括起来，大体上有三个层面的理解。

---

① 弗洛里迪. 第四次革命[M]. 王文革，译. 杭州：浙江人民出版社，2016：46.

1.一般的说法

第一个层面是一般的说法，如信息“即情报”“即资料”“即知识”等。关于信息的解释，有“音信、消息”“用来通信的事实，在观察中得到的数据、新闻和知识”“生活主体同外部客体之间有关情况的消息”等。还有的新闻把信息称为“聚宝盆”，声称“一条信息救活了一个企业”。这些解释一般都适用于日常生活，但较少含有科学名词概念的特征。

2.信息概念的实质

第二个层面，即信息概念的实质，这是在自然科学的通讯理论中首先被揭示出来的。美国数学家兼通讯工程师申农运用数理统计和概率论方法来研究信息处理，正确定义了信息的科学概念。他认为，信息可以消除事物的不确定性，从而获得确知的讯息或关于该事物的确定状态。如果讯息（message）或消息的内容是收信人已知的，那么收信人收到讯息后，就不会引起知识变化，也就不会消除和减少不确定性，实际上等于没有得到任何讯息；如果收信人事前不知道讯息的内容，那么收到讯息后就会引起知识的变化，不确定性就会因而减少或消除，所以信息就是消除或减少收信人对讯息的某种不确定性。

创立控制论的美国科学家维纳也提供了另一个令人费解但又相当重要的信息定义：“信息这个名称的内容就是我们对外界交换来的东西。”这一科学论断，从控制角度表明信息可供“我们与外界”（即主体和客体）相互交换并通过调节使主体和客体协调一致。同时，维纳还认为，“有效行为必须由某种反馈过程来提供信息，看它是否达到预定目标”。于是，“信息—反馈—控制”三者就有机地联系在了一起。我们明确，不论是个人工作、学习、生活，还是整个社会处理经济、政治、文化等重大事务（如经济危机、武装冲突、外交争端以及天灾人祸等），要想使我们和社会与客观世界得到调节、保持协调，都必须借助传播获得必需和充分的信息，并利用信息的反馈机制使行为更为有效，从而达到预期的目标。1948年，奥地利生物学家贝塔朗菲（Bertalanffy）创立了系统论，为研究信息系统的最优化提供了理论依据。

此外，值得注意的还有信息量和负熵的关系。1956年，法国旅美物理学家L.布里渊（L.Brillouin）在其专著《科学与信息论》中，把申农度量信息“不确定性”的熵和热力学中的熵直接联系起来，认为“信息与负熵等价”，从而提出了“信息的负熵”原理。在热力学中，熵是系统的无序状态的量度。系统越紊乱、无序，熵越大；反之，系统越有序，熵越小。而信息熵是解除无序所需信息量的度量。换句话说，熵是一个系统失去“信息”的度量。一个系统的无序状态越严重，熵就越大，信息量就越小；有序状态越高，熵就越小，信息量就越大。一句话，信息就是负熵。

3.从哲学角度出发

第三个层面，即从哲学角度来探讨信息的定义，研究信息的本质、本源等。20世纪60年代以来，学界对该问题一直争论不休，其讨论焦点集中于信息究竟是物质的还是精神的或仅仅是其自身，如维纳提出的著名的“信息就是信息，不是物质也不是能量”的论断。这一见解使信息与物质、能量划清了界限，表明信息有其独立的科学范畴和研究领域，但并未说明信息的本质究竟是什么。又如，苏联学者E.M.茹科夫认为，信息不仅是“物质的”，而且是“观念的”，并由此把信息分为自然信息和社会信息两大类。再如德国哲学家瓦斯幕特认为，信息完全是从物质世界区分出来的，是特殊的，具有非物质的精神实质的特性等。

（二）信息的特性

所有信息都有区别于其他事物的基本标志，即信息的基本特性。

1.一般信息的特性

第一，共享性。信息的共享性有两层意思：一是信息交换的双方，即传播者和接收者都可以享有被交换的同一信息；二是信息在交换或交流的过程中，可以同时为众多的接受者所接收和利用，信息本身的“质量”和效用不受影响，而信息共享的人数同信息传播的效果成正比。在传播学中，我们把个别的信息接收者称为“受传者”，把众多的受传者称为“受众”，如报刊的读者、广播的听众和电视的观众等。

第二，扩散性。这一特性可以看作共享性的延伸。信息的扩散性具有两面性：一方面，依靠信息传输渠道和传输手段的日益发达和先进，信息扩散速度加快，信息量增多，我们拥有的信息量越来越大；另一方面，信息扩散会导致某些“小道消息”不胫而走，最终造成误传或信息混乱。

第三，传递性。信息作为事物运动状态的情况，要通过一定的物质载体进行传递、交流才能转化为知识，被人们所感知和接受并发挥作用。由于高科技的发展，现在甚至可以利用各种通信手段，使信息高效率、高质量地传送。信息高速公路的提出、因特网的建立、电子邮件和IP电话的逐步普及，都是信息资源可传递性变化十分鲜明的例证。

第四，扩充性。信息可以随着时间的推移和实际应用而不断得到扩充、积累和增长。当天的收视率只适用于当天，不过它对于短期和长期的节目制作来说仍然是有价值的信息资源。这说明，某一具体信息可能由于时间的变迁而失去利用的价值，但就整个传播过程而言往往又是有用的。当前，生物基因工程、技术转移、计算机软件开发等行业都在充分开发和利用信息的这一特性。

第五，替代性。在一定的条件下，信息可以发展和延伸物质资源，因而信息的开发和利用具有战略意义。科技是第一生产力，信息科学的发展无疑会对社会的发展起到巨大的推动作用。如机器人的利用和办公自动化等正在有条件地取代体力和部分脑力劳动；在传统的工业、农业、服务业中，已经出现了新的可取代其部分功能的信息产业。

第六，抽象性。"信息是进行存贮和传递的反映的守恒部分。"[①]信息作为物质存在和运动的反映，具有物质的属性，但它又不同于物质，是一个既没有大小又没有重量的非实体的抽象物。这种抽象形式的信息可以浓缩、可以累积、可以继承、可以遗传。电脑、人脑和遗传因子体积虽小，却可存储大量的信息，这充分说明了信息具有抽象性的特点。

第七，客观性。信息是宇宙间的普遍现象，是一种不以人的意志为转移的客观存在。

第八，浓缩性。信息可以通过归纳、概括和综合，使之系统化、抽象化、规律化，在浓缩和筛选的过程中形成知识和学问。人们可以在某一理论中储存许多复杂的案例，分析大量的数据，从而引出一条公式，还可以总结实践的经验编成操作过程。

第九，感知性。人的各种器官就是信息的接收器，信息通过人的感官被接受与识别。其被感知的方式与被识别的手段因信息载体的不同而不同：物质、文字上的信息由视觉器官感知，音响、声音中的信息由听觉器官识别，气温变化的信息则由触觉器官感知。

2.大众媒介信息的特征

大众传播信息作为信息的一种，是传播者对社会信息所做的有目的的选择性抽样，也是受众对抽样传播所做的合目的的选择性接受和理解。这样的信息既具有一般信息所固有的特征，又具有大众传播信息本身所特有的征象。研究和揭示大众传播信息的特征，有助于我们正确指导和组织大众传播活动，促进社会的稳定、和谐与进步。大众传播信息的主要特征可以归纳为以下几点。

第一，新闻性。大众媒介中的信息具有新闻性，因为信息传播就是告诉人们已经或正在发生而他们却不知道的事情。日本信息学者日比野省三说过："新闻就是报道我们不知道的事情，这当然是信息。重大新闻可以说信息量大。'狗咬了人'这种事自

---

① 谢尔比茨基. 信息学概论[M]. 刘克，译. 南京：江苏科学技术出版社，1985：13.

然算不上新闻。相反，'人咬了狗'这种事是不符合普通常识的，属于突发事件，这种信息就成了重大新闻，信息量也就增大了。"①只要大众媒介看重未知性、意外性、新颖性的信息，它所传播的内容自然就会具有新闻性。

第二，娱悦性。为了迎合因全球各国工作时间日益缩短而闲暇时间日益增长后受众对娱乐性信息的需求，大众传播媒介中消遣娱悦性信息所占的比例正呈日益上升的趋势。信息的娱悦性古已有之，随着时间的推移，娱悦性将成为大众传播信息一个越来越鲜明的特征。

第三，知识性。知识性与信息的感知性是相通的。不同的媒介在呈现信息的知识性特点时各有特色：书籍主要记载已经构成的知识，杂志主要刊登正在形成的知识，新闻媒介（报纸、广播、电视）主要传播萌芽时期的知识和当前最为适用的或受众还不知道的知识。当代人知识储备中的许多知识，主要并非来源于他们的父母和老师，而是来源于各种大众传播媒介。今后，大众传播信息的知识性也只会增强而不会削弱。

第四，价值性。大众媒介中的信息都应该是有意义、有价值的，否则，它就没有加工、传播、存储、再创的必要。判断信息是否有价值，不取决于传播者和传播媒介，而取决于受众，取决于信息对受众的有用程度和对受众接受目的的投合程度。信息价值的大小与有用和投合的程度成正比。爱德华·斯普兰格（Edward Spranger）认为，信息的价值主要表现在六个方面：理论价值、经济价值、美学价值、社会价值、政治价值、宗教价值。这基本反映了大众传播信息价值的实际情况。

第五，真实性。信息的真实性是指按照事物运动的状态和方式做出真正客观、准确的描述和反映，而不能凭人的主观臆想和推断进行夸大、缩小和传播虚假信息。当事物运动处于错综复杂的状态时，大众媒介则应从不同角度和层面，以不同的视野和方式对事物运动的全过程做准确、客观的动态描述，使受众对事物的运动变化有本质的认识。因为，失实、虚假的信息会导致受众对外在变化做出错误的反应，进而造成决策的失误。

具体说来，假新闻产生的原因主要有两个层面，从组织层面而言，媒体组织对时效性的盲目追捧，使媒介从业者形成巨大的工作压力，易致其在工作中忽视新闻的真实性。此外，媒介组织内部缺乏完善的新闻事实审核机制，这也成为大量新闻失实的诱因之一。从个人层面而言，由于缺乏良好的新闻专业素养教育，媒介从业者往往不注意维护新闻的真实性，漠视"真实是新闻的生命"这一基本职业原则。要想避免假

① 日比野省三. 信息学常识77则[M]. 邵占波，译. 出版地不详：书目文献出版社，1988：6.

新闻的出现，不仅应在媒介组织的规章制度层面上完善审核机制，而且还要加强对媒体从业者基本媒介素养和职业道德的教育。

第六，时效性。在时间面前，信息是软弱无力的。即使是十分真实、很有价值的信息，一旦失去了时效，它就会变成无人问津的东西。时效是指信息从大众媒介发出到受众接收、利用的时间间隔及其效率。人们对时效性的追求是无止境的，而随着大众传播科技的飞速发展，人们对于信息时效性的需求将会得到进一步的满足，信息的传播与接收将会越来越快。

对假新闻事件的反思

信息的真实性一直是新闻报道的核心价值取向，新闻报道的本源是事实。但是，近年来，随着经济利益对媒介专业主义的侵蚀，媒介假事件频发，新闻从业人员的良知经历了无数次考验。

2012年10月31日，某著名日报刊登报道称，10月15日，广东省某高校一名大四学生的一篇关于数论的学术论文在某国际知名数论期刊上发表，该论文论证了国际数论学界一个尚未破解的数论猜想，引起了国外学者的关注。一位数学大师就此与其进行邮件交流，并对其表示了肯定。11月6日，当地另一家著名日报刊发报道，详细记述了该学生与数学结缘的成长历程；11月16日，这家报纸继续刊发报道渲染该学生的成就。

11月23日，国内某知名报刊刊发深度报道，指出上述两家媒体报道中存在诸多失实之处。首先，该学生解决的“仅用1表示数问题中的素数猜想”算不上什么世界数学难题，只是数论中未解决问题中的一个小问题。其次，“该生成功论证了猜想”这个说法也有误，他并没有证明，只是通过计算机找到了反例。事实上，类似的反例前人已找到1,000多个，这名学生的结果与前人的努力成果相比，微不足道。最后，关于那位数学大师与该生进行邮件交流的报道也非事实。此外，有学者认为，刊登该生论文的《数论杂志》仅是一本很普通的数学期刊。

与此相似或更甚的假新闻事件还有很多，特别是在近年来，随着社会经济的不断发展，媒体在进行信息传播过程中，往往为追求吸引受众眼球而忽略了信息的真实性，更有甚者故意制造虚假新闻。虚假信息，不仅损害了事件当事人自身的利益，同时也损害了广大受众的合法知情权。

皮尤研究中心（pew research center）于2016年年底进行的一项调查发现，64%的美国成年人认为假新闻会让民众对事实认定造成混乱。值得关注的是，假新闻甚至被西方的政治派系所利用，威胁其社会的民主进程，这类例子屡见不鲜。2016年，英国脱欧阵营捏造假新闻，并在社交媒体上广泛传播，声称脱欧后将原计划献给欧盟的资金投入到英国的养老金和国民保健制度上，这条假新闻成为英国成功脱欧的有力“武器”。然而，在公投结果公布后，脱欧阵营才承认了这是一条假消息，极大削弱了民众对政府的信任。同样地， 2016年美国总统选举前期，一个在社交媒体上传播的假新闻称，美国一家比萨店可能是一个由民主党高级成员绑架、性侵和贩卖儿童的秘密基地，这条假新闻在网络上得到迅速转发和高度关注，餐厅老板和员工皆收到成百上千条死亡威胁，甚至遭到持枪袭击。这类被政治团体操纵的假新闻不仅严重危害了社会秩序、削弱了媒体信任，更造成了恶劣的政治影响和社会恐慌。

（三）信息的分类

研究信息的分类，有助于我们了解各类信息的共性，掌握它们各自的特性及传播过程中的一些特殊要求，从而科学、有效地把握信息、利用信息。

1.按基本存在形式划分

按信息的基本存在形式划分，信息可以分为内储信息和外化信息。

维纳从控制论角度出发，指出控制系统向外发出的内容叫作信息。后人根据这一分析，把信息区分为外源信息和内源信息两类。内储信息是经过人脑处理以后暂时或长久保存在人们大脑记忆库中的信息。由于个人的生活环境、生活经历、价值观念、兴趣爱好等方面存在差异，因此人们接触的外界事物和所选择的外来信息都不同，因而构成内储信息的基本材料也不同。所以，每个人的内储信息都与他人不同，具有明显的个性特征。在传播过程中，内储信息一方面是用于传播的材料，另一方面又是用于加工新信息的依据。所以内储信息并不是全部投入传播的，同时，内储信息随时处在变动之中，切不可以为它是一成不变的。

外化信息是人们用各种符号记录、表达出来的信息，是精神世界的物化形式。它包括文字材料、图像材料、音响材料、数字材料等。外化信息被固定在某种物质上之后便失去了变动和自行传递的性质，必须借助于人的活动才能进入传播过程，所以外化信息可以一次性地呈现在传、受双方的面前。由于外化信息一经存储就无法轻易改动，因此人们在制作外化信息时应当十分谨慎。

2.按感知形式划分

按人类对信息的感知形式划分，信息可以分为直接信息和间接信息。

直接信息就是由人类自身的感官收集到的信息和经验。在人类社会早期，直接信息在人类传达的信息中占主要地位。直接信息是人类感受最深刻的事物的抽象形态，对人类的生产生活过程起着重要的指导作用，具有真实、可靠和权威等特点。对于传播学而言，直接信息是最有力的工具和武器，最能打动受传者。因此，在现代传播活动中，很多传播机构往往依靠掌握直接信息最多的人作为传播者来追求最大的传播效果。

需要注意的是，直接信息容易受片面性和经验主义的影响，因而在收集利用时必须注意具体问题具体分析，考察事物的特性及其与周围环境的联系。

那么，间接信息是什么呢？收看中央广播电视总台的新闻联播，阅读杂志和报纸，上网看新闻、收发e-mail，这些都可以算作间接信息。间接信息是借助了其他传播者或传播手段而得到的有关事物变化发展状态的知识。现代社会的紧张节奏已经使人们无法完全实践这个社会的所有活动，因此人们必须借助他人的传播途径和传播手段来了解这些活动，以弥补直接信息的不足，这使得间接信息占据了现代人类社会传播信息的主流地位。间接信息的特点是量多面广，可以大大开拓人们的视野，这是直接信息所望尘莫及的。其缺点是中间环节多，在不断地收集、加工、传播过程中会融入各种观点，事物可能会因此而变得面目全非，即我们平常说的“众口铄金，积毁销骨”。因此，要从不同的渠道了解真实的信息，在对比选择后，再进行下一步的传播，以保证传播产品的质量。

3.按信息的符号表现形式划分

按信息的符号表现形式来划分，信息可以分为语言信息和副语言信息。

语言信息是运用人类的语言（含语言的辅助形式——文字）所表达、承载的信息，也是人类生活中最重要、数量最多的基本信息。语言信息可以表达最抽象、最复杂的各种意义，使用时又极其方便，因此是目前使用最广泛的一种信息。

副语言信息是除语言信息之外的其他各种信息，主要是指人为加工的各种物质或人自身的各种行为所表达的信息，如手势、面部表情、衣着打扮、房间布置以及音乐、建筑物、美术作品等，这些都可以称为信息来源。副语言信息表达出人力不可完全控制的一些因素，可以使人们了解到准确的变化。但因为它们是一种客观存在，是在非人为控制的状态下进入传播过程的，所以我们必须善于观察了解，才能看到它们的存在。作为语言信息的重要补充，掌握副语言信息是科学、有效地进行传播活动而不可或缺的一项能力。

4.按信息对人们的实际作用划分

按信息对人们的实际作用来划分，信息可以分为有效信息和冗余信息。

有效信息是可为人们提供事物未知情况的信息，它帮助人们准确地把握事物的状态及发展变化，为人们提供原来不知道的各种情况，以消除人们对事物认识的“不确定性”。有效信息是传播活动极力追求的对象，也是传播活动得以顺利进行的基础性因素。

冗余信息是人们已经掌握但又进入新的传播过程的信息。虽然冗余信息是人们已经掌握了的，但它并不完全是多余、无用的。冗余信息在传播活动中发挥着对有效信息的解释、说明、限定等作用。没有冗余信息的配合，全新的未知信息可能会成为人们不知所云的内容，从而无法让人们理解它的准确意义。但如果冗余信息过多，会导致传播水平下降。

5.按信息的基本社会功能划分

按信息的基本社会功能划分，信息可以分为新闻信息、教育信息、说服信息、商业信息和娱乐信息等。

新闻信息客观、公正、真实、快速地反映客观事物的变化，为人们提供行为的依据，人们无强制性接受的压力。

教育信息的主体是人类所积累的各种知识，用来传播、继承文明和文化，帮助人类在前人创造的基础上进行新的劳动，它对人们有一种强制性的接受要求。

说服信息带有明显的功利性和倾向性，是特定集团用来宣传并促使人们接受某种思想和事实的信息。说服信息常伴随其他信息一同进入传播过程，如一部以娱乐为主的影片中所体现的爱国主义信息。

商业信息指用来协调、促进人们物质生产和物质生活的信息，是社会经济活动中不可缺少的重要材料。商业信息因其同人们的实际生活有着密切的联系而极易引起人们的注意。

娱乐信息形式活泼多样，传播过程轻松愉快，能引起人们浓厚的兴趣，是用来为人们提供享受、排遣生活中各种疲劳和烦恼情绪的信息。

6.按信息的流动方式和流动范围划分

按信息的流动方式和流动范围划分，信息可以分为公开信息和秘密信息。

公开信息是传播后不泄露国家机密、企业机密、可以为社会普遍利用的信息，也包括那些不涉及个人隐私、不损害当事人名誉和利益、经当事人认可后可公开传播的信息。凡进入公开传播过程的信息，一定要认真核查，确保发表后不会引发不必要的矛盾。

秘密信息是不能公开传播或传播范围极小的信息，包括国家法律法规中规定的各种机密、企业和各种社会组织内部认为不宜公开的信息、个人的隐私及用于自我传播的信息、只限于在特定范围内传播的信息等。传播者要善于甄别信息的公开性，更不能有意公开传播秘密信息。

第二节 符号

符号在传播的过程中扮演着非常重要的角色，没有了信息的物质载体——符号，任何传播都无法顺利进行。要想改进传播的效果，就必须对符号进行研究。那么，什么是符号？它有哪些特点？它分为哪些类型？它有哪些相关理论？本节将着重阐述这些问题。

一、符号的定义

古罗马时期的基督教思想家希波的奥古斯丁（Augustine of Hippo）对符号的定义是："符号是这样一种东西，它使得我们想到这个东西加诸感觉的印象之外的某种东西。"[①]这个概念实际上将符号与征兆或信号相混淆了。

所谓符号，并非简单的就是能使人想起这个东西加诸感觉的印象之外的东西，如乌云密布、闷雷滚滚，这是下雨的征兆，而不是符号，它只是一个事物在过程中同质的合理延伸。如同征兆一样，信号也是如此，即表示某物、某事、某条件存在与否的一种信息，它本身受时间、地点或其他条件的限制。

除了奥古斯丁以外，古代的学者如柏拉图、亚里士多德等均论述过符号。随后，英国哲学家约翰·洛克（John Loeke）在其1690年发表的《人类理解论》中指出，符号就是"达到和传递知识的途径"，"我们如果想相互传达思想，并且把它们记载下来为自己利用，则还必须为观念造一些符号"，"因为人心所考察的各种事物既然都不在理解中（除了他自己），因此他必须有别的一些东西，来作为他考察的那些事物的符号和表象才行"。符号学就是"考察人心作为理解事物、传达知识于他人时所用的符号的本性"[②]。

洛克的观点对后代学者影响深远，因为他指出了语言、文字作为符号在思维过程中的替代作用，并且将这种替代作用看成是传递知识的基本途径。正如亚当·沙夫（Adam Schaff）所说，"人类传播过程虽然在它的进程和作用方面是复杂的，但却是一个显而易见的事实：人们是在行动中，即在合作中（因为所有的行动都是社会的行

① 胡正荣. 传播学总论[M]. 北京：北京广播学院出版社，1998：100.

② 洛克. 人类理解论：下册[M]. 关文运，译. 北京：商务印书馆，1987：721.

动），经过符号的中介传播明确的意义而进行传播的”①。

查尔斯·莫里斯（Charles Willian Morris）曾经提出：“人是突出的应用符号的动物，人以外的动物诚然能对作为别的事物的符号的某些事物做出反应，但是，这样的符号却并没有达到人类的言语、写作、艺术、检验方法、医学诊断和信号工具所具有的那种复杂性与精致性……人类文明是依赖于符号和符号系统的，并且人类的心灵是和符号的作用不能分离的……即使我们不可以把心灵和这样的作用等同起来。”②

由上可见，莫里斯对符号的定义就是：一个符号代表它以外的某个事物。

我们以鲜花为例，自然界中的鲜花本身只是植物的生殖器官，在特定的季节开放。但是在人们的精神世界中，借助鲜花，却可以表达和体会自然界中没有的许许多多意义，如无上的荣誉、爱慕的真情、真诚的慰问、哀思和悼念……

荣誉、爱情、慰问和悼念等这些在鲜花本身上是找不到的，它们只存在于人们的主观世界，我们却可以借助鲜花来表达内心的感受。或者说，我们通过鲜花的交往，在别人的内心激起相应的感情。在这里，鲜花的价值并不在于它自然的质料，而在于它的形式性，即它可用来显示某种意义的形式。

这种经过人工加工而制成的信息，就叫作讯息或符号。

人类传播的本质就是创造并运用符号来表达意义，即意向的流动。因此，人的传播与生物性的信息传递就有了根本的不同。

物理世界的信息仅仅标志了物理对象的存在与否。打雷、闪电是一种存在，同时它也标志着将要下雨了。冒烟与着火也是一种信息，它意味着必须躲避的异常的热量。在此意义上，这些信息与对象是同一的存在，它们只是物理世界的一部分。

与物理世界的信息不同，符号代表了事物，表达了人类世界的一般意义。符号是人类意义世界的一部分，它的实质是其象征性或代表性。意大利符号学家安伯托·艾柯（Umberto Eco）在其《符号学理论》（1976）一书中也提出了动物符号学，认为这一领域的对象尽管是非人生物，但是可以从中获得人类传播关系中的生物学成分。而且，在动物物种的水平上也存在对某些意义的认知和非常初级的社会性和文化性现象。符号总是显示着某种意义，与意义形影不离。

换言之，没有无意义的符号，也没有不寓于符号的意义。正因为如此，传播学研

---

① 沙夫. 语义学引论[M]. 罗兰，周易，译. 北京：商务印书馆，1979：164.

② 胡正荣. 传播学总论[M]. 北京：北京广播学院出版社，1998：101.

究通常把符号称为传播的基元或要素。正如传播学集大成者施拉姆所言：“无论人们怎样称谓符号，符号总归是传播的元素（elements in communication）——能够释读出‘意义’的元素。”①

我们生活在符号的海洋里，我们的声音、姿势、言语、表情、衣着、举止、图案、房屋等都是符号，都体现了人的目的、意向和追求，都可以表示一定的意义。符号也可以用符号来表示。比如，我们可以用文字来表示口头的语言，因而有人也将文字称为“符号的符号”。没有符号，就没有我们的内心世界，就没有我们与世界的联系，就没有人类的传播。可以说，所谓人的世界和传播的世界，也就是符号的世界和意义的世界。

二、符号的属性

符号是人类社会所独有的，其基本属性有三个。

（一）指代性

符号只是指称和代表某个事物，而不是事物本身。简言之，符号与它所指代的事物之间没有必然联系。

符号及其所指称的对象完全是人们在长期的经验中约定俗成地结合在一起的，是“来自公众对用什么符号代表某一意思的一致意见”。符号的意义是人赋予的，人们通过让符号指代某种事物而赋予符号一定的意义。

（二）社会共有性

符号中包含了符号形式和符号意义两个概念。从人类感官感知到的字体、图像、语言等，可以被称为符号形式；而符号包含的内容及含义、概念等则被称为符号意义。

符号具有社会性，这是在特定的社会环境中通过长久的积累而创造产生、发展丰富的。共有的符号系统对于社会的意义非常重大。作为信息交流的一种工具和载体，所有的成员都可以利用它来组织生活，互动协调各自的行为，建立生产生活中的关系。但是社会中的符号系统却并非在所有方面都具有共有性质，符号的全部意义和内容并不只是社会成员所共有的符号形式、指代对象和另外的部分意义。

① SCHARMM W, PORTER W. Men, women, messages and media: understanding human communication[M]. New York: Happer & Row, Publishers, Inc., 1982: 57.

虽然对于社会成员感知的符号形式来说，它们都是一致的，指代的目标对象也是人们经过长久积累达成了共识而被成员接受的，但是在这些符号的意义方面，成员个人的认知却存在着或多或少的差异。

符号意义可以分为两部分，即表示性意义和内涵性意义。表示性意义（或称辞典意义）是指符号与所指代对象最初联系中所表达的意义，其适用范围是所有接受并使用该符号的社会成员。内涵性意义（或称引申意义）指在符号与所指代对象二次联系中所表达的意义，其适用范围可以是一个人，也可以是许多人。内涵性意义是个人经验的产物，并不能成为所有人的共识，只能为一定范围内的部分人群所共有。

综上所述，从一个角度说，某种符号对于个人的意义和理解是不同的，具有个人性，是个人经验的产物，不可能与其他人的认识完全相同或全部表达出来；从另一个角度来说，人类社会需要一定的共同的表示性意义作为交流和沟通的基础，需要一定程度上的共同内涵性意义来维持社会正常、和谐的生产生活。

（三）发展性

人类传播所适用的符号是发展性的。所谓的发展包含了两层含意：一层是指人们创造新的符号进入流通领域。另一层是指旧有符号发生新变化，有的保持了原有的符号形式，但赋予了新生的意义；有的保持了原有的意义，但却更换了新的符号形式。

这两个层次的发展主要包括以下几种情形：第一，强弱的改变。对某方面隐含意义的强化，使之从次到主，由隐到显。同样是玫瑰，有的人看见鲜花，有的人看见刺。这里所表现的，就是不同意义的强弱变化。第二，将某种意义的个人体验社会化为人类的共同认知。第三，旧瓶装新酒。利用既有的形式作新文章。第四，老酒换新瓶。将既有的内涵以一种新的方式、新的形象表现出来，从而取得更大或更别致的意义共鸣。

另外，还存在着特殊的意义畸变，可归入诡辩一类，在此不做详细论述。

人们创造了众多的新符号，但主要还是在语言符号层面。人们依靠不断创新的语言，对层出不穷的新事物进行描绘，目的主要还是为了相互区别，即命名行为，同时也不断发展新的社会现象，从而发展人类的认识与文化。

三、符号的特性

一般而言，符号（sign）包括信号（signal）和象征符（symbol）两大类。信号具有物理性质，是对象事物的代替物；而象征符则具有人类语义性质，是对象事物之表象的载体。

下面，我们将从信号和象征符两个方面来探讨符号的特性。

（一）信号

信号具有两个特点。

第一，信号与其表示的对象事物之间具有自然的因果关系，从这个意义上来说，一切自然符号都是信号。例如，冒烟是着火的信号，发烧是得了某种疾病的信号等。这种对应关系是客观的，具有因果性的联系。

第二，信号与其表示的事物之间通常具有一对一的固定对应关系。在自然符号中，这种对应关系是明显的。例如，萤火虫的发光是一种求偶行为。在人工符号中也有许多一一对应的符号，如狼烟、旗语、电报讯号等。严格地说，计算机语言，如Basic语言、C语言等，在将它们翻译成一般人能理解的语言、文字或图像之前，也是根据一定语法规则相互对应的电子信号体系。

（二）象征符

根据符号在信息传播中的功能和作用机制的不同，象征符可以分为“示现型象征符”“论述型象征符”“认知型象征符”“价值型象征符”等。象征符是人类特有的符号，唯有人类才能创造和使用象征符。

象征符的特点与信号有很大的区别：

> 象征符必须是人工符号，是人类社会的创造物。
>
> 象征符不仅能够表示具体的事物，而且能够表达观念、思想等抽象的事物。
>
> 象征符不是遗传得来的，而是通过传统、学习来继承的。

象征符是可以自由创造的，也就是说象征符在与其指代的对象事物之间无须必然的联系，它们的关系具有随意性。象征符的作用已经超过了知觉的层次，而具有表象和概念的功能。这点也可以从S.K.兰格尔（S.K.Rangel）认为象征符是“对象事物之表象的载体”、莫里斯认为象征符是“符号的符号”中看出。

象征符具有自由性和随意性，即一种对象事物可以用多种象征符来表示，而一种象征符也可以表达多种事物。例如，“和平”这个概念既可以用声音符号也可以用文字符号甚至用白鸽来表述和象征。

此外，象征符还是一种社会文化现象：同一象征符在不同社会里会有不同的解释；即便在同一个社会里，随着时代的变迁也会发生意义的变化。例如，“策划”一词在“文化大革命”时期是“阴谋”的同义词，而在改革开放的今天，则差不多每个编排戏剧的都乐于“策划”一下。

四、符号的类型

人类拥有最完整的符号体系，人类符号体系中既包括信号，也包括象征符。由于语言（包括再现语言的文字）是人类最基本的符号体系，因此传播学一般也将人类使用的符号分为语言符号和非语言符号两大类。

（一）语言符号

人类社会最重要的符号系统便是语言，它是人们进行交流、沟通的最主要的工具。语言系统是人类表达意义的最为基本的符号系统，但却不是最古老的符号系统。语言符号包括语言和文字，也包括口头语言与书面语言。语言是伴随着人类社会的产生而形成的，是人们在长期的社会交往中约定俗成的，以语音和字形为物质外壳、以词语为构筑材料、以语法为结构规律的符号系统。

1.语言的产生

在上一节中，我们已经论述了人类的祖先为了维持生存而开始利用信息，但人类早期的传播能力肯定是极其低下的，没有语言，也不可能有现代意义上的思维。一个人进行传播的方式与其进行思维的方式是一致的，思维不过是对语言的内向操纵。因此，没有外在的语言交流，也就意味着不能进行我们今天意义上的思维活动。但随着人类社会活动在漫长岁月中的逐渐复杂化，人们想要表达的各种关系越来越多样，意义越来越丰富，这就必然产生了语言。

最先出现的是一些稳定的示意方法，比如原始的音乐和舞蹈等。大约在25,000年前，人类开始讲有音节的词语，语言产生了。语言大大增强了人类在自然界中的竞争优势，语言的产生标志着人类可以进行较为精致的思维。由于将意义与语言的关系确定了下来，因此人们可以记忆、传播、接收和理解的信息在长度、复杂性和精致程度上都发生了质的飞跃。这不仅可以使人类得以快速而有效地积累生产经验，增长认识能力，而且也使人类的意识形态获得了确定的表达方式。从传播学的角度来说，语言的产生，是完成由动物传播到人类传播的巨大飞跃的根本标志。直到今天，人们的日常口语在所有符号系统中依然还居于最基本的、最主要的地位。著名语言学家爱德华·萨丕尔（Edward Sapir）说：“我们可以毫不犹豫地作出这样的结论：除了正常言语之外，其他一切自主地传达观念的方式，总是从口到耳的典型语言符号直接或间接的转移，或至少也要用真正的语言符号做媒介。”①

2.文字的产生

人类将有象征性的图画记号和已成系统的口语结合起来，便产生了文字。

最早的文字诞生于古老的东方，如中国、埃及、美索不达米亚等地。考古学家在埃及最为古老的墓葬群中发现了距今7,000多年的象形文字。

文字是间接符号，是代表符号的符号。文字的产生在当时正好适应了农耕社会的需要。农业使人口的大规模集中成为可能，而大规模的统治则需要记录和咒术符号。有了文字，人们就可以超越有限的时间和空间的限制，使信息的贮存成为可能。

除此之外，文字还可以构成一个相对独立的世界。与口头语言不同，文字的传播功能显著地体现在它的历时性上。因为文字，人们可以得知来自远方的信息和前人留下的信息。

3.语言符号的特点

世界上的语言虽然千差万别，但都有其共同之处，这就是语言的普遍特点。

第一，词语创造的随意性。如前所述，语言符号如同其他符号一样，都具有指代性。对于语言来说，词语与其所包含的意义、所指代对象之间并没有必然的联系。人们在自己的实践中随意创造出词语，目的是将客观现实概念化，然后在长期的使用中将词语与其所指代对象及意义“捆绑”在一起。一旦词语经过约定俗成、得到大家的共同理解，这些词语的意义就相对稳定了。

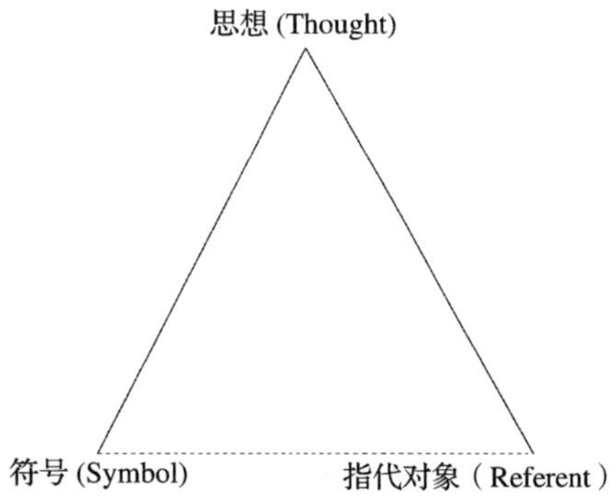

图5-1 语义三角图

前面提到，意义不是词语固有的，而是使用这些词语的人赋予它们的。因此，只有当人们将词语与特定的指代对象（实物或抽象概念）联系起来的时候，词语才有意义。

这也正是语言学中语义理论的观点之一。英国学者C.K.奥格登（C.K.Ogden）和L.A.瑞恰兹（L.A.Richards）专门研究语言、意义、理解三者的关系，并提出了“语义三角图”。

这里包括3种意义：

① 萨丕尔. 语言论[M]. 陆卓元，译. 北京：商务印书馆，1997：19.

符号意义，即辞典意义。

指说对象的意义。

信息接收者主观理解的意义，即实际意义。

信息接收者与符号和指代对象之间都有着直接的关系，但符号与指代对象之间没有直接的关系（用虚线表示），而是一种随意的、约定俗成的关系。

第二，语言的开放性。语言是在人类的社会实践活动中不断丰富、发展的。语言的开放性至少包含这样一些内容：每种语言的词语是不断丰富和发展的；任何语言的句子都是没有极限的，人们可以根据现有的词语和造句规则，造出无限数量的新事物、新意义。

第三，语言的概括性。语言是概念和范畴的集合，词语只能表示概念和范畴。客观事物的运动与存在是一个连续不断、被时空占有的过程，而语言却不能描述其全部，只能概括其过程。

第四，语言的社会性。人类社会语言的共同之处，最重要的便是它的社会性。语言是在社会中形成的，它是人们认识客观世界、进行社会互动的中介。正是依靠语言，社会成员才得以进行信息交流，建立关系，组成社会。因此它是社会成员之间维系关系的基本纽带。

语言在不同的社会或同一社会的不同发展阶段中会表现出其因社会变化而变化的特征，这也是语言社会性的一个方面。

从上述对语言特征的分析中可以看出，语言、意义、思想三者之间的关系是如此的不可分割。语言是思维的手段，是思想的直接现实，语言将人的思维活动和认识活动的结果用词、语句记录并固定下来。总之，思想与语言是密不可分的，传播与语言也是密不可分的。因此，对于传播学来说，“理解语言原理是这一学科的核心”①。

由于构成人类语言实体的是物质化的语音和字形，因此语言这一符号系统又可以分为两个子系统：有声语言和无声语言。由此，语言符号传播也分为两种类型：

（1）有声语言传播

即人们通过口头语言进行的传播，它又可以分为两种：

对话：有声语言传播的低级形式，具有对称性、情境性的特点。

独白：有声语言传播的高级形式，具有非对称性和非情境性的特点。

① 德弗勒，鲍尔—洛基奇. 大众传播学诸论[M]. 杜力平，译. 北京：新华出版社，1990：260.

（2）无声语言传播

即人们通过书面语言进行传播，也可以分为两种：

书面对话：如通信，这是书面无声语言传播的隐蔽形式，具有形式规范、内容较系统等特点。

书面独白：如文章，这是书面无声语言传播的公开性，除了具有以上特点外，还具有大众性特点，因为这是面向大众的传播。

（二）非语言符号

除了语言符号，我们还大量使用非语言符号来传情达意。据专家估计，人类近75%的信息是通过非语言符号来传播的。非语言符号在我们的传播中几乎无处不在。小孩子在学会讲话之前，已经学会了用非语言符号来表达自己的意思。两人相见，彼此的第一印象往往也是由身体的非语言符号来传递的。

1.非语言符号的定义

人的一举一动是非语言符号，人的衣着打扮是非语言符号，人的面部表情、身姿动作是非语言符号，我们彼此的身体接触也是非语言符号，甚至连饰物器具、时间、空间、狼烟、战鼓、汽笛、音乐等都在非语言符号的范畴内。

正是由于非语言符号的涵盖范围是如此之宽阔，所以要对其下定义才如此困难。比较规范的否定性定义是“非语言传播包括了传播情景中除却言语刺激之外的一切由人类和环境所产生的刺激，这些刺激对于信息发出者和信息接收者具有潜在的信息价值”[①]。但是，这个定义并没有对非语言符号给出任何正面的说明。

由此可见，凡是能激起人们意义联想的，除了语言符号之外，都可以称之为非语言符号。它既包括一个人在传播中所给出的表达，又包括它未给出的表达。一个人可以守口如瓶，可以字斟句酌，但是，他的眼睛、身姿、表情同样在说话，同样在不自觉地传播着信息，这就是中国人所谓的“察言观色”。语言学家萨丕尔说过，非语言符号不见诸文字，无人知晓，但大家又全都能够理解。总的来说，虽然非语言符号也有作伪的可能，但是与语言符号的特定赋义相比，人类的非语言符号有着更大的自然性。

除此之外，非语言符号还有更大的相通性，无须多说便可达意。尽管世界有上诸多不同民族、不同文化，然而诸多非语言符号却无须翻译就能走遍天下。

---

① 萨姆瓦，等. 跨文化传播[M]. 陈南，龚光明，译. 北京：生活·读书·新知三联书店，1988：203.

强调非语言符号的可意会性和不自主性，并不是认定非语言符号关于意义的约定完全不同于语言符号。恰恰相反，非语言符号也是文化的，是一定文化环境下的产物并代代相传，只不过有时它可能更适合表达某种一般的意义。在不同的社会环境中，我们习得的非语言符号更是带着各自的烙印。例如，在德国，女人和男人在社交场合一样握手；而在美国，女人却很少握手；在泰国，人们在公开场合互不触摸。一颦一笑，挥手、眨眼、身体接触等，都可以用来传达自己的内心状态。不同的文化教给不同的人许多不同的非语言符号的形式和意思，这是不争的事实。

2.非语言符号的类型

正因为非语言符号的涵盖范围如此之广，因此对其分类才显得尤为重要。

非语言符号大致可以分为以下几种类型：

（1）视觉性非语言符号

视觉性非语言符号包括两部分：动态的视觉性非语言符号和静态的视觉性非语言符号。

动态的视觉非语言符号包括体语（包括舞蹈）、运动画面、人际距离等。由于肢体符号（gesture），如动作、手势、表情、视线、姿势等也能像语言那样传递信息，因此也有人称之为“体语”。一般来说，肢体符号既可以独立使用，又可以与语言并用，它们在形成语境（传播情境）方面起着重要的作用。

静态的视觉非语言符号包括静止体态、象征符号、实意符号和衣着、摆设、环境、雕塑、绘画、图片等。日本传播学者林进有这样一段论述：“在人的中枢神经系统中，处于比感觉——运动更高的层次并代表高度表象活动（即象征性活动）的，无疑是语言。但是，语言并不是唯一的继承性的观念体系。各种非语言的象征符号体系，如意识和习惯、徽章和旗帜、服装和饮食、音乐和舞蹈、美术和建筑、手艺和技能、住宅和庭园、城市和消费方式等，都包括在其中。这些象征符号体系在人类生活的各个领域都被可以找到。”

（2）听觉性非语言符号

听觉型非语言符号包括两部分：类语言和其他声音符号。

类语言指人类发出的没有固定意义的声音，它是一种类似语言的符号，包括辅助语言和功能性发声。辅助语言是指辅助人类口头语言的声音要素系统，包括音调、音量、音速和音质。当声音要素系统中的诸要素在口头语言的传播过程中发生变化时，就会导致口头语言意义的变化。功能性发声是指人发出哭、笑、哼、叹息、呻吟、口头语等，它们不具有固定意义，往往在不同的情境中表达不同的意思。

简言之，类语言是口语的附加或补充部分。虽然如此，我们还是应重视对它的研究与应用。

(3) 泛非语言符号

所谓泛非语言符号，是指除视觉性非语言符号以及听觉性非语言符号以外的一切非语言符号。

在上述分类中，我们将艺术划为不同的非语言符号，在此我们可以将其单独提出，以说明它的意义和价值所在。

(4) 艺术符号

每一种艺术都使用各自的艺术语言符号。美国哲学家苏珊·朗格(Susan K. Langer)将符号分为推理符号和表象符号。前者如人们使用的自然语言，后者如各艺术门类共同使用的表象符号。艺术这种表象符号有别于语言这种推理符号。表象符号又称情感符号，用以表达人类的情感；推理符号又称理智符号，用以表达人类的推理思维。

实际上，艺术符号都是在人类社会在长期的文化积累中创造出来的，因其专业性、极度象征性等特点，不可能为大众所普遍认识与使用。因此，艺术可以说是非语言信息沟通的高级层次。

五、符号理论

符号学(semiotics/semiology)[①]是指从符号系统对意义的社会生成所做的研究，它既是关于符号如何传播的基础研究，又是对每个符号系统运行规则的研究。符号学与其说是一种学术性的学科(discipline)，不如说是一种理论取向(approach)及其相关的研究方法。它还未被完全制度化为一门学院化的“科目”(subject)。

艾伦·赛特(Ellen Seiter)认为，从历史上看，场面调度分析几乎只用来分析电影媒介，而与此不同的是，“符号学研究的是一切可以被用来传播的东西：文字、形象、交通标识、花朵、音乐、医学症状，还有更多别的”。赛特的进一步说明证明了利斯伯特·凡·祖能(Liesbet Van Zoonen)的论证，即“几乎所有东西都能被认为是符号”。赛特认为，符号学作为一种方法，与更为传统的批判形式根本脱离。许多精英主义的艺术批判形式试图探寻美学形式表达的意义何在，而与此相反，符号学关注的是所

① 按照特伦斯·霍克斯(Terence Hawkes)的说法：“符号学在英语中有两个意义相同的名词：semiology 和 semiotics，这两个词都用来指这门科学，它们唯一的区别在于：前者由索绪尔创造，欧洲人出于对他的尊敬，喜欢用这个名词；操英语的人喜欢使用后者，则出于他们对美国人皮尔斯的尊敬。”

有文本中的符号机制，包括艺术实体如何传播，从而专门针对文本提出了一套更为科学的方法论分析。赛特进一步指出了符号学分析的优点："它让我们能够更为精确地描述文化传播的运作，放大了我们对刻画我们文化特征的成规的认知。"

表明符号学这种临时而边缘地位的证据，就是它通常依然按照"符号学之父"、瑞士语言学家索绪尔[①]最初所用的术语加以界定。在1916年出版的一部著作里，索绪尔提出了一门"研究社会中符号生命的科学"，这一设想主要由法国结构主义学者巴尔特[②]所继承，他对20世纪60年代符号学的普及与拓展发挥了关键作用。

（一）语境中的符号学分析

关于符号学的批判体系，要归功于美国哲学家查尔斯·S.皮尔斯（Charles S.Peirce）和瑞士语言学家索绪尔，他们是为这一学说奠基的思想家。但是，直至20世纪50年代，当巴尔特开始在他的《神话》（*Mythologies*）（1972）一书中，把符号学的理论原则运用到法国流行文化时，这种分析方法才得以在学界流行。

《符号帝国》是巴尔特以符号学观点写成的一部具有比较文化研究性质的著作，他把日本人日常生活的各个方面——诸如语言、饮食、游戏、城市建筑、商品的包装、木偶戏、礼节、诗歌（即俳句）、文具、面容等——均看成一种独特文化的各种符号，并且对其伦理含义做了深入的思考。以下是他对筷子功用的一段阐述：

> 最后一项也许是筷子最可爱的一种功用，它像两只手那样交叉在一起运送食物，但与钳子却又不同。它们在米饭里轻轻移动，然后把米饭团送到嘴里，或是（用所有东方人的那种古老的动作）像一只勺子那样把白布丁从碗中送到唇边。在所有这些功用中，在所有这些动作中，筷子都与我们的刀子（及其用于摄取食物的替代品——叉子）截然相反：筷子不用于切、扎、截、转动（这些都是很有限的动作，都是为食物烹调做的准备工作；卖鱼的人为我们剥掉活鳗鱼的皮，通过初步的献祭，把食物屠宰完成）。由于使用筷子，食物不再成为人们暴力下的猎物（人们需要与肉食搏斗一番），而是成为和谐的被传送的物

---

① 索绪尔（1857—1913），瑞士杰出的语言学家、现代符号学先驱，其代表作《普通语言学教程》（1916）是他去世后由其学生根据笔记以及他的一些手稿等材料编辑整理的。这部里程碑式的著作不仅对现代语言学具有首屈一指的意义，而且对20世纪以来整个人文社会科学都产生了深远的影响。

② 罗兰·巴尔特（1915—1980），法国结构主义思想家、著名作家、文艺批评家、符号学家，对符号学理论颇多建树，1976年任法兰西学院符号学讲座教授，成为该讲座的第一位学者。主要著作有：《神话集》（1957）、《符号学原理》（1964）、《S/Z》（1970）、《罗兰·巴尔特论罗兰·巴尔特》（1975）、《恋人絮语》（1977）等，这些著作均有中译本。

质。它们把先前分开来的质料变成细小的食物，把米饭变成一种奶质物；它们具有一种母性，不倦地这样一小口一小口地来回运送。这种摄食方式与我们那种食肉的摄食方式所配备的那些刀叉是截然不同的。[①]

（二）符号学的关键概念

符号学的基础是索绪尔对语言符号的“发现”，其中的主要原则可以从其《普通语言学教程》（*Course in General Linguistics*）（1974）一书中找到。索绪尔认为，符号由两种元素构成：能指（signifier）和所指（signified）。这两个因素是不可分离的。能指的文字形式是由一系列字母组成的词，比如“房子”；而此时的所指则是在读者脑海里唤起的居住地点的概念。文字作为能指时，能指和所指之间的关系完全是任意的。文字“房子”和它所指向的脑海中的概念之间没有天然联系。事实上，一个语言共同体（speech community）完全可以用“睡眠”作为“房子”的替代所指，只要那个系统里的使用者都熟悉它的用法。因此，我们可以推断符号与其外在所指物（符号指向的实在物体）之间的任意联系。

根据索绪尔的说法，符号通过关联制造意义。所指，或者说“房子”一词的意义和把它看成一个建筑物之间毫无关联；相反，它是我们的语言符号系统将其与别的居住地点的意义相区别的方式。我们理解“房子”一词的意义，是因为它和语言符号系统中的别的词语不同：它既不是大厦（mansion），也不是小别墅（cottage）、小房子（shack）或者出租的小屋子（maisonette）。乔纳森·库勒（Jonathan Culler）在《索绪尔》（1990）一书中以颜色为例解释了相同的观点。他认为，如果想要给非英语国家的人解释“棕色”（brown）这个词的意义，把那个人带到一间放着满是棕色物体的房间是错误的，正确的方法是把其他颜色也引入意义范畴里，因为“棕色”只有和其他颜色联系起来才会有意义。“为了了解棕色的意义，必须了解红色、棕褐色、灰色、黑色等。”如约翰·哈特利（John Hartley）所论证的，“如要决定任何符号的价值，那么，不是看它和已经存在的实体或概念的吻合程度（无论是关于思想还是关于自然），因为符号本身定义了什么‘是’或者‘不是’一个概念。符号的价值完全取决于它们与系统中其他符号的关系”。

符号学方法的中心观点是，语言、符号和它们的意义是被历史地、文化地、社会地创造的。

此外，索绪尔派语言学家还认为，符号很少作为孤立的个体产生意义，而是通

① BARTHES R. L' Empire des Signes[M]. Paris: Group Flammarion, 1970: 25.

过与其他符号相关联来制造意义。索绪尔认为语言和它们的代码是由两轴的维度构建的：纵向词语聚合维度和横向语段组合维度。费斯克把纵向词句聚合定义为“选择”，把语段系统结构定义为“组合”（O'Sullivan et al.）。他以一位男士的衣柜作为一组聚合（a set of paradigm）关系的例子：“分别有衬衫、领带、袜子等各种聚合——它们组合成了一个系统构架（syntagma）（他一天的穿戴）。”由此，一个聚合由一系列单元组成，它们都有一些类别上的相似性——比如男士浏览自己的衣柜，从一整套衬衫中进行挑选：夏威夷衬衫、祖父风格的衬衫、方格子花纹衬衫。然而每个单元或每种衬衫，又都能和别的衬衫区别开来，因为它能够相对于不同的“它”者而获得自己的意义。

在符号学分析中，可以进行所谓的交换检测工作。这种测试包括在一个系统构架中取出一个聚合，代之以另外一种选择。结果表明，整个系统构架的意义都改变了。如果我们再考虑一次男士的穿戴，考虑晚礼服整体的传统，将其中一个聚合选择——蝴蝶领结，换成另外一种聚合选择——领带，那么整个系统构架的意义就会完全改变。交换检测进一步强调，符号和它们的组合常常是高度成规化的，因此把领带和晚礼服进行搭配无法得到社会的接受。交换检测对于媒介分析同样是有益的工具，因为它能告诉我们哪种成规构成了媒介文本的意义。

索绪尔注重的是象征性符号（语言），皮尔斯则专注于研究图画符号和它们的意义之间的关系。在某些符号系统，如图画、图片和电视的形象中，能指和所指之间的关系随意性就稍小。皮尔斯称那些能指在某种程度上模拟所指的符号为图像（iconic）符号。不过图像符号和语言中的词语符号同样被成规化了。正如通过反复的、习得的以及集中的使用词语的意义而得以流行那样，图画与它们所指物的相似感也来自习得的认知。

无论是语言中的词语还是图片新闻中图像符号的再现代码，其特征的一个关键之处就是被自然化了。祖能认为，“符号学分析可以被看作对普通人经常进行的解释活动的形式化”。实际上，能指和所指之间的联系完全是由传统规则制造的。尽管人们信任镜头，认为它能让我们看到对世界非常客观的描述，但它的形象和画图一样从属于表意代码。符号学让我们意识到，所有媒介文本都已经介质化了（mediated），它们运用了传播符号系统中的代码和成规，因此绝不能简单地认为媒介是我们能够借以获取“真相”的透明介质。

巴尔特区分了符号第一层和第二层的表意，他把它们分别称为表面意义和引申意义。表面意义是形象或能指——也就是形象中包含了什么。比如，“红玫瑰”的表面意义是一朵有着独特颜色的花，而引申意义不仅使用了第一层表意规则——能指和所指——还加上了二次符号化的所指意义。“红玫瑰”的引申意义是“浪漫”，第二层表意是从渗透于符号系统中的文化意义发散出来的。因而，如果要成功地解读符号的引申意义，就必须拥有对特定文化价值和信仰的认识。由于文化意义如此深入地渗透于引申意义之中，因而巴尔特认为引申意义有意识形态的意味，是他所说的社会的“神话”。由此，符号的引申意义常常试图通过文化的方式建构社会权力关系，比如阶级和性别等，让它们看上去自然、普遍和不可避免。按照这种逻辑延伸，巴尔特关于引申意义、神话和意识形态的论辩同样可以用来分析媒介直接展示的形象：媒介在某些时刻通过引申意义进行的意识形态化的传播。

作为一项艰巨的精神探求（intellectual explore），符号学力图解释与分析意义如何产生于符号系统所具有的结构性关系中，而非产生于看似由符号天然描绘的外在现实中。既然它依赖系统关系的思想，而这种关系又体现在抽象的结构（不能被直接观察的结构，如语言）之中，因此符号学趋向于抽象化、形式化，趋向于对历史渊源的轻略。然而，既然它同样依赖于意义的社会性生成（语言不能由个人发明），因此符号学又始终致力于将意义的生成同其他类型的社会性生成和社会关系相联系。

作为一种方法，符号学从语言学获得其术语，并以口语为某一符号系统的首要例证。然而，符号学的发展与成功与其说在于分析言语，不如说在于分析其他的符号系统，特别是文学、电影、出版、照片与电视。实际上，符号学主要同与日俱增的、针对不同形式的大众文化所做的严肃研究相关联，在这种语境中符号学尤为有用。因为大众文化在以往的学术研究中是一个被严重忽视的领域，而现在的这种关注往往要么对其极尽贬损，要么将它局限为美国观察实验法社会探讨的一个分支。符号学至少在原则上不会以评判某个特定文本的那种艺术或道德上的优越感来探究大众文化（这种探究在某些文艺批评中非常常见），也不会像经验社会学那样只能面对单独的文本而无法涉及广泛的类型。

因此，符号学起初是以文本为中心的，因为它致力于分析意义系统如何通过文本产生意义。但是随着它的发展，其注意力越来越放到读者以某种互动形式从文本化信源识别或产生意义的作用上。例如，符号学开始揭示文本如何对其特定符号系统的符号、符码等进行重新加工从而建构起来，而这些建构又如何使神话、内涵（connotation）等普遍化。符号学进而表明，这种文本化结构以及诸多观点、说话方式、倾向性解读等策略如何提出或确立某种立场，而读者通过这种立场才能理解意义——主体的定位化。“实际的”读者不必持有意识形态文本与话语赋予他们的立场，迄今为止，他们的注意力还过多地放在有关解读的认知活动或理性活动上，对相关的快乐与欲望问题则关注不够。因此，符号学不得不考虑文本所处的社会化进程，考虑在这些社会化进程上快乐的作用。

显然，类似这些问题并非符号学所独有，事实上，在符号学与其他艰巨的精神探求之间存在着富有成效的相互影响与彼此互利。在这些探求中，比较突出的有精神分析理论、马克思主义、女性主义以及各种各样的社会学理论。

不过，符号学的独特面貌依然存在，它依然力图从普遍性与具体性上详细说明意义如何像其他类型的社会性生成一样生成于社会（而不是由个人所创造），意义又如何受制于权力关系与权力斗争。即使它把注意力转向个体读者，也不应该把这个“个体”理解为回归独立而抽象的个体，只能说这种个体/主体的个体性基本属于一种意识形态话语与表意行为的产物，而这些话语与行为是该个体在社会关系中所栖居或遭遇的。

扩展性读物：

1.李彬. 符号透视：传播内容的本体诠释[M]. 上海：复旦大学出版社，2003.

2.余志鸿. 传播符号学[M]. 上海：上海交通大学出版社，2007.

3.冯应谦，黄懿慧. 华人传播想象[M]. 香港：香港中文大学香港亚太研究所，2012.

4.泰勒，威利斯，媒介研究：文本、机构与受众[M]. 吴靖，黄佩，译. 北京：北京大学出版社，2005.

5.弗洛里迪. 第四次革命[M]. 王文革，译. 杭州：浙江人民出版社，2016.

6.伯格. 社会文化中的符号[M]. 南京：南京师范大学出版社，2018.

7.费斯克，等. 关键概念：传播与文化研究辞典[M]. 李彬，译. 北京：新华出版社，2004.

8.迪克. 作为话语的新闻[M]. 北京：华夏出版社，2003.

9.霍尔. 表征：文化表象与意指实践[M]. 徐亮，陆兴华，译. 北京：商务印书馆，2003.

10. HODKINSON P. Media, culture and society: an introduction[M]. London: SAGE Publications, 2010.

思考题：

1.什么是信息的一般特性？它与大众媒介信息的特性有何区别与共同点？

2.信息有哪些基本分类？

3.泛非语言符号的定义是什么？试举一两个例子加以说明。

4.与传统媒体相比，新媒体的符号体系发生了哪些变化？又呈现了何种符号传播的图景？

5.请畅想一下智能传播环境下的符号传播图景。

第六章　传播媒介

20世纪以来，世界新闻传播事业飞速发展。随着科学技术的不断进步，继报纸、杂志、通讯社之后，广播、电视和互联网相继问世，传播媒介日趋多元化，传播手段日趋现代化，媒介对社会生活和世界政治、经济、文化产生了极大的影响。那么，传播媒介应该如何界定？传播学者对于媒介进行过哪些理论研究？媒介有些什么特征？人们如何选择媒介？各国媒介产业的发展状况如何？本章将对这些问题一一进行解答。

第一节　媒介的界定

一、媒介的界定

（一）媒介

媒介是什么？这是传播研究中的基本问题，也是一个让人无法轻易回答的问题。因为媒介的内涵和外延都极其丰富，它不仅是信息传递的工具和载体，还涉及各种纷繁复杂的社会关系，这要求人们从多种视角和各个层面来认识媒介。

“媒介”一词，最早见于《旧唐书·张行成传》：“观古今用人，必因媒介。”在这里，“媒介”是指使双方发生关系的人或事物。“媒介”一词引入传播学后，即指传播信息符号的物质实体，是讯息从信源到接受者通行的渠道。施拉姆认为，“媒介就是插入传播过程之中，用以扩大并延伸信息传送的工具”。

我们认为，所谓传播媒介，是介于传播者与受传者之间，用以负载、传递、延伸、扩大特定符号的物质实体。它是信息传播的渠道，是信息传播过程的重要环节之一，也是传播得以实现的基本条件。在传播学中，媒介研究一直是主要的研究课题之一。

传播媒介有两层含义：一是指传递信息的工具和手段，如电话、计算机以及网络、报纸、广播、电视等与传播技术有关的媒体；二是指从事信息的采集、选择、加工、制作和传输的组织或机构，如报社、电台和电视台等。这两个方面都是传播学研究的重要内容。一方面，作为技术手段的传播媒介的发达程度如何，决定了社会传播的速度、范围和效率；另一方面，作为组织机构的传播媒介的制度、所有制关系、意识形态和文化背景如何，决定了社会传播的内容和倾向性。

认识传播媒介，还需要分清它与传播符号、传播形式、传播渠道的区别。

首先，传播媒介有别于传播符号。符号是指表达或负载特定信息或意义的代码或手段（如语言、文字、记号等），而媒介是指介于传播者与受传者之间、用以负载和传递符号信息的一种物质。

其次，传播媒介不同于传播形式。传播形式是指传播者进行传播活动时所采用的作用于受众的具体方式，如口头传播形式等。一种传播形式可以动用不同的媒介，一种媒介也可以服务于不同的形式。传播形式表明的只是传播活动的状态、方式和结构，而传播媒介却是实实在在的物质实体。

最后，传播媒介也有别于传播渠道。在传播学中，传播者和受传者之间相互进行信息交流的各种途径、手段、方式，通称为“渠道”，如人际传播渠道。扩大人类信息交流能力的传播中介物被称为“媒介”，一种传播渠道可以运用多种传播媒介来进行沟通和交流。

（二）媒介的分类

媒介，是人类传播过程中运载和传递讯息的物体，是连接传受双方的中介物。它可以是自然物，也可以是人造物；可以是单一的物体，也可以是一系列物体的组合。按照不同的标准，媒介可以有不同的分类。

依据媒介出现的先后顺序，可以将其分为早期符号媒介、语言媒介、文字媒介、印刷媒介、电子媒介和网络媒介。

从传播对象来看，可以将媒介分为个人传播媒介和大众传播媒介。个人媒介用于人际传播，如对话、信函、体语等；大众传播媒介指大众信息传播过程中使用的机械设备以及媒介组织等。

依据媒介所作用的人的感官的不同，它又可以分为听觉媒介、视觉媒介和视听复合媒介。听觉媒介包括言语、广播、电话；视觉媒介包括文字、图画、印刷品等；视听复合媒介包括电视、电影等。

在美国传播学家汉诺·哈特（Hanno Hardt）看来，媒介还可以分为示现的媒介系统，即人们面对面传递信息的媒介，主要指人类的口语和非语言符号；再现的媒介系统，包括绘画、文字、印刷和摄影等；机器媒介系统，包括电话、广播、电影、电视、网络等。①

此外，按照媒介的传播方式，还可以将其分为直接媒介和间接媒介；按媒介进行传播的目的，可分为公益性媒介和营利性媒介。

（三）媒介的特点

传播媒介是人们用来传递信息符号的中介物，是一种物质实体，我们可以使用、控制媒介进行传播，而传播媒介也以其自身的规律及特点反作用于传播过程。概括而言，传播媒介都具有以下几个特点：

1.实体性

在大众传播中，报纸、书籍、收音机、电视机等都是用于传播的实体，是具体的、真实的、有形的物质存在。

2.中介性

传播媒介居于传播者与受传者之间，传受双方通过它交流信息、建立联系。在信息传播过程中，传播媒介起着沟通信息的桥梁和纽带的作用。

3.负载性

负载符号既是传播媒介的特点，也是传播媒介存在的前提和必须完成的使命。

纸张是适合负载文字符号和图像符号的媒介，磁带、唱片是负载声音符号的最佳媒介，拷贝、胶片、影碟则是适合负载图像符号与声音符号的媒介。由于传播媒介不仅负载符号，还通过符号负载了信息或内容，因此，当人们说“传播媒介”时，往往既指其物质实体（纸张、收音机、电视机、放映机），也指媒介实体、符号、信息的混合物（报纸、书籍、广播、电视、电影），有时甚至泛指媒介机构或媒介组织（如大众

---

① 邵培仁. 传播学导论[M]. 杭州：浙江大学出版社，1997：227.

媒介、新闻媒介）。

4.还原性

作为中介的传播媒介，在传播过程中要保持所负载符号的原声、原形、原样，不对符号做扭曲、变形、嫁接处理。换句话说，传播媒介在将传播者编制的符码传递给受传者之后，被传递的符码应该可以在受传者那里还原为传播者所编制的那种符码形态。

5.扩张性

媒介不仅可以“穿针引线”，使传受双方产生关系，而且可以将一人的思想、感情和所见所闻扩张开来为许多人所共享。如我国古代文化的瑰宝《四库全书》曾经是少数特权阶层的读物，如今，经过现代印刷媒介和压缩电子文档的大量复制，它们得以成为亿万读者的精神财富。1999年北约轰炸中华人民共和国驻南斯拉夫联盟共和国大使馆一事，通过新浪网等网络媒介，这个悲剧性事件在第一时间便迅速传遍全世界，引起了全球震惊。奥运会、世界杯足球赛等重大体育比赛，经由卫星电视和网络等传播媒介可以向全球上百个国家现场直播，实现了人类“同一时间、同一地点”的信息共享。这些事例都体现了传播媒介的扩张功能。

二、传播媒介的发展历程

传播媒介发展变化的过程是与人类文明史同步的。人类为了更好地进行信息交流，一直在不断创造和使用各种传播媒介。传播媒介经历了早期符号媒介—手抄媒介—印刷媒介—电子媒介—网络媒介从单一到综合、从简单到复杂的发展过程。

（一）早期符号媒介

自人类诞生伊始，就开始了交往和沟通。这是人类社会本质的充分表现，也是传播媒介产生的直接动因。可以说，人类传播媒介的发展史和人类历史一样漫长。

早在人类从灵长类到早期猿人的进化时期，人类就通过类似于动物的尖叫、呼喊和肢体动作等非语言符号和信号来交流信息。他们根据一些彼此理解的意义规则来使用发声、手势信号、面部表情、身体动作来进行简单的传播。

大约在90,000年至40,000万年前之间，克罗马农人已经开始用简单的语言进行交流。语言的产生和运用，拓展了人类信息传播的内容和传播范围，大大加快了人类脱离野蛮、走向文明的进程。

口语不需要辅助手段，运用简便，易于控制。但口语媒介覆盖范围狭窄，传受双方必须处在同一时间、较近距离之内，传播才有可能实现；且口头语言转瞬即逝，难以保存。因此，随着人类社会的发展和交往的扩大，有必要创造新的传播媒介来满足传播的要求。

（二）手抄媒介

图6-1 有图形符号的陶器

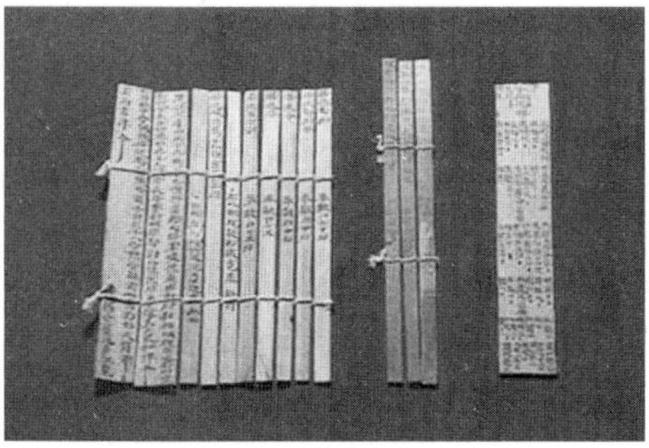
图6-2 竹简上的文字

文字的产生，使人类的传播有了新的媒介。大约在5,000年前，手抄媒介产生了。早期的手抄媒介，如竹简和帛布等，容易腐烂、变质，因此流传下来的并不多。

早期的手抄媒介是对自然物的简单加工。古人使用各种可以刻写的事物来记录文字和图画，如石头、甲骨、羊皮、铜鼎、简帛等。大量的古代文化典籍正是通过手抄媒介才得以保存和传播的。

手抄媒介打破了口头语言媒介传受双方必须共时的局限，其“历时”性质使信息得以记载而保存久远。但是这些媒介大多粗拙笨重，不方便携带，且生产成本较高，单位面积的符号负载量和信息量都很少。因此，手抄媒介的传播范围、传播速度和传播效果均受到了很大的限制。

公元105年，东汉宦官蔡伦总结了前人的造纸经验，发明了以树皮、渔网、麻混合为原料的纸张生产技术。这是当时最先进的造纸技术。至公元5世纪，我国民间用纸已经甚为普通。纸张光滑轻便、成本低廉。纸的出现极大地改变了手抄媒介的历史，也为印刷媒介的来临铺平了道路。

（三）印刷媒介

印刷媒介指将文字和图画等做成版、涂上油墨、印在薄页上而形成的报纸、杂志、书籍等物质实体。我国的印刷媒介起源于公元前16至前11世纪的印章媒介和公元3世纪的拓印媒介。但是当时的印章和拓印获得的是黑纸白字的复本，而印刷得到的则是白纸黑字的复本。

印刷术发明于中国，是我国古代人民智慧的结晶，也是我国对世界科学文明发展做出的杰出贡献。公元450年，我国出现了雕版印刷，当时主要用于佛教经卷的印制。北宋庆历年间，毕昇发明了胶泥活字印刷，之后又出现了木活字印刷。印刷术的发明，为日后的文字传播创造了技术条件。

西方的印刷技术比我国晚了足足400年。1465年，德国人约翰·谷登堡（Johannes Gensfleisch zur Laden zum Gutenberg）发明了金属活字印刷法，并用它印刷了几百本《圣经》。此后，随着造纸术和印刷术的普及，报纸、杂志、书籍等印刷媒介在世界各地迅速发展，成为人类传播的主要工具。

图6-3　第一台电视机的诞生

印刷媒介较之语言媒介和手抄媒介有了巨大的进步，它可以长期保存、方便取阅，而且种类繁多，能满足各种读者的需求。印刷品借助机器设备能够迅速、大量地印制、生产，降低了报纸、书籍的成本，促进其廉价化，使特权阶层对文化产品的垄断被打破，从而加速了人类传播向更深、更广的领域发展。

图6-4　早期的黑白电视片

但是印刷媒介也有其不足：传播通道单一。尽管文字符号对视觉器官刺激强烈，但缺乏动感和声音，这势必会影响其传播效果。同时，文字符号的限制也使得部分文化程度低的人难以充分使用和享受这一媒介。

1926年1月27日，来自苏格兰的约翰·劳杰·比尔特（John Raj Bilalt）首次示范了能以无线电播放电影的机器。这种在阴极真空管中以电子显现影像的媒介被称为电视。

（四）电子媒介

电子技术的发展为人类提供了新的传播媒介。19世纪末萌发的一场媒介革命，导致了记录影像的照相技术和电影的产生。20世纪初、广播、电视、电影等电子媒介的发明和普及标志着大众传播时代的到来。

1840年，美国人萨缪尔·摩尔斯（Samuel Finley Breese Morse）发明了有线电报，开电讯传播信息之端。

1876年，美国人亚历山大·格拉汉姆·贝尔（Alexander Graham Bell）发明了电话。

1895年，意大利人伽利尔摩·马可尼（Guglielmo Marchese Marconi）完成了无线电试验。

1906年，美国第一个无线电节目试验播出。

1920年，世界上第一座电台KDKA在美国匹兹堡正式开播。

1936年，英国建立了世界上第一座正规的电视台。

20世纪下半叶以来，电视以前所未有的速度发展着。20世纪50年代之后，电视机在世界上迅速普及，彩色电视节目播出；20世纪70年代，有线电视迅速发展；80年代中后期，电视直播卫星进入实用阶段，跨国卫星电视进入了观众家庭。与此同时，其他电子媒介如录音机、录像机、视盘机等大量出现。

电子媒介的出现，为社会带来了许多便利，极大地改变了人们的生活，也改变了人们的信息接收习惯。人们经由广播、电视获知消息，了解社会、国家大事，也借以消遣、娱乐和打发无聊的时间。电子媒介依靠声像传播信息，感染力极强，使受众的接受能力大大增强，因此电子媒介更容易被不同文化程度的大众所接受和理解。

（五）新媒介

“新媒介”这个术语，从20世纪60年代以来一直沿用至今，它概括了一种扩展性、多样性传播科技的应用形式。20世纪后期，随着现代电子技术的飞速发展，传播媒介的科技含量日益加重，出现了众多由高科技武装起来的新信息传播手段，如互联网、数字音频广播、有线电视、直播卫星电视、高清晰电视等。

归纳起来，当前的传播革命以两种主要的创新发明为基础：一种是卫星传播，一种是来自电脑的力量。透过其他以电脑为基础的技术，若干创新形式诞生了，它们为大众传播的不同层面带来了变化。通过光缆、卫星和广播的新技术，传送的容量已大幅激增。新的储存和检索方式，包括录像机、CD光碟、CD机，都拓展了这一可能性的范畴。尽管新技术的发明并没有直接地支援传播的发展，但新技术的确开发了个人媒介制作的潜能，进一步打开了媒介的新领域，并在公共传播与个人传播、专业领域与业余领域之间搭起了一座桥梁。

此外，我们还应该注意新兴的“准媒介”，包括电脑游戏和虚拟真实装置，这些准媒介在文化和使用的满足上，和现存媒介功能有所重叠。

目前，新技术正在为媒介环境带来惊人的变化，而变化之一就是对大众传播定义的影响。过去，大众传播的定义一直是相当明确的，可以用三项特征来确定：

针对较大数量的、异质的和匿名的受众。

信息是公开传播的，安排消息传播的时间，通常是以同时到达大多数受众为目的，其特征是稍纵即逝。

传播者一般是复杂组织，或在复杂的机构中运作，因而可能需要其他开支。①

但是，按照这个定义，互联网新闻和邮递名录、邀请听众电话参与的广播漫谈节目（脱口秀）、多频道有线电视以及内含电脑软盘的书籍或可以邮寄更新的材料等混合型东西，就很难归类说它们是否属于大众传播。新的媒介环境带来了大众传播的新特征：

从前印刷和广播那种性质截然不同的技术正在渐渐消失。

我们正在从媒介缺乏的状况转为媒介过剩的状况。

我们正在从将传播内容灌输给大众的泛播转向针对特别群体和个人的需求而设计传播内容的窄播。

我们正在从单向的（one way）传播媒介转向互动的（interactive）的传播媒介。

就当前新媒介环境的变化而言，我们可以看出，传播革命已经普遍将“权力的平衡”从媒介一方转向了受众一方，受众拥有了更多的媒介选择，而且能更主动地使用媒介。在若干层面上，大众传播已经变得不那么大众和中心化了。

互联网作为一种新兴的传播媒介，依托多媒体技术、数字通信技术等高科技，集声音、图画、文字、影像等符号于一体，具有高度的综合性、互动性，传播速度更快，传播范围更广。因此，网络媒介一经问世即备受青睐，发展迅速，以致有人预言：以网络为主体的新媒介将取代传统媒介。

纵观人类传播的发展史，新的传播媒介的诞生，总是会对原有的媒介造成冲击。但是每一次新媒介的出现，并不以取代旧媒介为前提和条件，新媒介只是迫使旧媒介改造自己，寻找更适合的表现方式，以便在激烈的媒介竞争中生存下去。

例如，广播、电视出现以后，广播新闻有效地消灭了报纸的“号外”版并成为许多突发性新闻报道的第一来源；而电视则取代了报纸成为主要的信息来源和文化领

① 塞弗林，坦卡德. 传播理论：起源、方法与应用[M]. 郭镇之，等译. 4版. 北京：华夏出版社，2000：4.

iPhone——全新的融媒终端

iPhone是结合照相手机、个人数码助理、媒体播放器以及无线通信设备于一体的掌上设备，是智能手机的典型代表。iPhone没有键盘，而是创新地引入了多点触摸（multi-touch）屏界面。2007年6月29日晚6点整（美国当地时间），第一代iPhone正式发售，它的发布在全球的电信行业及传媒行业引起了不可估量的轰动效应，一些媒体甚至称这款智能手机为“Jesus phone”（上帝的移动电话）。

首先，作为一款媒介终端，iPhone具有明显的融合媒介的特征。它具有音频播放功能、视频播放功能以及电子阅览器的相应功能，能够随时随地与互联网进行连接。融媒特征是iPhone极具特色的优势功能，正因此，它在众多的媒介终端中脱颖而出，成为全新的媒介产品。

其次，iPhone作为移动媒介有便携性的优势。在这个时代，信息已成为人们生活的必需品，每个人对信息更新速度的要求越来越高。iPhone正是凭借自身便携性的优势，保障其使用者能随时随地更新各种信息，并能选择自己所喜爱的媒介接触方式进行信息获取，受众的自主性得到极大的提高。

最后，iPhone作为移动媒体终端，其自身所携带的高清晰度摄像头保证了使用者能随时随地拍下各种新闻事件发生的经过，进而图文并茂地进行自媒体传播，提高了传播的质量。

然而，iPhone最成功的地方并不局限于其在硬件领域的发展，更重要在于其软件领域的开发，也就是我们常说的传播内容。正是由于App Store的存在，为iPhone提供了丰富的内容支撑。App Store是一个由苹果公司为iPhone和iPod touch、iPad以及Mac创建的服务，允许用户从iTunes Store或Mac App Store浏览和下载一些为iPhone SDK或Mac开发的应用程序，其中包含游戏、日历、翻译程式、图库以及许多实用的软件。如今，随着智能科技的开发与运用。iPhone逐步增添了指纹识别、3D感知、面部识别、AR功能、便携支付、机器人管家、智能家居等功能，外观与功能设计更加适配人的需求，更为顺应“人机一体”的智能化趋势。

导者。但这些挑战没有毁灭报纸，只是迫使报纸在以下几个方面有所改进：增强时效性；发挥自己深度报道的优势；增加图片，增强现场感；改进报纸版面的编排，使之吸引和方便读者阅览。①

在电视出现之初，人们也曾怀疑广播是否要继续存在下去。然而，事实证明，广播通过缩小收听工具，引进人际传播手段，发挥听觉传播的优势，在激烈的竞争中一直稳居一席之地。

面对如今互联网的冲击，传统媒介并没有坐以待毙，而是选择了拓宽传播渠道，建立自己的网站和电子出版物，将网络技术的优势变为自己的优势。由此可见，新媒介的出现不但不会消灭传统媒介，反而能让它们找到更好的发展机会。

随着网络宽带技术和视频技术的飞速发展，一种新型的媒体出现了——网络电视。网络电视以宽带网络为载体，以视音频多媒体为形式，以互动个性化为特性，为所有的宽带（包括固网、移动、卫星等各种网络介质）终端和用户提供全方位的有偿服务业务。

如上所述，传播媒介是不断创新发展的，它由最初的单一媒介发展到今天的多种

① 胡正荣. 传播学总论[M]. 北京：北京广播学院出版社，1997：236.

媒介，其间的各种媒介是依次出现的，彼此的关系不是此消彼长、互相排斥的。每种大众传播媒介总是在发展中扬长避短，相互协调，同时吸收和借鉴其他媒介的优势。如今，信息技术的高速发展正进一步使新旧媒介在交锋中融合重组，不断改变着人类的传播格局。

第二节 传播媒介的特征与媒介选择

一、传播媒介的特征

不同的媒介运用不同的传播手段进行信息传播，报纸、杂志、广播、电视以及互联网都有自己的传播优势和劣势，通过分析，我们可以了解每种媒介是如何扬长避短，进一步发展的。

（一）报纸的传播特征

报纸是以刊载新闻和新闻评论为主的公开、连续发行的定期出版物，是最早的大众传播媒介。在报纸产生之初，其内容简单，形式单一，销路窄，读者少。随着社会的进步和生产手段的不断完善，报纸内容日趋丰富起来，种类逐渐多样，发行量也大大增加了。

自20世纪30年代以来，广播、电视等大众媒介在世界范围内迅速普及，打破了几百年来报纸“一统天下”的传播格局。但即使在电子媒介的强大冲击下，报纸也没有被取代，反而在竞争中获得了一席之地，更好地发展起来。究其原因，就在于报纸具有与其他媒介不同的传播特点。

1.报纸的传播手段

报纸属于印刷媒介，诉诸人的视觉，凭借一系列印刷的视觉符号为传播手段来传播信息。

具体而言，报纸的传播手段包括报纸的版面和文体两部分：版面是刊登各种新闻、评论、图片、广告的地方，是报纸最基本的信息载体，报纸的风格和特色都可以通过版面的编排来表现；文体指报纸文字符号的组织方式，报纸的文体主要分为新闻和评论两大类。报纸主要以文字符号来传播信息，因此文体是报纸最重要的传播手段。

2.报纸的传播特点

报纸作为印刷媒介，其传播特点主要有以下几个：

（1）报纸是视觉媒介，通过印刷在平面纸张上的文字、图片、色彩、版面设计等符号传递信息，是利用视觉供人阅读的，这是报纸有别于其他传播媒介的明显特征。

（2）报纸的保存性强。报纸是“白纸黑字”的印刷品，价格低廉，固定持久，适宜长久保存，它的生命周期比广播、电视节目的时间长得多。报纸包含了对很多重大事件和现实生活的记录，并把这些记录通过纸张保存了下来。因此，人们常说报纸是“历史的教科书”“历史的百科全书”。同时，一张报纸可以反复阅读、供多人阅读，从而保证了报纸内容具有较高的累积阅读率和传阅率。

（3）报纸的选择性强。报纸轻便易携，且所有内容都以版面形式呈现在读者面前；阅读报纸在时间和空间上不受限制，读者可以根据自己的爱好和习惯选择读报的时间、地点和阅读顺序。

（4）报纸适合传达深度信息。报纸主要依靠文字符号传递信息，文字符号本身具有抽象性，加上读者在阅读时可以仔细品味、反复研读，这使得报纸可以对新闻事件进行深度挖掘，做分析性报道、解释性报道和调查性报道等。而深度报道正是报纸与广播、电视竞争最主要的优势所在。

（5）报纸具有权威性。报纸在长期的新闻报道和新闻评论中形成了自己的权威性和影响力。不同的报纸因其级别、性质、传播内容、受众群体等的不同而具有不同程度的权威性，但总体而言，公众对报纸信息的真实性和准确性认可度较高。

当然，报纸也存在自身的传播劣势：

（1）报纸的时效性差。报纸出版过程复杂，采写、编辑、排版、印刷、发行等环节缺一不可。因此，报纸对新近发生的事实的报道速度远不及广播、电视，这是报纸最大的劣势。

（2）报纸以文字符号传播信息，阅读报纸要求有一定的文化水平，因而限制了其读者的范围。

（3）报纸虽有图片，但远不如电视画面生动、直接，也不如广播的声音符号有现场感，总体来说其感染力较弱。

（4）报纸发行受运输工具、投递力量和交通条件的限制，传输相对困难。

这些传播劣势为报纸的发展路径提出了要求，报纸要想在媒介竞争中求得生存和发展，就要充分发挥自身视觉媒介的优势，比如利用自身篇幅可伸缩的优势扩版，以更多的篇幅提供更多的信息、更深刻的分析，借此弥补自己在时效性和传输方面的劣势。

解构报纸[①]

传统报纸一直是一个不同内容的混合体：本地、国内与国际新闻，体育比赛得分，证券市场报告，分类广告，社论，天气，娱乐新闻等。长期以来，报纸也是把这些项目融合为一个整体的最方便与最经济的方式。

不过，随着因特网的兴起，出版成本不断下降，适合的网站会让那些习惯依赖报纸获得信息的人大量流失。分类广告就是最好的例子，在网络上它们可以做得更好。它们能够在不局限于单一地理区域内进行搜索。一位寻找工作者可以使用一个诸如“51job”这样的网站来在全国寻找工作机会，有稀奇物品要出手的人会发现在eBay上做广告要比在当地报纸上便宜，并且也有效得多。一些商家发现建立他们自己的网站比在报纸上购买广告空间要便宜。由于分类广告是报纸收入的一个重要来源，所以许多报纸与在线分类网站建立合作关系就一点也不奇怪了。

体育报道是另一个例子。“ESPN.com”这样的专业化网站能提供更多的深度信息与更多及时到分钟的比赛成绩。在许多网站上可以得到当前的股票市场报价、分析以及财经新闻。娱乐新闻更是可以从无数网站得到。网络新闻机构能全天候地而不是在早晨、下午或晚上的某个特定时间提供突发性新闻。

如果所有这些部分都被网络篡夺，那么印刷报纸最终会解体吗？许多专家认为不太可能。不过大多数人同意，从现在开始过10年，报纸的模式将会和今天有很大的不同。

另外，近几年随着媒体融合的不断深入，报纸的数字化发行、付费墙等已经成为传统报纸谋求发展的新方向。以《纽约时报》为例，2011年3月，《纽约日报》付费墙上线，它的在线计量收费模式改变了近10多年来报纸业绩下滑的局面；2014年其订阅收入首次超过了广告收入。建立付费墙后的《纽约时报》实现了数字化的多维度报道和自媒体的技术运用，改善了读者的体验，改变了新闻信息的消费习惯，为报业的转型发展开辟了一种新的思路。[②]

（二）广播的传播特征

广播是通过电子技术向广大地区传送声音符号的传播媒介，按传输方式可分为有线广播和无线广播。有线广播运用导线传送符号，无线广播运用无线电波传送符号。

1893年，匈牙利人西奥多·普斯卡（Theodore Duskas）把布达佩斯市的700多条电话线连接起来进行新闻广播，称为“电话报纸”，这是历史上最早的有线广播。20世纪初，随着无线电通信技术的发明和运用，无线广播首先在美国出现，并迅速普及到世界各地。

---

① 多米尼克，鲍尔—洛基奇. 大众传播动力学：数字时代的媒介[M]. 蔡骐，译. 7版. 北京：中国人民大学出版社，2009：105.

② 陈宪奎，刘玉书. 付费墙：《纽约时报》的数字化转型与美国报业的发展[J]. 美国研究，2015（2）：113.

1.广播的传播手段

广播运用声音符号编制成不同的节目，再通过一定的传输方式进行信息传播。因此，广播的传播手段主要包括声音符号、节目和传输方式。

声音符号是广播唯一赖以携带信息、表达思想情感的物质载体，这是广播与其他传播媒介的根本区别所在。广播的声音符号具体可分为语言、音响和音乐3种类型。节目是广播内容的最终组织形式和播出形式，按内容性质可分为新闻性节目、文艺性节目、教育性节目和服务性节目等；按内容构成和组合方式又可分为专题性节目、综合性节目、板块节目等类型。广播的传输方式即广播信息的传送方式包括4个基本环节：

广播节目的采集、编辑、加工、制作。

节目信号的发射和传输，分有线广播和无线广播两类。

听众通过接收设备收听广播节目。

听众反馈。

2.广播的传播特点

与其他媒介相比，广播有如下特点：

（1）广播是听觉媒介，它利用声音符号，诉诸人的听觉传播信息，这是广播最根本的特点。广播以有声语言作为主要的传播手段，同时运用大量的音响和音乐，极具现场感，声情并茂，真实可信，有很强的感染力。

（2）广播的时效性强。广播利用电波传送信息，其传播速度达每秒30万公里，因此广播传出的声音与听众收听的声音几乎是同步的。此外，广播制作简单，传输接收环节少，播出时间长，因而在发生重大新闻事件时可随时插播。因此，广播是时效性最佳的新闻传播媒介。

（3）广播的覆盖面广，伴随收听性强，受众广泛。广播通过电波传播信息，不受时间和空间的限制，电波所及，都是它的覆盖范围。

（4）由于广播以声音符号传播信息，对受众的文化程度没有要求，因而任何具有收听能力的人都可以成为广播的对象。广播一天24小时播出，频道多，节目日益丰富和多样化，同时还可以针对不同的受众群体推出满足不同需要的节目。因此，广播拥有广大的受众群，影响力巨大。

但是，广播也存在自身的缺陷。

（1）广播的保存性差。广播的传播手段是声音，而声音的特点是转瞬即逝。因此，广播内容很难像报纸那样保存下来供听众反复收听。虽然录音技术可以保存声音符号，但成本较高，也不易存放。正所谓“眼见为实，耳闻为虚”，听众对于广播的内容难以留下深刻的印象，特别是一些抽象、艰深的问题以及理论性和技术性的内容，听众往往不易听懂，难以提起兴趣。因此，广播内容的选择就要避免太抽象化的语言。

（2）广播的选择性差。广播是线性传播，按时间顺序安排节目播出，这一特点使得听众只能依时间顺序收听，在同一时间内无法任意选择内容收听，也无法自主选择收听时间的快慢。因此，听众往往处于被动的接收状态，选择性很小，参与性也很低。

现今，由于电台数量和广播节目种类的增加，听众可以在同一时段根据自己的兴趣选择不同的台收听；又由于广播节目引入了电话、写信和短信参与等人际传播的互动机制，因而极大提高了听众的选择权和参与权。

（三）电视的传播特征

电视是运用电子技术手段传输图像和声音的现代化大众传播媒介，它通过光电转换系统将图像、声音和色彩及时重现在远距离的接收机屏幕上。1925年10月2日，在前人发明的光电转换技术和图像扫描技术的基础上，英国人约翰·洛吉·贝尔德（John Logie Baird）成功地制造出第一台电视机的雏形，他因此被称为“电视之父”。

经过几十年的发展，电视出现了有线电视、数字电视、高清晰度电视、卫星电视、网络电视等多种形式，满足了人们对电视媒介的不同要求。在当今各种传播媒介并存竞争的局面中，电视仍以其视听兼备的独特传播优势占据着极其重要的位置，是大多数人接收新闻和娱乐信息的主导媒介。

1.电视的传播手段

电视运用画面和声音等符号编制成节目，然后通过一定的传输方式进行信息传播。因此，电视的传播手段包括传播符号、节目和传输方式等。

电视的传播符号包括画面和声音两大类，与报纸、广播相比，电视的传播符号兼具视听性，最为丰富。电视画面包括图像和文字，是电视视觉信息的载体。电视的声音符号同广播的一样，也分为语言、音响和音乐三种，是电视画面的有效补充。

电视所传播的各类信息都是以节目为基本单位组织起来的，节目是电视内容的最终组织形式和播出形式。电视节目的种类繁多，按内容性质可分为新闻性节目、文艺性节目、教育性节目和服务性节目等。

电视的传输方式主要有两大类：无线电视和有线电视。无线电视通过无线电波传送电视节目；有线电视通过金属导线或光导纤维组成的有线传输分配网络直接向用户传送节目信号。与无线电视相比，有线电视具有明显的优势：不受电波干扰、信号稳定、图像清晰、传输频带宽、容量大等。我国在20世纪60年代开始研究有线电视技术，自20世纪80年代以来，我国的有线电视发展突飞猛进。

2.电视的传播特点

（1）电视是视听合一的媒介，电视传播信息的渠道有两个，即视觉和听觉。这是它与其他传播媒介的主要区别，也奠定了电视的优势基础。视与听是人类接受外界信息最重要的通道，科学研究表明，人们通过视觉获得的信息占人们信息总量的83%，来自听觉渠道的占11%。电视视听兼备、声画并茂的特性，提高了其传播的信息量，使人们能够更真实、更立体地感受到事物的特征。同时，这种视听合一的方式与单一地诉诸听觉或诉诸视觉相比，可以给观众留下更鲜明的印象，使他们记忆深刻。

（2）视听合一的特性也决定了电视的感染力极强。通过运动的画面和伴音，电视将客观事物生动、纪实的形象直接呈现在观众面前，使观众产生身临其境的感觉，极大地调动了观众的情绪。电视传播的这种形象性、直观性和直接性，是电视最大的传播优势，是单凭文字语言的报纸和仅靠声音符号传播的广播难以企及的。

（3）电视的时效性强，覆盖面广，受众广泛。这是电子媒介的共同优势。电视的传播手段先进，节目的传输和接收设备便利，因此电视新闻播报的一般都是“刚刚发生”或“正在发生”的事件，有很强的时效性。调查一致显示，大多数人选择电视作为他们主要的新闻来源。

图6-5　CNN的新闻直播间①

（4）同广播一样，电视信号覆盖率很高，覆盖范围广，因此电视的观众达千家万户乃至上亿。从1958年我国第一台黑白电视机诞生到今天，电视已经成为最普及的信息工具。据相关数据，2017年我国电视节目制作时间为365.18万小时，电视综合人口覆盖率达到99.07%，观众超过13亿人。②

① 新闻节目是电视台最常见的节目形式。

② 智研咨询集团. 2019—2025年中国广播电视设备行业市场行情动态及投资前景预测报告[EB/OL].（2018-12-16）[2019-08-12]. https://www.chyxx.com/research/201812/697840.html.

卫星电视技术出现以后，电视节目通过卫星直播可以进行跨地区、跨国界的覆盖。卫星传输可以高质量、远距离地发送稳定的电视信号，这提高了电视的人口覆盖率，促进了国际电视传播的发展。但与此同时，卫星直播电视也引发了对卫星轨道资源的国际争夺以及越境电波给发展中国家造成的价值观、生活方式的冲突等一系列问题。

电视的缺陷有以下几点：

（1）电视的保存性差、选择性差，这是电子媒介的共同劣势。电视信号一经播出就转瞬即逝，不易保存，即使有录像可以将节目内容录下来，但成本较高，且存放会占用大量空间。

（2）电视在信息接收方式上与报纸和广播有很大的区别。电视机价格较高，也不能轻便携带，无法像报纸和广播那样可以随时随地阅读和收听，一般只能限定在家中。但也正因为电视信号接收的家庭性，决定了电视通常以家庭为单位集体收视。一家人聚在电视机前边看节目边闲聊，是很多家庭日常休息、解压的首选方式。

（四）互联网的传播特征

互联网是一个由众多计算机网络通过通信线路互相连接起来的网络，其前身是1969年美国国防部建立的阿帕网（Advanced Research Projects Agency Net，简称ARPA NET）。经过几十年的发展，互联网已成为当今世界上最大的、应用最广泛的全球性计算机信息资源网络，其触角已经伸向了世界的各个角落，对人类的信息传播方式产生了极其重要的影响。

1.互联网的传播手段

互联网媒介，就是借助国际互联网这个信息传播平台，以计算机为主要信息载体，综合文字、声音、图像等形式来传播信息的一种数字化、多媒体的传播媒介。一旦连接到网上，个人便可以利用多种服务和工具来交换和传播信息。

图6-6 《今日美国》电子版 全美网上读者最多的电子报纸，每天有100万以上的用户进入网站。

互联网主要有5种信息服务功能：电子邮件、万维网、新闻组、文件传送（file transfer protocol，简称FTP）和远程登录（Telnet）。

电子邮件。指通过互联网将信息传送给特定用户或一群用户的通信方式，其特点是时效快、费用低。它是使用最广的互联网资源。

万维网。是一种信息查询浏览工具，它所合并的超文本可以使用户将一条信息链接到另一条信息上。据统计，目前全球网站数达7,000万，种类繁多，有企业经营的，也有个人创办的。许多网站发挥着门户的作用，将新闻摘要、股市行情、聊天室、商品交易等各种信息方便及时地提供给访问者。

1987年，美国硅谷的《圣何赛信使报》首先将报纸内容搬上网络，开了传统媒介上网之先河。20世纪90年代，伴随着万维网和浏览器的出现，网络用户骤增，各种报纸、广播和电视媒体纷纷上网建立自己的电子版网站，有效地拓展了自己的传播空间。

新闻组。一个面向全球的电子公告牌，根据主题来排列，用于发布公告、新闻和文章。用户可以在新闻组里阅读信息，发表自己的看法或增加新的内容。通过新闻组，用户可以与世界上任何地点的人就共同感兴趣的话题进行交流和讨论。

文件传送。互联网上的用户可将一台计算机上的文件传送给另一台计算机。电子邮件适合于传送短小的文件，而文件传送的特点是速度快，信息容量大，传递的数据可以是任何类型的多媒体文件。

远程登录。在网络通信协议远程登录的支持下，用户的计算机可以与远在千里之外的另一台计算机连通，使用这台计算机上提供的各种信息服务，如查询电子图书馆目录、商业数据库等。

除了以上5种主要功能外，互联网还有在线游戏、网上购物、商业应用、在线影视等多种功能。

2.互联网的传播特点

互联网是一个新生事物，具有许多传统媒介所没有的特点。

（1）数字化

数字化是网络媒介存在的前提，也是它最基本的传播特点。互联网实现了声音、图片、文字、图像等多种传播符号的有机结合。数字化的革命意义不仅是便于复制和传送，更重要的是方便不同形式信息之间的相互转换，如将文字转换为声音。

媒体融合

进入21世纪以来，随着数字技术、网络技术等新型传播技术的快速发展，报纸、广播、电视等传统媒体受到了空前的冲击，并相继发生了巨大的变革。新旧媒体之间出现了边界消融的趋势，最终引发了媒介形态的重大变革——媒体融合。“媒体融合”是近年来传媒领域使用频率最高的词语之一，无论是传媒业界还是学术界，都在热切地关注着这个问题。媒体融合本身具有多重内涵和多维表现，美国麻省理工学院教授伊契尔·索勒·普尔（Ithiel DeSola Pool）在其著作《自由的科技》中将媒体融合的情况归纳为两种形式：“过去为不同媒体所提供的服务，如今可由一个媒体提供；过去为一种媒体所提供的服务，如今可由不同的媒体提供。”这段透彻而精准的话语生动地描述了媒体融合的图景。事实正如普尔所言，如今在网络上听音乐、看视频和直播，在电视上查询信息、点播节目，在手机上读报纸、看电影……已经成为人们日常生活中司空见惯的事情。广播电视、电信、出版、娱乐、互联网等产业随着数字技术和网络技术的发展以及TCP/IP协议的广泛应用，呈现出结束融合、网络融合、终端融合、业务融合和内容融合的大趋势。我们亲历着媒体融合时代带来的便利和风险、欣喜和迷茫、机遇和挑战，并在媒介的生存和消亡的预言中思考着媒介的命运，因而有必要透过错综复杂的融合现象，去探究媒体融合的动因。从理论意义上来说，这对于深刻认识这种新的传播形态以及新的媒介环境和发展趋势，对于正确理解媒体融合所带来的各个层面的冲击和影响、准确把握媒介发展方向有着重要的意义。

因为各国政治、经济、媒介制度的差异，媒体融合在不同国家有着不同的侧重点。不过，整体来看，媒体融合通常都具有三种表现形式，即首先表现为微观层面的技术融合，其次表现在中观层面的组织结构、生产流程和产品形态融合，最后在宏观层面表现为媒介产业、媒介规制和媒介与社会的融合。

我国的媒体融合在经历了早期的探索之后，当前的实践已开始由中央级媒体向地方级媒体扩散，呈现出央地一体、省县联动进行融媒体改革的局面。

当前，基于复杂系统等的媒体演进理论和基于复杂网络的媒体融合传播模式研究成为探索媒体融合发展的新路径与新方向。复杂系统理论强调用整体论和还原论相结合的方法去分析系统，媒体融合趋势要将媒体演进放置在系统化的语境中去理解与创新；复杂网络是研究复杂系统的一种角度和方法，它关注系统中个体相互关联作用的拓扑结构，是理解复杂系统性质和功能的基础，将媒体融合放在复杂网络的语境中是深度挖掘互联网传播机制、拓展未来媒体功能的表现。具体实践方面，相关研究将以智能媒体计算与内容分析算法为核心，这一领域针对媒体内容计算领域的科学问题，在多媒体、文本、网络和机器人等研究方向上开展应用基础研究，主要涉及图形、图像、视频等媒体的计算理论、基础算法、智能处理及其可视化和工程应用技术等。未来，推动计算传播和数据新闻等行业领域发展，提供基础解决方案和算法框架，针对相关技术建设标准体系，尤其是在 5G 融媒体环境下的信息安全、内容采样、精准分类、可视化新闻等领域进行科研攻关，是媒体融合研究的重点。

（2）超时空传播，受众广泛

网络媒介不受时间和空间的限制，任何人都可以通过互联网接收和传播信息。数以亿计的网民分布于世界各个国家、各个地区，通过互联网形成一个跨地域、跨国界、跨文化、全球一体的信息传播网。

（3）信息内容极其丰富

互联网是一个由无数局域网连接起来的世界性的、巨大的多媒体信息资源库。它集各个部门、各个领域的各种信息资源为一体，其信息形态包括数据、图片、文字、声音、视频等多种形式。报纸、广播、电视的信息都无法与互联网贮存和发布的海面对媒体融合的大趋势，传统媒体要想实现突围，在新媒体环境下获得生存空间，其自身与新媒体的融合是必由之路。以BBC为代表的英国电视业而言，媒介技术的更新给其带来了重大的挑战和冲击，从理念到体制、播出平台到节目样式，变革都势在必行。 以下我们将从平台和业务层面与媒介运营层面的改革来探讨BBC是如何实现传统媒体与新媒体的融合的。

首先在平台和业务层面，面对媒体融合这一趋势，电视新闻做出的最重要的回应，就是打通各种媒介终端，形成一个全新的、广阔的新闻播出平台。从1997年BBCOnline上线至今，BBC在不断进行新媒体平台的调整、开发；2003年，BBC对传统网站进行了大规模改版；2005年，手机WAP网页上线；2010年，BBC推出智能手机客户端；2014年推出自适应网站；2015年新版客户端推出，内容大幅增加。此外，BBC还在社交媒体发力，从脸谱、推特到微信，都开设自己的公共账号，基本实现“全社交”传播。①

其次是组织架构和机制的融合。进入数字媒体时代后，随着媒体平台调整，BBC历任总裁都对内部人事、组织架构、业务板块和工作机制等进行了持续的改革，管理日趋扁平化，汇报等级减少；整合分散的内容生产团队，按照内容和平台性质，组建新闻团队、视频团队和音频音乐团队，每个团队都要为所有的平台生产、更新或贡献内容。最为大家所熟悉的是BBC新闻团队的融合运行模式。2012年，BBC搬进了位于伦敦市中心新扩建的广播大厦，大楼的核心是位于地下一层的新闻部，这间开放式、座位呈辐射状的办公室是目前为止欧洲最大的新闻编辑室，可容纳近500人。从座位的安排就能看出新闻编辑部本身就是一个融合的部门，中间一圈是BBC的“总指挥部”，由所有与新闻相关的业务部门领导组成。紧挨着他们的是BBC新闻直播间，而每个人的身后就是自己所管辖的团队。这种安排方式可以做到最大可能的协作和分享，并在突发事件发生时以最快速度实现全媒体平台的响应和发布。BBC的新闻编辑室已成为媒体融合的象征。

和其他传统媒体一样，BBC在转型的道路上也经历了曲折、漫长的探索过程，甚至到目前为止也没有实现完全的融合。但值得肯定的是，这些探索和尝试给BBC带来了巨大的传播效果，使其继续成为全球最具影响力的媒体之一。BBC的2015/2016年度报告显示，2015年全球3.2亿用户通过广播、电视、网站和移动端收听、收看BBC的30种语言新闻节目，用户总数比上年度猛增13%。其中，BBC在网络传播上的表现尤为出色，其受众覆盖量增长了51.4%。②

量信息相比。

（4）传播迅速，时效性强

网络传输以电子技术、数字技术以及诸如ICP/IP协议等网络技术为依托，传播速度快捷，信息来源广泛，制作与发布信息简便。因此，互联网可随时发布新闻，尤其是在报道突发性事件和持续发展的新闻事件方面，互联网的“刷新”功能比电子媒介的“滚动播出”更胜一筹。这种实时传播的特征使得互联网在新闻信息发布方面具有极强的时效性。

---

① 廖吉波，梁晨. 媒体融合中的新型传播主体角色探析：以BBC为例[J]. 国际传播，2017（2）：88-96.

② UK Statistics authority. Annual report and accounts 2015/16 [EB/OL]. http://uksa.statisticauthority.gov.uk/publication/annual-repont-and-accounts-201516/.

（5）交互性

传统的大众媒介是单向传播，信息反馈迟缓、模糊，受众的选择与参与受到极大的限制。而互联网双向传播、交互沟通、及时反应的特点，使每个用户都可以根据自己的需要选择信息。通过网上聊天室、电子公告牌、网上论坛、博客等信息平台，用户可以在网上自由发布信息、发表观点和评论。用美国未来学家尼古拉斯·尼葛洛庞帝（Nicholas Negroponte）的话说，“在网络上，每个人都可以是一个没有执照的电视台”。

但有时候，优势也会成为劣势。互联网自由与交互的传播特点，虽然改变了受众被动接收信息的局面，但却给网络管理带来了极大的困难，导致了一系列社会问题的产生，如网络病毒和计算机犯罪、虚假信息传播、意识形态和文化渗透、不良网站和电子垃圾泛滥、知识产权受侵犯等。因此，加大网络监管力度，建立网络传播自律机制，保证良好的网络传播环境是今后发展互联网刻不容缓的任务。

互联网传播也存在着不少局限性。首先，作为网络接收设备的电脑价格较高，并且使用电脑要求具备一定的文化水平；其次，用户上网的主要途径是拨号电话连接和宽带网，上网费用高，而网络的通道窄，传输速度低，容易造成“网上堵车”，传输信息的质量不如广播和电视信息的质量高。最后，因为网络的匿名性，信息缺乏过滤，因此网络传播的权威性、可信度远远不及传统媒介。

通过以上的比较和分析，我们可以看到，每种媒介都各有所长，也各有所短。正是由于这种优劣势互补的传播特征，决定了没有哪种媒介能取代别的媒介而一统天下，也因此造成了今天新旧媒介激烈竞争、共存共荣的传播格局。

二、媒介选择

传播媒介作为信息传递和接收的载体，在信息传播中具有非常重要的作用。一种信息到底使用哪种媒介传播更有效果？为什么一种媒介比另一种媒介对受众的吸引力更大？诸如此类的问题，引起了传播学者的研究兴趣。

施拉姆在其著作《传播学概论》中指出，人们选择不同的传播途径，是根据传播媒介及传播的讯息等因素进行的，人们选择最能充分满足自身需要的途径，而在其他条件完全相同的情况下，他们则选择能够最方便而迅速地满足其需要的途径。

施拉姆据此提出了一种粗略估计一个人如何选择某种信息的公式：

$$\frac{\text{报偿的保证}}{\text{费力的程度}} = \text{选择的或然率}$$

公式中“报偿的保证”，是指传播内容满足选择者的需要的程度；而“费力的程度”则是指得到这个信息内容和使用传播途径的难易程度。一条信息被受众选择阅读的概率与媒介报偿的保证（即媒介的可信度）成正比，与费力程度成反比。从受众的角度讲，越容易获取这条信息，则受众选择阅读这条信息的概率就越大；反之，就越小。

人们选择信息时如此，选择使用媒介的途径时同样也可以用这个“选择的或然率”公式来表达。人们之所以选择某一媒介而不选择另一种媒介，也是从公式中两个变量的比较中引出的。例如，如果一个人从阅读晨报中得到了满足，那么这份报纸就会在他每天的早餐桌上出现。又比如，如果一个人觉得《梦想中国》节目非常好看，他就会经常锁定CCTV-2收看该节目。

由此可见，受众对媒介的满意程度、依赖程度和接触媒介的方便程度都会影响到其对媒介的选择。具体而言，人们在选择时，往往注重以下几点：

- 传播方式在多大程度上是现成可得的？例如，我们在沙发上看杂志的时候，喜欢拿起手边的那本杂志而不愿到别处去另找一本，除非另外那一本上有我们非常想看的文章。
- 这种传播方式的吸引力如何？即传播方式上动静、色彩、喧闹与沉寂的对比是否突出、明显？例如，一本花花绿绿的时尚资讯手册会比一份黑白印刷的报纸更容易引起人们的注意。
- 内容的感染力如何？这与每个选择者的特质及需要有关。例如，文化程度高的人有可能选择报刊而舍弃电视，选取公共事务信息而舍弃言情片；又比如，男性比女性更喜欢收看体育比赛和时事新闻节目。
- 人们在寻求什么？人们的生存和发展离不开信息交流和传播，他们出于各种需要而接触媒介。“寻求什么”会因选择者的不同而具有较大差异。
- 他们养成了什么样的传播习惯？每个选择者都有自己的接收和选择习惯。例如，有人习惯于阅读纸质媒介上的文字，而阅读网络传播的内容则显得相对吃力。
- 他们拥有什么样的传播技能？选择者使用媒介的类型不同反映了他们不同的传播技能，如印刷媒介对应于阅读能力，网络媒介则对应于电脑操作技能。

每种传播媒介都有独特的传播手段和传播特点，而受众对于媒介途径的选择也基于多种因素。一种媒介要想在媒介竞争中立于不败之地，就必须对受众进行研究。只有了解了受众的选择心理和习惯行为，才能因势利导，吸引更多的受众，扩大自己的传播范围和影响力，收到良好的传播效果。

第三节 西方媒介产业

目前，世界媒体的发展趋势是向多元化、巨型化、网络化拓展。所谓多元化，是指一家媒体同时拥有报纸、杂志、图书、音像、广播、电视、电话、互联网等多种业务；所谓巨型化是指媒体之间的收购、兼并之风日益激烈，并逐渐形成了世界市场中的媒体巨头；所谓网络化，则一方面意味着传统媒体对互联网技术的应用程度逐渐升高，另一方面意味着基于互联网技术发展起来的新媒体迅速壮大，导致西方媒介产业进一步转型。

一、美国

美国是传播学诞生的摇篮，也是现代新闻媒介的发源地。1833年《纽约时报》的创办开启了报纸的现代化之路，广播、电影、电视和互联网也是首先在美国投入商业运行的。

根据北美产业分类体系（NAICS），美国传媒产业被纳入包括图书、报刊和软件出版业、电影和录音业、广播电视业、通信业、互联网以及像图书馆等信息服务业在内的信息产业之中。近年来，随着互联网技术的发展，美国的信息产业正在经历转型升级，传统媒体的融合改革持续推进，网络媒体、社交媒体等新兴媒体也发展迅猛。

具体而言，近年来美国传媒产业的发展情况主要有以下几个方面特征。

（一）报纸广告收入明显下降，纸媒加快数字化转型

千禧年后的美国报业发展一直低迷。近年来，越来越少的美国人通过报纸获取新闻，而互联网则将报纸远远甩在身后，成为美国人获取新闻的主要工具。据皮尤研究中心数据，美国报业当前面临的最大挑战是广告收益的下滑。2005年时，全美报纸的广告收益是500亿美元，而2013年时这一数字已跌至230亿美元。[①]

为了留住读者，美国报纸相继开始报网融合改革，以吸引纸质订阅用户之外的网站读者。2011年，《纽约时报》率先开始了“付费墙”尝试，用数字订阅挑战大众一直以来认为互联网内容应该免费的固化思维。2013年5月，《纽约时报》公司宣布其已拥

---

① WIHBEY J. State of the news media 2013: Pew research center's project for excellence in journalism[R/OL].(2013-05-16)[2018-09-10]. https://journalistsresource.org/studies/society/news-media/news-media-2013-pew-research-center/.

有约70万人的数字订阅用户，而截至2020年3月31日，这一数字已达到584万人。

《纽约时报》付费墙的成功极大地刺激了美国其他报纸的效仿。另外，数字化报道的趋势使得美国报业不断尝试新的报道形式和数据可视化技术，且此类创新多来自其数字报道部门，由专门聘请的具有数字报道技能的人员完成。

（二）传统电视发展低迷，广告收益持续降低

美国90%以上的电视公司都是商业性的，即美国电视完全建立在商业竞争的机制上。除了各地的公共电视网（PBS）和一些小规模的教会或社区电视外，几乎所有的电视台、电视公司都依靠竞争生存发展。在相当长的一个时期内，三大网占据了美国电视市场90%的份额。但从20世纪80年代后期到20世纪90年代初，特别是进入20世纪90年代中期后，随着美国政府不断出台政策打破这种垄断，这种情况逐渐有所变化。

目前，美国电视的景况可谓五花八门，百花齐放。美国家庭可以收看的电视频道，包括无线的、有线的、卫星的，加在一起有几百个。一般而言，美国电视产业通常包括电视广播（TV broadcasting）、有线电视（cable TV）和付费电视（premium TV）。近年来，随着流媒体的崛起，电视广播收入下降，时段收入居于主导地位；有线电视用户减少，广告收益持续下降。数据显示，2019年美国电视广告支出额最终统计达到8年来的最低水平，同比下降6.6%，总额为605亿美元。

与此同时，在线展示广告（包括社交媒体、在线视频、内容和横幅广告）的收益则在稳步增长。2019年，在线广告收益比电视广告收益高0.01%。①

（三）电影产业发展总体呈上升趋势，电影制作机构数量庞大，市场高度集中

在美国的文化产业中，电影一直扮演着重要的角色，它对于宣传美国政治、经济、文化都具有不可替代的作用。从爱迪生发明电影视镜并创建“囚车”摄影场开始，美国的电影传播已有近百年的历史。不论是早期的战争年代还是21世纪的信息社会，美国电影都以无人能挡的强劲势头向世界电影市场进发着。好莱坞电影成为美国电影的代名词，而美国电影也几乎成为世界电影的代名词。好莱坞电影依靠美国强大的经济实力和文化传播力，占有世界各国电影产业的大部分市场份额，在全世界传播它的价值观和文化理念。以影视、出版为代表的文化产业更是超越了机械制造、农业等成为美国第一大支柱型产业。

---

① IAS. New research shows connected TV landscape is shifting away from paid subscriptions[EB/OL].（2020-03-24）[2020-04-07]. https://integralads.com/news/research-connected-tv-paid-subscriptions/.

近年来，美国电影的国内、海外票房收入以及电影产业总收入均呈上升趋势。以在中国的票房为例，2018年上半年，美国进口电影在我国的票房为110亿人民币，而2019年上半年这一数字则达到了126亿人民币，同比增长14.5%，显示出美国电影行业良好的发展势头。

（四）流媒体发展迅速，刺激传媒巨头继续加紧并购

流媒体巨头的高增长已给传统媒体公司带来了巨大压力。有关数据显示，2017年，美国流媒体订阅数首次超过传统媒体，且这种差距呈扩大态势；美国有线电视用户已大幅缩水，预测2030年后美国付费有线电视家庭占比将从目前的81%下降至26%，而流媒体成为重要布局。在流媒体的猛烈冲击下，美国传媒业正在发生新一轮整合，传媒巨头试图通过大规模并购绝地求生。2018年6月，哥伦比亚特区联邦法院无条件批准AT&T（美国电话电报公司）以854亿美元收购时代华纳，随后，在2019年3月，迪士尼宣布收购21世纪福克斯。

收购时代华纳后，AT&T表示其将成为一家媒体巨头，从而与奈飞（Netflix）、亚马逊（Amazon）正面交锋。其中，时代华纳旗下的HBO被纳入囊中。而移动应用数据分析公司Sensor Tower数据显示，2017年美国收入前10的订阅类流媒体应用中，HBO已超越流媒体Hulu，位列奈飞、谷歌之后，排名第3。[①]

（五）跨平台媒体发展势头强劲，PC、移动、电视和电影之间的界限越来越模糊

2016年，著名媒体数据统计机构ComScore发布了关于2015年美国网络、移动、社交媒体的报告。该报告表示，2015年是一个具有转折意义的年份。电视和网络的影响力逆转不断加剧，消费者长期形成的习惯被不断颠覆，媒体领域的发展越来越细化，不同媒体之间的联系越来越紧密，消费者逐渐倾向于通过更多屏幕无缝访问媒体内容。

在这股潮流中，各种媒体的表现可概述为：电视搜看时间继续变化，越来越多的电视节目通过网络渠道、点播和延迟的方式被收看；网络媒体继续快速发展，受到智能手机应用使用量的推动，智能手机应用访问时间几乎占互联网媒体时间的50%；一些传统印刷出版商通过有效利用移动平台吸引新的读者以及闲书的网络运营获得了丰厚收益；互联网成为最大的广告媒体，但是仍然面临挑战，例如无效流量、广告拦截等；消费者移动设备使用量加速增长，移动电商发展向好。

---

① 昝秀丽. 流媒体冲击猛烈　美国传媒巨头并购图强[EB/OL].（2018-06-15）[2019-07-11]. https://tech.qq.com/a/20180615/005916.htm.

（六）社交媒体发展势头仍然强劲

据ComScore2016年的数据，近年来，社交媒体在美国人的生活中依然充当着重要角色。美国人互联网使用时间的1/5被用于社交媒体平台，而对于社交媒体的应用更多的是通过手机App进行的。另外，数据显示千禧一代频繁使用多种社交媒体，facebook不论从用户量还是用户参与度来看都是应用最为广泛的社交媒体应用，35岁以上的人群同样也是facebook的深度用户群体，但他们更少地使用其他社交媒体应用。

综上，美国的传媒业主要有以下显著特点：

第一，高度垄断，且以私营为主。美国重要的大众媒体都被大企业所控制，若干大型垄断公司在全美乃至全球展开了激烈的竞争。156家报业集团控制了1,186家报纸，占全国报纸总数的70%，许多报业集团还同时拥有杂志、广播和电视，20家集团控制着50%的杂志收入；广播电视业由四大广播电视机构主宰：全国广播公司（NBC）、哥伦比亚广播公司（CBS）、美国广播公司（ABC）和美国有线电视新闻广播网（CNN）。尽管美国也有不少非商业性的电台、电视台，但除了公共电视台（PBS，1969年成立）以外，其余都是宗教方面或以社区服务为主的小型传媒机构，影响力很小。除此之外，所有的报纸、杂志以及绝大多数电台、电视台都是私营的，以广告收入和其他经营收入作为全部资金来源。

第二，媒介集团实力雄厚，企业并购频繁。从汤姆森创办汤姆森新闻集团开始，美国在线时代华纳、维亚康姆、新闻集团、迪士尼等陆续成为当今世界举足轻重的巨型跨国传媒集团，他们异军突起，与全球化共谋共生，不但传递着当代世界发展所需的基本信息资源，而且引导着国际舆论，参与国际信息传播秩序的构建，影响国际社会发展进程。20世纪80年代，随着媒介集团化的深入和市场管制的放松，美国媒介产业市场结构大整合的条件和时机渐趋成熟。

1985年，首府传播公司（Capital Cities Broadcasting）以35亿美元的出价并购了全国三大电视网之一的美国广播公司，拉开了兼并风潮的序幕。

1986年9月，美国籍澳大利亚传媒大亨默多克以20亿美元买下都会媒体公司的7家电视台，成立了福克斯电视网（FOX）。

1989年底，时代公司以140亿美元兼并了华纳兄弟公司。

1995年，迪士尼公司吞并了首府—美国广播公司。

2001年，美国时代华纳和美国在线公司（AOL）高达1,600亿美元的兼并被批准，创下了美国媒介发展史上兼并额度的最高纪录。

2003年10月13日，美国在线—时代华纳正式发布公告，宣布更名为时代华纳。

2006年，汤姆森集团以2,000万美元并购《金融时报》与法新社合营的AFX欧洲新闻社。

2007年，短短的半年时间，在大的11类媒体与信息产业范围内，美国媒体集团之间共完成了399次并购，汤姆森集团以183.04亿美元的天价并购了路透集团，组成了新的“汤姆森—路透”（Thomson–Reuters）集团。

2018年6月，美国哥伦比亚特区联邦法院批准AT&T以854亿美元收购时代华纳。

2019年，迪士尼收购21世纪福克斯，打通了从上游内容制作到下游电视渠道发布的全链条体系。

并购事件的频频发生，大大加剧了美国媒介市场的竞争，也激活了媒介产业的潜在资源。现在，美国大的传媒集团几乎已经覆盖了从报纸、电台到互联网、移动媒体在内的所有媒体，他们并购的目的是为了获得信息产业中增值最快部分的利润，同时在相同竞争领域获得全面优势。

第三，新媒体成为产业领军。美国高度发达的商业体系和先进的信息传播技术有效支撑着美国新媒体产业的发展。近年来，web2.0的发展使得以用户生产内容和互动性为核心的SNS社交媒体成为互联网传播的主流和焦点，它帮助网民构建了一个真实的人际关系网络，使网络空间与真实世界形成高度的重叠，通过个体网民之间的不断连接和串联引发人际关系网络效应，增进社会沟通，进而达成协同合作。此外，IPTV因其使用的便捷性、高互动性而迅速发展，正在成为传统电视有力的竞争对手。第三代移动通信技术的革新和手持终端技术的不断发展为移动媒体发展扫清了道路。作为一种新兴媒介，移动媒体具有便携性、无界性、自主性和碎片化等特点，虽然能够实现随时随地的点对点、点对多的信息传播，是互联网传播的又一次飞跃；但是它同时也对社会责任、媒介把关和公共服务提出了更高的要求。

二、英国

英国也是世界上新闻事业最发达的国家之一。按相关统计，英国共有830家广播电台、514个电视频道、1,587种报纸以及1,973种杂志，全部隶属于300家媒体机构。[①]

---

① Worldwide media contacts,information and analysis[EB/OL].(2017-07-21)[2019-09-04]. https://media.info/?utm_source=mediauk.com&utm_medium=/.

路透社（Reuters）1850年成立于德国亚琛，1851年迁往伦敦。作为世界上最大的电讯供应商，在全球131个国家设有196家分支机构，向遍布世界各地的20多万个公司信息终端提供24小时信息服务，其提供的各类新闻和金融数据，在128个国家运行。一方面，路透社提供新闻报道给报刊、电视台等各式媒体，并向来以迅速、准确享誉国际。另一方面，路透社提供工具和平台，例如股价和外币汇率，让交易员可以分析金融数据和管理交易风险；同时，它的系统让客户可以经由互联网完成买卖，取代电话和纽约证券交易所等人工交易方式，它的电子交易服务串联了金融社群。

英国广播公司（BBC）成立于1922年，是一家由英国政府资助但独立运作的公共媒体，长久以来被认为是全球最受尊敬的媒体之一。BBC虽然是接受英国政府财政资助的公营媒体，但其管理却是由一个独立于政府以外的12人监管委员会负责，并且通过皇家宪章保障其自身独立性。BBC是世界上机构最为庞杂、覆盖面最广的新闻机构，其国际电视台在欧美、中东等主要国家都设有专门频道，国际广播更是覆盖全球，拥有亿万听众。BBC除了是一家在全球拥有高知名度的媒体以外，还提供其他各种服务，包括书籍出版、报刊、英语教学、交响乐团和互联网新闻服务等。

总体而言，英国的媒介产业在过去一直保持着优良的发展业绩。不过，自2016年开始举行脱欧公投之后，英国的经济总体水平持续下行，英国GDP在2015年增长率为2.2%，2016年为2%，2017年上半年为1.8%，其中占英国GDP9%的创意产业也受到很大影响：一方面是创意人员和服务的自由流动将会受到阻碍，另一方面是该产业将失去欧盟项目的资金支持，如14.6亿欧元的“创意欧洲”项目等。

另外，随着2017年3月1日《英国数字化战略》报告的出台，互联网与移动媒体的优势地位越发凸显，英国的传媒产业格局正在经历重要变化，数字化正在成为英国传媒产业的重要驱动力，智能手机等设备的渗透率、用户总媒介使用时间等持续上升，人工智能受到传媒业关注。①

综上，英国媒体的显著特点主要有：

第一，广播电视的双轨制。英国是世界上最早实行公营和私营并行双轨制的国家。早在1927年元旦，英王便颁布了“皇家约章”，将英国广播公司由私营改为公营。1936年成立的BBC电视台，是世界上第一家公共广播机构。1954年，开办商业电视台，并于1972年正式改名为独立广播联盟，当时世界上独一无二的公私并行的双轨制正式形成。

第二，媒介垄断严重。英国大多数报纸都被控制在五大报业集团手中，它们是：

---

① 裴永刚. 英国传媒产业发展现状、问题及趋势分析[J]. 编辑之友，2018（5）：103.

《每日邮报》托拉斯、统一报纸公司、《镜报》报业集团、霍林格集团和新闻国际公司。这些集团除经营报刊外，还经营图书出版、广播电视以及其他工商金融事业。广播电视则由BBC和独立广播（United Kingdom independent broadcasting，简称UKIB）以及英国空中广播公司（British sky broadcasting，简称BSKYB）三家垄断。2010年，英国知名报业出版公司《镜报》集团用700万英镑和3,700万英镑印刷合同，买下了英国《卫报》传媒集团的地区媒体业务。

第三，英国媒体的雅俗分野十分鲜明，尤其是报纸。一种是严肃的高级报纸，以《泰晤士报》《每日电讯报》《卫报》《金融时报》为代表，内容庄重严肃，以报道国内外要闻和评论为主，读者主要是政界、经济界以及中高级知识分子，发行量稳定。另一种是通俗化的大众报纸，以《太阳报》《每日镜报》《每日邮报》《世界日报》为代表，内容多为社会热点新闻以及“煽色腥”的报道，读者多为城镇市民，发行量非常高，都在100万份以上。

第四，外国媒体大量涌入，并购英国媒体。近年来，西方一些大的跨国媒介集团纷纷抢滩英国媒介市场。1981年，美国新闻集团以1,200万英镑买下了《泰晤士报》，又一举收购了英国发行量最大的两家报纸《太阳报》和《世界新闻报》。1999年，世界电视新闻社（WTN）也被美联社收购。此外，美国音乐频道（MTV）、探索频道（Discovery）等，几乎占领了英国的有线电视付费频道。据英国播送公司报道，英国政府于2011年3月照准媒体大亨默多克负责的新闻集团全资收购英国天际电视台股份的请求。据悉，此次收购的资金总额超出120亿美元。目前，新闻集团默多克的旗下拥有《太阳报》《世界音讯报》《泰晤士报》和《星期天泰晤士报》等多家报纸，并拥有英国天际电视台39.1%的股份。

三、法国

法国是欧洲最早出现新闻传播业的国家之一，也是世界传媒大国，其传媒产业的经济总量和多个分项指标近年来在欧洲乃至世界上都保持了优势地位。悠久而强大的法兰西文化传统渗透到社会生活的方方面面，深受影响的法国传媒产业成为世界上一道独具特色的风景线。

近年来，法国大众报刊在种数上变化不大，基本维持在4,600种左右，发行量有下降趋势。《世界报》（1944年创办，发行44万份）、《费加罗报》（1826年创办，发行40万份）、《法兰西晚报》（1944年创办，发行42万份）为法国报业的三大巨头。法国最著名的媒体是法新社，它是世界上最早的通讯社，与美联社、路透社并称为世界三大通讯社。法新社在全球165个国家和地区有分社、记者或兼职报道员，国内订户2,750家（650家报纸杂志、400家电台、200家电视台、1,500家机关和公司订户），国外订户10,500家（通过100家通讯社向7,600家报纸、2,500家电台和400家电视台供稿）。法国广播电台主要有公营广播电台（即法国广播电台集团及其下属的地方频道）、全国性综合私营广播电台以及众多音乐台。据统计，目前法国广播电台数量共计1,200家，其中600家为联合广播电台。法国电视业发展较为稳定，主要的电视机构有法国国际广播电台（groupe radio france internationale，简称RFI）、法国电视一台到电视七台、新频道电视台等。此外，法国还拥有威望迪（Vivendi）、拉加代尔（Lagardere）等媒介集团。

法国媒体的特点有以下几个：

第一，政府对报纸和广播电视长期实行二元政策。对报纸，法国政府历来推行多元主义原则，鼓励多种报纸、多种声音，让报业之间展开竞争。随着报业集团的不断壮大，法国议会在1982年制定了《反托拉斯法》，以限制报业过度集中。但对广播电视，法国政府却反其道而行之。1944年6月，法国临时政府没收所有私营电台为国家所有，同年11月成立广播电视公司，直属政府情报部，由它领导法国境内的所有电台、电视台，由国家财政支持其日常支出，禁止任何公司、私人创办电台和电视台。这种国家垄断的方式直到20世纪80年代中期才逐渐改变。

第二，强烈的娱乐化倾向。时尚和体育比赛是法国媒体永恒的主题。曾有这样一句话形容法国的传媒业："法国只有一份报纸闻名于世——《队报》，专门报道足球；法国只有一种新闻让全球关心——时装表演。"这当然是极而言之，但法国媒体的娱乐化取向在西方各媒体中表现是最突出的。

第三，法国民众逐渐离开媒体。令法国媒体担忧的是，尽管媒体使出浑身解数取悦于民，但民众却并不买账。在西方发达国家中，法国千人所拥有的电视机和报纸在各国中都是最少的。据统计，1946年至1976年，法国人口从4,200万人增加到5,370万人，而同期报纸发行量却从1,512万份下降到1,054万份；1976年到1997年，法国人口从5,370万人减少到5,200万人，下降比例超过了3%，而报纸发行量却从1,054万份下降到882万份，下降16%。[①]近年在金融危机的影响下，发行量预计还将继续下跌，可能达到近20年来的最低值。法国报刊业的市场收益自2005年以来一直维持在105.8亿欧元的水平，2007年达到108.6亿欧元，2008年降至104.5亿欧元，降幅为4%，2009年受到金融危机影响，其收益下降约8%，降至96.5亿欧元。

① 李良荣. 当代西方新闻媒体[M]. 上海：复旦大学出版社，2003：40-51.

四、日本

日本的新闻传播事业起步较晚，报纸在19世纪70年代才开始创办，电视到1951年才开播。20世纪60年代以后，随着日本经济的起飞，日本传媒业取得了突飞猛进的发展。20世纪八九十年代以来，日本的直播卫星电视、高清电视发展迅速，居世界前列。日本传媒产业无论从市场规模、市场成熟度还是从支持产业发展的相关技术来看，在亚洲乃至全球都处于领先水平，日本的新闻出版业和公共广播业在发展过程中更是形成了具有典范意义的产业模式。尤其特殊的一点是，21世纪以来，互联网技术迅速发展，各国传统媒体产业深受冲击，唯独日本的传统媒体产业仍然保持着较好的市场表现。根据2018年世界报纸和新闻出版商协会的统计报告，在报纸发行量整体下滑的国际环境中，亚洲在过去5年中共增长40.10%，2017年增加了8.8%。

值得一提的是，亚洲报纸发行量的主要支撑是日本报业市场，日本每千人报纸发行量达425份。与此同时，日本民间放送的市场规模约2万亿日元，居世界第一。诚然，在互联网的冲击下，日本传统媒体市场也受到影响，出现了一定程度的下滑，但是无论是总体规模的世界排名还是日本国内市场占有率，日本传统媒体仍然处于强势地位，创造了“退而不衰”的表现。①

另外，众所周知，日本是动漫大国，日本动漫产业在全世界范围内处于领军地位。1996年，日本政府公布实施《21世纪文化立国方略》，明确提出要从经济大国转变为文化输出大国，将动漫等文化产业确定为国家重要支柱产业；2003年，日本制订了观光立国计划；2007年又提出文化产业发展战略。为落实这些战略，日本政府相继出台了一系列配套政策，将动漫等文化产业确定为国家重要支柱产业，通过推行工业化大生产、建立文化产品产业链、扩大文化产品出口等，积极推动文化产业发展。十几年来，动漫产业作为日本文化产业的代表，已经和日本电器、日本汽车并列，成为影响世界的三大日本制造。日本动漫产业平均每年销售收入达2,000亿日元，成为日本经济的三大支柱产业之一。实际上，加上动漫衍生品的销售收入，广义的动漫产业在日本GDP中的比例在6%以上。现在，日本动漫已经在全世界拥有大批爱好者。据初步统计，目前全球播放的动画节目约有60%是日本制作的，世界上有68个国家和地区播放日本电视动画、40个国家和地区上映其动画电影，许多日本动漫形象如阿童木、机器猫、樱桃小丸子、hello kitty等成为各国观众耳熟能详的明星动漫人物；从花仙子到火影忍者、奥特曼、圣斗士，从海贼王、名侦探柯南到灌篮高手、网球王子，从《龙猫》《千与千寻》到《风之谷》《天空之城》……众多日本动漫形象和动漫作品为世界观

---

① 朱江丽. 日本大众传媒产业：是“退而不衰”还是“成熟市场陷阱”？[J]. 现代日本经济，2019（1）：33-44.

众所熟识和喜爱。日本动漫产品成功走向世界，成为最有价值的出口产品之一，在全球传播日本文化，彰显日本的影响力。①

近5年来，依靠增加作品供应数量带来的市场泡沫开始破裂，日本动漫产业进入转型期，与动漫产业关联紧密的游戏业也进入了瓶颈期。

日本媒介产业具有以下显著特点：

第一，高度的垄断和激烈的竞争。日本媒体在西方国家中垄断程度最高。日本报业虽有110家，但《朝日新闻》《读卖新闻》《每日新闻》《日本经济新闻》《产经新闻》基本垄断了报业市场，占据了日本报纸发行量的53.5%。在出版领域，仅小学馆、讲学社、集英社等5大出版社就创造了全行业21.1%的营业额。②日本的广播电视台事实上只有5家，即公营的日本广播协会（NHK）、私营的东京广播公司（TBS）、日本电视广播（NTV）、富士电视公司（FTV）、全国朝日广播（ANB），其余电视台分属上述5家公司。

第二，媒体和政府、政党关系十分密切。日本各家大型报纸和电视台的政府、政党背景十分明显，这是由政府体制和媒体体制所决定的。在日本，从国会、政府各部、司法机关到地方各级行政机构，从各政党到各团体，都设有记者俱乐部，各媒体也专门设有政治部，相互之间关系特别密切。

第三，大量引进媒介产业以外的企业资本。除了公营的NHK，日本各大媒体的自有资本额极小，像日本4大私营电视公司，其自有资金均不足1亿美元，全国朝日广播甚至不足1,000万美元，各大报纸的自有资金也不高。因此，日本媒体的发展和日常运作基本靠银行贷款和大企业认购股份。例如，《朝日新闻》依靠第一劝业银行、三井银行、住友银行；《每日新闻》依托新日本制铁公司，与三菱银行、三和银行关系密切，主要股东有东京电力公司、关西电力公司和新日铁等。

第四，封而不闭的媒介市场。日本的媒介市场相当排外，外国资本很难进入庞大的日本市场，除了时代华纳、新闻集团两家公司投入了日本的有线电视网络和卫星电视以外，欧美大公司都没有在日本传媒业进行投资。但日本媒介产业并不闭关自守，反而千方百计打入其他国家市场。日本电子产业巨头的兴趣已不限于媒介硬件设备的生产，他们开始对直接投资经营电视节目的制作、播出和传输业务情有独钟。日本“国宝”——索尼公司在1987年以20亿美元买下了美国哥伦比亚影业公司及其唱片公司，1998年取得美国第二大西班牙语广播网Telemundo集团公司的控股权，此后又

---

① 吕云. 日本动漫产业 打造日本全球文化影响力[EB/OL].（2010-07-14）[2017-05-04]. http://www.china.com.cn/culture/2010-07/14/content_20497958.htm.

② 胡正荣，李继东，唐晓芬. 全球媒体产业发展报告（2011）[M]. 北京：社会科学文献出版社，2011：46.

直接投资或参股欧洲和印度的电视产业市场。与此同时，以富士电视公司和东京广播公司为首的日本商业电视机构也积极走出国门，开始向亚洲和北美市场渗透。

第四节　新传播媒介

传统的传播媒介发展迭代，智能媒体作为一种新兴媒介应运而生。智能媒体打破了传播介质的界限，运用传感器、物联网等硬件技术和大数据、云计算等软件技术，构建了一个智能传媒系统，将文字、声音、影像、动画等不同的信息流整合、分享、交互传播，以满足用户个性化、场景化、沉浸式的需求。智能媒体化是媒体融合发展到更高级阶段的必然要求，也是传播方式发生变革的重要体现，它是媒体进化的必然趋势，也预示着人、媒介、物三者融为一体的媒介发展趋势。在智能媒体这一整合性的媒介系统中，出现了多种支撑性的新媒介。

一、主要的新传播媒介

信息传播过程中的新媒介主要包括无人机、物联网、传感器、机器人写作、大数据和算法等。

（一）无人机

无人机主要在信息采集和传播过程中发挥作用。作为一种新的拍摄工具，它使得信息采集不再囿于环境、时空、人力等限制，极大地扩展了新闻素材的来源、渠道与范围，并可以通过技术实现各类场景的准入与随时切换。例如，通过航拍进入人难以进入的场景，比如山谷、海面、封闭区域等，让新闻的视觉画面实现360度全景、立体、多维的再现。

无人机被视为媒体报道新闻的必要工具，已在当前的新闻报道中得到应用。这主要是因为：

> 无人机不受环境限制，创新了传统媒体的新闻采集方式，同时也减少了记者的安全风险。
>
> 航拍较地面拍摄视角独特，能够展现整体环境，为观众带来更加直观、立体的感受，如2015年深圳光明滑坡事件中的无人机新闻报道。

无人机有利于提高记者的工作效率和从业人员的机动性。[①]

（二）物联网与传感器

物联网（internet of things）是一个基于互联网、传统电信网等信息承载体，让所有能够被独立寻址的普通物理对象实现互联互通的网络。传感器是很多类信息搜集器的统称，它能够把人的感官可以感知和不可感知的各种信息转化为数据，并进行存储、计算、加工和处理。

物联网是一种媒介技术，这种技术可以跨越最大限度来连接世界万物。在这种大环境之下，传感器似昆虫的“触须”般将感知的作用触达社会生活的方方面面。例如，传感器已经在基础建设上进行了海量普及，通过其技术加持使得基础设施变得更加智能；它还在一定程度上扩大和丰富了信源——公共新闻的生发也可以通过数据处理和运算提高效率等。物联网的基本载体，即传感器在生活中充当的是一种终端的角色，其中包括与个人非常贴近的智能家居、智能医疗、可穿戴设备等，它不光有能力去感知个人生活的需求与期望，还可以在实操上记录数据，比如个人的行为轨迹和生理指标等；传感器新闻即通过传感器获得数据信息，将之进行分析、整合，并以一定的方式融入新闻报道，进而完成“讲故事”过程的新闻生产模式。[②]传感器还可以感知外界环境的温度、湿度、重力、光线、声音、物品运动、空气质量、有害物质含量等。美国的纽约公共广播电台就曾经做过一个“蝉群跟踪器”的项目，发动当地听众采集蝉群破土而出的土壤数据以及蝉鸣的声音数据等，制作了新闻产品，这是数据新闻、传感器新闻和参与式新闻的一个范例。

（三）机器人写作

美联社的“文字匠”（wordsmith），腾讯的“梦想写手”（dreamwriter），新华社的“快笔小新”，今日头条的“Xiaomingbot—张小明”，第一财经的“DT稿王”等，机器人写作如今已经在新闻生产中得到了广泛应用，但它适用的领域还比较有限，与人类记者的写作相比还有相当大的差异。它最适用于高度数据化、高度模板化、高度精确化的信息领域。譬如，在体育赛事中的比分结果、时间过程，以及财经领域的股票走势、企业报表、市场指标的播报中，机器人写作的应用使信息产制精确度、数据处理效率大大提升。

---

①② 段鹏. 智能媒体语境下的未来影像研究[J]. 人民论坛（学术前沿），2018（24）：40-49.

另外，在新闻事件发生频率高，新闻作品彼此之间的关键性差异不大的信息传播领域，很容易形成新闻模板。譬如“中国地震台网”的“地震信息播报机器人”就在天气领域的地震震级、发生地点等的播报和信息传播中发挥了即时、有效、精确的作用。机器人写作还可以通过结合其他技术来增强写作的丰富性。例如，今日头条的写作机器人“张小明”，就通过自动翻译的技术，再加上人工编辑的干预，让自己的体育新闻写作更有趣味。

（四）大数据与云计算

基于大数据技术的新闻采集、传播与接收就是数据新闻（data journalism），又称数据驱动新闻（data-driven journalism）。它指的是对数据进行分析与过滤，从而创作出新闻报道的方式，它迎合了当前整个社会数据化的潮流，透过数据来揭示新闻事件和社会局势的潜在意义。

不过，数据往往是枯燥的，所以，就要求数据新闻“数据可视化”。从搜集数据到过滤数据再到数据可视化，最终形成吸引人的新闻故事，这是数据新闻的整个过程。基于智能技术的算法亦深刻嵌入新闻传播实践中，尤其是信息分发这一环节，算法作为一种媒介，可将受众感兴趣的信息精准地推送给个体，使信息内容的匹配效率进一步提升。同时，算法分发具有即时性的特点，基于算法的传播可以在更深层次上对用户需求进行洞察、分析与推荐，以实现对用户需求的全方位把握。

大数据和云计算已在信息的获取和分发方面得到较多应用。以国内为例，今日头条等新闻聚合平台已经表现出了不可忽视的杰出传播效用。首先，信息的抓取和筛选可以通过爬虫技术在整个互联网中进行，不费吹灰之力就可以拿到数量庞大的流量与信息；其次，智能技术可以帮助新闻聚合平台抓取受众的兴趣点与欲望诉求所在——通过分析受众在移动终端屏幕上的点击和触摸位置，预测受众自身欲望诉求的变化状况；最后，在已经获得一定数量的受众数据后，就可以为目标受众进行画像，将其分门别类并进行模型建构。[①]不仅如此，智能技术还可以使各平台之间实现资源共享，使各平台所具有的优势发挥到极致，让平台从内容到形式上都可以满足受众需求，从而增加智能技术本身使用、增值和变现数据的机会。[②]但同时，基于算法的分发模式会使得信息茧房效应进一步扩散，使受众陷入“回音壁”的陷阱。

值得注意的是，未来影像也成为当下一个重要的新媒介系统，使“智能影像化”

---

① 段鹏. 智能媒体语境下的未来影像研究[J]. 人民论坛（学术前沿），2018（24）：40-49.

② 张磊. 智能媒体的现实图景与未来想象：以新闻领域的变化为例[J]. 郑州大学学报（哲学社会科学版），2017（4）：146-149.

生存成为可能。当前，先进影像技术在不断创新、突破，3D裸眼影像、AR、VR等虚拟现实影像、全息影像等新影像越来越超越了虚拟和现实的界限，融合了文字、声音、图像等多种符号，以一种动态、有声、互动的姿态，开启了人类多元感官体验的新世界。在此基础上，未来影像正在逐渐产生、形成和发展起来，以一种"真实""客观"的方式，满足着人的感官、心理想象，将人带入一个智能影像化的时代。

在智能媒体的逻辑下讨论未来影像，可将其理解为在高速发展、革新的智能媒体技术的驱动下，电影、电视、网络等媒介上的影像在未来即将呈现的形式。未来影像不仅局限于视觉符号一种传播形态，而且将联合听觉符号、嗅觉符号、触觉符号、联觉符号等不同形式的传播形态，比如声音、气味、材质等，进行全方位一体化的传播，增强智能化的传播效果，让受众拥有智能化的体验。①

二、未来主要的媒介形态

具体而言，未来影像媒介主要包括以下几种媒介形态：

（一）VR媒介（虚拟现实）

VR是英文virtual reality的缩写，中文译为"虚拟现实"，通俗地讲就是运用技术模拟创建一个同现实无限接近的虚拟仿真环境。虚拟现实技术诞生于20世纪60年代，20世纪90年代以后在世界多国得到较为广泛的尝试，但限于技术壁垒未能得到运用和推行。近10年，VR的研发与应用才普遍得到有力投资和技术支持，VR技术才重新回到人们的视野，进入寻常百姓的生活。

当前，VR在新闻、综艺、游戏、电影等传播领域均已有广泛应用。在新闻领域，"VR新闻"已成为一种新型新闻样态，譬如，以《人民日报》、新华社为代表所制作的"9·3"大阅兵VR全景视频及《带你"亲临"深圳滑坡救援现场》的VR新闻，甚至在央视新闻频道的天宫二号发射特别节目《筑梦天宫》的直播中，观众可以跟随主持人"穿越"到飞船的内部，听主持人和专家介绍飞行器的内部构造，产生更直观、生动的认知。

在综艺领域，在2016年10月由芬兰电视台推出的VR综艺节目《倾斜》中，嘉宾体验 VR游戏并采取竞赛模式，成为VR综艺的代表作；韩国的VR体验类综艺《来一局VIVE》，以及红极一时的湖南卫视综艺节目《我是歌手》第4季运用VR技术实现录全景录播等，都是VR在综艺领域被熟练运用的表现。

---

① 段鹏. 媒体融合背景下京津冀广电传媒发展策略研究[J]. 中国电视，2018（1）：72-77.

在游戏领域，《蝙蝠侠：阿卡姆 VR》《仙媛 La Peri》等网络游戏中的VR运用构建了交互性极高的环境，VR技术自身沉浸性、交互性、激发性的特点让游戏体验更上一层楼。

电影传播则营造出了观众仿佛穿越到另一空间的身份转换感，在纪录片等电影类型的传播中给予受众一种全知视角以满足其体验感，使电影的叙事细节更为丰富和立体地展现出来。

（二）AR（增强现实）

AR是英文"augmented reality"的缩写，中文意思是"增强现实"，即用技术使"虚拟信息"叠加到"现实世界"中，通过使"虚拟"和"现实"在同一空间和场景中出现，从而增强对"现实"的认知和感官体验。如果说VR营造的是一个模拟现实的虚拟世界，其本质是"虚拟"的话，那么AR则是在现实中叠加虚拟，起到对现实的增强作用，实现对现实的深层次感悟和体验，它的本质是"现实+虚拟"。[①]

AR技术的逻辑是用虚拟信息对真实世界进行补充、叠加和互动，增强对现实图景的感知。当前，AR作为一种新媒介，在各个领域中亦有相对广泛的运用。例如，在健康医疗领域，AR在教育培训、病患分析、手术治疗等方面都有成功的应用。在生活服务领域，移动终端设备上的地图App借由"AR实景导航"功能，使用户明确到达目的地所应走的方向和路线，家庭装修中也可借助AR让用户自主设计室内装潢与家居布置。在教育领域，有些操作危险、实验器材昂贵的实践，就通过AR技术的人机互动，安全、简便地完成。在博物馆展览中，传统的博物馆也正在使用AR来吸引游客，通过历史与科技的结合，打造不一样的参观体验。

但是，不可否认的是，AR技术除了具有如同VR一般硬件、软件条件不足的发展困境之外，还需要解决如位置限制、功能单一、互动有限等问题，以实现虚拟、真实环境与用户之间的实时互动，实现用户体验的多元化。

（三）全息媒介

全息影像也是当前一种广受关注的影像技术，是指通过相干光（激光就是其中一种）干涉原理记录和查看图像。当合适地将其呈现时，客观物体的三维成像可以被精准的复制还原，这种照相技术可以记录客观物体所反射、甚至是透射光波里的一切振幅和相位。

---

① 段鹏，李芊芊. 叙事·主体·空间：虚拟现实技术下沉浸媒介传播机制与效果探究[J]. 现代传播，2019（4）：89-95.

当前，全息媒介的运用还处于尝试阶段，其应用主要包括全息幻影舞台、产品立体360度的全息展示柜、真人和虚拟人同台表演、科技馆的梦幻舞、博物馆的全息投影设备等。通过结合声、光、电、影、投影设备等数字化技术，全息媒介可以在各个领域中利用投影与视频营造出一个天马行空的立体空间，使受众体验虚拟与现实交叠的双重世界，刷新受众的视听体验。

三、未来影像的特征

当前，未来影像的呈现特征表现在3个方面：沉浸感、在场感、互动感。

（一）沉浸感

沉浸感指的是"用户浸入其中"的感受，未来影像所带给用户的沉浸感，是指未来影像通过变革和创新影像呈现的方式，将用户带入某一影像场景中，并使用户沉浸其中，这一场景可以是"完全虚拟的"，也可以是"虚拟和现实并存的"，甚至可以是"虚拟和现实融为一体的"。

（二）在场感

在场感是一种主观体验，指的是用户认为自己"在场"，用户认为自己是某一场景中的一分子。"在场感"强调的是用户主动参与到未来影像所创制的场景中，并主观地、能动地感受自己的"亲身经历者"身份，以第一人称叙事的态度，讲述由自己感受到的故事。

（三）互动感

互动感指的是用户在与影像的互动过程中所产生的用户体验。在这一过程中，用户与影像之间有传播也有反馈，而这种反馈更多指涉用户与影像、用户与影像所创设的环境之间的反馈。[①]

扩展性读物：

1.巴伦. 大众传播概论：媒介认知与文化[M]. 刘鸿英，译. 3版. 北京：中国人民大学出版社，2005.

① 段鹏，李芊芊. 叙事·主体·空间:虚拟现实技术下沉浸媒介传播机制与效果探究[J]. 现代传播，2019（4）：89-95.

2.贝尔吉. 大众媒介概论[M]. 赵劲松，译. 大连：东北财经大学出版社，2000.
3.伊尼斯. 传播的偏向[M]. 何道宽，译. 北京：中国人民大学出版社，2003.
4.梅罗维茨. 消失的地域：电子媒介对社会行为的影响[M]. 肖志军，译. 北京：清华大学出版社，2002.
5.VELTMAN K H. Understanding new media: augmented knowledge and culture[M]. Alberta：University of Calgary Press，2006.
6.HUI K C，KEENAN T W. New mdia,old media: a history and theory reader[M]. London:Routledge，2016.

思考题：

1.传播媒介的发展是如何与社会文明的发展互动的？

2.请思考智能媒介技术的发展，它们在多大程度上匹配了人的需求？

3.你平时接触最多的媒介有哪些？你是如何选择媒介来获取信息的？

4.随着媒介环境的变迁，我国的媒介产业适时发生了什么样的变化？面临着哪些机遇和挑战？

5.VR、AR等沉浸媒体已进入我们的日常生活。请你结合实际案例，谈谈对沉浸媒体的理解。

第七章　受　众

第一节　受　众

一、受众的界定和类型

（一）受众

传播过程中存在着两个主体：传播者和受传者。受传者，是传播行为的接受者，是信息传播的目的地，是传播活动的一个重要环节，也是传播过程得以存在的前提和条件。离开了受传者，传播活动就失去了方向和目的，也就不能称其为传播。

在人际传播和组织传播中，传播者和受传者是相对存在的。在一定条件下，二者的位置可以互换，且二者主要在面对面的或凭借简单媒介如电话、书信等的环境下完成传播行为，可以及时反馈并调整传播内容和方式。在这些传播活动中，没有明确的受众，比如一群人交谈，谁是传者、谁是受众并不固定，并且也不会形成人数庞大的受众群。

一般来说，受众的概念多用于大众传播的情境之下。大众传播过程中的受传者即受众（audience）或阅听人（我国港台学者多有此类译法）、接收者、传播对象，是对大众媒介信息接收者的总称，具体可以包括报刊和书籍的读者、广播的听众、电影和电视的观众以及互联网的网民等。他们能够决定一条传播内容、一家传媒机构甚至传播者本身的发展前途。

美国社会学者戈夫曼以及其他致力于拟剧论研究的学者，较早地使用了“受众”的概念来分析日常的互动行为，他们将接触活动分为男演员、女演员和受众。显而易见，受众的初始用法经过扩展之后，开始被用来描述发达工业社会中的所有成员，他们对媒介产品的使用以及同媒介产品的互动，构成了“现代社会成员的一个起码标记，甚至可能是一种需求”。

在20世纪40年代，早期的传播学研究者如赫尔塔·赫佐格（Herta Herzog）、拉扎斯菲尔德和弗兰克·斯坦顿（Frank Stanton）等已经在他们所做的研究中或多或少地涉及了对积极的、寻求满足的受众的研究。1947年，美国传播学者海·布卢默（H.Blumer）将受众称为“mess”，意指其为“乌合之众”，因为根据他的分析，受众具有多、杂、散、匿等特点：

> 大众传播受众数量巨大，一家有影响力的媒体，在国内外拥有的受众数量要以几十亿甚至上百亿来计算。例如，2017年中央电视节目综合覆盖率98.63%，这意味着它拥有超过13亿的受众和潜在受众。①
>
> 大众传播受众由不同年龄、性别、种族、职业、文化水平、经济收入和居住地区的社会成员构成，具有广泛性和多样性，是大众传播中一个复杂的子系统。
>
> 大众传播受众分散在社会的各个角落，从事着不同的职业，有着不同的动机，互不相识、互不联系，是无组织的群体。
>
> 大众传播受众相对于传播者而言是隐匿的，传者可以了解受众整体的主要特征和愿望，却无法了解单个受众的具体情况及愿望要求。

在传统的大众传播语境中，受众仅仅是被动的信息接收者，但随着新兴媒体的出现与发展，受众呈现出了许多不同于以往的新特点，在信息的生产和传播环节中扮演着越来越活跃的角色，传统的“受众”概念需要新的阐释。有不少学者认为“用户”更能反映新媒体时代下广泛的参与式媒体使用者特点，因而“用户”可作为替代传统

---

① 智研咨询集团. 2019—2025年中国广播电视设备行业市场行情动态及投资前景预测报告[EB/OL].（2018-12-11）[2019-03-11]. https://www.chyxx.com/research/201812/697840.html.

“受众”的概念。“用户”翻转了受众的被动角色，将其自主和能动的一面展现无遗，也隐含了为其提供用武空间的平台背景。[①]

受众参与信息生产、传播、接收信息的全过程，在技术赋权的基础之上，受众的多元身份被建构，因而，“网众”“创造性受众”“生产用户”等概念层出不穷，作为对以往“受众”概念的意义补充与更新，这种争鸣反映了新的媒体环境下受众生态的变化和相应的学术反思。

（二）受众的分类

受众是千差万别的，要使传播信息被受众接受，就要事先对受众的思想观念、文化水平、兴趣爱好、信息接收方式等进行研究，对受众进行分类。我们可以从不同角度对受众进行以下分析：

1.依据对信息的关注程度和内容的范围

按照这种划分标准，受众可以分为一般性受众和专门性受众。

一般性受众对于各种媒介及其传播内容都有接触欲望，没有固定的接受方向和重点，相当程度上是为了满足好奇心、审美和消遣；专门性受众有着共同的兴趣爱好和相同的接受倾向，虽然同样是分散、混杂和隐匿的，但他们的注意力相对集中，接收信息时有较高的专门要求，参与传播活动的目的性、功利性较强。随着物质生活和精神生活的丰富，专门性受众的数量在不断增加。现代社会中的“球迷”“歌迷”“影迷”就是专门性受众的典型代表。

2.依据日常接收某一媒介内容的习惯和程度

按照这种划分标准，受众可以分为基本受众和潜在受众。

基本受众是事实上已经成为某一类媒介内容比较忠实和稳定的受众群，以几乎天天接触和经常接触此类媒介内容为标志。潜在受众指在接收心理上对某一类媒介内容具有潜在意愿，既是媒介要寻找的传播对象，又是媒介大可开发的丰富资源。

3.依据接触媒介方式的差异

按照这种划分标准，受众可以被分为读者、观众、听众和网民等。

读者是印刷媒介的受众，接触方式是“阅读”，包括书刊、报纸的受众，对信息接收的自主性、灵活性较大，文化水平为其接受活动的制约因素。

观众是电视、电影、录像等视觉媒体的受众，媒介接触方式为“视听结合”，以视

---

① 刘燕南. 从“受众”到“后受众”:媒介演进与受众变迁[J]. 新闻与写作，2019（3）：5-11.

为主，一般以群体方式接收信息，自主性较小，不受文化水平限制，老幼咸宜，娱乐性较强。

听众是广播、录音等声音媒体的受众，媒介接触方式为“听”，既可以个体收听，又可以群体收听，不受文化程度的限制，因此受众广泛。但声音是线性传播，按时间顺序来安排节目内容，受众的选择性较差。

网民是互联网的受众。2019年8月30日，中国互联网络信息中心（CNNIC）发布第44次《中国互联网络发展状况统计报告》。统计显示，截至2019年6月，我国网民规模达8.54亿人，互联网普及率达61.2%，网络媒介接触方式是“上网”，网上购物、直播、线上支付、短视频等已成为新的互联网风口，网民在信息生产和传播中的自主性、参与度明显提升。①

二、受众的特征

作为个体的受众千差万别，但作为整体的大众传播的受众却具有一些共性。受众特征分为社会的、个体的和心理的等不同层次，主要有以下几种特征：

第一，每种大众传媒的受众都是由具有共同经验的个人组成的，他们由于社会环境、社会角色、文化背景、民族特征等的不同，在传播活动中显示了不同的特征。在传播过程中，传者、受众和传播内容三者之间，除了受众对社会信息有独立的价值判断以外，传者与受众的利益是否一致也会影响到传播效果。

第二，受众作为群体中的个体，受到人际传播和社会联系的影响，并按照现实与自身的习惯有意识地选择信息。一般而言，群体的规模越大、组织力越强、个体受众对群体的依赖性越强，则群体利益对受众传播行为的约束力就越强。

第三，受众个人心理结构的差异表现在对信息内容的选择、认知等方面上。受众的社会性特征决定其还有从众心理、逆反心理和移情等。受众的信息接收活动具有强烈的自主性，并不轻易被传播者所支配。

第四，受众由成分复杂的一大批人构成，且不是一成不变的。由于性别、年龄、个性、经历、兴趣、爱好、智力水平、预存立场等的不同，受众对不同的传播内容有着明显的选择偏向。这就使传播受众出现了分众化，特定的传播媒介和新闻信息只能传递给特定的受众群体。

第44次《中国互联网络发展状况统计报告》显示，截至2019年6月，我国网民群体

---

① 中国互联网络信息中心. 第44次中国互联网络发展状况统计报告[EB/OL].（2019-08-20）[2019-12-21]. http://www.cac.gov.cn/2018-08/20/c_1123296882.

职业分布广泛，其中学生群体所占比例最多，达到26.0%；个体户/自由职业者的占比为20.0%；企业/公司的管理人员和一般人员占比共计11.8%。①

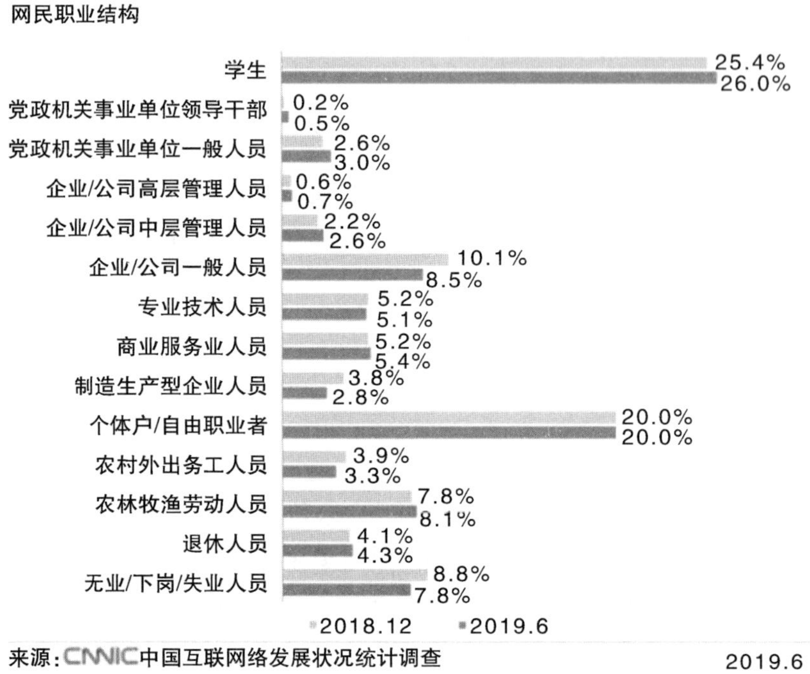

图7-1 2018年12月与2019年6月中国网民职业对比

第五，受众虽然处于大众传播的终点，是信息的受体，但他们的信息接收活动从来都不是强制的、被动的和消极的，而是自愿的、主动的和积极的；不是盲从的，而是自主的。②

三、受众的变迁

（一）受众观的变迁

“受众”一词原本就是为了方便研究者而创造的一个笼统的称谓，它也可以说是对以个人身份、个人动机参与大众传播活动中的无组织的人的统称。“受众”虽然是没有借外力而组织起来的群体，但却因人口特征和个人差异组成了许多个同质性和异质

① 中国互联网络信息中心. 第44次中国互联网络发展状况统计报告[EB/OL].（2019-08-20）[2019-12-21]. http://www.cac.gov.cn/2018-08/20/c_1123296882.

② 胡正荣. 传播学总论[M]. 北京：北京广播学院出版社，1997：259.

新媒体环境下受众观的变迁——参与式受众群体

在新媒体领域中，受者的概念已经被逐渐消解，那么我们应该怎样看待新媒体的受众群体呢？由于媒体技术的赋权，受众不仅限于能动性的提升，而且成为“参与式”受众。随着智能终端的普及和社交媒体的扩散，我们进入了一个“众声喧哗”的时代，“人人都是自媒体，人人都有麦克风”成为现实，随之，信息的使用不再是群体性的、千人一面的，而是个体化的、千人千面的，受众参与信息生产与再生产、消费、分发的各个环节中，使之与传统信息生产者的身份边界逐渐消弭。

阿尔文·托夫勒（Alvin Toffler）创造了一个新词“prosumer”来描述参与式受众，它是生产者“producer”与消费者“consumer”的结合，意为“产消者”，即生产性消费者，或者说，受众成为既进行信息生产又进行信息消费的人。在新媒体的语境下，受众观的转变中最为明显的一点就是从传统传播模式中受众的被动地位向新媒体下信息的生产消费者这一身份的转变，受众与传播者之间的线性流动模式被一种新型的、近乎平等的互动模式所替代。作为信息生产消费者的受众身份变得更加多元化。首先，受众仍然作为信息传播的目的地、流动的终端而存在，只有作为信息接收者的受众存在，传播才有意义。其次，受众也在主动获取信息，并将其再加工后进行传播，受众甚至还会成为第一信源生产信息。最后，受众同时也是媒介的消费者，任何信息传播在考虑实现传播本身的目的外，还要考虑实现经济价值，受众在获取信息的过程中或许会通过消费来获取信息，从而完成费斯克所说的“两次售卖”中的第一次；与此同时，在这个信息社会的环境下，受众的很多消费决策都是基于对信息的理解和接受所做出的。由此可见，在新媒体语境下的受众身份更加多元化，也更加细分化。

“知乎”一类的社交网站的主体信息内容就是由一组组问题及回答来构成的，这些问题既由受众提出，回答亦由受众添加，受众成为信息从生产到传播再到接收这一全过程的主体。另外，参与式受众还体现在用户生产内容上，即“UGC”的出现。比如，我们在豆瓣上发一条广播、写一篇日记、添加一个影音条目、发表一篇书评等，都是在生产内容，“UGC”还呈现出高活跃度，与专业生产内容“PGC”结合形成“PUGC”，也就是“准专业的用户生产内容”。

随着人工智能技术的发展，“参与式受众”会更为普及。以智能化的机器、技术与平台为中介，专业生产的门槛将会降低，更多的用户会参与到内容生产中来，当参与式受众汇聚在一起，就形成了“内容众创”模式，重建“共享”的公共性文化，这就是“万众皆媒、万众参与”的意义。

性的群体。在传播学的发展史上，“受众”是一个在不同历史时期有着不同意义的概念。所谓受众的变迁，在某种程度上也可以视为人们对受众认识的变迁。

在大众传播研究的早期，人们把现代社会的公众作为原子化的无区别的“大众”来看待，认为他们是软弱的、一盘散沙式的存在，只能被动地接受权力精英的操纵；受众没有辨别力与抗拒力，只要接收到媒介传播的信息，就会像中弹的“靶子”一样应声倒地；受众在本质上是一种被动的社会存在，面对大众传媒，受众只能被动地接受，没有选择的余地。媒介效果理论中有一种“魔弹论”，其受众就是这种观念的代表。在20世纪早期，许多人都持这一观念。因此，当时的一些新媒介，如电影、广播，因究竟能产生什么影响而一直为人们所担心，1938年哥伦比亚广播公司播放根据威尔斯的科幻小说《星球大战》所改编的广播剧而造成民众大恐慌的“火星人入侵”事件，更是为这种理论提供了侧面的证据。

1948年，拉斯韦尔提出了传播过程的5W模式，这一模式的提出与兴起预示着对受众关注的兴起。接下来的一系列关于传播模式与传播效果的研究无不表明受众的地位在逐渐受到人们的重视，受众本体地位正在回归。受众越来越被认为是拥有自主意识和自我判断能力的权力主体，受众对媒体的接近与使用无不带有一定的目的性，是一种主动的行为过程，是自身需求的反映。这样，受众的概念就从早期的被视为庞大的无区别的集合体转化为具有丰富的社会多样性的个人。

在现代社会，接触大众传媒在每一个人的生活中都占据着重要的位置。我们不能否认的一个事实是：在媒介资源极不丰富的情况下，人们可能没有太多的选择余地，有可能出现千家万户同看一个节目的状况，比如十几年前在中国出现的万人空巷收看电视剧《渴望》、春节联欢晚会等。今天，我们已经进入了“分众化”的“窄播”时代，收视率每提高零点一个百分点都是令电视人兴奋的事。随着科学技术的发展，大众传播发展到今天，报纸、期刊、通讯社、广播、电影、电视、互联网、手机已是各领风骚。媒介日趋多元化，手段日趋现代化，对受众的争夺也日趋激烈。在媒体竞争日趋白热化的今天，受众可选择的余地越来越大，主动性也越来越强。这必然促使媒体加强受众意识，选择更为有效的策略来进行更有针对性的传播。而受众则可以从充足的媒介资源中根据自己的需要与偏好“游刃有余”地进行选择，甚至还可以通过反馈自己的意见来要求媒体进行改进。

在这种情况下，传统媒体不再固守“传统”的“我传你收”的模式，变革已如箭在弦，怎样传播、对谁传播突然变得重要起来。

（二）受众的分化

近年来，由于社会的政治、经济、文化出现了分化，社会越来越走向多样化、多极化、多层化，人与人，更准确地说阶层与阶层之间、集团与集团之间的社会观念、价值标准、文化理想、生活态度甚至消费欲望和消费能力都产生了巨大的差别。以电视观众（受众的重要组成部分）为例，他们对电视节目的要求、判断标准、收视趣味各不相同，尽管一些“重大”新闻信息可能还会得到多数受众的共享，但我国在20世纪七八十年代那种“央视一套包打天下”的局面已经一去不复返了，绝大多数电视节目都很难再产生雅俗共赏、老少咸宜、妇孺皆乐的效果了。媒介的丰富和传播技术的发展使受众的选择空间越来越大，他们已可以根据自己对信息的“特殊需要”来选择电视节目。

受众分化是媒体必须面对的一种发展趋势，因此媒体必须用不同的内容来满足分化的受众的不同需求。例如，电视节目的频道可以从原来的综合频道分化为新闻频道、音乐频道、体育频道和电影频道等，以此来面对不同的受众需要。受众分化的结果，虽然将使媒体失去它原本很难挽留的那些观众，但却可能使自己得到应该得到的那些观众。

就广播电视产业而言，不仅现在的专业频道要根据自己的定位寻找自己的受众市场，而且传统的综合性频道的大部分节目也在走向分众化，用自己的特色节目去吸引某一部分特定的电视观众，使他们成为节目的忠实观众。

互联网的出现更是加剧了受众分化这一进程。美国学者尼葛洛庞蒂在《数字化生存》一书中指出，后信息时代的根本特征是“真正的个人化”，由此促使传播方式由广播向窄播转变。虽然互联网出现的时间不长，但是它作为集众多优点于一身的新兴媒体，却如同一股汹涌的狂潮席卷了整个世界，对传统媒体造成了非同一般的冲击。作为一种新的传播媒体，互联网不仅带来了一种新的传播方式，而且也引起了我们在生活习惯、工作方式、价值观念以及思维方式等诸多方面的深刻变革。它以自己的独特优势满足了具有不同个性与需要的受众对信息的需求。因此，在网络上，受众对信息的需要可以得到最大限度的满足，互联网形成了接近一对一的传播模式。

（三）受众即商品

作为商业媒介，广告收入是大众传媒最主要的经济来源。通常我们认为，大众媒介通过出售广告时间或空间来获得经济收入，这些广告时间（如电视广告时段）及空间（如报纸广告版面）就是媒介机构出售的商品。但西方传播政治经济学理论泰斗达拉斯·斯麦兹（Dallas Walker Smythe）却提出了大相径庭的观点——“受众商品论”（audience as commodity）和“免费午餐”（free lunch）的概念。他在1977年发表的论文《传播：西方马克思主义的盲点》中指出，大众媒介的运作过程，就是媒介公司生产受众，然后将他们移交给广告商的过程。大众传媒的广告时段或版面价值是传播产生的间接效果，它们不是广播电视或报纸媒介生产的真正商品。媒介的节目编排是用来吸引受众的，这和以前的小酒店为了吸引顾客饮酒而提供的“免费午餐”没有什么差别。①根据他对广告驱动下大众传播商品形式的研究，受众的人力（注意力）才是经营大众传播媒介的主要产品。

受众商品论运用马克思政治经济学的观点，解释了广播电视的广告时段和报纸版面空间之所以具有价值的原因。我们都知道，同样大小的广告版面或同样长短的广告时段，在价格上却有着巨大的差异。例如，我国中央广播电视总台黄金节目时间的广告价位就远远高于地方电视台同时段，这主要取决于其收视率，也就是受众的多少。

---

① 胡正荣. 媒介的现实与超越[M]. 北京：北京广播学院出版社，2004：3.

斯麦兹的观点极具启发性，它拓展了我们对受众的认识。根据这种说法，受众成了商品，任何大众媒体只要拥有了受众，就拥有了市场。而作为商品，受众资源的分配也应该由市场来完成。

在西方发达国家，广告业和媒介业一起走向成熟。广告主已经认识到，在收视率最高的时段投放广告不一定就会收到最好的效果，只有有针对性地选择广告时段，吸引广告的目标受众才是可行之道。例如，男性用品的广告应放在新闻时段；儿童食品广告应当选择卡通片时段；家庭用品则应该和肥皂剧放在一起，因为这类商品的购买选择权一般在家庭妇女，而她们往往是肥皂剧的忠实观众。①

在受众需求细化、市场细化的今天，各种商品都有自己的目标销售群体；同时，能满足跨越各个地区、各个年龄段、各个阶层的人群的商品越来越少。一边是人数众多、形形色色的受众资源，另一边是寻找特定目标群体的广告商，媒介在其中所起的作用，就是通过自己的节目安排，把庞大的受众群体分为具有不同特征的广告投放适用人群，然后交给广告主来获取利益。在这个流程中，传播者的劳动就凝结在细分后的各种收视群体之中了，这也是我们称之为“受众商品”的根本原因。

第二节 受众主体

一、受众行为的动机和目的

作为社会成员，受众自觉采用各种媒介的原因何在？英国学者麦奎尔认为，“受众的行为，在很大程度上由个人的需求和兴趣来加以解释”。也可以这样说，一个人接触媒介，是基于个人需要、怀有某种动机的，他主动通过媒介内容来实现自己的目的。要研究媒介对受众产生的效果和具体功能，就要首先了解受众的使用动机和希望被满足的程度。一般而言，受众使用大众媒介的动机有以下几个。

（一）获取信息，了解外部世界

人要生存和发展，就离不开同外部世界的信息交流，只有对外部世界有所认识和了解，才能适应外部世界的发展和变化。受众调查显示，接收信息是许多人青睐媒体的最基本动机或首选动机。如果媒体不能满足受众对信息获取方面的要求，那

① 胡正荣. 媒介的现实与超越[M]. 北京：北京广播学院出版社，2004：5.

受众在利用媒体获取信息的同时，更多的是通过媒体来放松自己，寻求娱乐。同时，按照卡茨“使用与满足理论”的假设：媒介通常能够提供替代性的满足，受众通过媒介所提供的传播内容，获得自身情感上的满足。而今天的娱乐节目在很大程度上正是以满足受众情感上的需求为出发点进行文本构建的，在此以江苏卫视的《非诚勿扰》节目为例做如下分析。

《非诚勿扰》是江苏卫视一档适应现代生活节奏的大型婚恋交友节目，为广大单身男女提供公开的婚恋交友平台，精良的节目制作和全新的婚恋交友模式得到了观众和网友的广泛关注。

该节目的互动形式完全突破了过去传统的交友方式，体现了新时代男女的婚恋观。节目中有24位单身女性，通过亮灯或灭灯的方式来决定男嘉宾的去留，经过“爱之初体验”“爱之再判断”“爱之终决选”“男生权利”等规则来确定男女嘉宾是否速配成功。

《非诚勿扰》的成功有以下几方面原因。首先是优质的节目包装，这一点具体体现在节目内容的合理设计与参与者的定位选择两个层面上。《非诚勿扰》整个节目安排的游戏规则既合理准确又充满趣味，这使得整个节目过程中出现了很多戏剧性的变数，让整个节目颇有情节剧的味道，每三五分钟便有一个小高潮，每十多分钟会出现一个中高潮，到了尾声必定有个大高潮。这种节奏把控方式，确实让观众连广告时段都舍不得离开。节目的参与者大多外形靓丽养眼、打扮时髦前卫、表现大胆奔放，无形中为节目创造了非常多的看点，这是真人秀节目非常重要的关注点。此外，参与者大多性格鲜明，有着非常突出的个性及个人特色，且往往有着属于自己的独立价值观，这样的人物包装使得参与者由内而外充满了立体感。

其次是准确的节目定位：为“剩男剩女”打造的节目。这两年，社会上的“剩男”“剩女”特别多，而《非诚勿扰》节目组针对80后、90后敢于表达、表现的特点，经过多次研究、斟酌，将节目的受众目标定位为社会上观点鲜明的年轻人群，通过台上的参与者替代性地表达出受众的心声，传达出一定的社会价值观念，同时在节目尺度上具有一定的开放性和煽动性，因此也容易激发受众的反应，吸引受众的注意力。为了将节目的亮点——参与者之间的互动及个性进行突出，节目组请来了江苏卫视的著名主持人孟非，并邀请心理专家乐嘉做他的搭档。在节目中，二人对嘉宾的言行和性格进行点评，在台上一唱一和、一张一弛，很好地控制住了整个节目的节奏。

最后，《非诚勿扰》的成功与其所处的泛娱乐化的媒介大环境是分不开的，正是在媒介产业大力发展娱乐节目的大环境下，才孕育出了《非诚勿扰》，这个节目也才能在中国有如此广阔的受众市场。在如今世界整个媒介环境下，一切文本都有着以娱乐化模式进行构建的趋势，而相亲类节目在世界上也不乏先例，如《美国新娘》《密室约会》《男才女貌》等，《非诚勿扰》正是在研究了上述节目的特征后最终被制作出来的。

么，在当前传播媒体多元化的背景下，受众就会主动放弃这种媒体。

（二）娱乐消遣，满足精神、情感需要

现代社会的许多人把媒介当作消遣娱乐最主要的方式之一。受众通过大量使用媒介接收娱乐休闲材料，从而获得精神上的享受和满足。同时，受众又借媒介消磨空闲时间，排遣寂寞、忧虑，缓解工作压力。

有调查表明，人们读报主要是为了获取新闻时事，而收听广播和收看电视除了获取新闻之外，主要是为了欣赏文艺节目和娱乐。

《百家讲坛》栏目

《百家讲坛》是中央电视台第十套（CCTV-10）于2001年7月9日开播的一档讲座式栏目，栏目宗旨为“建构时代常识，享受智慧人生”。栏目选取了观众最感兴趣、最前沿、最吸引人的选题，涉及文化、生物、医学、经济等各个方面，现多以文化题材为主，并较多涉及中国历史、中国文化。栏目追求学术创新，鼓励思想个性，重视传播互动。其演播风格与学术性的理论研究相比较为平易近人，同时亦追求内容的学理性与权威性，力求雅俗共赏。栏目将许多学术界著名人士推上台前，让他们以通俗易懂的形式将许多晦涩的知识传播于民众之中，个别议题亦受到专家及大众的广泛讨论。《百家讲坛》收视率逐年提高，成为CCTV-10的一款品牌栏目。

《百家讲坛》成功的原因有以下几点：首先是故事化的叙事结构。《百家讲坛》最为纯熟的叙事技巧就是对悬念的营造和使用，悬念性、单线条、戏剧性是其特征。根据需要，《百家讲坛》往往在一讲时间内设置一个总体上的悬念以及若干分支。总体悬念一般在节目开始时出现，并蕴含在片名之中，统领着一讲的主要内容和走向。而分悬念大体依附于总悬念，它们不断地出现，加强支撑总体的叙事结构走势。其次是影像化的呈现，图片、字幕、影像资料形象而直观。每一期节目都会插入人物肖像、相关背景或是影视剧的片段并配以恰当的音乐，总结、概括或图示主讲人的观点。最后是明星化讲述。有了可讲的内容，还需要有一个好的表达者。整个节目虽然是以教学目的为主，但主讲人在表达过程中都会刻意穿插娱乐大众的元素，通过加入一些当下的流行元素促进受众对文本的理解，充分体现了“寓教于乐”的原则，提高了传播效果。

（三）获取知识

随着人们物质文化生活水平的提高，人们对各类知识的需要日益增长，而媒介技术的不断发展则使人们可以非常便利地利用传播媒介接受教育。比如，受众可以通过阅读、收听、收看和网上课堂学习文化知识和各种专业知识，提高科学文化水平。获取知识已经成为人们接触媒介的主要动机之一。

除此之外，人们使用大众传媒还出于满足某种特殊心理的需要，如从媒介内容中寻找生活的结合点，寻找刺激，转移感情等；也可以通过传媒了解信息，从而增加人际交流中的共同语言或从传播内容中寻找认同感等。

但是，任何一个受众使用媒介都不是由单一动机驱使的，一般以某种动机为主，但不排除其他动机的存在。

二、传受关系

传者和受众的关系，是认识传播过程、实施传播行为的一个基本问题。传播是一个分享信息符号的过程，在这个过程中，传者和受者双方共享那些他们共同感兴趣的信息符号。在传播过程中，传受双方的行为具有内在联系：传者的讯息传递与受众的讯息接收相互依存，互为互动。传者只有提供那些符合受众实际需要或趣味的信息，才会被受众接受，取得良好的传播效果。

《奇葩说》——融合娱乐性与知识性的新型节目形态

《奇葩说》是融合娱乐性和知识性的中国首档“说话达人秀”，主旨是“在华人圈内寻找最会说话的人”，以18位“奇葩”辩手围绕自主挑选的话题进行辩论为主要形式，在节目规定的时间内进行立论、对杠、结辩等环节，最终由现场观众进行投票表决来决定胜负。节目以互联网为主要播出平台，吸引了大批80后、90后拥趸，自2014年11月底上线以后，总点击量已经破亿次，微博话题阅读量也突破10亿大关。

该节目的特色主要在于以下几个方面。其一，节目组策划的选题均是在大数据搜集整合后选取的，民生、人文、情感、生活、商业、创业等领域的焦点话题均有关注，互联网上投放的问题能否成为节目中的辩题，取决于网友参与这道题的积极程度，这种形式极大调动了网民的参与度，迎合了当下协同化内容生产的主流趋势；其二，节目定位清晰，节目气质独树一帜，嘉宾特点鲜明，其中“五虎将”的辩论各有卖点，在海量的互联网节目内容中打“知识牌”和“娱乐牌”；其三，节目制作上升到价值观的维度，以输出正确的价值观引导为核心，是这档节目的灵魂所在。

在今天信息传播全球化的时代下，个人的学习、知识的获取早已不再仅仅局限于学校课堂，媒介在个人知识的获取和学习生活中扮演着越来越重要的角色，受众在运用媒介放松自己之余，还可以运用媒介发展自身的能力，辅助自己的学习，提高在信息社会中的生存能力。

受众对媒介的使用和对传播内容的接受是一个积极、主动的过程，受众一方面具有自主性和选择性；另一方面则受到一系列主客观因素的制约，如受众所处的社会环境、受众接触媒介的程度等。其中，受众对媒介的接触程度对传受双方的信息分享影响较大。

受众对传播媒介的接触程度是指他们接触媒介的频次。调查显示，年龄、受教育程度、职业、性别、生活方式、接收环境等对受众选择哪种媒介及传播内容会造成不同的影响，这些制约因素彼此相关。

一般而言，受教育程度高的人多半会选择印刷媒介，文化程度较低的人则以电子媒介为主。儿童多半选择电子媒介，青少年多半选择印刷媒介；中青年人广泛接触各种媒介，老年人则又以电子媒介为主。在内容选择上虽各有不同，但新闻时事、休闲娱乐和知识性内容的被选择度较高。

从受众的角度看，具备哪些内容和形式特征的媒介才值得自己掏钱去买、抽时间去看或听呢？

中国广播电影电视社会组织联合会在2018年对“京津冀”三地电视受众问卷调查的结果显示：从媒体选择来看，三地被调查观众在媒介选择方面普遍倾向于新媒体，传统媒体在受众的偏向中处于弱势地位；从具体的电视媒体选择来看，被调查观众对于“京津冀”三地电视媒体的关注度并不高，其选择范围更为广泛、选择行为更加灵活。从媒体内容来看，被调查观众的收视行为和偏好特征较为明显，偏向娱乐性的电视剧、综艺节目成为最受欢迎的节目类型。从受众反馈来看，被调查观众认为当前电视节目存在诸多缺点和问题，需要在节目形式、内容等方面进行综合改进。[①]

受众对于特定传播媒体的忠诚度大体上可以分为两类：一是行为忠诚度，指受众接触某个媒体的稳定程度，这种行为忠诚度主要是由于特定媒体的传播方式对于受众的方便性所造成的；二是情感忠诚度，指受众对于特定媒体的价值与情感认同程度，这种情感忠诚度主要是由于特定媒体的传播内容对于其目标受众的价值及亲和力所造成的。换言之，如果想增强受众对某个媒体的行为忠诚度，主要可以通过方便受众、降低受众接触成本的手段来达到；如果想增强受众对于某个媒体的情感忠诚度，则主要可以通过提高传播内容的有用性，强化受众对特定媒体价值的肯定来达到。

在传播实践中，受众对传播媒介的两类忠诚有时是统一的，有时则是分离的。如果受众对于某个媒体的行为忠诚度高于其情感忠诚度，则表明该媒体对于受众的凝聚力主要是由于方便性所造成的，而这种行为的忠诚度如果缺少了情感忠诚度的有力支撑，则是不可靠、不长远的，一旦遇到强有力的竞争者，便可能一夜之间“兵败如山倒”；如果受众对于某个媒体的情感忠诚度高于其行为忠诚度，则表明该媒体对于受众的凝聚力作为一种潜在的可能还没有得到充分发挥，在传播竞争的时代，“好酒也怕巷子深”，所以，如果缺少行为忠诚度的有力保障，传者应该通过降低受众获得媒介内容的代价来提高其吸引力。

三、受众的选择行为及其影响因素

（一）受众的选择行为

人不可能接收所有作用于自身的信息，只能做到对象性的输入和能动性的选择相结合。在反应和接收过程中，受众对一切信息都要进行过滤和筛选，即进行选择。所以，在人与信息的关系中，选择不是偶然出现的，也不是可有可无的。

传播学者经过研究发现，受众会有选择地接触一种媒介，且往往只选择那些能加强自己信念的信息，而拒绝那些与自己固有观点相抵触的信息。人们通过大众媒介来加强自己已有的观点，而不是改变自己的信念。受众的选择行为体现在自由选择使用哪种媒介以及接受哪种信息上。

---

① 王黑特，王若楠，刘齐宇. 新媒体环境下“京津冀”三地电视受众调查与分析[J]. 中国电视，2018（3）：66-70.

美国学者赛弗林指出，因为受众"根据本身的背景来理解信息的内涵意义，他们会依据以往的经验、文化素养、需要、心境与态度等进行选择性理解，他们对于信息还进行选择性接受和选择性记忆"。

美国传播学者克拉伯在《大众传播的效果》（1960）一书中，将受众的选择性心理归纳为选择性注意、选择性理解和选择性记忆3个层面。

1.选择性注意

选择性注意指认识结构、社会类型和有意义的社会联系所产生的、与这些因素有关的媒介内容注意力的方式。从媒介选择上来讲，受众一般选择自己习以为常和喜爱的媒介，如知识分子一般选择印刷媒介，教育程度偏低者则多选择电子媒介。从传播内容上来讲，受众一般选择能够支持其信念和价值观的信息，以减轻认知上的不和谐。从传播形式上来看，不同的人也有不同的选择取向。

心理学认为，注意是心理活动对一定事物或活动的指向或集中。注意力集中的过程也是一个人对信息进行取舍的过程，人自然地接受同自己已有观点或立场相一致的内容，接受对自己和所属群体有利的信息，排斥不一致的内容，回避有害或不利的信息。受众不可能也没有必要全盘接受媒体传播的一切内容。

正如施拉姆提出的媒介选择或然率公式那样，只有当特定的大众传媒能够满足受众的部分需求时，才会引起受众对它的兴趣而加以注意。

德弗勒认为，影响受众选择性注意的因素包括认识结构上的个人差异和社会成员类型等。比如，有牢固社会关系的人可能更注意与朋友和家人利益相关的问题。[①]

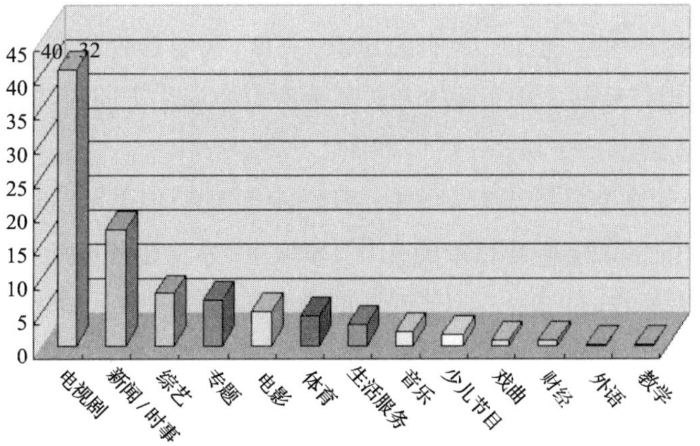

图7-2 2004年晚间（18：00—24：00）观众收看不同类型节目的日均接触分钟数
资料来源：央视—索福瑞媒介研究有限公司

① 德弗勒，鲍尔-洛基奇. 大众传播学诸论[M]. 杜力平，译. 北京：新华出版社，1990：219.

在实际生活中，面对各种信息刺激，受众一般只选择那些需要被感知的事物，舍弃不相关的内容。传播者要想使自己的传播内容受到注意，可以采取改变传播形式、强化和更新传播内容的方式。具体可以把握这样一些原则：

> 赋予信息显著性和对比性。社会发生的重大事件，如国际冲突、国家重大政策变动、毁灭性灾难等信息容易引起注意。那些与实际环境中的其他信息形成强烈对比的信息也易引起受众的注意。
>
> 赋予信息易得性。容易接受并理解的信息也容易引起注意。
>
> 使信息形式灵活多变。强调、对比、重复、变化等手法容易引起受众的注意。
>
> 利用受众对媒介的不同接触习惯。

2.选择性理解

指具有不同心理特征、文化倾向和社会成员关系的人们以不同的方式解释媒介内容。

1964年，贝雷尔森和斯坦纳提出，理解是一个“复杂的过程，人们在此过程中对感受到的刺激加以选择、组织并解释，使之成为一幅现实世界的富有含义的、统一的图画”。这个定义指出了一个人在理解过程中的主动性。理解受一系列心理因素的影响，其中包括基于以往经验的假设、文化背景、动机、情绪和态度等。

在受众注意到的信息中，只有一部分能得到深层的认识、思考和处理。在这一选择过程中，“由于兴趣、信念、原有的知识、态度、需要和价值观等认识因素上的差异，具有不同认识结构的人们实际上会对复杂的刺激产生不同的认识，即赋予意义”（德弗勒，1990）。

一般来讲，受众会受被理解对象的制约，只要他与传者的认识水平和编码水平基本一致，理解的结果也应当相差无几。但事实上，常常是相同的传播内容却产生了“仁者见仁、智者见智”的效果。不但受众的理解不完全一致，有的还可能差之千里。人们立场、观点和对生活理解及接触传媒机构的差异带来了人们理解上的差异。即使是同一个受众，在不同的时间、场合、情绪等因素的影响下，也可能对同一个信息产生不同的理解。

概括而言，一方面，由于受众个人生活环境、经历等的不同，使得信息的外在刺激在人的头脑中产生的反应不同；另一方面，当所传播信息与人们的需要、经验和倾诉等相结合时，受众就会对信息产生较深层次的理解。

1976年，戴维森等人提出，选择性理解至少有4层含义：

（1）习惯性；（2）求得心理和谐一致；（3）功利性，即选择满足需要、获得愉快的信息；（4）可得性。[①]

许多实验和日常生活的经验也表明，需要、态度、情绪、习惯等心理因素都对理解有着不可低估的影响。因此，传播者在传播过程中要充分考虑这些因素的作用，控制和引导传播内容，尽量消除或减少造成受众理解偏差的可能，同时保证信息编码清晰、准确，尽量减少信息被人曲解后再做二次传播的可能，提高信息被受众接受和理解的质量。

3.选择性记忆

受众往往只记忆对自己有利、符合自己兴趣或与自己意见相一致的传播内容。受众在选择性地接收和理解信息之后，能够保留在记忆中的信息量大大小于前者。大多数信息对于受众来说都成了过眼烟云。人们在无意识中忘掉了那些也许重要、但与自己原有态度不相符的信息。

从理论上讲，人们感知过的事物都会以某种形式保存在人的脑海中，一旦遇到新的刺激还能被激发和再现。在实际生活中，由于记忆的主观性，人们只对自己有利或自己愿意记住的东西印象深刻并时时想起。

选择性记忆是在受众心理需要、态度、情绪、信息传播环境、传播形式和刺激强度等因素的共同作用下产生的。

1947年，G.W.奥尔波特（Gordon Willard Allport）和L.波斯特曼（L.Postman）对谣言流传的研究及1958年科勒和爱德华·琼斯（Edward Jones）对种族隔离政策赞成与否的研究表明：受众在无数信息的“轰炸”面前，特别听得进去的是有利于加强和保护自己原有观点的信息，而无视或忘记那些与自己的观点不同或相反的信息。莱文和墨菲在同年所做的实验也证明了这一点。

有人认为，选择性记忆也可以分为3个阶段：信息输入、信息存储和信息输出。由此可见，受众不但可以成为信息的接收终端，而且可以成为向他人转述信息的传播者。

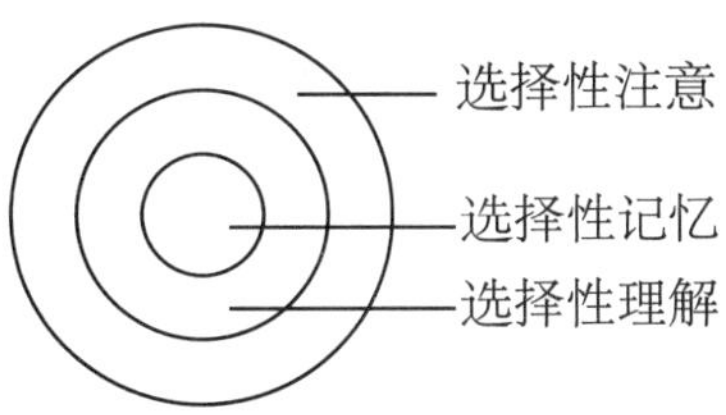

图7-3 选择性心理

受众选择信息的这3个程序可以看作受众的3个防卫圈（见图7-3），由选择性注意依次向内。在争

① 陶涵. 新闻传播学新名词辞典[M]. 北京：经济日报出版社，1997：147.

议很大的信息上，其防卫更加紧密。

对那些可能包含反面信息的刊物或节目，受众是可以避开的，如果避不开，其在解释这些信息时便可以进行选择性理解。如果还不行，他还可以进行选择性记忆，即不保留那些反面信息。

除了选择性心理之外，受众的逆反心理也非常值得重视。受众对外来的威胁自己态度体系的信息有一种抑制心理，通常表现为5种形式：（1）对外来威胁到自己态度体系的信息不予理睬；（2）驳斥外来的论点；（3）歪曲或从相反的方面理解外来信息的内容；（4）贬损信息来源；（5）寻求社会支持自己的态度体系。

大众传播过程中产生的逆反心理，有时会使传播效果变成零，甚至引起反作用。对传播者而言，应该对受众逆反心理产生的原因及表现形式等进行研究，以便提供客观、公正、符合受众需要、形式多样的信息，防止受众产生逆反心理，从而提高传播效果。

（二）影响受众选择的因素

受众选择信息的过程受多种因素的影响和制约，选择性心理只是其中之一。

1.社会文化因素

受众所处的社会环境、社会地位、文化背景的不同，会使不同的受众对相同的传播内容产生不同的看法和态度，从而受传播的影响程度也不同。

巴鲁赫·斯宾诺莎（Baruch Spinoza）说过，人是社会的动物。因此，人的本质属性是社会性，而很多社会事业的兴起和发展也源于人的需要。社会上不同的人组成了不同的阶级、阶层、团体、组织等，每个人都隶属于其中一部分，受众的思想观念、道德、行为规范等都会受其影响和制约。每个社会组织类型（团体）都有一套约定俗成的规范、准则、章程，这些无形的约束使得同一类型的社会成员拥有几乎相同的价值取向，反映在对传播内容的接受上，就是相同社会类型的受众大体选择相同的传播媒介、传播内容，并做出近似的反应。同时，受众所处的社会关系也会对其选择或排斥传播媒介的信息产生重要影响。

不同的国家和地区有着不同的文化背景，文化的差异也影响着人们参与社会传播活动的方式。不同的宗教信仰、生活习惯、整体教育水平、文化生活方式等，都会对传播内容的正常流动造成影响。

2.心理因素

受众的心理影响因素有两方面的内容：一是受众因个体差异而产生的选择性心

理和逆反心理；一是因为受众生活在不同的团体中，需要与环境保持一致，得到认可和接纳，所以采取与大多数人相一致的心理或行为。因此，受众在接收媒介的传播内容时还会受到从众心理（或称作遵从性心理）的影响。

美国学者D.惠勒（D.Weeler）和H.乔丹（H.Jordan）于1929年提出了从众心理状态的理论。在《个别意见趋向团体意见的变化》一文中，他们首次提出了受众从众心理的概念。拉扎斯菲尔德等人1940年的调查也说明了在受众中存在从众心理和从众行为。

在传播学中，从众就是受众在传播活动中不知不觉受到群体压力而在认识、行为和观点等方面发生与群体中大多数人相一致的变化的行为。

造成从众心理的根本原因是群体压力。单个受众都属于不同的团体，而群体为了保证其共同活动的顺利进行和关系状态的稳定，制定了一些共同的价值观念和行为规范，违反者会被孤立、冷落乃至驱逐，于是个人在保护自己的同时要屈从于团体的利益。M.谢里夫（M.Sharif）的亮点实验和阿什线条实验分别证明了群体规范和群体压力的存在，这对从众心理无疑是很好的证明。

H.J.李维特（H.J.Leavitt）将群体意见对个体形成压力的过程划分为4个阶段：（1）各抒己见；（2）热烈讨论后分出多数派和少数派的合理辩论阶段；（3）多数派劝少数派赞同大家意见的好言相劝阶段；（4）对少数固执己见者群起而攻之的围攻抨击阶段和使极少数派陷入完全孤立的孤立排挤阶段。

由于群体规范压力而形成从众心理和行为的现象在社会生活中较为普遍，在那些文化层次较低的群体或受众个人缺乏清楚认识的问题上尤其如此。由于从众心理而造成的群体一致性有助于受众的态度定型、实现群体目标以及维护群体稳定，因而对传播媒介进行有效的信息沟通具有不可忽视的作用。

四、媒介素养

媒介素养问题源自20世纪30年代，后来作为公民文化素养的一部分为教育实践所关注。近年来，随着媒体在社会上的重要性日渐增强，特别是新媒体的出现带来了传播模式的变化，这使得受众的媒介素养教育成为当下一个热门的研究领域。

媒介素养是指人们对各种媒介信息的解读和批判能力以及使用媒介信息为个人生活、社会发展所用的能力。[①]其具体包括两个层面的含义：在第一个层面上，受众

---

① 张志安，沈国麟. 媒介素养：一个亟待重视的全民教育课题：对中国大陆媒介素养研究的回顾和简评[J]. 新闻记者，2004（5）：11-13.

需要具备认知、识别大众传媒及其所传递的信息的能力；在第二个层面上，受众需要具备使用媒介并有效利用其信息的能力。

就今天我们所处的信息时代而言，能够有效使用媒介获取信息以促进自身发展已经成为生存的必备技能之一。但同时，我们也应当看到，认识和识别大众传媒所传播的信息是使用信息为自己服务的基础。

媒介素养的发展经历了3个阶段。第一阶段在20世纪30年代初期，媒介素养研究主要关注受众对媒介信息是否具备防备意识——主要是指“媒介批判意识”。这一时期，由于西方关于大众传播的“枪弹论”甚嚣尘上，因此，出于对大众传播效果的恐惧，西方学者研究媒介素养的重点集中在如何培养受众对媒体的防范意识，以使受众对媒体所传播的信息具有相应的抵抗能力，而不是成为应声而倒的靶子。

第二阶段，指20世纪六七十年代。一方面，大众媒体迅速发展，媒介信息在个人生活中扮演着重要角色；另一方面，随着批判学派的发展壮大，对以往重视效果研究的批判声音有所加强。这一时期，媒介素养的研究主要集中在如何培养受众用批判性思维对待传播内容，并能够辨识大众传播信息上。这一时期较为有名的研究有美国关于“电视暴力对儿童影响”的研究等。

第三阶段是20世纪80年代至今，随着新媒体在传播领域的兴起并不断壮大，大众传播所提供的信息已经成为受众在信息社会中生存所必须依赖的重要工具之一。而媒介素养研究的重点也放在了如何培养受众具备良好的信息解码能力，能够有效利用传播工具获取信息，并利用信息实现自身的发展上。

随着社交媒体的发展方兴未艾，受众在享受信息革命成果的同时，其媒介素养的提升也面临越来越严峻的挑战：社交媒体发散性、裂变式的弱连带传播模式，巨大的信息流量和前所未有的信息运转效率，为谣言的滋生和传播提供了温床，如新冠肺炎期间，社交媒体曾出现“温州存在全新变异病毒”“湖北天门将外省捐赠的萝卜倒入垃圾站”等谣言。

同时，虚假新闻也不再仅仅存在于自媒体中，专业媒体亦出现消息源不实、新闻信息不准确、新闻表演等负面现象，视频假新闻等新形式也层出不穷。这些传媒形势的变化，都对新媒体环境下的受众媒介素养提出了更高的要求。

新媒体环境下受众媒介素养的提升，需关注到受众本身内在的多样性特征，尤其是儿童、青少年和老年人媒介素养的培养和提升。儿童和青少年群体由于自身认知水平较为不足，易产生媒介上瘾、信息辨别能力不足等问题，老年人则由于高度依赖传统媒体，导致对新媒体接触的不适感和对海量信息的筛选、识别、接收能力不足。因而，提升儿童、青少年和老年人的媒介素养，责任重大、空间巨大，也大有可为。

在新媒体尤其是社会化媒体不断发展壮大的媒介环境下，提升受众的媒介素养能力主要应当从两个层面来进行。首先，从技术层面而言，由于新媒体具有极高的开放性，由此带来的是媒体准入门槛的降低以及受众自主性空间的提高，所以相应的媒介素养研究应当将重点放在如何培养受众的媒介使用能力，尤其是对新媒体相关知识的学习与应用上，以便受众能够更有效地通过各种新媒体获取信息。其次，从内容层面而言，技术革命带来了信息的爆发式增长，我们从此由信息匮乏时代进入了信息过载时代，面对海量信息，受众很容易陷入因信息过量而产生的“麻醉效果”当中无法自拔。信息过载还在一定程度上变相侵犯了受众的知情权，信息量的丰富并非必然会促进受众个人的发展，只有提高信息处理能力才能使个人在信息社会中获得发展，因此，培养受众如何识别、使用信息成为当下媒介素养研究的一个重要课题。

五、受众权利

对受众权利加以探讨和研究的历史可以追溯到20世纪20年代。当时，西方传播学界开始使用“知晓权”对其进行初步探讨。1936年，在中国上海的一次民意调查中，许多读者建议和要求“报纸要替人民说话”，要“翔实无讹地披露真实消息”。这反映了受众对表达权和知晓权的渴望。1948年10月通过的《世界人权宣言》正式而明确地提出了受众的知晓权、表达权和隐私权的问题。

随着受众在传播活动中地位的提高，人们逐渐认识并承认，作为传播活动主体之一的受众在传播活动中享有一定的权利。概括而言，受众拥有5种权利。

（一）知情权

受众享有知悉有关方面真实情况的权利。受众有权要求大众传播媒介提供和通过传播媒介了解作为一个社会成员所应获得的种种事实的消息情报，有权获知政府、行政机构等有关公共信息和国内外每天发生的重大事件或有意义的事情。国家和传播媒介应为公民享有的这项权利提供法律和实际业务的保障，以方便信息向受众流动。

（二）参与权

受众享有参与和借助传媒来表达意见、表演节目、传递信息、展示作品、点播节目等的权利。现代社会的受众认识到了自己在传播活动中的主体地位，于是希望在接收信息的同时传播信息，成为大众传播积极的参与者。传播机构应公平对待并依法保护受众享有和使用媒介及服务的权利。

（三）讨论权

受众是否享有对社会问题发表意见的权利对稳定社会、提高社会政治生活质量具有重大的意义。通过有效渠道及时交流意见，是公民参政议政的条件，是受众享有社会民主权利的体现。同时，自由交流讨论的权利还可以保证集体行为的真正一致性，并影响到权威人士和决策机构的决定。

（四）隐私权

受众享有对个人与公众利益和公众事务无关的私生活进行保密、不受新闻媒介打扰和干涉以及个人的名誉和利益不受侵害的权利。由于传播媒介的失实报道、不公正报道或评论而使公民名誉、利益受到损害或隐私受到侵犯的事时有发生。目前，我国已经初步形成了对权利较为完整的成文法保护体系，受众已经有了保护自己免受新闻侵害的法律保障，有了要求损害自己权利的传播机构播发对等的更正、答辩或要求赔偿的权利。

（五）监督权

受众享有对大众传播媒介的运作进行察看并督促传播者传播行为的权利。通常，受众可以根据法律条文、道德规范、行为准则等，以写信、打电话、停止订阅、舆论声张等多种形式对新闻媒介和新闻传播者进行监督，促使其寻找适合国情、民情的途径并按照受众能够接受的方式行事。①

第三节　受众研究

一、国内外对受众价值的认识

（一）受众价值的重要性

首先，受众在传播活动中处于主体地位，受众决定着传播活动的基本方向，也是传播过程得以存在的前提和条件。受众在传播活动中身兼数职，作为信息接收终端，没有受众，传播活动就失去了意义：

---

① 邵培仁. 传播学导论[M]. 杭州：浙江大学出版社，2000：314.

在信息接收过程中，受众根据自身和所处环境的需要而对信息的内容进行选择性认识、理解和记忆，而不是被动地接受。

作为主体之一，受众有表达意见、观点和将自己拥有的或周围的信息及时传播出去的愿望，受众往往对信息再加工后作为传者将其传播出去，希望能同传播者分享信息。

作为信息反馈的源头，受众会对信息进行加工，然后以不同的反应向传者反馈，此时受众便成为传播的行为主体。受众的反馈信息往往是决定一个过程是继续、转变还是停止的主要因素。

由不同受众组成的群体还可以对受众个体的信息取舍造成影响，而成为传播活动中的人文环境，这对于提高受众素质，进而改造传播环境、提高传播效果具有积极的促进作用。

其次，赢得受众的前提是了解受众、满足受众的需要。这就要求媒介机构必须进行严肃、认真的受众研究工作，不断开发受众的价值。随着电子通信技术的高度发展以及国际间交流活动的日趋频繁，全球化浪潮正在席卷越来越多的国家和地区。具体到大众传播领域，信息全球化的意识也影响了媒介的经营和发展战略，各国的广播影视业呈现出快速发展的趋势，西方的强势传媒集团凭借其强大的经济实力和品牌影响力，加快了在全球范围扩张的步伐。随着这一进程的推进，我国部分卫视也加大了对国外节目模式的引进。

安徽卫视《丛林的法则》引进韩国同名综艺《丛林的法则》；《奔跑吧兄弟》是浙江卫视引进韩国SBS电视台综艺节目*Running Man*推出的大型户外竞技真人秀节目；《中国好声音》则是引自荷兰歌唱类节目*The Voice of Holland*；湖南卫视的《我是歌手》是从韩国MBC引进推出的歌唱真人秀节目，由洪涛团队打造，节目每期邀请7位已经成名的歌手进行竞赛；《百变大咖秀》则引自西班牙明星模仿秀*Your Face Sounds Familiar*。

受众研究采用的方法基本上是传播学的定量研究方法，即实地调查、内容分析、控制实验、个案研究。

受众调查的目的在于了解受众的需要和兴趣、受众构成以及受众对传播内容和形式的反应等。通过受众调查所反馈的情况，大众传媒可以及时采取措施，根据受众

图7-4 湖南卫视《我是歌手》综艺节目

需求对传播内容进行调整，以改善传播效果。

一般来讲，受众调查分为两种：一般的视听率调查和意向调查。视听率调查主要有电话访问法、节目回忆法、一周日记法和机械记录法等。意向调查是向相关受众进行广播电视节目应如何编排、报纸应登载哪种内容以及如何提高传播品质的调查。这些调查方法各有其优势和不足，实际应用中则多以一种为主、其他为辅，进行尽可能全面、及时、准确的调查分析，并随着调查手段、统计方法的完善而不断完善受众分析。

受众调查还可以与控制实验、个案分析相配合，在传播效果研究中把传播内容分析与社会调查结合起来，以进行更为深入的受众研究，奠定开发受众价值的基础。

（二）国外的受众价值研究

受众是大众传播的行为主体之一，国外学者对受众的研究几乎是与传播，尤其是大众传播的研究同时开始的，并不断地加以补充、丰富和发展。

早期的受众研究主要是广告商组织的报纸发行量调查，目的是招揽广告业务，提高传播机构的利润。1914年，美国的广告商为了防止报社虚报发行量，联合组织了“报纸发行量稽核局”，通过各种途径调查报纸的发行量，这可以说是受众研究的起源。之后，美国又成立了许多专门从事受众调查服务的公司，负责向各种媒介提供调查报告。受众研究除了调查报纸和杂志的发行量之外，还进一步扩展到调查广播、电视的收听收视率及满意度，包括现在对网络受众的种种调查。

1935年，美国盖洛普民意测验所开始进行大型抽样调查活动。后来，这种方式被世界各地广泛采用。目前，美国的受众调查和市场调查、民意测验等合为一体。著名的调查公司有盖洛普（Gallup）、哈里斯（Harris）、罗伯·思达奇（Roper）、普利策（Pulitzer）、西蒙斯（Simmons）、尼尔森（Nielsen）、阿比创（Arbitron）等。这些公司都采用了现代化的手段和科学方法对受众进行大规模调查，其中盖洛普以民意测验和市场调查著称，尼尔森以电视观众调查著称，而普利策则以读者调查见长。

(三)我国的受众价值研究

我国受众研究的实际调查工作开始于20世纪80年代。1982年4月,首都新闻学会调查组成立。

1982年6月至8月,中国社会科学院新闻研究所和首都新闻学会调查组针对北京2,423名12周岁以上居民接触报纸、广播、电视的习惯、渠道、兴趣及对新闻报道的评价,采用随机抽样、统一问卷、直接访问的方法进行了综合性调查。这种"运用科学方法,采取现代化统计手段,对一个地区的读者、听众和观众进行的考察和研究,在我国新闻史上还是第一次,是中国新闻事业一次突破性的行动"[①]。"北京调查"被视为我国受众调研的里程碑,它标志着科学的、系统的受众调查在我国的兴起。

1986年,《人民日报》进行了全国读者调查。

1987年6月至1988年1月,中央电视台与22个省、市、自治区电视台联合进行了受众调查,1991年成立了全国电视观众调查网,1992年又联合30家电视台进行了全国电视观众抽样调查。

1988年,中央人民广播电台在全国29个省区实施了抽样调查。之后,在1992年和1997年又分别进行了两次全国性的听众抽样调查。

1990年的亚运会广播电视传播效果研究成为我国受众调研的新起点,受众理论研究与实践从显性向隐性深入。特别是1995年以后,各类媒介调查公司大量涌现,受众调查进入市场,并逐步走向科学化、规范化。

1995年6月,全国最大的受众调查咨询机构——央视调查咨询中心成立。1996年5月,央视调查咨询中心与法国合资成立了央视—索福瑞媒介研究有限公司(简称CSM,现更名为中国广视索福瑞媒介研究),专门从事电视收视率和广播收听率的调查研究及相关软件、业务系统的研制和开发。从1997年开始,CSM每年都会推出《中国电视受众研究》,提供全年电视收视率调查的数据和分析,使电视人和广告商对观众的特点一目了然,也为研究人员提供了丰富的基础数据。

20多年来,我国受众调查工作蓬勃发展,取得了不小的进步。具体表现在以下几个方面:

第一,深度的增加和规模的扩大。深度有两个方面:一是对数据的处理分析,二是调查问卷上的深度。除深度增加外,调查的模式也不再局限于一个市,而是出现了多次全国性和全省范围的受众调查。

第二,形式的多样化。既有作为主体的费时较长、成本较高的严格采用随机抽样

---

① 胡正荣. 传播学总论[M]. 北京:北京广播学院出版社,1998:280.

方法的大规模调查，又有一些由媒介机构自身发起的费时较短、成本极低的采用非随机抽样的调查。

第三，受众调查队伍的形成、壮大。包括媒介机构的群工组工作人员，高等院校新闻系、传播系的教师，攻读博士学位的理论型人才和在新闻传播研究机构、社会科学研究机构、媒介机构的理论研究部门工作的专业科研人员。

第四，受众观念的加强和受众理论的发展。新闻媒介以前居高临下、灌输式的传播态度现在已有所改观，提出了"受众本位"的理论。

我国的受众研究由于起步较晚，加上技术、资金等的限制，20世纪受众调研工作还存在不少不足之处，如调查周期较长、信息反馈不够及时、数据积累工作做得不够等。

21世纪，随着互联网硬件和软件技术的发展，原有的受众研究面临多方面的挑战：受众媒介使用行为的海量数据给数据分析带来困难；受众媒介使用行为的高维数据让传统统计方法难以应对；受众测量数据量虽然非常大，但其中有价值的信息却很少。

这一阶段，新媒体技术为受众研究在实地调研、数据收集和分析处理等方面提供了有力支持，加之国外受众理论的引入与借鉴，受众研究开始受到学者、传媒机构的大量关注。与20世纪80年代开展的社会调查相比，除了常规的受众社会调查外，各种受众研究视角纷纷出现，中国的受众研究开始呈现多样化的趋势，大致向受众地位、受众权利、受众心理、受众理论、网络受众和传统受众研究等几个大的研究方向发展与延伸。①

在研究视角上，由于新媒体环境下受众特征的变化以及以受众为中心的传媒生态的转变，"受众研究"转为"用户研究"的视角已形成一定的气候，探索媒体如何顺应受众生态变化的策略性研究也成为学界关注的重点，用户行为科学的研究理论与方法将逐渐成为受众分析研究的主流。

在研究方法上，由于数字人文及大数据方法在受众研究中的应用，新媒体环境下的受众研究已有了突破性的进展。具体而言，在受众测量方面，由传统的入户面访、电话访问、日记卡回收等人工测量方法转变为以智能设备进行数据记录与收集。同时，计算机数据处理软件的应用也愈加广泛，如当前广泛使用的SPSS数据处理软件，为受众研究数据的数据挖掘、分析运算、预测分析和决策支持提供帮助；针对校园网信息传播及其监控的有效性问题，设计并实现基于 web 日志分析的校园网受众

---

① 徐雷. 我国受众研究回顾及发展趋势[M]//方卿，徐丽芳. 数字时代图书馆学情报学研究进展（第三辑）：出版学研究进展. 武汉：武汉大学出版社，2017：619-653.

分析系统，通过挖掘 web 日志中的相关数据并进行统计、分析、综合，得到特定信息在特定时期内的传播范围及其用户分布情况；应用关联规则挖掘研究观众喜爱的电视节目；[①]使用百度热搜词分析我国受众网络新闻的阅读习惯与阅读倾向等。[②]

二、受众理论

各国对大众传播研究的逐步开展和深入以及新技术发展带来的新媒体的出现，促使了大众传播中受众研究领域和方法的不断发展。1990年，克劳斯·布鲁恩·詹森（Klaus Bruhn Jensen）和卡尔·埃里克·罗森格伦（Karl Eric Rosengren）在《受众研究的五种传统》一文中，将受众研究分为5个主要研究取向，即效果研究、使用与满足研究、文学批评、文化研究和接收分析。[③]这标志着受众研究已经将人文学科研究与社会科学研究进一步结合了起来。

早期的研究认为，大众传播具有强大的威力，各种各样的思想、感情、知识或动机，均可以通过大众媒介不知不觉地灌输到受众的头脑里，进而改变他们的态度，影响他们的行为。当时的研究人员没有看到受众的主动性，认为受众是被动的、消极的，只要传播信息就会被受众全盘接受。于是，“刺激—反应”理论以及“皮下注射”理论（枪弹论）等诞生了。

1964年，哈佛大学社会心理学家雷蒙德·鲍尔（Raymond Bauer）发表了《顽固的受众》一文，为“枪弹论”唱响了挽歌。他在这篇文章中写道：“在可以获得的大量（传播）内容中，受传者的每个成员特别注意选择那些与己兴趣相关、与己立场一致、与己信仰相吻合且支持其价值观的信息；他对这些信息的反应会受到其心理构成的制约。”由此可见，传播媒介的效果在广大受传者之间远不是一样的。这一理论虽然强调了受众的主观个性，却仍与此前的理论一样，都比较极端。

由于心理学家、社会学家发展了有关人类个人属性和群体行为方式的新认识，传播学研究中关于受众的研究也出现了一些更符合人性的理论。1975年，德弗勒在《大众传播理论》一书中对受众理论做了一个总结，将其归纳为个人差异论、社会分化论、社会关系论和文化规范论。巴隆在1967年还提出了社会参与论。此外，有关受众的理论还有使用与满足理论、游戏理论等。

---

① 何跃，郭辉. 应用关联规则挖掘研究观众喜爱的电视节目[J]. 统计与决策，2007（11）：55-57.

② 王小新. 当前我国受众网络新闻的阅读习惯与阅读倾向：以百度热搜词为例[J]. 今传媒，2013（9）：41-42.

③ 巴雷特，纽博尔德. 媒介研究的进路[M]. 汪凯，刘晓红，译. 北京：新华出版社，2004：212.

（一）个人差异论

在大众传播活动中，同样的信息往往会收到不同的效果。显然，这种情况的出现不仅仅是由传播的内容引起的。为此，一些学者转而研究受传者，并提出对于同一信息的不同反应是由于人们性格和态度上的差异造成的。这就是个人差异论的起源。

个人差异论的理论基础是“刺激—反应”论，它是从行为主义的角度出发来对受众加以研究的。它由霍夫兰于1946年首先提出，经德弗勒做出修正后形成。该理论认为，人的心理和性格虽然有遗传的因素，但主要还是后天形成的。每个人的成长环境和社会经历都不尽相同，他们的性格也就各有差异。因此，具体到大众传播学，其实并不存在整齐划一的受众。在大众传播提供的信息面前，各人因需要、习惯、信念、价值观、态度、技能等差异而会对信息做出不同的选择和理解，随之而来的态度和行为的改变也会因人而异。世界上没有完全一样和一成不变的传播对象。

德弗勒在《大众传播理论》一书中提出，人们各自的心理结构是千差万别的，人们的先天条件和后天知识形成了个人之间的差异；个人的心理构成之所以不同于其他人，是因为其在认识客观环境时所处的立场、所拥有的价值观和信仰不同而造成的；个性的千差万别来源于人们在认识客观事物时所处的不同社会环境；人们认识客观世界的重要产品之一，就是在理解客观事物时带有成见。

个人差异论的主要理论贡献，在于提出了“选择性和注意性理解”。德弗勒认为，由于各人兴趣、态度、信仰、价值观的不同，接收信息时反应亦不同。符合受众固有观念的信息得到注意和理解，否则便被忽视或曲解，直到符合其原来的立场为止。

由于受众存在差异性，因此，传播者要善于了解、利用受众的经验、态度、立场等来改进传播方式，并从尊重受众的角度进行传播活动。

（二）社会分化论

该理论又名“社会类别论”或“社会范畴论”，是在个人差异论的基础上发展起来的，是对其的扩展和修正。它由美国传播学者赖利夫妇于1959年在《大众传播与社会系统》中首先提出。个人差异论从心理学角度出发，强调受众个体在心态和性格上的差异，而社会分化论则从社会学角度出发，强调人在社会群体性上的差异。

社会分化论认为，社会现实中的受众在接受媒介和选择内容的过程中不但有“个人差异”而且还有共性。受众是生活在各种不同的社会群体中的个体，必然会在行动时受到群体规范和群体压力的影响。

受众可以根据年龄、性别、种族、文化程度、宗教信仰以及经济收入等人口学意义上的相似而组成不同社会类型的群体。这些因人口学因素相同或相似而结成的群体，有着相似的性格和心理结构，在人生观、价值观等方面也较为一致。相同社会类型的成员往往行为类似。不同社会类型的成员趋向于选择不同的媒介内容，并以不同于其他社会类型成员的方式去解释同一讯息，有选择地记忆，并采取不同的行动。

赖利夫妇提出的社会类型论揭示了基本群体在传播过程中所扮演的角色。他们认为，对个人传播行为产生作用的群体是基本群体和参考群体。所谓基本群体，是指长期持续、亲密、面对面接触的群体，如家人、同学等；参考群体则是个人在其帮助下可以确定自己的态度、价值观和行为的群体。个人无须是参考群体的成员，但该群体的规范对其有指导意义。

（三）社会关系论

与前两种理论不同，社会关系论强调群体关系在传播活动中的作用。它将注意力放在群体压力、合力对个人接收传播信息产生的影响上。该理论认为，受众所属团体的压力和合力对于受众接收信息时的态度及行为有很大的影响，而媒介通常难以改变人们固有的信念和态度。

这一理论是拉扎斯菲尔德、贝雷尔森和卡茨等人的研究成果。他们认为，个人差异论和社会分化论都忽视了受众之间错综复杂的相互关系，而这种社会关系对于受众研究却是极为重要的。受众的社会关系对受众有着巨大的影响，在受众的媒介接触中，社会关系往往既能加强也能削弱媒介施加的影响。事实上，媒介的效果往往为受众的社会关系所削减。社会关系主要包括人际网络、群体规范和意见领袖等，具体到受众的社会关系，则主要有他们所处的工作单位、社会组织以及各种非正式的群体等。社会关系论为大众传播和人际交往提供了一个结合点，而结合的桥梁就是社会关系。

早在1940年，拉扎斯菲尔德和贝雷尔森等人在美国俄亥俄州伊利县进行研究时就发现了群体对社会成员的巨大影响。这项研究旨在调查大众传播的报道对改变人们在总统竞选投票中的态度是否有作用。调查发现，“只有很少一部分人是由于大众传播信息而改变了早期的投票意向”，大众传播的作用并没有人们想象的那么直接和强大。实际上，对投票意向和媒介行为影响很大的是社会群体，其中，年龄、党派、性别、城乡居址、经济地位及教育程度是关键变量。“社会成员类型决定了‘兴趣’之所在，并导致了早期的投票决定”。调查者认为，受众所属的不同群体，不仅影响了人们接受大众传播信息的程度和方向，而且决定了这些内容对他们的各种影响程度。这一调查之后，产生了一种新的传播理论——“两级传播”论（后被扩展为多级传播理论）。拉扎斯菲尔德等人在1944年出版的《人们的选择》中还提出了“舆论领袖”的概念，指那些在传播过程中能给他人施加影响的人。

群体压力理论是一种与社会关系论相关的理论。这种理论认为，群体压力能够影响受众对媒介内容的接受。人们一般都会选择加入与己意见相一致的团体，团体对这些意见的认同反过来会加强个人对该意见的信心。一旦媒介的信息不符合团体的利益和规范，便会受到团体的抵制。在这种情况下，团体成员往往会对这一媒介产生怀疑，固守并加强原有的信念。这时，媒介的力量必然遭到削弱。如果媒体内容与团体规范的冲突并不特别严重，则团体会对媒介意见另做解释。由于与其原有意见较为接近，所以团体成员也倾向于接受这种解释。不过，这时媒介的作用也会被减弱。因此，传播媒介要想改变人们固有的意见是非常困难的，除非它与这些人所处群体的意见相一致。

从上面的理论中我们可以看到，群体对受众接收信息有着重要影响，对大众传播也有重要影响。群体可以使受众态度定型，并使它们难以改变。了解某人所属或认可的团体，可以帮助我们预测这个人的行为，政治团体尤其如此。真正有效的传播在很多时候是大众传播与人际传播的结合。因此，传播媒介必须认识到，受众不会接受媒介的操纵，只是“从传播媒介那里取己所需，并拿来为己所用”。

（四）文化规范论

文化规范论与前三种理论都有所不同。前三种理论以受众为出发点来探讨媒介与受众之间的关系，文化规范论则以传播媒介为出发点，认为大众传播的内容会促使接收对象发生种种变化。

文化规范论认为，受传者能够从媒介内容中学到新的观点，这种观点可能加强或改变原有看法。这种理论强调大众传播间接和长期的效果。

在现代社会里，大众传播媒介充当着文化的选择者和创造者的角色。传播媒介为社会树立了文化规范，而人们在社会文化之中生活，久而久之便会形成与这种文化相符的社会观和价值观。在这一点上，文化规范论与议题设置理论、教养理论有一定的联系。但还有许多学者认为，大众传播改变人们生活习惯、制造新的社会文化规范只是少数现象，在多数情况下，大众传播所起的是加强现有社会文化规范的作用。

总的来讲，文化规范论肯定了大众传播对受众所造成的影响，并认为如果增强这种影响，会造成社会的“一体化”。所谓社会的“一体化”，指社会所有的个人、集团乃至国家都从大众传播中获取不同的信息，从而相互了解、认识和鉴赏他人的生活条件、观点和愿望，[①]为未来社会创造新文化。

---

① 吴文虎. 传播学概论百题回答[M]. 北京：中国新闻出版社，1988：144.

雷·埃尔登·希伯特（Ray Erden Hibbert）等人将上述4种理论概括起来，即人是传播工具的广大受者中的一员，每一个受传者对传播内容信息的反应不尽相同。但是，具有相同经验和相同社会关系的受众有相似的反应。更重要的是，人们作为受众，必然受到整个传播经验的影响。①

（五）社会参与论

该理论由美国学者巴隆在1967年发表的《对报纸参与权利》一文中最早提出。他指出，为了维护传播媒介受众的表现自由，保障他们参与和使用信息传播媒介的权利，公民对传播媒介的参与权必须在宪法中得以确认。

1979年，日本学者奥平康弘在《知的权利》一书中写道："就同一信息的演变而言，曾经是'受传者'的公民以知的权利的主体的姿态出现；要求成为'传播者'的公民作为接近和使用信息交流媒介权利的主体而登场。"这段话指出了消极接收信息与主动传播信息的异同。受众在传播过程中既扮演着"受"的角色，又可以扮演"传"的角色。

社会参与论的主要观点可以归纳如下：

> 大众传播媒介应是公众的讲坛，而不是少数人的传声筒。
>
> 时代在发展，受众在变化，许多人已不满足于消极地当一名接受者，一种试图传播的自我表现欲正在增长。
>
> 让受众参与传播正是为了让其接受传播，因为人们对于自己亲身参与而形成的观点要比被动地从别人那里听到的观点更容易接受。
>
> 参与传播也是受众表达权、讨论权的具体表现。

随着社会的进步，受众积极参与大众传媒信息传播的要求日益强烈。大众传播媒介应该本着尊重受众、提高传播效果的原则，在传播形式上尽可能地考虑和照顾受众这种积极参与的愿望、要求和权利。近年来，我国受众的参与热情得到了极大的满足。读者来信、听众点播、观众热线、特邀节目嘉宾等传播参与形式越来越多地出现在传播活动中，使传受双方的联系更加密切。

（六）使用与满足理论

使用与满足理论又名"满足需要"论，是一种新兴的受众理论。它同传统的

---

① 张隆栋. 大众传播学总论[M]. 北京：中国人民大学出版社，1993：137.

《我家那闺女》——互联网时代的“参与式”综艺

《我家那闺女》是湖南卫视推出的中国亲情观察成长励志节目，每期用镜头对4位不同职业的明星闺女的真实生活进行展示，并邀请4名女嘉宾的父亲与明星观察员共同观察独居女儿的日常生活，父亲作为观察员“退居幕后”，了解平时自己不知道的女儿的独居生活状态，加深父女间的理解。

《我家那闺女》是典型的互联网时代的“参与式”综艺，这主要体现在以下几个方面：

其一，从传播渠道和受众参与度来看，《我家那闺女》主要在湖南卫视和爱奇艺同步播出，电视媒体加网络平台的播出渠道使这一以小家庭聚焦热点话题的节目模式市场强劲，增强了用户黏性。截至2019年2月，《我家那闺女》共产生评论数27万条，有效弹幕22万条，用户参与热情较高。随着节目的播出，受众对这档节目有着不低的关注度，形成了相对较高的舆论反应。[①]另外，该节目还注重将内容中的话题“嫁接”至互联网场域中，引发受众互动效应，实现舆论场的构建，源源不断地收割受众注意力。

其二，互联网时代，参与式受众对综艺内容及其价值观传播的要求愈加提升，具体表现为从娱乐层面向精神层面升级，有关综艺节目“小成本、大情怀、正能量”的自主创新原则进一步落实，视频网站对网络综艺布局结构的调整也显现出了自觉融入价值引领，探索创新内涵表达的发展态势。[②]受众参与中，对关于亲情、生活、家庭等价值的探讨亦成为趋势。这一节目的内容设置和主题立意正是出于引领、顺应受众参与文化传播这一大背景下做出的策略选择。

媒介传播信息影响受众的思路迥异，是从受众的需要和接收信息的原因出发而进行的研究。这一理论的代表人物是卡茨、麦奎尔、罗森格伦、杰伊·布卢姆勒（Jay G.Blumber）等。

这一理论认为，受众是有着特定“需求”的个人，他们接触媒介的活动是基于特定的需求动机的，他们通过使用媒介而使自己的特定需求得到“满足”。每个人的需求各不相同，在这种情形下，大众传媒所传递的信息不可能同时被所有的受众所接受，受众总是从中挑选出可以满足自己的信息。研究表明，受众通过使用媒介而获得的满足至少来自3个方面：媒介内容、媒介接触本身以及接触媒介时的情境。

根据这一观点，受众面对大众传播活动时并不是被动的，实际上，受众是在主动地选择自己所偏爱和需要的媒介内容和讯息，而且不同的受众还可以通过同一媒介讯息来满足不同的需要，并达到不同的目的。因此，不是传播媒介在操纵受众，而是受众在使用传播媒介，传播活动的主动权是由受众而不是传者所掌握的。

卡茨于1974年提出了一个使用与满足模式：

---

① 谷雨.《我家那闺女》与社会议题和情感共振，观察类综艺开年领跑[EB/OL].（2019-02-20）[2019-11-02]. https://www.sohu.com/a/296020848_436725.

② 文卫华. 网络综艺正在实现精品化、主流化[EB/OL].（2019-06-05）[2020-02-22]. http://news.gmw.cn/2019-06/05/content_32894133.htm.

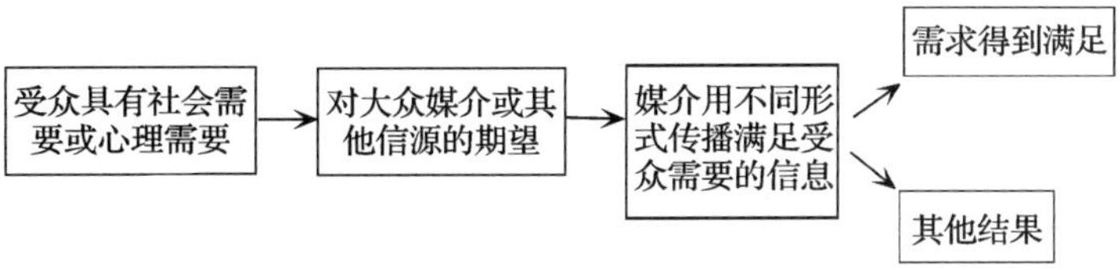

图7-5　卡茨的使用与满足模式

罗森格伦以受众需求为起点，于同年提出了另一个使用与满足模式：①

1. 人类某些基本的高、低层次的需求　在与

2. 个人内在和外在特性的有差别的结合　和

3. 周围社会的结构，包括媒介结构　的相互作用下，导致

4. 或多或少被强烈感受到的个人问题的有差别的结合，　以及

5. 已找到的这些问题的解决方法，　问题与解决方法的结合，构成

6. 企图寻求满足或解决问题的行为的不同动机　导致

7. 实际的媒介消费的不同形式　和

8. 其他行为的不同形式，　这两种行为类型引起

9. 满足或不满足的不同形式　以及可能影响

10. 个人内在和外在特性的个体结合　和最终影响

11. 社会中媒介结构和其他社会、政治、文化和经济结构。

图7-6　罗森格伦的使用与满足模式

使用与满足理论特别强调受众的作用，突出受众在传播活动中的地位，认为受众通过对媒介的积极使用，从而实际上制约着整个传播过程。

这一理论为受众分析提供了新的视角，但它也存在着明显的不足之处。首先，它

① 张隆栋. 大众传播学总论[M]. 北京：中国人民大学出版社，1993：105.

假定受众都知道自己需要什么，并知道如何在使用媒介中满足自己的需求。但这在现实生活中往往不成立。其次，它的理论前提是受众可以随心所欲地选择讯息，可以按照自己的愿望、根据自己的心意对讯息进行取舍。但从整个社会背景和媒介环境来看，受众并没有多大的选择余地。

总之，受众作为主动的信息接收者、信息再加工的传播者和传播活动的反馈源，在传播活动中占有重要地位。离开了受众，传播就如同无源求水、无本求木。

20世纪90年代以来，多媒体技术和互联网为信息传播提供了新的支持。随着媒体技术的日益普及，受众的范围和层次都将进一步扩大和深化，今后受众价值的认识和开发将更为重要。

第四节　新媒体与新受众

一、新媒体环境下的受众变迁

随着新媒体尤其是智能媒体技术的发展，“受众”作为以往传播环节的到达端，在新的媒体生态环境之下已发生巨大的变迁。彼时霍克海默、阿多诺、马尔库塞等学者提出的在标准化媒介工业运作下的“消极的受众”在如今受到了质疑，受众从大众传播时代的家庭空间逐渐走向新媒体时代的公共空间。

在智能媒体传播时代，不仅媒体形态有了颠覆性的转变，而且传播系统也发生了从未有过的变革，人进入虚拟化、移动化、场景化的媒体环境中，一个庞大的传播共同体正在建构，每一个个体都将具备个性化特征的媒介属性，他们既是媒体内容的生产者，又是传播过程的参与者，更是传播权力的享有者。相应地，对于传统的“受众”认知亟须改变。

在传统媒体生态中，单一的线性传播模式下的传受关系是不平等的，信息从高语境的媒体流向低语境的受众。但新媒体环境下，媒体对受众的强势控制早已不复存在，“以受众为中心”的媒体系统中的信息传播呈现交互式、体验式、参与式的特点，传受角色一体化特征愈发明晰，垄断式的信息生产与传播过程转变为共享、共创、共生的传播共同体。

同时，个人化媒介的普及和技术壁垒的消弭带来了“人人都有麦克风”的传播图景，使庞大的受众群体本身成为无数传播节点，人际传播、群体传播、大众传播、智能传播紧密黏合在一起，产生了前所未有的传播效应。

具体而言，新媒体环境下的受众特征可归纳为以下几点。

（一）受众角色的多元化与复合化

新媒体时代，受众身份呈现多元复合型特征。受众作为“传播参与者”，兼为传者、受者、用户和专业生产者等多重身份，“产消合一者”（prosumer）一词被越来越多地用来描绘这类新兴的传播主体。彭增军认为，当代受众身份兼有读者、观众、听众、网民、消费者、用户、参与者、业余记者、出版商、自媒体等。[①]还有很多学者认为，新媒体环境下“受众”的概念应用更具有包容性的“用户”概念来替代，以指代新媒体生态中参与传播的分散又聚合的个体。同时，受众线下真实身份与线上虚拟身份由分离走向同一，通过网络社会的“亲社会行为”实现了信息交互式、裂变式传播。

（二）传播过程中受众参与度颠覆式升级

从信息的选择来看，受众由传统的被动接收信息转向主动寻求信息，从因受到媒介框架议程限制而导致的信息选择性接收到新媒体时代信息选择的多样化、海量性、跨域性，受众自身的需求已成为其信息选择行为的核心动机。同时，受众的媒体使用亦体现出多样化与多层次性。从信息传播过程来看，受众已由传统媒体中的“封闭式”参与变为新媒体环境下的“开放式”参与，单纯浏览信息的行为已转变为公开的意见表达和自发传播，深度参与到信息的生产与再生产之中，对媒体内容的建构产生了广泛而深刻的影响。

受众参与的颠覆式升级，使得媒体在传播中的中心地位受到挑战和弱化，受众不仅从原来的信息传播终端进入到信息传递的每一个环节，而且从信息传播的范畴扩展到更为广阔的社会生态之中。受众作为一种中介，将现实的社会建构与媒体生态的建构紧密地联系在了一起。

（三）受众信息反馈的即时化

爱奇艺、芒果TV、bilibili弹幕视频网等视频集成App中的实时弹幕能即时反映受众情绪、观点，淘宝平台上的网红直播带货效率与规模空前，斗鱼、虎牙等网络直播平台上的“打赏”、点赞等受众行为也体现出实时互动性，媒体得以根据受众反馈及时调整与改善传播策略。新媒体受众反馈的即时性替代了以往的延时性，且反馈过程与传播过程交织互嵌，形成了信息流多向度、高交互的传播特征。

---

① 彭增军. 熟悉的陌生人：社交媒体时代的受众[J]. 新闻记者，2016（11）：44-47.

二、新媒体环境下的受众行为

（一）新媒体与受众信息生产

随着新媒体对受众的技术赋权，受众已成为媒体信息生产与再生产的主体，甚至出现了完全由受众生产的信息内容为主导的平台化媒体，如百度贴吧、知乎、豆瓣、抖音等。新媒体时代受众信息生产行为呈现多样化特征，既包括个体化的信息生产与再生产，又包括受众之间的互动分享与协作生产，新媒体环境下的“UGC”正日益产生巨大的影响力、社交资本与现实经济效益。“传受合一”的传播关系变迁，标志着传播由线性的、技术化的“受众模式”转变为非线性的、社会化的“用户模式”，受众同时参与到信息传播的“编码”和“解码”中，能动性的受众使得媒介产品变为一种“互文性商品”。同时，“自我创造、自我使用”也形成一种全新的受众信息生产方式。①

在新媒体环境下，受众的信息生产能力发生了质变，费斯克提出的“积极的受众”理论在这里重新得到重视并被赋予了新的内涵：受众除了具有对媒介文本进行重新阐释的权力之外，新媒体还使其直接进入媒体内容的开放性生产流程中，受众为自身创造文本意义的行为在一定程度上瓦解了媒体话语权。

（二）新媒体与受众信息传播

在新媒体环境下，受众参与信息传播过程主要体现在三个方面。

1.受众“二次”传播

个体化媒体技术尤其是智能手机的应用与普及，使得受众对媒体内容进行二次加工后以自身为传播网络节点进行再传播成为常态。二次传播的影响力不容小觑，其已被纳入各大新媒体平台评估内容质量、互动活跃度的数据参照，新闻信息能否引起网民共鸣，使其自愿分享、进而转发，已成为衡量媒体传播力、影响力、引导力的重要指标。

2.移动式、碎片化传播

随着网络软件技术和硬件终端技术的发展，受众二次传播的形式体现为随时、随地、随“机”——智能机器终端、随“人”——受众身体，“人机一体”趋势的出现也

---

① 杨光宗，刘钰婧. 从“受众”到“用户”:历史、现实与未来[J]. 现代传播，2017（7）：31-35.

使移动式的受众信息传播更加常态化。受众在新媒体中的信息传播呈现碎片化特征，如微博140个字的字数限制，使表达变得简洁、凝练，也实现了信息传播的便捷、快速。然而，碎片化信息传播使得受众难以形成逻辑化、整合化的思维模式，难以分类与归纳的海量信息对受众认知体系的建构也产生了冲击。

3.线上社交网络的圈层传播

基于弱关系的趣缘、业缘、朋友圈的用户信息传播呈现“圈子化”的特点，如微信等社交新媒体社群多基于熟人关系，诸如亲朋好友、同事、同学；知乎、豆瓣等线上知识社区，则基于趣缘的弱关系圈层；小红书等生活分享平台上，受众之间通过内容交互，呈现“先分享再聚集”的基本特性，在“准实名”的基础上扩展关系网络，从而拥有了更广泛的信息来源、支持资源、兴趣和利益，以此形成更大的社交“圈子”。线上圈层传播与线下社会互动相互连接、相互影响，这种高度的共享性和互惠性使得新媒体受众“圈层”成为一个较为私密的组织，若非征得同意，陌生人很难进入这个“圈子”，从而保证了这一群体的组织严密性和感情牢固性。①

（三）新媒体与受众信息消费

在传统媒体时代向网络媒体时代转变的过程中，受众市场进一步细分，“长尾效应”得到重视。如今，随着智能媒体、算法、大数据等新媒体技术的发展，个性化、场景化、碎片化的受众信息消费模式逐步形成。

具体而言，受众个体需求已成为媒体信息传播的核心，“众口难调”也不再是难题，“使用与满足”已被适配、友好、个性化的服务型信息消费所替代。另外，场景化信息消费为媒体开发多元产品服务提供了市场，时空场景对信息消费产生了影响。例如，早晨刷牙洗漱时，听网络电台的受众人数增多；夜晚10点至11点休息前，视频类信息消费人数增多；地铁上、公共场所、家庭等不同空间的信息消费类型也各有所异。

随着受众信息消费终端的便携化、操作简易化、多样化以及新媒体环境下受众时空观念、思维模式的非整合性，其信息消费也呈现碎片化特征，媒体在捕捉这一趋势的前提下生产出了适配的短小精悍式的各类“微”型媒体产品，如短视频、公众号推文、vlog等，甚至因为过分追逐受众注意力而出现“标题党”等信息现象。

新媒体中信息的海量性、过载化、多样化以及个性化、精准化的传播机制，都对受众进行优质信息选择、自主“解码”和“编码”媒体信息等媒介素养提出了新的要求。在新媒体环境下，私人领域与公共空间的界限趋于模糊，面对伪健康信息、谣言、

---

① 沈浩，张雅慧. 关系视角下的受众传播规律与机制[J]. 新闻与写作，2019（3）：12-18.

伦理失范等媒体现象，受众提升自身对信息的批判性辨析能力、质疑能力、解读能力的显得尤为重要。

三、新媒体环境下的受众生态

1995年，尼葛洛庞帝提出的“数字化将决定我们生存”在如今的新媒体环境下已然成为现实，以“用户”为核心的传播环境使传统大众传播模式转变为数字化传播模式，信息传播更加便捷，渠道更为多样，内容更加丰富，数字媒体生态正逐步形成。①新媒体数字传播环境深刻地影响着囊括政治、经济、文化各个方面在内的受众生态。

（一）受众的政治参与

新媒体为受众广泛参与政治表达、传播观点和诉求从而推动现实环境的变动提供了平台。与传统方式相比，新媒体的受众政治参与具有参与便捷、传播快速、影响广泛等特点，在一定程度上拓展了哈贝马斯所说的“公共领域”，可以迅速形成社会共识。从早期的“孙志刚”事件到近几年的“江歌”案中，网民受众在通过新媒体参与公共事件讨论、推动事件解决及相关体制的完善等方面形成了广泛的舆论力量。

同时，国家各级公共管理部门也应势利用新媒体平台集思广益。例如，在2020年“新冠肺炎”疫情早期，国务院直接面向社会收集疫情信息与线索，极大提升了信息透明度和社会信任。然而，观点的庞杂与良莠不齐，也同样对主流媒体的舆论引导带来了新的挑战，如何促进受众舆论场健康发展、促进官方舆论场与民间舆论场的对话，是全民政治参与时代应当思考的议题。

（二）信息消费经济

习近平总书记指出，“要发展数字经济，加快推动数字产业化，依靠信息技术创新驱动，不断催生新产业新业态新模式，用新动能推动新发展”。数字化、网络化、智能化进程的不断加速，推动着信息消费需求加速释放。当前，我国信息消费规模持续扩大、结构趋于优化、潜力依然巨大。2019年第一季度，我国信息消费规模就近4万亿元，为中国经济高质量发展积蓄了强劲动力。②

在新媒体环境下，多种受众信息消费经济形态应然出现。爱奇艺、芒果TV等付

---

① 杨光宗，刘钰婧. 从“受众”到“用户”：历史、现实与未来[J]. 现代传播，2017（7）：31-35.

② 秦平. 信息消费为中国经济发展“蓄能”[EB/OL].（2019-12-15）[2020-03-11]. http://guancha.gmw.cn/2019-12/15/content_33402436.htm.

费视频App创收不俗，以知乎为代表的知识付费社区日益兴起，喜马拉雅FM等付费音频、荔枝微课等付费线上课程等也越来越多地进入日常生活，受众的信息消费经济显现出强大的内驱力、活跃度和持久性。在未来，优质媒体内容依然是各新媒体平台的立身之本，技术优势使受众消费内容更加充满活力。

（三）参与式文化

互联网的发展普及正式标志着麦克卢汉的"地球村"预言成为现实，去中心、无边界，移动化、多媒体化，社会化关联、无把关环节，传播主体多元、参与形式多样，这些新媒体传播独有的优势激发了受众的能动性，为"参与式文化"（participatory culture）的生发提供了深厚的土壤。[①]参与式文化最初由美国传播学家亨利·詹金斯（Henry Jenkins）于1992年提出，指的是以web2.0网络为平台，以全体网民为主体，通过某种身份认同，以积极主动地创作媒介文本、传播媒介内容、加强网络交往为主要形式所创造出来的一种自由、平等、公开、包容、共享的新型媒介文化样式。

与传统媒体相比，庞大的受众群体在新媒体上的"参与式文化"更加注重社群关系与身份认同的建构，提倡创造与传播个性化的媒介文本，并强调集体智慧。例如，"维基百科""百度百科""新浪爱问"等平台的协同内容创造机制，使个人、群体和内容之间得到了充分互动，集体智慧也得到了最大程度的体现。

四、对"新"受众的反思

新媒体与新技术在赋予受众权力的同时，也强化了媒体自身"传送带"的角色。必须注意到的是，这种变化在强化受众能动性的同时，也包含了消解的意味。智能技术的赋能使得媒介与社会的融合更加深入，传播媒介所营造的"拟态环境"与现实社会更加难以区分，用户的概念在物联网时代更加凸显，但其在大数据、传感器技术下也成为更易于被监控的个体。

因而，新媒体环境对"积极受众"带来的负面作用也值得注意。

第一，"信息内爆"和智能媒体技术的泛化弱化了受众能动性。适配受众需求的媒体产品提升了媒体服务水平，也恰恰省去了受众自我搜集、创造、传播信息的主动性，信息过载与基于算法的个性化推送机制也助长了受众惰性，导致"大众已经完全失去了主体哲学曾经赋予人的那种思想、意志和情感，他们不可能掌握自己的现实命运，在自我麻木中只能选择沉默"[②]。

---

① 蔡骐，黄瑶瑛. 新媒体传播与受众参与式文化的发展[J]. 新闻记者，2011（8）：28-33.

② 张宪军，赵毅. 简明中外文论辞典[M]. 成都：巴蜀书社，2015：396.

第二，新媒体技术的使用使数字鸿沟进一步扩大。新媒体的普及虽使得受众在媒介接触上的差异缩小，但基于其本身固有知识体量、思维模式等内在素质的差异，在新媒体的使用、媒体功能的自主探索和开发、媒体内容的生产和创造等方面的差距在长久看来将会进一步拉大，美国著名未来学家托夫勒提出的"数字鸿沟"理论在新媒体这一放大镜中会被进一步验证。

第三，碎片化的信息消费使受众思维深度、广度大打折扣。尼古拉斯·卡尔（Nicholas G.Carr）认为，碎片化阅读使受众变得"浅薄"。他指出，碎片使我们的思维无法再深刻下去，因为显然，我们不再具有保持深刻所需要的注意力。批判性、整合性、建构性思维在新媒体短、平、快的传播过程中难以形成，媒体的具身性发展也使受众更加难以关注自身之外的客观世界。

第四，媒介成瘾导致受众行为失范。传播学者德弗勒和鲍尔·基洛奇（Ball-Rokeach）指出，个人越通过使用媒介来满足需求，媒介在个人生活中所扮演的角色就越重要，而媒介对个人的影响也就越大。对新媒体的过度使用及其对日常生活的嵌入程度的加深，网络游戏、网络色情、网络交易等均是"媒介成瘾综合征"的诱因，这些都会导致新媒体空间内的受众失范行为。

第五，新媒体对受众的技术监控。cookies随时记录受众在新媒体上的行为，通过极为精确、深入的用户画像洞察受众行为背后的心理状态、情绪起伏甚至隐私，在互联网上"裸奔"的说法屡见不鲜。新媒介技术是一种服务，还是一种监控，其程度该如何把握，成为新媒体环境中有关受众的反思性议题。

扩展性读物：

1.胡百精. 危机传播管理：流派、范式与路径[M]. 北京：中国人民大学出版社，2009.

2.克拉伯. 大众传播的效果[M]. 段鹏，译.北京：中国传媒大学出版社，2015.

3.泰勒，威利斯. 媒介研究：文本、机构与受众[M]. 吴靖，黄佩，译. 北京：北京大学出版社，2005.

4.李普曼. 公众舆论[M]. 阎克文，江红，译. 上海：上海人民出版社，2006.

5.麦奎尔. 受众分析[M]. 刘燕南，译. 北京：中国人民大学出版社，2006.

6.NIGHTINGALE V. The handbook of media audiences[M]. NJ: Wiley-Blackwell, 2011.

7.SULLIVAN J L. Media audiences effects, users, institutions and power[M]. CA: Sage, Publications, 2012.

思考题：

1.简述社交媒体环境下受众群体分化的原因和现状。

2.什么是受众的选择性行为？它主要受到哪些因素的影响？

3.什么是受众价值？新媒体环境下，受众价值的开发有何重要意义？

4.随着新媒体的发展，学界对新受众也形成了一些新的解读。谈谈你对我国近年来受众研究状况的认识。

5.新受众在新媒体中扮演什么样的角色？新媒体环境下受众的多重身份应该如何理解？

第八章　传播效果

第一节　传播效果的认识历程

大众传播研究包括传者、内容、渠道、受众和效果5个部分，其中研究历史最长、争议最大、最具现实意义的是效果研究。大众传播的研究一般都基于传媒可以产生某种效果这一假设，通过效果研究可以检测其他4个方面的功能及状况。效果研究主要集中在大众传播在改变受众固有立场、观点上有多大威力这一方面，但也涉及了大众传播对社会及文化所造成的影响。麦奎尔认为，“大众传播理论之大部分（或许甚至是绝大部分）研究的是效果问题”。[①]

所谓传播效果，指传播者发出的信息经媒介传至受众而引起的受众思想观念、行为方式等的变化。这个术语如今也用来描述媒介研究的一种特殊传统。[②]

传播效果研究始于第一次世界大战，经历了不少曲折阶段。1981年，赛弗林和坦卡特对传播效果研究的轨迹作了4个方面的概示，分为“枪弹论”“有限效果论”“适度效果论”“强效果论”，指出这些理论呈螺旋状向前渐进，并有合理的理论内核和

① 胡正荣. 传播学总论[M]. 北京：北京广播学院出版社，1998：295.

② 费斯克. 关键概念：传播与文化研究辞典[M]. 李彬，译. 2版. 北京：新华出版社，2004：91.

科学的数据做支撑。这个发展过程可以通过时间轴来表示，图8-1显示了每一种理论盛行的时间和媒介影响的效果大小。

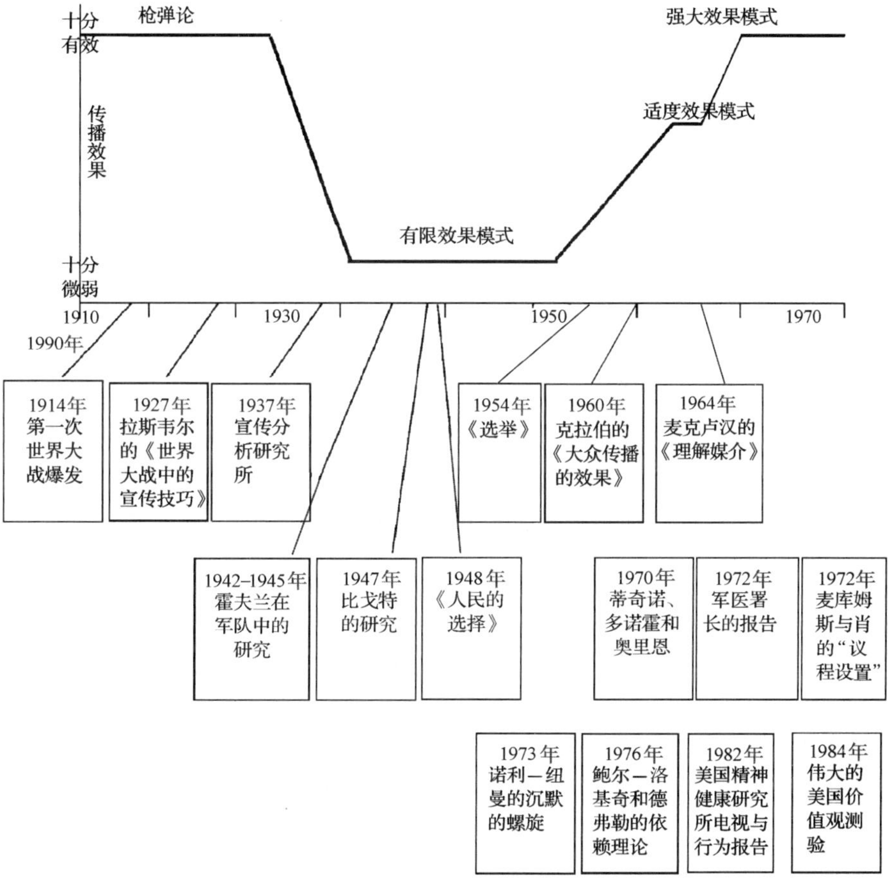

图8-1　有关大众传播效果的各种模式的变迁

在《大众传播研究中的里程碑——媒介效果》一书中，德弗勒等人描述了20世纪20年代至20世纪90年代间70年来传播效果研究的详细过程，列举了规模较大、成果较显著、具有里程碑意义的14次效果研究，它们分别为潘恩基金会研究：电影对儿童的影响；火星人入侵地球：广播给美国带来的恐慌；人民的选择：政治选举中的媒介；日间广播剧听众调查：使用与满足的研究；良种玉米的推广研究：新事物的创新与扩散；电影的说服效果："二战"中对美国士兵的劝服；耶鲁项目：研究说服效果的心理实验；个人影响：传播的两级流动；里维尔项目：信息传播的质量与途径；儿童生活中的电视：早期电视研究；新闻媒介的议程设定功能：告诉我们想些什么；暴力与媒介：骚动的年代；电视与社会行为：军医署长的报告；第二次军医署长报告。

一、传播效果的早期认识

（一）枪弹论

枪弹论（bullet theory，亦称子弹论）也叫“皮下注射”论（伯罗，1950）或“刺激—反应”论（德弗勒，1970），是盛行于20世纪20—40年代的一种认为媒介威力强大的理论。这个名称并未被早期研究大众传播效果的学者所使用，而是对当时广泛持有的一种观点的形象描述。

枪弹论是有关“媒介—受众”关系的一种机械而简单的模式，认为软弱的受众像射击场上的靶子，无法抗拒子弹的射击；“效果强大的刺激得到大众个体成员一致的注意，这些刺激激发了内心欲望、冲动或个人难以自我控制的其他过程”；受众消极、被动地等待和接受媒介所灌输的各种思想、感情、知识或动机；大众传媒有着不可抗拒的巨大力量，受众对大众传媒的信息产生大致相同的反应。“刺激—反应”机制和媒介效果强大的信念是该理论形成的基础。

20世纪初，在孔德、斯宾塞等人的社会有机体思想和韦伯等人的工业化社会理论基础上，形成了大众社会理论，认为媒介可以对社会产生巨大影响。

图8-2 《世界大战中的宣传技巧》

1926年，拉斯韦尔以论文《世界大战中的宣传技巧》（次年出版）获哲学博士学位，成为宣传分析研究的创始人。

在第一次世界大战中，交战双方利用大众传媒展开心理战，精心设计的宣传信息充斥了国家的新闻报道。协约国的战争宣传非常成功，以至于战后有人认为德国投降是因为受到了协约国宣传的欺骗。拉斯韦尔在《世界大战中的宣传技巧》（1927）一书中肯定了宣传在战争中的作用和效果。

第二次世界大战前，纳粹德国以武力为宣传的后盾，大搞恐怖活动，一时产生了巨大的效用。人们担心某些人也利用大众传媒进行希特勒式的煽动，特别是20世纪30—40年代，伴随着电子媒介在美国的迅速发展，忧虑与悲观的情绪也逐渐产生，于是枪弹论流行开来。

这个理论框架支撑着大量有关受众与媒介效果的早期研究，主要的研究成果包括以下几个。

1.潘恩基金会研究

20世纪20年代中期，对突然侵入美国人生活中的新媒介——电影，人们纷纷指责其对社会的发展带来了负面影响。1928年，美国电影研究评议会在民间慈善机构——潘恩基金会的协助下，邀请了一批心理学家、社会学家和教育学家共同研究电影对儿童的影响。研究从13个不同的角度出发，探讨电影内容及其对不同受众产生的效果。研究结果表明，电影对儿童有巨大的影响，可以直接改变人的态度，而持枪弹论的学者认为，态度的变化即等于行为的变化。

虽然这项研究发现不足以揭示现代媒介的影响，在现代仅具有历史价值，但它却是实证传播研究发展史上的一个重要里程碑。在当时，所有可能的科学研究方法都被派上了用场，包括精密的实验室实验法、内容分析、问卷调查、自然环境实验法以及布鲁默发明的自传式记录方法。这项研究扭转了早期宣传策略的研究，并预见了意义理论和模仿理论在今天的地位，引导出了态度变迁、睡眠效果、使用与满足理论、模仿的影响和媒介建构社会事实等理论。

2.火星人入侵地球

1938年10月30日，美国哥伦比亚广播公司播出了根据科幻小说《星球大战》改编的广播剧，在全美国引起了大恐慌，至少有600万正在收听的听众相信了这件事，其中有100万人受到惊吓而产生恐慌行为，或躲藏、或惊叫、或祷告、或逃到郊外。事后，普林斯顿大学广播研究中心对这一事件进行了研究。研究发现，讯息在一定的时间、地点和条件下，对某一类特定受众有很强的影响，这些因素的综合作用可以使某一效果极为突出和明显。这个结果也强化了人们对媒介效果的恐惧感。但同时，该研究也证明了受传者自身与社会条件等因素和传播影响的作用之间有很大关系，因此它开启了日后研究选择性影响的方向。

枪弹论的主要观点是将传播效果绝对化，将传媒的作用不分时间、地点、对象、环境地夸大。“它虽然在一段时间内广为流行，但并未得到真正一流学者的拥护，只是一种记者的‘发明’”。20世纪30年代末，有关传播效果的研究资料已经表明，传播媒介如枪弹一样不可抗拒的理论并无根据。

20世纪40年代以后，枪弹论逐渐被抛弃，“被代之以更多地考虑传播的人类特性而更少归因于这一过程的物质资产的力量的理论”[1]。

---

① 施拉姆. 传播学概论[M]. 北京：新华出版社，1984：202.

媒介事件：枪弹论的一个注解[①]

西方传播学者丹尼尔·戴扬（Daniel Dayan）和卡茨在《媒介事件：历史的现场直播》（*Media Events: the Live Broadingcast of History*）一书中，将电视作为一种新的传播样式，认为电视直播“历史性”事件已经成为一种世界性的仪式。按照两人的观点，这种直播事件虽然一方面把世界各地的观众固定在了电视机前，另一方面却具有改变社会的潜能。他们认为“媒介事件”是指“一种特殊的电视事件”，但是又不同于一般的电视节目、电视新闻甚至一些重大的新闻事件，媒介事件是指观众对电视的节日性收看，即那些令国人乃至世人屏息驻足的由电视直播的历史事件。在文化呈现出多元化发展趋势，电影、电视、广播等媒介的栏目或节目被不同的受众群体所选择、所分割，大众传播日益趋向“小众传播”的情况下，“媒介事件”却始终表现出它对空间、时间以及对一国、数国乃至全世界的“征服”。它是一个被几亿、几十亿人关注并为之激动的“神圣的日子”，是国家级或世界级的“大众传播的盛大节日”，是群体情感的一种宣泄。从对受众产生强大效果的角度来看，媒介事件似乎可以成为“枪弹论”的一个注解。

奥运会上的中国女子排球队

图8-3　奥运会上的中国女子排球队

奥运会与世界杯无疑是最典型的“媒介事件”，它具备了三个主要元素。首先，组办方、组织者通过组织、收集材料赋予了这些体育盛会以历史意义。例如，北京奥运会的成功举办，就已经与国家和平发展、民族荣誉等意义紧密地联系在一起，使其具有了成为历史里程碑的重要作用。其次，媒体对该赛事及其周边的元素进行组合重构完成了时间的再生产。最后，观众通过媒体对赛事现场的直播或转播的观看，使观众产生自身是现场参与者的感觉，从而共同营造出了一种全民狂欢的氛围。据中国政府官方统计，从2008年8月8日奥运会开幕到24日闭幕，17天内收看央视奥运转播及相关体育报道的观众人数累计达11.2亿人，占全国电视总人口的92%。收视率最高的奥运会开幕式有8.42亿观众，闭幕式的收视人数达到6.58亿人，其中有5.01亿观众是通过央视转播频道收看的闭幕式。据新华网相关统计，2010年南非世界杯，超过3,000万德国观众在电视机前收看了德国队0∶1负于西班牙队的世界杯半决赛，创下德国足球转播的收视纪录。2010年南非世界世界杯的举办，使整个世界在6、7月间完全成为足球的海洋。

在制造媒介事件的过程中，电视媒体起到了核心作用。正是电视媒体将受众吸引到电视屏幕前，让平日里理智的受众陷入集体无意识的狂热状态中，心甘情愿地促成了媒介事件的成功。

① 段鹏. 传播效果研究：起源、发展与应用[M]. 北京：中国传媒大学出版社，2008：12.

（二）有限效果论

有限效果论也可以叫作“最小效果定律”，在纽约大学教授克拉伯所著的《大众传播的效果》（1960）一书中有对此非常精彩的描述，但这一说法却是由他的妻子——纽约大学教授霍普·克拉伯（Hope Lunin Klapper）创造的。丈夫克拉伯对大众传播的效果提出了5个普遍原则：

第一，大众传播本来并不是对传播对象产生效果的一种必要而充分的因素，而是从属于其中并通过中介因素来发挥作用。

第二，这些中介因素向来赋予大众传播以一种辅助加强现有条件的作用，而不是唯一的因素。

第三，当大众媒介对改变现状起作用的时候，就必须具备以下两个条件之一：其一，中介的因素不起作用而媒介的效果是直接的；其二，通常起加强作用的那种中介因素本身是促进改变的。

第四，在某些有后效的情况下，大众传播似乎能产生直接的后果，或是直接服务于某种心理物理学的作用。

第五，大众传播的效能。无论是作为一种辅助者或是起直接效果的代理者，都是由媒介和传播本身或是由传播状况的各个方面影响的。

其中提到的中介因素包括选择过程（选择性理解、选择性接触和选择性记忆）、群体过程、群体规范和意见领袖。克拉伯认为，媒介宣传的实现必须经过中介因素，但由于传者难以对中介因素实施控制，因此，其预期效果不可能完全实现。

有限效果论是对早期“大众传媒威力论”（枪弹论）的否定，它认为传播活动是传受互动的过程，受众是具有不同特点的个体，而不是应声而倒的靶子。大众媒介的效果由于媒介性质及其在社会中的地位而大受影响。媒介不是影响受众直接的和唯一的因素，大众媒介透过许多中介，在其他格局的影响下发生作用，对受众的影响是有限度的。

有限效果论中包括个体差异论、社会分类论、社会关系论、多级传播论、中介因素论、意见领袖论等许多理论，其中较为关键性的研究有4个。

1.“二战”中对美国士兵的劝服

1942年至1945年间，霍夫兰等人受军方邀请对“二战”中军事纪录片对士兵的劝服效果进行研究。他们让士兵观看由好莱坞著名电影制片人弗兰克·卡普拉（Frank Capra）制作的系列片《我们为什么打仗》中的4部影片，以研究每一部电影对观众的态度或动机的影响力。这些被设计为激励性的影片，其主导思想基于这样的假设：很多应征入伍者并不了解导致美国卷入第二次世界大战的那些国内与国际事件，如果了解了这些事件，便能使人们更容易从一般平民的生活转向军人生活。

研究的结果表明，这类宣传影片在传播普遍事实方面具有显著效果，对某些较为直观的看法和解释也有一定的影响力，可以在短时间内有效地提高受众对事实的了解，改变他们的一些意见或对事物的看法，但对于受众固有的态度和观点，却不能对其态度或动机产生效果。该研究还显示，影片的效果是很有限的，并不如枪弹论所言的那样是强有力的。显然，该研究走向了媒介效果有限论的研究方向。同时，调查还对短期与长期效果和片面之词或正反意见并陈的效果进行了比较研究，发现个体差异与传播效果的实现之间有很大的相关性。

2.反对成见的漫画

1947年，美国犹太人委员会资助了尤尼斯·库珀（Eunice Cooper）和梅尔·贾戈达（Mare Jahoda）对反对成见的漫画效果的研究。他们研究漫画人物“比考特先生”的本来目的，是要人们看到成见有多么荒谬，从而减少人们的成见。但研究结果表明，样本中约有三分之二的受试者误解了该漫画的意义，一些人甚至认为该漫画的目的是使成见合法化。

这个研究显示，人们对讽刺漫画的看法不同是根据他们本身的态度决定的，持有成见的人和没有成见的人在漫画中所提炼出的信息只是强化了他们的既有态度，即受众个体对信息的选择性理解会减弱信息传播的效力。

3.人民的选择

1940年对美国而言是一个时代的分界点。它是美国经济恐慌的最后一年，也是进入“二次大战”前的最后一个和平年。因此，1940年的总统选举特别令人瞩目，而媒介在选举中的角色也显得日益重要。在洛克菲勒基金会和哥伦比亚大学广播研究中心的支持下，拉扎斯菲尔德带领自己的助手和学生贝雷尔森等人，以颇具代表性的俄亥俄州伊利县的居民为调查对象，对选民以及影响他们行为和看法的因素和媒介宣传在改变其决策上所扮演的角色等问题进行了历时半年的调查研究。

图8-4 特朗普和希拉里的竞选辩论直播

研究发现，在选举过程中，只

有8%的人改变了态度，而在这一过程中，媒体宣传的主要效果只能在选民既有的政治倾向下发挥同化、维护或催化的作用，并不能轻易改变受众的原有态度。对选民投票起决定性作用的是其社会经济地位、宗教信仰、居住地区及他人的影响等。这项研究在大众传播研究史上的重要意义在于它显示了调查法在长时间研究中的创举，并清楚地证明了媒介宣传在选举中所扮演的角色。

其调查报告《人民的选择》，肯定了媒介效果的有限性：媒介的总趋势不是带来变化而是鼓励维持现状。“出于同样的尺度，它们也不会提出有关社会结构的本质性问题。”[①]他们承认，媒介在某些条件下也有重要作用，其条件是：只有一种观点垄断媒介；媒介的努力与“疏导”性的改变相结合而进行一种小而特定的改变；组织面对面地交流来辅助媒介宣传。事实上，这些条件很难实现，尤其是第一个条件。

图8-5　排队的美国选民

该研究更重要的意义，在于提出了“两级传播”（two-step flow theory）理论，发现了在人际交流中对他人态度产生影响的“意见领袖”（opinion leader）。调查发现，媒介信息通过意见领袖的“过滤”和“加工”后到达与意见领袖有社会接触的个体。“概念往往先从无线电广播和报刊流向舆论界的领导人，然后再从这些人流向人们口中不那么活跃的部分”，即形成“大众传播—意见领袖—受众”的传播过程，这一过程被称为“两级传播”。两级传播比直接的大众传播更具有说服力，经过意见领袖再加工的信息针对性更强，也更容易被受众接受和相信。

4.两级传播

拉扎斯菲尔德在《人民的选择》中提出了两级传播理论后，对其传播中的第二个阶段，即对意见领袖及其对跟随者的影响进一步进行了研究。从1945年开始，他又花了近10年的时间，从4个角度——市场的意见领袖、流行资讯的意见领袖、公共事务的意见领袖、看电影的意见领袖——来探讨“人”在讯息传播过程中扮演的角色。该研究的报告《亲身影响：个人在大众传播流程中扮演的角色》使人际传播的过程受到了充分重视，从而彻底改变了当时人们对大众传播过程的整个想法。大众传播不再被

① 施拉姆.传播学概论[M].北京：新华出版社，1984：206.

视为只是一个通过刺激而使受众产生反应过程的媒介。

当然，此后，针对两级传播理论，很多人提出了批评意见，他们主要认为意见领袖与其他受众之间往往并无明显界限；在某些场合，受众可以直接获取信息，不存在中间人；意见领袖的主要信息来源有时是人际渠道；受众交换信息时往往难以区分意见领袖和其跟随者；有时意见领袖不能影响他人；影响过程可能不止两个阶段；对缺少媒介的传统社会或对发达社会中充满危机与不安定的环境，该理论不适用等。

1971年，罗杰斯等人在《创新扩散》一书中，将两级传播理论进一步扩充为"多级传播"理论（multi-step flow theory），认为媒介信息在传至受众的过程中存在多种方式、多种传播渠道，可能存在由多级中介环节组成的信息传播链。

但无论是两级传播还是多级传播，意见领袖都在其中扮演着非常重要的角色。意见领袖是人群中那些首先或较多接触大众传播信息，并将经过自己再加工后的信息传播给其他人的人。意见领袖介入传播过程，加快了信息的传播并扩大了影响，他们具有影响和改变他人态度的能力。意见领袖具有以下特点：在社交场合较为活跃；与受其影响者处于同一团体并有共同的兴趣爱好；通晓特定问题并乐于接受和传播这方面的信息。

施拉姆对传播过程给予了更为全面的描述，他指出，信息与概念在社会中川流不息，大众传媒对它们施加着巨大的影响。所有的人，在不同时刻可能以不同方式影响着这个流程。"你可以把它想象为一种多级流程。最好是把它想象为一种全体制流程，也就是说，信息连续不断地流过社会体制，它服从这个体制的约束与需要，也受到体制内部的作用与习俗的影响与推动。"

总的来讲，早期效果研究以说服性传播的研究为主，是具体的、短期的、针对受众个人的直接研究，对传播转变受众态度（克拉伯认为大众传播对受众态度的影响应为效果研究的重点）的力量做了保守的评价。从拉扎斯菲尔德等人在伊利县所做的选举调查开始，传播学者才真正开始用科学方法来探索传播的效果问题。

二、传播效果的现当代认识

（一）适度效果理论

适度效果理论出现于20世纪60年代至20世纪70年代初，在《传播理论：起源、方法与应用》一书中，赛弗林和坦卡德在谈到该理论时指出：第一，有限效果论过分贬低了大众传播的效力，其实在某些情况下，大众传播的效力可能相当显著。第二，以往的研究注重于探求大众传播对于态度及意见的影响，如果探求其他因变量，也许就会发现大众传播具有更大的效力。第三，以往的研究在构想方面只着眼于一个方面，即只问"大众传播对受传者产生了什么影响"，却忘了问另一个重要问题，即"受传者要大众传播做什么"。第四，以往的研究只研究大众传播的短期效力，几乎完全不研究其长期效力。

现当代的效果研究摆脱了"传者中心论"的局限，开始以受众为中心进行研究，并着力于研究大众传播的长效作用。赛弗林和坦卡德认为，该理论的研究包括信息寻求（创新与扩散）理论、使用与满足理论、议程设置理论和文化规范理论等一系列研究。

1.使用与满足理论

使用与满足理论（the uses and gratifications approach）主要研究媒介受众的一种取向，这一取向的核心主张是：受众成员对媒介产品的消费是有目的的，旨在满足某些个人的、经验化的需求，即人们观看电视与电影或阅读报纸与书籍等，实际上都在不同程度地使自己的某些需求得到满足。

该理论根植于美国1940年代的有关研究。1944年，赫佐格对2,000多名广播"肥皂剧"的女性听众分别进行了长期和短期的调查采访，以探究听众对满足的需求与获得。他发现，女性听众收听"肥皂剧"的目的，一部分是为了发泄感情，一部分是为了忘却自己的苦恼，一部分是为了获得处事经验的指导。

逐渐地，这种探究模式被发展并描述为一种"受众—媒介"间关系的理论。施拉姆在谈到这一模式时指出，"很明显，大众媒介的效果部分是由传播对象怎样使用它们来决定的"[①]，即如果大众媒介满足受众接触媒介时的动机需要，则传播是有效的。

卡茨在1959年对贝雷尔森"传播研究看来将要死亡"的说法做出回应时，首次提出了"使用与满足"理论。卡茨指出，正在死亡的领域是将大众传播视为说服的研究。当时，大部分传播研究仍致力于调查这样的问题："媒介对人们做了些什么。"他建议，如果这个领域将研究的问题改成"人们用媒介做了什么"，就可以使自己免于死亡。他举出了在这方面已经完成的一些研究，其中的一个研究正是贝雷尔森做的，那就是他于1949年所做的"失去报纸意味着什么"的研究。

这一研究是在报纸投递工人罢工的两周期间，访问人们对失去报纸的看法。研究发现，人们离开报纸感觉自己好像"离开了世界"或是同已经习惯的生活脱了节。大多数人表示，新闻是他们最怀念的内容，失去报纸后他们不得不寻找其他新闻来源，并不得不寻找新的消磨时间的方式。

---

① 施拉姆. 传播学概论[M]. 北京：新华出版社，1984：210.

1964年，布卢姆勒和麦奎尔以使用与满足理论作为总体研究策略，对当年英国大选中政治节目的作用进行了研究，以解答在以前的选举研究中提出的挑战性问题，如大众媒介的选举宣传对选民的影响效果很小，等等。研究发现，受众将政治节目作为自己了解政治事务的信息来源，这便对早期研究认为人们使用大众媒介主要是为了加强原有态度的结论提出了怀疑。

1974年，布卢姆勒、卡茨和格利维奇在发表的论文中总结了当时这一领域的研究，提出了社会需要可能导致对媒介的需要和使用的5种情况：

> 社会局势产生各种紧张关系和冲突，导致必须通过使用大众媒介来缓和。
>
> 社会局势造成对问题的发觉，要求注意并通过媒介寻求可能得到的有关情报。
>
> 社会局势提供了可以满足某些需要的少有的真实的机会，导致向大众媒介取得辅助性的、补充的或替代性的服务。
>
> 社会局势使某些价值提高，而利用媒介中合适的材料有助于确认和增强这些价值。
>
> 社会局势产生了一种要求熟悉某些媒介材料的领域，而这些材料必须记录下来，以便维持其继续作为有地位的社会团体成员的需要。

使用与满足理论近期的新发展着眼于将受众行为在形式和程度上的差异概念化分为积极主动的和消极被动的两种，并将其行为或活动作为可能对媒介效果产生影响的变量来处理。例如，格伯纳及其同事提出的教养理论（cultivation theory）就认为，受众个体主要是为了转移和逃避现实才大量收看电视。

总之，使用与满足理论的取向着眼于个人“需求”在社会与心理方面的推动作用，每种媒介都被理解为在提供一套独一无二的内容与属性，产生不同种类与不同范围的满足。这种取向提供了一种独特的方法，从而使我们能够探讨不同的媒介受众成员如何以完全不同的方式解释和使用媒介的内容。然而，它也招致了许多批评，主要包括这种取向包含了对个体与心理的过分强调，结果可能忽略或无法完全考虑社会结构的基础以及受众需求与满足的性质。施拉姆认为，使用与满足理论还远远不能成为一种理论，但它指明了形成理论可能采取的某些方向。

2.创新与扩散理论

创新与扩散理论也叫“采用扩散理论”，是罗杰斯于20世纪60年代提出的一个关于通过媒介劝服人们接受新观念、新事物、新产品的理论，该理论侧重于大众传播对社会和文化的影响。

罗杰斯在《创新扩散》一书中，为了修订有关创新决定过程的早期理论，考察了2,000多份关于创新扩散的实证研究报告和3,000多种出版物。其中，最有影响的一个实证研究是瑞安和格罗斯在美国艾奥瓦州农民中针对1928年开始推广的杂交玉米种子的研究。

他们的调查包括4种主要的扩散元素：

一项创新。

通过特定渠道传播。

经历一段时间。

在一个社会体系的成员之中流通。

瑞安和格罗斯的这种研究模式已经成了创新扩散研究的经典范式，其实施步骤如下：

第一步，访问约259位农民，确定他们何时及如何采用杂交玉米新种，又是在何时及如何获得玉米新种及其耕作方面的信息的。

第二步，经过一段时间的计划采用率。

第三步，农民被归入采用者行列的依据是其采用玉米新种的时间。

第四步，在创新决策的过程中，确认各种传播渠道扮演的不同角色。

1943年，瑞安和格罗斯发表的研究结果表明：大众传播可以较为有力地提供新的信息，而人际传播则有利于改变人的态度与行为。人们接触新事物的过程最终以常见的S形曲线表现出来。

1955年，美国农业社会学家委员会在他们的研究基础上，提出了类似的“采用过程”五阶段论，将人们接受新事物的过程分为发觉（获得信息）、感兴趣、估价、试验和采用5个阶段。20世纪五六十年代，大量实验证明，对新概念的估计是贯穿于整个扩散过程中的，人们在采用创新之后仍有可能改变决定。因此，罗杰斯进一步指出，创新扩散的过程包括5个阶段：

第一，知晓——接触某种新事物，并对其功能有所了解。

第二，说服——对该事物形成赞成或反对的态度。

第三，决定——进一步思考、讨论和寻求有关的信息，并确定是否采用该事物。

第四，实施——投入新事物的运用；

第五，确认——寻求与之相关的补充情报，强化或改变原有决定。

为了区分对创新采用率不同的个人或其他决策单位，罗杰斯把创新的采用者分成了5类：

创新者——大胆，热衷于尝试新观念，比其同伴有更多的社会关系。

早期采用者——受人尊敬，通常是社会系统内部最高层次的意见领袖。

早期众多跟进者——深思熟虑，经常与同伴沟通，但很少居于意见领袖地位。

后期众多跟进者——疑虑较多，之所以采用创新，通常是因为经济必要或社会关系不断增加的压力。

滞后者——因循守旧，局限于地方观点，比较闭塞，参考资料是以往的经验。

创新与扩散理论中有两点较为重要的结论：

在创新扩散的过程中，相对来说，大众媒介渠道和外地渠道较之于人际渠道和本地渠道的传播，对早期采用者的影响大于晚期采用者。

无论是在发达国家还是发展中国家，传播的过程通常呈S形曲线，即在采用开始时很慢，当其扩大至总人数的一半时速度加快，而当其接近于最大饱和点时又慢下来。

美国1946年至1960年拥有电视机的家庭在总户数中所占百分比的曲线很好地说明了这一点（见图8-6）。

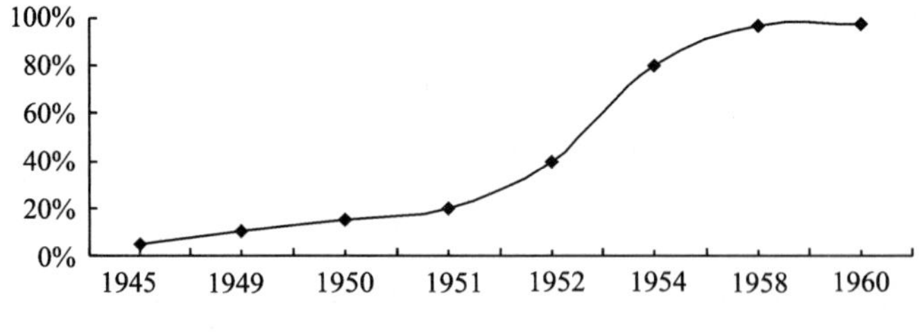

图8-6　对电视媒介的使用[①]

创新与扩散理论在有计划地推广新技术、新观念而采用大众传媒或其他力量方面是较为有效的，但由于缺少反馈环节和与实际情况不完全吻合等问题，因此也存在着一定的局限性。

---

① 施拉姆. 传播学概论[M]. 北京：新华出版社，1984：217.

3.议程设置

议程设置（agenda setting）是用来说明媒介在有意无意地建构公共讨论与关注的话题的一种理论。关于议程设置的论述早已有之。1922年，李普曼在《舆论学》中就曾指出，在某种意义上，大众传媒把“外在的世界”变成了“我们头脑中的图画”。1958年，诺顿·朗（Norton Long）在一篇文章中提出，报纸决定了“大多数人将要谈论什么”及“大多数人对问题的看法和想法”。1963年，伯纳德·科恩（Bernald Cohen）在《报业与外交政策》一书中有一句关于报业威力的名言：“在多数情况下，报纸在告诉人们如何思考上可能不太成功，但在告诉人们应当考虑什么问题时却惊人地成功。”

美国传播学者麦斯威尔·麦库姆斯（Maxwell McCombs）和唐纳德·肖（Donald Shaw）在1972年的开创性研究报告《大众传播媒介的议程设置功能》中首次使用了“议程设置”的概念。他们对1968年美国总统大选期间大众媒介的议程设置作用进行了实证性研究，调查了北卡罗来纳州查普希尔某社区选民心中所重视的主要社会问题，分析了他们所接触的大众传媒的资讯内容，然后将二者的结果加以比较，最后得出结论：在特定的时间和地点，选民讨论和关心的主要问题，恰好是这一时期该地区主要新闻媒介所突出报道的问题。

议程设置主要基于两个观点：

各种媒介是报道世界各地新闻不可缺少的把关人。

人们需要有把关人来帮助自己决定在那些超出自己有限感受能力的事件和问题中，哪些是自己值得关心和应该加以注意的。

麦库姆斯等人还发现，媒介议程与公众对问题重要性的认识并不是简单地吻合，而是与其接触媒介的频率有关。经常接触大众传媒的人，其个人议程与大众媒介的议程具有更多的一致性。

图8-7 《华盛顿邮报》记者卡尔·伯恩斯坦和鲍勃·伍德沃德 水门事件正是在他们锲而不舍的努力下被曝光的。

议程设置理论研究中一个著名的案例就是《华盛顿邮报》关于“水门事件”的报道。记者由报纸内页上一条不显眼的消息入手，抓住线索不放，“花了几个月的时间，实际上是把这个消息塞进其他新闻媒介的议程中，最终引起了公众的注意”，从而使

“水门事件”报道成了当年乃至更长一段时期内重大的政治新闻，最终也导致了尼克松总统的被迫辞职。

图8-8　尼克松总统和夫人

1973年，丑闻揭穿后，尼克松总统和夫人晚餐后在饭店里力图向报界做最有说服力的讲话。

自20世纪70年代初以来，议程设置理论始终是传播理论领域中的主导概念之一，它展现了大众媒介影响社会的一种新的不同于态度改变理论的方式。

值得注意的是，由于以往的“受众”群体已经远远脱离了传统议程设置理论所定义的角色范畴——曾经的被动群体正在主动利用各种社交平台慢慢活跃在新闻传播链条的最前沿，因此在“议程设置”理论演化的过程中，由受众依托微博自媒体平台对传统媒体进行“反向议程设置”的现象逐渐凸显出来。譬如，在“和颐酒店女生遇袭案”中，首先由微博连续3天的热搜引发了广泛关注，微博、微信朋友圈等社交媒体全线热转热评，随后舆论持续发酵，引发了主流媒体的大量报道与评论。“发布—大V大号转发—微博微信呼应—涉事企业回应—公安部门回应—媒体深入挖掘评论”，这一以自媒体为主流媒体反向设置议程的过程线索清晰可见。因此，在当前的新媒体环境下，议程设置理论内涵的丰富性、层次性也需随着媒介实践的发展适时进行更新。

（二）强大效果论

强大效果论最初是由德国传播学者伊丽莎白·诺利—纽曼（Elisabeth Noelle-Neumann）在其1973年发表的论文《重归大众传媒的强力观》中提出的。但是，20世纪70年代以后的强大效果论并不是枪弹论的恢复，而是在适度效果论基础上发展起来的。与早期的媒介万能说不同，它从受众的角度出发，探讨媒介所带来的间接的、潜在的、长期的影响，同时，将传播过程置于整个社会政治经济环境中进行多元化的宏观分析。

赛弗林和坦卡德在《传播学的起源、方法与应用》中归纳说，一部分研究已趋于认同，如果根据传播理论的原则审慎地筹划节目或运动，大众传播便能发挥强大的影响力。如，在一段时间内重复的讯息比单一讯息有效（有例外）；认定并瞄准某些受众；运动目标明确，制作的讯息必须联系到这些目标；传播理论的有关观点在形成主题、讯息和媒介中都可以运用等。

该理论中最为著名的研究是由诺利—纽曼提出的“沉默的螺旋（spiral of silence）”假说。1973年，在德国大选及一系列舆论调查之后，纽曼发表了《重归大众传媒的强力观》一文，宣称大众传播在影响大众意见方面仍能产生强大的效果。纽曼发现，与其他动物一样，人类害怕被孤立。以此为基础，她在文中提出了关于“沉默的螺旋”理论，包括5个假定：

社会使背离社会的个人产生孤独感。

个人经常恐惧孤独。

对孤独的恐惧使得个人不断地估计社会接受的观点是什么。

估计的结果影响个人在公开场合的行为，特别是公开表达观点还是隐藏自己的观点。

这个假定与上述4个假定均有联系，综合起来考虑，上述4个假定形成、巩固和改变公众观念。

在以上5个假定的基础上，纽曼又发展了一套以“沉默的螺旋”假设为核心的关于舆论的学说，主要有如下3个基本命题：

个人意见的表达是一个社会心理的过程。

意见的表明和“沉默”的扩散是一个螺旋式的社会传播过程。

大众传播通过营造“意见环境”来影响和制约舆论。

1.沉默的螺旋

古希腊学者亚里士多德在其著作《政治学》中就已经讨论过“大众观念的不可抗拒性”。他认为，“不仅仅是政府，每一个社会成员都要受制于大众观念的压力”。

早期心理学家奥尔波特进一步指出，一个人自己的意见在极大程度上会依赖于他人的想法，或者更确切地说会依赖于他人对意见的理解，“沉默的螺旋”即部分地依赖于这样一种思想源流。当1972年德国传播学者诺利—纽曼在其著作《重归大众传播的强力观》中首次提出“沉默的螺旋”假说时，她指出，在某一特定时期内，大众媒介所鼓吹的某些观点在社会上占有优势，会对受众造成一种压力。大多数人力图避免因持有某种态度和信念而被孤立，因而在表达支配意见和不表达意见的人数增加时，会放弃原有的想法和态度而选择与主导意见趋同。

同时，由于大众媒介表达支配意见，再加上对持异议的人的人际支持日益缺乏，于是，形成了一个沉默的螺旋（见图8-9）。“这个过程不断把一种意见确立为主要的意见”，持非主流观点和态度的人在大众传播的压力下，随着时间的推移而变得越来越少。沉默的螺旋理论假定，个人具有一种准统计学感觉官能，借此他们可以确定“哪些观点和行为模式是自己的环境所允许或不允许的，哪些观点和行为模式越来越强，哪些越来越弱”。

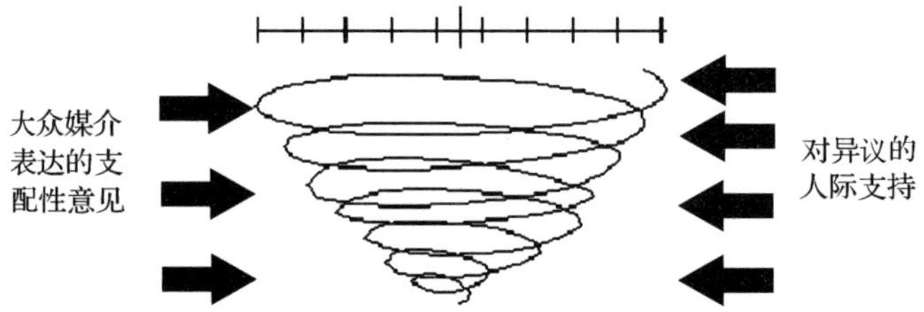

图8-9　沉默的螺旋[①]

在沉默的螺旋中，大众传播扮演了非常重要的角色，这是因为，它是人们寻找并获得舆论传播的来源。大众传播能以3种方式影响沉默的螺旋：（1）对什么是主导意见形成印象；（2）对哪种意见正在增强形成印象；（3）对哪种意见可以公开发表而不会被孤立形成印象。大众传媒正是在这种潜移默化的累积过程中逐渐渗透，并与受众的从众心理、适宜的传播环境等配合，使大多数人依照大众传媒所表现或指引的方向来认识事物、形成意见和采取行动。

传播学者麦奎尔在其1981年出版的《大众传播模式论》一书中指出，沉默的螺旋所描述的意见形成过程，在一定条件下几乎必然出现，但目前仍无法确定其出现的范围。只有在个人之间无法交流私人意见或在媒介意见和受众观点具有某种特定的一致性并产生过预期的意识积累时，我们才可以确定沉默的螺旋将会出现。

另外，随着媒介生态环境的变化，沉默的螺旋理论被卡茨和约纳坦·法尔克夫（Yonatan Fialkoff）判定为应当“退休”的传播学概念之一，他们认为新媒体技术的普及使得每人都能找到其观点的支持者，因而，沉默的螺旋在网络环境中不一定会出

---

① MCQUAIL D, WINDAHL S. Communication models for the study of mass communication[M]. London:Longman,1981: 68.

现，很多事件中都能看到少数派对舆论造成的巨大影响。[①]互联网时代，"皇帝的新衣"不断上演，故事中"说真话"的孩童可以是互联网中的每一个个体。面对记者或揭发者的大声发言，这个理论是否适用值得进一步思考与讨论。

2.其他研究

除了沉默的螺旋理论适合强大效果论以外，由哈罗德·门德尔松（Harold Mendelsohn）、麦克比·内森（Maccoby Nathan）和约翰·法夸尔（J.W.Farquhar）等人所做的系列研究也指出，大众媒介对受众的态度和行为产生了巨大的影响。

门德尔松参与了3个利用大众媒介的研究：第1个是哥伦比亚广播公司的"全国司机测试"，该研究吸引了3,500名观众登记加入司机训练课程。第2个是制作一部酒后驾车的6分钟短片，并与伊斯特伍德的影片一起在电影院放映。结果显示，33%的观众说他们要考虑改变自己以前的安全驾驶观念。第3个是一部针对居住在洛杉矶的墨西哥裔美国人的信息性肥皂剧集，观看该剧的6%的人报告说他们已加入社区组织，从而达到了该剧的一个主要目的。

这3个研究的结果表明，宣传计划都很成功，因为它们遵循了一定的步骤：（1）清楚地说明宣传活动的目的；（2）对准目标受众；（3）努力克服受众对特定议题无所谓的态度；（4）发现与想要强调的消息相关的主题。

另一个例子是由鲍尔—洛基奇等人进行的《伟大的美国价值观测验》研究，该实例也被认为证明了大众传播产生了强大的效果。研究者制作了一个30分钟的电视节目，讨论某些评估美国人价值观的调查结果不一致的问题，以此来测试观众改变价值观的理论。研究者比较了同时播放节目的3个城市和1个没有播出节目的城市的样本，以此来研究这个节目所造成的影响。

试验获得了令人惊异的结果：一个30分钟的节目竟可以改变观众的态度，改变他们对基本价值观的评定和参与政治性行为的意愿。而且，所有这些试验都是在真实世界的环境中完成的，从而打消了对这些结果是否适用于实验室之外的环境的疑问。

（三）效果研究的新方向

近期，关于大众媒介效果理论的探讨主要从媒介内容分析入手，探索媒介对社会现实及其含义的塑造功能；或从心理学角度入手，探讨受众对媒介影响的制约因素。

---

① KATZ E, FIALKOFF Y. Six concepts in search of retirement[J]. Annals of the International Communication Association: 86-87.

1.社会真实的构建理论

在最近的大众传播理论和其他学科领域里，“社会真实的构建理论”（the social construction of reality，简称TCSR）一直是一个热门话题。

约翰·瑟尔利（John Searle）在其《对社会真实的构建》一书中，对客观存在的原始事实和人们主观确认的制度化事实进行了区分，而原始事实则成为人们构建社会真实的材料。

阿多尼·汉娜（Adoni Hanna）和莎瑞·梅尼（Sherrill Mane）提出了社会真实的构建模式的3个部分：客观真实（由事实组成、存在于个人之外并被体验为客观世界的真实）、符号真实（对客观世界的任何形式的符号式表达，包括艺术、文学及媒介内容）和主观真实（由个人在客观真实和符号真实的基础上建构的真实）。阿多尼和梅尼建议说，要想调查真实的社会建构，就应该包括对所有这3种真实形式的研究。

埃利奥特、凯利和拜德在此基础上又进一步研究、开发出了一种模式，表现媒介对人们的主观真实可能带来的影响。

2.媒介的构造

在一个争议性的问题上，人们通常可以看到争论各方竭力以自己的术语去定义（define）或构造（frame）某个议题。新闻媒介也倾向于以各种不同的方式来构造议题。对受众来说，新闻报道的构造可能比新闻报道的偏见更具有某些巧妙的——或者说有力的——影响。有时候，构造是由当权者定义，然后被大众媒介选中并加以传播的；有时候，新闻报道的构造则是通过一些特定的编排设计进行的，它们在以往处理新闻时行之有效。研究已经显示，媒介的构造可以对受众成员产生效果，并影响他们最终对争议问题的解释。

社会真实的构建理论和媒介的构造理论的意义在于，它们扩展了我们对大众传播效果的认识，为我们提供了进一步理解大众传播效果的更佳途径。

三、今天的传播效果研究

20世纪60年代以来，传播效果的研究在纵横两方面进行扩展。学者一方面继续对说服性传播进行研究，另一方面对事实性讯息的传播展开探索。研究理论从效果强大到有限到适度再到强效的重提，呈现出一种螺旋状的渐进状态。

这一阶段出现了培养理论、第三人效果等一些具有代表性的传播效果理论，大众传播的效力又一次得到学界重视。

（一）培养理论/涵化理论（the cultivation theory）

培养理论又称涵化理论，由格伯纳在1967年提出。他认为，现代社会，大众传媒提示的“象征性现实”对人们认识和理解现实世界发挥着巨大影响，大众传媒具有特定的价值和意识形态倾向，通过“报道事实”“提供娱乐”等形式传达给受众，从而潜移默化地形成人们的现实观、社会观，在形成当代现实观和社会意识的“主流”中发挥着重要作用。该理论代表着对大众传媒长期、潜在影响的认识，对效果研究具有重要意义。

（二）第三人效果（the third-person effect in communication）

第三人效果，又称第三人效应，最早由美国哥伦比亚大学沃尔特·菲利普·戴维森（Walter Phillips Divison）教授于 1983 年发表的一篇题为《传播中第三人效应的作用》中提出。他认为人们在判断大众传播的影响力之际，存在着一种普遍的认知定势，即倾向于认为大众媒介的信息，尤其是其中带有宣传性、说服性意味的信息对“你”或者“我”未必会产生多大影响，但却对“他”人产生不可估量的影响。这就是说，大众传播的影响和效果，通常不是在传媒指向的表面受众中直接致效，而是通过与他们相关的“第三人”的反应和行为实现的。例如，担心网络游戏对儿童产生负面作用的多是父母、学校，这些“第三人”也是促进网络游戏管理监督的主要力量。

但是，由于传播学自身尚未形成一个完整体系，加上研究工作中存在的实际问题，使传播效果研究面临了一些问题，这主要表现在研究对象的庞大复杂、研究方法和工作范围的狭隘以及研究经费的欠缺等方面。

大众传播的效果是长期的、间接的、社会的和潜移默化的。因此，今后的研究工作要将各种类的研究结合起来，注意对传者和媒介的研究；将对受众的测试与对传播信息的归纳、整理结合起来，并有所扩大；注意连续研究积累成果，加强研究工作的连续性和系统性，进而发现传播问题的规律性特征。

具体而言，今后的传播效果研究将趋向于强力效果论，即广义上的强效果论。

施拉姆认为，大众媒介的传播效果是长期和潜移默化的。大众传媒日夜不停地向人们传送信息，人们将提供消息的大部分责任托付给媒介，并要求其从整个世界来提供信息。于是，“传播”决定了人们寻求和发出信息的方式，决定了人们的大部分生活方式和支配时间的方式，决定了周围环境在人们头脑中的图画及自身形象。虽然这些效果不是可以立刻看出的，但它们的强大不容置疑。

“虽然我们可能无法说出任何特定时间的特定节目的所有特殊的效果，但其长期的效果将存在于我们生命的所有时日之中。”[①]今天，大众传播对人们的影响和作用不单是一个国家的问题，而已经成为具有全球性普遍意义的事情。

大众媒介的发展使个人可以方便、快捷地了解身外的世界，受众所希望获得的国内国际范围内的政治、经济、军事、外交、文化、社会生活等方面的情况大多由大众传媒所获得。生活离开了传媒，便如同与世隔绝。

今天的教育已成为终身教育，一个人走出校门之后，其所受的教育基本上由大众传媒来完成。大众传媒在传播知识的同时，还将得到社会肯定的价值观传给受众，从而促进受众的社会化。与此同时，受众中的儿童也可能从媒介传播的内容中获取一些并非有宜的东西。这一点已日益引起人们的关注，并促使人们积极寻找解决这一问题的有效措施。

除了对个人造成影响之外，大众传媒还会对群体、社会和文化发生作用。总的来讲，这就是广义上的强效果，是长期和潜在的效果。受众、传媒和社会相互作用，彼此独立而又统一，相互制约和促进着对方的发展。因此，把握好它们之间的关系，对于传播效果的研究意义重大。

第二节　传播效果理论

一、传播效果的内涵

传者发出的信息经过一定媒介渠道的传送到达受众，使受众的思想、态度、行动等产生程度不同的变化，就是大众传播所产生的效果。由于种种因素的制约，受众对信息接收的效果与传者的初始动机可能相同或不同，相同程度越多，则效果越好。

麦奎尔认为，对概念内涵层次的划分有助于对传媒效果的深入探讨。他认为，传媒效果有以下几个层次的内涵。

第一，从外在形态来看，分为：

> 媒介的“效果”（media effects），指大众传播已经产生的直接结果，而无论其是否符合传者的期望。
>
> 媒介的“效能”（media effectiveness），指大众媒介有关预期目标的功效。

① 施拉姆. 传播学概论[M]. 北京：新华出版社，1984：266.

媒介的“效力”(media power)，指媒介在给定条件下，可能发挥的潜在影响或可能产生的间接效应。[1]

第二，从内在性质来看，分为心理效果、政治效果、文化效果和经济效果等。

第三，从媒介影响力的作用来看，则有对个人、群体、社会、文化等方面的影响。

第四，从呈现状态上来讲，媒介效果还有显现效果（从受众情绪、态度、行为等方面可以明显看到或感受到的改变）和潜在效果（隐藏于受众脑海中，日积月累地深化发展，然后逐步显现出来的效果）。

第五，从持续时间的长短来讲，媒介效果还分为即时性效果和延时性效果等。

麦奎尔在《大众传播理论》中，按照英国学者戈尔丁提出的以时间和意图两个要素相组合的模式，绘制了一个媒介效果类型图（见图8-10），很有借鉴意义。

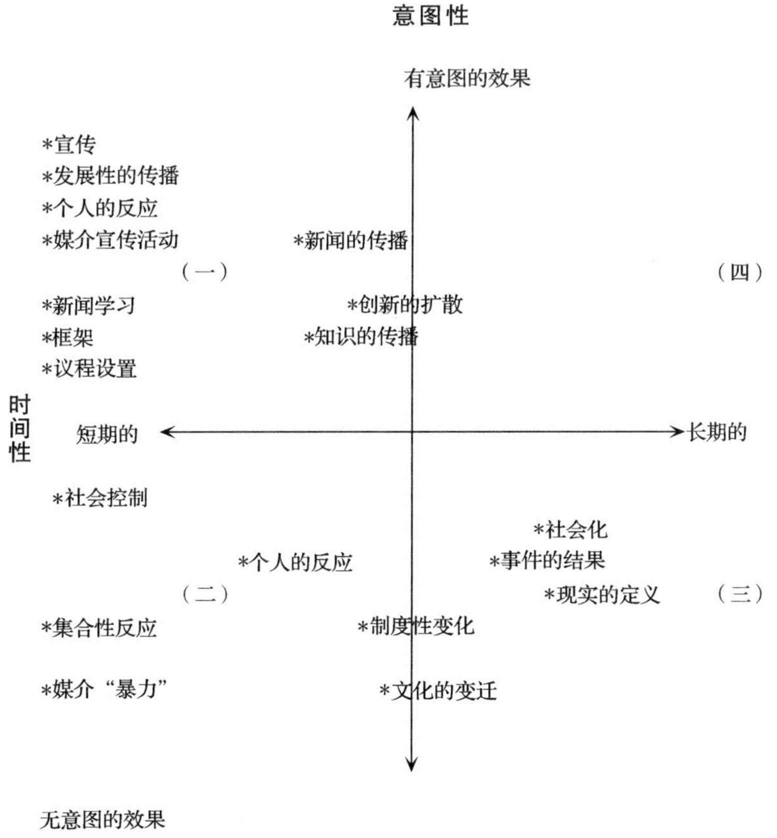

图8-10　媒介效果类型图[2]

① 张国良. 传播学原理[M]. 上海：复旦大学出版社，1995：210.

② 麦奎尔. 大众传播理论[M]. 陈芸芸，等译. 台湾：中国台湾韦伯文化国际出版公司，2003：562.

媒介效果类型图

媒介效果类型图所示内容的具体细目如下：

- 宣传（propaganda）：可以定义为“蓄意而系统性的企图，欲影响看法、操纵认知、引导行为，以完成宣传者所要达到的目的”。
- 个人反应（individual response）：在暴露“意图影响态度、知识或行为”的讯息之后，个人改变或抗拒改变的过程。
- 媒介宣传活动（media campaign）：代表若干媒介以一种经过组织的方式，针对选定的人群来达成说服性或资讯性的目的。最普遍的例子可见诸政治、广告、募款、公共保健或安全资讯中。宣传活动大多具有若干特色：特殊而明显的目标、时间限制、需要评估效果等。它们具有权威（合法）的赞助，其目的通常符合共识性的价值和既定机构的目标，而它们意图影响的目标人群往往十分庞大与分散。
- 新闻学习（news learning）：暴露于大众媒介新闻之下的短期认知效果，可以通过受众的回溯、认知或理解的测验来评估。
- 议程设置（agenda setting）：对新闻报道主题或议题所付出的相对注意力，从而影响公众对议题的轻重排序或对其重要属性认知的过程，也可能进而影响到公共政策效果。
- 框架（frame）：一种媒介效果，描述足以影响到公众的新闻角度、诠释架构以及把报道时间脉络化的“看法（spin）”。
- 个人反应（individual reaction）：个人暴露在媒介刺激后所产生的非计划或非预定的效果。它主要包括模仿和学习的形式，尤其是攻击或偏差行为（包括自杀），但也含有“正向社会（pro-social）”的观念和行为形式。“触发”（triggering）一词有时也会派上用场。相关的其他效果形态包括强烈的情感反应、替代活动、风格和时尚模仿、英雄或明星认同、性兴奋、害怕或忧虑的反应。
- 集体反应（collective reaction）：许多人在一种共同的情景或脉络下，同时经历若干与个人反应相同的效果，因而导致某一集体行为，且该行为往往不合乎规范与体制。最普遍的反应是恐惧、忧虑、愤怒，有可能导致大规模或市民暴动。
- 发展性的传播（diffusion in development）：为了长期发展而有计划地运用传播（通常出现在第三世界国家），以一系列宣传活动和其他影响为手段，尤其是人际网络与社区或社会的权威结构。目标是传播的“现代化”实务，如保健、农业等。

图中，横轴表示效果的时间性，是短期效果还是长期效果；纵轴表示效果的目的性，是有意图的效果还是潜移默化的效果。这样，麦奎尔将效果分成了4种类型：

（一）有意图的短期效果

包含宣传（宣传者为了达到某种企图而操纵讯息的方式）、个人反应（个人对有意施加影响的信息所表现的接纳或抵抗态度）、媒介宣传（带有劝服性质或启蒙目的的宣传活动）、新闻学习（暴露于大众媒介新闻之下的短期认知效果）、框架（影响受众理解问题的角度和看法的媒介效果）和议程设置（媒介对新闻报道主题或议题的重视程度影响受众对议题重要性的认知）等问题。

● 新闻的散布（news diffusion）：特定（新闻）事件随着时间在特定人群中扩散的过程，尤其注重渗透的程度（最终得知该新闻事件的人口比例）及资讯接受的方式（亲身影响或媒介影响）。

● 创新的扩散（diffusion of innovations）：最普遍的例子是在特定人群中采纳创新科技的过程，常以广告或广泛的宣传为基础。这既可能是无心的效果，又可能是蓄意的。此过程经常遵循一种特殊的S形曲线，而且带有可以预测的、与影响来源和动机形态相关的特质。

● 知识的传播（distribution of knowledge）：知识传播性的媒介新闻和资讯对社会团体所产生的效果。它与各种媒介来源和社会变迁的起源尤其相关，主要关系在于"知识沟"的缩小或扩大。

● 社会化（socialization）：媒介对于学习、规范的采纳、价值和特定社会角色情境中的语气行为所做出的非正式贡献。

● 社会控制（social control）：系统性的倾向，能促进某一既定秩序或行为模式的顺服。其主要效果是透过意识形态和"意识工业"（consciousness industry）来支持既存权威的合法性。根据社会理论，可视之为蓄意或无心的社会化过程。由于此情况模棱两可，因此图8-10将其置于垂直轴中心点的邻近地带。

● 事件的结果（event outcomes）：媒介在主要"关键"事件过程中和解决之后，和制度性力量所共同扮演的角色（参见Lang & Lang, 1981）。它的例子包括革命、重要国内政治动乱、战争或和平事件；较不明确的例子如选举（Chaffee, 1975）。

● 现实的定义（reality defining）与意义的建构（meaning constructing）：其过程近似于社会控制，但不同的是，它和广泛认知结构、诠释框架关系较为密切，与行为的关系较小。在意识建构的过程中，此一（十分广泛的）效果类别需要接收者主动参与自身意义的建构，这是它和其他效果的相异之处。

● 制度性变迁（institutional change）：指在媒介发展中，既存制度在未经规划之下的适应情况，尤其是那些足以影响制度本身的传播功能（"互惠效果"的观点）。

● 文化变迁（culture change）：最终价值模式、行为和符号形式之变迁，其特征在于社会某个层面（如年轻人）、整体社会或某一形态的社会。另一种相关的倾向是"向心力（centripetal）"或"离心力（centrifugal）"。文化认同的增强或削弱，也是文化变迁效果的例子。

（二）无意图的短期效果

包含个人反应和集体反应，前者是个人对媒介刺激所产生的无计划性或难以预测的效果；后者指某种个人水平的、同时为多人体验而导致的无规律或非程序性集合行动。媒介"暴力"等效果形式也属于无意图的短期效果。

（三）无意图的长期效果

包含社会控制、社会化、现实的定义和制度性变化等效果。前三者指媒介内容可以通过潜移默化的影响使人们对社会中现存的意识形态、行为规范、社会现实等产生认同；后者表示现存制度在无意中会顺应媒介的发展，媒介尤其能影响制度中的沟通机制。

（四）有意图的长期效果

包含发展性的传播、创新的扩散和知识的传播等形式。前两者都是为了长期发展而有计划地利用媒介或其他宣传手段；后者指在各社会集团间的知识传播及新闻与启蒙领域内媒介活动的结果。

以上的传播效果类型代表了不同层次、时间范围、复杂性和其他某些情况的效果过程。这些思考模式可以帮助我们从众多的研究文献记载中清楚地描绘出主要媒介效果的概念图。

二、传播效果的理论

在传播效果研究中，学者从不同角度入手，采用了不同的研究方法，得出了许多相近或相异的结论。尽管对传播效果的表述众说纷纭，但并非毫无共同之处。一般而言，他们普遍承认大众传播会对个人、群体、社会及文化四方面产生影响。下面，我们就从这4个层面来归纳一下相关的传播效果理论。

（一）个人效果

在过去半个多世纪的媒介效果研究中，传播对个人的影响一直是重点内容。选择这一内容作为研究的重点，正反映了关于态度的社会心理学理论和经验主义方法的显赫地位及其对传播学研究的深远影响。

在众多的传播理论中，从对个体研究的关注程度来看，深受心理学认知观点影响的“认知—行为”理论对个体的研究最为重视。因此，这一部分我们将主要从态度、认知和行为理论的角度出发归纳大众传播对个人效果的主要研究。

态度是社会心理学的重要概念之一，态度研究也是传播学的重要研究领域之一。从逻辑上看，因为态度是在传播过程中形成和改变的，所以它同时作为社会心理学和传播学的研究对象并非偶然。只不过与社会心理学的研究不同，传播学不研究态度形成和改变的一般规律和机制问题，而是关心媒介在改变态度中的作用。

心理学将态度的改变分为三个步骤：认知、情感、意愿。首先，通过认知我们得到对事物的认识；其次，我们产生对事物的态度，即情感；最后，我们根据态度对事物采取行动，即意愿，然后对应地产生传播效果模式（见图8-11）。传播学的各个研究阶段和研究者对模式中的各部分及其关系关注程度不一，态度研究的发展过程也大致经历了从行为主义到认知观点的转变。

态度研究经历了从一开始认为仅仅提供信息就能导致态度改变，到随后出现认为说服性传播基本无效的悲观观点的过程。现在的研究认为，媒介对人们态度的影响是一个复杂但可以得到解释的过程；人们对外部信息做出的认知反应，其性质和程度对于态度改变的影响可能比媒介信息本身更为重要；态度的改变可以通过不同的途径完成，例如中心途径和边缘途径；态度改变的情况不同，这些不同体现在态度改变的难易程度、改变以后的稳定性、抵抗外界影响的程度、对行为的预测力等方面（Petty & Priester, 1994）。

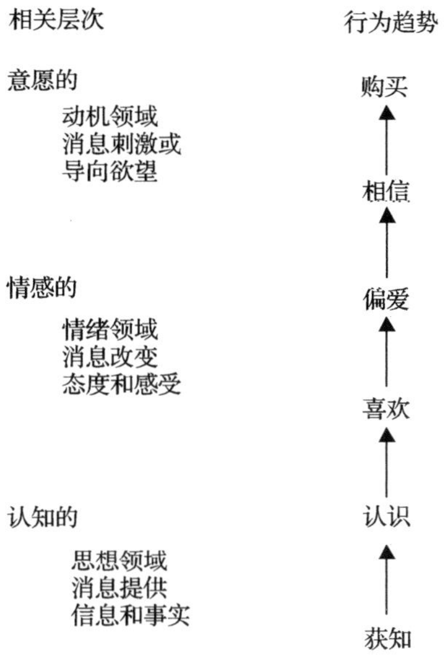

图8-11 传播效果阶梯模式①

1.“刺激—反应”理论

“刺激—反应”理论（stimulus-response theory, S-R）是由美国行为主义心理学创始人约翰·华生（John Broadus Watson）提出的，为了便于对行为做客观的实验研究，他将行为以及引起行为的环境因素以“刺激”（S）和反应（R）来说明。华生认为心理学的任务是确定刺激与反应之间联系的规律，以便预测行为和控制行为。在他看来，大脑不过是一个在感觉器官与反应器官之间发挥联络、传导作用的器官，内在主观的意识并不具备心理学的探究意义。

大众传播效果研究的早期研究理论之一是传播强力论，认为大众传播媒介发出的信息能轻而易举地让受众接受，这种理论被形象地称为“枪弹论”或“皮下注射”理论，其基础就是“刺激—反应”模式。

早期的传播学者认为，受众在“刺激—反应”机制作用下任凭传播内容摆布，只要把价值、思想与信息直接“注射”到每个被动的、原子式的受众个体身上，就能产生一种直接的、不经任何中介环节的效果。因此，媒介效果的实现完全取决于媒介所传播的内容。

枪弹论观点的出现与当时西方流行的本能心理学和社会学理论有着密切的关系。这种理论认为，接收方的所有成员以一致的方式接收媒介讯息，这种刺激即刻触发直接的反应。这一理论以“刺激—反应”机制和媒介效力强大信念为基础，认为人的行为受本能的“刺激—反应”机制的主导，只要施以某种特定的“刺激”，便能引起大致相同的“反应”。

① 塞弗林，坦卡德. 传播理论：起源、方法与应用[M]. 郭镇之，等译. 4版. 北京：华夏出版社，2000：14.

枪弹论对于大众来说像是一个显而易见的传播理论，它的出现源于“一战”后宣传的明显效果，部分原因是当时的人们天真、轻易地相信了谎言。现在我们知道，这种大众传播的理论过于简单化了。实际上，一条大众传播的消息并不能对每个个体都产生同样的效果，其对个人的效果还取决于许多其他因素，如个体差异、情况和环境等。但在当时，它的确很准确地反映了现实，因而风光无限。

2.认知效果

认知心理学派提出了一些解释学习者如何接受、处理和运用信息的模式，引导我们从不同的观点去了解许多熟悉的学习行为。传统上，行为主义心理学研究的是刺激（或称输入）和行为反应（或称输出）之间的关系。认知心理学研究也承认刺激和反应之间的关系，但是它更进了一步，主要强调二者之间的信息处理过程。

广义的认知心理学包含了下述理论和流派：格式塔学派、卢因的拓扑心理学、皮亚杰学派、信息加工认知心理学。从文献来看，在这四个理论流派中，对传播研究形成一定影响的主要是卢因的拓扑心理学和信息加工认知心理学。

卢因拓扑心理学的影响分别表现在卢因的团体动力学的影响和在他的影响下创立的认知一致性理论对传播研究的影响上；而信息加工认知心理学的影响则表现在对受众处理媒介信息过程的研究和社会认知研究以及对儿童认知发展影响的研究上。

在卢因的影响下，海德、费斯廷格创立了社会认知心理学理论，其中被传播学研究广为引用的主要是海德的认知平衡理论和费斯廷格的认知失调理论。海德被公认为是最早提出了认知一致理论（consistency theory）的人。这些理论的主要观点是：认知的不一致能产生动机，从而导致态度的改变或行为的发生。这些理论第一次从认知的角度探讨动机，改变了已有的认识（即只有生理状态才能够产生行为的驱动力）。

（1）海德的认知平衡理论

海德的认知平衡理论可以用POX模型来表现：P代表人，即分析的对象；O代表另外的某人，X即一个物质的客体、观念或事件。海德关注的是在一个人（P）的心目中，这三个实体间的关系是如何组成的，研究人们知觉行为的原因何以影响我们对别人的反应。在海德的图表中，“如果三者关系在所有的方面都是正面的，或者，如果两种关系是反面的，一种关系是正面的，那么平衡状态就会存在”。除此之外，所有的组合都是不平衡的。

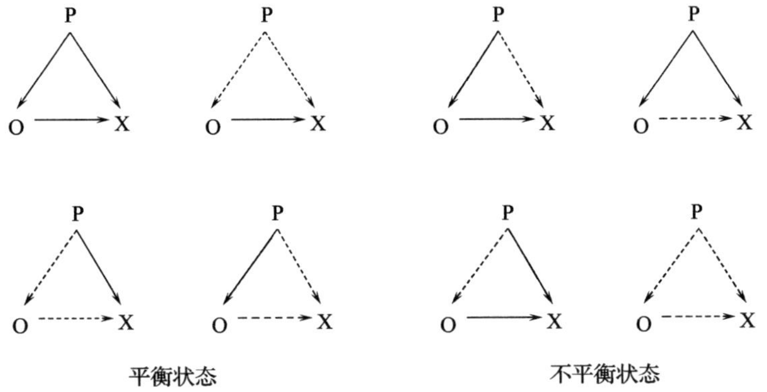

图8-12 根据海德平衡定义的平衡状态和不平衡状态举例 实线代表正面关系，虚线代表负面关系。

在海德的理解中，喜欢的程度无法细分，其中的关系不是正面的即是负面的。他还假设，平衡的状态是稳定的、不受外界影响的；而不平衡的状态则被假设为不稳定的，会使个人心理紧张。这种紧张“只有在状态发生变化、达到平衡时才能缓解”。这个论点便是传播者对该理论感兴趣之焦点所在，因为它包含了一个态度改变和抗拒态度改变的模式。由于不稳定，不平衡状态便容易向平衡状态改变；由于稳定，平衡状态便抵制改变。

很多支持海德平衡理论的学者又进一步进行了研究，其中奥斯古德和西奥多·纽科姆（Theodore Mead Newcome）在海德平衡模式的基础上又分别发展出了调和理论和对称理论。

调和理论其实是海德平衡理论中的一个特殊例子，它特别针对人们对信息来源及信息来源所主张的事物的态度。在奥斯古德的模式（见图8–13）中，一个人（P）接受来源（S）的主张，对这个来源有自己的态度；这个主张是对客体（O）的，对这个客体他也有自己的态度，P对于S及O是否喜欢及喜欢的程度如何，将决定调和状态或一致状态的存在与否。其实，调和与平衡的定义是一样的，但调和理论比平衡理论多了几个优点，它能预测态度改变的方向和程度。

图8-13 奥斯古德的调和模式

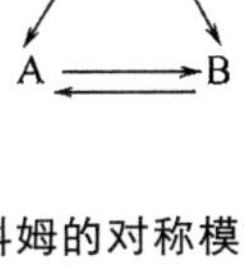

图8-14 纽科姆的对称模式（ABX模式）

纽科姆于1953年提出的ABX模式（见图8–14）是对1946年海德理论的扩充（麦奎尔等，1981）。ABX模式涉及两个人及二者之间的传播，纽科姆将两个人以A和B

（而不是海德的P和O）来表示，保留了X，代表A与B对客体所持的态度。跟海德一样，他假设人类有对和谐的需要，即他所称的坚持倾向对称的张力（persistent strain toward symmetry）。如果A与B对X的意见不同，则这种倾向于对称的力量就有赖于A对X的态度有多强和A对B的吸引力有多大。当A对B的吸引力增加，A对X的态度增强，便可能导致：首先，A竭力达到与B对X态度的对称；其次，二者很可能达到对称；最后，A很可能加强对B有关X的传播。

当然，最后一点正是我们所关心的。纽科姆不同于海德之处，就在于他强调传播。海德主要关心的是参与双方各自内部的认知过程，而纽科姆则是将这种理论运用于两人或更多人之间的传播之中。该模式假定，如果条件许可，要求态度和关系一致的压力将刺激传播（麦奎尔等，1981）。

由纽科姆模式（结合其他理论）又发展了麦克劳德（Mcleod）与查菲（Chaffer）的互动模式。该模式注重人际传播或群体间的传播，即注重双向和相互作用的传播（奎尔等，1981）。

以海德和费斯廷格的理论为思想根源，以纽科姆的模式为基本模式，韦斯特利—麦克莱恩发展了传播研究概念模式。这个模式基于对大众传播和人际传播的主要区别，对纽科姆模式进行了修正。

（2）费斯廷格的认知失调理论

在所有一致理论中，最具普遍性意义并产生了最大部分实验数据的理论，是费斯廷格的认知失调理论（theory of cognitive dissonance）。认知失调理论认为，“单独考虑知识的两个要素，如果一个要素的对应部分总是追随另一个部分出现的话，这两个要素便处于不和谐的关系中”（费斯廷格，1957）。与其他一致理论一样，认知失调理论认为，失调“由于产生了心理上的不舒服，会促使人试图减轻这种不和谐感，以达到和谐”。并且，“除了试着去减轻失调，人还将积极地避免接触会增加心理失调的情景及信息”。在研究中，认知失调理论产生了几个相当有趣的结果，特别是在决策和角色扮演方面。

在做决定时，认知失调理论预测，只要被拒绝的选择包含了可能导致接受的特征，或被挑中的选择包含了可能导致拒绝的特征，就会产生失调的心理。换句话说，按照预测，越难做出的决定，越可能在决定后导致认知失调（决定后的失调）。这个理论也预测，越是重要的决定，决定后的失调便越强烈。很多研究报告证实了这些假设。其中一个有趣的结论是，被迫顺从而来的态度改变，即使它并不直接与大众媒介有关，但也是值得提及的。角色扮演就是人们在要顺从自己私下所不赞同的团体规范时，不得不这样做的例子。

失调理论中最有趣之处是对信息的寻求与躲避，通常称之为选择性接触和选择性注意。有些研究者提出，个人一般不会选择或拒绝全部消息（即选择性接触），因为我们无法事先就知道消息的内容。一些人观察到，我们通常被那些在主要议题上与我们意见相一致的人或媒体所包围（麦奎尔，1968）。

另一些研究者认为，更典型的情况是，人们会注意到那些与他们强烈坚持的态度、信仰或行为相符的消息（即选择性注意），而不会注意那些违背自己所强烈坚持的立场、且会导致心理不悦或失调的消息。但几位学者在为他们的研究归纳结论时又认为，几乎没有什么证据可以支持这个假说：个人将避免或选择性地接触所有与其信仰相反的消息。目前只能说，在选择性接触的研究方面，最后的定论还有待研究。

总而言之，目前的研究鲜明地表明，各种认知一致理论都包含着很多含义，先是人们如何看待世界、看待传播，如何使用、歪曲、忽略或忘记大众媒介的传播内容。这些理论以抽象的规律和研究的范围，既可应用于媒介的参与者，又可应用于媒介的消费者。

3.宣传与说服

在现代西方社会中，“宣传”一词的使用通常是非常谨慎的，它通常和某些政治目的相联系，暗示某些人蓄意控制信息从而操纵受众的行为。人们认为宣传具有极大的威力。研究宣传的重要性在于，我们最初对大众传播效果的思想来自对宣传所做的各种分析。传播理论中的两个重要领域根植于有关宣传的早期思想，其中一个是态度改变，即什么是改变人们态度最有效的方法，宣传研究对这个问题提供了一个初步的解答；第二个领域是有关大众传播普遍效果的理论，即大众传播对个人或社会产生了什么样的效果，这些效果是如何发生的？①

对于“宣传”，公认的最早的定义是拉斯韦尔在其经典著作《世界大战中的宣传技巧》（1927）中所概括的：“它仅指重要的符号，或者，更具体一点但欠准确地说，就是以消息、谣言、报道、图片和其他种种社会传播方式来控制意见的做法。”几年后，拉斯韦尔又提出了一个略有不同的定义（1937）：“就广义而言，宣传是通过操纵表述以期影响人类行为的技巧。这些表述可以采用语言、文字、图画或音乐的形式进行。”事实上，拉斯韦尔的两个定义都包含了说服的全部内容。

心理学家罗杰·布朗（Roger Brown）为说服下的定义是：“设计、操纵符号以促使别人产生某种行为。”接着他又指出，当“某人判断说服行为即说服的目的对说服者有益，但并不符合被说服者的最大利益时”，这种说服就被贴上了宣传的标签。换

---

① 塞弗林，坦卡德. 传播理论：起源、方法与应用[M]. 郭镇之，等译. 4版. 北京：华夏出版社，2002：106.

言之，断定一种说服行为是不是宣传，并没有绝对的衡量标准——那是某人个人判断的结果。就所使用的技巧而言，说服与宣传如出一辙。只有当行为对信源而不是对接受者有益时，这种行为或消息才能被称为宣传。

（1）宣传技巧

早期的宣传分析研究确认了7种宣传技巧（Lee & Lee，1939），分别是辱骂法、光辉泛化法、转移法、证词法、平民百姓法、洗牌作弊法和乐队花车法。每种方法均用当时社会上的政治运动、广告、报纸专栏以及极端团体言论中的例子来定义并加以讨论。[①]

● 辱骂法（name calling）

其实就是给某种思想贴上一个不好的标签，使我们不加检查证据就拒绝和谴责这种思想。我们是依据自己的目的、主观印象和评价来称谓别人的。如果我们更换标签，便会发现这个人其实并无改变。

● 光辉泛化法（glittering generality）

也称“晕轮效应”“光环效应”，它将某事物与好字眼联系在一起，借好事物的光，使我们不经证实便接受或赞同另一个事物。光辉泛化法适用范围极其普遍，在政治、商业和国际关系领域中都有应用，但一般很少有人留意到它。

万宝路“美国西部香烟牛仔”篇广告是现代广告宣传中最成功的案例之一。广告创意着力渲染了美国人的豪迈坚韧、敢于开拓以及美国西部天高地远的异域风光，使万宝路一改其原本的女性形象，转而成为美国真正男子汉的象征。

图8-15　万宝路香烟广告

① 塞弗林，坦卡德. 传播理论：起源、方法与应用[M]. 郭镇之，等译. 4版. 北京：华夏出版社，2002：109.

● 转移法（transfer）

将某种权威、约束力或某一令人尊敬和崇拜的事物的权威性转移到其他事物上，使后者更易于被人接受。转移法通过联系过程起作用，但不同于通过联系认定某事物或某人有罪的做法，而更像“通过联系而欣赏某事物或某人”的做法。传播者的目标是将一种观念、产品或某项事业与人们赞赏的东西联系起来，可以使用具有象征性的实物来实行转移。

● 证词法（testimonial）

即要某些令人尊敬或讨厌的人说出特定的观念、节目或产品，或说人的好话或坏话。证词法在广告和政治宣传中是一种很常用的技巧。

● 平民百姓法（plain folks）

指讲话者试图让受众相信其想法是好的，因为这些想法是“人民的”想法，是“普通老百姓”的想法。

● 洗牌作弊法（card stacking）

指选择采用陈述的方法，通过事实或谎言，以清晰或糊涂、合法或不合法的叙述，对一个观念、计划、人或产品做尽可能好或坏的说明。洗牌作弊法与普通语义学上的偏向技巧基本上是一样的，它刻意支持某种立场的论点和论据，而忽略不支持这种立场的论点和论据。其所选择的论点可能是对的，也可能是错的。如果论点是对的，则这种技巧可能十分奏效，但一些同样正确的论点可能会被忽略。

● 乐队花车法（band wagon）

顾名思义，就是“每个人——至少我们所有的人——正在做它”，因此我们必须跟上大家，“跳上乐队花车”。宣传者采用这种方法，企图说服属于团体的所有成员接受其计划。

一些社会心理学家所做的调查研究证实了以上7种宣传技巧的效力，其中主要测试了洗牌作弊法、证词法和乐队花车法的效果。实验结果表明，一般情况下，这些技巧会很有效力。不过，一种技巧有效与否还受其他因素的影响。这些因素包括消息接收者的特点，如教育程度和对这一问题的最初态度；此外，还包括特定情境，如个人与持不同观点的群体意见一致与否等。布朗在总结这项研究时指出，宣传技巧会“因事、因人而异，而非一成不变地有效”。

在现代媒介环境下，通常应用于说服的有4种重要技巧，即图像、诉诸幽默、诉诸性感和重复。受众与传播者应该了解这些技巧的适用性和误用的可能性。

（2）说服理论的新模式

近年来，说服理论研究领域的一个较新进展，是创造了一些说服模式，这些模式强调说服是一个过程。主要的过程模式有3个：麦奎尔的信息处理理论，诺曼·安德森（Norman Anderson）的信息整合理论和佩蒂、卡西奥普（Petty & Cacioppi）的详尽细节可能模式。

麦奎尔的信息处理理论（information processing theory）提出，态度的改变包含6个阶段或步骤，每一阶段都成为下一阶段的必要前提。这6个阶段是：

> 说服性信息必须得到传播。
>
> 接收者将注意这个信息。
>
> 接收者将理解这个信息。
>
> 接收者接受和信服所陈述的观点。
>
> 新接受的立场得到维持。
>
> 期望的行为发生。

在后来的一些文章中，麦奎尔又在此基础上进一步整理、补充，提出了信息处理理论的8段论和12段论。但像最初的模式一样，麦奎尔的理论处理的几乎全部是说服过程中的因变量，并将它们分得越来越多，直至12个阶段。

麦奎尔的理论给我们认识态度改变过程的全貌提供了一条很好的思路。在他之前，很少有理论讨论说服过程中所有的这些部分。同时，麦奎尔的理论也提醒了我们态度改变的困难，许多自变量在某一阶段起正面作用，而在另一阶段又会起反面作用，因而在总的效果中多半会相互抵消自己的作用。我们为了达到成功改变态度的目的，需要在不同阶段的每一个环节都取得规定的满意效果。

安德森的信息整合理论（information integration theory）最初是用来解释人们如何将一些人格特征整合为对一个人的整体印象的。后来发现，这一理论也适用于心理学的许多领域，包括态度改变研究，甚至可以用来解释人类如何将不同的信息整合为一体。

安德森认为，态度的改变过程包含了一种认知代数，可以用数学公式来表达。他将态度改变描述为新信息与旧信息的整合过程。旧信息由当前的态度组成，而新信息则由说服性消息组成。每一条信息都有两个特征：一个是等级值（scale value），一个是重量值（weight value）。等级指接收者对那条信息的喜好程度，重量则指那条信息对接收者的重要性或相关性。对各条信息的评价（等级值与重量值）可以由个人在处理信息时以几种方式结合。在实践中，这些不同的程序可能导致很不相同的结果。

佩蒂和卡西奥普的详尽细节可能模式（elaboration likelihood model）描述的是受众接收和选择信息时的精心与否和用心程度。在现代社会中，多数人都会遭到大

附：实证研究

除了霍夫兰以外，还有其他一些研究者同样试图以学习理论来说明态度的改变。特别值得一提的是斯塔茨的经典条件作用理论（classical conditioning）。他们指出，在我们每天的日常生活经历中，某些字总是同时配以某些情感经验。根据经典条件作用理论，情感的刺激可以被视为无条件的刺激，从而诱导出情绪的反应。当一个字产生的刺激有计划地伴随着此种无条件的刺激时，这个字便会成为一种有条件的刺激，并会引起情绪上的反应。斯塔茨的研究对某些宣传技巧提供了理论性的解释，例如光辉泛化法。这种对态度的条件作用似乎也可以与广告中的多数技巧联系起来，如通过将产品名称与正面的字词或经验联系起来赋予它们正面的意义。

众媒介的信息轰炸，这些信息都在试图说服人们应该相信些什么。对一个接收者来说，要大量处理这些信息显然是不可能的。通常的情形是：我们选择一些信息仔细检查，而以更简单、武断的方式对待其他信息——如果我们确实要处理它们的话。详尽细节可能模式将通过这两种处理信息方法进行说服的途径称为中心途径（the central route）和边缘途径（the peripheral route）。该信息模式提出，说服既可能发生在受众高度精心的情况下，也可能发生在低度精心的情况下，或发生在两者之间的任意精心程度的情况下。但在不同的精心程度下，态度改变的过程可能大相径庭。当说服发生于接收者采取中心途径时，通常是高质量的观点以一种强有力的方式被提出，当接收者被引导赞赏占主导地位的主张时，说服的效果可能最好。在边缘路径起作用时，说服不依赖于对消息周密的考虑，此时，接收者使用简单的决定规则。

较之旧的说服模式，详尽细节可能模式给态度改变研究中的接收者赋予了更主动的角色作用，接收者至少在某种程度上能决定是采取中心途径还是采取边缘途径，如果是中心途径，那么接收者在分析消息时就可以成为更积极的角色。

4.社会化

从最宽泛的意义上讲，社会化（socialization）指把生物人改造为积极参与某个社会的成员而进行的所有那些错综复杂与多重面向的过程与互动活动。简言之，就是指我们成为社会人与被造成社会人的途径，是“学习在社会生活中的那种漫长而复杂的过程”（White，1977）。

人们普遍相信，媒介在儿童的早期社会化和成人的长期社会化过程中占有一席之地，虽然这在本质上是难以证明的。一部分原因是因为社会化本身属于一种长期的过程；另一部分原因是因为媒介的效果会和其他社会背景以及家庭的不同社会化模式产生交互作用（Hedinsson，1981），尽管若干长期发展的研究结果显示了媒介强烈影响社会化的证据（Rosengren and Windahl，1989）。

媒介社会化的论题一般有两个层面：第一，媒介能够强化并支持其他社会化机构；第二，媒介也可能被当成一种威胁——“由父母、教育者和其他社会控制机构所设定的价值”。麦科隆（McCron，1976）指出，两种理论的基本分歧在于：一种理论强调社会规范的共识本质，另一种则将媒介与其他“意图将支配阶级的价值观加诸从属团体身上”的社会控制机构等量齐观。后者强调社会的核心冲突以及透过意义的抗拒与协商而产生变迁的可能性。从这种观点来看，媒介既非“支持社会”又非“反抗社会”，而是倾向于偏好既有秩序的价值。无论在哪一种研究中，普遍性的媒介具有社会化效果的命题都是显而易见的。不过，正式的证据只是“间接地”发现了这种效果。

关于儿童使用媒介的早期研究，已经证实了儿童从生活中学习经验，并将之与自身经验连接起来的倾向。对于媒介内容的研究也使我们注意到，社会生活影像的系统化呈现能对儿童产生强而有力的塑形力量。

（二）大众传播的社会效果

在媒介效果研究中，受众个体的“微观”研究一直是最主要的分析单元，但通常，研究者都将理论和政策议题纳入更宏观的分析单元之中。社会效果不能只从个体的平均变化中加以推断。如果仅仅将宏观社会实际的研究建立在从个体受众成员那里收集到的微观数据的简单合计上，则会出现问题（Pan & McLeod，1991）。对个体发生作用的，不一定对社会也发生作用，反之亦然。

尽管社会与文化的关系密不可分，且也无法单独存在，大多数媒介理论也都同时和“社会”及“文化”有关，必须同时以两者的角度来解释，但我们还是将文化留待下一节来讨论。优先讨论大众传播与社会的关系，意味着社会有其优先的地位。本节讨论的社会领域代表了物质基础（经济和政治的资源与权力）、社会关系（存在于国家的社会、社区、家庭等之中）以及由社会所规范（正式或非正式）的社会角色与职业。下一节将要讨论的“文化”领域则主要代表了社会生活的其他基本层面，尤其是符号表达、意义及实践（社会习俗、处理事情的既有方式以及个人的习惯）等。

1.创新扩散

散布（diffusion）的定义为“散播关于创新消息的一种特殊传播样式”。散布研究就是对社会进程中的创新（新的观点、实践、事物等）成果是怎样为人知晓并在社会系统中得到推广的研究。最早的有关创新扩散理论的研究可以追溯到“二战”期间，法国社会学家和法律学者加布里奥·塔尔德（Gabriol Tarde）的理论和观察首先提出了创新扩散理论中的一些关键概念，如意见领袖、扩散的S曲线、社会经济地位在人际扩散中的作用等，只不过他当时并没有使用这样的名称。

漫画书对儿童的影响

图8-16　《蝙蝠侠》漫画

19世纪末的美国，随着"便士报"的兴起，出现了一系列深受人们喜爱的连环漫画，到了20世纪30年代，漫画书开始大批量地出版并且获得了相当的成功，连环漫画的时代悄然而快速地来临。但对于漫画中充斥的犯罪和恐怖内容，很多专业人士表示了不满，认为漫画书对儿童产生了严重的不良影响。其中的代表人物就是著名的精神病科医生沃森（F.Wertham），他从1948年起在学术刊物及畅销杂志上公开发表了不下5篇文章，对漫画书进行了公开的批评。有关其主张，最完整的收录是1954年出版的《诱惑天真无邪的心灵》（*Seduction of the Innocent*）一书。

沃森的主要目的是探讨漫画书对儿童态度和行为上的影响。他研究了所有种类的漫画书，但侧重于"犯罪漫画书"。"犯罪漫画书"被定义为"描述犯罪"，不管题材是都市、西部、科学、森林冒险，还是有关超人、鬼怪以及超自然的故事，都属于描述犯罪的范围。沃森认为，所有的漫画书都有负面的影响（即使《唐老鸭》也不例外），犯罪漫画书尤甚。比如在广受欢迎的《蝙蝠侠》中，也存在着"描述犯罪"甚至"误导性取向"等问题。他坚持认为，蝙蝠侠和罗宾之间存在着同性感情纠葛（虽然证据并不充分）。

此外，他也强调自己所研究的是漫画书，而非一般报纸上的漫画。这是因为，漫画书的读者均为儿童，而报纸上的漫画则多针对成人；报纸的漫画受到报纸编辑较严格的检查，而漫画书则完全不受此限制。

在研究方法上，作为一名精神科医生，沃森不仅对漫画书的内容进行了分析，而且还采用了临床个案心理测验。他分析了上千本漫画书，研究书中如何描写生活、暴力、性和人物，并对此进行了详细分析。

沃森的研究显示，一般儿童每日花2—3个小时看漫画，有的儿童甚至花更多的时间。他分析出漫画书对儿童产生的3个主要影响：第一，阅读漫画书会增加少年犯罪；第二，漫画给儿童提供扭曲和危险的生活观；第三，漫画会影响儿童的阅读能力。另外，漫画书上刊登的广告也会对青少年产生负面影响，主要有"隆胸广告""减肥广告""增胖广告""皮肤广告""男子汉广告""武器广告"。青少年通常都非常注意自己的外表，而漫画书上的广告则加强了他们对自己容貌的忧虑，甚至导致他们产生沮丧、悲伤的情绪。沃森进一步认为，即使不看漫画书的儿童，也会间接受到看漫画书儿童的影响（两级传播）。

可以说，《诱惑天真无邪的心灵》是一部具有重要社会意义的作品，它引起了大众对漫画书的广泛注意和争议。事实上，这本书几乎摧毁了漫画书业。虽然该研究的结论受到多方批评，例如，有人指出该书主要的依据是"魔弹论"，但不可否认的是，该书是传播研究史上重要的著作之一，它影响了人们对媒介效果的看法，加深了人们对媒介的畏惧感。

电视对儿童的影响

当20世纪50年代电视在美国以惊人的速度普及之时，传播学者第一个关心的问题，也是电视对儿童的影响，施拉姆、杰克·莱尔（Jack Lyle）和爱德温·派克（Edwin Parker）3位教授首次进行了电视对儿童影响的大型研究。他们在1958年至1960年之间，在美国和加拿大的10个社区中进行了11项不同的研究，研究的结果最终收录在《儿童生活里的电视》一书中。

施拉姆和他的同事强调，儿童绝非是被动的，他们会主动选择符合自己兴趣和需要的节目。他们将电视比作“大型自助餐店”，儿童看电视，就如同从自助餐台上选择所需的食物一样，儿童利用电视来满足自己的需要。

研究的主要结果包括：第一，通过电视的连带性学习。这种学习被定义为“观众以电视作为娱乐时所产生的学习并因此存储，并非主动寻求信息”。他们认为，儿童通常不是为了获取信息而看电视，而是在接受娱乐的同时学习。第二，社会规范和社会关系与儿童使用电视的形态非常有关。研究显示，受到上进的中产阶级规范影响的青少年，随着年龄的成长，多半会成为印刷媒体和教育性电视节目的主要受众。儿童的社会关系好坏不仅影响着他们看电视时间的多寡，还影响到他们的选择性记忆：那些平日与家人或同辈关系不和睦者，倾向于借看电视来逃避现实问题；那些因社会关系不良而带着恨意看电视的儿童，则较会记忆节目中的暴力内容。第三，电视主要产生4类效果。首先，生理上的效果并不明显，如在正常光线下看电视并不会造成眼睛的疲劳（和阅读相比较）；其次，电视对情绪影响较为明显，几乎所有的儿童都曾被电视节目惊吓过，尤其是当他们所认同的人物或动物遭受伤害时；再次，在认知上，电视可以帮助儿童成长，尤其是选择真实（新闻性）的电视节目的儿童；最后，电视可能对儿童造成行为上的影响，而这些可能的行为影响都可以用其他方法加以控制。至于电视是否会产生暴力行为，研究者认为，电视并非主因，只是起促进作用而已。只要父母亲能够使子女生活在温暖、安全、有趣的家庭里，根本无须害怕电视造成的影响。

早期较为正统的观点认为，社会化过程应该关注的是儿童与儿童时期，它是所有儿童经历的一种早期的“全面训练”或“塑型”。这种观点在许多方面支撑着传统社会学与心理学的研究。其后，这种观点越来越受到批评、反对与补充。在人成年之后继续社会化的过程中，大众媒介仍然扮演着十分重要的角色，充当着个体与周围世界的纽带。通过媒介宣传，人们扩大了视野，更加直观、准确地接受着社会生活中群体的共同信念、生活方式、语言、道德准则和各种技巧。大众媒介这种长期、间接的影响一直存在于个体和群体之间。

荷兰哲学家斯宾诺莎早在300年前就指出，人类是一种社会动物。他的这一论断又被现代心理学极大地强化了。现代心理学研究显示，其他人对我们的态度、行为甚至对我们的感觉都有很大的影响。影响我们的那些人是我们所属群体中的其他人，这些群体或大或小，或正式或非正式，但他们对我们接受社会化都有很大的影响。

谢里夫的群体规范研究

很多人也许不了解，社会规范实际上是武断的，是一种没有什么道理可讲的约定俗成，直到看见在不同文化下的不同规范时，他们才会明白，原来社会规范也可以是别的样子。谢里夫想要研究的就是规范形成的过程。他发现了一个可以达到此目的的理想实验环境。他设计的研究围绕着所谓的自动移动光效果的现象而展开。实验将一个人安排在一间完全黑暗的房间里，然后，一点很微小且静止的灯光出现了，这时，这个人通常会看见灯光在移动——这是因为神经系统对昏暗的灯光过度补偿的结果。于是，神经系统将刺激传送到大脑，而这种刺激效果往往是眼睛在注视一个移动物体时才会产生的（McBurney & Collings, 1977）。这是一个极度含糊的情境，因此给谢里夫研究群体规范的条件提供了一个极好的机会。几乎每个人都看到了灯光的移动。但是，由于它实际上并没有移动，因此，没有人真正知道它到底移动了多远。

谢里夫设计的实验具体内容为：首先让受试者分别单独待在黑暗的实验环境中，让他们推测灯光移动的距离，在经过反复试验之后，每个受试者通常都会停留在自己的一套标准上。下一步，谢里夫又将几个受试者安排在同一实验环境中，对他们一起进行试验，并让他们之间的距离近得彼此可以听见推测的距离。在这种情况下，在实验几经重复之后，不同的推测值会变得越来越接近。最终，这个群体建立了自己的标准，这个标准接近几个人所推测的不同标准的平均值。在实验的第三步，谢里夫让那些曾在群体环境中实验过的人，再次分别单独进行实验。结果，这些人通常还会遵循在群体实验中形成的规范。

谢里夫的实验显示，在不确定的环境下，人们通常会依靠别人的指导，同时，群体的影响也能超越群体而存在，出现在没有群体的环境中。社会中的很多环境就像谢里夫的实验那样，充满了不确定性。在与人类有关的领域中，一些最重要的事情——政治、宗教、道德——很少有确定的东西，它们的形成过程很像谢里夫所做的实验，其中群体对个人态度的形成具有极大的影响力。

若干年后，本特霍森和莫奈安（Bettenhausen & Murnighan, 1985）又集中研究了规范形成的关键问题——群体成员间的相互影响。他们描述了规范形成的几个阶段：在一个新的群体中，人们对适当的行为准则还不确定；他们寻找在以往相似情况下的经验和标准，以此作为行动的指导；如果群体成员对新的环境没有共同的解释，他们就要发展一种建立在群体基础上的对环境的理解；在群体成员互动的过程中，他们分享经验，并以此为基础形成对未来互动的期望；对正在形成规范的不同意见可能导致同意规范者修改自己的解释，抑或，他们试图说服群体接受自己的解释；一旦规范形成，任何试图进一步改变规范控制的行为都会受到制裁。

阿什的群体压力研究

与谢里夫探讨在高度不确定的环境中群体作用的研究不同，阿什研究的是在相当明朗的环境中群体压力所起的同样作用。阿什想要研究的是群体的压力以及人们的倾向——是顺从压力还是摆脱压力。

阿什设计了一个实验环境，表面上是调查受试者对一些线条长度的判断，实际上是想研究在群体压力介入环境时会出现什么样的情况。在实验中，他让八个受试者组成一组，参加判断线条长度的活动。事实上，这八人中只有一个是真正的受试者，其他人都是配合实验者。研究者告诉这些配合实验者在作出一两次正确答案后便给出一致错误的答案。受试者可以听到所有其他的人给出的相同答案，虽然这个答案看上去明显是错误的。阿什的研究结果向我们表明了一个惊人的事实：有些人会追随群体的意见，即使这种意见与他们从自身感觉得来的信息相互抵触。

谢里夫和阿什的研究实验显示，即使是以前从未彼此见过的偶然群体，仍会发挥很大的影响，因此，基本群体（如家庭或工作群体）中的群体力量可能会更为强大。

卢因的群体动力研究

在第二次世界大战期间，卢因参与了一项研究计划，其目的是利用传播改变人们对事物的某些习惯。计划中的一组实验是，卢因和他的同事说服家庭主妇尽量使用以往不常采用的牛羊内脏做菜，以此支持战时国家行为。实验中设计了两种环境——一个是在演讲会中，一个是在群体决定的条件下。演讲会中有三组人，有人向她们说明那些以往不受欢迎的动物内脏的营养价值、经济上的好处以及烹调方法，并赠送食谱。在群体决定的条件下也有三组人，实验开始时只给受试者最基本的信息，然后开始讨论，在群体成员的参与变得充分积极的时候，再给她们提供更进一步的信息——烹饪技巧和食谱。实验结束后，研究者的调查结果显示，听演讲的主妇中只有3%采用了他们以往不曾食用的动物内脏，而那些在群体决定条件下参与活动的妇女却有32%试用了。

在这个实验中，很多因素都对态度的改变发生了作用，包括群体讨论、公开承诺、对未来行动做出决定和对群体共识的理解。在佩尔兹所做的后续实验中，结果显示，前两个因素的影响并不大，仅仅后两个因素就足以产生如卢因等人发现的不同程度的效果。

社会认同模式

在认识到人们受自己所属的各种宽泛类型群体成员身份的影响后，研究者进一步发展出了关于群体影响的一种模式，即社会认同模式（social identification model）。这个模式指出，对群体成员身份的认同主要是一种认知的过程，这个过程通常是人们在回答“我是谁”这样的问题时产生的。这个问题可以根据个人所属或所确认的群体的立场来回答。因此，一个人应当从其赞赏和确认归属的群体中获得一种社会认同感。但是，这种社会认同感似乎并不经常起作用，而是不时地在某种特定的情境中出现，又在某种特定的情境中消失。它一旦出现，个人的言行便会试图与其所属的社会类别的规范保持一致，并配合相关的情境行动。

传播学者普赖斯曾提出，大众传播在带来社会认同以支持舆论形成的过程中，扮演着很重要的角色。第一，大众传播媒介通过描述哪些群体对哪一特定议题存在争议，从而显示出哪些群体特征与议题有关。第二，媒介通过描述各种群体是如何对该议题做出反应的，可以指出每一个群体所持的意见，并告诉认同该群体的人们应该遵守哪些规范。第三，群体的意见规范在受众心目中的感觉很可能被传播夸大。第四，人们自己承担起维护这种公认的群体规范意见的责任，并更有可能去表达这种夸大的规范。正是在这个时候，对不同议题的舆论才可能表现得更坚定、更具体。

在所有散布研究中，最有影响的一个实证研究是瑞安和格罗斯在美国艾奥瓦州农民中对推广杂交玉米种子的研究。这一项农业创新成果于1928年开始推广，此后引发了历时20多年的农业创新和农场生产方式的变革。

在所有散布研究中，最负盛名并备受尊敬的研究者要数罗杰斯。在其1962年出版的《创新扩散》一书中，罗杰斯从技术革新的信息是如何传播、扩散的角度出发，探讨了大众传播和人际传播在技术革新的普及过程中所发挥的不同作用。对新技术（包括新观点、新生活方式等）的推广和采纳，实质上是把变化引入了采纳者——个人、群体乃至整个社会的生活和文化之中。从这一意义上来说，对技术革新如何普及的研究，就是对传播如何影响社会和文化变迁的研究。此书先后于1971年和1983年修订再版，进一步完善了有关扩散研究的理论。

在创新扩散的过程中，一项创新被采纳或拒绝后，都会给个人或社会系统带来一定的变化，形成效果。罗杰斯列举了可能的三种效果：

- 满意的和不满意的效果——取决于创新效果在社会系统内是建设性的还是破坏性的；
- 直接的和间接的效果——取决于个人或社会系统的变迁是对创新的一种直接回应还是由创新直接后果产生的二级后果；
- 预料之中的和预料之外的效果——取决于变迁能否得到社会系统成员的公认以及是否符合众人的期望。

罗杰斯指出，无论创新的用意是何等善良，并非所有的创新都会得到令人满意的后果，有些创新对于社会系统的影响完全可能是有害的。

创新扩散的传播渠道在本质上既可以是人际的，也可以是大众媒介的；信息来源既可以是本地的，也可以是外地甚至全球的。外地传播渠道来自所调查的社会系统之外；本地渠道则来自所调查的社会系统内部。

研究表明，在散布过程中，这些渠道扮演着不同的角色。大众传播渠道可以迅速抵达广大受众，传播信息，改变立场不稳的态度。人际渠道可以实现信息的双向交流，且在解决接收者对信息抵制或冷漠的问题上比大众媒介更为奏效。人际渠道的信源可以补充信息或澄清要点，能跨越心理和社会的障碍（如选择性的接触、注意、理解、记忆、群体规范、价值观等）。在创新扩散的过程中，大众媒介渠道和外地渠道在获知阶段相对来说更为重要，而人际渠道和本地渠道则在劝服阶段更为得力。相对来说，较之于人际渠道和本地渠道，大众媒介和外地渠道对于早期采用者比晚期采用者更为重要。

在创新的散布中，变革代表（change agents，也称变化中介）在评估和试验阶段扮演着关键角色。变革代表是一种职业人士，他们试图朝着他们认为有利的方向来影响人们的采用决定。变革代表常常启用地方意见领袖（local opinion leaders）来协助某项创新的散布或者阻止有害创新的采用。变革代表通常比其试图影响的个人有着更好的教育背景和社会地位，这些都使得他们异于其影响对象。为了克服这些障碍，变革代表往往要从当地人那里获得帮助，因为他们与变革代表竭力影响的人有更多的共同之处。在《创新扩散》的早期版本中曾这样写道："大众媒介与人际传播的结合是新观念传播和说服人们利用这些创新的最有效途径。"

由于创新意味着改变现有的方法和观点，因而创新会给人带来一种不确定感。罗杰斯对影响一项创新采用率高低的创新特征进行了分类：

> 相对优越性——一项创新优于它所取代的旧观念的程度。
>
> 兼容性——一项创新与现有价值观、以往经验、预期采用者的需求共存的程度。
>
> 复杂性——一项创新理解和运用的难度。
>
> 可试验性——一项创新在有限基础上可被试验的程度。
>
> 可观察性——创新结果能为他人看见的程度。

"一般来说，接收者认为相对优越性、兼容性、可试验性、可观察性较多而复杂性较少的创新比其他创新更容易被人们所采纳。"

其后，又有许多研究者在创新的特征方面进行了进一步的研究。在一篇关于技术采纳的重要论文中，卢森博格（Rosenberg, 1995）列举并讨论了制约创新者预见创新影响的一些限制，包括创新最初的基本形式、潜在的专门用途、与其他技术的竞争和补充关系以及创新的经济价值。

另外两位研究者罗森和韦尔（Rosen & Weil, 1995）的研究则解释了回避技术现象的人口特征和心理特征。根据某些识别因素，他们可以推断愿意用或不愿意用32种职业和消费技术的成年人的特征，按其重要程度，依次排列为：年龄、技术恐惧症、电脑技能培训以及收入。而在青少年方面，排列因素的重要性顺序则略有不同，为家庭收入水平、种族背景以及（在某些情况下的）技术恐惧症。

散布研究领域中的一个重要分支是新闻的散布（diffusion of news）。一般来说，媒介确认自己的受众可以从新闻中得知一些事情，只是它们通常不会试图教导人们"新闻中有些什么"，也没有过多系统性地关注"多少人理解并记得新闻"。早期的新闻效果研究主要把焦点放在“散布”上，也就是通过回忆特定的时间来评估新闻的散布状况，其中包括4个主要的注意力变量：（特定人口中的）人们知晓一项特定事件的程度；相关事件的相对重要性或人们所感知到的相对显著性；信息的传送数量；对最初来自新闻媒介或亲身接触的事件的知晓程度。这4个变量之间的可能的互动颇为复杂，不过，其中一种互动模式可以运用“J曲线”来表达，即“得知一项事件的人数”和“从人际来源知晓同样事件的人数”的比例（Greenberg，1964）。

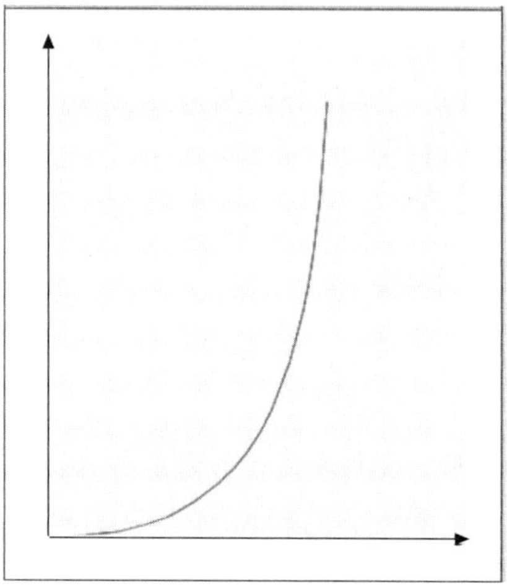
图8-17　J曲线

新闻散布的模式显现出许多不同于常态传播“S曲线”的特征。“J曲线”（开始上升缓慢，接着加速，最后在达到上限后呈现平缓状态）是一个重要的变形，它代表这样一种发现：当几乎每个人都已得知某一特定事件时（如1963年的肯尼迪总统遇刺、1997年的戴安娜王妃之死），其中有相当高比例（超过半数）的人是通过亲身接触渠道而得知的（与此有关的条件是时间高度的显著性与立即扩散的速度）。当不断得知事件的人口比例逐渐下降时，通过亲身接触得知消息的人口比例也开始下降，而通过媒介渠道得知消息的人口比例则开始增加。除了“J曲线”模式，查菲还提出了另外3种模式：

- 未完成的散布。
- 早期出现急剧增加的状况。
- 增加的情况极为缓慢。

在新闻的散布研究方面，德弗勒曾对从媒介到大众的新闻流程的几十年研究成果做过一次总结。他指出，20世纪60年代是新闻散布研究最为活跃的时期。他对美国伊利县从1940年以来的20多项信息散布研究情况做了以下概括：

第一，美国不断进化的媒介技术使人们获知重大事件第一手信息的方式发生了变化。电视成为引述频率最高的信源，广播次之。对大多数人来说，报纸是稍晚一点提供更详细情节的信源。在有些情况下，口头传播仍然重要。

第二，绝大多数人是直接从媒介而非其他人那里获知大部分新闻的，两级传播模式描述的并不是绝大多数日常新闻传至公众的方式。大多数人是通过直接接触电视或广播，而在有些情况下，则是通过直接从报纸上获知某一报道的。

第三，无论第一信源是哪一种，与大多数人利害攸关的新闻事件在人们口中传播的速度都快于那些不太煽情的一般事件，范围也更广。这一普遍现象涉及报道的新闻价值，而新闻价值仍旧是一个定义不明的概念。新闻价值高的报道和新闻价值低的报道给人们带来的使用和满足感在很大程度上是未知的。

德弗勒补充说，对新闻来源的最初接触和新闻信息的稍后散布，其方式会以一天当中的不同重点而改变，在不同的时间，人们会利用不同的信源（媒介或人际关系）。另外，个体差异和社会分类均会影响到人们对某种新闻报道的兴趣，也会影响到人们对从中获取信息的社会网络的兴趣。不同的人会运用不同的方式获知同一事件。

德弗勒在文章的结尾还列举了一系列关于社会信息散布未获解答的问题。此外，他还想搞清楚，社会的新闻传播体系怎样才能重新被设计、构建得更好，怎样才能提高新闻传播的质量和准确性。正如德弗勒在有关信息散布研究中的评论所显示的那样，关于不同种类的新闻是如何散布的，如何改进信息散布的体系，我们仍有许多应知而未知的领域有待探索。

2.国家发展

发展传播学理论将大众传播视为推动世界经济与社会发展的有力工具，认为媒介能有效地传播现代性信息，且有助于将民主政治制度、实践及市场经济传送到世界上经济落后且保守的国家，尤其是第三世界国家。和发展经济学一样，发展传播学理论的出现也是“应决策人的需要，因为他们要建议政府该如何行事以使自己的国家摆脱长期的贫困”[①]。

这种理论最早可以追溯到第二次世界大战之后尤其是冷战期间兴起的思想与研究。“二战”结束后，美国和苏联成为占统治地位的世界大国，两国都试图利用自己的经济、军事和文化（包括传播）实力来达到实现国家利益的目的。美国及其盟国都试图通过资本主义现代化的方式来推动和支持现实社会的进步。在发展传播学的演变过程中，出现了若干理论流派，而有关发展传播学的文献主要介绍了三种发展模式，这三种模式对“二战”以来该学科的发展产生了很深的影响。学者分别称之为主导模式（或现代化模式）、依赖模式（或依赖性批判）以及交互模式（或参与性模式）（Singhal & Sthapitanonda, 1996）。

“二战”结束后，在人类发展和进步的话题中有两种思潮一直争论不休：是借助资本主义进行现代化还是借助共产主义进行现代化。这两种思潮的对立对国际社会内部发展传播学的实践产生了影响。不过，超级大国间的紧张局势并没有阻碍发展传播学的发展，反而有助于强化发展传播学的理论和实践。现代化理论的理论家认为，

① 麦奎尔. 大众传播理论[M]. 陈芸芸，等译. 6版. 台湾：中国台湾韦伯文化国际出版公司，2003：111.

通过引进新思维和新做法，可以加速社会的现代化进程，因而现代化就代表了进步。有影响的现代化学者如雷纳、施拉姆和罗杰斯等都强调了传播在发展进程中的重要性，而大众媒介特别是广播则被看作是加速行为和结构变革的重要手段。

大众媒介对国家发展的贡献有几种形式：促进许多新兴科技与社会创新的传播并被人们广泛采纳，而这些都是"现代化"的基础（Rogers, 1962, 1967; Rogers and Shoemaker, 1973）；教导人们识字和认识其他重要的科学技术；激励"心智状态"，使之偏好现代性（Lerner, 1958），尤其是想象其他生活方式的可能性（即所谓的移情能力）。勒纳将西方式的媒介描述成"变动性的扩大器"（mobility multipliers），更是"心理移动性"的"魔术扩散者"。另外，大众媒介还被认为是新兴国家（从前的殖民地）促进国家统一（Pye, 1963）及民主政治参与的基础，尤其是通过选举的方式。

图8-18　总统塞西在2018年埃及总统选举中赢得97.08%的有效选票，成功获得连任。

大众媒介成为发展机制的主要方式可以简要归纳为[①]：

> 传播科技知识的窍门。
> 激发个人的变迁与流动。
> 散播民主（等同于选举）。
> 刺激消费需求。
> 对识字率、教育、卫生、人口控制等层面提供帮助。

到了20世纪60年代，现代化的方式受到了来自各个方面的攻击——既有行动上的，又有意识形态上的。对现代化的批判来源于两大知识群体："其一根植于新马克思主义，又称结构主义；其二是拉丁美洲地区对联合国拉美经济委员会所推广的发展项目进行的广泛辩论"（Servaes & Malikhao, 1994）。依赖性批判理论家提出，现有的国际经济关系模式——也就是由工业化所主导的模式——造成了发展中国家经济不发达的局面，而被发展中国家内部用来推动现代化的广播和其他大众媒介系统，实

① 麦奎尔. 大众传播理论[M]. 陈芸芸，等译. 6版. 台湾：中国台湾韦伯文化国际出版公司，2003：111.

际上破坏了建立平等发展格局的可能性。

人们认识到，总体来看，与大众传播所能达到的程度相比，地方权力结构、传统价值观和经济限制的影响力更大。虽然在“发展中国家”，媒介仍然是实现变迁的主要工具，但是，由于它对社会内部结构的依赖性以及成本庞大的关系，媒介的发展仍然受到了严格的限制。此外，随着大众传播的全球化，媒介的发展还与“文化帝国主义”以及“依附”等负面词语相联系。20世纪70年代后，人们对国际传播不平等状况的担忧正好与对全球经济体系不平等的担忧不谋而合。

批判性理论也受到了批评，因为它只对现代化模式进行了批判，却没有提出解决的方法。不过，该理论提出的问题对当代发展传播学产生了一定影响，它将重点放在基层研究的一些成功实践上，促使大家注意到了发展传播进程中真正参与的缺失。

最近30年，发展传播学出现了令人振奋的新策略，主要使用的策略包括提高大众意识、普及知识、社区动员、利用民间媒体、社会营销、娱乐教育以及倡议等。一些策略已经被一些社区团体、国家政府、地区性和国际性组织以及非政府组织用以解决世界所面临的各种发展问题，推进、支持和维持农业、教育、环境、计划生育和生殖健康、性别平等、营养以及公共卫生等项目。

3.广告

对于广告的科学研究可以说是传播学研究最早涉足的领域之一，在方法和理论上也是发展最快的研究之一。在广告学教科书上被广泛认可的广告定义是：“一种非人际的信息传播形式，其本质上带有劝说性，通常是由可识别的赞助人支付、通过各种媒介途径推动人们去购买商品、服务或接受某种观点的传播活动”（Bovee & Ahrens, 1986）。

广告通常是“有偿的”，这将广告与通常的无偿宣传区分开来。可口可乐这类广告主会为他们用来传播其讯息的时间和空间而付费；非营利性的组织，如红十字会，发布广告但却可以不为时间和空间付费，广播电台、报纸和杂志会免费刊登这些广告作为一种公共服务。另外，由于显而易见的原因，广告主是“人们可以识别的”。实际上，在多数场合下，识别赞助商是广告的主要目的——否则，广告主为什么要做广告？

关于广告的定义，最让人疑惑的地方就是它和营销（marketing）之间的关系。营销是一个更为宽泛的概念，它包含了一个组织在销售其产品、服务或企业本身的过程中发生的所有事情，包括寻找目标消费群体并推测他们的需要，拓展产品以满足消费者的需要，然后把这些产品卖给消费者。这个过程包括了开发、定价、分销和促销等各种活动，广告便属于营销过程中促销宣传的范畴。

营销传播并不是孤立地存在于其他传播形式之外的一种传播形式，我们可以将

发展传播学与信息鸿沟

施拉姆认为，大众媒介在一个国家和社会的发展过程中扮演着至关重要的角色，而根据罗杰斯的信息鸿沟假说，在大众传播时代，由于信息大量传播，每个人都会相应地获取信息，但教育水平高、经济状况较好的人往往能比教育水平低、经济状况较差的人更好、更快地吸收和消化信息。因此，这两类人群之间的信息鸿沟呈现出扩大而非缩小的趋势，而信息鸿沟的扩大在生活中必然导致贫富差距的扩大。因此，在探讨媒介在社会发展中的作用时，我们应该从以下几个方面来进行考量。

首先，媒介在社会发展过程中更多地表现为在信息传播告知方面的效果，而在促使人们发生移情并激发个人变迁、态度转变的方面则更多的依赖人际传播或者群体传播。因此，在社会发展的进程中，有效地推动社会进步有赖于大众传播和人际传播的有效结合。一个社会的改革与发展，往往需要大众传媒事先做好信息传播上的铺垫，而人际传播则有助于促进受众态度的转变，对后期跟进者有较好的传播效果。例如，在1978年十一届三中全会召开前夕，《光明日报》刊登了题为《实践是检验真理的唯一标准》一文，向外传播了国家政府要进行改革开放的信号。该文发表后，引起了全社会的轰动，各级党组织及群众展开讨论，加深了对信息的理解，同时也促进了很大一部分人思想上的转变，为接下来的改革开放做了很好的思想准备工作。

其次，社会上的贫富差异，在一定程度上也会影响媒介在促进社会发展时所发挥的作用。例如，在广大偏远农村地区，村民生活十分贫困，月收入仅百余元，在这样恶劣的生活条件下，仅仅是解决温饱问题就要耗费掉他们所有的精力，“发展”问题几乎无从谈起。而央视军事和农业频道经常会播出一些关于农民如何利用现有技术、资金置办副业、发家致富的相关信息，这对于家有余钱的农民来说，能够让他们利用自己所获的信息取得更大的发展。但对于温饱问题都难以解决的贫农来说，这些信息几乎是无效的，甚至会加大他们与获得发展的农民之间的差距。随着信息鸿沟的扩大，社会发展的不平衡也会相应地加剧，因此，对于媒介促进社会发展的作用还有待重新评估。

最后，由于媒体自身对经济利益的追求，其传播的信息往往是娱乐信息，或是城市生活的肥皂剧等，以吸引大量有闲阶级的注意力。这样的媒介内容占据了大量的播出时间，其对于社会发展以及促进广大落后地区个人生活的改善并没有多大帮助。

其视为多种传播手段的组合（见图8-19）。在多种传播手段的组合形式中，我们将营销传播主要分为两种类型：主题传播和行为传播。

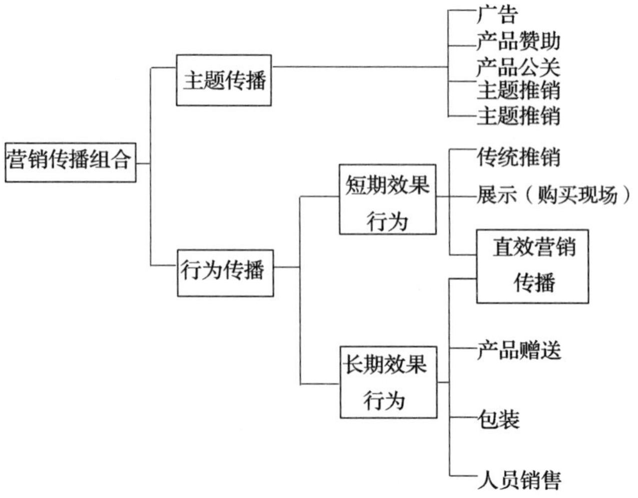

图8-19　营销传播组合

首先，销售者希望通过主题传播这种营销手段，在消费者购买产品之前影响消费者的认知和态度。例如，销售者会利用广播、电视广告或海报提供一些产品的信息，使消费者对产品产生亲切感，从而促使消费者在商店面对产品时产生购买冲动。其次，行为传播希望对消费者的行为产生直接的影响。在售点(the point of purchase)则利用吸引人的包装和折扣，希望能直接刺激消费者的购买行为。当然，主题传播和行为传播的营销手段之间并没有严格的区分，销售者可以将两种营销传播手段整合为某种混合形式。

以上提及的营销传播组合的各种手段各有其优缺点，我们可以根据每种手段对消费者的影响——从对产品的了解到产生积极的态度并最终购买——来对其进行评估。首先，我们已经将营销传播分为行为传播和主题传播两大类，因此，在这个评估中，我们也要注意其不同之处。前者主要是对消费者的行为产生直接影响，后者则主要是树立产品形象并建立品牌的亲切感。因此，广告在树立产品形象上的得分，和促销在直接影响消费者购买行为上的得分一样，相对较高。其次，两者又是相互依赖的：只有当一个产品以广告的背景式宣传为依托时，它的促销活动才能产生更好的效果。对产品的认知和积极的态度都会对购买行为产生帮助。为了评估这些不同的营销传播手段，我们采用了以下的指标：影响范围、可信度、成本、控制和反馈。从表8-1中，我们可以对这些营销传播手段的优缺点有一个比较综合而全面的认识。

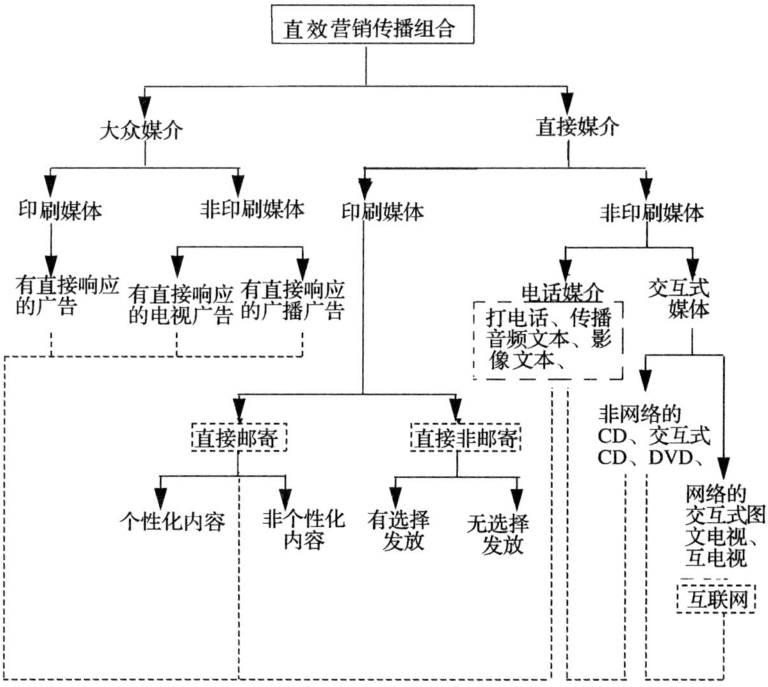

图8-20 直效营销传播组合

表8-1　营销传播手段的优缺点归纳

	广告	赞助	公关	促销	人员销售	直接营销
影响范围						
到达广泛受众的能力	高	高	高	低	低	高
到达特定目标受众的能力	中	高	高	高	低	高
接触消费个体的能力	低	低	低	低	高	高
可信度						
影响范围						
信息传递的可信度	低	高	高	低	中	低
通过传播的刺激程度	中	低	低	低	低	高
成本						
绝对成本	高	高	中	中	高	低
单位成本	低	高	高	低	高	低
可能性损耗	高	低	高	中	低	低
控制						
控制终端信息散布的能力	高	高	低	高	中	高
反馈						
受众单独反馈的可能性	低	低	低	高	高	高

以上是对广告与营销关系的概述，但是，如果我们要想系统地研究广告的传播规律以及它所产生的影响，就要相对周详地对广告进行分类。因此，用一个传播模式来进行系统的说明是非常有必要的。由于广告涉及的范围很宽泛，而且没有一种详尽无遗并得到广泛认同的分类方法，最终，麦可·萨尔文（Michael B.Salwen）和唐·斯戴克斯（Don W. Stacks）借用了格林伯格和萨尔文的“模式的模式”来说明广告的传播过程。这个模式包含了3个社会学过程——选择、创作、散布——及一个心理学过程——接受。

（1）选择（selection）

虽然在新闻报道领域中，“选择”这一概念直观而引人注目，并与一系列调查研究相联系，但在广告的范畴内，“选择”这一概念就不是那么清晰了，最接近的含义是有关广告中出现了什么产品、服务或观点，什么没有出现。当然，并非所有的研究都指向这个问题，比如在产品方面，就比较重视品牌的研究——包括产品的名称、品质、特色、形象等等。自20世纪初开始，销售商便开始给自己的产品冠以品牌名称（Fox，1984）。事实证明，在商品过剩的竞争环境中，这种方式在应对同质产品（例如等价商品）上是非常有效的。在这种环境中，发展品牌识别的手段可以促使人们购买这种产品而非另外一种，培养人们对品牌的忠诚度，甚至使他们愿意为了某种特定品牌而支付额外费用。当然，对于品牌研究的重视也反映出了广告的发展。今天，在广告学中已经有了专门的品牌研究领域，包括品牌的发展、管理以及品牌形象的资本价值（Aaker Biel，1993）。

（2）创作（creation）

早期的广告创作主要研究广告各相互独立的属性，彼此之间很少有理论上的相互联系（Thorson，1990）。在20世纪最后的40年中，广告的外部特征一直是研究的主要焦点。虽然广告很容易根据其宣传内容进行区分，如产品、服务、公益信息或事件性消息，但是，由于这些内容种类宽泛，因而广告又形成了无数种形式。在广告的形式研究中，内容分析扮演了重要的角色，经验性的表述也占了很大的比重。另外，还有一种重要的研究方法，即二次数据分析，以观察在广告效果分析或营销研究中其功能是否实现。

（3）散布（dissemination）

“散布”这一概念在有关的广告学文献中有多种解释，但通常指广告从创造者传向消费者的方式，主要研究的是媒介方面的议题。比如，“什么样的广告出现在什么样的媒介上，频率如何”这类问题经常使用内容分析的方法；而“一旦一条广告‘到达’了消费者，效果如何”这类问题则经常使用实证研究以及到达率和接触率数据模型法。当然，广告的媒介研究范围非常广泛，远远超过我们这里的所指，但有两个重要的研究领域却不得不提：一个是媒介的选择，即可以使广告主的经济效益得到最大化的媒介组合方式（Cannon，1987；Rust & Eedchambadi，1989）；另一个是不同媒介受众的不同特质（Cannon，1988）。

（4）接受（reception）

广告研究中大部分已发展起来的研究领域几乎都涉及接受广告后的影响。众所周知，在20世纪80—90年代，对接受模式的研究已占据了有关研究内容的主要部分。最新的研究模式主要有以下几种：

- 广告接受的条件模式（conditioning models of Ad.reception）；
- 广告接受的详尽细节可能模式（the elaboration likelihood model of Ad.reception）；
- 广告接受的态度倾向模式（attitude toward the Ad.〔Ads.〕models of Ad.reception）；
- 广告接受的影响模式（affective models of Ad.reception）；
- 广告注意模式（models of attention to Ad.）。

4.舆论

什么是舆论（public opinion）？这是一个几代哲学家、法学家、历史学家、政治理论家以及新闻学家为之困惑而又努力寻找答案的问题。对于舆论概念的探究从来就没有停止过，人们得出的舆论的概念也越来越多，涉及舆论的定义目前有50多种。学者的论战主要围绕着概念的两个部分展开，即“公共的（public）”和“意见（opinion）”。这里，我们不想就舆论的概念将50多种定义一一罗列出来，但在相关的作品中，所有被描述为普遍意见、公共许可、公共恰当的事物，实际上都与经验调查中的舆论属于同一事物。

在这里，我们主要介绍在制造和传播舆论的过程中，舆论可能出现的形式，其中一种重要的形式就是“沉默的螺旋”。

（1）沉默的螺旋

“沉默的螺旋”这一概念起源于一项大型的民意理论体系，该体系由伊丽莎白·诺利—纽曼历时多年发展并验证而成。纽曼在20世纪70年代早期提出假说时，试图解释1965年大选产生的疑惑——即使人们的选举意图没有改变，但估计某一方将获胜的人还是会增多。她将在舆论生成过程中起重要作用的一个因素称为“沉默的螺旋”。

该理论关心的核心问题有4个要素——大众媒介、人际传播、社会关系和个人意见表达之间的交互作用以及个人对自身社会环境中意见气候的感知。“沉默的螺旋”理论的主要假设为：

> 社会以孤立来威胁个体的偏差。
>
> 个人持续性恐惧孤立的经验。
>
> 对孤立的恐惧导致个体试图随时评估意见气候。
>
> 此种评估的结果会影响个人的公开行为，尤其是公开表达意见的意愿。

简言之，该理论假定，为了避免在重要的公共议题上被孤立，许多人会受到自己所处环境中主流或非主流意见的影响。如果他们感到自己是处于少数意见的群体，便会倾向于隐藏自己的观点；相反，如果他们感觉自己属于主流意见，便会比较愿意表达。结果，被认为属于“主流”的意见就越来越强势，而属于“另类”的意见就会越来越弱势，从而形成所谓的“螺旋”效果。

（2）议程设置

议程设置理论从最早的简单假设——新闻报道影响人们对每天发生的重大事件的感知开始，逐步延伸到整个公共舆论的范围进行研究。作为一个具有深层隐含意义的理论，议程设置的研究领域已经超越了事件议程的范围而触及很多新的问题。

从最早的麦库姆斯和肖的查普希尔类型的研究——媒介议程和公共议程的比较开始，总的来说，实证研究主要分为4种类型：①

类型一，媒介对于主要事件的新闻报道和集合的公共议程之间的比较研究。除了最早的查普希尔研究，芬克豪泽、帕姆格林和克拉克的研究也都属于此类型的研究。

类型二，同样是对媒介议程的研究，但是公共议程的分析单元从全体社会成员转换到个体成员，也就是说，事件议程的排列顺序是由个体决定的。杰克·麦克雷奥德（Jack M.McLeod）、李·班克尔（Lee B.Becker）和詹姆斯·比恩斯（James E.Byrnes）的研究就属于此类型。

类型三，对于同一事件，一段时间内媒介报道和舆论倾向的关系研究。这种类型的研究典型是詹姆斯·温特（James P.Winter）和克莱姆·伊欧（Chaim H.Eyal）的研究。

类型四，对于同一事件，媒介报道和个体议程中该事件相应的显著性之间的匹配研究。这种类型的研究引入了实验室法作为现场调查研究的补充。尚托·艾英格（Shanto Iyengar）和唐纳德·金德（Donald Kinder, 1987）的研究就在实验室里证明了议程设置的影响。

5.宣传活动

前面我们已经探讨过宣传，并且给“宣传”下了一个相当中性的定义，但实际上，宣传的内涵意义往往是负面的。这与早期的宣传运用通常与战争相连不无关系。从亚历山大大帝到罗马帝国，再到美法大革命与拿破仑远征，特别是大众媒介发明后的第一次世界大战，宣传活动已经成为战争中的一个必要元素。

---

① 阿卡普尔科分类法（Acapulco typology），参见SALVEN M B, STACKS D W. An integrated approach to communication theory and research[M]. Mahwah: Lawrence Erlbaum Associaties, 1996.

纽曼认为，是否愿意对议题发表意见，主要取决于人们对意见气候的理解——如果意见气候与个人的意见相左，人们便会继续保持沉默，而保持这种沉默的驱动力据说是因为害怕被孤立。但有学者对此提出了质疑，怀疑人们对敌对意见气候的恐惧是否真有那么强。拉索莎进行了一次调查，测试人们对政治的直言不讳是否不仅像纽曼提出的那样会受到个人对意见气候的影响，而且会受到其他变量的影响。回归分析的结果显示，直言不讳会受到人口变量（年龄、教育程度和收入）、自我实力、对新闻媒介政治信息的注意度和对自我位置的信心程度的影响，而与个人和议题的关系或个人对新闻媒介的一般使用没有关系。因此得出结论，当人们面对舆论时，并不像诺利—纽曼理论中所主张的那样无助，有一些条件是可以用来打破“沉默的螺旋”的。

纽曼还指出，作为最容易接近使用、评估主流意见的来源，大众媒介在人们试图确定大多数人的意见时起着重要的作用。里默和霍华德（Rimmer & Howard, 1990）试图测试这方面的假设，即人们是否使用大众媒介评估多数人的意见。他们对一种据信可以致癌的有毒废料PCB进行了一次公众意见的调查，测试受试者对几种大众媒介的使用以及大多数受试者对PCB的意见，以观察其感觉的准确性。他们发现，在媒介的使用和准确估计大多数人对PCB的立场之间不存在相关关系。研究结果并没有支持大众媒介在“沉默的螺旋”中扮演着重要角色的假设。

另一项由卡尔森等人（Carlsson, 1981）进行的有关政党支持、经济形势与报刊社论方向之间会随着时间推移而产生关系的研究结论指出，政治意见最初可能受经济状况的影响，其后便会受媒介内容的影响。他们的资料倾向于支持诺利—纽曼的假设以及其他“强大效果论”的观点。

纽曼的另一项有关核能议题报道的研究（1991）也发现，随着时间的流逝，公众对核能的支持会明显地减弱。正如同该理论所假设的那样，时间以及变迁的顺序暗示了一种互动性的螺旋化效果。

由于有关“沉默的螺旋”理论假设的佐证薄弱，且各案例之间存在着不一致性，因此，“沉默的螺旋”理论仍旧停留在假设模式这个阶段。此外，“沉默的螺旋”理论其实已经大大超出了媒介效果理论的研究范围，涉及了若干其他领域的问题，因此，需要进行联合调查才能进行深入研究。

提到关于舆论的研究，就不得不提李普曼和他1922年出版的《舆论学》，施拉姆将其推崇为新闻传播学的奠基之作之一。在这本书中，李普曼提出了“两个环境”理论，这是传播学史上的一大贡献。“两个环境”理论指的是：人类生活在两个环境中，一个是现实环境，一个是虚拟环境。前者是独立于人的意识经验之外的客观世界，后者则是人类意识或体验到的主观世界。按照李普曼的观点，人类根本不可能得到关于现实环境的真实图景。现实环境如此巨大、复杂而又稍纵即逝，根本不可能被人直接获知。人类在这个环境中生存和行动，必须将其重新建构成一个更为简单的模式，而大众传媒恰好完成了这个任务。

大众媒介的出现和发达，使得虚拟环境的比重越来越大，而人类认识真实世界的可能性则越来越小。与媒介传播上关于这个世界的图景相比，我们对这个世界的直接观察是如此的微不足道，我们依赖媒介而生活，未被报道过的在我们看来就是不存在的。我们经历的环境只是通过媒介简单化之后的虚拟环境，这种环境是否真实姑且不论，重要的是我们不能不基于这种环境去期待、去行动、去奋斗，这种行为不仅有自身的真实，还伴有真实的结果。从这个意义上说，是虚拟环境创造了新的真实。

许多学者在此基础上进行了大量有关大众媒介对社会影响的研究，其中一个重要研究成果就是“议程设置”理论。议程设置理论进一步佐证了李普曼关于媒介营造舆论的观点，指出大众媒介具有设置人们议程的功能，并可以影响人们对目前社会重大问题的观点，而且着重强调媒介的议题可能并非现实生活中的主导问题。

同时，精密的宣传技巧在20世纪又对宣传与大众媒体影响的潜在危机造成了负面影响。第二次世界大战之后，宣传成为东西方意识斗争的主要武器，并达到了科学精密的新层次。随着冷战时期的结束，宣传活动在国际事件上仍然持续着，而且掺杂了更多政治、宗教及经济的观念。

对于宣传活动（propaganda campaign），我们应该承认这样一个事实：宣传活动基本上倾向于处理符合既有规范与价值且经过良好制度化的行为。为了让受众了解宣传在当代社会的形态以及如何操作的过程，麦奎尔总结了宣传活动过程的典型要素及其顺序：[①]

集体的来源。

社会所允许的目标。

若干通道。

许多信息。

对于目标团体的不同接触。

过滤条件。

不同的信息处理。

达成的效果。

首先，宣传活动的发起人一般都不是个人，而是团体，如政党、政府、教堂、慈善机构、企业等，而人们对于宣传来源社会地位的理解，往往能强烈地影响其在宣传活动中成功的机会。其次，宣传活动也经常和“指引、强化并激发社会所认可的目标的既有倾向”相关，例如，投票、购买商品或为了正当理由以便达成更健康与安全的目的而筹款等。这时，媒介就被用来增强其他的制度性力量。最后，一项宣传活动经常是由许多横跨不同媒介的信息所组成的，这些信息（在不同媒介中）具有不同的传播效果，而且媒介通道和既有的信息内容也会影响其效果。关键问题在于整体受众中的目标团体实际接触宣传活动的程度。

在宣传活动过程中往往存在着一些潜在的障碍，阻碍或影响信息流向整体或特定的受众，我们称之为“过滤条件”。其中一些刚才已经提过，如宣传来源的社会地位、宣传活动的类型以及受众接触宣传活动的程度等。

---

① 麦奎尔. 大众传播理论[M]. 陈芸芸，等译. 6版. 台湾：中国台湾韦伯文化国际出版公司，2003：582.

“议程设置”的概念一经提出，便在传播学界引起了很大反响，使之成为传播效果研究的一个重要领域。在这一方面，很多学者都进行了实证研究，其中，美国学者芬克豪泽（1973）对新闻报道与公众对事件重要程度的感知两者之间关系的研究就验证了议程设置理论的部分假设。他分析了20世纪60年代美国社会公众舆论和媒介内容之间，以及媒介内容和实际生活之间的关系。20世纪60年代是美国社会异常活跃的10年，其间重大事件层出不穷。为了判定公众心目中这10年内最重要的一些事件，芬克豪泽采用了盖洛普民意测验的结果，向公众提出了“美国面临的最重大问题”。同时，他还统计了10年中3家主流周刊（《时代》《美国周刊》《美国新闻和世界报道》）上每一年出现的各种事件的次数，以此作为媒介内容方面的依据，然后根据美国官方出版的《美国统计摘要》以及其他信息来源，得出一个事件在实际生活中的重要程度。研究结果表明，在20世纪60年代，公众对事件重要程度的认识与媒介对该事件的报道频率之间有着明显的对应关系，但是新闻媒介在报道事件的过程中并未能全面地告诉公众事件的全貌。芬克豪泽总结说：“许多人，包括很多决策者，都认为新闻媒介是值得信赖的信息渠道，但这里的材料表明，事实上并非如此。”①

麦库姆斯和肖在1968年大选期间的查普希尔研究验证了媒介议程与公众议程之间存在的密切联系，但该研究并没有指出这两者之间的因果关系。按照该理论假设的隐含意义，媒介议程可能左右着公众议程；不过，若说公众议程影响了媒介议程，似乎也能解释得通。作为探究议程设置的第2个步骤，麦库姆斯和肖策划了1972年总统大选期间的夏洛特研究，专门研究议程设置的因果关系。此次研究采用了比查普希尔研究样本量还要大且固定样本的连续访问方法，即在大选的不同阶段，研究者对同一样本做多次访问，因此研究者可以对前因后果做出比较和判断。不过，研究结果并不如我们所期望的那么一目了然，该研究的成果只能说为议程设置的因果关系提供了一些依据——媒介（至少是报纸）在影响公众议程方面确有其效果，而不是公众议程影响了媒介议程。

对于因果关系的研究，研究人员发现最有效的方法就是实验。耶鲁大学的研究员艾英格及其两位同事对此专门做了几项实验（Iyengar, Peter, & Kinder, 1982），以此来分析媒介议程与公众议程两者之间的因果关系。他们的实验方法大体是这样的：把电视网的新闻节目制成录像带，移花接木地对其内容做一些调整，删除节目中的某些报道，换成其他一些报道。这样，研究人员就可以控制新闻报道的内容，如强化报道中的某些事件而弱化其他一些事件。研究人员让受试者在不同的实验环境下收看这些经过改动的新闻节目，而后要求他们按重要程度对报道中的各个新闻事件排序，经过处理的新闻事件自然也包括在内。研究结果显示，研究人员通过调整所强调的内容确实提高了受试者对该事件的重视程度，从而验证了媒介影响公众议程的因果关系。

在艾英格和金德其后发表的一些其他试验成果中，又进一步提出了证实议程设置理论的更多证据。其中他们发现，收看电视新闻可以显著地影响观众对什么问题是国内最重大问题的感知。艾英格及其同事还发现，电视新闻报道能以一种特殊的方式影响总统选举，通过为竞选活动设置议程，媒介可以为选民设定评估总统候选人的评价标准，他们称这一过程为铺垫作用（priming）。

后来一些有关议程设置的研究曾试图通过采用固定样本并在一段时间内连续访问两次的方法发现议程设置的因果关系，但研究结果表明，议程设置的效果非常微弱。这与麦库姆斯等人的夏洛特研究和蒂普顿等人（Tipton, Haney, & Baseheart, 1975）的研究不谋而合。哈罗德·朱克（Harold Gene Zucker）指出，麦库姆斯在报纸方面的议程设置研究之所以会得出时间上的因果关系结论，是因为它们基于一个错误的假设——所有的议题都可以引起议程设置的效果（Zucker, 1978）。

朱克认为，议程设置是否能产生效果，议题的强制性接触（obtrusiveness）可能是一个重要因素。在某一特定议题上，公众的直接经验越少，他们在获取该方面信息上对新闻媒介的依赖性就越大。有些议题，如失业，公众能够直接亲身体验，这样的议题就是强制性的；而有些议题，如污染，公众不能直接体验，就可称为非强制性接触（unobtrusiveness）问题。朱克曾做过一个研究，用于比较在为期8年多的时间里，媒介和公众对3个强制性议题与3个非强制性议题的重视程度。研究发现，就3个非强制性接触议题而言，新闻媒介的集中报道要先于该议题在民意测验中重要程度的提升；而对于3个强制性接触问题，新闻媒介的集中报道没有出现在公众重视这类问题之前，相反，媒介的报道和公众对被报道议题的重视似乎是齐头并进的。该研究结果说明，对非强制性接触议题的报道可能会使议程设置产生效果，而对强制性接触议题的报道则可能不会产生效果。

朱克的研究还有其他一些有趣的启示。他认为，不管人们是否接触媒介，议程设置的效果都应当都能在其身上体现出来。因为议程设置的效果绝大多数表现在非强制性接触的议题上，人们感知这类议题效果的途径就是接触媒介或是与接触媒介的其他人交流。因此，议程设置和两级传播可能会交织在一起，从而产生效果。

后来又有学者在比较具体议题（concrete issues）和抽象议题（abstract issues）产生的议程设置效果方

---

① FUNKHOUSER G R. The issues of the sixties: an exploratory study in the dynamics of public opinion[J]. Public Opinion Quarterly, 1973 (37): 75.

面进行了研究。雅各德和多齐尔（Yageda & Dozier, 1990）把抽象度界定为一个议题难以理解或感受的程度，并且假定具体议题比抽象议题更易于产生议程设置效果。他们就4个议题进行了测试，其中2个抽象的——联邦财政赤字、核军备竞赛；2个具体的——滥用毒品、能源危机。受试者分析验证了前两个议题比后两个议题更为抽象。然后，他们挑选了一个抽象议题——核军备竞赛和一个具体议题——能源危机，对若干周的《时代》杂志进行了内容分析，以判定媒介对这两个议题的重视程度，同时他们还用盖洛普民意测验来检查公众对这两个议题的重视程度。研究结果发现，对于具体议题——能源而言，媒介和公众议程之间确实存在显著关系；但在抽象议题——核军备竞赛上则不相关。这项研究说明，对于抽象问题，媒介可能不具备为公众设置议程的能力。

尽管议程设置理论的假设假定每一个受众成员都能接触强调某个特定议题的媒介消息，但令人惊异的是，几乎所有的议程设置研究都存在着没有真正检查受众接触的现象。之所以会如此，部分原因是因为很少有研究是在受众个体的层次上考察议程设置的。更为重要的是，议程设置研究把公众样本视为一个整体，并且研究所得——公众对问题重要程度的评估——也是一种总体估算。然后，研究者再将公众议程与作为整体的媒介议程——对议题重要程度的总体评估加以对照。

最近的几项议程设置研究都增加了对受众接触媒介的直接考察，并以此作为研究过程中的一部分。有研究者曾检验过这样一个假设：个体受众接触新闻媒介越多，媒介新闻报道的议题显著度就越高。他们为此做了一次调查，研究分析的结果表明：个体受众接触新闻媒介越多，他们就越倾向于注意媒介大量报道过的议题。

过去的许多研究都显示了媒介议程及其对公众议程可能产生的影响。但谁来设置议程实际上是一个更大范围的问题，即什么因素左右着媒介内容。而对这一问题的答案显然更多。该问题常被纳入媒介社会学（media sociology）的内容，这也是最近许多研究理论探讨的主题。

尽管人们对议程设置做过许多研究，但还有一个我们至今尚未透彻理解的问题，即议程设置是如何起作用的（McCombs, 1981）。也就是说，我们至今还不完全了解议程设置的过程。这方面的许多问题都集中于个人的信息处理活动上，我们有必要在这一层次进行更多的研究，以完善对议程设置全方位的把握。

红十字会事件与新媒体时代下的议程设置

2011年6月20日，新浪微博上一个名叫“郭美美Baby”的网友颇受关注，因为这个自称“住大别墅，开玛莎拉蒂”的20岁女孩，其认证身份居然是“中国红十字会商业总经理”，由此引发不少网友对中国红十字会的非议。众多网友不由得猜疑，“我们捐给红十字会的钱到哪去了”？经由这一事件，中国红十字会顿时陷入了信任危机。6月26日，“郭美美Baby”在微博中声称，“本人出于无知在新浪微博上自称‘中国红十字会商业总经理’，对此愚昧行为给中国红十字会造成的名誉损害和公众误解深表歉意!本人从未在中国红十字会工作，身份完全是本人杜撰出来的。”“决定用更多时间来自我反省和自我教育”。但中国红十字会的形象仍然一路下滑。

从“红十字会”事件中，我们看到了新媒体时代下网络媒体对于议程设置理论的影响以及传统议程设置理论范式的转变。在过去传统的大众传播时代，信息传播渠道牢牢地掌控在有组织的大众传媒机构手中，媒体作为信息传播的把关人，一方面对信息进行选择加工后，将其传播给受众；另一方面，媒体通过把关，对信息文本进行议程构建，通过议程设置告知受众什么信息比较重要，从而影响受众心目中议题重要性的排位。而受众由于相对隔离于信源和传播渠道，因此只能作为信息终端被动接收媒体所传播的信息。

但是，新媒体的出现，尤其是微博、人人网等社会化媒体的出现，使受众拥有了自己的传播渠道，可以通过这些社会化媒体及时传播信息。在新媒体时代下的议程设置理论有如下特点：首先是议程设置权的下放。由于新媒体的时效性要远远优于传统大众媒体，因此，随着网络技术及移动媒介终端技术的发展，当下信息的第一信源往往来自新媒体，新媒体通过抢先发布信息，对事件进行定性，从而对议程进行相应的构建以影响受众的态度。“郭美美”事件正是从微博上流传出来的，网友通过微博挖掘出郭美美相关“炫富”的照片，并进行评论和转发，使该议题在传统媒体介入之前便已经迅速传播并形成了相应的舆论气候。其次，网络能及时反映来自受众的意见和事实性信息，为受众左右议题发展方向提供了便利。当中国红十字会出面澄清关于郭美美的系列丑闻之时，网上又相继爆出了相关人物，使议题被进一步衍生的同时也让网民持续关注“红十字会信任危机”的发展。

在这个“观点自由的市场里”，不同观点、信息的交会，使议程设置很难以某人或某个团体的意志为转移，而总是非理性化、非预设地发展着。①

① 段鹏. 传播效果研究：起源、发展与应用[M]. 北京：中国传媒大学出版社，2008：136.

另外，目标受众对宣传活动的感知和注意程度也很重要。对于一项宣传活动来说，如果没有受众的注意，就不可能有效果，而注意力则要根据接收者的兴趣、内容的相关性动机、倾向以及与媒介通道的相关因素而定。受众的感知很重要，因为信息的诠释是开放性的，而一项宣传活动的成功与否在某种程度上要根据“信息被诠释的方式是否和宣传发起者所想要的诠释方式相同”而定，因而要尽量避免“回力棒（或自食其果）效应”（Cooper and Jahoda，1947；Vidmar and Rokeach，1974）的产生。因此，在媒介宣传活动研究的过程中，一定要重视这样一个事实：“社会并非如同活动的宣传者最初所期望的那样，一成不变地呈现‘原子化’或个人化。”

由于宣传活动过程中的复杂性，宣传活动可能产生的效果是多样的。一项宣传活动成功或有效与否，将视预计的效果和达成效果的相符程度而定。有些可能是短期的，有些则可能是长期的；有些可能是有意促成的，有些则可能是意料之外的。罗杰斯和斯多瑞（Storey，1987）曾提出一个相关的结论：“由于传播效果和传播过程中的概念化转变，人们已经认识到，传播是在一个复杂的社会、政治、经济背景下进行的，因此，无法预期传播会产生什么样的效果。”

总的来说，在社会生活的许多领域中，尤其是在政治和商业领域，宣传活动已经变得高度制度化了，并且已经产生了系统化的宣传技巧和根本特质。而大众媒介作为能够保证触及整个公众的唯一渠道，也被认为是成功“宣传”的要素，而且（在开放的社会中）具有“被认为值得信赖”的优点。利用大众媒介进行宣传活动所引发的问题，已不仅是宣传活动是否会产生类似效果或其他作用的问题，而且是宣传活动是否会产生不良后果的问题。

目前，大多数已得到研究的宣传活动是在竞争的状况下发生的，但我们对为了非竞争性目的而进行的宣传活动知之甚少。我们在研究中已经了解到传播者和接收者之间互相依赖的关系，并讨论了个人效果层面，但对于媒介来源的吸引力、权威性及可信度的重视程度还不够。①

6.知识沟

信息是一种资源。现代社会生活中若缺乏了信息，人们就会寸步难行，信息的价值也就在于此。然而，很明显，知识也像其他财富一样，在社会中的分布也不均衡。有资料表明，通常情况下，大众传播在把信息传送到信息闭塞的人那里时具有优势，能改善人们的生活或推动民主进程。但是，其结果并不一定总如策划者所期望的那样行之有效。实际上，大众传播可能扩大了不同社会阶层成员之间的知识差距，即

① 麦奎尔. 大众传播理论[M]. 陈芸芸，等译. 6版. 台湾：中国台湾韦伯文化国际出版公司，2003：588-591.

“知识沟”（gap in knowledge），这一现象则被称为“知识沟假说”（knowledge-gap hypothesis）。

（1）最初的知识沟假说

该理论最早是由P.J.蒂奇诺（P.J.Tichenor）、G.A.多诺林（G.A.Donohue）和C.N.奥利娅（C.N.Olien）在1970年的一篇名为《大众传播流动和知识差别的增长》（*Mass Media Flow and Differential Growth in Knowledge*）的论文中提出的。该论文指出，“随着大众传媒向社会传播的信息日益增多，社会经济状况较好的人将比社会经济状况较差的人以更快的速度获取这类信息。因此，这两类人之间的知识沟将呈扩大而非缩小之势”（见图8-21）。

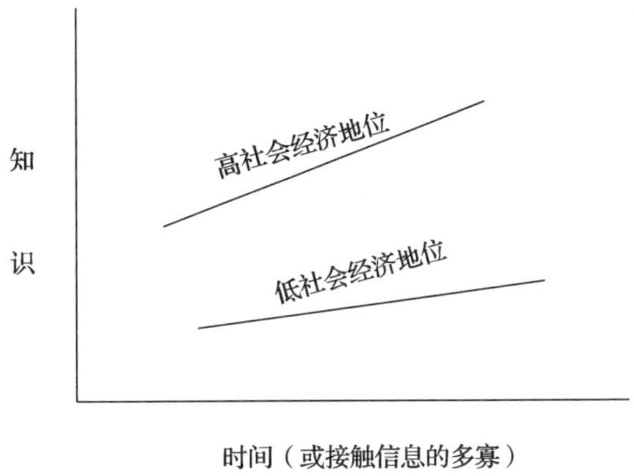

图8-21　知识沟假说

该假说预计，由于信息不断地输入，因而社会经济状况好的人或社会经济状况差的人均能增长知识，但是社会经济状况好的人将获得更多的知识。这就意味着，穷人与富人之间的相对知识沟将会扩大。蒂奇诺、多诺林和奥利娅指出，在人人都感兴趣的领域，如公共事务和科技新闻，知识沟特别容易出现；而在与某种兴趣有关的特定领域，如体育和园艺，知识沟出现的可能性则较小。

为了检验知识沟假说，蒂奇诺等人提出了知识沟发生作用的两种表述方式：第一，在一段时间内，当媒介已对某个话题做过大量宣传之后，文化程度较高的人将比文化程度较低的人以更快的速度吸取该话题的知识。第二，在特定的时间里，较之未大量宣传的话题，在媒介大量宣传的话题上，所获知识与教育程度应该有更高的相关性。

事实上，蒂奇诺及其同事的研究数据为这两种表现形式都提供了佐证。同时，蒂奇诺等人还指出了该假说得以存在的5个理由：

第一，社会经济状况好的人和社会经济状况差的人在传播技能上是有区别的。他们的文化程度通常存在差异，而人们基本的信息处理能力如阅读、理解、记忆等均要用到教育打下的基础。

第二，人们在现存的信息数量或先前获得背景知识等方面也存在差异。社会经济状况好的人基于其所受的教育，可能对某个问题早有了解，或者也可能通过以往的媒介接触而对此有更深入的了解。

1941年12月4日，因为日本偷袭珍珠港而让美国卷入了世界大战。这个军事决策也刺激美国政府必须尽最大努力促使工厂生产最多的军备品，以供给美国与同盟国的军队。当时的主流价值观将妇女的能力和角色定位在以家人和家庭为中心的妻子与母亲上。对大多数妇女而言，她们在工作机会上受到限制，或只可担任符合道德礼仪的工作。但是在数百万名男性奔赴沙场征战时，社会上必然会产生另外一种思考模式：让女性接受政府的职业训练，以应付随之而来的对劳动力的需求。为此，美国政府开诚布公地展开了一场改变对女性工作看法的宣传活动。在企业界、媒体与地方团体的支持下，政府扮演了一个宣传者的角色：美国战时人力资源委员会（war manpower commission）与战争资讯局（office of war information）在全国的媒体上展开宣传，发布各种吸引妇女走出家门参加工作的诉求。宣传活动包括创造标语“游手好闲的淑女时代已经过去”（The day of lady loaf is almost over）（Renov, 1998）、广告口号“参与战争的女性越多，我们就越早得胜”（The more women at war...the sooner we win.）（Anderson, 1981），以及大量鼓励妇女参加工作的宣传影片。该宣传的主要目的在于招募妇女到工厂生产军需品；同时也希望通过宣传，让妇女一同参与这场全民战争，激发她们同仇敌忾、慷慨激昂的情绪以及爱国的情操。

图8-22　“二战”期间美国为宣传和鼓励女性参加工作而制作的战争海报

宣传成功地达到了目的，其中一个重要的成果就是恺撒造船厂成功地招募到大批年轻已婚妇女。这个宣传活动之所以成功，一个主要原因是因为该造船厂所在的城市——范伯特市建造了让工人免于烦扰的一切设施，为了让主要的员工——有幼儿的已婚妇女保持最佳的工作状态。恺撒造船厂在条件许可的情况下，给每位员工提供了居住空间以及多间托儿中心。而这座城市本身也是最佳的产品。在一本有关建筑的书——《重塑美国梦》（*Redesigning the American Dream*）中，作者说，范伯特市是“美国有史以来，特别针对女性员工以及她们的家人而打造的空间中最具野心的企划”（Dolores Hayden, 1986）。当然，当战争结束时，“契约”也就宣告终止了，在1945年的6月到9月间，美国平均每4位妇女中就有1位被工厂、汽车厂、钢铁业以及造船厂解雇，重新去从事原本的秘书、服务生、销售员等薪水较低的工作（Hartmann, 1982）。宣传活动的另一部分就是提醒妇女，她们应该“恰如其分”地扮演原本的角色了。①

另外一个典型的宣传活动案例就是1991年的“海湾战争”。从1991年1月17日凌晨盟军战机对伊拉克展开第一场攻击行动开始，到同年2月28日双方宣布停战为止，这场费时43天的戏剧化现代战事，受到了

① 此项宣传活动的详细分析内容，参见周伊特，欧·唐尼洋．宣传与说服[M]．陈彦希，林嘉玫，张庭誉，译．台湾：中国台湾韦伯文化国际出版有限公司，2003：306-319.

军事装备研究者、战略专家、民意分析专家以及传播学者的热烈研究和讨论。在这场战争中，世界各地的受众持续不断地接受着来自这场冲突各方的宣传攻势，可以说是一场"世界民意的总动员"。

在海湾战争中，美国宣称"集权主义的伊拉克独裁政权"已经危害且准备摧毁科威特这个"自由的民主制度"国家。实际上，科威特也有并不十分民主的一面，而美国的官方消息却很少透露这一点。这其实也是针对美国人民展开的一种意识形态上的宣传：直接针对伊拉克人民展开诉求，呼吁他们推翻蛮横的独裁者，建立民主制度；宣称这场战争是针对萨达姆而非伊拉克人民的。

相比较而言，伊拉克的宣传就直接得多，基本信念源自他们企图介入整个现代中东历史，统一整个中东世界，并根除西方对这个地方的影响。萨达姆的整个宣传活动只有简单的几条准则，一如他所使用过的其他各种获得媒体注意的技巧。首先，萨达姆宣布科威特犯下了蓄意从伊拉克盗采原油的罪行；其次，他说历史上科威特是属于伊拉克的一部分；最后，他诉求一场"护教圣战"，称这场圣战是一场对抗异教徒的圣战，因为美国是一个侵略者，而且美国人"喝酒、吃猪肉且奸淫"，污染了伊斯兰的圣地。

尽管这场战争中的整个宣传活动非常复杂，很难将其运用的手法列成一张清单，但其中一些让"效果最大化"的技巧值得我们进一步分析。很明显，交战的双方都认为自己"深谙"该采取何种最佳方式以使自己的行动合理化。伊拉克是一个处于独裁统治下的社会，政府全面控制着媒体渠道以宣传最根本的信念以及各种入侵科威特的不同理由，且在战争的几个月里未受到太多的质疑（也许有，但至今仍然无法对伊拉克民意做出完整的描绘）。而美国方面，分析报告显示，最初布什政府很难说服美国人民支持这一场即将发生的战争，但到11月布什总统发表完措辞强烈的演说，即为美国公众提供了一个出兵的标准答案后，第三阶段的宣传活动就别具意义了。随着冲突逐渐扩大成真正的战争，美国媒体报道海湾战争的角度也跟着发生了改变。一个由"自由论坛"所主导的重要研究指出（Lamay, 1991），通过分析电视联播网中的新闻报道发现，美国民公中出现了"黄丝带现象"，即一种无论对战争持何种立场，都支持我方军队号召的现象。在这场冲突的过程中，一连串的心理宣传持续针对全世界的受众，给他们设定各种特别的隐喻，以期建构这场冲突的"真实面貌"（在这个特别时刻，美国有线新闻网CNN以及其他国际电视台的受众遍布全球）。

1992年1月，美国和科威特政府为了自身利益而企图支配美国民意所使用的一些宣传策略被揭露出来——其中包括在战争期间掌控美国民众与政治家对战争的想象，人们发现其实大部分都是宣传技巧。但美国政府在本国所做的宣传活动中，最让人惊讶的是在海湾战争开战以来这几年民众的反馈。不管是麦克阿瑟（MacArthur, 1992）揭发出来的文件，还是其他有关整个战争是为国内民众所"精心策划"的说法，大多数美国人对这类宣传刺激的反应都非常"冷淡"，对这些揭发出来的事件漠不关心。

图8-23　CNN转播海湾战争

1991年海湾战争时，CNN及时向全世界转播战争的实况并邀请专家参与评论。

海湾战争在政治和军事历史上占有重要地位，但同时也是宣传史上的一个大事件。在完整地分析与精确估计这场战争的各种宣传活动所产生的作用与效益之前，我们仍需要花较长的时间来研究这个案例。

第三，社会经济状况好的人可能有更多的相关社会联系。也就是说，这类人可能与同样了解公共事务和科技新闻的有交往，并且可能与他们就此类问题展开过讨论。

第四，选择性接触、接收和记忆的机制也可能发挥作用。社会经济状况较差的人可能找不到与其价值观和态度相协调的涉及公共事物或科技新闻的信息，因此他们可能对此类信息兴味索然。

第五，大众媒介系统自身的本性就是为较高社会阶层的人所使用的。印刷媒介上的许多公共事务和科技新闻以及印刷媒介本身均以较高社会阶层的人的兴趣和口味为取向。

（2）知识沟假说的改进和拓展

那么，如何缩小甚至消除知识沟呢？蒂奇诺等人在后来的一项研究中提出了对知识沟假说的进一步修订：

第一，当人们感到在某个地方议题上存在冲突时，对该议题的知识沟可能会缩小。

第二，在多元化的社区里，由于存在各种各样的信源，因而知识沟有扩大的趋向；而在同质性的社区里，人们的信息渠道虽不正式但相同，因此知识沟扩大的可能性较小。

图8-24 《芝麻街》节目

第三，当一个问题对本地的人们有迅捷且强烈的影响时，知识沟就容易缩小。

一般来说，如果我们承认某议题引起社会关切的程度是一个重要变量，那么知识沟就有希望缩小甚至消除。

知识沟缩小的一个重要证据是N.卡茨曼（N.Katzman）对电视儿童教育节目《芝麻街》（*Sesame Street*）分析所得的数据。《芝麻街》于1969年首播，是政府实施学前启蒙项目的一个尝试，其目的是通过电视帮助贫困家庭的学龄前儿童。这个节目完成了一个大胆而新颖的使命——通过新奇的节目模式，加上信息和娱乐的内容，吸引众多儿童观众并促使他们经常收看。

卡茨曼通过对4种收视量下不同家庭环境的孩子进行测试打分。研究结果表明，越经常收看该节目的孩子，知识沟的缩小越明显，而且，家境贫困但经常收看节目的孩子的进步得分高于家境好但不常看该节目的孩子（见图8-25）。

这一研究和其他一些研究结果表明，在消除知识沟方面，电视有其独特的作用。电视即使不能完全消除知识沟，至少也能抑制知识沟的扩大。

在美国的某些社区，有线电视的一个用途就是直播市政府会议及其他活动。在堪萨斯的威奇托市，有人对收看市政府会议的观众做过一次调查，以便弄清都是什么人在收看这类节目，知识沟是否会扩大（Sharp，1984）。夏普发现，这类电视节目的观众往往是那些与该社区有切身利害关系的人，而这类人中社会经济状况层次高低都有。夏普的研究指出，个人动机是寻求信息的一个重要因素，而且，如果寻求信息的动机非常强烈，知识沟便会缩小而非扩大。

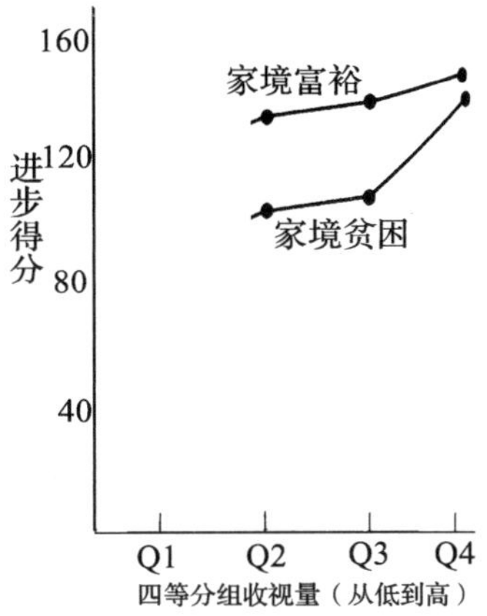

图8-25　在4种收视量下，家境富裕和家境贫困的孩子收看《芝麻街》后的测试得分情况。

多项研究都已证实，信息有时会扩大知识沟，有时则可以缩小知识沟。在这一过程中，最为关键的是兴趣或动机。因此，可以说，传播过程中出现的知识沟不仅是纯粹的知识差距，还是人的态度及外在行为上的差距（罗杰斯，1976）。鉴于此，罗杰斯曾倡议将这种现象重新定义为传播效果沟（communication effects gap）。他还认为，社会经济地位及其相关变量并不是造成知识沟的唯一因素，在对政治兴趣盎然与兴趣索然的人之间，在年长者与年幼者之间，同样也存在显著差距。

总体来说，人们的动机和所认识到的效用会影响其对信息的寻求和学习，而这些因素大多来自社会而非媒介。不过，不同的媒介可能以不同的方式发挥作用。与电视相比，印刷媒介可能更容易导致知识沟的扩大；而以电脑为基础的新兴传播形式，也有可能扩大信息传播者和信息接收者之间的差距。信息传播者具有更好的传播技巧和传播来源，因此，其信息的丰富程度大大超过信息接收者，从而导致更大的知识沟差距。帕克和邓恩在1972年的《科学杂志》上发表了《信息科技的社会潜力》一文，阐明了信息科技的最大潜力在于降低单位教育成本，提供平等而开放的教育机会，使“终身学习”成为可能。如果资讯教育无法在整个社会中普及，那么“资讯鸿沟”势

① 塞弗林，坦卡德. 传播理论：起源、方法与应用[M]. 郭镇之，等译. 4版. 北京：华夏出版社，2002：280.

必会扩大。S.D.瑞斯（S.D.Reese）等人于1984年在美国芝加哥民意研究协会发表的一篇调查研究《公众对新传播科技态度的社会相关性》中指出，教育程度的高低与拥有资讯的人数多寡成正比。美国学者埃特玛（Ettema，1989）在其信息差距假说中将人们分成“信息富人”（information rich）与“信息穷人”（information poor）两类，两者的主要差别在于受教育水平、计算机能力和信息接收能力。他认为，这些差别是导致贫富悬殊的根源，因为有信息才能致富，而越穷的人越没有掌握信息的能力。1999年，美国在线（AOL）总裁斯蒂文·凯斯（Steve Case）在对黑人及西班牙裔美国人演讲时曾提到，他们接触网络的比率比美国白人低50%，他预测“平等使用线上服务”将是21世纪的重要民权议题。因此，在网络世界中，如何减少“知识沟”，避免造成知识贫富过于悬殊，也将成为政府、教育界、传播学者及社会大众应共同关心的议题。

当前，新兴科技不断出现，新的数字落差，即“数字鸿沟”（digital divide）也将随之出现。由于不同国家、地区、行业的人群之间对信息、网络技术的应用程度不同，出现了“信息落差”或称“知识分隔”的状况，这种状况具体表现在“abcd”4个方面：

(access) 互联网的接入。

(basic skills) 接收信息的能力。

(content) 网上内容偏向程度。

(desire) 网上动机和个人兴趣。

目前的数字鸿沟研究出现与其他传统研究领域结合的趋势，如健康传播中的数字鸿沟问题已得到国内外学者的关注。如布拉德福德·海塞（Bradford W. Hesse）等人通过实证研究发现，年轻、女性、受过良好教育、收入较高的人在健康保健信息的寻求和接收上活跃度更强，这显示了线上健康信息传播中的数字鸿沟。[①]实际上，新媒体技术的普及虽然使受众在媒介接触之间的差异逐渐消弭，但是受众固有的知识体系、认知水平、社会关系之间的差异却在新媒体环境中被进一步放大，因而，数字鸿沟仍是新的媒体生态之下需要探讨和研究的重要议题。

如果接触媒介是缩小或消除知识沟的一个关键因素，那么如何去填补知识沟则有大量的问题有待我们去关注。有些媒介比另一些更容易接触到，而社会作为一个

---

① HESSE B W, et al. Trust and sources of health information: the impact of the Internet and Its implications for health care providers: findings from the first health information national trends survey[J]. Archives of interal Medicine, 2005(165): 2618-2624.

整体，有必要采取措施确保全体社会成员都能平等地获得信息，否则，我们便会看到知识沟日益扩大的社会现象。有关研究也表明，在复杂议题上，富人可能会从一种媒介（如报纸）获知信息，穷人可能会从另一种媒介（如电视广告）获知信息。这一发现提醒了信息活动策划人员研究受众的必要性：要想影响不同的受众，就应选择不同的媒介。最后，正如布林达·德温（Brenda Dervin）在对知识沟假说提出批评时所提醒我们的那样：信息活动的出发点应该更多地考虑信息潜在使用者的需求。”

7.谣言

谣言指非正式的、未经认可的话语，是在某个传播系统中历经若干发展阶段而未加证实之信息的最终结果。

首先对谣言进行系统研究的是美国人。在“二战”期间沸沸扬扬的各种谣言及其对部队和人民士气的作用，使很多研究小组对这个题目产生了兴趣。这个领域的两位奠基人奥尔波特和波斯特曼认为，谣言是一个“与当时事件相关联的命题，目的是为了使人把不真实的东西当成真的，一般以口传媒介的方式在人们之间流传，但是却缺乏具体的资料以证实其确切性”。而R.纳普（R.Knapp）则认为，谣言是一种“旨在使人相信的宣言。它与当前时事有关，在未经官方证实的情况下广泛流传”。W.彼得森（W.Peterson）和N.吉斯特（N.Gist）在《谣言和舆论》一书中对谣言的定义是：谣言是一种“在人们之间私下流传的、对公众感兴趣的事物、事件或问题的未经证实的阐述或诠释”[①]。

综合以上对谣言的定义，我们可以看出谣言有以下几个特点：

必须在一定数量的人群中流传。

必须为众多人相信。

是与事实有出入的消息。

谣言的类型是多种多样的，从不同的角度可以有多种划分法。

根据谣言的来源，可分为有意捏造的谣言和无意讹传的谣言。有意捏造的谣言往往是制造者出于某种利益驱动、针对具体目标和对象炮制出来的；无意讹传的谣言则是由于消息在传递过程中因种种原因出现遗漏、颠倒或错误，甚至被传播者进行了任意的增补以自圆其说而造成的。这种由虚构、联想和夸张而产生的不正确传播，极容易成为谣言的来源。

---

① 卡普费雷. 谣言[M]. 郑若麟，等译. 上海：上海人民出版社，1991：6.

耶鲁大学的开放课程与知识沟假说

耶鲁大学开放课程（open Yale courses）是耶鲁大学一个分享本科课程视频和教学材料的项目。通过该项目，耶鲁大学开放课程免费提供了一系列导论式的课程。该项目于2007年12月启动，涉及多个学院的多门课程。该开放课程与其他美国著名大学的一系列开放课程在中国内地互联网上出现后，引发了一阵学习外国著名大学课程的热潮，并在诸如电驴之类的网站上引起了热烈讨论。到目前为止，耶鲁大学开放课程的主要内容参见维基百科关于“耶鲁大学开放课”的词条解释。如下：

天文学——《天体物理学之探索和争议》，主讲人：查尔斯·贝林（Charles Bailyn）

古典课程——《古希腊历史简介》，主讲人：唐纳德·卡根（Donald Kagan）

经济学——《博弈论》，主讲人：本·波拉克（Ben Polak）

经济学——《金融市场》，主讲人：罗伯特·希勒（Robert Shiller）

英文——《弥尔顿 》，主讲人：约翰·罗杰斯（John Rogers）

历史学——《美国内战与重建（1845—1877）》，主讲人：大卫·布莱特（David Blight）

历史学——《1648—1945年的欧洲文明》，主讲人：约翰·梅里曼（John Merriman）

历史学——《1871年后的法国》，主讲人：约翰·梅里曼（John Merriman）

哲学——《死亡》，主讲人:谢利·卡根（Shelly Kagan）

物理学——《基础物理》，主讲人：拉马穆尔蒂·尚卡（Ramamurti Shankar）

政治学——《政治哲学导论》，主讲人：史蒂文·B.史密斯（Steven B.Smith）

心理学——《心理学导论》，主讲人：保罗·布鲁姆（Paul Bloom）

心理学——《有关食物的心理学，生物学和政治学》，主讲人：凯利D.布劳内尔（Kelly D.Brownell）

宗教学——《旧约全书导论》，主讲人：克里丝汀·海耶斯（Christine Hayes）

《聆听音乐》，主讲人：克雷格·赖特（Craig Wright）

文学——《文学理论导论》，主讲人：保罗H.弗赖伊（Paul H.Fry）

《新约及其历史背景》，主讲人：戴尔·马丁（Dale B.Martin）

文学——《现代诗歌》，主讲人：兰登·汉默（Langdon Hammer）

《生物医学工程探索》，主讲人：W.马克·萨尔兹曼（W.Mark Saltzman）

《全球人口增长问题》，主讲人：罗伯特·怀曼（Robert Wyman）

《1945年后的美国小说》，主讲人：艾米·亨格福德（Amy Hungerford）

《新生有机化学 》，主讲人：J.迈克尔·麦克布莱德（J.Michael McBride）

从上述耶鲁大学开放课程的内容我们可以看到，这些课程仍需要学习者具有一定的学术背景和相应的学习能力。而耶鲁大学之所以向大众开放上述课程内容，主要基于两个原因：一方面，耶鲁大学本身期望通过这些公开课推广教育，实现知识的普及，使知识的传播不再受媒介或组织机构的局限，尽可能满足每个渴望获得教育的个人实现获得知识的权利。这些公开课通过网络媒介传播，使耶鲁大学的课程不再局限于高墙之内而变得更加的普及化，在一定程度上为那些无法获得高等教育的人提供了受教育的机会。另一方面，耶鲁大学期望通过其公开课在互联网上的推广，获取更多的知识受众群，进一步打造耶鲁的学术品牌，提升耶鲁大学的学术地位。

而事实上，耶鲁大学的公开课并没有缩小受众间的知识沟，反而在一定程度上扩大了知识沟的存在。其原因体现在技术与内容两个层面上。

从技术层面而言，耶鲁大学的公开课是以互联网为媒介对外进行传播的，因此，从媒介角度来看，这种课程的“公开”具有技术的局限性，任何想要获取耶鲁大学开放课程的人都必须通过电脑或其他相关电子终端设备连入互联网，而不具备这些硬件条件的人则被排除在了获取知识的范围之外。因此，这类人与通过网络获得开放课学习的人之间的知识沟将呈扩大趋势。

从内容层面而言，在上述开放课程的明细中我们可以看到，耶鲁大学的开放课程并非所谓的大众科普知识课程，而是具有一定学术性基础的课程。在获取知识的过程中，受众必须具有一定的知识储备和一定的英语水平。对于英语并非母语的大众而言，英语能力的差距使不同的人在获取课程知识时产生了差异。知沟假说认为：在接收媒体所传播的信息知识的过程中，具有较高教育水平的人往往比教育水平较差的人能更快地接收信息，而这一点在关于耶鲁大学开放课程的内容消化吸收方面体现得更为明显，由于课程内容具有专业性，因此，具有相应背景知识的受众能够更好、更快地吸收相关知识。

从传播后果来看，谣言又可分为有害谣言和无害谣言。并非所有的谣言都会造成危害和破坏。有时，谣言能帮助表达民意和了解舆情。比如，前几年关于手机实行单向收费的谣言曾数度流传，实际上表达了广大用户的一种期待心理，使得有关方面不得不数度做出解释，同时在制定政策时也不得不加以考虑。在战争中，人们有时能够从谣言中获取某些隐匿的实情。有时候，谣言的流传能对相关方面形成巨大的心理压力，迫使相关方面做出解释，使公众了解真相，行使知情权。再比如2003年非典肆虐期间，大量通过互联网和手机短信传播的谣言使得缺乏信息的群众人心惶惶，极大地破坏了社会安定，最终迫使有关部门实行了信息公开化，从而为全国人民众志成城、抗击非典打下了良好的舆论基础。

此外，根据谣言的内容，它又可分为政治谣言、经济谣言、军事谣言、社会生活谣言和自然现象谣言等。

谣言的传播是通过多种媒介进行的，而信息每经过一个阶段，其准确性就会发生某种偏差。谣言的基本特征是：信息的接收者并不考虑它是否准确，只是力图将这种信息传播到某个社会网络的下一环节。经过若干这样的偏差，结果自然同最初的信源大相径庭。

一般而言，一次完整的谣言传播通常会经历形成期、高潮期和衰退期三个阶段。在谣言传播的形成期，只有少数人作为谣言的发源地相互议论，随之，谣言的传播速度开始加快，迅速传给谣言的次级源地，再传给他人，形成一种“锁链式传播”，这样就进入了谣言传播的形成期。在形成期，谣言的传播速度逐渐加快，很快呈燎原之势，参与传播的人越来越多，传播范围越来越广。当谣言为绝大多数公众所接受，传播达到或接近一种平衡状态时，谣言传播便进入高潮期。最后，随着谣言重要性的减弱，谣言传播的频率开始下降，谣言传播逐步进入衰退期，直到谣言完全消失。

过去，谣言传播的主要途径是人际传播，也就是人与人之间的口口相传。但是，随着科学技术的发展，不但传统的人际传播正在改变（人们可以借助电话、短信来进行人与人之间的沟通），谣言传播的形态也开始变为人际传播、群体传播、组织传播和大众传播形态的混合。由于媒介的介入，谣言得以成为假新闻，从而加剧了其危害性。可以说，谣言是一种畸变舆论和负向舆论，在危机状态下会释放出巨大能量并带来严重危害。公众对通过大众传播渠道获得的谣言最普遍的反应就是恐惧、愤怒，甚至可能出现大恐慌或市民暴动。

网络时代的到来导致谣言大肆泛滥。这与人们曾经认为大众媒介的高度发达将导致谣言走向灭亡的想法正好相反。由于网络传播迅捷、广泛的特点，网络谣言从形成期到高潮期的时间大大缩短，往往在一夜之间甚至几小时之内，就可以形成声势浩

抢盐潮与谣言传播

2011年3月，受日本核电站爆炸引发的“核泄漏”恐慌在我国蔓延，绍兴、宁波、福州等江浙沿海城市出现了抢盐潮，不少居民纷纷奔走各大超市抢购盐以备战日本核辐射污染可能会带来的“盐荒”。一时间，江苏、浙江、广东居民都在抢购含碘食用盐，各大超市断货，甚至连一些农村小卖部的盐都被抢购一空，不少群众甚至整箱整箱地购买。“请尽快打电话告诉家人买一些盐与海带存放家中以防断货。”这样的信息在微博及手机短信中传开，甚至有市民替远方的亲戚购买大量食用盐，部分地方超市的酱油、醋、食用油、方便面及饮用水也遭遇疯抢。出现抢盐潮原因有二：一是传言吃碘盐可防辐射，二是谣传核泄漏污染了海盐。而最终证明，这次抢盐潮完全是由谣言造成的。日本核电站泄漏事故备受关注，事后有谣言称，“日本核辐射会污染海水，导致以后生产的盐都无法食用，而且吃含碘的食用盐可防核辐射”。

谣言的产生和传播与信息流通的渠道、信源的公开性以及信息传播的监管程度密切相关。首先，谣言的产生往往是因为信息传播的不透明性。信源的不公开性使得信息传播公信力不足，甚至在传播过程中失实，从而导致了谣言的滋生。其次，随着微博、人人网等社会化新媒体出现，传播渠道多元化，且新媒体传播渠道的准入门槛往往相对较低，使得大量质量良莠不齐的信息纷纷涌入新媒体渠道，这其中也不乏大量的谣言。这些未经证实的传播一旦与受众本身对于灾害危机所具有的恐惧情绪相吻合，必然加速谣言的扩散和恐惧情绪的蔓延。从制度层面而言，正是缺乏相应的法律规范和完善的危机传播制度以及信息传播管理办法的相关规定，才使得在危机事件过程中的信息传播往往沿着隐性的、非理性的方向发展，在制度管理层面上的滞后和技术进步所带来的法律真空，为谣言的传播提供了空间。

因此，要想有效地克服谣言，首先需要的是信息传播的信源公开化，只有将信息传播透明化，才能充分保障受众的知情权，有效地降低谣言传播的可能。其次，要对不同传播渠道加以鉴别，进行监管，如果传播渠道陷入混乱，那么即使是透明、准确的信源在经过混乱的渠道传播后也难免有失实的风险，因此，信息传播的透明化不仅是信息的公开，而且需要对信息传播渠道进行合理管理。最后，避免谣言的传播，更重要的是不断完善法律制度，依法对信息传播进行合理监管，只有这样才能最终保障公民权益。

大、跨越国界的谣言。

网络谣言的产生及传播给社会带来的危害，使得对其的控制变得尤为必要。一般来说，网络谣言的控制手段分软硬两种：软手段是网络使用者自身的伦理道德、信仰信念以及社会舆论对其的约束；硬手段则是网络技术和法律的控制。

8.恐怖主义

恐怖主义是一种古老的政治或社会现象，从历史根源上看已有2,000多年的历史。与古代相比，现代国际恐怖主义的发展更加迅速。从理论基础上看，当前恐怖活动的特征不是以往的“输出革命”或“左翼”“右翼”的极端理论，而是以民族分离和宗教极端主义以及反全球化浪潮为其主要的理论来源，但对于恐怖主义和恐怖分子的称谓常被称为寻找意义时的陈词滥调。[①]

---

① 塞弗林，坦卡德. 传播理论：起源、方法与应用[M]. 郭镇之，等译. 4版. 北京：华夏出版社，2002：110.

克里斯托夫·希钦斯(Christopher Hitchens)在提到“恐怖行为”是否经常指人们采取的某类行动抑或是否有时视其采取人而定的问题时,引述了美国国务院反恐怖主义顾问的话:“我能对恐怖主义下一个普遍使用的定义吗?恐怕我只能说‘不’。”这位顾问同时还是美国反恐怖主义及附属国冲突研究所的常务所长以及《反击:赢得反恐怖主义的战争》(*Fighting Back: Winning the War Against Terrorism*)一书的合编者。希钦斯还引用了兰登公司某出版物中的原话:“我们所谓的恐怖主义是什么?很不幸,这个词并没有可解释或可被广泛接受的定义。由于恐怖分子已经成为一个时髦的词,泛指各类暴力,从而使下定义变得复杂了。”除此之外,华盛顿战略及国际研究中心的两位作者也在其《恐怖主义作为国家支持的战争》(*Terrorism as state-sponsored warfare*)一书中指出,“因为政治和战略目标对不同国家影响不同,所以,对恐怖分子并没有一致认可的对象。任何一种对象都会反映出一定的价值观”。

从恐怖行为的特征来看,许多恐怖主义暴力事件是事先安排的,不仅具有威胁性,而且是由某些为了政治目的而(间接地)运用媒介的人所操纵的,这就会引发媒介与恐怖分子之间的复杂互动。对恐怖分子而言,其主要的潜在好处是可以获取注意力,引发公众的恐惧与警戒,借以对政府施加压力。

恐怖主义的成形主要归因于大众媒体对于恐怖主义活动的报道和“宣传氧气”(oxygen of publicity)的刺激。英国前首相撒切尔夫人就曾尖锐地指责,说新闻媒体的宣传报道是恐怖主义活动赖以存在和发展的“氧气”①。暴力往往是(恐怖分子)为间接使用大众传播媒介而采取的手段,甚至暴力讯息本身也是这样(Schmid and Graaf, 1982)。因为媒介报道暴力,所以不可避免地会涉入这种过程,并传播恐怖活动的讯息。在媒介对于恐怖主义活动的报道中,有若干可能性的互动,包括对恐怖主义本身、对政府、对公众以及恐怖活动受害者所产生的效果等。这些潜在的效果等于是在帮助恐怖分子或权威当局(Alsli and Eke, 1991; Paletz and Schmid, 1992)。

尽管这个议题的目标非常明显,但是相关研究所发现的效果却并不足够清楚。施密德和葛拉夫(Schmid & Graaf, 1982)的研究发现了一些证据,显示警察非常相信“媒介现场报道恐怖主义活动会鼓动恐怖主义”的说法,而媒介从业者则原则上持中立的看法。不过,皮卡德却驳斥了这种看似造成传染效果的证据,认为这是伪科学,而且对媒介自由造成了威胁。但这样的争执并没有定论,充其量只能说两种论点

---

① NACOS B L. Terrorism and the media[M]. New York:Columbia Univ.Press, 2002: 53.

看起来难分高低（Paletz and Schmid，1992）。值得注意的是，如果排斥媒介报道恐怖行动，其后果将会更加难以评估。

9.建构现实

人们进行传播是为了解释事件并与他人交流，是为了通过传播现实使社会的构建得以实现。现实的社会性建构（the social construction of reality）是我们这个世纪的一个重要知识领域。

“现实的社会性建构”这一思想最早体现在哲学家阿尔弗雷德·舒茨（Alfred Schutz）的这些话中：“我日常生活的世界绝不是我私人的世界，而是从一开始就是一个主体间的世界，是我与我周围的人共有、由他人经历和解释的这样一个世界。简而言之，它是我们所有人的共同世界。在这个世界里，在我生存的任一时刻，我发现我自己的那个独特的生平情形只不过在很小程度上算是我自己创造的。”①

一言以蔽之，我们的意义和理解是产生于我们和他人的交流过程之中的。这是一个深深根植于社会学思想的关于现实的概念。这一思想最著名的支持者是《现实的社会性建构》一文的作者彼德·博杰（Peter Berger）和托马斯·拉克曼（Thomas Luckmann）②。在符号相互作用理论的作用下，在舒茨、博杰和拉克曼的研究基础上，现实的社会性建构已成为社会科学中一个受人尊敬而又得到广泛接受的思想。

社会学家塔奇曼在她所著的《制造新闻》（*Making News*）一书中指出，新闻是对现实的社会性建构。这本书的写作是基于作者十年间在新闻编辑部的一系列亲身观察和对新闻从业人员的调查而完成的。盖伊·塔奇曼（Gaye Tuchman）认为，制造新闻的行为，就是建构事实本身的行为，也是建构事实图景的行为。她断定，新闻是司法的同盟者，因而同样可以使现状合法化。塔奇曼将新闻的立场与新闻组织及企业资本主义的出现联系在了一起：“通过新闻的常规运作，通过认定新闻专业工作者具有裁定知识、表述新闻事实的权利，新闻使社会现状合法化了。”她提出，新闻是一种社会资源，对这种社会资源的建构限制了我们对当代生活的分析性思考。

正如其他理论一样，社会建构领域也不是完全一致的，而有各种各样的版本。③但大多数版本的理论都在以下观点上有共同之处：长期媒介效果的产生是“无意的”，这是媒介组织倾向、职业实务、技术现实以及特定新闻价值观、框架与各式系

---

① SCHUTZ A. On phenomenology and social relations[M]. Chicago: University of Chicago Press, 1970: 163.

② BERGER P, LUCKMANN T. The social construction of reality: a treatise in the sociology of knowledge[M]. New York:Doubleday, 1996.

③ 主要3个版本的介绍参见KRIPPENDORFF K. The past of communications hoped-for future[J]. Journal of Communication（43）: 34-44.

对某些人而言是“自由战士”的人，对另一些人而言却是“恐怖分子”。“二战”结束时，英国仍对巴勒斯坦实施监管，当时以色列的很多领导人都展开了游击战以反抗英国的统治。后来成为以色列总理的伊扎克·沙米尔（Yitzhak Shamir）曾是“以色列枪”（Irgun）的成员，随后成为“以色列自由战士”的3位高层领导人之一。这群战士因一把手的名字也被称为“斯特恩帮”（Stern Gang）。正如一位作家指出的：“在沙米尔的领导下，这个组织承担了‘个人恐怖’的活动，暗杀了英军首领级政府官员，常常将他们击毙在街头……具有讽刺意味的是，正是一次由‘以色列自由战士’的主要竞争者梅纳赫姆·贝京（Menachem Begin）领导的‘以色列枪’从事的游击行动，使沙米尔陷入了麻烦。1946年，‘以色列枪’游击队炸掉了大卫王旅馆，总共有91人丧生，包括英国人、犹太人及阿拉伯人……沙米尔是恐怖分子吗？‘是的’，约翰逊（前巴勒斯坦警察）说，‘对英国政府而言是，但是对犹太人而言，斯特恩帮是自由战士。这就像巴勒斯坦解放组织的情形一样，对以色列人而言他们是恐怖分子，对阿拉伯人而言却是自由战士。”（Brinkley, 1998）

埃泽尔·魏兹曼（Ezer Weizman）是以色列劳工党资深党员和以色列前国防部部长，他也曾是“以色列枪”组织的成员。像魏兹曼一样，今天很多这些备受社会尊敬的人物都曾经是“地下战士”或“自由战士”。对他们的敌人而言，他们就是“恐怖分子”。

进入21世纪，恐怖主义发展到了更加危险的地步——即全球化时代的国际恐怖主义。由于美国等西方国家占据了国际传播领域的主导地位，因此，世界范围内的受众对国际事件关注程度的高低通常与事件发生地距离美国或西方国家的远近成反比：距离越远，关注度越低；反之，关注度越高。这也是为什么惨烈的卢旺达大屠杀没能成为媒体广泛关注的主要原因。①认识到这一传播特点，美国或者美国人以及支持美国的主要西方国家便成了恐怖主义攻击的主要目标。据统计，在1968年至1997年的30年间，全球共发生反美国际恐怖活动5,655起，占所有国际恐怖主义总数的36.75%。也就是说，全球发生的恐怖袭击事件中有三分之一起都是针对美国的。与以往的恐怖活动相比较，2001年震惊世界的美国“9·11”恐怖袭击具有更强的宣传性意味。

“9·11”事件是继“珍珠港”事件之后美国在本土遭的最沉重的打击。飞机爆炸、大厦倒塌以及无数无辜生命的罹难仅仅是此次袭击轰动性的一面，更为重要的是，恐怖分子选择了美国本土上最具地标性意义的建筑物作为打击的对象，引发了全球的媒体轰动效应，使恐怖主义成了全球瞩目的焦点，恐怖分子的宣传效果得到了更大程度的加强。“9·11”事件后，本·拉登所领导的“基地”组织迅速成为全球第一知名的恐怖主义组织。

图8-26　“9·11事件”民航飞机撞上美国世贸大楼

“9·11”事件后，全球范围内又爆发了多次大规模的恐怖活动，如莫斯科人质事件、印度尼西亚巴厘岛大爆炸事件等，都呈现出袭击对象人数众多、地点著名、结果更加血腥等特征，这其中与大众媒体的重视程度不无关系。是它们对恐怖活动的过度报道加剧了恐怖主义的泛滥，大众媒体往往于无意间成为恐怖主义免费的宣传员。

在恐怖主义受到大众传媒密切关注的同时，反恐斗争作为针对恐怖主义的行动，同样受到了大众传媒的关注。由反恐斗争所引发的国际传播领域的新闻大战——报道队伍运动幅度之大、投入资金之巨、使用的传送设备之先进，已经开创了现代世界战争报道的先河。据估计，仅阿富汗战争期间，新闻媒体报道费用已高达2亿美元。媒体之所以关注反恐战争，除了战争对象——恐怖主义的原因，还与媒体自身的特质分不开。

① 卡拉瑟斯. 西方传媒与战争[M]. 张毓强，等译. 北京：新华出版社，2002：262.

统运用所造成的结果。[①]

媒介框架（frame）就是进行选择的原则——强调、揭示与表述的符码。媒介生产者常用它们建构媒介产品与话语，不管其是文字的还是图像的。在这种背景下，媒介框架能够使新闻工作者在纷繁错综、往往彼此矛盾的大量信息中迅速按惯例加工与“打包”。因此，在对大众媒介的文本加以编码的过程中，这些框架就成了一个重要的制度化环节，而且在受众的解码活动上还可能发挥某种关键性作用。

已经有人提出，媒介经常以自身的需求和利益来“框定现实”，这个过程自然而然地产生了“不成文的偏差”。这方面的早期实证研究是朗氏夫妇（Lang and Lang, 1953）对麦克阿瑟将军从韩国卸职归国后的研究。这项研究显示了媒介如何通过“选择性的镜头，报道最有活力、最有趣之处”，而将小规模、沉默的实况表现成大受欢迎与支持的情景。报道试图从相当令人不满的素材中再造出人们期待的盛大仪式。

媒介对于1968年伦敦大规模反越战示威的报道，也遵循了大致相同的模式（Holloran et al., 1970）。该报道是为了一种事先定义的（大多是由媒介本身来定义）潜在暴力和戏剧性事件而设计的，即使相契合的实际素材很少，实际的报道倾向仍然会贴近此种预设。这项研究的结论表明，受众对事件的感知比较符合电视媒介框定该事件的方式，但不太符合事实真相。

而从媒介实务的角度出发，关于“人们如何定义现实”的实际效果，证据并不容易获得。哈特曼和哈斯本（Hartman & Husband, 1974）对于儿童定义种族与移民问题的研究便是一个例子。在研究中，他们发现儿童会采纳主流的媒介定义，尤其是在个人缺乏此类经验的情况下。不过，吉特琳的研究（Gitlin, 1980）却描述了媒介在报道20世纪60年代晚期美国学生运动时所产生的另一种不同效果。研究发现，媒介按照通常符合媒介自身需要的方向（如对戏剧性运动、媒介名流与冲突的需要）替北美公众塑造了此次学生运动的形象；反过来，学生运动本身又回应了这种形象，并且据此适应需要，继续发展。

这些研究明显地显示出媒介对现实的建构持有隐藏的偏见，而这些偏见发源于现实生活及对媒介逻辑的适应（Altheide & Snow, 1991）。

（三）大众传播的文化效果

文化是某种集体的、和他人共享的东西（没有纯粹的个人文化），因而文化必然具有某些意图或非意图性的符号表达形式，还具有某些模式、次序或规律，因此也具有某些评估的倾向（只要和文化所规定的模式具有某种程度的共性）。随着时间

① 麦奎尔. 大众传播理论. 陈芸芸，等译. 台湾：中国台湾韦伯文化国际出版公司，2003：611.

的演变，文化可能（或已经）具备动态的连续性，因此，传播也许是文化最普遍和最根本的属性。因为，没有传播，文化便无从生存、发展、延续并广泛地传承。对于大众传播研究来说，文化的这些特征具有某些明显的含义，因为大众传播无论是在生产还是在应用的各个层面，都具有文化的倾向。

基本上，我们可以从3个方向来观察文化——人、物（文本、文化制品）与人类实践（社会性的行为模式）。我们可以把焦点放在人上，把人视为具有文化意义的媒介文本的生产者或“文本的诠释者”。从文本中，人们可以获取文化意义，并使之与社会生活的其他部分产生关联；我们也可以把焦点放在“文本”和“文化制品”（电影、书籍、报纸文章等）本身上，或放在它们的符号形式及可能的意义上；此外我们还可以研究媒介产品制造者或媒介使用者的实践。不管是在媒介经验之前、之后还是在媒介经验中，媒介受众的组成和行为（围绕在媒介选择与使用周围的实践）都是符合文化模式的。

从早期的大众传播研究开始，以特殊的“文化理论”角度来研究大众媒介的状况已经逐渐发展起来，这种发展尤其是在人文学科（文学、语言学、哲学）的影响之下进行的，与“主流”传播学更为强调的社会学角度并不相同。尽管这两种传统在思想和方法上仍有本质上的差异，不过在某些观点或议题上，它们却是彼此融合的。

1.大众文化

从历史研究来看，媒介理论首先要讨论的是“文化”议题，即新兴的大众文化（popular culture）。大众是新兴的社会集群形式，大众传播使得大众文化成为可能，而大众又通常使人以为缺乏属于本身的文化。这种特有的“媒介文化”的兴起，恰好刺激了对“大众文化”本质的再思考。

早先的“大众文化”语意暗含着轻蔑的贬义，因为它所指代的多数民众是与贵族阶级、富人阶级或知识阶级相区别的。例如，沃伦斯基就把“大众文化”和“高级文化（high culture）”相对比。在19世纪后期的民主政治运动中，这个最初的贬义用法在某种程度上被“去殖民化”（decoloniazed）。现在，在提到“大众文化”这个概念时，它意指全体（或绝大多数）民众的品位与偏好、举止和风格。如今，阶级差异不再像往常那么受到注意，而拿少数受过教育的专业阶级和绝大多数缺乏教育的贫穷劳动阶级做区别的做法也已经过时，因为在某种程度上，大众文化代表了几乎所有人的正常文化经验。现在重新定义的“大众文化”表达了许多人甚至多数人的爱好，也含有“受到年轻人欢迎”的含义。

重新定义的大众文化具有以下特征：[①]

非传统性、非精英性、大量制造、流行色彩、商业取向、同质化。

大众文化的定义有很多。西方马克思主义法兰克福学派的本雅明、霍克海默、阿多诺等理论家都曾给大众流行文化下过定义。英国新马克思主义伯明翰学派的霍加特、威廉姆斯、霍尔、汤普森以张扬大众文化起家，成为当代大众文化研究的奠基人。英美理论家杰姆逊、费斯克以及法国学者布尔迪厄、鲍德里亚尔等也对当代大众流行文化提出过不少立场不同但意义却十分深刻的观点。此外，还有一大批媒介通俗流行文化理论家、批评家，他们对当代大众文化研究的理解与思考也构成了大众文化研究的重要部分。

威廉姆斯在《关键词》一书中界定了大众文化的多种含义，其中最主要的一种就是"众人喜好的文化"，即大众文化。

以霍克海默和阿多诺为代表的大众文化观，认为大众文化与商业之间有着无法也毋庸回避的关系，大众文化即商业消费文化，是那种用于大量消费的、以商业为目的"有意迎合大众口味"而大批量生产的消费品，是"商人雇用技术人员创造的"。在文化研究的领域中，欧洲文化又与美国文化形成鲜明对比，欧洲人说大众文化，往往是指美国通俗艺术的意识形态或美国文化的代名词，是指"美国特有"的"不安分守己"的通俗文化，是从美国传播到世界各地的文化。美国是大众文化的"家园"，在所有大众文化中"规模最大"，它向世界"预示"了老态龙钟的贵族文化的"消亡"。

而费斯克（Fiske，1987，1989）则不完全同意法兰克福学派这种把批判的矛头指向文化工业对大众意识的控制的观点，不同意把大众只看成被动受控的客体。他认为，大众文化中也隐含着一种积极能动的自主性力量，提出要重新理解大众文化，重新审视大众传媒，在某种程度上肯定了大众文化的启蒙性和独创性。他认为，民间文化是从下层生长出来的，是人们自发的土生土长的表达，是根据自己的需要创造出来的，"几乎没有得到高雅文化的益处"；通俗文化是地地道道的人民的文化，是为人民服务的文化，是工人阶级的文化，是现代资本主义内部象征性反抗的主要表现形式。

那么，问题出来了，谁有资格被列入"人民"的范畴？资格又由谁来确定？霍尔说，大众文化就是一个争论和确定关于"人民"的政治构成以及他们与权力集团关系的场所。在这里，他们有可能团结起来，组成与权力集团抗衡的人民。

费斯克是对大众文化的正当性进行辩护、拥护的最得力者之一。他认为，同样的文化产品可以用不同的方式来解读，即使该文化产品中可能含有特定的主流意义。他

---

① 麦奎尔. 大众传播理论[M]. 陈芸芸，等译. 台湾：中国台湾韦伯文化国际出版公司，2003：58.

将媒介文本定义为“受众解读与欣赏后的产物”，而将文本意义的这种多元性定义为“多义性”（polysemy）——某事的大众化可被视为其正面价值或负面价值的标志，这取决于受众对“民众”的看法。他又将跨越不同媒介产品的意义彼此联结起来（模糊了精英文化与通俗文化之间的界限），或将不同的媒介和其他文化经验的意义相联结，将产生的部分称为“互文性”。

对费斯克而言，大众文化的主要好处在于“它很通俗”，而且名副其实“属于人们”，并以人们的权利作为根基。他指出，“通俗性在这里就是一种文化形式，是一种有能力满足消费者要求的方法……对于一种受欢迎的文化商品来说，它必须能够满足不同人们的兴趣，就像它满足生产者的利益一样”（Fiske，1987）。大众文化必须和需求相关，而且要能反映需求，否则便将遭受失败。而通俗文化（在市场上）的成功，可能就是文化“既能和需求相关，又能反映需求的”的最好验证（在实务上，成功的准则凌驾于任何内在品质的观念之上）。费斯克否认“文化资本界限的划分依循经济资本界限的划分方式”（Bourdieu，1986），相反，他坚持认为有两种经济存在，而这两者具有相对的自主性：一种是文化经济；一种是社会经济。在阶级社会中，即使大多数人都居于从属地位，但在文化经济中，他们也具有某种程度的“符号权力”（semiotic power）。这是指人们具有依据其本身喜好来塑造意义的权力。

其实，在文化研究领域，政治一直尾随着这个概念的用法。如果承认阶级与文化具有某种关系，那么就必然会引发更深层的问题。首先，注意力超越了原先对文本这种明显文化制品的关注，从而扩大到实践、生活方式与“生活化文化”上——特别在人种志的亚文化研究上表现尤为突出。其次，重新发现了“文化政治”（culture politics），这个概念常与葛兰西（Gramsci，1971）的著作及其霸权与“民族—大众”（nation-popular）等概念相联系。最后，关注阶级促使人们进一步思考存在于阶级与（特别是）性别、种群关系之间的复杂关系。采用 “新葛兰西主义”霸权理论观点的人，将大众文化视为被统治群体的反抗力量与统治集团的“兼并”力量之间斗争的场所。这里的大众文化既不是自上而下的统治阶级意识形态的强制文化，也不是与之对立的自发的自下而上的“人民”文化，而是两者交战的场所，是以反抗与兼并为标志的领域，是葛兰西所称的“折中平衡”的内运动。

那么，到底什么是大众文化呢？归纳起来看，我们今天所说的大众文化是一个特定范畴，它主要是指兴起于当代都市、与当代大工业密切相关的、以全球化的现代传媒（特别是电子传媒）为介质、大批量生产的当代文化形态，是处于消费时代或准消费时代、由消费意识形态来筹划和引导大众、采取时尚化运作方式的当代文化消费形态。它是现代工业和市场经济充分发展后的产物，是当代大众大规模地共同参与的当代社会文化公共空间或公共领域，是有史以来人类广泛参与的、规模最大的文化事件。

今天，在文化研究的领域中，后现代主义、后女权主义和后殖民主义成为大众文化批判理论中的重要分支。它们虽然没有在“大众文化到底是什么”的问题上达成共识，但是它们争论所产生的许多文化话题，比如西方社会中的现代文化产品，音乐、动画、时尚和亚文化的生活方式，以及对电影、电视的讨论，都已经对社会的方方面面产生了影响。在媒介研究领域，文化分析的方法已经成为实证研究和现象研究的一种必要手段。

2.商业化

文化商业化（commercialization）或商业主义（commercialism）曾深埋于早期的大众媒介批判中，在当前媒介政策的脉络下，又得到了更进一步的激烈讨论。对商业化的批判尤其与通俗文化的维护相对立，因为文化产品的通俗性常常是其在商业上获得成功的条件之一。尽管在某些用法中，这个词通常是温和派马克思主义批判的一个符码，而且可能贴近“中产阶级”（甚至是自负的、精英主义的），但它也表达出了某些与当代媒介产业动力以及媒介文化变迁相关的概念，而且非常贴近商品化的批判。

文化商品化（commodification）的概念可以说是检视文化商业化及其运作的最为得力的工具之一。商品化的理论起源于马克思的《资本论》。在这本著作中，马克思指出，物品是通过“交换价值的获取”来实现商品化的，并非仅仅因为它具有使用价值。从同样的方式来看，（以形象、观念和符号为表达形式的）文化产品则在媒介市场上以商品的形式进行生产和销售。文化产品可以换得消费者的心理满足，使他们获得在世界上所处位置的虚幻感觉，但结果往往掩盖了社会的真实结构以及我们从属于这种结构（虚假意识）的事实。总体来说，艺术和文化商品化的程度越高，它们丧失批判的可能性就越大，而其本质上的独特价值则会被成本与需求的市场法则所取代，或被该法则同化。

尽管在某种程度上，“商业化”这一术语可以客观地指称特定的自由市场环境，不过它同时也可以暗指那些批量生产并以商品形式销售的媒介内容所造成的后果，以及媒介供应者与消费者之间的关系。从这个观点来看，抛开广告实务（商业宣传）不谈，商业化的内容多半流于消遣、娱乐（逃避主义）、肤浅和标准化，缺乏原创性。

大众媒介商业化的表现之一，是“小报化”（tabloidization）。“小报化”一词源自某些国家中较小型的通俗报刊（或称“马路报”）。

康奈尔（Connell, 1998）曾探讨了英国的小报，虽然他并没有找到具有说服力的证据证明小报中的报道和“大报”（broadsheet）的报道有根本的差异。但他指出，“煽情的”新闻报道已经取代了“理性的”报道，而且在小报的报道中更强调叙事。伯德（Bird, 1998）在观察美国电视新闻“小报化”现象时，从研究中得到这样的结论：电视新闻确实有一种个人化和戏剧化倾向，这种倾向确实使得新闻更容易接近大多数人，但这种现象同时也导致人们从新闻中实际学到的东西变得更琐碎。

事实上，同样的市场环境也能够提供各式各样高品质的文化产品，但媒介生产的商业化环境确实阻断了许多创新和创造（Blumler, 1991, 1992）。根本问题在于，营利已经变成了唯一的考量动机。

有关对媒介生产的商业化后果的批判主要集中在以下几方面：对媒介商业化的批评；低文化品质（琐碎化）；剥削“较弱势”的消费者；功利主义和斤斤计较的关系；为消费主义进行宣传；文化商品化与受众关系的商品化煽情主义和个人主义。

另外，某些对于商业化后果的批判是它对民主所造成的结果（Blumler & Gurevitch, 1995）。这就像新闻娱乐化的普遍倾向，早在新闻大多仍属于资讯性质时，社会上就出现了许多讨论，人们认为这会使社会忽视与疏离对政治的参与。自然，也有人提出相反的论点（Brants, 1998），他们认为，通俗文化有其正面的效果，而且也并无证据证明“媒介是造成这种文化倾向的原因”。当然，新兴的文本类型和形式可能不符合旧媒介的资讯价值标准，不过和较传统的媒介形式一样，它们可能可以满足某些重要的需求，而这些较传统的媒介形式事实上并未消失。

3.涵化理论

电视媒介的兴起与其强大的吸引力，是许多社会经验效应理论化的来源。其中一项不断被提及的主题就是“透过当代主流媒体的语言和图像，我们的经验被名副其实地中介”的程度如何。[①]大众传播领域将这方面的研究称为“涵化理论”（cultivation theory，有人译为教养理论，前文也曾提及此名称——作者注）。

这一领域的研究最早是由格伯纳及其同事发展起来的，他们对电视效果进行的研究可以说是有史以来历时最长、规模最大的研究。格伯纳及其同事的出发点是，电视已经变成了美国社会的文化中心，“电视机已经成为家庭的中心成员，成为在多数时间解说最多故事的那个叙述者”（Gerbner, Gross, Morgan & Signorielli, 1980）。

调查结果显示，美国观众一般平均每天看电视4小时，而大量看电视的观众——重度电视观众花在电视上的时间比这个平均数要多得多。格伯纳及其同事认为，对大

① 麦奎尔. 大众传播理论[M]. 陈芸芸，等译. 台湾：中国台湾韦伯文化国际出版公司，2003：144.

量看电视的观众来说，电视实际上主宰和包容了其他信息、观念和意识的来源。所有由于接触这些相同信息而产生的效果，便是格伯纳等人所称的涵化作用，即教导了共同的世界观、共同的角色观和共同的价值观。

如果涵化理论是正确的，那么电视便可能对社会产生重要但却一直被忽视的效果。例如，大量看电视会让人感到世界是一个不安全的地方，电视可能正在引导重度电视观众感受一个“罪恶的世界”，充满恐惧心理的人也许会欢迎采用镇压的手段以减少焦虑。格伯纳及其同事认为，这可能是电视所造成的最主要且影响最广的涵化效果之一。

涵化理论研究显示的证据也指出了重度电视观众和轻度电视观众之间的不同，即使在很多其他变量（年龄、教育程度、新闻阅读和性别）交叉的情况下也会显现出来（Gerbner, Gross, 1976）。也就是说，研究者也意识到了，在看电视的多寡与对世界的不同看法之间存在的相关性可能实际源于其他的变量。他们曾试图控制这些变量，但结果并未让其他研究者满意。一些批评者（Paul Hirsch, 1980）指出，如果同时被控制的变量过多，则实际上相当于承认电视的作用非常小。

为了回应赫希及其他人的批评，格伯纳及其同事又重新审查了涵化理论（Gerbner, 1980），进而提出了两个新概念——主流化和共鸣。他们考虑到，对不同的社会团体而言，大量看电视会有不同的结果。格伯纳认为，主流化（mainstreaming）发生在不同社会团体的重度电视观众中间，他们的意见趋同。例如，高收入者与低收入者中的重度电视观众均认为，犯罪恐惧对个人而言是一个非常严重的问题。然而，在同一类别中的轻度电视观众中间并不存在一致的看法。低收入者中的轻度电视观众对犯罪恐惧的看法与高收入者和低收入者中的重度电视观众一致，而在高收入者中，轻度电视观众并不认为犯罪恐惧是一个问题。

共鸣（resonance）发生在某些特定种群中，涵化效果在那里表现得非常突出。例如，较之轻度电视观众，男性与女性中的重度电视观众一致认为犯罪是一个非常严重的社会问题，但最赞同这个看法的是重度电视观众中的女性，因为她们是特别易受罪犯攻击的对象，她们因此与电视中呈现的犯罪世界产生了“共鸣”。

新加入的“主流化”与“共鸣”概念是对涵化理论很大的修正，涵化理论不再宣称电视对所有重度电视观众都具有统一和跨界（across-the-board）的效果了。它现在的主张是，电视与其他变量是相互作用的，看电视只对某些次级团体的人有很大的作用，而不是对所有人都有影响。伯格纳也承认，在很重要的一点上赫希是对的——当同时控制了其他变量时，归因于电视的剩余效果就微乎其微了。然而，考虑到大多数随着全球市场化程度的加深，媒体的商业化程度也在日渐加剧。英国《太阳报》（*The Sun*）是富商默多克拥有的新闻集团旗下的一份小开型日报，也是一份典型的商业化运作的煽情性报纸，是全英国销量最高的报纸，以社会中下层人群为读者。2004年后期，该报每日发行量达320万份。《太阳报》曾多次把英国内外的国家元首、大事拿来开玩笑。例如，在福克兰战争步入尾声的时候，阿根廷军舰（General Belgrano，贝尔格拉诺将军号）被击沉，该报把头条标题写作《Gotcha!（中了!）》。《太阳报》对美军占领伊拉克、反欧洲一体化、反法国德国、反新移民的立场也十分鲜明。在报纸所刊发的报道中，英军总是被昵称为“咱们的兵哥”（our boys），而在伊拉克战争初期，《太阳报》更曾把反战的法国总统希拉克谑称为“蚯蚓（earth worm）”，之后专程把当天的《太阳报》译成法语在巴黎街头派发。此外，其编辑运作方式还充分体现了“煽色腥”的特点，一切只为了吸引受众的眼球。

图8-27　《太阳报》

《太阳报》是英国售价最低的小报之一，日发行量高居英国报纸销量之首（该报的主要特色是炒作名人秘闻和刊登三版女郎）。

同样是传媒大亨默多克新闻集团旗下的英国通俗小报《世界新闻报》，由于曝出非法截取、窃听私人电话信息的丑闻而被迫关停，由此使默多克集团陷入“窃听丑闻”，这就是“《世界新闻报》窃听丑闻”事件。2011年7月4日，英国《卫报》头条曝料，2002年3月一位名叫米莉·道勒的13岁女孩被人绑架，以报道内幕闻名的《世界新闻报》便雇佣私人侦探姆凯尔，在案发后入侵道勒的手机语音信箱，窃听留言，还在信箱已满的情况下删除了部分留言。这一做法让警方和家属以为女孩还活着，但道勒实际上已经遭撕票，耽误了警方的搜救活动。“窃听门”爆出后，英国舆论哗然，伦敦警方立即展开行动，对包括与道勒一同被撕票的女孩的电话是否也被窃听一事进行调查。此后，有关《世界新闻报》更多的窃听行为被公之于众。伦敦警察局透露，《世界新闻报》窃听行为的受害者可能多达4,000人，英国王室、社会名流、政坛要员、影视演员、体育明星、谋杀案受害者家属等都是其窃听对象。这场窃听丑闻持续升级，媒体以违背新闻道德的方式吸引受众眼球、获得独家信息为出发点，呈现滚雪球状态，最终演变成了一场政客、警察和媒体的危机。

著名的传播学者尼尔·波兹曼曾提出“娱乐至死”的观点，他认为，在媒介强大的功能下，深刻的信息往往以一种简单的方式进行呈现，媒介生产出的过剩信息对于受众而言只是充当了谈资，成为娱乐和打发无聊时间的工具，无法促成任何有益的行动，使人们逐渐丧失了改善行为生活的能力。其批判重点在于媒介的娱乐化运作方式。

而媒介娱乐化运作的原因主要在于商业化、市场化规律对于媒介组织的影响，“受众即商品”，在这个市场化规律深刻影响着社会每一个角落的时代，媒介也不例外地按照市场化规律在运营，以实现经济利益为目的，任何媒体只要拥有了受众的注意力，就拥有了市场。而受众对于媒介的需求，更多的是为了获取娱乐，学习只是连带性的。因此，媒体，特别是《太阳报》这样商业性极强的报纸则更为偏重于按娱乐化模式进行文本构建。

人（至少在美国是这样）长期充分接触电视的累积效果，这种影响仍不容忽视。

鲁宾和泰勒等人（Rubin & Taylor, 1988）又对涵化理论主张的因为大量有规律地收看电视而产生的普遍跨界效果提出了进一步的质疑。在对观众的调查中，他们发现，观看电视对社会真实理解的效果因节目不同而不同。例如，看日间连续剧的观众多半对利他主义与相信他人方面的问题打分较低，而看晚间剧场的观众（通常是关于强势角色控制他人的内容）多半对政治效率的问题打分较低，看动作片和冒险片的观众则更关心自身的安全。他们发现，较之接触电视，年龄、性别、社会经济地位、看电视的意图（有计划地看电视）以及电视内容的真实性是更能预测对他人信任度的指标。这些结果为电视观众的主动性提供了一些证据，也就是说，观众是主动地评估电视内容的。

涵化理论最近的一个改进，是将可能的效果分成了两种类型的变量：第一级信念和第二级信念（Gerbner, 1986; Hawkins & Pingree, 1990）。第一级信念（first-order beliefs）是指对外在世界事实的信念。例如，对一年中暴力受害者比例的看法。第二级信念（second-order beliefs）指从以上事实推论得出的关于期望与倾向的信念，例如，世界是安全的还是危险的等问题。这两种信念可能是相互联系的，第二级信念可能来自对第一级信念的推论。但也有一些研究显示，第一级信念和第二级信念之间并不一定有明显的相关关系（Hawkins & Pingree, 1990）。

有证据显示，看电视可以影响到第一级信念，但第二级信念则受是否看电视和其他因素综合作用的影响，例如邻里影响（Gerbner, 1986）。又有人指出（Saito, 1995），第一级信念和第二级信念都可能在个人和社会层次上产生，从而创造出一种四重涵化可能效果模式（fourfold typology of possible effects of cultivation）。

目前，涵化理论受到许多批评，批评者的主要论点是期待整体的电视观看产生涵化效果是不合理的（Saito, 1995）。据此，一些涵化理论的研究者也指出，涵化理论可能不支持作为整体的电视内容，但可能适用于特定种类的电视节目（Potter, 1993）。麦克劳德及同事称这种假设为扩展的涵化假说。

在一次对犯罪行为的媒介影响研究中，麦克劳德及其同事测试了原来的涵化理论和经过修正的涵化理论的两种假设。他们检验了可以解释公众之所以曲解犯罪率的有关媒介效果的三个假设：原来的涵化理论假说（提出总体的电视观看可能与犯罪率的认知相关）、修正的涵化理论假说（提出观看虚构类犯罪节目和其他特定类型的电视内容可能与犯罪率的认知相关）和新闻折射假说。[①]研究发现支持新闻折射假

① 新闻折射假说（news reflection hypothesis）提出，对地方新闻内容的接触可以强烈地影响对罪行等问题的理解，因为这种消息（特别是在电视中）具有高度可感觉的现实性，其内容更“接近家园”。

说，原来的涵化理论和经过修正的涵化理论却没有得到证据的支持。研究者的结论是：总体来说，在充满罪行的地方，电视新闻最强烈地意味着罪行危机，并促进了人们的虚构体验。

检验电视节目的一致性和新闻来源的一致性，也成为对涵化作用的效果进一步研究的一个大有前途的话题。伯格纳研究小组曾指出，电视内容的一致性来自电视节目制作的集中化和追求大量观众的经济动机。夏皮罗（Shapiro，1995）称其为涵化理论的文化制度模式（cultural-institutional model），并认为涵化理论很少对这一方面进行研究。

涵化理论最初的设计适用于电视媒介的收看，但若要探索在其他媒介中是否发生着同样的过程，也是非常合理的。后来，研究者也开始考虑新媒介技术对文化过程的作用。一些学者指出，有线电视和家用录像机最可能打破观众相对同一电视节目内容的大量接触，而这正是涵化理论的基础（Potter，1993；Perse，Ferguson & McLeod，1994）。多布罗（Dobrow，1990）发现，只有那些重度电视观众才会使用家用录像机观看自己喜爱的同类节目，而轻度电视观众则用家用录像机观看自己可以接触的多样化内容。她的结论是，家用录像机可以提高而不是降低涵化过程的效果。而伯格纳研究小组认为，如果用家用录像机来改变观看节目的时间，实际上可能降低观众观看节目的多样性。

涵化理论一个有趣的发展，是将其应用于研究色情文化可能产生的作用上。女权主义的学者认为，色情文化是涵化效果的一个代表，对关于女性及性角色的文化信念具有广泛的效果。普雷斯顿（Preston，1990）采用涵化理论的思路检验了人长期接触色情文化的后果。研究结果显示，较之少量接触者，高度接触色情文化的男人更倾向于对性别角色、性别特征和性感具有高度成见，而妇女则显示出相反的效果。

4.暴力与性

在大众传播的研究领域中，或许没有哪个议题比对媒介中描述的暴力与性内容的研究具更有社会意义了。从媒介描述的暴力和色情中所凸显出来的媒介效果实际议题，已经成为相当多研究者的研究对象，因此，有必要在此单独提出来加以讨论。

在媒介效果的研究历史上，有关暴力议题的研究远远多于其他媒介效果的研究，据统计超过3,000项（Huston，1992）。其中有相当一部分研究议题担忧的是，媒介经常呈现犯罪和攻击性内容，可能会带来负面的影响，尤其是电视媒介。

从20世纪50年代电视媒介在美国迅速成长开始，有关的学者、政府部门就一直将电视媒介产生的效果作为研究的重要议题，进行了多次、长期且大规模的媒介效果研究。

关于媒介暴力比较著名的研究有：1958年到1960年，美国和加拿大10个社区对儿童使用电视状况的调查；1969年8月至1970年4月间、耗资百万美元由美国公共卫生局局长委托的一项电视节目对青少年影响的研究项目；10年后（美国）国家心理卫生研究所（NIMH）进行的更大规模的跟踪、演进调查；美国国家暴力起因和防止委员会在1969年至1970年长达1年半间内进行的媒介暴力研究以及随后成为大众传播研究经典之作的研究报告《暴力与媒介》。

在所有的电视效果研究中，电视的暴力影响都是一个非常重要的内容，尤其是对儿童的影响。有研究结果显示，在美国，年龄在12岁的孩子，平均每人已经在电视上看过10.1万次暴力场面，包括1.34万次死亡情节（Steinfeld, 1973）。而且，随着媒介科技的进步，银幕暴力已逐渐延伸到世界上的其他地区。据联合国教科文组织针对23个国家5,000名儿童进行的全球电视暴力调查（Groebel, 1998），媒介呈现暴力的情形已极为普遍，且儿童也普遍崇拜具有攻击性的媒介英雄，男童尤其如此。

有关电视暴力可能对人们行为带来的影响，主要的假说还是相当一致的，但也有人提出了不同的假说。其中一个是关于净化作用的假说（catharsis hypothesis）。它提出，戏剧主人公的侵犯行为代偿性地表达了人们内心的暴力倾向，因而观看电视暴力可以降低观众付诸实际侵犯行为的冲动。不过，在调查电视暴力效果数以百计的研究中，只有极少数支持净化作用假说，大部分都支持暴力情节刺激暴行的假说。

沃特勒等人（Wartella, 1998）总结出了有关电视暴力学习与模仿过程的3种主要假说模式。

第一种是基于阿尔伯特·班杜拉（Albert Bandura）的“社会学习理论”（social learning theory）而发展出的模仿假说（imitation or modeling hypothesis）。根据这个理论，人们从电视上习得了侵犯行为，然后再到外面去照样模仿。

第二种是“预示效果”（primary effect）的存在，指人们观看暴力时，会激发或引发其他相关的思想与评价，从而导致人们在人际环境中更倾向于运用暴力。

第三种是休斯曼的“脚本理论”（Huesmann, 1986）。“脚本”指引人们如何对事件做出反应，也因此得以控制人们所表现出的社会行为，电视正是以这种“侵略性脚本”进行制码而导致暴力的。根据这个理论，除了模仿和改变的效果假说之外，还有免除抑制假说（disinhibition hypothesis）。该假说认为，长期暴露于暴力描述下会导致普遍的“感觉迟钝”，以致抵抗暴力的能力降低，容忍暴力行为的能力上升。也就是说，电视暴力可能教导了一种普遍的规范，即暴力是一种在人际交往时可以接受的方式。沃特勒等人还指出，除了个人与电视描述的暴力内容之间的关系，还有许多变量的影响很重要，比如收视情境，尤其是单独观看或是和父母一起观看。

在众多的媒介暴力研究中，结论最为清楚的是沃尔特斯和利沃林一托马斯的实验（Walters & Llewellyn-Thmoas，1963）。该实验指出，较之看过部分非暴力影片（青少年在学习技艺）的受试者，看过部分暴力影片（用刀格斗的场面）的受试者侵犯他人的冲动可能更多（见图8-28）。1972年美国公共卫生局局长指定的电视暴力效果研究报告也获得了同样的结论：观看电视暴力节目会增加侵犯行为，虽然该委员会阐述这些结论的用词相当谨慎。1982年的研究又进一步补充，提供了这样的结论："所有这些暴力的效果是什么？经过10多年的研究之后，大部分研究团体的共识是：电视上的暴力的确导致了观看这些节目的少年儿童的侵犯行为。"这些结论是根据实验室实验法和实地研究法得出的。

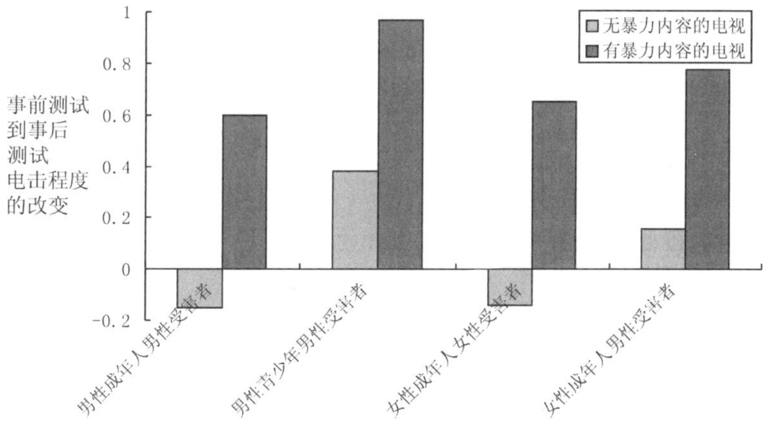

图8-28　观看暴力或无暴力电视后施加攻击程度的改变

当然，并不是所有的儿童都会变得有侵犯倾向，但是，在电视暴力与侵犯行为之间的确存在着正相关关系。就规模而言，电视暴力与侵犯行为之间的正相关关系，就像过去测量过的任何其他行为问题的变量一样强。因此，研究的问题已经从是否存在某种效果变为寻找对该效果的解释。

由于产业和政策的缘故，对于观看暴力内容是否会增加攻击行为，在大多数时间内都无法达成共识。电视既可以改变态度、价值观和行为，又能强化态度、价值观和行为。对某些人而言，媒介只是强化态度；但对另一些人而言，电视则可能有助于态度的形成，即使形成的态度有别于媒介中描述的态度。有研究发现，来自高度攻击性环境（犯罪与战争）和处于“问题情绪状态”下的儿童，比其他儿童更容易收看暴力内容并为此着迷（Groebel，1998）。

在媒介的暴力议题得到系统研究的同时，也有人注意到了研究人员对人类性行为方面的关注度远大于对人类其他行为的关注（Kinsey，Pomeroy & Martin，1948）。人们注意到，在性欲、刺激和行为之间存在着神经内分泌和心理上的联系，此外还能产生攻击性行为（Zillmann，1984）。性刺激可能增强攻击性，同样，攻击性刺激亦可以增强性体验。攻击性行为和性刺激之间的这种关系更说明了对媒介色情内容效果进行研究的重要意义。

毋庸置疑，性暴露内容的传播并不是新鲜事物，而是古已有之。当前的色情内容只不过是借新的媒介手段对已有几世纪悠久传统的素材进行的改编。但是，现代媒介为性暴露内容的获取提供了更加便利的手段，从而造成了现在这种混乱的局面。“对无节制地描绘色情内容的关注重新复苏，其主要的原因就是简易的新科技手段”（Zillmann & Bryant，1989）。色情内容的消费已趋于公开化，成为任何人都承受得起或轻易获得的娱乐方式——儿童和成人一视同仁，这更促使了人们重新关注媒介色情内容的影响（如Greenberg，1994）。

那么，观看性内容到底会产生什么样的影响呢？首先，其影响是利于社会既定的道德规范而不是反社会道德的性刺激。对于大多数人来说，观看或收听性内容会引起性兴奋，但结果并不是像大家设想的那样可以根据色情内容暴露的程度而准确地衡量出刺激程度的差异。事实上，刺激程度主要与个体差异有关（Bancroft & Mathews，1971）。

当然，性暴露内容也会带来负面影响，可以导致人对于性的认知、态度和价值观发生很大的改变。长时间接受媒介性暴露内容的人，会对性行为更加缺乏约束，在道德观、家庭观上都可能发生变化，尤其可能对女性持有偏见，还可能产生性冷淡或强奸的倾向（Zillmann，Bryant & Huston，1994）。性暴露内容还可能带来性模仿、性压抑和性犯罪。正是由于性暴露内容可能产生模仿效果，因此事实上无法得到验证，科学家不可能为了观察研究而冒险向未成年人展示有性暴露内容的材料。

其次，为了解除性压抑而使用性暴露内容的做法受到了广泛的批评，因为在性暴露内容中描述的行为通常与日常生活中的性行为规范相违背，当接受性暴露内容的人得不到满足时，便可能产生强奸或其他粗暴的性行为。由于伦理和法律程序上的约束，限制了性犯罪领域的实证研究，[①]因此媒介色情内容的研究大多还停留在效果假

① SALWEN M B，STACKS D W. an integrated approach to communication theory and research[M]. Mahwah：Lawrence Erlbaum Associates，1996：201-202.

设的阶段。关于色情内容所造成的伤害效果，似乎也缺乏令人信服的证据。

不管怎样，暴力与性内容还会一直出现在电影、戏剧以及电视之中，我们也不必过于忧心。早在几百年前，莎士比亚的作品、北欧的传奇小说以及《十日谈》（*The Deca-meron*）中，便有了暴力与性的情节。我们所担忧的是暴力与性是否会成为主流。如果媒体工作者和艺术家在创作中为了收视率或票房等因素放弃了本质的内在目标，那么这种情形的确可能发生。单就艺术创作者的特殊使命来说，他们应该向受众展示一些比暴力和性更为有趣、更引人入胜且更具娱乐效果的内容，将暴力与性置于更大的背景意义之下。但就目前的状况来看，在这方面表现出来的问题的确令公众失望。

5.性别研究

对于差异性媒介文本的文化解读，与性别议题相关的理论领域结合了女性主义研究，并取得了重要进展。尽管长期以来传播研究（甚至包括基于批判倾向的传播研究）中一直存在着“性别盲目”的问题，但随着女性主义的发展，已经有人提出了“文化女性主义媒介研究计划”（culture feminist media studies project）（van Zoonen, 1991, 1994）。较之早期的媒介性别议题，如“媒介所呈现的女性”“刻板化”“性别角色的社会化”（这些议题在过去与现在都是许多媒介内容的特色）等问题，这个计划讨论得更为深广。

当前所关注的议题，之所以超越了女性主义者和其他人所主要关注的媒介色情内容的问题，不只是因为这些内容会冒犯女性、并在符号上产生降格作用，还因为这些内容可能会引发强暴与暴力等行为。

现在，与性别相关的媒介研究在数量上已经非常庞大，研究的方向除了部分遵循社会阶级与种族等理论前沿的路线外，大部分都具有属于自身的方向，包括重视遵循弗洛伊德式精神分析理论的观点。这些方向所关注的焦点，一方面主要放在接收者在接收男性与女性相关的影像（电影、电视、照片）时，其本身性别角色的“定位”问题上；另一方面则关注媒介在传播和“女性在社会中的位置”相关的父权意识形态时所扮演的角色。这些路线和更广泛的女性主义研究领域已经建立起了紧密的连接（Long, 1991; Kaplan, 1992）。多数早期与性别相关的媒介研究都遵循着“传送效果模式”的路线，其研究基础在于“一个接收者对于讯息刺激的直接反应”。现在正在兴起一种新的研究范式，其特征基本上属于文化理论，它提供了理解媒介与性别之间关系的更好方式。这种新途径的核心观念是：“性别作为一种符号，是一套相互重叠的、有时与性别差异相关的抗辩性文化描述与惯例”（van Zoonen, 1994），其重要基础是媒介文本的受众要主动构建意义并认同之。

有关性别的议题，几乎触及媒介与文化关系的每一个层面，而较接近核心的问题可能在于性别的定义。然而，关于性别的意义，“从来不是固定的，而是依据特定的文化与历史环境而演变的……并且一直进行着推论上的争执与协商”（van Zoonen, 1991）。这个问题一部分是“性别差异与其独特性如何被赋予意义”（Goffmann, 1976），另一部分则是关于男性和女性价值观差异的争执。女性主义者的观点开启了大众传播的不同分析路线，而这些路线过去却大多受到忽视（Rakow, 1986; Dervin, 1987）。其中一种分析方式所关注的是，许多媒介文本在制码方式上通常会受到其受众期望的影响，且媒介文本的编码也存在着深刻而持久的性别化。费斯克曾对许多通俗电视节目进行过详细的解构，结果从中找到了“性别化的电视节目所代表的意义”的广泛证据。在费斯克及其他人的研究中，一个典型的例子是“肥皂剧类型”的文本的性别意义（参见Brown, 1990），它是一种备受争议的“女性美学”。根据费斯克的说法，肥皂剧“持续地质疑父权主义，将女性主义正当化，因此为那些依靠女性价值而生存的女性提供了自尊。总之，肥皂剧给女性提供了一种文化的手段……持续地努力建立并延伸女性价值，并与主流的父权价值相对抗”（Fiske, 1987）。

性别化的内容也可以从媒介制作的角度来进行研究，因为多数媒介选择由男性来执行制作工作。从这一点来看，注意力的焦点指向“新闻”，新闻的制作长期以来大多由男性把持，而新闻的主流模式也呈现出与男性相关的世界观。典型的新闻内容的导向（政治、经济、体育议题）都较倾向于男性受众。虽然最近这种情形在逐渐改变，新闻媒介，包括电视与平面媒介，确实在努力引起女性受众的兴趣，但对于当前新闻媒介“堕落”的批评之一，就是所谓的琐碎化、个人化及煽情化，这些特质又被认为和“女性化”同义的。

对于媒介文本中性别构建的关注，只是与性别相关的传播研究理论中的一个层面而已。关于受众和媒介内容接收的研究显示，媒介使用方式以及和媒介使用活动相关的意义之间有着相当大的性别差异。有许多证据可以说明性别社会角色模式的差异，包括男性与女性典型的日常经验和所关心的事以及获得性别形象的时间和运用的方式等。它也与家庭中的权力角色以及家庭中夫妻之间或女性的普遍性本质等问题相关（Morley, 1986）。不同类型的媒介内容以及媒介内容的生产与使用，也与以性别为基础的“共同认同”的表达（Ferguson, 1983; Radway, 1984）以及不同的愉悦与意义的获取（Ang, 1985）相关。另外，男性和女性也可能具有心理学上的根本的深层差异（Williamson, 1978）。不过，我们在探寻这些问题的时候，特别要注意的一个前提是，发展都是持续演变的，而且“传递女性信号的符码具有历史性与文化性的特色，绝不会出现完全清晰明了或完全一致的状况”（van Zoonen，1994）。

以性别为基础的研究途径也引发了一些思考：媒介的选择与诠释是否能够为女性提供某些手段和要素来改变或抵抗这个性别结构仍然不平等的社会？为什么女性看似容易被具有明显父权讯息的媒介内容（例如言情小说）所吸引？利用对立的解读和抵抗的潜意识来解释，有助于重新评价这种吸引表面上的意义（Radway，1984）。还有人解释说，无论差异的原因和形式如何，不同的性别媒介文化自然会引起不同的反应，而且性别差异会导致从媒介中获取意义的模式不同、在媒介使用的选择上不同，而这种不同又具有更广泛的社会文化含义（Morley，1986）。

可以说，女性主义运动不仅是一项政治计划，而且是文化计划。而在关于政治影响力或非通俗文化的文化媒介研究中，女性主义媒介研究也无可避免地引起了争论。部分原因是因为大量研究关注的焦点集中在通俗文本类型上，比如肥皂剧和脱口秀等以女性观众为导向的节目上。很明显，早期研究者所关注的问题，尤其是通俗的媒介内容（像爱情故事、儿童故事、女性杂志），都带有显著的父权与保守主义的意识形态，或者是为了迎合男性的“性趣”。而现在的媒介内容已经发生了改变，出现了更多由女性制作或为女性而制作的内容，且在内容上并未压抑女性的性欲（McRobbie，1996）。

在运动的政治目标上，女性主义理论与研究仍然处于一种紧张关系中。并非所有的研究都能为媒介中变迁的关联性以及新通俗文化理论提供说服力。祖能就强调必须区分新闻和娱乐的定位。他认为，“对于新闻媒介中的女性主义政治与政治人物，期待一种适当的、道德的以及多少具有准确性的再现，完全是正当的”（van Zoonen，1994），而通俗文化属于“集体梦想、幻想与集体恐惧”的领域。赫梅丝则较为积极地看待通俗文化的潜在角色，她提出了“文化公民权”的概念，认为“通俗文化的研究（由后现代主义及女性主义理论所主导）对于我们的日常生活同样重要”，主张“重新对公民权进行思考，并接受那些居住在大众民主社会中，运用不同逻辑来塑造生活的人们”（Hermes，1997）。

6.文化变迁

文化变迁指社会文化特质和文化模式发生了转变，特别是结构性转变的过程。大众媒介对文化变迁的长期影响，一直都是无法测量的，因为实际的运作过程具有高度互动性和开放性。不过，我们可以从媒介涉入社会、文化事件与变迁的方式中了解到很多东西。前面所描述的结论，已经为大众媒介对于长期文化变迁的显著效果设定了若干可能性。尽管关于“大众媒介对文化影响”的许多观点已经有所发展，但至今并没有获得多少确凿的效果证据。对比，我们不必提出质疑，因为媒介已经成为“现代”社会文化整合的一部分。

尽管历史上许多传播科技创新无疑具有革命性的含义，但我们却无法将之归因为导致特定社会形势变迁的原因（Slack，1984），因为社会变迁中还包含了诸多其他的强大力量。要找出过去50年中“现代化”的成功与失败以及相关媒介体系的特征并不容易，然而，“传播科技对传播过程本身会产生影响，文化与传播彼此交织”是可以让人信服的说法。

麦克卢汉对文化变迁的看法是在英尼斯理论上的改进，是我们透过不同传播媒介来体验世界的过程，而非仅仅检视传播与社会权力结构的关系。麦克卢汉宣称，所有的媒介（他指的是任何包含文化意义且可以如此“解读”的媒介）都是“人的延伸”，因此也是感官的延伸。就像其他的人一样，麦克卢汉关注的是从完全的口语传播到以书写语言为依据的传播演变。他还把焦点放在了我们如何体验世界，而不是我们体验了什么（他并不关心内容）上。每一种新媒介都会超出早期媒介所能触及的经验范围之外，并对未来的变迁有所贡献。麦克卢汉敏锐地觉察到了不同媒介的共同运作力量，尽管他所预测的、所有人都能够自由地获取并分享讯息与经验的“构想地球村”并未完全实现。

一个普遍性的命题是，随着我们更多的感官介入意义撷取的过程（随着媒介逐渐变“冷”或绝缘化而非单一感官化或者变“热”），涉入与参与的经验也会变得更多。根据这种看法，通过印刷文本来体验世界的方式是孤立且非涉入性的（鼓励理性与个人化的态度），而看电视则是涉入性的，尽管其提供的资讯较少，且理性和算计性的成分也较低。关于这种看法，并没有相关的证据（或反证）被提出来，而麦克卢汉本人也只是将这些描述视为感觉或“探索”而已。正如麦克卢汉所希望的，在这个电子媒介看似要在多方面取代印刷媒介的时代，这些观点能激发人产生许多思考。

其他相关的传播科技理论都把焦点集中在既有的媒介讯息形式或内容所可能产生的影响以及因此而衍生的能够让人获取的意义之上。关于“变迁的媒介科技可以影响文化”过程的普遍性观点可参见图8-29。该图的主旨是：技术对于文化实践不可能造成直接的冲击，而只是通过相关机构（这里指大众媒介）的中介而产生作用。

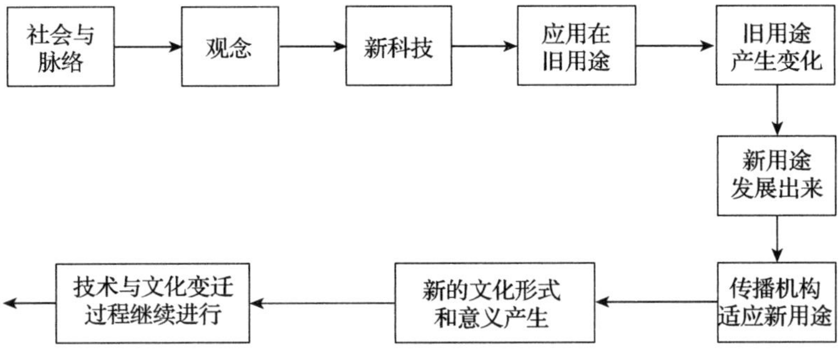

图8-29　传播、技术与文化变迁的互动次序

媒介影响力经由制度化的过程而散布，如国际政治、国际发展、紧急援助、环境控制、商业与市场运作等过程，这使得探索的工作不断与之产生关联（虽然不一定总是如此），而相关结论也必须不断地更新和强调。调查西方媒介对发展中国家文化的冲击，看起来似乎较容易也较具意义，但是，这又会引发难以克服的"概念化和研究设计"问题。被调查的问题大多是一再发生的事："在全球媒介'接受文化'和'传递讯息'的持续互动中所进行的意义建构"。在此，我们可以试着说明诸如"全球化""文化同步化""同质化"的过程，但在从资料中得出意义之前，有关"什么是真相"以及"因果关系是什么"的问题，我们必须先对之进行恰当的概念化和理论化（Tomlinson，1991）。

7.社会控制与意识构成

这里，我们似乎可以将前面讨论过的一些媒介效果放在这个标题下来观察。例如，社会化的观念，它涉及社会控制的要素；有关"现实的构建"，它倾向于以"支持既存秩序"的方式来运作。不过，要判断"社会控制"何时有意、何时无心却不是一件轻而易举的事，一般来说，这要视所采用的社会理论而定。

我们知道，媒介对社会控制与意识构成理论的定位是连续性的。一个公认的观点是：媒介会透过个人或机构的选择、外在的压力以及庞大受众的希望与需求等因素的混合影响，于无形之中支持一个社群或国家中的主流价值。一种带有较为强烈倾向的批判性观点将媒介视为保守的，这是由市场力量、运作要求以及既存工作事务共同构成的结果。另一种观点认为，媒介是压制意见、转移焦点或限制政治社会脱离常规的手段，会积极地投入代表统治阶级（通常也包括媒介拥有者）或中产阶级的行列，他们将媒介视为资本主义合法化的工具（Miliband，1969；Westergaard，1977）。

尽管这些理论在精确性和对控制机制运行方式的详细阐述以及媒介“有意的目的”和权利的属性等方面各有差异，但它们所引用的证据却大同小异，其中大部分都和内容的系统性倾向有关，而甚少与效果相关。赫尔曼和乔姆斯基则以一种“宣传模式”（propaganda model）发展出了有关长期系统性效果的“混血批判理论”。该理论指出，资本主义国家的新闻必然经过若干“过滤器”的“过滤”，尤其是媒介，它们会与其他经济、广告、新闻宣传、主流社会意识形态相结合，并依赖于官方的资讯来源。

从以内容为基础的长期社会控制效果的客观证据中，我们已经发现，大多数受众所接收的媒介内容多半都支持占支配地位的社会规范和社会惯例（社会化以及涵化的层面之一），而国家或国家既有制度的根本性变迁则很难在大众媒介中得到反映。大众媒介的这种“倾向于强化现状”的现象，包括褒扬奉行现有习俗规范者和爱国行为，赋予现存政治观点高度的注意力和优先接近使用权，以及以消极或不平等手法来处理非体制内或偏差的行为等。大众媒介还会反复支持国家或社区的共识，而且会表现出在既定的社会“法则”之内“可以解决问题”的倾向。涵化研究的成果之一，就是发现了“依赖电视”和“采纳共识或中间路线的政治观点”之间的相关证据（Gerbner, 1984）。

为了突出现有社会的价值观，媒介会有意注意或忽略某些内容。早些时候就有学者探索过媒介的这种选择性忽略的问题，提出用“反向内容分析”的方法来比较新闻媒体的内容和社会学的社区研究（Breed, 1958）。研究指出，美国的报纸一贯忽略与宗教、家庭、社区、企业及爱国心相抵触的新闻，而“权力”和“阶级”则受到媒介内容的庇护。若在若干国家间进行比较性的媒介内容分析，就可以发现，媒介会将注意力集中在特定议题和特定地区上，这也为系统性的选择性忽略提供了佐证。

媒介保守意识形态形成理论的另一要素，是媒介将特定类型的现象定义为偏离社会常规或危害社会的现象。抛开明显的犯罪行为不论，这些现象包括青少年帮派、吸毒、球迷暴力以及某些偏离常规的性行为等。已经有人指出，媒介往往会明显地夸大这类团体及其活动的真实危险和严重性（Cohen & Young, 1973），并制造“道德恐慌”，目的就在于给社会提供“替罪羊”和“出气筒”，以支持法律和秩序机构，并将注意力从真实的罪恶上转移开来。也有人提出，媒介喜欢将数种威胁社会的不同行为联系在一起，以扩大反对的范围。在对恐怖主义、暴动或政治暴力的报道模式中，媒介以符号为桥梁，将违法者与体制外政治行为表现者（如示威者及罢工者）联系起来。

虽然我们现在已经意识到媒介在社会控制和意识构成中产生了影响，但我们几乎不可能对这种理论与研究体系所引发的实际效果进行任何有价值的评估。首先，内容的证据不完全，这些内容只和某一特定时空的某一特定媒介有关。其次，即使在选择、遗漏和朝向整合观点运作的力量方面具有某些一致性的显著要素，我们也无法确凿地证明“任何西方国家的媒介，都提供一种一贯性的意识形态”。最后，许多过程，尤其是人们用来抵制或忽视宣传的选择性使用和选择性认知的过程，也像其应用于宣传情境中一样运用于此。

鉴于以上要素，我们既不能将媒介视为社会重要变迁的力量，又不能将其视为否定大部分通俗内容的工具。就媒介捕捉注意力、占据时间、散布有关真实及潜在其他选择的影响方面的作用而言，媒介也是无法促进社会弱势者对立性地认同或支持激进性变迁的。媒介主要是由企业（通常是大企业）利益以及国家（可能是非直接的）所拥有和控制的，因此亦受到拥有大部分政治经济权力者的控制。媒介的集中化和国际化一直在加剧，因而我们完全可以相信，即使运用间接方式，包括通过其掌握的媒介，来保持世界市场体系的稳定性，媒介的拥有者还是会以追求长期的利益为目标。有人提出了相应的佐证（Dreier, 1982），指出美国两大精英报纸也是和资本主义体系结合得最为紧密的，他们倾向于采纳“企业自由主义”的观点，即一种“责任资本主义”，而这种控制社会的力量比任何新闻编辑部的选择性偏差都要强大得多。

众所周知，在任何情况下，大部分媒介在大多数时间都不会以“促进根本性的社会体系变迁”为已任，但媒介是在既定环境中运作的，而这种环境通常具有渐进地进行社会改革的共同目标。有人就指出，“新闻的改革性胜于新闻的保守性或开放性”（Gans, 1979）。媒介受自我定义的责任和意识形态的驱使而成为特定讯息（如丑闻、危机和社会病态）的载体，而这些讯息能刺激变革。在仍有变革可能性的系统限制之内，媒介也许确实会引起许多干扰现有秩序的活动、风潮和担忧，这就牵涉到社会变革的程度以及其中社会权利的分配，但这些问题已超过了媒介中心论的范畴，需要在更广泛的领域内探讨。

第三节　传播效果的普遍取向

媒介效果研究的领域常常令人迷惑。由于理论模式、证据收集及推论方面的差异，出现了不同阵营的争执。表面上，大家似乎都在从事同一领域的研究，但实际上各个阵营之间论争不断，甚至在各阵营内部也时常发出不和谐的声音。为了便于大家理解媒介效果研究的“主流范式”，即确定能够得到大多数人认可的媒介效果的研究角度，我们有必要对当代媒介效果的研究取向进行一番梳理。

一、当前的媒介效果观发展

从传播学研究开创至今，大众媒介效果研究一直在不断地发展，尤其是大众媒介发展成熟之后的研究，更是有了长足的进步。对于1970年以后20年间大众媒介效果研究的发展，麦克劳德将其总结为5个方面：效果的拓展，媒介内容的细化，关于媒介生产的阐述，关于受众能动性的概念以及过程、模式和分析层次。他认为，这5个方面综合起来，就可以反映媒介效果作为连接媒介生产与受众接收行为效果的一个多层次的过程。

（一）媒介效果的拓展

近来，媒介效果研究最为显著的特征是，探索效果的范围有了巨大的拓展，超越了30年前作为基本标准的劝服和态度的改变。这一拓展，直接来源于心理生理学、认知社会心理学、文化人类学等各种理论对传播研究的渗透。

麦克劳德和瑞夫斯认为，有7个方面可以对媒介效果进行界定，前4个构成媒介效果，第5个代表内容方面的效果，第6个反映媒介对效果的影响，最后一个则关注各种效果之间在概念和方法上的差别。这7个方面分别是：

微观与宏观。

变化与稳定。

积累与非积累。

长期与短期。

态度、认知与行为。

一般性扩散与特定内容。

直接的与条件的。

总的来说，这7方面主要采用两分法（第5个是三分法），用以构成192项不同效果类型的一个基本面。从这7方面我们可以看到，媒介效果研究的范围有了很大的进展，但还需要以一个更能为大家所理解的方式加以整合。从这一领域目前的发展历程来看，无论是对媒介效果的总体概括，还是对效果缺陷的批判，都无法使研究富有成效，无法使人很好地理解媒介与受众之间的关系。

我们先来审视前5个方面。

1.微观与宏观

在过去半个多世纪的媒介效果研究中，受众个体一直是最主要的分析单元。对这一“微观”单元的选择，反映了关于态度的社会心理学理论和经验主义方法在战后的显赫地位。但通常，理论和政策议题被纳入更宏观的分析单元之中，其结果是宏观社会实际上只建立在从受众个体那里收集而来的微观数据的简单合计基础之上，而这种简单的总计程序所形成的跨层次分析是有问题的（Pan & McLeod, 1991）。事实上，社会后果不能只从个体的平均变化中加以推断，对个体发生作用的，不一定对社会也发生作用，反之亦然。例如，“知识沟”的假设断言，虽然媒介能成功地将信息传递给所有的人，但不同地位的群体得到的信息在程度上是有差异的（Tichenor, 1970; Robinson, 1972），媒介因此可能在地位较高的人与地位较低的人之间形成“知识沟”。

近年来，学者对媒介效果的兴趣已发生了变化，他们对各种类型的社会系统——如家庭、社区、社会运动、组织、社会及国际社会——的影响力更为敏感。尽管当下最常用的分析单元仍然是微观个体，但如今的效果研究已经开始对上述各个层面都加以构想并展开了研究。相反，媒介内容生产的概念倒大多是在宏观层面上进行阐述。在这里，我们并不认为哪一种分析单元在本质上有什么“正确性”，因为，其他层次上的研究工作也需要进一步拓宽。我们的观点是：对媒介的理解，不仅需要微观和宏观层次上的理论和研究，而且需要将生产和受众联系起来，需要跨层次的概念联结。

2.变化与稳定

媒介效果或促成受众变化，或对受众的变化起阻碍作用。大多数效果研究都致力于对变化的研究，究其主要原因，是因为作为媒介的作用力变化（比不变化）更容易观察。常有人批评说，媒介的维护现状作用通常只是一种推测，而不是研究发现，但实际上，我们并不缺少关于媒介有助于稳定的研究。在20世纪60年代，有相当数量的实验性研究是针对劝服性讯息的免疫力的（McQuail, 1964）；而更早的则是哥伦比亚大学有关选举研究的一个重要结论：媒介的首要效果是“强化”投票者已有的态度（Lazarsfeld, 1948; Be-relson, 1954）。然而遗憾的是，他们对这种“强化”的测量问题很大，他们仅仅凭着受访者在临近选举时的意向与选举活动开始时的意向一致，便认为投票者被强化了。如“水门”事件中的一些证据表明，媒介在政治系统中的变化过程是曲折的，当时的媒介强调“（政治）体制运作正常”，但同时却把责任都推给了尼克松。

3.积累的与非积累的

另一种效果差异，是从多种讯息长时间的积累性变化与接触单一媒介讯息所产生的变化中而来的。虽然这两种效果类型很相似，但它们指向的却是产生影响的两个不尽相同的过程。在格伯纳等人的积累性研究中，电视对重度观众对社会现实判断所产生的影响，被界定为电视娱乐节目黄金时间总体讯息的产物，而不只是某个电视节目或讯息的产物。因此积累效果是长时间反复接触某一特介的一种累积。讯息之所以能产生部分效果，是由于它们是电视文化的一个自然组成部分，而不是因为它们本身具有非同寻常的性质。

非积累性讯息以其讯息所具有的显著特征（这种特征可以通过视觉的、主题的或词语的形式出现），通过抓住受众的注意力而产生效果（Anderson, 1977; Iyengar, 1987）。这种媒介效果研究往往在实验室环境中进行，因为在这种环境中可以改变具体讯息的内容特征。非积累性效果并不排斥积累性效果，但它们在检测时一般不采用同样的研究设计。

4.长期与短期

大多数实验性媒介效果研究针对的都是接触一种讯息之后紧接着的、即时的、相对短期的效果，此类研究设计大多不包括其他效果形式，即这种接触的长期后果。通常，我们认为对媒介的短期反应会在一段时间后消失（如兴奋效果），但这并不意味着及时反应就不重要。例如，被电视中某个性虐待片段所激起的即时性攻击行为，可能与媒介接触某种延迟性类似行为具有同样严重的后果。

长期效果具有各种表现形式。首先，由接触产生的反应可能只持续一段时间。其次，效果的表现形式可能取决于其他条件的数量：对类似媒介讯息的额外接触（如前面提到的积累性效果），适宜的环境条件促成了效果的产生，或由于社会对某种效果的肯定从而强化了反应。在这些情况下，效果只能通过媒介接触之后过一段时间才能发现其证据，只依靠为测量短期反应而进行的研究设计往往无法发现证据。例如，1976年在美国总统电视辩论后，当时似乎看不出选民的意向，直到后来通过媒介“专家”与人际讨论后，选民才明确了自己的看法，也就是说，对投票结果和竞选知识最起作用的是选举活动中间接的人际讨论。

5.态度、认知与行为

虽然在传统上，态度、认知与行为效果的差异只适用于个体这一分析单元，但这3个因素涵盖了大多数媒介效果研究，并为之提供了一套检验效果的方案。

(1)态度效果

在早期相当长的一段时间内，媒介效果研究的历史可以说就是态度改变研究的历史。在经历了短暂的沉寂之后(主要表现在社会心理学不再迷信于态度研究)，又出现了不少强调劝服作用的新研究。有两种模式使这一领域得以复兴：劝服的认知效力相似模式(Petty，1986)；将态度、被感知的社会规范与行为联系在一起的理性行动模式(Fishbein，1975)。但是，这些模式迄今在选举和传播活动效果研究中的运用非常有限。虽然大多数这类研究往往是短期的、非积累性的和微观的，但有的已经把目光放在了宏观效果上，如广告对某些产品的积累需求效果。

(2)认知学习效果

越来越多的人把注意力投向媒介的“学习”效果，即强调媒介作为一种信息资源。近来，出现了大量关于学习以及把事实的记忆作为因变量的学术论文，其涉及范围包括了广告讯息、新闻和政治信息以及回忆电视上出现的人物等。还有其他一些研究使我们认识到，不仅学习量(amount of learning)非常重要，学习信息的时间(查菲等，1980)以及没有记住的内容(Gunter，1987)也很重要。虽然这类研究也往往是相对短期的、非积累性的和微观的，但也有一些著名的研究例外，如对社区的比较研究(Tichenor，1980)、长期建立多种数据的研究(Noelle-Neumann，1986)以及为期一年的相同样本跟踪调查(Graber，1988)。

(3)认知建构效果

事实上，更为微妙的媒介效果，不是学习彼此间没有什么联系的事实，而是把新闻媒介作为事件和公共政策的理解者(Gamson，1989；Iyengar，1987；Crigler，1988；McLeod，1987)。媒介通过对话语的选择以及对`某种报道结构的重复，以各种方式组织并建构了现实。并且，这些架构可能远远不仅提高了某些问题或议题本身的显著性(如麦库姆斯等人的议程设置研究)，而且还对议题进行了阐述并提出了解决问题的途径和方案。例如，在美国，对滥用毒品这一议题所采纳的框架是“毒品战”，用战争做比喻寓示着要运用严厉的法律强制性手段，甚至不惜动用武力加以干预(McLeod，1990)。另一种框架则关注健康效果或这一问题对经济带来的冲击。前者可能更有助于毒品问题的解决，后一种框架则绕开军事术语而在一个法律的场域中进行，于是，立法、个人责任感、税收和奖励机制等用语纷纷出笼。这种研究思路为媒介效果的研究打开了一个新的领域，并与公共政策的形成过程建立起了联系。

(4)认知社会现实效果

大众媒介在为我们创造适宜环境方面所起的作用，指的是它的社会现实效果。一些证据至少部分地证实了以下假设：媒介能提供关于社会现实本质的线索（Gerbner, 1986）；媒介能对我们所关心的问题提供议程设置（Downs, 1972; McCombs, 1986; Iyengar, 1987）；媒介能创造舆论气候（Neumann, 1984; Davison, 1984）。

（5）行为效果

大众媒介向来被视为行为塑造、兴奋、放松及各种行为意图（如投票）的一个主要来源。对行为效果的关注，促使反社会和认同社会的行为都得到了考察。

对媒介行为效果的研究，可以追溯到“佩恩基金会”的研究。有些领域后来一直受到关注，如青少年的社会化、公共信息和商业广告宣传、政治宣传与公民参与、发展传播学与创新的接受。大多数与行为效果有关的研究都采用微观取向，只关注特定讯息及短期效果。但也有例外，长期的、宏观层次的行为效果也得到了检验，比如历时22年有关电视暴力对攻击性行为的效果研究（Huesman, 1984）以及在3个国家长期开展的电视开场白（the introduction of television）对比研究（Centerwall, 1989）。

近年来，大众媒介对社会关系的影响力得到了检验，包括媒介形象对组织机构的影响作用（Diamond, 1988; Patterson, 1980; Cook, 1989; Ginsberg, 1989; Blumler, 1990）。媒介效果由此得到了拓展，超越了对一般受众的影响。

（二）媒介内容与使用的细化

所有媒介效果研究都或明或暗地蕴含着媒介内容及其对受众的影响。这方面效果研究的拓展表现为如何看待媒介（内容）输入的细化。与媒介输入（media input）有关的一个明显区别，是一般性扩散（diffuse—general）与特定内容（content—specific）之间的不同影响。一般性扩散的效果大多源于媒介使用行为，其中的一个例子是，用于收看电视的时间替代了人们可能从事其他活动的时间，如读书或参与社区生活的时间。

另一类一般性扩散的效果关注媒介的形式而非内容，麦克卢汉是这种观点的积极倡导者，他坚持认为媒介就是讯息，而不是其内容。一些研究特定内容的人持这样的观点——“我们看什么就成为什么样的人（we become what we see）”；而那些研究一般性扩散的人，则很少把特定的内容与其所显示的结果联系在一起。例如，攻击性行为可以源自难以预知其后果的普通电视娱乐节目，也可以源自暴力内容（Watt & Krull, 1977），而且，暴力和色情的内容都可以增强类似的生理兴奋（Zillmann, 1971, 1982）。

对特定内容的细化研究，仍然是媒介效果的一个主导性概念。但看待内容的方法已大为改变，这表现为拓展了贝雷尔森显性内容量化分析的局限性，研究人员已经开始把内容看作一个整体的讯息系统（Gerbner，1973）。作为文本结构（Van Dijk，1988），作为具有形形色色具体意义的关于现实的符号现象（Hartley，1982），以及作为一个组织成型的概念框架体系，媒介内容规定了受众对现实的理解和解释（McLeod，1987）。对媒介内容大范围的界定工作其实远远超出了一般性扩散与特定内容的两分法，因而我们需要一种涵盖面更广、与内容有关的媒介效果研究，并在细致的内容特征分析及效果检验之间找到更好的契合点。这样的效果研究将是对内容概念的拓展，甚至可以从零散的刺激拓展到更大范围的讯息或讯息系统单元。

（三）媒介生产与内容

更大范畴的媒介内容也引发了另一种研究需求，即将过去有关媒介生产与内容的含糊的理论发展成为清晰的理论陈述。所有媒介学者都关心生产动力，因为它们能对媒介内容中的变量做出解释。对效果研究人员来说，需要进一步研究的是媒介内容中的哪些变量在受众对这些内容的理解和反应中发挥了作用。

传者和媒介组织的社会学研究以及认知启发的心理学研究，都有助于我们理解媒介的运作过程及内容。在此，我们选择了3种完全不同的研究方法，但它们都与新闻内容和效果有关。

第一种是海曼与乔姆斯基的宏观结构政治经济学研究方法。他们提出了一种宣传模式，这个模式反映出在美国及其他资本主义国家，新闻内容在机构的层面上通过五重“过滤网”而受到控制：媒介在金钱交易方面与其他经济实体的整合；媒介运作对广告收入的财政依赖；对官方信息来源的依赖；狂轰滥炸式的宣传；反共、拥护资本主义的主流意识形态。为验证这一观点，他们列举了同样的报道如何为了适应以上几重过滤而受到不同待遇的例子，但他们却并没有调查所列举的不同报道内容对受众的影响。但效果研究应该对这些假设加以检验，对效果进行对比，如比较对美国阵亡人数隐去不报的新闻与含确切阵亡人数的新闻。

第二种是贝内特（Bennett，1988）的宏观社会研究方法。他提出，新闻中存在着四种信息问题，正是这些问题的综合作用影响了受众对新闻的真正理解，阻碍了他们的政治参与。这四大问题为：个人化、戏剧化、碎片化和标准化。个人化指新闻媒介往往把注意力放在卷入政治斗争的人而非议题背后的权力结构和过程上；戏剧化指新闻从业人员往往选择那些最容易简单描述的、有行为主体的高度概括的事件进行报道；碎片化指通过以上两者的综合作用，把报道和事实间离出来，使事件变成一个没有过去和将来的“独立发生体”；标准化则指新闻从业人员往往使用官方的信息来源，而官方信息来源往往对危机和问题进行四平八稳的标准化解释，很少解释问题的深层意义。

贝内特所指出的每一个问题，都或明或暗地表示了受众可能做出各种反应的假设。例如，这些信息问题综合起来，就可能使受众采取被动的态度，把责任推给个人而非应对问题负责的体制，对复杂的、历史的和相互关联性的东西缺乏理解等。

第三种是来自认知心理学对人的信息加工过程的研究。这一研究发现，任何个体在能力上都是有限的。不仅如此，该研究还研究了许多文化与情景因素。例如，研究显示，即使是在统计推论方面受过专业训练的人，也会与普通人一样做出“不合逻辑”的推理。新闻从业人员和其他人一样，由于带有自身认知的偏见，也会做出错误的推论，在他们所写的新闻中也可见推论的欠缺。

在此，我们简要地把信息加工问题粗略地分为三组：对刺激或议题的归类、与事件有关的信息的选择、作为推论和行为之基础的信息整合。

归类（categorization）是人类思考的一个基本程序，主要体现为新闻从业人员对用语、概念、隐喻和标题的选择。新闻工作者在建构报道上足智多谋，至少在某些情形下是如此。这关系到对一个尚无定论的议题使用什么词语更为准确的问题。显然，特定的新闻工作方式、官僚式的安排、所接受的培训、社会立场和价值观，都将对新闻工作者所偏好的归类产生影响（Tuchman, 1978; Gitlin, 1980）。

新闻工作者对信息的选择，是产生认知偏见的一个主要原因。选择可能深受“不合上司意图”这一顾虑的影响，但也有可能是由于新闻工作者认同一些如何处理特定情况的教条（Taylor & Fiske, 1978; Stocking & Gross; 1988）而造成的。此外，新闻工作者的工作方式也鼓励他们选择一些生动活泼的信息、富有戏剧色彩的事例而非更有代表性的基本资料。

还有一种偏见是关于整合中出现的误差，心理学家称之为错觉性关联（illusory correlation）和基本归因错误（fundamental attribution error）。“错觉性关联”指因信息不充分而造成的不恰当的因果联系。例如，由于在某一地区发现一种罕见疾病的几个病例，就下结论说这是由环境危害所引起的。“基本归因错误”指对个体持有系统性偏见而不是认为体制性结构应对某种情形负责。

这一观点认为，媒介更多地把问题归咎于“较小的偏差所带来的大规模破坏”，而不是因为监督机制上的弊病，即缺乏恰当而周密的控制，从而纵容了这些问题的产生。以上及其他一些认知上的缺陷在新闻工作者和受众身上都有，但我们不应对这两者的偏见一视同仁，因为新闻工作者的偏见反映在新闻报道中，有可能强化、修正或增加那些留意这些报道的受众的偏见。

（四）受众的能动性概念

几十年来，从事媒介效果研究的理论工作者一直致力于如何恰当地描述受众的能动性。但这一努力却非常失败，反而给人以受众是一些被动的、容易上当受骗的人或是媒介内容的牺牲品的印象。

在媒介研究领域，有人甚至对是否应该在媒介理论中强调受众的能动性表示怀疑。吉特琳就认为，“积极的受众”这一概念偏离了对媒介效果的真正理解，而格伯纳等则主张人们看电视时并不是在看电视的内容。其他一些人也认为，人们看电视时介入的程度很轻（Krugman, 1983; Barwise, 1988）。库比等人（Kubey & Csikszentmihalyi, 1990）提出，看电视的行为基本上是一种被动的、放松的、不动脑筋的行为。与这些观点不同，多数媒介研究者认为，受众在一定程度上在意义建构方面比较主动。虽然在能动性这一问题上至今仍没有统一的认识，但我们可以就受众能动性的几种研究方法，考察一下它们与媒介效果的关系。

1.满足

受众因各种各样的动机使用媒介，以满足自己的需要。对这个问题的研究通常被称为“使用与满足”研究，它最早起源于20世纪40年代的哥伦比亚学派，在经历了20世纪五六十年代的凋零之后，在近20年得以复兴（Blumler & Katz, 1974; Rosengren, 1985）。传统上，使用与满足理论是另一种媒介效果研究，而非是对媒介效果研究的补充——即从讯息主导效果（“媒介对人们做了什么”）转向由受众主导的视角（“人们利用媒介做了什么”）。对这一视角的批判指出，它暗示着受众的愿望总能从各种类型的内容中得到满足，因而具有保守的功能主义倾向——即让任何类型的媒介内容都正当化，从而消弭媒介内容的一切有害效果（Elliott, 1974）。

但也有人把使用与满足理论看作媒介效果研究的一个重要补充。布鲁姆勒和麦奎尔发现，在1964年的英国大选中，收看与大选有关的电视，加上强烈的收看动机，增加了观众对政治信息的获取。麦克劳德和贝克从受众对政治信息的寻求中总结出了4种满足的类型，在控制了媒介接触与其他变量的情况下，这四种满足类型仍显示出一定的效果。满足性寻求可能提高学习信息的水平，但它们同时也表现出妨碍议程设置的倾向，那些在寻求宣传信息上表现得最为突出的读报者与动机较弱的人不同，他们对议题显著性的排列与他们所阅读的报纸对某个议题的强调并不尽相同（McLeod & Beck, 1974）。

2.选择性

选择性这一概念至少可以追溯到早期哥伦比亚大学的宣传研究。这一概念是指人们选择性地找出与自己已有态度和信念相一致的信息，并避免与自己观点不一致的信息。海曼和希斯利（Hyman & Sheatsley, 1947）总结说，在接收过程的各个环节：接触、注意、感知、理解和记忆中，都有选择性行为。因此选择会与媒介讯息相互作用，增强相一致的信息材料的效果，而减少或消除不一致的内容的影响。

半个世纪的研究证实，上述概念的前半句基本上是正确的，因为人们确实更愿意选择支持自己观点的信息，而不是中立的或不相干的信息（Frey, 1986; McQuail, 1986; Katz, 1987）。但后半句关于选择的假设，即人们避免不一致的信息，近几年的研究却表明其并不可靠。仅仅从逻辑上看，要完全避免与自己已有信念相冲突的信息便是一件很费劲的事，倒不如应付所有来自媒介的与自己观点不尽一致的信息。而且，有证据表明，在某些情况下，人们反而更多地关注与自己已有信念有差异的信息（Berlyne, 1960; Kleinhesselink & Edwards, 1975; Frey, 1978）。

在媒介接触与注意中，选择的作用取决于受众对什么信息与自己的已有信念相一致、什么信息不一致的预测能力。对于印刷媒介，事先的选择是完全可能的，但对于电子媒介来说，往往搜索不易，而且事先毫无准备，从而使选择成了一种很难描述的行为。不幸的是，选择常常是作为一种因变量而非对讯息的效果起中介作用的变量来使用的。对一致性信息的选择，在媒介接受的阶段比较容易操作，但它在讯息加工过程中是如何作用及如何产生效果的，至今尚不清楚。

3.注意力

受众能动性中最显而易见的形式可能是注意力，即大脑注意力的集中。常识告诉我们，高度的注意能使人从媒介中学到更多的东西（查菲等，1986）。在对电视的使用中，注意力尤为重要。不过，印刷媒体的使用实际上对注意力的要求更高；而电视观众在用脑方面更自由，而且可同时从事其他活动。在以不同方式测量人的注意力时，情况会变得更复杂。生理测量发现，注意力是以毫秒进行的，且大多不为人的意识和控制所左右（Reeves, 1986）。这类测量在注意程度上很少交叉重叠，往往针对特定的内容，如公共事务新闻内容、娱乐内容或广告，而与媒介是电视或报纸无关（McLeod & Chosky, 1986）。

注意力的作用有时与媒介接触程度无关。查菲等人发现，对电视新闻的关注有助于宣传知识的获取，但与新闻的观看频率关系不大。不过，对那些接触报纸硬新闻的人来说，效果还是非常明显的。在某些情况下，新闻接触和注意力相互作用而产生的是一种综合效果，而不是两种作用力的简单相加（McLeod & McDonald, 1985）。

4.媒介形象

媒介研究者的理论阐述了媒介内容的种种缺陷（参见媒介生产部分），受众对媒介也可能有类似的观念或常识。如果人们确实有这种观念或印象，那我们就有理由认为，这也构成了受众能动性的一部分，因为它潜在地影响了人们如何使用媒介以及他们从内容中得到的东西。媒介经营者和公关人员也自有其关于媒介的一套理论，至少他们在调查研究和促销方面花费了大量的金钱。他们认为，有一种形象，即可信性，对媒介的效果至关重要。受众成员中那些最喜欢对新闻信息质量评头论足的人——那些认为新闻应具有相当准确性、完整性、思考性和责任性的人——从新闻中学到的东西显得比其他受众少（McLeod, 1986; Chosky & McLeod, 1990）。

但是，对新闻质量的感受并不意味着它是媒介形象的唯一方面，或者是最重要的一个方面。受众对媒介如何运作的感觉，有时是清晰的，有时是则多变的。麦克劳德等人发现，受众的媒介形象有4个方面：（1）新闻塑型（patterning of news），即认为新闻相加构成了关于这个世界的一幅完整图画；（2）内容的消极方面，即认为新闻是枯燥的、煽情的、以坏消息为主的、带有报道者偏见的；（3）依赖和控制，即认为媒介机构在协调和控制方面是霸权的，人们对媒介过于依赖；（4）特殊利益，即认为媒介在代表特殊利益的同时也为自己谋取特殊利益。

在控制了大量结构性变量和媒介使用变量的情况下，新闻塑型显示出它有助于受众从新闻中学到更多的东西。除了对事实性信息的学习之外，所有关于媒介形象的方面都通过各种形式对其他效果产生影响，如媒介使用、信息加工策略的选择、社区介入（community involvement）、认知的复杂性以及对主要新闻报道的建构（framing）等（McLeod, 1986; Chosky & McLeod, 1990）。

5.信息加工策略

人们在处理“信息流”以防止被过多的信息淹没时，也能发现受众的能动性（Graber, 1988）。我们通过以下两个假设对这种策略加以辨别：个体通过自我陈述，能对信息加工过程加以控制和描述；这些策略在一段时间内相对稳定。李维和温戴尔（Levy & Windahl, 1984）认为这种策略由前期行动（对时间安排和实践预算的选择）、中期行动（媒介接触过程中的理解）及后期行动（在接下来的人际交流中的兑现）构成，所有这三种行动形式都能提高受众从新闻节目中得到的满足感。

另一种策略行为的研究，确定了受众新闻信息加工过程的三个方面（Chosky & McLeod, 1987）。首先是选择性浏览，即因为时间有限，为应付大量的新闻而略过一部分条目或换台的情形；其次是主动加工，即个人根据需要对超出自己已有报道的信息做再三的理解，这反映了受众“信息加工过程中所遇到的麻烦”（Graber，1988）；最后，思维整合，（reflective integration）指对新闻中常有的零散性和某些信息中显著的部分加以整合，重新回顾一遍，使之成为与别人交谈的话题。

上述的每一个方面，都与各种类型的政治效果有关（Chosky，1987；Chosky & McLeod；1990）。政治信息的学习、政治兴趣的培养以及政治活动的参与，其程度都会受选择性浏览的限制，但也会因思维整合而得以提高。因此，虽然能动的信息加工过程似乎不会对学习起太大的作用，但它确实对兴趣和参与有积极的影响。

这三种信息加工过程，均与人们解释、理解媒介讯息时使用的不同概念框架有关（McLeod，1987）。在信息加工过程中，不仅每一个个体不同，在媒介接触的每一个阶段不同，甚至还与认知反应的差异有关。根据这一思维框架，信息加工过程指个体在意义建构和理解方面的不同过程，而不是指整齐划一的、编排就绪的输入/输出过程。

（五）过程、模式和分析层次

当下的研究人员认为，媒介并不具备放之四海而皆准的效果，因而研究只能确定在什么条件下媒介接触会对某些受众产生影响。麦克劳德和瑞夫斯概括的七个方面，包括直接的与条件的效果，反映了效果研究的发展特征。克拉伯曾认为，各种条件都表明，媒介效果是有限的、微弱的，但当今的研究人员却认为，这些条件正好反映了效果是如何以及在什么环节产生的。他们并没有对媒介效果的总体大小下结论，但如果硬要以一种适用于所有受众的普遍作用力来代替各有差异的效果，那无疑是一种误导。它们属于一种制约性条件（contingent condition）。例如，对报纸的依赖和对寻求政治信息的消极，对报纸的议程设置功能来说便是制约性条件（McLeod，1974）。又如，如果一个观众在媒介接触之前处于愤怒的状态，那他就更有可能产生攻击行为（Berkowitz，1962）。正如前文所指出的，“知识沟”把社会地位假设为一种条件变量，媒介可能以不均衡的速度在不同的社会地位群体之间传播信息（Tichenor，1970），这些均属于发生在媒介接触之前的制约条件。

条件性变量有可能在媒介接触之中及之后产生干预作用，它或是代表一种由接触引发的内在认知过程，或是一种社会作用。如前文提及，研究发现，对总统辩论电视节目的接触引发了人际间的政治讨论，这将比媒介接触初始阶段产生更大的政治参与效果（McLeod，1974）。另一些研究发现，一开始，人们对哪位候选人在电视辩论中胜出还没有什么感觉，但几天后，当他们读了报纸上的评论并把自己的结论与他人进行交流之后，就形成了自己的意向（Lang & Lang，1979；Morrison，1977）。

媒介使用与条件性变量之间的相互作用有多种形式。在某些情况下，媒介接触效果会起反方向的作用，一些重要的关系在不检验第三种变量的情况下会横向相互作用，但结果却无法确切地发现媒介的效果（McLeod & Reeves; 1980）。因此，如何确定条件性效果产生的条件并把它们结合到媒介理论之中至关重要，这就要运用更加复杂的模式对条件性效果进行系统的考察。近年来，越来越多的人认同O—S—O—R这个模式。这里，两个O是有差异的：第一个O代表整个由结构的、文化的和认知的因素所构成的接收环境对媒介受众的影响；第二个O指在收看环境中讯息接收与受众反应之间所发生的一切。而S不仅限于讯息不连贯的微观刺激，而且可能是另一种排列在一起的宏观讯息系统的单元概念。“刺激”一词也许会引起误解，因其内涵过于狭隘，因此宜用其他概念取而代之。最后，R指反应，但其含义也有了拓展，其包括的时间跨度更大，也包括社会后果及个人变化。

O—S—O—R模式意在强调信息接收、理解中认知过程的重要性，并对反应做出具体的说明。认知加工功能不仅仅是中介因素，而且是整个信息加工过程的必要组成部分。大众媒介在为我们提供参照框架，在对重要的公共事务做出界定和定位，在为我们的认知活动提供资料方面，是一种重要的影响来源。认知过程也部分地影响到新闻工作者及其信息来源的讯息生产过程。任何认知过程都强调宏观社会结构对媒介生产和受众接收过程的重要性，即使是创造性的讯息生产和受众的多样化阅读，也应该考虑各种组织性的和社会结构的影响对个体认知表现所产生的作用。

二、批判学者眼中的媒介效果

在研究者眼中，媒介效果的不同在于其多样性；而在批评家的眼中，则更多地看到的是这一研究取向的同质性。这些批判评价中的许多观点正反映了媒介效果研究中存在的局限性。为简明起见，我们将其概括为三种观点（这样的概括可能过于简单和偏颇，有的可能已经过时且过于狭隘，但还是有一定的借鉴意义）。

（一）批判学派的批判

这一批判源于批判学派的各个支流，他们大多认为媒介效果研究建立在“刺激—反应”这一学习理论基础上，只局限于两个变量（媒介刺激和效果），没有中介。同时，他们还认为，效果研究在其研究取向上过于个体主义，在方法上又存在简约主义的缺陷；更重要的是，效果研究总是盲目地指责个人在知识和参与方面的欠缺（Golding, 1974）；效果研究的意识形态倾向显示了其号称自己客观和道德中立的虚伪性。

这一学派认为，媒介研究过分局限于一种效果类型的研究，即劝服，而其他效果类型则被大大忽略了。此外，效果受制于传者的意图，也就是行政人员的操作意图。因此，媒介效果研究缺乏与根植于社会权力关系的讯息生产之间的理论联系。他们认为，媒介效果研究把讯息作为中立的、毋庸置疑的东西，其有限的变量是因果关系的唯一来源，其研究所选择的讯息也过于简单化。

最根本的问题是，媒介效果研究在性质和意图上全都是行政的（Gitlin, 1978）。也就是说，媒介效果研究人员在很大程度上依赖于媒体和政府机关的经费，结果，研究的正当性与市场和政府政策联系在了一起，因而很难承担起发展理论和改善人类条件的责任。

具有讽刺意味的是，在批判学派看来，媒介效果研究名不副实，它低估了大众媒介的效果。由于其局限性，媒介效果研究没有探索积累的、延迟的、长期的和潜在的效果（Golding, 1978）。而实际上，考虑这些效果变量能加强对媒介影响力度的评估。

（二）文化研究的批判

来自文化研究方面的批评则加上了更多的主观色彩，其中最基本的一点是指责媒介效果研究在论及变量及其效果时使用了不恰当的术语和因果模式。他们认为，媒介效果研究受一种过时的实证主义哲学的局限，反映的是“行为主流霸权”（Hall, 1982）。他们认为，所谓对物质可观察的特性的关注以及对有变化的关系和经验主义的科学举证，都是效果研究和整个社会科学的致命缺陷。

他们认为，传播效果研究只关注孤立个体的有限变量，是对受众进行人为的分割，舍弃了受众人性的一面，并把受众从其文化中分离了出来。效果研究对人类行为总则的描述，忽略了人们在对媒介反应方式中的重要的文化变量（Hall, 1982）。根据文化批判，媒介效果研究有意对受众建构讯息意义的行为轻描淡写，更糟糕的是，他们把受众成员当作容易愚弄的人。他们认为，效果研究过分强调讯息，蓄意夸大媒介效果；他们所忽略的是文化机理中意义生产的建构过程（Hall, 1980; Carey, 1989）；效果研究把媒介讯息简化为具体的心理刺激，把注意力放在现行的易于操纵的特征上，将内容和受众都简单化了；效果研究中所使用的量化方法，忽略了受众在接收讯息和意义时存在的重要的质的差异。

（三）行为科学的批判

对媒介效果研究最为激烈的批判，来自原本大家认为较为宽容的行为主义科学家。他们认为，效果研究的经验性结论并不能支持其所谓的强大的媒介效果。根据这一学派中一位批评者的看法（McQuail, 1986），这种对媒介威力的期许，来自水火不容的两大阵营：批判理论家和应用实践者（如广告与公关）——的“阴谋”，后者是为了使自己的存在正当化，为了薪水才声称媒介威力巨大。根据这位批评者的观点，对媒介效果的夸大还来自学术界研究人员之间对发现效果所做出的承诺——学术期刊很少发表无研究发现的论文，而年轻学者又有发表论文的压力。

其他指责针对的是媒介的动机。在某些情况下，媒介可能只是作为一种简单的载体，承载着一些信息，如广告客户或新闻制造者的讯息，但这也是一种媒介效果。另一个问题是，因果方向含糊的非实验性的效果研究——实际上可能仅需要从媒介中查找“原因”。一般来说，那些只从媒介中追究原因的效果研究人员得出的结论往往缺乏科学的准确性，因为他们偏离了对特定讯息所产生的特定效果的具体说明，因而缺乏理论性。

在行为学者的眼中，那些“以媒介为中心”的效果研究人员，由于把信息生产过程中的宏观概念和效果的微观概念混为一谈，结果导致了理论上的断裂。根据这些行为学者的观点，由此造成了他们对媒介的模糊认识，没有对“刺激”做出具体的说明，因而背离了建立人类行为的行为主义科学的基本目标。

对方法论的批评，综合起来看，主要是指责效果研究中研究设计薄弱、缺乏全国性样本以及没有采用最佳的统计程序。因此，在一些行为主义科学家的眼中，效果研究的合理性就更值得怀疑了，从而也使效果研究在学术圈内更加处于边缘化的地位。

另外，除了对传播效果研究本身的质疑，批判视角下的媒介效果理论的发展亦方兴未艾，尤其是在由技术驱动的智能媒体环境下，关于媒介技术对人的异化作用的探讨也越来越丰富。

1.媒介失控论

媒介失控论是美国当代政治家、战略家兹比格涅夫·布热津斯基（Zbigniew Brzezinski）在其著作《失控：21世纪前夕的全球混乱》中提出的。在书中，布热津斯基指出，美国乃至全球已经处于一种大失控、大混乱的状态，这种失控和混乱的局面表现在国家政治、经济、军事、文化和社会的各个方面，媒介失控只是其中的一个方面。

布热津斯基认为，对于世界上大多数人，特别是年轻人来说，电视是接触社会和接受教育最重要的工具。不论是在带有强制性的宗教正统观念的时代，还是在极权主义灌输教育的最高潮，都无法与电视对观众所施加的文化和哲学上的影响相提并论。他清醒地看到，美国和西欧电视中的内容虽不是所有都令人生厌，但其内容已

“越来越成为感官的、性的和轰动性的，并日益失去控制”。因此，可以说电视是万恶之源、罪魁祸首。

具体来说，电视刺激了人们在物质上的攀比欲望，引发了全球范围内的精神危机。同时，重商主义的美国电视所倡导的价值观也很成问题：“它们显然颂扬自我满足；视暴力和野蛮行为为正常现象；通过实例对同龄人激起仿效的压力；鼓励性乱行为；迎合最低级的尽人皆知的本能。”其结果是带来了道德败坏和文化堕落。

要想制止媒介失控，布热津斯基认为，首先要对个人的欲望进行自我控制；其次要强化教育，反复向公众灌输这样的思想：不能仅仅因为新奇精巧的东西和新技术不断涌现而改变了社会生活的外观，就放弃自己久持的价值观。此外，还应在全世界建立共同的道德共识，号召人们自觉自愿地加以遵守。总之，“只有通过建立一个受某些共同遵守的自我约束准则所指导的社会，才能有助于塑造出一个真正掌握自己命运的世界”。

媒介失控论将西方媒介的种种弊端剖析得入木三分，为媒介的发展敲响了预警的钟声。但是，对于美国大众媒介对全球价值观产生的消极影响，以及国际传播中的“信息不平衡”、美国“文化帝国主义”对其他国家文化多样性的威胁等问题，布热津斯基并没有对美国媒体加以检讨和评析。他对媒介失控开出的“处方”，最终目的也只是为了维护美国在世界媒体市场上的地位，以便进一步对别国进行文化渗透。

2.电子乌托邦

“电子乌托邦”思想是建立在对新媒介某些技术特性的期待的基础上的。有学者认为，电子传播网络的双向性使每个人既成了传播者又成了受传者，它将改变传统大众传播过程受传播者支配的局面，使传播过程变得更加平等，而这种平等也必然带来社会关系的平等。还有的学者认为，新媒介技术将保障每个人自主发表言论的权利和机会，并形成“真正的观点的自由市场”。

电子乌托邦的观点对媒介技术的发展寄予无条件的乐观主义期待，认为新的传播技术必将把人类带入一个高度自由、民主和平等的理想国。但是，单纯的技术并不一定保证出现理想的社会形态，社会的变革和完善需要更加复杂的社会条件。因此很显然，这种观点夸大了媒介科技在社会发展中的作用。

3.媒介依存症

媒介依存症指现代人的一种社会病理现象，其特点是过度沉迷于媒介接触而不能自拔；价值和行为选择必须从媒介中寻找依据；满足于与媒介中的虚拟社会互动而回避现实的社会互动；孤独、自闭的社会性格等。根据这一理论，日本的传播学者又提出了两个新的概念："电视人"和"容器人"。

（1）"电视人"

这是日本学者林雄二郎在将印刷媒介环境和电视媒介环境中完成社会化过程的两代人加以比较后提出的一个概念。这一概念强调电视对现代人社会化过程的巨大影响，是对现代人行为方式特征的一种概括。

"电视人"指的是伴随着电视的普及而诞生和成长的一代人，他们在电视画面和音响的感官刺激环境中长大，是注重感觉的"感觉人"，与在印刷媒介环境中成长的父辈的重理性、重视逻辑思维的行为方式形成了鲜明的对比。

同时，由于收看电视是在背靠沙发、面向荧屏的狭小空间中进行的，这种封闭、缺乏现实社会互动的环境，使得他们当中的大多数人养成了孤独、内向、以自我为中心的性格，比较缺乏社会责任感。

（2）"容器人"

这是日本学者中野收用来描述现代人行为特点的一个概念。他认为，在大众传播特别是以电视为主的媒介环境中成长起来的现代日本人，其内心世界类似于一种"罐状"的容器，这个容器是孤立的、封闭的。"容器人"为了摆脱孤独状态，也希望与他人接触，但这种接触只是一种容器外壁的碰撞，不能深入到对方的内部，因为他们相互之间都不希望对方深入自己的内心世界，于是保持一定距离便成了人际关系的最佳选择。

"容器人"注重自我意志的自由，对任何外部强制和权威都不采取认同的态度，但却很容易接受大众传播媒介的影响。他们的行为也像不断切换镜头的电视画面一样，力图摆脱日常烦琐的束缚，追求心理空间的移位和物理空间的跳跃。

总之，"容器人"的概念强调电视等大众传播媒介对个人社会化和人格形成的影响。

4.对女性的刻板印象

女性与媒介的问题在20世纪70年代中期开始引起人们的特别关注。1978年，美国传播学女学者塔奇曼与他人主编出版了《炉床与家庭：媒介中的女性形象》论文集，标志着女性主义媒介研究正式成为传播学研究的一个分支。

媒介与女性研究"包括了分析和批判通俗文化与大众媒介如何以及为什么用一种不公平、不公正和利用性的方式，在性别不平等和压制的更加一般的框架内来对待女性以及她们的表现"。如对广告中所流露的性别陈规、妇女杂志的审美意识、女性观众对于肥皂剧的讨论，等等。但是这些理论零星散布在各个研究领域中，学界通常把这些尚未形成体系的研究统称为女性主义媒介批评。

在研究中，对媒介内容中的女性在场与缺席现象、对女性的偏见与贬低现象的内容分析很多。这些研究明确强调了提高妇女公共能见度的自由主义理想，批评传统的刻板模式。

有人曾经做过详细的调查统计，在对516条电视广告中出现的成年人物形象的分析中发现，家庭中这一类形象的男女比例分别是18.1%和40.5%，而职业这一类形象的男女比例是61.3%和24.0%；穿着西服和职业装的男女比例分别是50.7%和14.1%，而穿着普通生活装的男女比例是37.1%和80.8%。“于是，广告中的性别描绘因其对受众的潜在影响力而被看作一个重大的社会问题。”①

女性主义媒介研究的方法论呈现出多样性，但主要分为两大类：一类沿用了社会科学中的量化研究方法，如内容分析、调查统计；一类借鉴了人文科学的质化研究方法，包括深度访谈、参与观察、符号学、心理分析等。当前，随着女性主义思潮的逐步壮大，媒介与女性的研究也在向纵深方向发展。

5.信息茧房

“信息茧房”由美国学者凯斯·桑斯坦（Cass R. Sunstein）在其2006年出版的著作《信息乌托邦》一书中提出。“信息茧房”效应与网络信息传播机制密切相关。由于受众自身信息需求的片面性和相对固定性，媒体中与自身经验、兴趣、偏好相符的信息更易得到注意和接受，对受众的意识与思维方式产生桎梏作用，使之更为程式化、固定化，久而久之，受众就像置身于蚕茧般的“茧房”之中，对异质性信息置若罔闻。

“信息茧房”的负面影响在于几个方面：首先，“茧房”内部群体的同质化与外部群体的异质化形成鲜明对比且不断互相推进，极易形成观点与思维方式的冲突并加剧其不可调和性，由此产生群体极化现象，相应地，为主流舆论的引导带来一定的挑战。其次，由于互联网社会中信息传播机制向精准化、个性化发展，基于算法的智能推送适配个体需求，且信息选择的自由度大大加强，因而，社会成员之间的信息交换相应减少，导致对社会黏性的削弱以及对公共领域和公共生活的消解。最后，由于“信息茧房”对意识造成的封闭性，以往个体经验、文化程度、媒介素养水平较高与较低的受众之间的认知差距被扩大，因而可能会加深数字鸿沟效应。

三、当前媒介效果研究取向的主要特征

从上述媒介效果的发展历程来看，媒介效果的取向主要有三个特征：

---

① 蔡琪，黄金. 女性主义媒介研究初探[J]. 湖南师范大学社会科学学报，2014（3）：123-127.

第一，也是最为显著的一个共性，是把对受众的关注放在首位。“受众”一词可以从不同的层次加以理解，它既可以作为处于社会环境中的个体，又可以作为社会或文化的构成（institutions）。受众既可以被看作集合体的大众或公众，也可以被看作受众成员及某些特殊角色的身份，如作为经济或政治经营的决策者。

第二，是对影响（influence）的具体说明。无论是根据各个抽象层次分析单元中受众的变化，还是防止其发生变化，这种影响往往都具有多种形式：心理反应的变化，个体受众在态度、认知、行为方面的变化，各种形式的集体性变化（如社区中同质性的增强、社会中政治的不稳定性）。并非各个社会系统层面的所有变化都能直接给受众个体这一层面带来相应的改变（如同质性）。媒介效果研究人员力图在不同层面建构自己的理论——从宏观社会到个体甚至心理反应层面。当然，也有研究者试图在这些层次之间寻求联结。

第三，关注对特定的现象、形式或内容产生影响或效果的信源的属性以及媒介讯息系统、单个媒介、内容类型或个人讯息的属性。媒介关注的可能是大众（如广播电视、报纸），但也有更专业化的媒介，如直邮和新技术。对于媒介及其讯息对受众产生影响这一主要流通过程，有一种清晰的理论上的约定俗成：它以“效果”一词作为代表，但这并不意味着一种单向的影响流——把受众看作被动的接收者。事实上，毫无疑问，“效果”一词尤其在近来的理论中强调了受众在主导媒介影响的形式与范围中具有预先的导向性作用。

另外，还有两个方面与效果的研究取向有关：“变量”这一术语（例如自变量、因变量、干预性变量）内含多种因果关系，常用来描述最有可能产生效果的过程和条件；另一个是假设的阐述，按通常的理解，这是对效果的经验性检验。“经验主义的”（empirical）包括两个意思：关键变量可以被观察到（并不一定是量化的，尽管量化和统计分析常常被当作强有力的证据）；命题具有被检验的能力（其结果可以被证明是错误的）。

虽然从当代媒介效果研究看，批判学派和文化研究的批评都表现出历史的局限性和狭隘性，但它们对媒介效果研究的有些指责也不无道理，主要概括为三点：

首先是媒介效果理论中的个体主义偏见。在这种传统中，大量的研究把个体作为首要的观察单元，较之个体，“社会系统效果”这一概念较少得到明确的发展。当然也有例外。在概括社会意义时，效果研究也主要考虑个体效果。个体主义偏见目前仍然是一大威胁，除非我们在理论上能对更多跨层次（如从宏观到微观，或从微观到宏观）的作用力加以研究。

其次，正如批评家所指出的那样，讯息在生产方面缺乏系统的联系。近年来，越来越多的研究已经注意到了“横向的”媒介效果理论，但在近期，把生产、讯息系统和受众效果研究割裂开来的局面仍将继续存在，因为把受众接收和媒介生产联系起来并非易事。用于分析媒介生产与受众的概念各成一体，并没有考虑到它们之间的联系。不过，在考察信息控制与传播中的权力关系的研究中，我们还是可以看到把这些相互分裂的部分结合在一起的例子。

最后，效果研究中如何充分体现媒介内容中的变量。大多数效果研究所使用的内容变量，其实只是通过假设或推论而来。有批评者认为，这就等于不恰当地把媒介内容简化为心理刺激，全然不顾许多效果研究的文化背景。但与此同时，我们也应指出，越来越多的人开始关注媒介内容广泛的联系。在这一领域，媒介效果研究可以从文化研究与话语分析中得到有益的启示。

行为科学批评媒介效果研究过高地估计了效果的威力。虽然媒介效果研究者得出的研究结论是媒介效果并不强大，他们一般不会大胆直言媒介具有强大的威力，反而是其他一些人（如普通写作者、政府官员和一般公众）在夸大媒介的威力。而对媒介效果强大威力的认同，则有可能被那些不择手段的官员用来肆意抨击媒介及其他机构（如对美国的媒介与艺术进行抨击）。只有对媒介效果的制约性条件和辅助性条件进行论证，而不是毫无疑义地对效果泛泛而论，才能对理论和公共政策进行最有益的工作。

行为主义学者还批评效果研究没有厘清媒介的一些因果关系，这对媒介研究人员而言无疑是一个有益的提醒。如果能把事件（或议程）的信源属性和新闻从业者的行为作用区分开来，可能更加合理。这就需要媒介效果研究对讯息的生产过程，包括讯息是如何以不同方式建构概念以建立起更紧密的理论联系的。在以“媒介为中心”的研究者之间，这种“横向”研究方法承受着一定的压力，因为这一流派的其他研究者认为，理论的发展主要依赖于从社会心理学及其他社会科学领域汲取概念。

四、新媒体与新传播效果

今天，尽管大众媒介依旧存在，但新型电子媒介的发展无疑对传播理论以及现存的媒介产业提出了挑战。新媒介目前在公共生活领域、个人生活领域以及许多专门和企业环境的传播任务上，正逐渐被大量地运用。这些新媒介既可能扮演辅助的角色，又可能是深度资讯的来源，或是有潜在效果的广告媒介；既是弱势群体发言的平台，又是提供大众媒介服务与满足的另类渠道。就这些趋势的大部分来看，既存的理论与研究的框架可以轻而易举地用在新媒介身上。

广义地看，新媒介和既有的传统大众媒介一样，可以从社会整合以及其他社会结构的角度来检视。数字化所带来的“整合”概念使不同性质的媒介之间的任务和功能重新分工，虽然这些趋势现在似乎造成了更大的差异性而非一致性。其他的架构一般也可以从“全球化”和“科技决定论”的现象中发现。来自政治经济学派的理论皆可以用在批判“新”媒介和“旧”媒介身上，尤其是媒介的全球化特质，如跨国性资本和企业利润的发展模式。就较低的理论层次而言，“新”媒介似乎是在“延续”受众的“小众化”和“分众化”，而非“另启”。

适用于新媒介的旧理论框架有以下几个：

社会整合与社会结构。

政治经济途径。

整合性的论题。

全球化。

科技决定论。

去大众化。

但是，如果忽略新媒介潜能发展和应用的不确定性，则是不明智的。新媒介极易产生与旧媒介相当但又不同于旧媒介的社会及文化影响。在我们目前使用的理论机制中，仍有许多不足和缺陷，如果仓促将新发展纳入旧架构中，便可能遗漏那些看似并不新颖但可能在不知不觉中促使传播与社会转型的元素。从结构的角度来看，新形态的社会网络正在显现且日益重要，这正是由新媒介的某些特质所激发出来的。

目前，关于新媒体的新传播效果研究中最受关注的是新媒体对政治参与的影响和社交媒体中情绪传播的效果研究。

（一）新媒体对政治参与的影响

媒体对政治参与的影响一直是传播效果研究领域的一个重要议题。从拉扎斯菲尔德的伊里调查到诺依曼对沉默的螺旋的研究等均对这一议题保持了关注。鉴于新媒体在当前时代背景下的重要作用，新媒体对政治参与的影响成为学界最关注的议题之一。目前，这一领域的研究主要包括媒体政治传播对民主和政治参与的影响、社交媒体在大选中的应用研究、在日常政务中的使用研究以及对社会运动的影响力研究等。有影响的研究成果有如美国学者乔司•马利克（Jose Marichal）的《Facebook民主》，马利克在书中论述了facebook对技术革命、政治交往、公民的政治参与、社会动员等方面产生的深刻影响。[①]

---

① 陈文胜. 社交媒体的政治性应用：国外相关研究述评[J]. 新闻记者，2016（4）：86-96.

（二）社交媒体中情绪传播的效果

新媒体在情绪传播方面所具有的强大影响受到了学者的关注。通常认为，情绪具有传染性、积累性、指导性和社会性等特征。[①]在传统媒体时代，因为公众表达情绪的渠道和范围相对有限，情绪传播尚不足以在较大范围被传播并触发明显的社会行为。然而，随着社交媒体等新媒体在公众中获得了广泛应用，情绪的传播渠道和范围都得到了极大的扩展。在这种环境下，一个人的情绪很可能触动一个群体的情绪。面对危机事件，在涟漪效应的作用下，一个人、一个群体的消极情绪就可能触发整个社会的消极情绪，造成不可估量的社会损失。这一现象获得学者的广泛关注，目前相关的研究成果正在大量涌现。

另外，到目前为止，人们已经提出了一些理论，试图修补或延伸既存的构架。第一，发展出了关于“资讯社会”“网络社会”以及行动者网络等的概念和理论。与当前推测成分较高的概念相比，这些概念比较实用，可以用做分析。第二，必须检视某些新媒介特质所提供的自由是否还与旧媒介一样受到相同的管制，甚至成为更有效的社会控制手段。第三，探寻在技术层面之外，新媒介的互动性究竟能进行到什么程度。除了有效地提供购物和处理银行业务之类的服务外，新媒介是否有其显著的传播意义？第四，在缺乏面对面接触和其他社会支持的情况下，新媒介是否真的比旧媒介更能发展出有意义的社会关系？

除了这些问题，我们也应该知道更多与新媒介有关的实际使用经验，尤其是像“互动性”“随心所欲地在广泛的内容中进行搜索”“参与志同道合的社群”等新媒介的特质，了解它们所带来的不同的使用与满足经验。在理论思维上，也有一些新的倾向存在，其中一种便是传播专业发展的新倾向，包括新闻学。此外，大众媒介中广为人知却较少受重视的“社会责任”议题，在新媒介中几乎从未被提及。如果新媒介的提供者没有社会责任感或不可信任，他们便不可能享有持久的信任关系和忠诚度，其影响力与社会权力便会随之降低。

在早期的大众传播研究中，对“批判”和“功能”的观点讨论分量一样。尽管我们对媒介的“真实性”“范围”“不可逆性”已有了一定的认知，已不再只有简单的二元对立观点，但是，在后现代主义的今天，我们仍缺乏一套能够提供成熟的“批判观点与分析工具”的理论。

新媒介的新理论议题包括：

① 隋岩，李燕. 论群体传播时代个人情绪的社会化传播[J]. 现代传播，2012（12）：10-15.

资讯社会。

社会与传播网络。

自由或控制。

互动性。

使用经验。

责任与信任。

新的批判理论。

扩展性读物：

1.段鹏. 社会化的狂欢：台湾地区电视娱乐化节目研究[M]. 北京：中国传媒大学出版社，2009.

2.张国良. 20世纪传播经典文本[M]. 上海：复旦大学出版社，2003.

3.林之达. 传播心理学新探[M]. 北京：北京大学出版社，2004.

4.波特. 媒介效果[M]. 段鹏，韩霄，译. 北京：中国传媒大学出版社，2020.

5.斯帕克斯. 媒介效果研究概论[M]. 北京：北京大学出版社，2004.

6.巴兰，戴维斯. 大众传播理论：基础、争鸣和未来[M]. 北京：清华大学出版社，2004.

7.洛厄里，等. 大众传播效果研究的里程碑[M]. 刘海龙，等译. 3版. 北京：中国人民大学出版社，2004.

8.WILLIS J. The media effect[M].Wastport: Greenwood Publishing Group, 2007.

9.SPARKS G G. Media effects research: a basic overview[M]. Cambridge: Wadsworth, 2010.

10.BRYANT J B, OLIVER M B. media effects: advances in theory and research[M]. Mahwah: Lawrence Erlbaum Associates, 2009.

思考题：

1.试论述大众传播效果研究的历程和阶段性特点。

2.认知失调理论的主要观点是什么？现实生活中有哪些事例可以证明这一理论？

3.有哪些学者在群体影响人类行为的传播研究领域做出了贡献？请简述他们的理论观点和相关的实证研究。

4.请简述创新扩散理论的渊源、代表人物、主要论点、实证研究和现实意义。

5.什么是知识沟？互联网技术的普及是扩大还是缩小了知识沟？阐述你如何理解并说明理由。

6.你对电视暴力节目和个人暴力行为的关系有何看法？试用传播理论说明自己的观点。

7.新媒介的发展为传播效果研究提供了许多新的课题，结合本章所学的某一理论，试分析该理论在新媒介环境下的发展趋势。

后　记

当我们身处移动互联网时代所激起的新媒体浪潮之中，讨论着新媒体如何颠覆着传统媒体之时，智能传播、媒体融合已悄然成为时代发展的主流传播形式，日益凸显着重构社会的重要作用。在此背景下，我国新闻传播实践已经步入深化改革、深度创新的阶段，我国新闻传播学学科的发展也面临着难得的机遇和重大的挑战。

中国本土化传播学基础理论体系的建设与重构成为当务之急。在此背景之下，我对自己在2005年出版、2013年改版的传播学理论教材《传播学基础：历史、框架与外延》进行了全面的增删与修订，以期完善现有的传播学理论和教学体系，为全球化传播学理论的融通提供帮助。综合而言，本书第3版与以往两版和国内同类教材的不同之处大概有两个方面：

一方面，本书秉承开放共享的学术理念，增强了基础理论的对话能力，这既体现在对其他学科理论的融合、借鉴上，也体现在与新时代智能化、融合化媒体实践的对话上，更体现在进一步将学术视野拓宽至全球，将当今世界上几乎所有最前沿的新兴传播学理论均纳入讨论上。

另一方面，本书将"数据化、融合化"的思维方式嵌入传播学的理论体系和研究之中，结合学界研究趋势和媒体融合的实践热点，将最新的案例、数据、图表有机融合在理论探讨中，始终在媒体融合、万物皆媒、人机合一、自我进化的传播规律之下，力求把握传播理论阐释的深入性和前沿性，将新传播语境下的理论与实践更好地融为一体。

具体到内容上，与《传播学基础：历史、框架与外延》（第2版）相比，在把握当下传播学研究趋势、媒体实践发展趋势的基础上，本书在以下多个方面实现了理论体系的完善：

第一，加入了“新媒体传播学”“智能媒体传播学”等传播学研究趋势的详解，深度追踪智能融媒体、全媒体发展大势，探讨了有关社交媒体与后真相、过载信息与认知偏误、互联网与伪话语平权、算法与信息茧房等理论话题，勾勒出智能传播的新特征与新图景，并在此基础上提出智能传播的新理论、新方法与新研究范式，呼吁对技术与人文的理性反思。

第二，描摹出当下新媒介在传播领域的发展趋势与实践应用图景，深入分析了无人机、物联网、传感器、机器人写作、大数据和算法等新传播技术对新闻传播实践的变革及其对媒体融合发展的深刻影响，并创新性地为VR、AR、全息投影等未来影像媒介及其发展作出注解，为理解当下及未来的智能传播趋势、在“未来将来”之际更好地把握当下传播研究发展尽绵薄之力。

第三，在研究路径层面，本书更新了传统的传播学研究工具，引入了混合研究方法、数字人文等研究方法，以帮助研究者在新的媒介环境下更好地发掘与探寻传播发展的新现象、新问题与新规律。

第四，面对新的传播语境，传统传播学的理论研究大多应进行反思和更新。对此，在全面把握理论动态的基础上，本书对新技术背景下的媒介技术理论、媒介批判理论进行了重新梳理和归纳，并结合新的传播议题对相关理论进行了细致而深入的阐释。

第五，传播生态的变迁为研究者提出了一系列新的研究问题，尤其是在智能媒体环境下，“万物皆媒”成为现实，受众与效果研究亟需寻求更新的空间。因之，本书增添了新媒体与新受众、新媒体与新传播效果等章节，探讨了受众政治参与、消费经济、参与式文化等当下最为显著的研究议题，并将受众互联网的使用行为及其影响，媒介的政治影响、情绪传播等与传播效果研究有关的前沿议题纳入了本书考查的范围。

综上所述，《传播学基础：历史、框架与外延》（第3版）立足于对传播学基础理论的“守正创新”，力求以全面详实的理论阐释、前沿生动的案例素材、层层递进的现象剖析、深入浅出的规律探寻，为学界与业界提供相应的理论参考。“守正”，体现在始终坚守传播学的理论根基，把握本土化的学科发展趋势，着重结合我国的传播实践案例，探究具有中国特色的传播学理论议题；“创新”，体现在精准把握传播学学科与媒体发展的前沿基础，力求创新理论、方法与路径，及时引入了适应时代发展的跨学科、国际化理论视野和综合性的研究方法，在概念体系、逻辑体系上朝着更为系统化、科学化的方向不断努力。

“佳思忽来书能下酒，豪情一往剑可赠人。”此联深得我心。《汉书》的精彩能使人“浮一大白”，我的这本小书也一直在向深入浅出、引人入胜、娓娓道来、架构精严、博采众长的风格不懈努力着。《传播学基础：历史、框架与外延》自2005年面世以来，承蒙学界、业界师长友朋的扶持厚爱，更有17届多校本科、硕士、博士同学选用好评，至今亦已增删改版两次，重印30余次，或可使人稍感欣慰。而让这本小书成为《传播理论：起源、方法与应用》那样让作者终生改版、修订不辍的国际经典教材，正是我的心愿和目标。然而，由于我的学识所限、视野所限，本书一定还会存在不少疏漏甚至谬误之处，唯期过往君子垂教焉。

段　鹏

2020年10月18日

于媒体融合与传播国家重点实验室